Claus P. Woitschützke

Verkehrsgeografie

5. Auflage

Bestellnummer 8995

Bildungsverlag EINS

Haben Sie Anregungen oder Kritikpunkte zu diesem Produkt?
Dann senden Sie eine E-Mail an 8995_005@bv-1.de
Autoren und Verlag freuen sich auf Ihre Rückmeldung.

www.bildungsverlag1.de

Bildungsverlag EINS GmbH
Hansestraße 115, 51149 Köln

ISBN 978-3-8237-**8995**-6

Vorwort

Verkehrsgeografische Fragen und Entscheidungen gehören für alle Kaufleute in Logistik-, Handels- und Industrieunternehmungen zur täglichen Praxis. Die ständigen Veränderungen auf den Weltmärkten erfordert dabei immer umfangreichere Qualifikationen aller Beteiligten, auch in Hinsicht auf ihr geografisches Wissen.

Dieses Lehrbuch ist ein Baustein bei der Aus- und Weiterbildung auf dem Gebiet der Logistik. Die Themen sind so konzipiert, dass sie – je nach Ausbildungsschwerpunkt oder spezifischen Sachanforderungen – allein bearbeitet oder mit Inhalten des Faches Speditionsbetriebslehre („Leistungsprozesse in Spedition und Logistik") verknüpft werden können. Die Stoffgebiete ermöglichen es, sowohl geografisches Basiswissen zu vertiefen als auch multimodale Logistikketten unter verkehrsgeografischen Aspekten zu planen. Zahlreiche Beispiele, Landkarten, Statistiken, Grafiken und Zusammenfassungen zeigen nicht nur das verkehrsgeografische *Wie*, sondern auch das *Warum* auf.

Das Lehrbuch kann eingesetzt werden

- bei der Ausbildung zum/zur Kaufmann/Kauffrau für Spedition und Logistikdienstleistung im Rahmen dualer Ausbildungsgänge,

- für gezielte verkehrsgeografische Kurse in allen kaufmännischen Bildungsgängen der Berufsschule,

- im Rahmen der innerbetrieblichen Schulung von Auszubildenden, beruflichen Neueinsteigern oder anderen Nachwuchskräften,

- bei Weiterbildungsmaßnahmen zum Verkehrsfachwirt, staatlich geprüften Betriebswirt mit Schwerpunkt Logistik, Fachkaufmann Außenwirtschaft oder zu verwandten Berufen sowie in der logistischen Hochschulausbildung,

- für Differenzierungs- oder Kursunterricht in Vollzeitschulformen,

- als Grundlage für eigene Weiterbildungsbestrebungen im Logistiksektor,

- als Informations- und Nachschlagewerk in der betrieblichen Praxis.

Die ständigen politischen und ökonomischen Veränderungen, vor allem die immer engeren globalen Wirtschaftsverflechtungen, haben vielfach grundlegende verkehrsgeografische Auswirkungen zur Folge. Weltweit entstehen neue dynamische Wirtschaftsräume, bilden sich Wirtschaftszonen und verlagern sich Handels- und Verkehrsströme; neue Verkehrswege und Logistikzentren sind entstanden oder befinden sich in der Entstehung. Auf die Darstellung dieser aktuellen globalen Entwicklungen legt diese völlig neu überarbeitete 5. Auflage besonderen Wert.

Der Verfasser

Inhaltsverzeichnis

1   Geografisches Basiswissen

1.1   Erdneigung und Erdumlauf

Die Achse der Erde ist ständig um 23,5 Grad (°) gegenüber der Ebene ihrer Umlaufbahn (Ekliptik) geneigt. In 24 Stunden dreht sich die Erde einmal um die eigene Achse, wodurch Tag und Nacht entstehen. Diese tägliche Drehung **(Rotation)** erfolgt von Westen (W) nach Osten (E)[1] und taucht dabei eine Erdhälfte in Sonnenlicht. Durch die Achsendrehung wird zum Äquator hin eine Fliehkraft erzeugt. Dies ist die Ursache für die Verjüngung der Erde zu den Polen hin und für die Verdickung am Äquator.

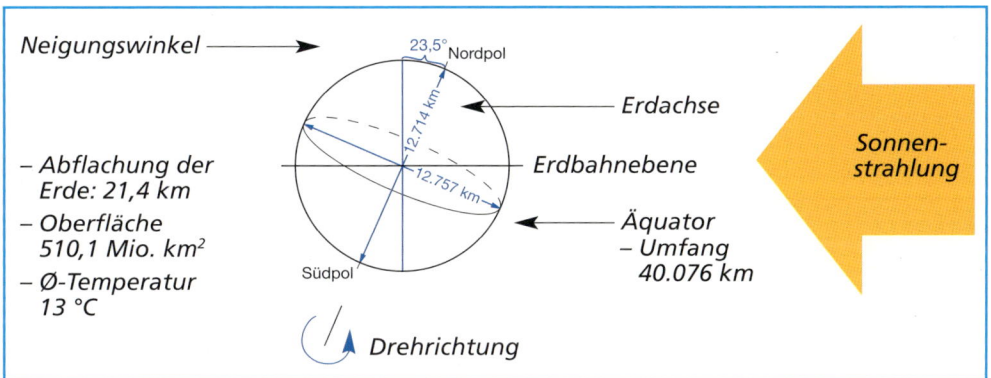

Erddaten

Auf einer ellipsenförmigen Bahn vollführt die Erde im Verlauf von 365 Tagen und rund sechs Stunden einen Umlauf um die Sonne. Sie benötigt somit mehr als ein Jahr für einen Sonnenumlauf **(Revolution)**. Zum Ausgleich für die überschüssige Zeit wird daher in jedem vierten Jahr (Schaltjahr) ein sog. „Schalttag", der 29. Februar, eingefügt.

Bei ihrer jährlichen Wanderung um die Sonne bleibt die Erdachse immer um 23,5° geneigt, d.h., die Richtung, in die die Erdachse zeigt, ist stets dieselbe. Diese **Schrägstellung** hat zur Folge, dass es auf der nördlichen und südlichen Erdhalbkugel verschieden lange Sonneneinstrahlungen und verschieden große Einfallswinkel der Sonnenstrahlen gibt. Am 21. Dezember erreicht die Sonne für den Betrachter auf der Nordhalbkugel ihren tiefsten Stand. Sie steht dann senkrecht (zenital) über dem südlichen Wendekreis (23,5° südlich des Äquators). Dies ist für die Südhalbkugel der Erde die Jahreszeit Sommer. Bei ihrer scheinbaren

---

[1]   *Im folgenden Text wird die Himmelsrichtung Osten mit der Abkürzung E (für engl. East) versehen, um Verwechslungen mit der Zahl Null zu vermeiden.*

Wanderung nach Norden passiert die Sonne dann am 21. März den Äquator. Tag und Nacht sind nun überall gleich lang. Am 21. Juni erreicht die Sonne auf der Nordhalbkugel ihren höchsten, d.h. zenitalen, Stand über dem nördlichen Wendekreis (23,5° nördl. des Äquators). Es herrscht Sommer auf der Nordhalbkugel.

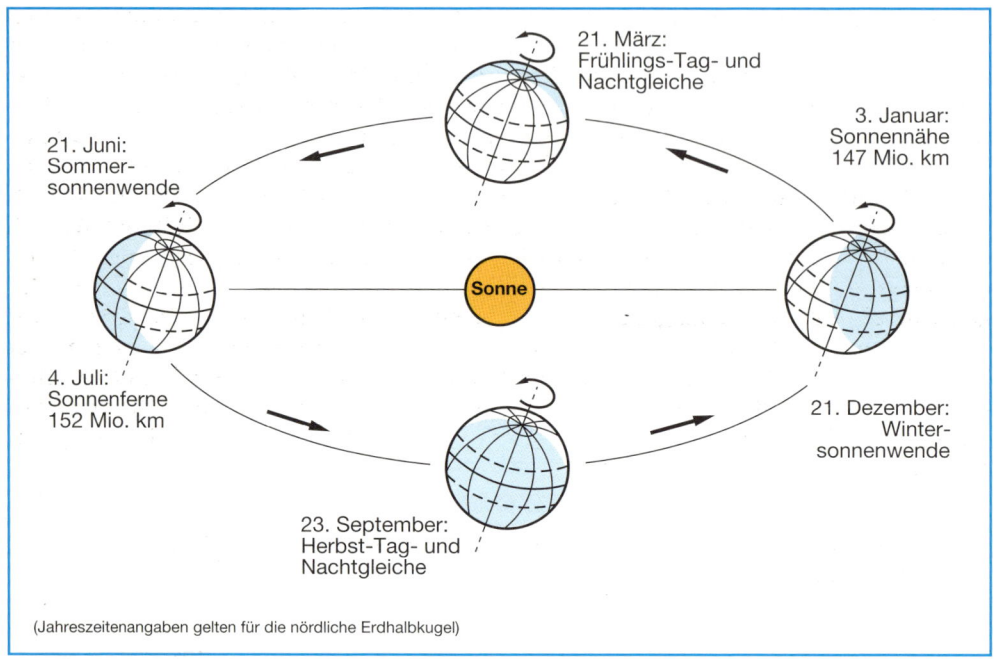

Jährlicher Lauf der Erde um die Sonne

1.2   Gradnetz und Orientierung

Zum Zweck der Orientierung und Vermessung wurde schon vor Jahrhunderten ein Netz von gedachten Linien über die Erdkugel gezogen. Dieses Netz ist mathematisch berechnet und ermöglicht zum Beispiel jede Orts- bzw. Positionsbestimmung auf der Erde sowie die Berechnung der Entfernung zwischen zwei beliebigen Orten. Das Netz besteht aus sich rechtwinklig schneidenden Längen- und Breitenkreisen.

Die **Längenkreise** verlaufen erdumspannend durch den Nord- und Südpol. Sie werden jeweils durch zwei gegenüberliegende Halbkreise gebildet, die **Meridiane** (Mittagslinien) genannt werden. Alle Orte, die auf einem Meridian liegen, haben zur selben Zeit Mittag. Denn die Sonne erreicht auf einem Meridian stets zur selben Zeit ihren höchsten Stand (Kulmination).

Beispiel:
In Deutschland liegen mehrere Großstädte auf dem selben Meridian: auf dem 7. östlichen Meridian Essen und Saarbrücken, auf dem 10. östlichen Meridian Hamburg, Hildesheim und Ulm. Alle auf den genannten Meridianen liegenden Städte haben exakt dieselbe Zeit.

Zur Festlegung der Längenkreise wurde der Äquatorumfang der Erde (40.076 km) in 360 Grade (°) geteilt, die vom **Nullmeridian** nach Osten (E) und Westen (W) bis zu jeweils 180 gezählt werden. Der Nullmeridian durchläuft die Sternwarte von Greenwich bei London. Die von dort nach W gezählten 180° werden westliche Längen (Abkürzung: w. L.), die nach E gezählten 180° östliche Längen (Abkürzung: ö. L.) genannt. Der 180.° w. L. und der 180.° ö. L. fallen im Pazifischen Ozean zu einer Linie zusammen.

Die **Breitenkreise** verlaufen parallel zum Äquator nach N und S in Abständen von rund 111 km zueinander. Sie werden auch **Parallelkreise** genannt. Ihr Umfang verjüngt sich in Richtung der Pole. Der längste Breitenkreis ist der **Äquator** (Erdgleicher) mit 40.076 km. Er teilt die Erde in eine Nord- und eine Südhalbkugel. Die Breitenkreise werden vom Äquator (0°) nach N und S bis zu jeweils 90 gezählt, insgesamt also 180 Breitenkreise. Die **Grade** nördlich des Äquators werden nördliche Breiten (n. Br.), die südlich von ihm liegenden südliche Breiten (s. Br.) genannt. Äquatornahe Breiten werden in der Seeschifffahrt gewöhnlich als **niedere Breiten**, polnahe als **hohe Breiten** bezeichnet. Längen- und Breitenkreise können noch durch Winkelminuten (1° = 60′) und Winkelsekunden (1 Winkelminute = 60″) präzisiert werden. Längen- und Breitenkreise bilden zusammen das Gradnetz. Um Orte oder Positionen zu bestimmen, müssen die jeweiligen Längen- und Breitenangaben **(Koordinaten)** angegeben werden. Derartige Lagebestimmungen sind in der Seeschifffahrt und im Luftverkehr von elementarer Bedeutung. Auch alle satellitengestützten Navigationssysteme wie etwa das GPS **(Global Positioning System)**, das u. a. zur Orientierung oder zur Statuskontrolle von Lkw, Containern oder Bahnwaggons verwendet werden kann, beruhen auf dem Koordinatensystem.

Beispiel:
Für Frankfurt am Main lauten die Koordinatenangaben: 50° 06′Nord/8° 41′Ost.
Für London 52° N/0°.

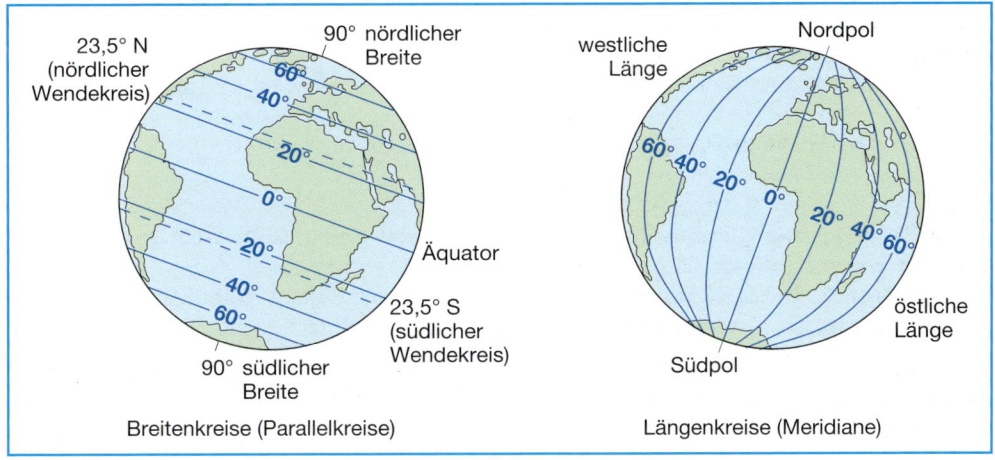

Das Gradnetz der Erde

1.3 Zeitzonen und Datumsgrenze

Im internationalen Verkehrswesen spielen Ortslagen und die jeweils dort gültigen Ortszeiten eine herausragende Rolle. Da ja nur jeweils alle auf einem Längenkreis liegenden Orte dieselbe Zeit haben, war es notwendig, die Zeiten international im Interesse einer sinnvollen Vereinheitlichung zu mitteln und festzuschreiben. Denn je Längengrad verschiebt sich die Ortszeit nach W um –4 Min. und nach E um +4 Min. Dies kann leicht errechnet werden, indem die Tagesstunden (24) mit den Minuten einer Stunde (60) multipliziert werden, dies ergibt 1.440 Min. 1.440 Min : 360° = 4 Min. je Längengrad.

Bis in das 19. Jahrhundert rechnete noch jeder Ort nach seiner „wahren" oder der mittleren Ortszeit, die dem Sonnenhöchststand entsprach. Mit der Anerkennung des Nullmeridians von Greenwich wurde eine internationale Zeitrechnung vereinbart, die auf der Einteilung der Erde in 24 **Zeitzonen** beruht. So gilt seit dem 1. Januar 1925 die mittlere Zeit von Greenwich als Weltzeit, von ihr wurden die 24 Zeitzonen abgeleitet. Als Abkürzung verwendete man lange die Bezeichnung **GMT** (Greenwich Mean Time). Heute wird von der „koordinierten Weltzeit" **UTC** (= Universal Time Coordinated) gesprochen.

Da eine volle Drehung der Erde (360°) einem Tag (24 Stunden) entspricht, errechnet sich alle 15° (360 : 24 = 15) ein Zeitunterschied von einer Stunde. Somit ergeben sich die **24 Zeitzonen** der Erde, die sich westlich und östlich des Nullmeridians aneinander reihen. Genau genommen ist jede Zeitzone ein Streifen mit 15 Meridianen Weite, auf dessen Mitte mit den Längenkreiszahlen 0, 15, 30, 45, 60 usw. die Zonenzeiten international festgelegt sind. Ein Staat kann einer oder mehrerer Zeitzonen angehören.

> **Beispiel**:
> Von der als Standard dienenden UTC (bezogen auf den 0. Längengrad) wird nach E je Zeitzone eine Stunde addiert. In Deutschland gilt daher UTC +1 h. Nach Westen wird von UTC aus je Zeitzone eine Stunde abgezogen. New York hat beispielsweise die Zeit UTC –5 h, in Chicago wird bereits mit der Zeit UTC –6 h gerechnet.

Deutschland liegt im Bereich der **Mitteleuropäischen Zeit** (MEZ). MEZ ist die genaue Zeit von 15° ö. L., dieser Längengrad schneidet die Grenzstadt Görlitz als markanten Punkt. Westlich des MEZ-Streifens erstreckt sich die Zone der **Westeuropäischen Zeit** (WEZ), die auf den Londoner Nullmeridian bezogen und deckungsgleich mit der UTC ist. Die dritte Zeitzone in Europa ist die der **Osteuropäischen Zeit** (OEZ), bezogen auf den 30.° ö. L. bei St. Petersburg. Die Grenzlinien der Zeitzonen sind meistens mit Staats- oder Ländergrenzen zusammengelegt worden, denn dies erleichtert die Zeitrechnung für größere Gebietseinheiten. Verändert werden die Zeitabstände in einigen Fällen durch staatliche Zeitverordnungen. In Russland gilt z. B. die **Dekretzeit**, die eine Stunde über der OEZ liegt. Man spricht daher bei Zeitangaben, die Russland betreffen, von „Moskauer Zeit". Auch Sommerzeiten führen zu Änderungen im festgelegten Zeitschema. So gilt in Deutschland von April bis September die Mitteleuropäische Sommerzeit (MESZ) UTC +2 h. Besondere Landeszeiten gelten in einigen Staaten des arabischen Raumes, wo die Zeit nach dem tatsächlichen Stand der Sonne (Solarzeit) ausgerichtet wird. Einige Staaten benutzen Zwischenzeiten.

Europäische Zeitzonen

Zonen	deutsch	WEZ Westeuropäische Zeit UTC Universal Time Coordinated	MEZ Mitteleuropäische Zeit CET Central European Time	OEZ Osteuropäische Zeit EET Eastern European Time	
	englisch				
Bezugsmeridian		0° (London)	15° ö. L. (Görlitz)	30° ö. L. (St. Petersburg)	
Zeitverschiebung		UTC	UTC +1 (MESZ = UTC +2)	UTC +2 Standard	UTC +3 Moskauer Zeit
Länderbeispiele		Großbritannien, Island, Irland, Portugal	Deutschland, Belgien, Italien, Schweiz, Frankreich	Finnland, Estland, Ukraine, Griechenland	Russland (europ. Teil)

Westen   −1 Std.   Je Zeitzone   +1 Std.   Osten

Mit den Zeitzonen musste auch eine Grenzlinie festgelegt werden, von der aus die Stundenzählung beginnt. Diese international festgelegte Linie ist die sog. mathematische oder **nautische Datumsgrenze**. Sie wird im Wesentlichen vom 180. Längengrad gebildet, der durch den Pazifik verläuft. Um Unstimmigkeiten zu vermeiden, wurde die Datumsgrenze bewusst dorthin gelegt, da dieser Raum wegen der wenigen Kleinstaaten eine einfache Aufteilung erlaubt. Wird die Datumslinie von W nach E überquert, muss das Datum um einen Tag zurückgestellt werden, d. h., man „gewinnt" einen Tag. Beim Überqueren in Gegenrichtung muss dagegen das Datum um einen Tag weitergerechnet werden, man „verliert" einen Tag.

> **Beispiel:**
> Ein Frachtflugzeug startet Montag um 2:00 Uhr Ortszeit von Tokio-Narita zu einem Flug nach Los Angeles. Die Flugzeit beträgt zehn Stunden, dabei werden sieben Zeitzonen überflogen. Das Flugzeug landet auf dem Zielflughafen Sonntag 19:00 Uhr.

Wenn es in Mitteleuropa 12:00 Uhr (MEZ) ist, ist es in …

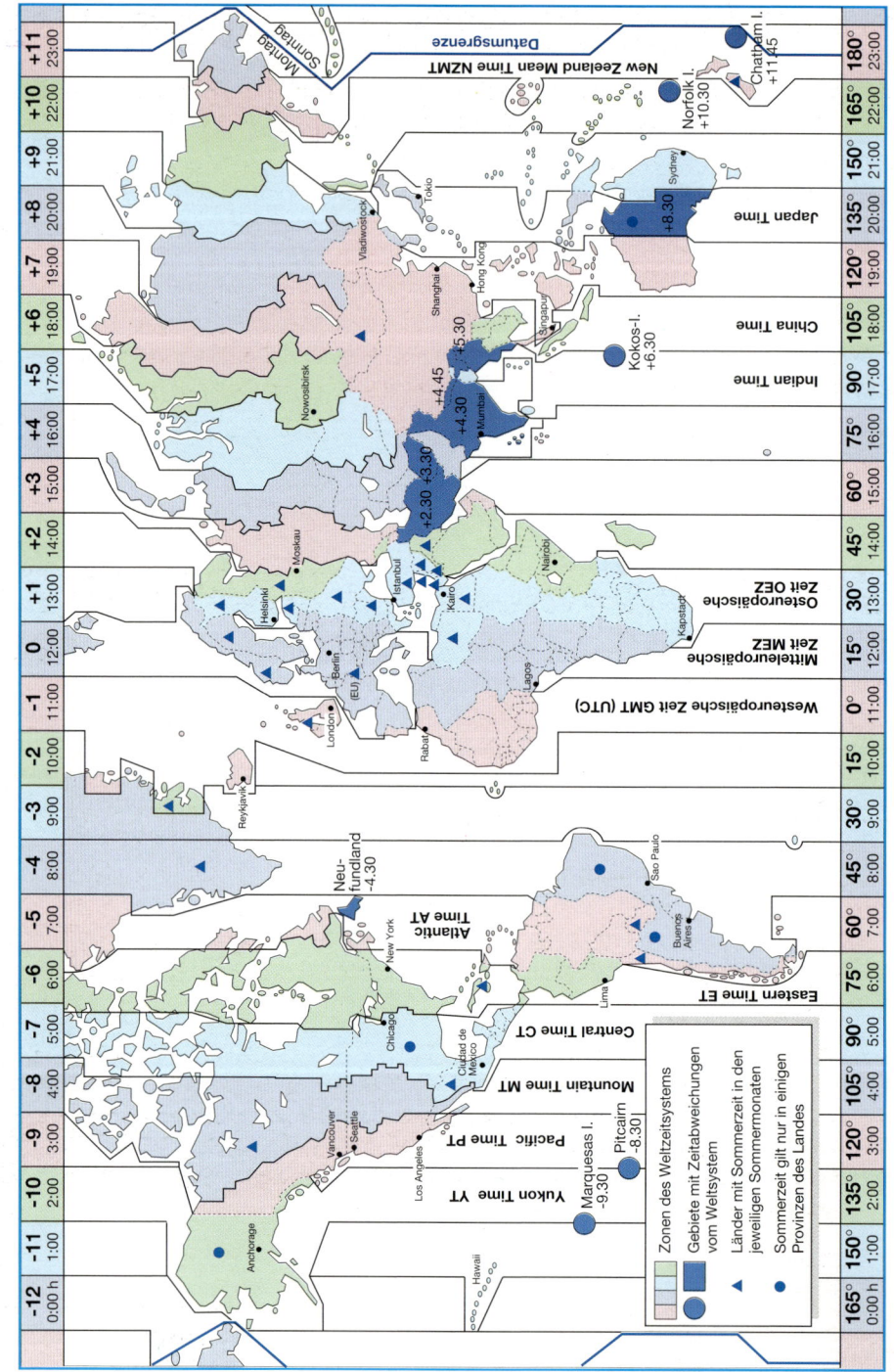

Die Zeitzonen

Zusammenfassung

– *Längenkreise (Meridiane) verlaufen zwischen den Polen und sind gleich lang. Es werden 180 Längenkreise nach Westen (w. L.) und 180 Längenkreise nach Osten (ö. L.) gerechnet.*

– *Breitenkreise (Parallelkreise) verlaufen parallel zum Äquator. Sie sind unterschiedlich lang. Es werden vom Äquator 90 Breitenkreise nach Norden (n. Br.) und 90 Breitenkreise nach Süden (s. Br.) gerechnet. Äquatornahe Breiten werden niedere, polnahe Breiten hohe Breiten genannt.*

– *In Zahlen gefasste Längen- und Breitengradangaben werden Koordinaten genannt.*

– *Es gibt weltweit 24 international festgelegte Zeitzonen.*

– *Die Zeitzonen-Berechnung geht von der Standardzeit UTC (Universal Time Coordinated) aus. Jede Zeitzone hat zur benachbarten einen Unterschied von einer Stunde.*

– *In Europa werden die West-, Mittel- und Osteuropäische Zeit unterschieden. Die deutschen Abkürzungen lauten WEZ, MEZ und OEZ.*

– *Die Datumsgrenze wird im Wesentlichen vom 180. Längengrad gebildet.*

Aufgaben

1. *Bestimmen Sie mithilfe des Atlas die Koordinaten folgender Städte: Köln, St. Petersburg, Lissabon, Ankara, New Orleans, Mexiko City.*

2. *Bestimmen Sie mithilfe des Atlas folgende Punkte:*
   a) 53,5° n. Br.   /   10° ö. L.   (Seehafen)
   b) 35° s. Br.   /   20° ö. L.   (Kap)
   c) 45° n. Br.   /   60° ö. L.   (See)
   d) 51,5° n. Br.   /   0°   (Stadt)
   e) 0°   /   50° w. L.   (Mündungsgebiet)
   f) 9° n. Br.   /   80° w. L.   (Schifffahrtsweg)

Leer 53° 14' 8,37° N
7° 28 4,45' ▮E

3. *Welche Ortszeiten gelten in folgenden Städten, wenn es in Hamburg nach MEZ 10:00 Uhr ist:*
   a) Moskau/Russland   c) Reykjavik/Island   e) Lagos/Nigeria
   b) Hong Kong/China   d) Singapur/Singapur   f) Vancouver/Kanada

4. *Berechnen Sie die örtlichen Ankunftszeiten von Frachtflugzeugen, wenn diese von Frankfurt/M. zu den genannten Uhrzeiten starten und nennen Sie ferner das Zielland:*

Abflug Ortszeit Frankfurt/Main	Flugzeit in Std.	Zeitzonen MEZ	Zielort	Ankunft Ortszeit	Zielland
14:00	8	+1	Kapstadt	_____	_____
7:00	7	−7	Chicago	_____	_____
23:00	2,5	+2	Moskau	_____	_____
9:00	20	+9	Sydney	_____	_____

5. *Bestimmen Sie Wochentag und Ortszeit der Ankunft sowie jeweils das Abflug- und Zielland für die folgenden Kurierflüge:*
   a) Ab Manila Dienstag 4:00 Uhr Flugzeit 11 Std., 8 Zeitzonen Differenz, Zielflughafen San Diego.

b) *Ab Mexico City Freitag 17:00 Uhr Flugzeit 13 Std., 9 Zeitzonen Differenz, Zielflughafen Osaka.*

6. *Ermitteln Sie die Anzahl der Zeitzonen in den Staaten Russland, USA und Kanada.*

1.4   Erdabbildungen

Unentbehrliche Hilfsmittel beim Land-, See- und Luftverkehr, bei Forschungsvorhaben, Regelungen von Eigentumsverhältnissen u. a. m. sind die Abbildungen der Erde in Form von Karten und Globen. Ein **Globus** ist eine verkleinerte Abbildung des kugelähnlichen Erdkörpers. Nur auf einem Globus können alle Land- und Seeflächen in der richtigen Größenordnung zueinander dargestellt werden. Dies wird durch die dreidimensionale Darstellung des Globus erreicht. Der Vorteil des Globus besteht somit in der Längen-, Flächen- und Winkeltreue.

Die Aufgabe der **Landkarten** besteht darin, die dreidimensionale Ausdehnung von Räumen in zweidimensionalen Flächen wiederzugeben. Karten sind das verebnete, verkleinerte und erläuterte Grundrissbild der gesamten oder eines Teils der Erdoberfläche. Ihre Darstellung beruht immer auf der Zweidimensionalität. Aufgrund ihrer kugelähnlichen Gestalt kann die Erde allerdings nicht in den zwei Dimensionen der Karte dargestellt werden, ohne dass sich dabei Verzerrungen ergeben. Die Verzerrungen sind je nach dem gewählten Umwandlungsverfahren (Kartenprojektionen), mit dem man die Erdoberfläche auf einer Karte darstellt, unterschiedlich groß. Diese Kartenprojektionen sind Verfahren, bei denen die Erdoberfläche auf eine Ebene, eine Zylinder- oder eine Kegeloberfläche übertragen wird. Die Kartenprojektion, also die Art der kartografischen Abbildung, bedingt das Maß der Verzerrung auf einer Karte. Je nach Entwurfsart einer Landkarte kann ein **flächengetreues**, **winkelgetreues** oder **vermittelndes** Bild der Erde oder Teilen davon entstehen. Eine völlige Längentreue mit exakter Längenmessung zwischen zwei Orten ist jedoch ausgeschlossen.

Ein für den See- und Luftverkehr wichtiger Entwurf ist die **Merkator-Projektion**. Der Entwurf ist winkeltreu und insofern für den See- und Luftverkehr wichtig, da hier der Kurs als Winkel zum Meridian festgelegt werden kann. Dagegen sind die Längen und Flächen stark verzerrt. Dies wird deutlich, wenn auf Weltkarten die Landflächen der Polregionen im Verhältnis zu den Äquatorregionen unnatürlich groß wirken.

> **Beispiel:**
> Bei einem Flächenvergleich der Insel Grönland mit dem Teilkontinent Südamerika erscheint bei einer Merkator-Projektion die Insel Grönland so groß wie Südamerika. In Wirklichkeit ist aber Südamerika annähernd neunmal größer als Grönland. Merkator-Projektionen werden daher vorzugsweise nur dann angewendet, wenn die Flächen bei der Darstellung eine untergeordnete Rolle spielen, also z. B. bei Klimakarten und wirtschafts- oder verkehrsgeografischen Karten.

Winkeltreue, flächentreue und vermittelnde Darstellungen im Vergleich

Darstellung	Merkmale	Anwendung	Abbildung
Winkeltreue Darstellung von Grönland und Arabien Maßstab 1 : 150 Mio. (Merkator-Projektion)	**Merkmale:** Längen- und Breitenkreise schneiden sich entsprechend der Wirklichkeit; alle Breitenkreise sind gleich lang; Flächenverhältnis der Länder ist von untergeordneter Bedeutung; Verzerrung in nördlichen und südlichen Bereichen ist besonders groß; Kursangaben können als Gerade eingetragen werden.	**Anwendung:** Luftverkehrskarten; Seekarten (Navigationskarten); Klimakarten; Wirtschaftskarten; amtliche topografische Kartenwerke;	
Flächentreue Darstellung von Grönland und Arabien Maßstab 1 : 150 Mio.	**Merkmale:** Längen- und Breitenkreise schneiden sich nicht der Wirklichkeit entsprechend; Land- und Seeflächen sind annähernd flächentreu abgebildet; ausgeglichene Wiedergabe der Kontinente, Verzerrungen gegen die Pole sind jedoch sehr stark.	**Anwendung:** Schulkarten für Anschauungszwecke; Weltübersichten;	
Vermittelnde Darstellung von Grönland und Arabien Maßstab 1 : 150 Mio.	**Merkmale:** Längen- und Breitenkreise schneiden sich nicht der Wirklichkeit entsprechend; Land- und Seeflächen weitgehend flächentreu abgebildet; Verzerrungen an den Polen; keine Verbindung von Flächen- und Winkeltreue, geringere Verzerrung.	**Anwendung:** Häufigste Form der Darstellung für Anschauung; Weltkarten; Wirtschaftskarten.	

Kartendarstellungen im Vergleich

Karten müssen genau, vollständig, zweckmäßig, klar und verständlich sein. Ihr Aussageumfang wird vom Maßstab bestimmt. Die Kartenmaßstäbe geben das Verhältnis von natürlicher Entfernung und der auf einer Landkarte verwendeten Entfernung an. Das heißt, der Maßstab drückt das Maß der Verkleinerung aus. Eine Landkarte mit dem Maßstab 1 : 100.000 besagt, dass 1 cm auf der Karte in der Natur 100.000 cm oder 1 km entsprechen.

Zur Erleichterung der Entfernungsermittlung enthalten Karten meistens am unteren Rand einen Linearmaßstab. Eine weitere wichtige Hilfe ist die Tatsache, dass der obere Rand einer Karte immer nach Norden ausgerichtet ist. Vielfach wird eine Windrose bzw. eine Nordmarkierung eingezeichnet. Das Kartenlesen und -interpretieren wird mithilfe der Zeichenerklärung, der sog. Kartenlegende, vorgenommen.

Zusammenfassung

– *Landkarten stellen verebnete, verkleinerte und erläuterte Grundrissbilder der Erde oder von Erdteilräumen dar. Ihre Darstellung beruht auf der Zweidimensionalität.*

– *Kartenmaßstäbe geben das Verhältnis von natürlicher zu der auf einer Karte verwendeten Entfernung an. Kartenmaßstäbe drücken das Maß der Verkleinerung aus.*

1.5   Verteilung von Land und Wasser

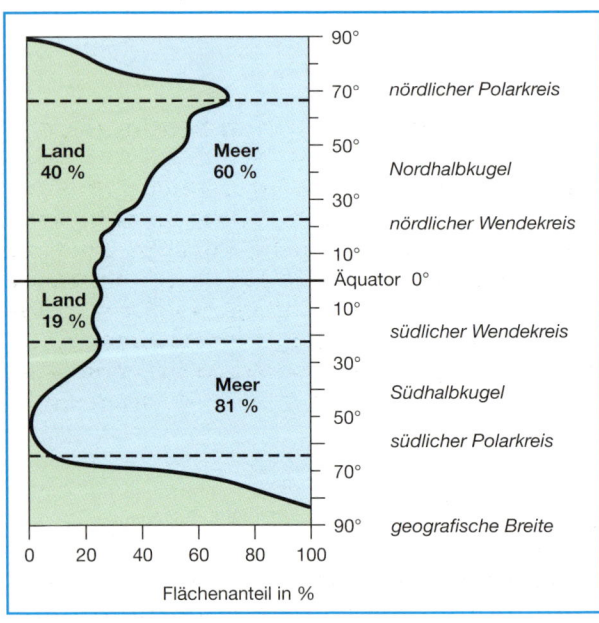

Die gesamte Erdoberfläche wird zu rund 70 % von Wasser und zu rund 30 % von Landmassen eingenommen. Die Verteilung ist sehr ungleich. Die größte Landmasse befindet sich auf der **Nordhalbkugel**, auf der **Südhalbkugel** ist der Festlandanteil dagegen sehr gering.

Verteilung von Land und Wasser in Bezug auf die Breitenlage

Für Wirtschaft und Verkehr hat die Nordhalbkugel die größte Bedeutung, denn auf ihr liegen zwangsläufig die wichtigsten Wirtschaftsgebiete und Staaten, haben sich die intensivsten Wirtschaftsverflechtungen herausgebildet, bestehen die besten Verkehrsverbindungen und erstrecken sich die dichtesten Verkehrsbänder. Unter dem Gesichtspunkt von Handel und Verkehr ist somit die Lage Europas auf der Erde als sehr zentral einzustufen.

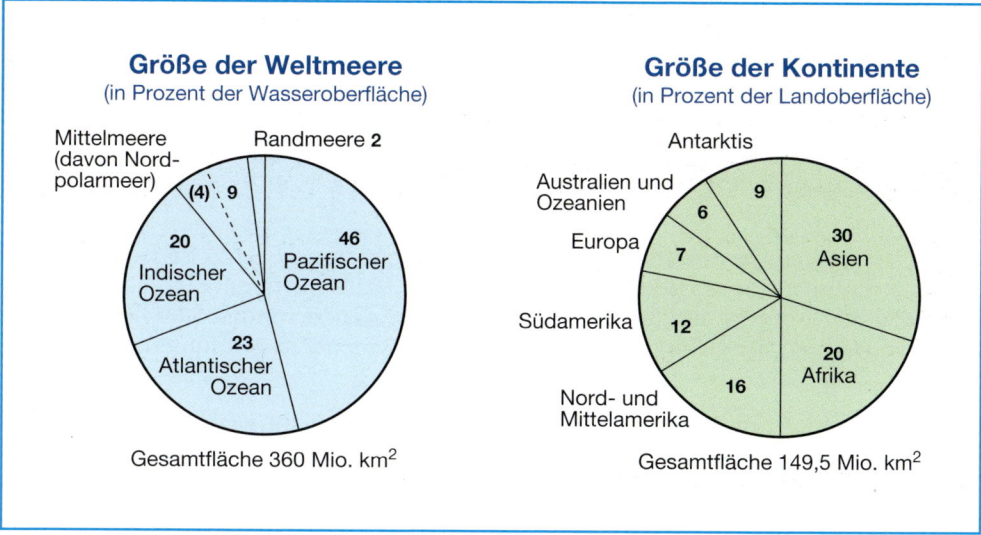

Weltmeere und Kontinente im Vergleich

1.6 Verkehrsgunst und Verkehrsleitlinien auf den Festländern

Auf dem Festland bestimmen die Oberflächenformen deutlich die Verteilung der Wirtschaftsräume und die Anordnung der Verkehrswege. Gut erschlossenen und dicht besiedelten Küstenräumen und Flußniederungen stehen häufig weniger attraktive Gebirgsregionen gegenüber. Nach wie vor ist die Höhenlage eines Landes von großer Bedeutung für die Verkehrsausübung und die Verkehrserschließung. Es gibt verkehrsgünstige und verkehrsungünstige Oberflächenformen. Aufgrund der heutigen technischen Möglichkeiten werden jedoch kaum noch Regionen als „verkehrsfeindlich" eingestuft, allerdings sind Verkehrsinvestitionen in ungünstigen Gebieten mit einem extrem hohen Finanzaufwand verbunden.

1.6.1 Landverkehr und Oberflächenformen

Vereinfacht können drei Oberflächenformen unterschieden werden: **Tiefland**, **Hochland** und **Hochgebirge**. Als Tiefland oder Tiefebene werden Gebiete mit einer Höhe bis zu 200 m über Normalnull (NN) gerechnet. Hochländer sind Mittelgebirgsregionen mit Erhebungen bis zu rd. 2.000 m. Darüber hinaus gehende Landschaftsformen gelten als Hochgebirge. Die Verkehrsgunst dieser Oberflächenformen ist unterschiedlich zu bewerten.

Die **Tiefländer** spielen weltweit für Verkehr und Wirtschaft die größte Rolle. Insbesondere jene Tiefländer, durch die große Ströme fließen. Diese sogenannten Stromebenen sind zum einen fast ohne Ausnahme hochproduktive Agrarräume. Dies gilt für die europäischen Stromgebiete von Rhein, Po, Rhône, Wolga und Weichsel ebenso wie für die asiatischen von Irawadi, Yangtsekiang, Hwangho und Mekong und die amerikanischen um Mississippi, Amazonas und La Plata. In den Industriestaaten der nördlichen Halbkugel sind die Stromebenen zum anderen auch Standorte großer Industrie- und Verkehrszentren. Insgesamt gesehen sind sie wirtschaftlich wie verkehrstechnisch ausgesprochene Gunsträume.

Die **Mittelgebirge** erweisen sich vielfach als verkehrsungünstig. Sie sind zwar nicht wirtschafts- oder verkehrsfeindlich, ihre Erschließung ist jedoch kostspielig und problematisch. Der Eisenbahn- und Straßenverkehr orientiert sich zwangsläufig an den breiten und leicht zugänglichen Tälern und meidet, wo es möglich ist, steile und schmale Talformen.

Lange Zeit stellten die **Hochland**- und **Hochgebirgsregionen** echte Verkehrsbarrieren dar. Ihre natürliche Sperrwirkung verloren sie aber im Industriezeitalter, als es gelang, mit modernen Tunneln und Brücken die Gebirgszüge zu überwinden, und die typischen Transportgefahren der Gebirgspassagen damit entscheidend zu vermindern.

Beispiel:
Beiderseits der Alpen gibt es seit Jahrhunderten wirtschaftsstarke Regionen, die durch das Gebirgsmassiv getrennt waren. Heute sind die Alpen das am besten für den Verkehr erschlossene Hochgebirge der Welt. Mehr als 80 Passstraßen und Tunnel unterschiedlichen Ausbaustandes und unterschiedlicher Bedeutung bündeln den modernen Güterverkehr mit Lkw und Bahn und verteilen ihn wieder auf die Hauptverkehrsachsen zwischen Nord- und Südeuropa.

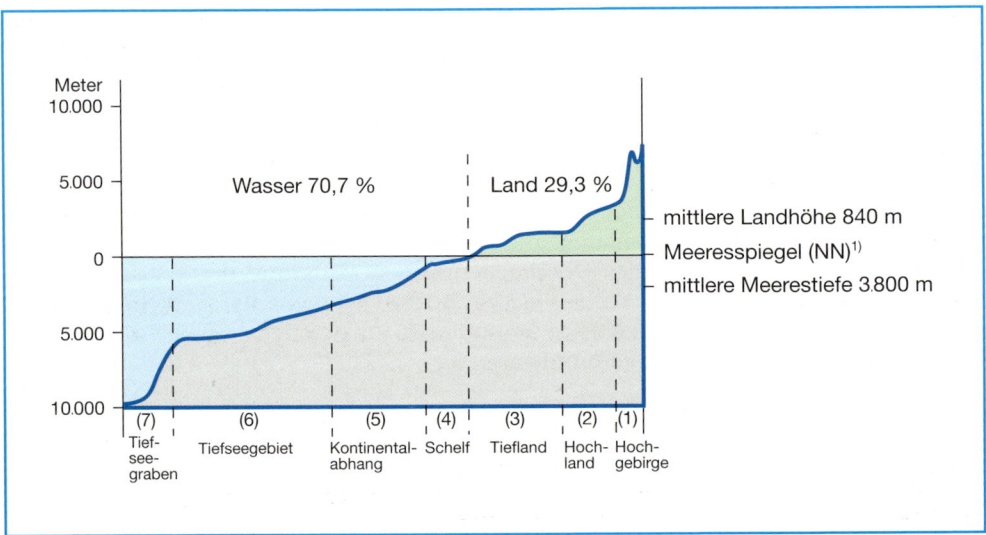

Höhen und Tiefen von Festländern und Meeren

---

[1]   *NN = Normalnull*

1.6.2   Küsten und Küstenformen

Die Übergangslinie zwischen den Landflächen und dem Wasser sind die **Küsten**. Auf der Erde gibt es rund 2 Mio. km Küsten. Ihre Rolle im modernen Verkehrs- und Wirtschaftsleben ist enorm, denn sie sind eine überragende Leitlinie für Verkehr und Wirtschaft geworden, seit sich an ihnen die Seehäfen zu Zentren eines weltweiten Überseehandels entwickelten. Andere **Verkehrsleitlinien**, wie z. B. Täler, Vegetationsrandgebiete, Mittelgebirgssäume u. a. m., werden von den Küsten deutlich übertroffen. Die Seehäfen sind die großen Verkehrseinrichtungen an den Küsten, sie üben unmittelbaren Einfluss auf die Wirtschaft eines Landes aus, da sie den Bezugspunkt der interkontinentalen und oftmals auch der kontinentalen Handels- und Verkehrsverbindungen eines Landes darstellen. Es ist also nicht verwunderlich, dass Staaten bestrebt sind, einen Meereszugang zu erlangen oder zu sichern, wobei vor allem die sog. „warmen Meere" eine herausragende Rolle einnehmen. Auf der anderen Seite wird so gut wie jede an einem Meer gelegene Nation innerhalb ihrer Verkehrswirtschaft ein besonderes Gewicht auf leistungsfähige Seehäfen legen, um am globalen Handel erfolgreich teilnehmen zu können. Der Besitz einer Küste oder eines Hafens bedeutet, einen offenen Weg zum Welthandel zu haben. Annähernd 85 % aller Länder der Welt sind Küstenstaaten; sie sind in der Regel dem Seehandel sehr eng verbunden.

> **Beispiel:**
> Küstenreiche Staaten wie Griechenland, Schweden und Norwegen sind traditionelle Seefahrerstaaten. Ihre Handelsflotten befördern zwar Güter von und zu den Heimathäfen (hometrade), überwiegend jedoch sind diese Küstenstaaten im Seeverkehr zwischen Drittländern (crosstrade) tätig. Aufgrund ihrer geografischen Lage an den Meeren haben sie sich im Welthandel zu „Fuhrleuten der Meere" entwickeln können.

Staaten ohne Meereszugang sind im Überseehandel benachteiligt und vielfach von Nachbarstaaten abhängig. Derartige Staaten verfügen sehr selten über eine Handelsflotte. Ausnahmen bilden u. a. die Binnenstaaten Schweiz und Österreich.

> **Beispiel:**
> Sowohl Österreich als auch die Schweiz unterhalten neben ihren Binnenschiffsflotten auch Tank- und Frachtschiffe unter eigener Flagge im Seeverkehr. Die Schweiz hat aus sicherheits- und versorgungspolitischen Erfordernissen ihre Hochseeflotte in den letzten Jahren vergrößert und modernisiert.

Der Besitz einer Küste bedeutet ferner, dass das zugehörige Meer für Fischerei und Rohstoffgewinnung genutzt werden kann. Man kann die Staaten nach ihrer Lage zum Meer in vier Gruppen unterteilen:

Staaten nach ihrer Lage zum Meer

Gruppe		Beispiele
Inselstaaten		Japan, Indonesien, Großbritannien, Sri Lanka, Philippinen
Halbinselstaaten		Italien, Spanien, Griechenland, Türkei, Malaysia
Uferstaaten	Languferstaaten	USA, Chile, Brasilien
	Kurzuferstaaten	Belgien, Benin, Ghana
Binnenstaaten		Österreich, Schweiz, Luxemburg, Ungarn, Bolivien, Paraguay, Tschad, Nepal

Von besonderer Bedeutung für die wirtschaftliche oder verkehrsmäßige Entwicklung ist die gegenseitige Durchdringung von Land und Wasser, d. h. die **Küstengliederung**. Stark gegliederte Küsten mit vielen Buchten, wie sie in Großbritannien vorherrschen, sind günstiger für den Seeverkehr als Flachküsten. Als ideale Küstenform für den Seeverkehr gilt jene, die es den großen Seeschiffen ermöglicht, einen ungebrochenen Verkehr weit in das Hinterland durchzuführen. Dazu benötigt man „seeschifftiefes Wasser". Von allen Erdteilen hat Europa diesbezüglich die besten Voraussetzungen, denn mehr als ein Drittel der europäischen Landflächen bestehen aus Inseln oder Halbinseln mit starker Zergliederung. Dies hat zu einer außerordentlichen Dichte an Häfen in Europa geführt.

> **Beispiel:**
> An der rund 500 km langen nordwesteuropäischen Kontinentalküste haben sich aufgrund der günstigen Küstenformen, der idealen natürlichen Hinterlandverbindungen über große und tiefe Ströme und durch die klimatisch bedingte ganzjährige Nutzbarkeit der Seewege einige der weltweit größten Seehäfen entwickeln können. Es sind dies Hamburg, Bremen/Bremerhaven, die ARA-Häfen Antwerpen, Rotterdam, Amsterdam, Le Havre und viele kleinere Hafenplätze.

1.6.3 Meer- und Landengen, Inseln

Die Durchdringung von Land und Wasser hat die Bildung von **Meer- und Landengen** sowie **Inseln** zur Folge. Vor allem die Meer- und Landengen sind unter verkehrsgeografischen und politischen Gesichtspunkten besonders interessant, da sie vielfach im internationalen Verkehr regelrechte „Nadelöhre" darstellen. Von **Meerengen** spricht man, wenn schmale Meeresverbindungen zwischen zwei Meeren oder Meeresteilen bestehen. Meeresengen sind oft wichtige Durchfahrten im Seeverkehr.

> **Beispiele:**
> Die Straße von Dover (Ärmelkanal) bündelt auf einer Breite von 31–40 km wichtige Seewege von und nach Europa. Mehr als 60 % der Weltschifffahrt passiert diese Meerenge. Die Ostsee ist über drei Meerengen mit der Nordsee verbunden: den Kleinen Belt (660 m), den Großen Belt (15 km) und den Öresund (3 km). Bis zur Eröffnung des Nord-Ostsee-Kanals (NOK) 1895 mussten alle Ostseeanlieger diese Meerengen durchfahren. Zu den bedeutenden Meerengen gehören derzeit u. a. die Straße von Gibraltar, die Straße von Messina, die Straße von Otranto, die Florida-Straße und die Straße von Hormus.

Landengen sind das Gegenstück zu den Meerengen. Es handelt sich dabei um schmale Festlandsbrücken zwischen großen Landflächen, z. B. Kontinenten oder Halbinseln. Eine Landenge wird auch als Isthmus (gr.-lat.) bezeichnet. Die Bedeutung der Landengen für Handel und Verkehr liegt vor allem in der guten Eignung für den Seekanalbau. Alle bedeutenden Seekanäle durchlaufen eine Landenge und stellen dadurch eine Verkürzung der Seewege dar.

> **Beispiele:**
> Der Suezkanal ist durch die Landenge von Suez, die zwischen Afrika und der Arabischen Halbinsel liegt, gebaut worden. Der Panamakanal nutzt die Landenge von Panama und der Nord-Ostsee-Kanal, überbrückt die Landenge Schleswig-Holsteins. Zu den alten Seewegsverkürzungen gehört ferner der Kanal von Korinth, der den Isthmus von Korinth (Griechenland) schneidet. Für den Seekanalbau werden künftig zwei weitere Landengen an Bedeutung gewinnen: der Isthmus von Tehuantepec (Mexiko) und der Isthmus von Kra (Malayische Halbinsel). Über Tehuantepec wird bereits seit Jahren Landbrückenverkehr mit Containern zwischen Pazifik und Atlantik betrieben.

Inseln sind vielfach den Küsten vorgelagert, aber auch weit in den Weltmeeren verstreut. Sie dienen dem Verkehr oft als wichtige Stützpunkte (z. B. Island, Azoren). Ausgesprochene Inselstaaten wie die Republik Indonesien (13.677 Inseln) stoßen allerdings aufgrund der enormen Landeszersplitterung auf große Probleme bei der Erschließung, Versorgung und Verwaltung ihrer Territorien. Für Wirtschaft und Verkehr kann sich daher eine derartige weiträumige Lage in Form von Inseln als sehr ungünstig erweisen.

1.6.4 Festlandsgewässer

Flussläufe

Für Güterverkehre hatten die Flüsse stets eine überragende Bedeutung. Dies wird allein daran deutlich, dass die räumliche Verteilung der Wirtschaft auf allen Kontinenten eng mit den Flussläufen zusammenhängt. Die meisten großen Städte der Welt liegen an schiffbaren Flüssen oder wenigstens an künstlichen Wasserwegen, den Kanälen. Als kostengünstige, sichere und längst nicht völlig ausgenutzte Landverkehrswege für Massen- wie auch für Stückgüter kommt den Flüssen wie den Kanälen im Zuge der Umweltdiskussion eine immer größere Bedeutung zu.

Als **Fluss** wird jedes fließende Gewässer definiert, das Niederschläge sammelt, Quellwasser auffängt und sie den Meeren oder einem Endsee zuführt. Kleine Wasserläufe werden umgangssprachlich Bäche, größere Flüsse oft Ströme genannt. Eine strenge Grenze zwischen ihnen gibt es nicht. Erreicht ein Fluss ein Meer oder einen Endsee, so wird er als **Hauptfluss** bezeichnet. Alle zu seinem Einzugsgebiet gehörenden kleineren Flüsse sind Nebenflüsse der 1., 2., 3. usw. Ordnung, je nachdem, ob sie direkt oder über andere Nebenflüsse in den Hauptfluss münden. Haupt- und Nebenflüsse bilden das **Flusssystem**, das die Form eines verzweigten Baumes annehmen kann. Flusssysteme werden bis auf wenige Ausnahmen durch Wasserscheiden getrennt.

> **Beispiel:**
> Der Rhein ist einer der zentraleuropäischen Hauptflüsse. Nebenfluss der 1. Ordnung ist unter anderem die Mosel, die in die Mosel mündende Saar ist ein Fluss der 2. Ordnung.

Allen Flüssen ist gemein, dass man sie von ihrer Quelle bis zur Mündung in die drei charakteristischen Abschnitte Ober-, Mittel- und Unterlauf unterteilen kann. Ein starkes Gefälle und eine enge Tallage kennzeichnet viele Flüsse im **Oberlauf**. In Hochgebirgsregionen können Flüsse leicht bis zu 10 m Höhe auf einem Streckenkilometer verlieren. Auch ein Gefälle von 1 m auf 1 km Strecke wie beim Rhein zwischen Konstanz und Basel gilt noch als hoch. Mäßigere Fließgeschwindigkeit, geschwungener Verlauf in großen Talweitungen und der Zufluss von Nebenflüssen bestimmen das Bild vieler **Flussmittelläufe**. Fährschifffahrt und gewerbliche Binnenschifffahrt nutzen diese Flussabschnitte unterschiedlich stark. Die Mittelläufe konnten jedoch oftmals erst durch menschliche Eingriffe einer Nutzung voll zugeführt werden. Alle bedeutenden Ströme sind in ihrem **Unterlauf** Tieflandströme, auf denen sich zum Teil mächtige Verkehrsbänder entwickelt haben. Die Flüsse haben im Unterlauf üblicherweise die geringste Fließgeschwindigkeit, sie lagern daher mitgeführtes Lockermaterial ab (Sedimentation) und bilden breite Flussbögen (Mäander), die beispielsweise an Niederrhein und Maas durch Dämme und Deiche gesichert werden müssen. Insgesamt ist die Wasserführung stets so hoch, dass Küstenmotorschiffe und kleine Seeschiffe im direkten Verkehr Binnenhäfen anlaufen können. Die Unterläufe sind durch eine hohe Verkehrskonzentration, dichte Industrieballungen und eine große Bevölkerungsdichte gekennzeichnet.

Abbildungen vergleichen

Flussmündungen

Bedeutende Punkte für den see- und landwärtigen Güterverkehr sind die Flussmündungen. Sie sind unterschiedlich geformt. Im Wesentlichen hängt ihre Form mit den Wasserverhältnissen des sie aufnehmenden Gewässers, z.B. eines Meeres, zusammen. Als wichtigste Formen können die **Trichter-**, **Haff-** und **Deltamündung** genannt werden. Ihre Bedeutung für den Verkehr ist durchweg sehr hoch, jedoch gelten nicht alle Mündungsarme von Flüssen als verkehrsfördernd.

Trichter- oder Schlauchmündungen

Diese auch **Ästuar** genannte Mündungsform steht unter dem Einfluss der Gezeitenströme. Der starke Wechsel von Ebbe und Flut fördert die Entstehung eines Mündungstrichters, der weit und offen ist. Die Flut kann immer wieder weit ins Land eindringen und die vom Fluss mitgeführten Sinkstoffe wegräumen. Trichtermündungen eignen sich sehr für den Bau von Häfen. An der deutschen Nordseeküste liegen z. B. Hamburg und Bremen an Ästuaren. Der Lagevorteil dieser Seehäfen wird dadurch deutlich, dass sie rund 100 km weit landeinwärts am Ende der Flusstrichter liegen und so die Erschließung des Hinterlandes begünstigen. Trichtermündungen haben aus diesem Grund weltweit immer wieder die Entstehung großer Seehäfen gefördert.

Haffmündungen

Sie sind für die Verkehrswirtschaft ungünstige Mündungsformen, denn die Flüsse werden durch eine schmale Landzunge (Nehrung oder Haken genannt) allmählich vom offenen Meer abgeschnürt. Dies ist u. a. bei den in die Ostsee mündenden Strömen Oder und Weichsel der Fall. Die an den Mündungen liegenden Häfen geraten auf Dauer in Gefahr, den Meeresanschluss zu verlieren. Kostspielige Baggerarbeiten zur Freihaltung der Fahrrinne sind vielfach notwendig.

Deltamündungen

Ihre Entstehung vollzieht sich meist dort, wo ein Fluss in einen See, in ein gezeitenarmes Meer oder eine ruhige Bucht mündet. Der Fluss lagert mit der Zeit die mitgeführten Sinkstoffe im Mündungsgebiet ab, sodass eine fächerförmige Strommündung entsteht. Der Strom selbst gabelt sich und ufert aus, wobei er immer Altwässer und Sümpfe bildet. Die Bezeichnung Delta wurde zuerst auf die Nilmündung angewandt, da seine Mündungsform dem vierten großgeschriebenen Buchstaben des griechischen Alphabets, dem Delta, gleicht. Deltamündungen haben u.a. die Flüsse Po, Donau, Rhône, Rhein, Huangho und Mississippi. Generell ist diese Form verkehrsungünstig, da die Flüsse ständig Schlamm ablagern, die Anlage von neuen Häfen erschweren und die Freihaltung von Mündungsarmen bei bestehenden Häfen erzwingen. Nicht selten haben deltabildende Flüsse mehrere Mündungsarme, von denen nur einer unter hohen Kosten auf einer beständigen Fahrwassertiefe gehalten wird.

> **Beispiel:**
> Die Donaumündung gabelt sich in drei Hauptwasserarme. Günstige Fahrbedingungen finden sich jedoch nur auf dem mittleren Mündungsarm, dem Sulinalauf, dessen Wassertiefe ständig durch künstliche Eingriffe gesichert wird. In einigen Fällen haben sich Häfen in Deltamündungen nur an jenen Mündungsarmen entwickeln können, die von Gezeitenströmen offengehalten werden. Dies gilt für den Hafen Ho Chi Minh (Saigon) am Mekongdelta und für den Hafen von Kalkutta am Gangesdelta.

Seen

Wasseransammlungen ohne natürlichen oder unmittelbaren Zugang zum Meer werden Seen genannt. Im allgemeinen Sprachgebrauch werden einige derartige Gewässer auch als Meere bezeichnet. Diese Bezeichnung ist allerdings unzutreffend, da die Verbindung zum Meer fehlt. So ist das Kaspische Meer der größte See der Welt, jedoch kein Meer.

Neben der lokalen und regionalen Bedeutung einiger Seen für den Güter- und Personenverkehr, wie zum Beispiel in Finnland, wo Seeflächen rund 12 % des Staatsgebietes ausmachen, sind diese Binnengewässer gelegentlich wichtige Bindeglieder längerer Binnenschifffahrtswege.

> **Beispiel:**
> Die Wolga, Europas längster Strom, verbindet das Kaspische Meer für Schiffe mit bestimmten Abmessungen über den Wolgograder, Saratower, Kuibyschewer und Gorkijer Stausee sowie den Onegasee mit dem Weißen Meer. Ein Kanal mit Wasserzufuhr aus dem Ladogasee stellt weiterhin die Verbindung der Wolga zur Ostsee her.

In Nordamerika stellt die Kette der Großen Seen, verbunden durch den Welland-Kanal und eine Reihe von Schleusen, die Möglichkeit her, mit Seeschiffen vom Atlantik aus tief in den nordamerikanischen Teilkontinent einzufahren. Oberer See, Michigansee, Huronsee, Eriesee und Ontariosee, an dessen Ausfluss der in den offenen Atlantik mündende St. Lorenzstrom beginnt, sind nicht nur Teil des etwa 3.800 km langen Seeschiffsweges in die USA und Kanada, sondern auch der Standort einer der größten Industriekonzentrationen auf der Welt. Seen erfüllen des Weiteren Aufgaben als Bindeglieder in den großen Seeschiffskanälen.

> **Beispiel:**
> Der Suezkanal besteht nicht allein aus einer durchgängigen künstlich geschaffenen Kanalstrecke. Große Streckenabschnitte werden durch den Kleinen und Großen Bittersee gebildet. Auch der Panamakanal führt nicht ausschließlich als Kanal durch die Panama-Landenge, sondern nutzt die Gewässer des Gatunsees.

Zusammenfassung

1. *Das Verhältnis von Land zu Wasser beträgt auf der Erde rund 30 : 70.*

2. *Leitlinien für Verkehr und Wirtschaft sind insbesondere die Küsten, Täler, Flüsse, Mittelgebirgssäume und Vegetationsrandgebiete.*

3. *Der Besitz von Küsten ist für das Wirtschafts- und Verkehrswesen eines Staates von überragender Bedeutung, da Küsten einen offenen Weg zum Welthandel bedeuten.*

4. *Meer- und Landengen sind Nadelöhre im internationalen und interkontinentalen Verkehr.*

5. *Flüsse sind überragende Verkehrsleitlinien. Hauptfluss und Nebenflüsse bilden zusammen ein Flusssystem.*

6. *Flussmündungen bilden oft die Schnittstellen zwischen dem see- und landwärtigen Verkehr. Nach ihrer Form werden sie im Wesentlichen in Trichter-, Haff- und Deltamündungen unterteilt. Die Verkehrsbedeutung ist jeweils sehr unterschiedlich.*

7. *Festlandsgebiete weisen allgemein die drei Oberflächenformen Tiefland, Mittelgebirge und Hochgebirge auf. Die Tieflandregionen sind wirtschaftliche und verkehrstechnische Gunsträume.*

1.7   Verkehrsraum Meer

Betrachtet man das Verhältnis von 30 : 70 bei der Land-Wasser-Verteilung, dann wird deutlich, welchen gewaltigen Umfang die Weltmeere einnehmen und welche große Bedeutung ihnen auch im Verkehrswesen zukommt. Drei Haupt- oder Weltmeere bilden zusammen mit ihren Nebenmeeren die gesamte globale Wasserfläche. Sie sind deutlich durch Landmassen voneinander abgegrenzt. Die Punkte, die flächenmäßig die Ozeane trennen, sind die Landspitzen von Kap Hoorn in Südamerika, Kap Agulhas oder Nadelkap in Südafrika und das Südkap von Tasmanien.

1.7.1   Haupt- und Nebenmeere

Der **Pazifische Ozean** nimmt einschließlich der Nebenmeere rund 180 Mio. km² ein, er bedeckt annähernd ein Drittel der Erdoberfläche und ist fast so groß wie Indik und Atlantik zusammen. Er wird daher auch als „Großer Ozean" bezeichnet. Seine Ausdehnung von W nach E erreicht 15.000 km und ebenso groß ist die N-S-Erstreckung von der Beringstraße bis zur Antarktis. Die Bezeichnung „Pazifischer Ozean" (= Stiller Ozean) stammt ursprünglich von dem portugiesischen Seefahrer Magellan, der bei seiner Weltumseglung im 16. Jh. dieses Meeresgebiet im Vergleich zum Atlantik als „still" erlebte. Diese Deutung ist allerdings irreführend, denn die pazifische Wasserfläche wird durch die ungebremst und dauernd wehenden Westwinde oft so stark aufgewühlt, dass Wirbelstürme und Flutwellen (Tsunamis) die Küsten in den Fahrtgebieten des Fernen Ostens verheerend heimsuchen.

Der **Atlantische Ozean**, dem auch das Nordpolarmeer zugerechnet wird, bedeckt eine Fläche von rund 110 Mio. km² und damit rund ein Fünftel der Erdoberfläche. Sein Verlauf von der sibirischen Küste über den Nordpol bis in die Antarktis ist S-förmig. Die schmalste Stelle liegt zwischen Südamerika und Afrika. Nur 3.000 km trennen die beiden Kontinente zwischen Kap Sao Roque (Brasilien) und den Häfen Conakry (Guinea) und Freetown (Sierra Leone). Zwischen Mexiko und Spanien ist der Atlantik mit rund 8.000 km am breitesten. Würde ein Schiff mit einer durchschnittlichen Geschwindigkeit von 15 Knoten (1 Kn = 1 Seemeile/sm = 1,852 km/h) die beiden Strecken überwinden, so würde es fünf bzw. zwölf Tage dafür benötigen.

Das kleinste Weltmeer ist mit rund 74 Mio. km² der **Indische Ozean** (auch Indik genannt). Die N-S-Ausdehnung misst rund 10.000 km, am Äquator ist der Indik etwa 6.000 km breit. Die Seeroute zwischen Südafrika und Australien beträgt über den Indik etwa 8.000 km.

Die Ozeane greifen in die sie begrenzenden Landmassen mit **Nebenmeeren** ein. Als solche Nebenmeere werden generell alle **Mittelmeere** und **Randmeere** angesehen. Sie spielen im Seeverkehr eine besonders wichtige Rolle, da sich auf ihnen der Schiffsverkehr der Hauptseerouten verdichtet, schließlich bündelt und auf die Endhäfen an den Küsten auffächert. Außerdem sind sie der Verkehrsraum der Küstenschifffahrt. Von den Hauptmeeren abgegrenzt werden die Nebenmeere durch Inseln, Inselketten, Landengen oder untermeerische Schwellen, jeweils in unterschiedlich starkem Maße.

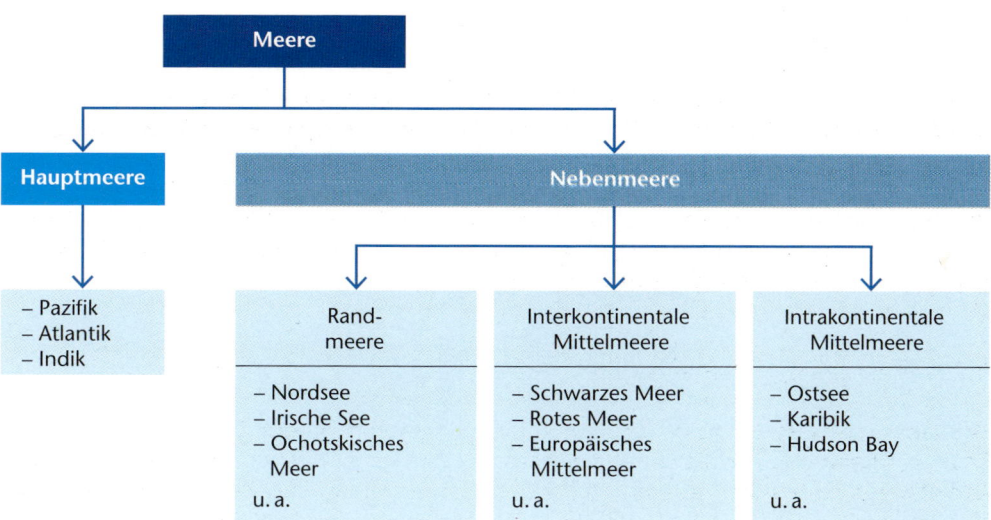

Die Nebenmeere werden je nach ihrer Lage in drei Gruppen unterteilt. Als **Randmeere** werden sie bezeichnet, wenn sie den Kontinenten randlich angegliedert sind. Sind sie zwischen Kontinenten eingebettet, bezeichnet man sie als **interkontinentale Mittelmeere.** Liegt ein Nebenmeer innerhalb eines Kontinents, dann wird es als **intrakontinentales Mittelmeer** bezeichnet. Zu den Nebenmeeren gehören im weiteren Sinne auch die Meeresbusen, Golfe oder Baien (offene Meeresbuchten), die Meeresengen, Sunde, Kanäle und Meeresstraßen. Nicht zu den Weltmeeren bzw. Nebenmeeren werden Wasserflächen ohne direkte Meeresverbindung gerechnet.

Beispiele:
Die Nordsee ist ein Randmeer des Atlantiks. Sie wird durch die Britischen Inseln, die Orkney-Inseln und die Shetland-Inseln recht deutlich von ihm abgegrenzt. Die Ostsee mit ihren drei Meeresbusen ist ein intrakontinentales Mittelmeer, da sie vollständig innerhalb Europas liegt. Das gesamte sog. „europäische Mittelmeer" ist mit seinen verschiedenen Meeresgebieten ein interkontinentales Mittelmeer, da es zwischen den Kontinenten Europa, Afrika und Asien eingebettet ist.

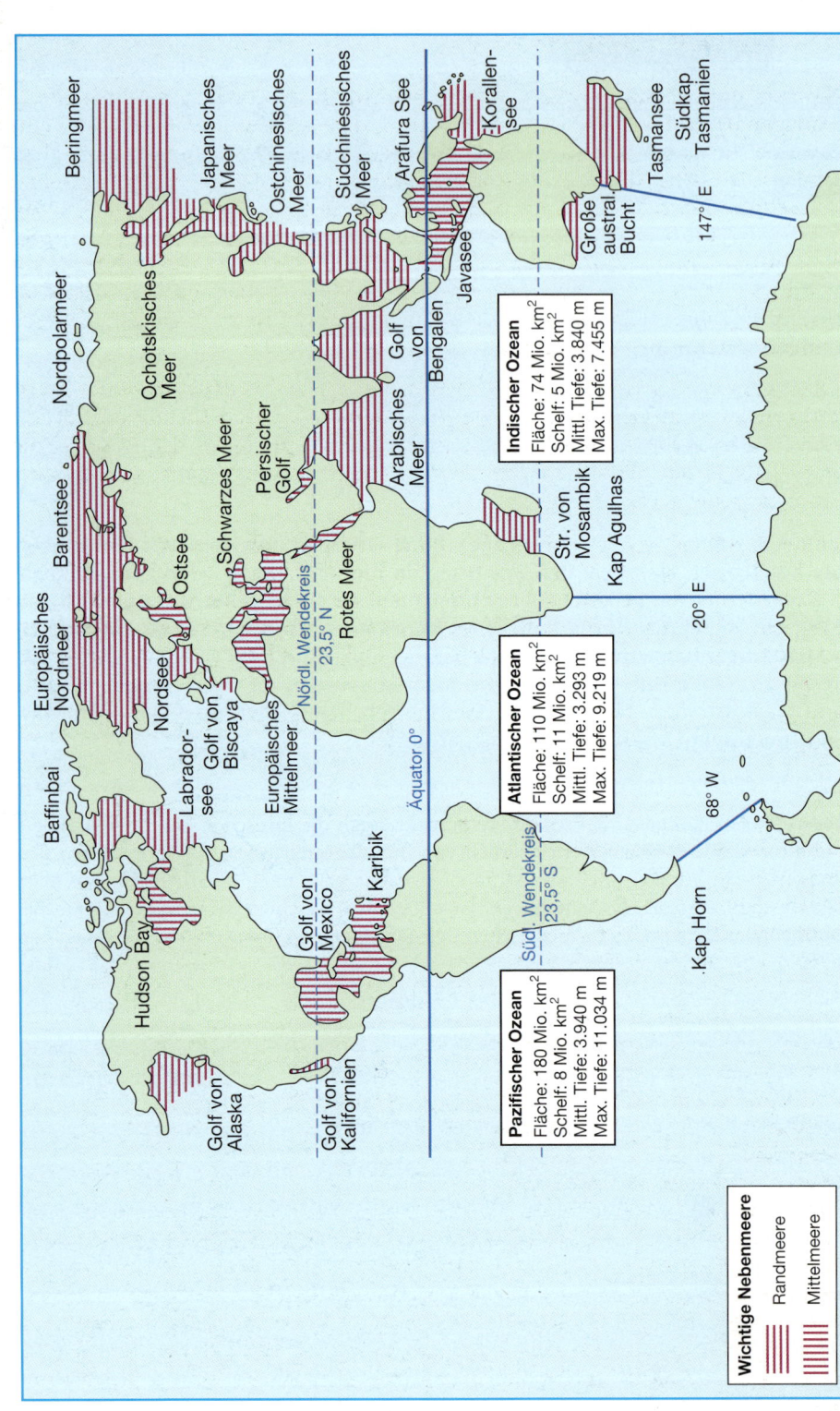

Die Weltmeere

Pazifischer Ozean
Fläche: 180 Mio. km²
Schelf: 8 Mio. km²
Mittl. Tiefe: 3.940 m
Max. Tiefe: 11.034 m

Atlantischer Ozean
Fläche: 110 Mio. km²
Schelf: 11 Mio. km²
Mittl. Tiefe: 3.293 m
Max. Tiefe: 9.219 m

Indischer Ozean
Fläche: 74 Mio. km²
Schelf: 5 Mio. km²
Mittl. Tiefe: 3.840 m
Max. Tiefe: 7.455 m

Wichtige Nebenmeere
Randmeere
Mittelmeere

1.7.2 Salzgehalt und Wassertemperatur

Das Meerwasser enthält Salz in unterschiedlichen Konzentrationen. Im Durchschnitt liegt der **Salzgehalt** (Salinität) bei rd. 35 Promille, d. h., auf einen Liter Meerwasser entfallen 35 g Salz. Im Gegensatz zum Süßwasser friert Meerwasser aufgrund des hohen Salzgehaltes erst bei −1,8 °C. In den regenarmen subtropischen Gebieten, in denen eine große Verdunstung herrscht, steigt der Salzgehalt wie im europäischen Mittelmeer auf über 40 Promille an (Rotes Meer 40–45 Promille). In den polnahen Meeresteilen sinkt die Salinität infolge der geringeren Verdunstung und der größeren Süßwasserzufuhr ab (Ostsee 5 und Schwarzes Meer bis zu 20 Promille). Die Schwankungen im Salzgehalt betreffen stets die Oberflächenwasser, ab einer Tiefe von rund 300 m beträgt der Salzgehalt ziemlich gleichmäßig 35 Promille.

Die der Oberfläche nahen Wassermengen werden von Winden verwirbelt, mit Luft vermischt und von der Sonne gewärmt. Die **Temperaturen** an der Wasseroberfläche reichen daher von −1 °C (Arktis) bis zu +36 °C (Persischer Golf). In den Tiefen der Meere ist die Temperatur hingegen überall annähernd gleich, sie beträgt sowohl im Nordpolarmeer als auch in den Tropengewässern rund 5 °C.

Salzgehalt und Temperatur des Wassers sind für die Seeschifffahrt von erheblicher Bedeutung, da sich nach ihnen richtet, wie tief ein Schiff vollbeladen im Wasser liegen darf. Kaltes Wasser trägt besser als warmes – ebenso trägt salzhaltiges Wasser wegen seiner höheren Dichte besser als salzarmes Wasser. Es ist daher ein beträchtlicher Unterschied, ob ein Schiff in nordischen Gewässern oder in tropisch-warmen Regionen eingesetzt wird.

Jedes Schiff hat an seinen Bordwänden zur Sicherheit **Lademarken**, die sich auf die unterschiedlichen Bedingungen der Fahrtgebiete beziehen.

Beispiel:

Lademarken werden auch als sogenannte „Freibordmarken" bezeichnet. Unter Freibord versteht man dem Wortsinn nach den aus dem Wasser ragenden Teil des Schiffes. Die Freibordmarke, die je Schiff individuell ausgemessen wird, besagt, dass mindestens ein bestimmter Teil des Schiffes aus dem Wasser ragen muss – sie ist daher ein Mindestmaß. Berücksichtigt werden in der Markierung die Art der Fahrtgebiete (Meere, Flüsse), die jahreszeitlichen oder regionalen Besonderheiten in der Wetterlage u. a. m. Eingeführt wurde die Freibordmarke im Jahre 1875 in England auf Bestreben des Reeders und Kohlenhändlers Samuel Plimsoll. Er wollte mit dieser „Sicherheitsmarkierung" das bis dahin häufig zu tiefe „Abladen" der Seeschiffe und die daraus resultierenden Gefahren für Mannschaft und Ladung unterbinden. Freibordmarken werden daher auch als Plimsoll-Marken bezeichnet. Über ihre Anbringung und Festlegung wird von den Seeberufsgenossenschaften in Zusammenarbeit mit Klassifikationsgesellschaften (z. B. Germanischer Lloyd) ein „Freibordzeugnis" ausgestellt. Die Einhaltung der Bestimmungen wird von der Wasserschutzpolizei überwacht: Schiffe ohne gültiges Freibordzeugnis oder zu tiefer Abladung werden im eigenen und im Interesse der Hafenverwaltungen an der Weiterfahrt gehindert.

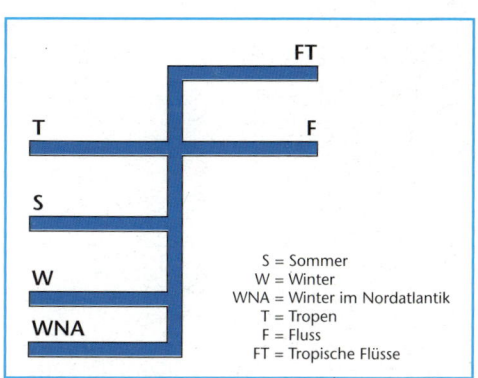

S = Sommer
W = Winter
WNA = Winter im Nordatlantik
T = Tropen
F = Fluss
FT = Tropische Flüsse

Beispiel für eine Freibordmarke (Plimsoll-Marke)

1.7.3   Meeresströmungen

Die Oberflächentemperatur des Ozeanwassers wird durch herangeführte warme und kalte Meeresströmungen beeinflusst. Als Motor für diese gewaltigen Wasserbewegungen dienen die Winde (vgl. Kap. 1.8.4), insbesondere die beständig wehenden Winde in Form der **Passate** und der **Westwinde.** Auf der Nordhalbkugel wehen die Passate aus NE, auf der Südhalbkugel aus SE. Auf beiden Halbkugeln treiben die Passate die Oberflächenwasser auf den Äquator zu und bilden so ozeanische Strömungen. Die von den Passatwinden bewegten Wassermassen werden auf ihrem Weg zum Äquator soweit abgelenkt, dass sie einen westwärts gerichteten Strom bilden, der parallel zum Äquator fließt **(Äquatorialstrom).** Wo er auf die Küsten der Kontinente trifft, wird er nach N und S küstenparallel abgelenkt, vereinigt sich mit anderen Strömungen und bildet auf diese Weise Strömungskreisläufe in den Nord- und Südozeanen heraus. Sie wandern mit den Winden und den jahreszeitlichen Temperaturverschiebungen im Rhythmus nach N und S.

Zu unterscheiden sind kalte und warme Meeresströmungen. Die kalten transportieren (spezifisch schweres) Polwasser aus den kalten Zonen in die warmen Bereiche, die warmen befördern (spezifisch leichtes) Äquatorialwasser in die kühlen Bereiche. Somit sind die auf die Pole gerichteten Strömungen warm, die auf den Äquator gerichteten Strömungen kalt. Allerdings besagt „kalt" und „warm" lediglich, dass die jeweilige Strömung und ihr mitgeführtes Wasser wärmer oder kälter sind als die Wassermassen in ihrer Nachbarschaft. Alle Meeresströmungen werden im Gegensatz zu den Winden nach der Richtung bezeichnet, in die sie fließen.

Beispiel:
Der kalte Humboldt- oder Perustrom fließt in Richtung der peruanischen Küste. Der warme Antillenstrom fließt aus der Äquatorzone zu der Antillen-Inselkette. Ein Westwind dagegen kommt aus dem Westen.

Warme und kalte Meeresströme (Auswahl)

Warme Strömungen		Kalte Strömungen	
Name	Lage	Name	Lage
Nordatlantikstrom (Golfstrom)	Nordatlantik	Humboldtstrom	S/O-Pazifik
Süd-Äquatorialstrom	Mittelatlantik	Westwindtrift (Südpolardrift)	Antarktis

Entstehung und Wirkung des Nordatlantikstroms

Seinen Ursprung hat der Nordatlantikstrom, der allgemein auch **Golfstrom** genannt wird, im Golf von Mexiko, in den die beiden äquatorialen Warmwasserströme (Nord- und Südäquatorialstrom) des Atlantiks zum großen Teil einmünden. Der Zufluss der beiden Strömungen bewirkt im engen Golf einen Wasserüberschuss. Dadurch bildet sich ein Gefälle zum offenen Atlantik, das sich seinen Weg durch die Florida-Straße sucht. Mit relativ hoher Geschwindigkeit zwängt sich das aufgewärmte Wasser aus der Golfregion durch die Florida-Straße und bildet im Atlantik den Warmwasserstrom (Golfstrom).

Im Gebiet vor Neufundland trifft der Nordatlantikstrom auf den vergleichsweise kalten Labradorstrom und wird von ihm weiter nach E abgelenkt. Er überquert den Nordatlantik und wird mit dem Westwind dieser Breiten bis in das Europäische Nordmeer und die Barentssee transportiert. Der Golfstrom ist einer der wärmsten Ströme der Erde, seine Bedeutung für West- und Nordeuropa ist enorm.

Beispiele:

Bis hin zum Nordkap (rd. 71° n. Br.) frieren die europäischen Atlantikhäfen im Winter nicht zu und bis auf 70° n. Br. (Raum Hammerfest) ist durch den Golfstromeinfluss der Getreideanbau noch möglich. Der Golfstrom drückt ferner die Treibeisgrenze nach Westen, sodass Eisberge den europäischen Nordatlantik nicht bedrohen. Insgesamt „heizt" der Golfstrom breite Küstensäume Nordwesteuropas so stark auf, dass die jährliche Durchschnittstemperatur um rund 10 °C höher liegt als es in diesen geografischen Breiten üblich ist. So befindet sich die Badeinsel Sylt (rd. 55° n. Br.) auf gleicher Höhe mit der eisigen Südgrenze Alaskas.

Der Einfluss kalter Strömungen

Sehr kaltes, nährstoffreiches Wasser transportiert der Humboldtstrom (auch Perustrom genannt) aus den arktischen Gewässern zum Äquator. Vergleichbar dem Golfstrom sind durch diese Strömung bestimmte Wirkungen an den berührten Küsten zu beobachten. So ist es dem Humboldtstrom zuzuschreiben, dass die jährliche Durchschnittstemperatur der südamerikanischen Pazifikküste z. B. bei den Seehäfen Antofagasta, Valparaiso und Valdivia um bis zu 6 °C niedriger liegt als es für diese Breitenlage typisch ist.

Im fernöstlichen Nordpazifik übt die kalte Strömung des Oya-Schio (Gelbes Salz) im Gegensatz zum warmen Kuro-Schio (Blaues Salz) ungünstigen Einfluss auf das Festland aus. Entlang der nordasiatischen Pazifikküste setzt er die Temperaturen herab und verschiebt dadurch die Getreidegrenze in die niederen Breiten Ostasiens. Die Auswirkungen auf die Verkehrswirtschaft sind ebenfalls beträchtlich.

Beispiel:

Im Einflussbereich des Oya-Schio-Stroms gibt es nur wenige eisfreie Häfen. Im Wesentlichen gehören hierzu die russischen Pazifik-Häfen Wladiwostok und Nachodka sowie der bei rd. 48° n. Br. liegende Hafen Sowjetskaja Gawan. Der Oya-Schio sorgt ganzjährig in diesen Küstengebieten für eine Gefährdung der Schifffahrt durch Treibeis.

1.7.4   Gezeiten

Der Wasserstand der Hauptmeere und der meisten Nebenmeere wird durch die Gezeiten bestimmt. Sie entstehen durch die gegenseitige Anziehungskraft von Erde, Mond und in geringerem Umfang der Sonne sowie dadurch, dass Mond und Erde um einen gemeinsamen, in der Erde liegenden Schwerpunkt kreisen (Fliehkraft). Auf den starren Landmassen wirken diese Kräfte auch, sie sind jedoch dort kaum wahrnehmbar. In den beweglichen Wassermassen hingegen verursacht die Anziehungskraft des nahe zur Erde stehenden Mondes auf der ihm zugewandten Erdseite einen Wasserüberschuss (Wasserberg), der als **Zenitflut** bezeichnet wird. Auf der mondabgewandten Erdseite kommt es durch die entgegengesetzt wirkende Fliehkraft ebenfalls zu einem Wasserberg, der als **Nadirflut** bezeichnet wird. Beide Kräfte bewirken zweimal täglich einen höchsten und zweimal täglich einen niedrigsten Wasserstand. Sie werden als **Flut** (auflaufendes Wasser) und **Ebbe** (ablaufendes Wasser) bezeichnet. Bei der Flut ist die Zenitflut normalerweise stärker ausgeprägt als die Nadirflut.

Der Zeitraum, den eine Flut und eine Ebbe zusammen einnehmen, wird **Tide** genannt. Dementsprechend werden der niedrigste Wasserstand als „Tidenniedrigwasser" (TNW) und der höchste als „Tidenhochwasser" (THW) bezeichnet. Der mittlere Höhenunterschied zwischen beiden Wasserständen ist der **Tidenhub** oder Flutstand. Er wird in Zentimeter bzw. Meter über NN (Normalnull) gemessen und ist je nach Stellung des Mondes und der Sonne zur Erde unterschiedlich.

Gezeitenphasen

Läuft das Wasser „auf", so entsteht ein landwärts gerichteter Flutstrom; läuft das Wasser „ab", bildet sich ein seewärts gerichteter Ebbstrom. Der Übergang von einer Fließrichtung in die entgegengesetzte wird „kentern" genannt. Dabei kommt es zu einer kurzen Phase des Wasserstillstandes. Der Gezeitenwechsel erfolgt nach dem Mondlauf alle sechs Stunden und 12,5 Minuten. Dies bedeutet, dass sich der Eintritt von Ebbe und Flut täglich um 50 Minuten (4 × 12,5 Minuten = 50 Minuten) verschiebt. Eine Tide dauert also 12 Stunden und 25 Minuten.

Die Gezeiten sind allerdings nur an den Küsten deutlich spürbar. In den offenen Ozeanen beträgt der Tidenhub dagegen nur rund 1 m, meistens noch weniger. Vor den Küsten wächst der Tidenhub an, weil die Wassermassen gestaut werden. In Trichtermündungen erreichen die Wasserstände besonders hohe Werte. In abgeschnürten Nebenmeeren wirken sich die Gezeiten kaum aus.

Beispiel:
Das durch die Straße von Gibraltar fast völlig vom offenen Atlantik abgegrenzte europäische Mittelmeer hat einen durchschnittlichen Tidenhub von lediglich 0,5 m. In der Ostsee bei Kiel liegt der Tidenhub im Durchschnitt sogar nur bei 0,07 m.

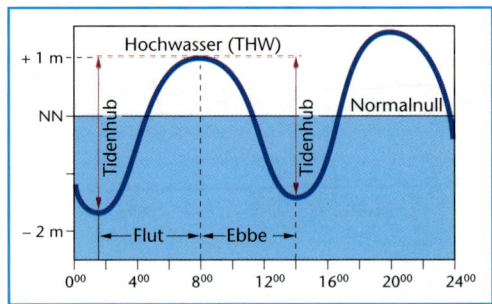

Gezeitenablauf während eines Tages

Der Gezeiteneinfluss wirkt auf die Schifffahrt unterschiedlich. Denn die durch die Gezeiten hervorgerufenen Strömungen, die Geschwindigkeiten bis zu 3 sm erreichen können, haben hemmende wie fördernde Kräfte. Sie vermindern oder erhöhen die Fahrtgeschwindigkeit und beeinflussen damit die Ankunfts- und Abfahrtszeiten der Linienschifffahrt. Das von der Flut stromaufwärts getriebene Wasser ermöglicht auf manchen Flüssen erst das tiefere Einfahren großer Schiffe. Die Wirkung der Gezeiten zeigt sich letztlich auch augenfällig an den Hafenanlagen. Denn der Tidenhub bestimmt, ob ein Hafen als offener Tidehafen oder als geschlossener Dockhafen angelegt wird.

Zusammenfassung

1. Drei Hauptmeere bilden mit Nebenmeeren die gesamte globale Wasserfläche. Der Größe nach sind es der Pazifische Ozean (Pazifik), der Atlantische Ozean (Atlantik) und der Indische Ozean (Indik).

2. Randmeere sind kleinere Nebenmeere der großen Ozeane. Sie werden u. a. durch Inselketten oder Inseln von den Ozeanen getrennt. Zwischen Kontinenten eingebettete Nebenmeere bezeichnet man als interkontinentale Mittelmeere, Nebenmeere innerhalb von Kontinenten sind intrakontinentale Mittelmeere.

3. Salzgehalt und Wassertemperatur sind für die Seeschifffahrt von erheblicher Bedeutung, da sich nach ihnen richtet, wie tief ein Seeschiff vollbeladen im Wasser liegen darf.

4. Lademarken sind „Sicherheitsmarkierungen" an Schiffsbordwänden, an denen abgelesen werden kann, wie tief ein Schiff bei unterschiedlichen Wasserbedingungen „abgeladen" werden kann.

5. Der bedeutendste und für Europa wichtigste Meeresstrom ist der Nordatlantikstrom (auch Golfstrom genannt).

6. Flut (= auflaufendes Wasser) und Ebbe (= ablaufendes Wasser) bilden zusammen eine Tide. Der niedrigste Wasserstand wird „Tidenniedrigwasser" (TNW), der höchste „Tidenhochwasser" (THW) genannt.

7. Der Gezeitenwechsel erfolgt nach dem Mondlauf alle 6 Stunden und 12,5 Minuten.

Aufgabe

Fertigen Sie mithilfe von Atlas und Karten eine Übersicht der europäischen Nebenmeere in Form der Rand- und Mittelmeere an. Nennen Sie ihre jeweiligen natürlichen Verbindungswege zu den Ozeanen (Meerengen) und die Anliegerstaaten der von Ihnen genannten Nebenmeere. Verfahren Sie dabei nach folgendem Muster:

Art des Nebenmeeres	Bezeichnung des Meeres	Verbindungswege	Anliegerstaaten
Randmeer	Irische See	Nordkanal/ St.-Georgs-Kanal	Irland, Großbritannien

1.8 Klimatische Einflüsse

Klima und Wetter prägen unsere gesamten Lebensverhältnisse. Auch alle Verkehrssysteme, ob zu Lande, zu Wasser oder in der Luft, sind bekanntlich seit eh und je ständig den sich schnell wechselnden lokalen oder regionalen Wetterverhältnissen unterworfen. Bei großräumigen interkontinentalen Güterverkehren kann die Durchquerung mehrerer Klimazonen eine Gefahr für die Ladung bedeuten, auch wenn sie in Containern verstaut ist. Klima- und Wetterbeobachtungen und die daraus resultierenden Vorhersagen bilden somit unverzichtbare Entscheidungshilfen für die Transportwirtschaft.

1.8.1   Temperatur, Wetter und Klima

Die Hauptursache für alle Wettervorgänge ist die Erwärmung der Luft durch die **Wärmestrahlung** der Sonne. Dass es unterschiedlich stark erwärmte Gebiete auf der Erde gibt, hat im Wesentlichen zwei Gründe. Zum einen treffen die Sonnenstrahlen die nördlichen Zonen der Erde in einem spitzen Winkel, sie bescheinen also eine viel größere Fläche als in den südlichen Gebieten. Die Heizkraft dieser Wärmestrahlen ist daher auch deutlich geringer als jene, die im rechten Winkel die Äquatorregionen treffen. Zum anderen müssen die Wärmestrahlen durch die mit Staub angereicherte Atmosphäre einen längeren Weg zu den nördlicheren Zonen zurücklegen, ihre Wärmekraft wird dadurch zusätzlich abgeschwächt. Durch den ständigen Wechsel des Einfallswinkels der Sonne sind die Tag- und Nachtdauer auf den Breitenlagen der Erde unterschiedlich.

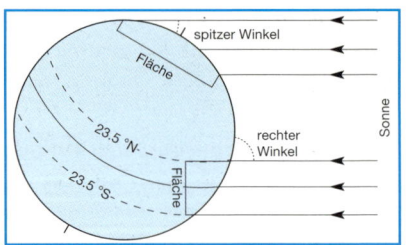

Verschiedene Erwärmung der Erdoberfläche und der Luft

Doch ist die Breitenlage nicht allein entscheidend für die Erwärmung eines Ortes. Mehrere andere Faktoren üben wesentlichen Einfluss auf Temperatur und Klima aus:

■ Die **Höhenlage** eines Ortes über dem Meeresspiegel. Je 100 m Höhe kann mit einer Temperaturabnahme von 0,5 bis 1 °C gerechnet werden.

■ Die **Meeresnähe** eines Ortes. Da Landflächen schneller erwärmen als Wasserflächen, sich aber auch schneller wieder abkühlen, ist der Einfluss von Meereslagen auf die Temperatur sehr bedeutsam. In Westeuropa herrscht ein ausgeglichenes Klima (Ozeanisches Klima) mit geringen jahreszeitlichen Schwankungen und hohen Niederschlägen vor. Regionen inmitten von Landmassen weisen dagegen große Temperaturgegensätze (Amplitude) im Sommer und Winter und sog. Niederschlagsspitzen im Sommer auf (Kontinentalklima).

Ozeanisch-kontinentale Temperaturverschiebungen

Station	Lage ö. L.	Jan.-Temp. °C	Juli-Temp. °C	Klima
Vlissingen	3° 35′	2,9	17,1	ozeanisches
Bocholt	6° 36′	1,7	18,0	Klima
Hannover	9° 43′	0,1	17,4	
Berlin	13° 18′	−0,6	18,5	Übergang zu
Warschau	20° 59′	−3,5	19,2	kontinentalem Kima

■ Die **Meeresströmungen** in Form von kalten und warmen Strömungen. Der Nordatlantikstrom (Golfstrom) beeinflusst entscheidend das Klima in Nordwesteuropa.

■ Die Beschaffenheit der **Erdoberfläche.** Sandige Böden nehmen die Sonnenwärme stärker auf als Grün- oder Waldflächen. Ebenso führen wechselnde Bodengestalten (Geländeneigung) oder die Lage von Orten auf den Luv- oder Leeseiten von Gebirgen zu unterschiedlichen Erwärmungen.

■ Schließlich sind die **Klimaelemente** Wind, Luftdruck, Luftfeuchte, Bewölkung zu nennen. Sie beeinflussen sich nicht nur gegenseitig, sondern hängen von den vorstehend genannten Klimafaktoren ab und bilden mit diesen ein komplexes Wirkungsgeflecht.

Die Begriffe Wetter und Klima umschreiben jeweils sehr unterschiedliche Erscheinungen.

Wetter

Unter **Wetter** versteht man den augenblicklichen Zustand der Atmosphäre in einem eng begrenzten Gebiet. Es äußert sich in den drei Grundelementen Lufttemperatur, Luftfeuchtigkeit (Niederschlag) und Luftdruck (Winde). Die ständige Aufzeichnung dieser Elemente ermöglicht es, ein Bild der Wetterlage in einem bestimmten Gebiet zu erhalten und Wettervorhersagen zu treffen. Kurzfristige Vorhersagen beziehen sich auf 48 Stunden, mittelfristige auf rund 14 Tage und langfristige auf Zeiträume bis zu mehreren Monaten.

Klima

Das **Klima** wird definiert als durchschnittlicher Wetterverlauf innerhalb eines längeren Zeitraumes (meistens ein Jahr) in einem bestimmten größeren Gebiet. Das Wort Klima stammt aus dem Griechischen und heißt soviel wie Neigung. Es drückt damit aus, dass die Erwärmung von Erde und Lufthülle vor allem von der „Neigung" der Sonnenstrahlen, also ihrem Einfallwinkel, abhängt. Die Mittelwerte (Monats- und Jahresmittel) der genannten drei Elemente sowie ihr Zusammenspiel bestimmten die Einteilung der Erde in ihre Hauptklimazonen. Die Klimadaten werden in Diagrammen abgebildet, diese erlauben mit den genauen Ort- und Lageangaben präzise Aussagen über das Klima eines Gebietes.

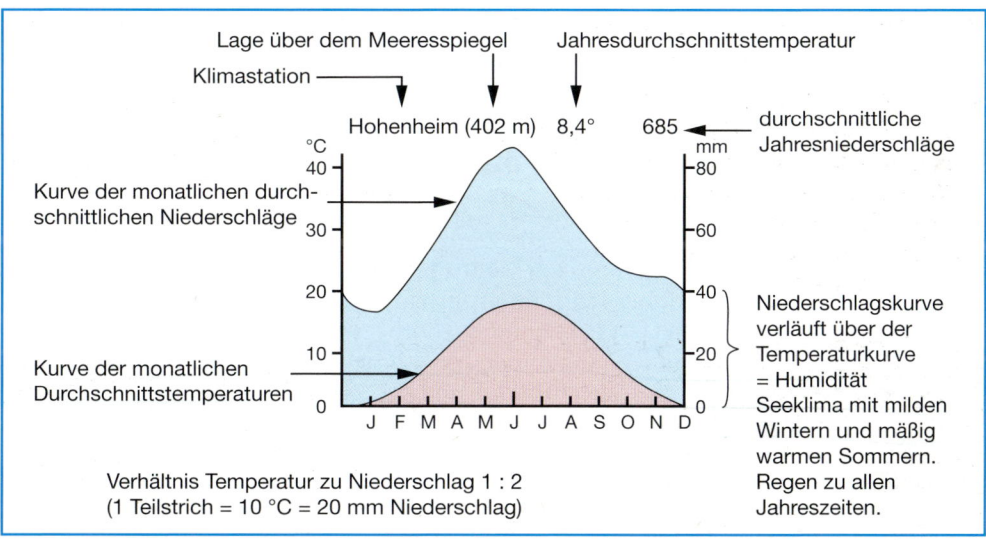

Klimadiagramm für Stuttgart-Hohenheim (Koordinaten: 48°42'N/ 9°12'E)

1.8.2 Wetterbeobachtungen und -vorhersagen

Die **Meteorologie** ist die Lehre von Klima und Wetter. Eine Hauptaufgabe der Meteorologen ist die **Wetterbeobachtung** und die Erstellung von **Wettervorhersagen**. Um sichere Vorhersagen zu gewährleisten, arbeiten die meteorologischen Dienste weltweit sehr eng zusammen. Die den Vereinten Nationen (UN) angegliederte „**World Meteorological Organization**" (WMO) sorgt für den Austausch der Wettermeldungen auf internationaler Basis. Wichtiges Arbeitsinstrument ist hierbei das globale Wettersatellitensystem.

Was ist die WMO was tut sie?

Die USA, die Europäische Raumfahrtagentur ESA, die europäische Wettersatelliten-Organisation EUMETSAT, Russland und Japan unterhalten Dutzende von Wettersatelliten. Die US-Satelliten NOAA (National Oceanic and Atmospheric Administration) erfassen täglich zweimal von einer Polarumlaufbahn in rd. 850 km Höhe die Erdatmosphäre. Der europäische Meteosat ist ein geostationärer Satellit, der aus rd. 35.900 km Höhe von der stets gleichen Stelle aus Daten liefert. Geostationäre Satelliten eignen sich ferner besonders für die Telekommunikation.

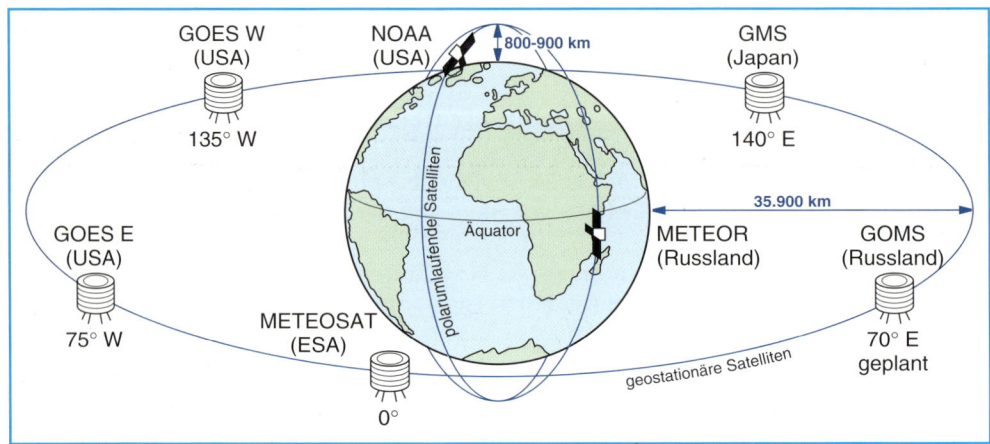

Globales Wettersatellitensystem (Auswahl)

Meteorologische Zentren der Welt und DWD

Es gibt drei „Meteorologische Weltzentren", sie befinden sich in Melbourne, Moskau und Washington. Ihnen sind 23 regionale Zentralen zugeordnet, die für jeweils festgelegte Gebiete das Wetter beobachten. Der **Deutsche Wetterdienst** (DWD) in Offenbach/Main ist eine derartige Zentrale, sein Tätigkeitsfeld erstreckt sich auf den atlantisch-europäischen Raum. Der DWD ist eine Bundesbehörde, seine Leistungen sind gebührenpflichtig. Seine Aufgaben sind Wettervorhersage, Klimaüberwachung, meteorologische Sicherung von Luftverkehr und Seeschifffahrt und das Warnen vor gefährlichen meteorologischen Ereignissen. Mehrere private Wetterdienste bieten vielfach sehr spezielle, regional oder auch bundesweit ausgerichtete Serviceleistungen rund um das Wettergeschehen an.

Deutsches Seewetteramt in Hamburg

Eine Sonderstellung unter den deutschen Wetterämtern nimmt das **Hamburger Seewetteramt** ein. Seine Aufgaben liegen nicht allein in der Beobachtung der Wetterentwicklung von Nord- und Ostsee, auch Gutachten über klimatische Verhältnisse in Überseegebieten oder Routen-Empfehlungen im Transatlantikverkehr werden von ihm bereitgestellt.

> **Beispiel:**
> Das Hamburger Seewetteramt bietet einen weltweiten Routenberatungsdienst für die Seeschifffahrt an. Den Reedereien werden damit Entscheidungshilfen aus meteorologisch-ozeanografischer Sicht angeboten, um sicher und wirtschaftlich von einem Hafen zum anderen zu gelangen. Durch die Empfehlungen kann der Zeitgewinn für ein Containerschiff in der Atlantikfahrt pro Reise vier bis acht Stunden betragen.

Von besonderer Bedeutung sind die mittelfristigen Wettervorhersagen. Sie erlauben im Winter eine bessere Organisation und Koordination von Eisbrechereinsätzen, zum Beispiel in der Ostsee. Dadurch können unproduktive Tage in den Seehäfen sowie Eisschäden an den Schiffen verringert werden. Der Nutzen für die Schifffahrt geht jedoch sehr viel weiter, denn er ergibt sich auch aus der Tatsache, dass Meeresströmungen, Seegang, Wind, Nebel und Eisgang die Reisezeit, den Brennstoffverbrauch, die Sicherheit von Mannschaft, Schiff und Ladung stark beeinflussen können. Genaue Wettervorhersagen und Schiffsroutenempfehlungen, sog. meteorologische Navigation, bedeuten neben Zeitgewinn auch sehr deutliche Kosteneinsparungen und Schadenreduzierungen.

Beispiel:

Die wirtschaftliche Bedeutung der Seeroutenberatung wird deutlich, wenn man bedenkt, dass ein Containerschiff bei Windstärke 7 bis 8 Bft von vorn rund 60 bis 70 Prozent mehr Brennstoff als im Glattwasser verbraucht. Für Reedereien ist dies ein wesentlicher Grund, die meteorologische Navigation zu nutzen und eine optimale Route zu wählen. Dadurch können ferner Schäden an Schiff und Ladung durch Seeschlag vermieden werden.

Beispiel einer Schiffsroutenauswertung durch das Deutsche Seewetteramt, Hamburg:

Interpretation (siehe Karte auf folgender Seite):

Die Routenauswertung umfasst die Beschreibung der Wetterentwicklung auf dem Nordatlantik während der Reise sowie deren Auswirkung auf den Seegang. Mithilfe der wetterbedingten Fahrtreduktion des Schiffes durch den Wind und Seegang wird die Ankunftszeit des Schiffes am Zielhafen berechnet.

Die Referenzroute erbringt trotz einer um 90 sm (Seemeilen) größeren Distanz gegenüber der distanzkürzeren 1. Vergleichsroute eine Zeitersparnis von fast 2,5 Stunden. Wetter- und seegangsmäßig ist die 2. Vergleichsroute, die mit einer Durchschnittsgeschwindigkeit von 15,6 kt (Knoten, rund 29 km/Std.) befahren werden kann, günstiger. Doch der Umweg von 214 sm zur Referenzroute kann durch die schnellere Fahrt nicht kompensiert werden.

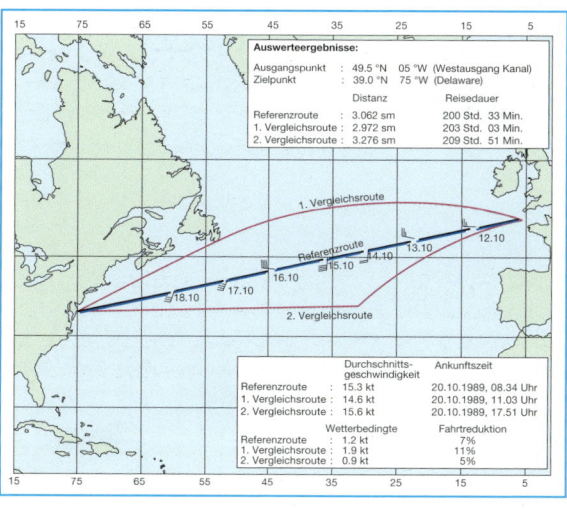

Abgangshafen:	Emden
Zielhafen:	Wilmington/Fahrtgebiet NAOK (Nordamerika-Ostküste)
Reiseweg:	Straße von Dover – Nordatlantik – Delaware Bay – Wilmington (Philadelphia)
Empfohlene Route =	Referenzroute

Hinweis: 1 kt (Knoten) = 1 sm (Seemeile) = 1.852 m
         = Symbol für Windrichtung und Windstärke

1.8.3 Klimazonen der Erde

Klimazonen sind erdumspannende Regionen, in denen langfristig gleiche klimatische Bedingungen herrschen. Für die Bildung von Klimazonen gibt es verschiedene Methoden. Vielfach werden Orte mit gleicher Wärme bzw. gleicher Durchschnittstemperatur durch Linien miteinander verbunden und zu Gruppen geordnet. Diese Linien heißen Isothermen (von gr.-lat. *isos*: gleich; *thermos*: warm). Auf diese Weise können die wichtigsten fünf Klimazonen der Erde in einfacher Form dargestellt werden.

- **Tropische Zone:** Alle Gebiete mit einer jährlichen Durchschnittstemperatur von über +20°C werden der äquatornahen Tropischen Zone zugerechnet.

- Ihr schließen sich nördlich und südlich in Höhe der beiden Wendekreise jeweils eine **Subtropische Zone** an, deren Durchschnittstemperaturen von +20 bis +10° C reichen.

- Die Dritte Gruppe wird von den beiden **Gemäßigten Zonen** gebildet, sie ist durch Temperaturen von +10 bis 0°C geprägt.

- Bis zur Höhe des nördlichen Polarkreises folgt auf der Nordhalbkugel die **Subpolare Zone** oder Kalte Zone (0 bis –10°C). Auf der Südhalbkugel ist die Zone nicht ausgeprägt.

- Die **Polare Zone**, die ständig unter –10°C aufweist, nimmt schließlich die beiden Polkappen der Erdoberfläche ein.

In den so abgegrenzten einzelnen Zonen werden je nach Einfluss des jährlichen Niederschlages und der Winde noch einzelne Klimaarten unterschieden (vgl. Abb. S. 39).

Die Existenz klimatisch unterschiedlicher Räume ist im Übrigen eine entscheidende Voraussetzung für die seit Jahrhunderten durchgeführten weltweiten Handels- und Verkehrsbewegungen. Denn die Klimaunterschiede sind für die räumlich ungleichmäßige Verteilung vieler natürlicher Rohstoffe (Ressourcen) verantwortlich. Dies trifft insbesondere für die tierischen und pflanzlichen Rohstoffe zu, wie beispielsweise Tropenholz, Kaffee und Tee, Baumwolle, Jute u. a. m.

[handschriftliche Notizen am Rand:]
Woran werden die Klimazonen unterschieden?
Temperatur

[handschriftliche Notiz unten:]
Warum ist das unterschiedl. Klima für den Handel (seine Entstehung) verantwortlich?

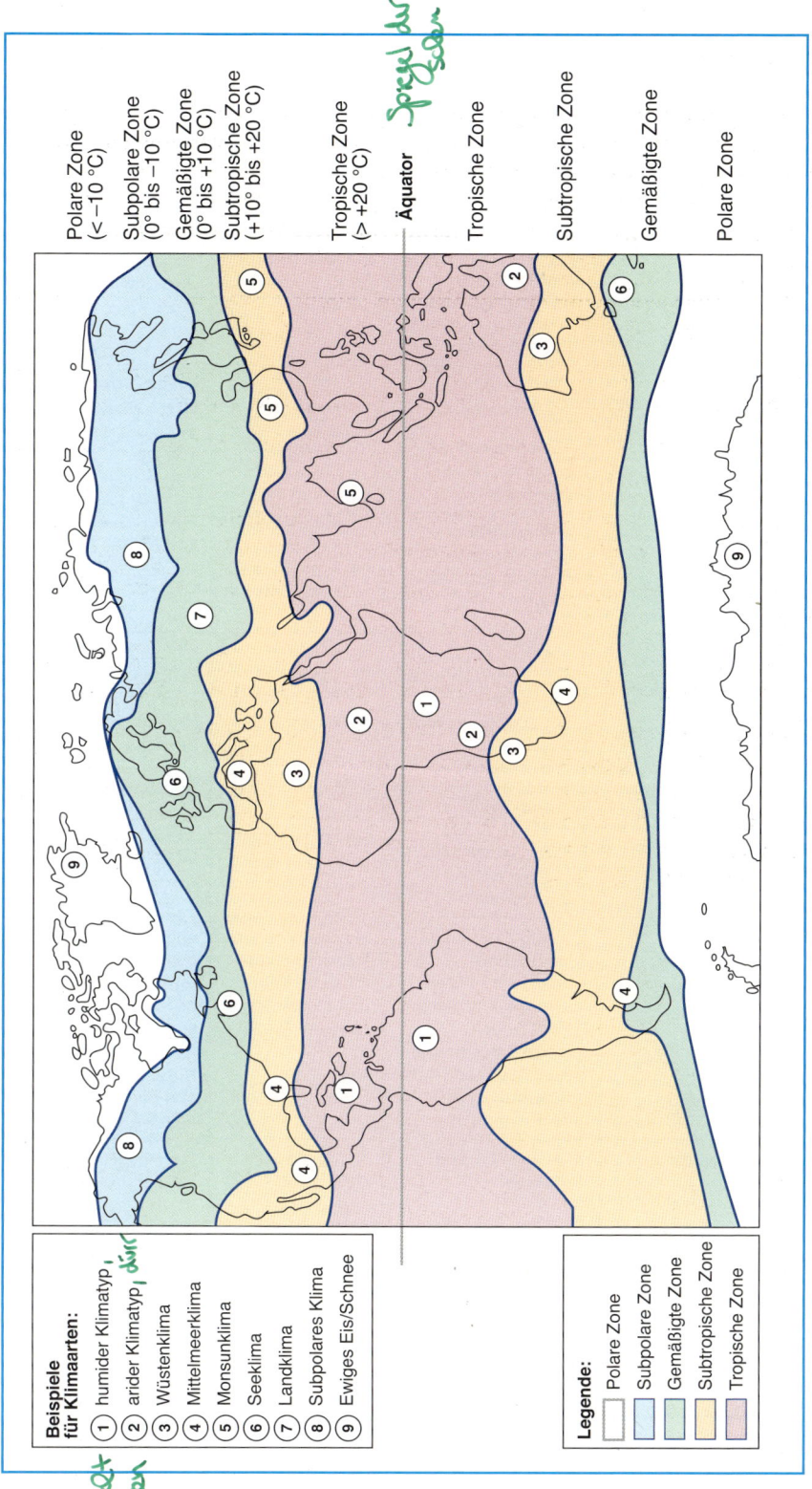

Beispiele für Klimaarten:

1. humider Klimatyp, *feucht*
2. arider Klimatyp, *trocken*
3. Wüstenklima
4. Mittelmeerklima
5. Monsunklima
6. Seeklima
7. Landklima
8. Subpolares Klima
9. Ewiges Eis/Schnee

Legende:
- Polare Zone
- Subpolare Zone
- Gemäßigte Zone
- Subtropische Zone
- Tropische Zone

Polare Zone (< –10 °C)
Subpolare Zone (0° bis –10 °C)
Gemäßigte Zone (0° bis +10 °C)
Subtropische Zone (+10° bis +20 °C)
Tropische Zone (> +20 °C)
Äquator
Tropische Zone
Subtropische Zone
Gemäßigte Zone
Polare Zone

Verlauf der Klimazonen der Erde

Spiegel der klimatischen Zonen

Übersicht der Klimazonen

Klima-zone	Festlands-fläche in %	Jahresdurch-schnitts-temperatur	Art des Klimas	Verbreitungs-gebiet	Wirtschafts- und Verkehrsbedeutung
Tro-pische Zone	48	über +20 °C	① **humider Typ** feuchtheiß, täglich ergiebige Regenfälle ② **arider Typ** trockenheiß, geringe Niederschläge, jahrelang niederschlagslos	zu beiden Seiten des Äquators ① Amazonas-gebiet, ② Küstenwüsten Afrikas	ungünstig; schwierige Verkehrserschließung, Transportprobleme durch Hitze und Feuchtigkeit, Überschwemmungen bei Typ 1
Subtro-pische Zone	13	+20 °C bis +10 °C	③ **Wüstenklima** immer trocken ④ **Mittelmeerklima** Sommer trocken, im Winter Regen ⑤ **Monsunklima** im Sommer Regen (Monsunregen), Winter trocken	③ Afrika (Sahara) Arabien, inneres Australien, Innerasien ④ Europäisches Mittelmeer, Kalifornien ⑤ Indien, China Indonesien, Japan	günstig; Verkehrserschlie-ßung leichter, Monsune und subtrop. Stürme gefährden See- und Landverkehr, Flussverkehre bedeutsam im Monsunraum, kaum Flussverkehre im Bereich Klimatyp 4
Gemä-ßigte Zone	22	+10 °C bis 0 °C	⑥ **Seeklima** mäßig warme Sommer, milde Winter, Niederschläge zu allen Jahreszeiten, vier Jahreszeiten ⑦ **Landklima** Sommer heiß und trocken, Winter kalt und schneereich, vier Jahreszeiten	⑥ an den Rändern der Kontinente mit vorherrschen-der Windrich-tung vom Meer ⑦ im Inneren der Kontinente	sehr günstige Wirtschafts-bedingungen im Seeklimabereich, eisfreie Häfen, Landverkehr ohne Hindernisse, eingeschränkt günstige Bedingungen im Landklima-Bereich, periodische Blockade der See- und Binnenschifffahrt im Winter
Sub-polare Zone	17	0 °C bis bis –10 °C	⑧ **Subpolares Klima** Eis und Schnee schmelzen im kurzen Sommer, der Boden ist bis 600 m Tiefe gefroren, Dauerfrostge-biete, Wasser kann nicht versickern	Nordrand Asiens, Russland, Europa (Skandinavien) und Nordamerika (Kanada, Alaska)	ungünstige Bedingungen durch Permafrost und sommerliche Schlamm-perioden, Verkehr periodisch blockiert, Pipelineverkehre wichtig, Flüsse vereisen und/oder sind durch Überschwem-mungen nicht nutzbar
Polare Zone		unter –10 °C	⑨ **Ewiges Eis und Schnee**	Nordpolkappe (Arktis) und Südpolkappe (Antarktis)	Dauerbesiedlung selten, Verkehr und Technik durch Eis und Schnee schwer behindert, keine eisfreien Häfen

1.8.4 Luftdruck und Wind

Die unterschiedliche Erwärmung der Luft führt zur Bildung von Hochdruck- und Tief-druckgebieten. Warme Luft dehnt sich aus und steigt nach oben. Erwärmt sich also die Luft über einem Gebiet, während sie über einem benachbarten kühl bleibt, steigt sie auf

(handschriftlich: Wie entstehen Winde? 12)

und vermindert damit den Luftdruck über dem erwärmten Gebiet. Es entsteht eine Zone mit tiefem Druck (**Tiefdruckgebiet = T**). Bei Abkühlung vollzieht sich der Vorgang umgekehrt. Kühle Luft verdichtet sich und sinkt nach unten. Es bildet sich eine Zone mit hohem Luftdruck (**Hochdruckgebiet = H**). Die unterschiedlichen Drucklagen zwischen T und H rufen einen Druckausgleich hervor, der sich in Form von Luftströmungen, den **Winden**, zeigt. Winde wehen immer vom Hoch zum Tief.

Die Druckausgleichsbewegungen können räumlich sehr eng stattfinden, dann spricht man von lokalen Winden. Das weiträumige und globale Zusammenspiel von H und T prägt die weltweiten **Windgürtel**, die als planetarisches Windsystem bezeichnet werden. Beide Windsysteme stellen wohlgeordnete Kreisläufe dar, die alle Wettererscheinungen grundlegend beeinflussen. Beim planetarischen Windsystem wird zwischen regelmäßig und zeitweise wehenden Winden unterschieden.

> **Beispiel:**
> Passate und Monsune sind regelmäßig wehende Winde, zeitweise auftretende Windbewegungen sind Stürme, Blizzards, Hurrikans und Zyklone.

Lokale Winde

Als typisches Beispiel für lokale Winde können der **See- und Landwind** genannt werden. Da sich das Land schneller erwärmt als das Wasser, steigen täglich an allen Küsten von den Landflächen schnell erwärmte Luftmassen auf (T). Es fließt stets kühle Luft vom Meer (H) als Druckausgleich nach – der „Seewind" ist das Resultat. Nachts steigt über dem wärmeren Meer (T) Luft auf, vom abgekühlten Land (H) strömt Luft als „Landwind" seewärts (ablandiger Wind). Vergleichbar ist die Entstehung von Berg- und Talwinden. Es gibt lokale Winde mit zum Teil beträchtlichen Auswirkungen.

(handschriftlich: Wohin weht Seewind? Auf das Land!)

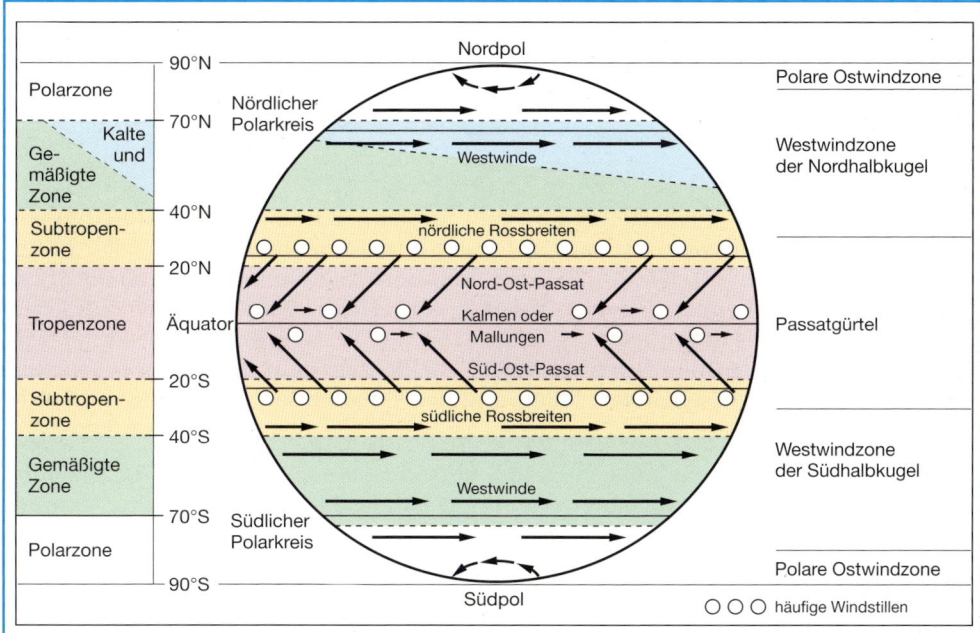

(handschriftlich: Vgl. Meeres-Strömungen)

Schematische Darstellung der planetarischen Windgürtel

> **Beispiele:**
> Zu den bekannten lokalen Winden gehören der Föhn (warmer Fallwind in den Alpen), die Bora (kalter Fallwind an der istrisch-dalmatinischen Küste), der Mistral (kalter Fallwind im Rhônetal und -delta), der Schirokko (warmer nordafrikanischer Sturm im Mittelmeerraum und Süditalien) und der nordafrikanische Samum (heißer, trockener Sandsturm), der je nach Ort auch als Gibli (Libyen), Chamsin (Ägypten) oder Buran (Mittelasien) bezeichnet wird.

Planetarische Winde

In den Äquatorregionen steigt die Luft durch die starke Sonnenerwärmung ständig auf. Diese vertikale Bewegung kann nicht wie etwa eine horizontale Luftbewegung am Boden wahrgenommen werden – es herrscht quasi Windstille. Der Luftdruck ist sehr niedrig (T). Dieses Gebiet wird seit der Zeit der Segelschifffahrt **Kalmengürtel** oder Mallungen genannt (engl. *calm* = ruhig). Nach ihrem Aufstieg kühlt die Warmluft wieder ab und löst dann heftige Regenfälle aus (Zenitalregen). In großer Höhe fließen die Luftmassen polwärts und fallen dort – inzwischen trocken und weiter abgekühlt (H) – im Bereich der Wendekreise wieder zur Erde zurück. Hier rufen sie ständigen Sonnenschein und Trockenheit hervor. Diese Zone wird **Rossbreiten** genannt. Die Rossbreiten sind aufgrund der fallenden Luft windarm. Zwischen Rossbreiten und Kalmengürtel mit seinem beständigen Tief fließt die Luft bodennah als Wind zum Äquator. Dieser Wind trägt die Bezeichnung **Passat**. Die Begriffe Passat, Kalmengürtel und Rossbreiten hängen eng mit der historischen Seeschifffahrt zusammen.

> **Beispiel:**
> Das Wort **Passat** ist dem Spanischen entlehnt (span.: *passata*) und bedeutet Überfahrt. Nach dem Überwinden der Rossbreiten machten die Segelschiffe der früheren Jahrhunderte mit dem Passatwind beträchtlich Fahrt. Die Geschwindigkeit soll im Durchschnitt bei 25 km/h gelegen und für schnelle Überfahrten gesorgt haben. Die **Rossbreiten** waren dagegen als windstiller Gürtel gefürchtet. Sie erhielten angeblich ihren Namen im Zusammenhang mit Pferdetransporten zwischen Europa und Amerika. Für Segelschiffe, die in diese Zone gerieten, verlängerte sich wider Erwarten die Seereise. Die langen Flauten sollen die Kapitäne schließlich dazu gezwungen haben, dass sie ihre „Rösser" wegen des zu großen Ballasts oder wegen fehlender Futtermittel über Bord warfen.

Die vom Kalmengürtel aufsteigende Luft fällt nur zum Teil über den Rossbreiten wieder ab, ein Teil strömt weiter polwärts. Diese Luftmassen sinken erst in den hohen Breiten zwischen dem 40. Grad n. Br./s. Br. und den Polarkreisen ab. Dort bilden sie mit den ständig wehenden Westwinden den Gürtel der veränderlichen Winde. Da jedoch die Westwinde dominieren, wird die Zone als **Westwindzone** bezeichnet. Mitteleuropa liegt ständig unter ihrem Einfluss. Letztlich entsteht durch den beschriebenen Druckausgleich zwischen den Polen und den Polarkreisen ein ständig wehender kalter **Polarwind.**

Ein besonderes Windsystem hat sich in Süd- und Südostasien herausgebildet. Die dortigen **Monsune** (arab.: *mausim* = Jahreszeiten) sind Winde, die jahreszeitlich ihre Richtung wechseln; ihre Entstehung erfolgt aber nach den gleichen physikalischen Gesetzen des Druckausgleichs. Der Monsun weht im Sommer als kühler, feuchter und oftmals regenreicher Wind vom Meer zum Festland (Sommermonsun). Im Winter dagegen ist er ein trockener, kalter Wind, der aus den Kontinenten zum Meer weht.

Die genannten Winde sind regelmäßig wehende Winde. Gefürchtet sind im planetarischen Windsystem die unregelmäßig auftretenden Winde.

[handschriftliche Randnotiz:] Welche Gebiete waren gefürchtet für Seefahrt?

Wirbelstürme

Diese unregelmäßig auftretenden Winde sind die gefährlichen **Wirbelstürme** oder Zyklone, bei denen man zwischen außertropischen und tropischen unterscheidet. Außertropische Wirbelstürme, die als heftige orkanartige Luftwirbel erscheinen, finden sich vor allem im Winter großräumig in den gemäßigten Breiten. Die häufiger auftretenden tropischen Zyklone entstehen dort, wo die Meerestemperatur auf über 25 Grad C steigt. Dies sind die Meeresgebiete ober- und unterhalb des Äquators.

> **Beispiel:**
> Die Karibik wird jährlich im Durchschnitt von sechs, der Pazifik von zwölf Wirbelstürmen heimgesucht. Trotz der Beobachtung durch Wettersatelliten kann nie mit Sicherheit prognostiziert werden, wo ein Taifun oder Zyklon sein Zerstörungswerk beginnen wird. Die Namengebung für die Wirbelstürme erfolgt durch die „World Meteorological Organization" (WMO).

Weltweit gibt es mehrere traditionelle Zugbahnen, über die die Wirbelstürme mehrfach im Jahr auf die Kontinente prallen. An der Äquatorzone bilden sich aufgrund der Windstille keine Zyklone. Die tropischen Wirbelstürme, die man **Hurrikans, Orkane, Tornados** und **Taifune** nennt, erreichen Geschwindigkeiten, die weit über 100 km/h liegen und in Nord- und Mittelamerika sowie in Süd-, Südost- und Ostasien verheerende Schäden anrichten. Die unterschiedlichen Ausdrücke für die Wirbelstürme richten sich nach den in den betroffenen Gebieten verwendeten Sprachen, sie beziehen sich jedoch immer auf tropische Zyklone.

> **Beispiele:**
> Wirbelstürme, die zwischen August und Oktober in der Karibik auftreten, werden **Hurrikans** genannt. Der Ursprung des Wortes ist spanisch (= *huracán*) und bedeutet Orkan; die englische Umschreibung ist *hurricane*. Wirbelstürme im mittleren Atlantik, im Golf von Mexiko und an der US-Golfküste werden **Tornados** (aus span.: *torsión* = Drehung, Drall) genannt. Die von Juli bis November in Ostasien auftretenden tropischen Wirbelstürme heißen **Taifune**. Das Wort entstammt dem chinesischen *t'ai fung* = Großer Wind, im Englischem wird der Sturm *Typhoon* genannt. In Australien, spricht man wiederum von „Willy-Willies".

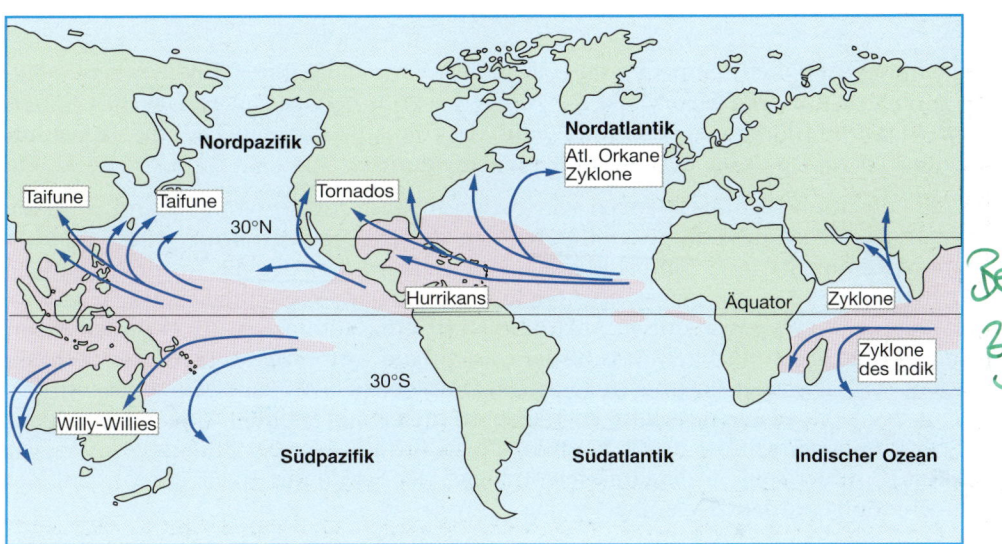

Entstehungsgebiete und Zugbahnen von Wirbelstürmen

Windstärken-Skala

[handschriftlich: Beaufort Skala Aufstellung?]

Die Einteilung der Windstärken in einzelne Gruppen erfolgt in Form der seit 1806 gültigen **Beaufort-Skala** (Bft) des englischen Admirals Beaufort. In der Skala sind die Windstärken in Meter pro Sekunde zu den Windstärkegruppen Bft 0 bis 17 zusammengefasst. Die aufgeführten starken Winde werden ab Stärke Bft 9 (Sturm) gerechnet. Die Windstärken Bft 13 bis 17 werden zur Klassifizierung von Wirbelstürmen verwendet.

Windstärken nach der Beaufort-Skala (Bft-Grade)

Stärke in Bft-Graden	Windgeschwindigkeiten in ca. 10 m Höhe über See oder Gelände		Bezeichnung
	m/Sek.	Knoten	
0	0,0– 0,2	<1	Windstille
1	0,3– 1,5	1– 3	Leiser Zug
2	1,6– 3,3	4– 6	Leichte Brise
3	3,4– 5,4	7–10	Schwache Brise
4	5,5– 7,9	11–15	Mäßige Brise
5	8,0–10,7	16–21	Frische Brise
6	10,8–13,8	22–27	Starker Wind
7	13,9–17,1	28–33	Steifer Wind
8	17,2–20,7	34–40	Stürmischer Wind
9	20,8–24,4	41–47	Sturm
10	24,5–28,4	48–55	Schwerer Sturm
11	28,5–32,6	56–63	Orkanartiger Sturm
12	32,7–36,9	64–71	Orkan
13–17	37...>56		

1.8.5 Luftfeuchtigkeit und Niederschlag

Die Luft hat bei hohen Temperaturen eine größere Wasseraufnahmefähigkeit als bei niedrigen. So fasst 1 m³ Luft bei 0 °C nur 5 g Wasser, bei 20 °C bereits 17 g und bei 30 °C schon rund 30 g. Dies ist auch die Erklärung dafür, dass die Aufnahmefähigkeit der Tropenluft zehnmal größer ist als die der Luft in den Polarregionen.

Da die Luft nur bestimmte Mengen von Wasser in Gasform aufnehmen kann, wird die Aufnahmefähigkeit der Luft generell durch den sog. „Sättigungspunkt" oder Taupunkt begrenzt. Damit ist jene Temperatur der Luft gemeint, bei der die in ihr enthaltene Feuchtigkeit den Sättigungszustand erreicht und die relative Feuchtigkeit 100% beträgt. Wird dieser Punkt etwa durch Abkühlung erreicht, kommt es zur **Kondensation** (Verdichtung). Dies bedeutet, dass bisher unsichtbare gasförmige Feuchtigkeit sichtbar wird. In der Natur zeigt sich dies in Form von Dunst, Nebel, Wolkenbildung oder Niederschlag. In geschlossenen unbelüfteten Transporträumen von Schiffen, Lkw, Bahnwaggons oder in Containern findet dieser Vorgang seinen Ausdruck in der Bildung von Wassertröpfchen. In der sog. „Laderaum-Meteorologie" der Schifffahrt spielt der Vorgang der Kondensation eine zentrale Rolle (vgl. Kap. 1.9).

[handschriftlich am linken Rand: Was ist der Taupunkt?]

[handschriftliche Notiz oben: Beispiel aus dem Alltag für Schwitzwasser? kühle Cola aus dem Kühlschrank!]

> **Beispiel:**
>
> Die Folgen von Kondensationsvorgängen in Transportmitteln werden in der Verkehrswirtschaft, insbesondere in der Seeschifffahrt, allgemein als Schweiß- oder Schwitzwasser bezeichnet. Es werden dabei der Schiffs- und der Ladungsschweiß unterschieden. Beide Arten sind gefürchtet, weil durch sie oft ganz allmählich Schäden an den Ladungen entstehen können, die zunächst nicht erkannt werden oder sich erst viel später auswirken können. Zu den typischen Ladungsschäden werden Rost, Verfärbungen, Feuchtigkeitsflecken, Schimmelbildungen und Fäulnis gerechnet. In Extremfällen kann die in Schiffen oder Containern durch Kondensation entstandene Feuchtigkeit ganze Ladungen vernichten.

Niederschlag ist immer das Ergebnis von Luftabkühlung. Der Niederschlag ist um so stärker, je größer der Wasserdampfgehalt der Luft ist. Die Menge der Niederschläge eines Gebietes hängt in erster Linie von seiner Lage zum Meer und von den Winden ab. Gebiete mit Seeklima, wie z.B. Westeuropa, weisen beständige Niederschläge auf, in Gebieten mit Kontinentalklima, wie z.B. großen Teilen Osteuropas, fällt der Niederschlag stetig ab.

Zusammenfassung

1. Unter Wetter versteht man den augenblicklichen Zustand der Atmosphäre in einem eng begrenzten Gebiet. Unter Klima wird der durchschnittliche Wetterverlauf innerhalb eines längeren Zeitraumes (z.B. ein Jahr) in einem größeren Gebiet verstanden.

2. Für den internationalen Austausch von Wetterdaten sorgt die World Meteorological Organization (WMO).

3. In Deutschland sind der Deutsche Wetterdienst (DWD) in Offenbach/Main und das Deutsche Seewetteramt in Hamburg zentrale meteorologische Stellen.

4. Es werden die Klimazonen tropische, subtropische, gemäßigte, subpolare und polare Zone unterschieden.

5. Zu den regelmäßigen planetarischen Winden gehören die Passate, Westwinde, Polarwinde und Monsune. Wirbelstürme oder Zyklone sind unregelmäßige Winde.

6. Luft hat bei hohen Temperaturen eine größere Wasseraufnahmefähigkeit als bei niedrigen.

7. Mit dem Erreichen des Sättigungspunktes kommt es zur Kondensation oder Verdichtung. Unsichtbare gasförmige Feuchtigkeit wird sichtbar, u.a. in Form von Dunst, Nebel, Niederschlag.

1.9 Transportgefahren durch Klima- und Wettereinflüsse

Verkehrsvorgänge können durch eine Fülle atmosphärischer Gefahren beeinträchtigt werden. Nebel, Eis, Schnee und Sturm können den Land- und Luftverkehr lahm legen. Starkregen mit Hochwasser, Niedrigwasser sowie Vereisungen können die Binnenschifffahrt blockieren. Vor allem ist es die Seeschifffahrt, die ausgeprägten Gefahren unterworfen ist. Rund 33 % aller weltweiten Schiffsverluste sind auf Wettereinflüsse zurückzuführen. Daneben besteht die Gefahr, dass durch hohe Temperaturen und Luftfeuchtigkeit die Güter in Transportgefäßen beschädigt oder vernichtet werden können.

[handschriftliche Notiz rechts: Welche Gefahren für die Schifffahrt birgt das Wetter?]

Durch die verbesserten Transport- und Ladetechniken und die enge Verzahnung der Transportmittel etwa in Form „kombinierter Verkehre" werden nicht nur extrem wechselnde Wetterlagen immer schneller durchquert, sondern auch Kontinente und Meeresgebiete mit unterschiedlichen Klimazonen. Damit sind Gefahren und Transportprobleme verbunden, die sowohl die Verkehrsmittel als auch die Ladungen unterschiedlich betreffen können.

1.9.1 Niedrig- und Hochwasser

Niedrigwasser, z. B. auf dem Rhein und seinen Nebenflüssen in den Herbst- und Wintermonaten, führen immer häufiger dazu, dass die Binnenschifffahrt ihre Beförderungsaufträge nicht vollständig ausführen kann. Ebenso kommt es immer wieder zu Hochwassern.

Große Wasserstandsschwankungen sind Phänomene, die Transporte auf natürlichen Wasserstraßen stark beeinträchtigen können. Da – etwa auf dem Rhein – keine Alternativwege gefahren werden können, müssen Binnenschiffe bei Hochwassersperren wie auch in Zeiten extremen Niedrigwassers stillgelegt werden. Schwankungen der Wasserführung sind dagegen auf Kanälen kein herausragendes Problem, vielmehr besteht hier, wie etwa in Norddeutschland, immer wieder die Gefahr von Vereisungen.

1.9.2 Vereisungen

Schwere Verkehrsbehinderungen stellen die Vereisungen von Flüssen, Kanälen, Küsten und großer Teile der nördlichen Meere dar.

Streckensperrungen in Brandenburg

Eisbehinderungen nehmen zu

Berlin, 8. Januar 2009
Wachsende Eisdecken auf Flüssen und Kanälen behindern zunehmend die Binnenschifffahrt in Deutschland. Der Verkehr auf Teilen der Oder, der Oberen Havel-Wasserstraße … und der Havel ist von Eisschollen beeinträchtigt. Inzwischen hat die anhaltende Frostperiode auch auf der Saale, der Elbe, dem Mittelland- und dem Elbe-Havel-Kanal für weitere Behinderungen … gesorgt. Nach Angaben der Wasserschutzpolizei muss der Mittellandkanal womöglich in der zweiten Wochenhälfte gesperrt werden. Auch im Süden Deutschlands sind seit Anfang der Woche Eisbrecher der Mainzer Wasser- und Schifffahrtsdirektion Südwest im Einsatz.

Quelle: Deutsche Verkehrs- und Logistikzeitung/DVZ vom 8. Januar 2009

Besonders stark sind von Eis alljährlich der Atlantik und einige seiner nördlichen Nebenmeere betroffen, da sie zwar schwankend, aber unausgesetzt durch **Packeis** aus dem Nordpolarbecken und durch **Gletschereis** von Grönland gespeist werden. Beeinträchtigt ist dadurch im Winter der Seeverkehr in den Gewässern um Neufundland und Neuschottland; monatelang ist der Seeweg zur Hudson-Bay wie auch die Belle-Isle-Straße zwischen Labrador und Neufundland versperrt. Die Zufahrt in den St.-Lorenz-Golf durch die Cabot-Straße ist gelegentlich vereist. Auch der „Nördliche Seeweg" entlang der sibirischen Küste ist im Regelfall nur mit Eisbrechern wenige Wochen im Jahr benutzbar und nur in günstigen Jahren auch wirtschaftlich befahrbar. Von Eis verschlossen sind im Winter auch große Teile der Ostsee, so etwa der Bottnische Meerbusen.

Beispiel:
Der schwedische Erzhafen Lulea am Bottnischen Meerbusen ist jährlich bis zu sechs Monate durch Eis blockiert. Wenn die Fahrwasser nicht freigehalten werden können, sind die Erzverschiffungsanlagen somit lange Zeit nicht ausgelastet. Der Rohstoffexport muss dann alternativ über den eisfreien norwegischen Hafen Narvik oder auf dem Landweg per Eisenbahn erfolgen.

Mit der Vereisung ist die regelmäßige Bildung von **Treibeis** und **Eisbergen** verbunden. In der frühsommerlichen Abschmelzzeit reicht die nordatlantische Treibeisgrenze von Neufundland bis zur Südspitze Grönlands und in das Weiße Meer Rußlands hinein. Besonders der kalte Labradorstrom verfrachtet Eisberge sehr weit nach Süden. Sie sind bis zu 37° n. Br. im Nordwest-Atlantik beobachtet worden, dies entspricht der Breitenlage von Sizilien. Auf der Südhalbkugel dringen die Eisberge bis auf 50° s. Br. vor und können zu Beeinträchtigungen des Schiffsverkehrs auf der Relation Südamerika – Südafrika führen. Die Schifffahrt verlagert wegen der Eisberggefahren entsprechend des jahreszeitlichen Auftretes ihre Fahrtrouten.

Beispiel:
Auf dem Nordatlantik werden in der Zeit zwischen April und Juni nicht die direkten Schiffsrouten zwischen Europa und Nordamerika genutzt, sondern Routen, die mehrere hundert Kilometer weiter südlich verlaufen. Der Schiffsverkehr ist in diesem Zeitraum durch Eisberge vor der Neufundlandbank gefährdet.

1.9.3 Nebel und Stürme

Dort, wo sich warme und kalte Meeresströmungen treffen, bilden sich Nebel. Auf dem verkehrsreichsten Meer der Welt, dem Atlantik, sorgt das Zusammentreffen des kalten Labradorstromes mit dem warmen Golfstrom für eine beständige und besonders verkehrswidrige **Nebelregion** vor Neufundland. Wenngleich durch die modernen technischen Einrichtungen (Radar, GPS, Satellitenbeobachtung usw.) die Nebelgefahr für die Schifffahrt geringer geworden ist, behindern diese Natureinflüsse im Winter und Herbst nach wie vor weite Teile der Nordsee und des Ärmelkanals. In einigen Fahrtgebieten rufen Meeresströmungen gefährliche **Küstennebel** hervor, so vor der Küste von Chile und Namibia (Südwestafrika). Trotz der computergestützten Wettervorhersagen sind die durch die Windsysteme bedingten oder geförderten **Stürme** für die Seeschifffahrt eine der größten Gefahren. Sturmreiche Regionen mit oftmals vernichtenden Wirbelstürmen sind die tropischen Zonen, die Karibische See und die Seegebiete des Fernen Ostens zwischen der Malayischen Halbinsel und Japan. Gefährliche Orkane führen auch in anderen Seegebieten wie etwa dem Atlantik immer wieder zu tragischen Schiffsunfällen.

Beispiel:
Südöstlich von Neufundland geriet Anfang der 1990er-Jahre ein Erzfrachter durch ein Orkantief in Seenot und sank innerhalb kurzer Zeit. Es wurden keine Überlebenden gefunden. Die Wellenhöhen betrugen zur Zeit des Unglücks 16 bis 17 m. Einzelne Wellenberge, sog. „Kaventsmänner", erreichten Höhen bis zu 30 m. Die Schiffsführung hätte das gefährliche Seegangsfeld durch die Nutzung einer Seewetterberatung umfahren können.

1.9.4   Ladungsschäden

Klimatische Gefährdungen von Ladungen treten vor allem dort auf, wo sich schnelle Temperaturänderungen ergeben. Diese können sowohl bei Umschlag und Lagerung als auch bei Transporten mit Seeschiffen oder im kombinierten See-Landverkehr eintreten.

> **Beispiel:**
> Ein Container, der im März in Ostasien bei ca. +35 °C beladen und versandt wird, kann auf der Transsib-Bahnroute Temperaturen bis zu –40 °C und am Zielort in Westeuropa 0 °C ausgesetzt sein. Die größten Temperaturbelastungen ergeben sich an den Terminals. Bei starker Sonnenstrahlung können unter dem Containerdach mehr als +50 °C herrschen. Das Kleinklima (Kryptoklima) im Container kann sich unterschiedlich auf die geladenen Güter auswirken.

Einflüsse auf das Kleinklima (Kryptoklima) in Containern
Beispiel: 20'-Standard-Container (TEU)

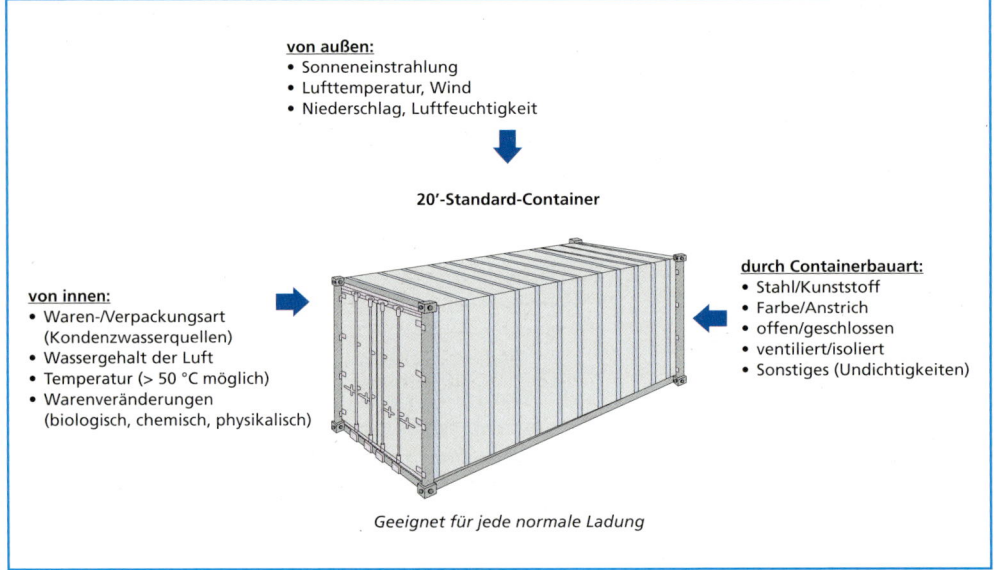

von außen:
• Sonneneinstrahlung
• Lufttemperatur, Wind
• Niederschlag, Luftfeuchtigkeit

20'-Standard-Container

von innen:
• Waren-/Verpackungsart
  (Kondenzwasserquellen)
• Wassergehalt der Luft
• Temperatur (> 50 °C möglich)
• Warenveränderungen
  (biologisch, chemisch, physikalisch)

durch Containerbauart:
• Stahl/Kunststoff
• Farbe/Anstrich
• offen/geschlossen
• ventiliert/isoliert
• Sonstiges (Undichtigkeiten)

Geeignet für jede normale Ladung

Schiffsschweiß

Schnelle Änderungen der Wassertemperatur ziehen ebenso schnelle Änderungen des sog. „Temperatur-Feuchte-Milieus" im Schiffsladeraum nach sich. Es kommt dann zu der in der Laderaummeteorologie als „Schiffsschweiß" bezeichneten Erscheinung, die eine Gefahrenquelle für Ladungen darstellt. Es handelt sich dabei um Wasser an den Innenwänden der Schiffe, das durch Kondensation hervorgerufen wird.

> **Beispiel:**
> Kühlen Schiffswände schnell ab, bleibt die Innentemperatur zunächst relativ hoch. Sobald die Temperatur der Innenwände den Taupunkt unterschreitet, tritt Kondensation ein, die sich durch Wasser an den Innenwänden zeigt. Dieser Schiffsschweiß kann u. a. Rost, Schimmel, Fäulnis, Geruchs- oder Geschmacksänderungen herbeiführen. In Extremfällen können sich Güter selbst erhitzen oder entzünden.

Ursachen für Schiffsschweiß sind:

- das Wechseln von Schiffen zwischen extrem temperierten Strömungen,
- das Einfahren in kalte Auftriebswässer,
- witterungsbedingte Kaltlufteinbrüche und
- Fahrten in Regionen mit extrem hohen Temperaturen und Luftfeuchtigkeiten, z. B. Suez-Route, Rotes Meer, Golf von Aden und Persischer Golf.

Ladungs- und Containerschweiß

Auch in Standardcontainern tritt Kondensation ein; man spricht dann von Ladungs- und Containerschweiß. Fest verschlossene Behälter sind zwar parktisch wasserdicht und somit weitgehend gegen Regen, Schnee, Spritzwasser und feuchte Luft geschützt, jedoch nicht gegen Temperaturänderungen. Der sog. Temperaturgang (Ablauf zwischen Höchst- und Niedrigtemperatur) während eines Tages kann extreme Werte annehmen. Dabei spielt es eine große Rolle, auf welchem Stellplatz der Behälter an Bord des Schiffes steht. Somit ist der Container als „Klimakammer im Kleinen" ebenso wie konventionell gestaute Ladung vielfältigen Schadensmöglichkeiten ausgesetzt. Sein inneres „Klein-klima" (sog. Kryptoklima von gr. *krypto* = klein) wird von verschiedenen Einflüsse geprägt, die eine gestaute Ware wie beschrieben beeinträchtigen können.

Schiffsstauplätze und Einfluss auf das Kryptoklima von Containern
(Ansicht: Schiffshälfte)

Beispiel: Containerschiff, Panamax-Klasse, ca. 3.300 TEU, Tiefgang bis 13 m, Länge ca. 300 m, Breite ca. 32,5 m

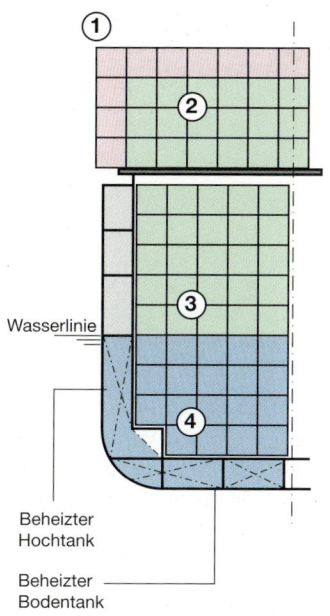

Wasserlinie

Beheizter Hochtank

Beheizter Bodentank

(1) Deckladung, außen:
- Sonnenstrahlung: extrem hoch
- Container-Temp.gang (Schweißbildung): sehr hoch
- Ventilation: sehr gut
- Spritzwassergefahr

(2) Deckladung, innen:
- Sonnenstrahlung: vermindert
- Container-Temp.gang (Schweißbildung): hoch
- Ventilation: gut
- Regen- und Tropfwassergefahr

(3) Unter-Deckladung, über Wasserlinie:
- Sonnenstrahlung: keine
- Container-Temp.gang: gering
- Ventilation: mäßig
- kein Spritz- und Regenwasser
- ggf. Erwärmung durch geheizte Tankwand

(4) Unter-Deckladung, unter Wasserlinie:
- Sonnenstrahlung: keine
- Container-Temp.gang: keiner
- Ventilation: mäßig bis schlecht
- kein Spritz- und Regenwasser
- ggf. Erwärmung durch geheizten Bodentank

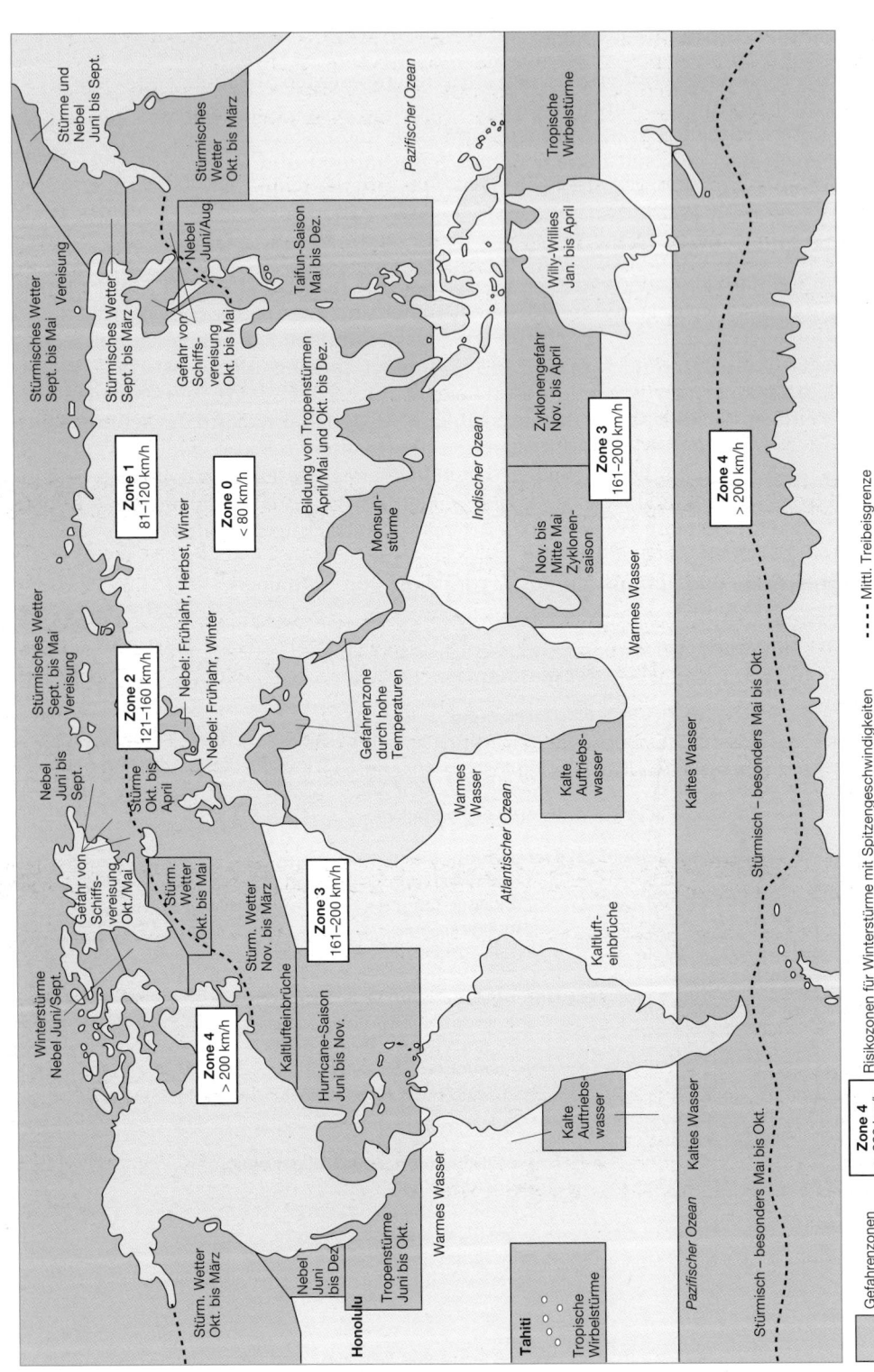

Allgemeine und laderaummeteorologische Gefahrenzonen im Seeverkehr

Die Gefahr der Bildung von Schweißwasser im Container besteht nicht nur auf den warmen Schifffahrtsrouten, sondern im Sommer auch bei den Eisenbahn-Landbrücken-verkehren durch Sibirien und Nordamerika. Entscheidenden Einfluss übt dabei die Zuweisung von Stauplätzen aus. So unterliegen Außenladungen größeren Risiken als etwa Unter-Deckladungen.

Da der Einfluss der Temperatur bei der Durchquerung verschiedener Klimazonen nicht vermieden werden kann, muss die Kondenzwasserbildung z.B. durch entsprechende Verpackung, den Einsatz von besonderen Containern oder die entsprechende Stauung im Seeschiff vermindert oder ausgeschlossen werden. Befrachter, Spediteure, Ablader oder Stauereien müssen daher, um Ladungsschäden vorzubeugen, bei der fachgerechten Beladung von Containern viele Aspekte berücksichtigen.

Eine wesentliche Möglichkeit, Feuchte-Schäden bei Ladungsgütern in Containern oder anderen Packbehältnissen zu verhindern, besteht in der Verwendung von Trockenmitteln. Anhand von Formeln kann errechnet werden, welche Mengen Trockenmittel einer Ladung beigegeben werden müssen, um sie schwitzwasserfrei zu befördern.

Zusammenfassung

1. *Klimatisch bedingte Gefährdungen von Ladungen treten besonders dort auf, wo sich schnelle Temperaturänderungen ergeben.*

2. *Die Bildung von sog. Schiffsschweiß als Folge von Temperaturänderungen (Kondensation) ist eine Gefahrenquelle für seewärtig verfrachtete Ladungen. Güter können durch ihn verschimmeln, verfaulen, sich selbst erhitzen oder durch Geschmacksveränderungen beeinträchtigt werden.*

3. *Temperaturgefälle in Verbindung mit Feuchtigkeiten können ähnlich wie in Schiffsräumen auch zu Kondensation und damit zu Feuchte-Schäden in Containern und anderen Packbehältnissen führen.*

Aufgaben

1. *In den vorstehenden Texten wird von Wetter und Klima gesprochen. Erklären Sie anhand der Texte die Unterschiede und fassen Sie eine kurze Definition ab.*

2. *Erläutern Sie Naturgefahren, die für Transporte von Gütern zu Land, zu Wasser und in der Luft Beeinträchtigungen bilden können.*

3. *Kondensation und ihre Folgen bilden für viele Verkehrsvorgänge eine ernste Gefahr. Schildern Sie den Ablauf eines Kondensationsvorganges, und nennen Sie mögliche Gefahren für Ladungen.*

4. *Welche Maßnahmen können ergriffen werden, damit meteorologische Schadenmöglichkeiten ausgeschlossen oder vermindert werden können?*

2 Deutschland als Verkehrs- und Wirtschaftsraum

2.1 Lage, Grenzen und politische Gliederung

Deutschland ist ein **zentraleuropäisches Land** mit einer überragenden **Transitfunktion**. Die längste N-S-Ausdehnung zwischen List auf Sylt (55° N) und Oberstdorf (47° N) beträgt rund 876 km. Die größte W-E-Ausdehnung erstreckt sich mit rund 656 km zwischen dem Selfkant bei Aachen (6° E) und Görlitz an der Neiße (15° E). Die Landesfläche umfasst eine Größe von 357.000 qkm, die Einwohnerzahl liegt bei rund 82 Mio., was einer Einwohnerdichte von 229 je qkm entspricht. Von ihrer Größe her ist die Bundesrepublik Deutschland ein mittelgroßer Staat, bevölkerungsmäßig gesehen gehört sie hingegen zu den dicht besiedelten Staaten.

Deutschland nimmt in Europa eine Mittellage ein. Dies wird auch dadurch unterstrichen, dass es Grenzen mit neun Nachbarländern hat. An den Landgrenzen, den sog. trockenen Grenzen, mit diesen Nachbarländern gibt es eine Vielzahl von Grenzübergängen. Über die sog. nassen Grenzen an den Seehäfen von Nord- und Ostsee werden direkte Fährverkehre mit einigen anderen Staaten abgewickelt. Diese Staaten erweitern damit indirekt das Spektrum der Nachbarländer. In der Europäischen Union (EU) ist Deutschland einer der Kernstaaten. Deutschlands zentrale Lage in Europa wird letztlich auch dadurch unterstrichen, dass alle wichtigen europäischen Wirtschafts- und Industriezentren in nur wenigen Stunden von Deutschland aus erreicht werden können. Diese wirtschaftliche und verkehrsgeografische Schlüssellage ist Grund für die wichtigen Transitaufgaben des Landes.

> **Beispiel:**
> Schlägt man einen Kreis mit dem Radius von 1.000 km um die Stadt Frankfurt/M., dann umfasst dieser Kreis alle bedeutenden europäischen Ballungs- und Industriegebiete in Großbritannien, Frankreich, Belgien, den Niederlanden sowie in Polen, der Schweiz, Italien, Österreich, Dänemark, Ungarn, Tschechien, Kroatien, der Slowakei und Slowenien.

Deutschland ist gemessen am Bruttoinlandsprodukt (BIP) die größte Volkswirtschaft in Europa und die viertgrößte der Welt. Es ist eines der sechs Gründerländer der Europäischen Union, deren Bezeichnung im Gründungsjahr 1957 zunächst EWG (Europäische Wirtschaftsgemeinschaft) lautete. Deutschland ist innerhalb der Union der bevölkerungsreichste Staat. Mit seiner hohen Bevölkerungskonzentration ist es einer der wichtigsten Kernräume in dem markanten europäischen Wirtschafts- und Verkehrsband, das sich „bananenförmig" von England durch Deutschland bis nach Norditalien erstreckt. Deutschland hat 80 Großstädte mit jeweils über 100.000 Einwohnern, die sich dezentral über die Landesfläche verteilen.

Deutschlands Lage zu europäischen Wirtschaftsschwerpunkten

[1] *Km-Angabe unter Nutzung von Fährverbindung*

Nach dem Zweiten Weltkrieg wurde Deutschland in vier Besatzungszonen aufgeteilt. Im Gebiet der amerikanischen, britischen und französischen Zone wurde am 24.05.1949 die Bundesrepublik Deutschland mit zunächst neun Ländern gegründet, während ein Jahr später in der sowjetischen Zone die DDR gegründet wurde. Als zehntes Bundesland ging 1957 das Saarland politisch und 1959 auch wirtschaftlich von Frankreich an die Bundesrepublik zurück, Berlin behielt einen Sonderstatus. Seit der deutschen Wiedervereinigung am 03.10.1990 umfasst die Bundesrepublik Deutschland 16 Bundesländer. Hauptstadt ist Berlin.

Bundesländer und Wirtschaftsschwerpunkte

Bundesländer nach Einwohnerzahl (Stand 2011)

Nr.	Bundesland	Landeshauptstadt	Einwohner in Mio.	Fläche in 1.000 qkm
1	Nordrhein-Westfalen	Düsseldorf	17,99	34,1
2	Bayern	München	12,50	70,6
3	Baden-Württemberg	Stuttgart	10,75	35,8
4	Niedersachsen	Hannover	7,97	47,6
5	Hessen	Wiesbaden	6,07	21,1
6	Sachsen	Dresden	4,22	18,4
7	Rheinland-Pfalz	Mainz	4,00	19,8
8	Berlin	Berlin	3,42	0,9
9	Sachsen-Anhalt	Magdeburg	2,41	20,4
10	Schleswig-Holstein	Kiel	2,83	15,7
11	Brandenburg	Potsdam	2,53	29,5
12	Thüringen	Erfurt	2,29	16,2
13	Mecklenburg-Vorpommern	Schwerin	1,67	23,2
14	Hamburg	Hamburg	1,77	0,8
15	Saarland	Saarbrücken	1,04	2,6
16	Bremen	Bremen	0,66	0,4
	gesamt		82,22	357,1

Quelle: Zahlen vgl. Stat. Ämter des Bundes und der Länder 2012 unter: http://www.statistik-portal.de/ Statistik-Portal/de_jb01_jahrtab1.asp, letzter Zugriff: 16.07.2013

2.2 Klima, Landschaftseinheiten und natürliche Verkehrsleitlinien

Durch die Lage in der kühlgemäßigten Klimazone sind die Unterschiede zwischen den Jahreszeiten deutlich ausgeprägt. Die Niederschläge verteilen sich über das ganze Jahr mit Spitzenwerten in den Sommermonaten. Sie liegen jährlich zwischen 500 und 1.000 mm. Klimatisch gibt es sowohl **ozeanische** wie **kontinentale** Bereiche. Im ozeanischen Klimaeinfluss sind die Sommer relativ kühl und die Winter mild, die Temperaturen liegen selbst im Januar meist über 0 °C. Hohe Luftfeuchtigkeit und relativ kräftige Winde sind weitere Merkmale dieses Klimatyps, der im gesamten Westen des Landes vorherrscht und in etwa bis zur Elbe reicht. Ozeanisch beeinflusst sind weiterhin die höheren Mittelgebirgslagen. Im Übergangsbereich zum kontinentalen Klima liegen die Gebiete östlich der Elbe. Die mittlere Jahrestemperatur beträgt für ganz Deutschland 8–9 °C.

In der Geografie wird üblicherweise eine Einteilung Deutschlands in drei große Landschaftszonen oder Naturräume vorgenommen: Norddeutsches Tiefland, Mittelgebirge und Stufenland, Alpenvorland und Alpen. Diese werden jeweils wieder in eigene Landschaftstypen untergliedert, wie folgende Kurzcharakteristik zeigt:

Norddeutsches Tiefland

Es umfasst Teile der Bundesländer Niedersachsen, Nordrhein-Westfalen, Brandenburg und Sachsen-Anhalt sowie in vollem Umfang die Länder Schleswig-Holstein, Bremen, Hamburg, Mecklenburg-Vorpommern und Berlin. Als eigenständige Landschaftstypen dieses Naturraumes treten deutlich die Küstenzonen von Nord- und Ostsee, die sandigen Geest- und Heideflächen im Binnenland Niedersachsens und Brandenburgs, die Seenplatten Mecklenburg-Vorpommerns und die See- und Flusslandschaft Berlins hervor. Die Verkehrsentwicklung stößt auf keine großen Hindernisse, Verkehrsleitlinien sind seit jeher die Flussmündungen und Urstromtäler.

Mittelgebirge und Stufenland

Anteile an den Mittelgebirgen, die ein Mosaik von vielfältigen Einzelformen wie Beckenlandschaften, Tälern und Hügelländern mit Höhen von einigen hundert bis zu 1.300 m darstellen, haben bis auf die Küstenstaaten so gut wie alle Bundesländer, denn diese Zone erstreckt sich vom Norddeutschen Tiefland bis zur Donau. Von besonderer Bedeutung für Verkehr und Besiedlung sind die Tal- und Beckenlandschaften sowie die Mittelgebirgsränder, da sich in und an ihnen die Verkehrsbänder sammeln. Dies wird deutlich bei den Flusstälern von Rhein, Mosel, Weser, Fulda, Neckar und Main, die markante Verkehrsleitlinien bilden.

Alpenvorland und Alpen

Das Alpenvorland umfasst den Gebietsstreifen zwischen der Donau und der Hochgebirgskette der Alpen. Es liegt, bis auf wenige Teile Baden-Württembergs, im Bundesland Bayern. Die deutschen Alpen liegen ausschließlich in Bayern. Die Alpenzone ist für den Verkehr die schwierigste Landschaftsform, doch mit den modernen Bautechniken ist auch diese ehemalige „natürliche Verkehrsbarriere" heute voll für den Verkehr erschlossen.

Die meisten Menschen leben in Deutschland in sogenannten **Verdichtungsgebieten**. Darunter versteht man Gebiete, in denen die Bevölkerungsdichte mehr als 300 Einwohner/qkm überschritten hat und wo sich Großstädte mit über einer halben Million Einwohner gebildet haben. Weit ausgedehnte Verdichtungsgebiete mit einer besonders hohen Wirtschafts- und Bevölkerungskonzentration (z. B. über 1.000 Ew./qkm) werden auch Ballungsgebiete genannt.

Alle Verdichtungsgebiete, und dies sind fast 20, sind heute Schwerpunkte von Industrie (Sekundärer Bereich) und Handel (Tertiärer Bereich) und damit auch Schwerpunkte des Verkehrs. In manchen Verdichtungsgebieten stellt der tertiäre Wirtschaftssektor (Handel, Banken, Versicherungen, Verkehrswesen usw.) den größten Teil der Beschäftigten.

Die meisten Ballungsgebiete sind durch dichtbevölkerte Zwischenglieder zu **Siedlungs- und Verkehrsachsen** zusammengewachsen.

Beispiele:
Eine bedeutende Siedlungs- und Verkehrsachse verläuft in West-Ost-Richtung von Aachen über Köln, das Ruhrgebiet, die ostwestfälischen Städte Bielefeld-Herford-Minden nach Hannover und dann über Magdeburg nach Berlin. Sie orientiert sich im Wesentlichen an der verkehrsgünstigen Übergangszone zwischen den Mittelgebirgen und dem Tiefland. In Nord-Süd-Richtung bilden u. a. die Flüsse die deutlichsten Verkehrsleitlinien.

Die Verkehrsachsen und -einrichtungen, die von Straßen und Brücken, Schienennetzen und Wasserstraßen, Bahnhöfen, Binnen-, See- und Flughäfen sowie den Pipelines gebildet werden, stellen die **Verkehrsinfrastruktur** eines Landes dar. Die ständige Erneuerung und Modernisierung dieser Verkehrseinrichtungen ist ein wesentlicher Garant für das Funktionieren der gesamten Volkswirtschaft.

1   Hamburg und der Raum Unterelbe
2   Bremen und der Raum Unterweser
3   Ruhrgebiet
4   Rheinschiene
5   Saarbrücken
6   Rhein-Main-Neckar-Raum
7   Mittlerer Neckar
8   Großraum München
9   Nürnberg-Erlangen-Fürth
10 Großraum Hannover
11 Sächsisches Industrierevier
12 Halle-Leipzig
13 Großraum Berlin
14 Erfurt-Jena-Gera

Metropolregionen
(Definition s. folgende Seite)

Berlin/Brandenburg
Bremen/Oldenburg
Frankfurt/Rhein-Main
Hamburg
Hannover-Braunschweig
München
Nürnberg
Rhein-Neckar
Rhein-Ruhr
Sachsendreieck
Stuttgart

100 km

Herausragende Industrie- und Ballungsgebiete in Deutschland

2.3 Kurzcharakteristik ausgewählter Logistik- und Wirtschaftsräume

2.3.1 Metropolregion Berlin

Die Metropolregion Berlin besteht aus der eigentlichen Stadt Berlin und dem ange-schlossenen Umland. Beide zusammen werden auch als Großraum Berlin bezeichnet. Im Einzelnen gehören hierzu die Fläche der Hauptstadt Berlin und die Flächen umgebender Kommunen wie zum Beispiel Neuenhagen, Rüdersdorf, Falkensee, Henningsdorf und Potsdam. Insgesamt sind es acht Landkreise und der Stadtkreis von Potsdam, die mit der Stadt Berlin die Metropolregion Berlin bilden.

➔ *Eine Metropolregion ist eine Großstadt mit ihrem ländlichen Umfeld, die eine hohe inter-*
nationale Ausstrahlung aufweist. Der Begriff stammt aus der Raumpolitik (Ministerkonfe-
renz für Raumordnung/MKRO). Im Verkehrswesen stellen Metropolregionen regelrechte
Drehscheiben und Knotenpunkte dar. In Deutschland sind elf Metropolregionen ausgewie-
sen. Sie sind im Wesentlichen mit den Ballungsräumen identisch.

Die Ausdehnung von Berlin-Stadt ist mit der des Ruhrgebietes vergleichbar, die Ausdeh-nung des Großraums Berlin geht darüber hinaus. Im Gegensatz zum Ruhrgebiet, das aus einer Vielzahl von Mittel- und Großstädten gebildet wird, stellt Berlin dagegen eine relativ geschlossene städtische Ballung dar.

Berlin hat eine herausragende Stellung im Verkehrswesen. Dies ist historisch begründet, denn die bis 1945 überaus guten Verkehrsanbindungen hängen ursächlich mit der Funk-tion Berlins als ehemaligem Zentrum des Deutschen Reiches zusammen. Doch schon Jahrzehnte zuvor hatte sich Berlin mit dem Aufkommen der Eisenbahn zu einem der bedeutenden Bahnknotenpunkte Deutschlands und Europas entwickelt. Entscheidend hierfür war die Lage der Stadt: Berlin befindet sich im **Kreuzungspunkt** zweier großer europäischer Verkehrsachsen: in Nord-Süd-Richtung die Achse Stockholm–Prag–Wien–Budapest, in West-Ost-Richtung die Achse Paris–Warschau–Moskau. Als eine der weni-gen deutschen Städte wird Berlin bereits seit den 1930er Jahren von einem geschlossenen Autobahnring umgeben, der von Anfang an eine überregional wichtige Verteilerfunk-tion übernahm. Autobahnen und Bundesstraßen verlaufen sternförmig von der Stadt ins Umland. Die Form dieser Straßenstruktur ähnelt damit der von Paris.

Wichtige Verkehrseinrichtungen Berlins lassen sich wie folgt umreißen:

- Im Straßenverkehr ist der stadtumspannende **Autobahnring** (A 10), der den Transit-verkehr aufnimmt und den ein- und ausgehenden städtischen Straßenverkehr stern-förmig in alle Himmelsrichtungen verteilt, herausragende Verkehrsachse.

- Im Eisenbahnverkehr bündelt der stadtumspannende sog. **Berliner Eisenbahn-Außenring** (BAR) zehn wichtige Bahnstrecken und mehrere Nebenstrecken. Berlin ist damit zentraler Eisenbahn-Knotenpunkt. Rangier-, Betriebs- und Umschlagbahnhöfe befinden sich in Pankow, Berlin-Rummelsburg, Berlin-Wuhlheide, Berlin-Schöne-weide, Tempelhof, Grunewald und Seddin. Spezielle Güterbahnhöfe u. a. für den Con-tainerverkehr sind der Berliner Ostgüterbahnhof, die Umschlagplätze Hamburger und Lehrter Bahnhof, Oranienburg, Großbeeren und Berlin Frankfurter Allee. Multimo-dale Güterverkehrszentren (GVZ) sind die Anlagen GVZ Berlin West (Wustermark), GVZ Berlin Süd (Großbeeren) und GVZ Berlin Ost (Freienbrink).

■ Die Binnenschifffahrt nutzt das Märkische Wasserstraßennetz, das durch die Havel- und Spreegewässer gebildet wird. Die zu diesem Netz gehörenden Berliner Wasserstraßen bilden auch innerhalb der europäischen Wasserstraßen stets einen wichtigen Knotenpunkt, da drei Hauptwasserstraßen zusammentreffen.

Beispiel:

Von Westen verlaufen der **Elbe-Havel-Kanal** (35 km) und die Untere Havel-Wasserstraße (149 km) als Fortsetzung des Mittellandkanals nach Berlin. Aus Nordosten kommt die **Havel-Oder-Wasserstraße** (90 km). Von Osten zieht sich die **Oder-Spree-Wasserstraße** (85 km) über Eisenhüttenstadt nach Berlin. Weitere Wasserwege sind die „Rüdersdorfer Gewässer" und die „Dahme-Wasserstraße". Zusammen haben diese Wasserwege eine Länge von rund 260 km. Umschlagplätze sind in Berlin der West- und Südhafen sowie der Hafen Neukölln, ferner die Häfen Fürstenwalde, Rüdersdorf, Wustermark und Königs-Wusterhausen.

■ Dem Luftverkehr stehen zwei internationale Flughäfen zur Verfügung: im Süden **Berlin-Schönefeld** und im Westen **Berlin-Tegel**[1]. Der neue Airport in Berlin-Schönefeld trägt die Bezeichnung Flughafen Berlin-Brandenburg „Willy Brandt".

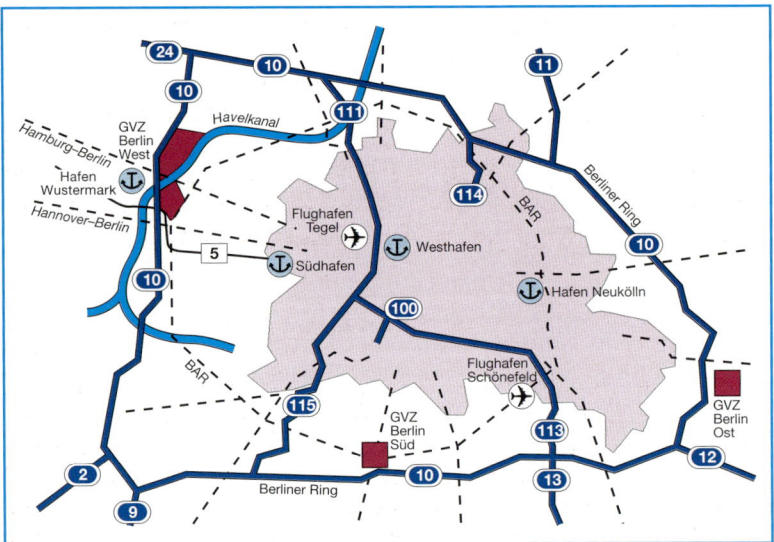

2.3.2 Logistikdrehscheibe Hamburg und der Raum Unterelbe

Unter der Metropolregion Hamburg wird der Stadtstaat Hamburg sowie das Umland mit den Kreisen Lauenburg, Pinneberg, Segeberg, Storman, Harburg und Stade verstanden. Hamburg ist eines der bedeutendsten deutschen **Verwaltungs- und Dienstleistungszentren**. Obgleich der **Hafen** mit seinen typischen Arbeitsplätzen wichtiger Erwerbsbereich der Stadt ist, so ist dies nicht das einzige Standbein der Stadt – es heißt: Hamburg ist die größte Industriestadt Deutschlands, die auch einen Seehafen hat. Die Seehafenverkehrswirtschaft beschäftigt rund 30.000 Menschen, die Seehafenindustrien über 34.000. In den letzten Jahrzehnten haben sich viele Unternehmen außerhalb Hamburgs entlang der Unterelbe angesiedelt, sodass eine „**Industriegasse**" entstanden ist.

---

[1] *Der Flugverkehr über Tempelhof wurde am 30. Oktober 2008 eingestellt.*

> **Beispiel:**
> Am östlichen Elbufer bilden die Orte Wedel, Glückstadt und Brunsbüttel mit Kraftwerken, Chemie, Maschinenbau u.a.m. starke Wirtschaftsschwerpunkte. Am Westufer sind Stade und Cuxhaven industrielle Kerne.

Von 1945 bis 1990 unterlag die Hamburger Wirtschaft infolge der politischen Situation **großen Nachteilen,** mehrfach wurde die wirtschaftliche Entwicklung (insbesondere der Hafenwirtschaft) gestoppt. Die Nachteile ergaben sich u.a. aus den außerordentlich starken Zerstörungen von Hafen- und Industriegelände während des Zweiten Weltkrieges, dem Verlust von Teilen des Hafenhinterlandes durch die deutsche Spaltung und der Nähe zur nur rund 50 km entfernt liegenden innerdeutschen Grenze. Negativ wirkte sich ferner aus: die künstliche Aufwertung der Ostblockseehäfen als Konkurrenten, die Randlage der Stadt innerhalb der EG und die große Entfernung zu den Kernräumen der Gemeinschaft. Schließlich verlor Hamburg große Seegütermengen an die günstiger liegenden EG-Häfen, vor allem Rotterdam. Seit der Wiedervereinigung und der EU-Osterweiterung hat Hamburg seine Rolle als eines der führenden europäischen Import-Export-Gateways und als Logistikdrehscheibe rasant ausgebaut.

Im Straßen- und Bahnnetz Deutschlands ist Hamburg der überragende Knoten- und Verkehrsengpunkt im Norden. Sechs Autobahnen, darunter die großen Achsen A 1 (**Hansalinie**), A 7 und A 24, durchziehen den Raum. Die wichtige Nord-Süd-Autobahn A 7 (Flensburg–Garmisch) wird mittels des **Elbtunnels** durch die Hansestadt geführt. Für den Bahnverkehr ist vor allem der südlich der Stadt liegende Rangierbahnhof **Maschen** außerordentlich wichtig. Vom Flughafen **Hamburg-Fuhlsbüttel**, gleichzeitig Standort der Lufthansawerft, werden interkontinentale Flüge abgewickelt. Alles beherrschende Verkehrseinrichtung ist der Hafen (vgl. hierzu ausführlicher Kap. 3.5).

2.3.3   Logistikstandort Bremen und der Raum Unterweser

Als Stadtstaat und kleinstes Bundesland ist Bremen mit seiner rund 70 km entfernt liegenden Gemeinde Bremerhaven das Handels- und Industriezentrum des Raumes Unterweser. Neben Bremen/Bremerhaven gehören die niedersächsischen Kreise Wesermünde, Osterholz, Bremervörde, Rotenburg/Wümme, Verden, Wesermarsch, Oldenburg, Delmenhorst und Hoya der Region an. Wichtige städtische Zentren sind in diesen Kreisen Oldenburg, Nordenham, Brake, Delmenhorst, Bremervörde und Osterholz-Scharmbeck.

Das Verkehrswesen wird von den **Bremischen Häfen** beherrscht. Bedeutend sind die über die Häfen eingehenden klassischen Importgüter Baumwolle, Wolle, Kaffee, Tee, Kakao, Reis, Getreide, Früchte, Holz und Rohtabak, die von der großen Tradition des Überseehandels Bremens zeugen. Speziell diese Güter werden in der Region aufbereitet und veredelt, fast 20 % aller Arbeitsplätze des produzierenden Gewerbes entfallen hierauf. Für einige dieser Importwaren gibt es in Bremen bedeutende **Warenbörsen**. Ähnlich wie in Hamburg sind die wirtschaftlichen Tätigkeiten stark hafenbezogen. Im Dienstleistungssektor dominieren vielfältige speditionelle Tätigkeiten, denn fast drei Viertel aller umgeschlagenen Güter sind keine Loco-Güter, d.h., sie entstammen nicht der Region oder werden nicht in ihr verarbeitet, sondern zwischen dem Hinterland und den Überseeräumen vermittelt. Für Bremen gilt daher, stärker als etwa für Hamburg, die Bezeichnung „**Speditionshafen**" (vgl. hierzu ausführlicher Kap. 3.5). Neben den Häfen

sind die wichtigsten Verkehrseinrichtungen die umfassenden **Eisenbahnanlagen** (Bremen-Grolland, Bremerhaven-Seehafen), da die Hinterlandversorgung mehr mit Bahn und Lastkraftwagen als über die **Weser-Binnenschifffahrt** erfolgt. Im Straßennetz ist die Autobahn A 27, die Bremen mit Bremerhaven verbindet, von elementarer Bedeutung. Wichtige andere Anschlüsse sind die A 1 **(Hansalinie)**, die A 28 (Bremen–Oldenburg) und die A 29 (Oldenburg–Wilhelmshaven). Der Luftverkehr erfolgt über den Flughafen **Bremen-Neuenland.**

2.3.4 Ruhrgebiet

Der älteste und weltweit bekannteste deutsche **Schwerindustrieraum** ist Teil des rheinisch-westfälischen Industriegebietes. Das Ruhrgebiet bildet ein Rechteck mit den Eckpunkten Dinslaken und Duisburg im Westen und Schwerte und Lünen im Osten. Es umfasst **elf Großstädte**, darunter Oberhausen, Essen, Bochum, Dortmund, Gelsenkirchen, Bottrop, Herne sowie am östlichen Rand Unna und Kamen. Mit den Städten der Rheinschiene bildet das Ruhrgebiet die Metropolregion Rhein-Ruhr.

Neben dem Kohleabbau war über ein Jahrhundert lang die Eisen- und Stahlverarbeitung die Schlüsselindustrie des Reviers: Kohle und Stahl haben längst ihre Monopolstellung verloren. Das wirtschaftliche Bild wird von einer Vielzahl moderner anderer Branchen bestimmt. Entsprechend der großen Wirtschaftskraft des Raumes zeigt sich das Verkehrswesen als besonders stark ausgeprägt. Herausragende **Logistikstandorte** sind Duisburg, Gelsenkirchen, Herne sowie Dortmund und Unna/Hamm. Kein anderer Raum Deutschlands ist derart dicht mit Autobahnen, Eisenbahntrassen und Wasserwegen erschlossen. Besonders bemerkenswert ist das fast **gitterförmige Autobahnnetz** innerhalb des Reviers.

> **Beispiel:**
> In West-Ost-Richtung verlaufen die A 2 **(Ruhrgebiet–Hannover)**, der **Emscherschnellweg** A 42 und der **Ruhrschnellweg** A 40, in Nord-Süd-Richtung die A 3, A 31, A 43 und A 1. Ihre Knotenpunkte bilden stark belastete Autobahnkreuze, so das Kamener-, Westhofener-, Recklinghausener Kreuz, ferner die Autobahnkreuze Oberhausen, Duisburg-Kaiserberg, Herne, Dortmund-West.

Ähnlich engmaschig ist das **Schienennetz**, dessen große Umschlag- und Verteilerzentren in Dortmund, Essen, Duisburg, Bochum, Hagen und Oberhausen liegen. Das westliche Ruhrgebiet ist über seinen zentralen **Rheinhafen Duisburg-Ruhrort** an die internationale Binnenschifffahrt angeknüpft, das zentrale und östliche Revier erhält durch vier Kanäle Anschluss: den **Dortmund-Ems-Kanal** (DEK), den **Rhein-Herne-Kanal** (RHK), den **Datteln-Hamm-Kanal** (DHK) und den **Wesel-Datteln-Kanal** (WDK). Eine ähnlich hohe Dichte von Wasserwegen findet sich nur noch im Großraum Berlin, jedoch sind die dortigen Wasserwege weniger leistungsfähig. Eine zentrale Rolle im Verkehrsgeschehen nehmen an Rhein und Ruhr ferner die bereits vorhandenen und z. T. in Bau befindlichen **Güterverkehrszentren** (GVZ) ein. Sie sollen langfristig zu einer Verkehrsentlastung in den hochverdichteten Ballungsräumen in Nordrhein-Westfalen beitragen.

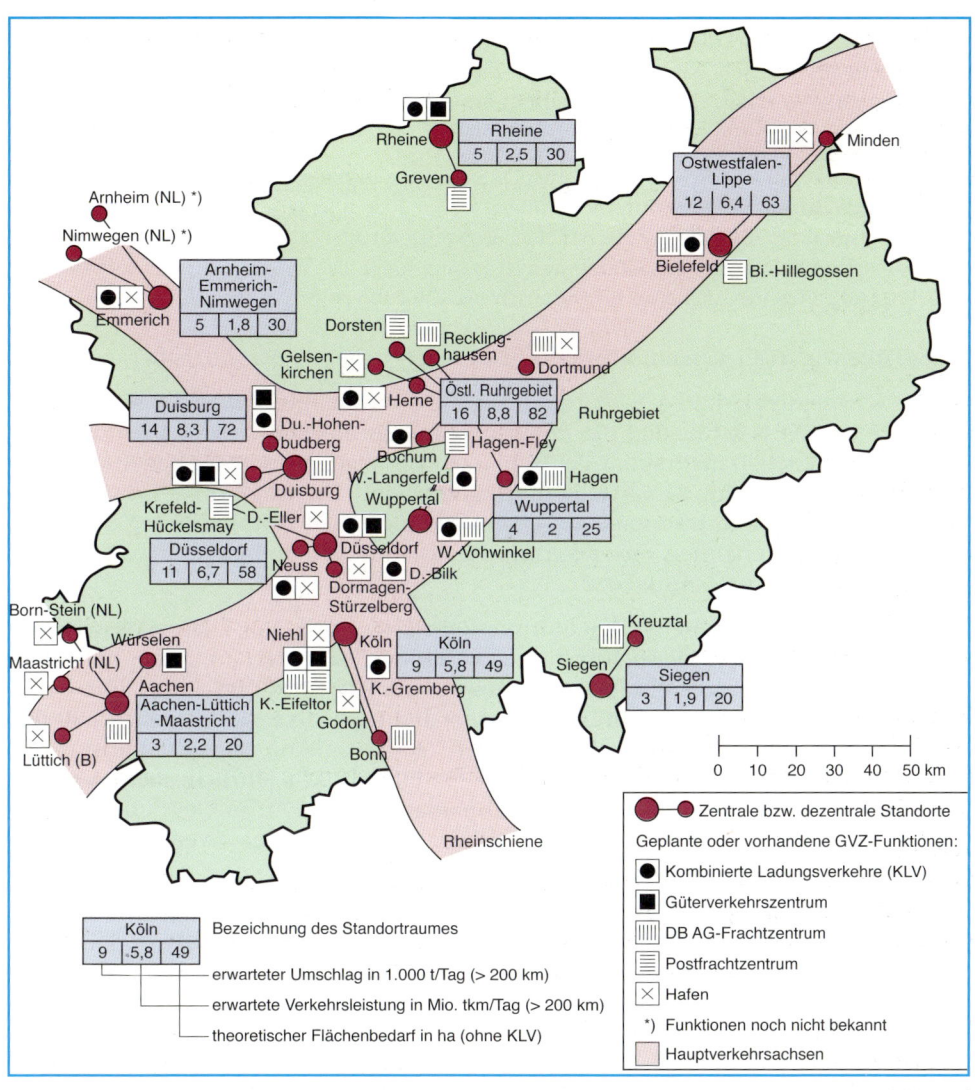

Standorträume und Funktionen für geplante/vorhandene Güterverkehrszentren (GVZ) in Nordrhein-Westfalen

Quelle: Vgl. Gläßer, Schmied, Woitschützke: Nordrhein-Westfalen, Perthes Länderprofile, Gotha 1997

2.3.5 Rheinschiene

Der Niederrhein ist eine sehr dynamische Wirtschaftszone, mit einem hohen Anteil von Dienstleistungsunternehmen aller Art, moderner Industrieunternehmen, außerordentlich dichter Verkehrsbänder und einer hohen Bevölkerungsdichte. Für diese Region hat man den Begriff „Rheinschiene" geprägt. Damit wird ein Raum umschrieben, der stromparallel von der Grenzstadt Emmerich bis **Bonn** reicht und der von einer Fülle günstiger Standort- und Strukturvorteile geprägt ist. Wirtschaftliche und logistische Kernpunkte sind die Rheinufer-städte **Duisburg, Krefeld/Uerdingen, Düsseldorf, Neuss, Leverkusen** und **Köln**. Weitere wichtige Wirtschaftskonzentrationen gibt es in Emmerich, Wesel, Dinslaken, Mülheim,

Mettmann/Ratingen, Erkrath, Mönchengladbach/Rheydt, Grevenbroich, Dormagen, dem Erftkreis, dem Rhein-Kreis Neuss, dem Rhein-Sieg-Kreis und Bonn. Logistik gilt im Bundesland Nordrhein-Westfalen (NRW) – vor allem an der Rheinschiene – als Leitbranche.

> **Beispiel**:
> Das Bundesland hat das dichteste Verkehrsnetz in Europa und fast jedes vierte Logistikzentrum steht in NRW. In rund 24.000 Unternehmungen waren 2009 über eine Viertelmillion Menschen in der Logistik tätig. Als eines der Herzstücke Europas ist vor allem die Rheinschiene Schnittstelle der Warenströme. Das Verkehrsaufkommen ist extrem hoch. Die A3 bei Köln-Ost befahren täglich 170.000 Fahrzeuge, dies sind im Durchschnitt 120 Fahrzeuge pro Minute.

Aus der Fülle wichtiger Verkehrseinrichtungen ragen folgende besonders heraus:

- Mehrere bedeutende und z.T. extrem überlastete Autobahnen (u.a. die A1, A2, A3, A4, A57 und A61) schneiden die Rheinschiene und machen diese Region damit zu einem der größten Transiträume Deutschlands. Vor allem Köln ist für den Straßenverkehr seit alters her eine Schaltstelle und Drehscheibe. Die ringförmigen innerstädtischen Straßen werden ihrerseits von einem geschlossenen **Autobahnring** umgeben, in den zehn Autobahnen aus allen Himmelsrichtungen münden. Die Verteilung erfolgt über acht Autobahnkreuze.

- Entlang der Rheinschiene ist der **Bahnverkehr** sehr hoch. Vor allem Kölns Hauptbahnhof gilt als einer der wichtigsten europäischen Bahnknotenpunkte, denn hier kreuzen sich die Zugverbindungen Athen–London, Stockholm–Rom und Paris–Moskau. Im Personen- und **Güterverkehr per Bahn** passieren Köln täglich 850 Personen- und 250 Güterzüge. Bedeutender Umschlagplatz für Container- und Huckepackverkehre ist der Bahnterminal Köln-Eifeltor. Mit jährlich über 350.000 t Umschlag ist Eifeltor eine der größten Bahnanlagen dieser Art in Deutschland. Weitere große Terminals befinden sich in Duisburg (Rangierbahnhof Wedau, Containerumschlagplätze), Düsseldorf und Neuss (Hessentor).

- An rund 23 km Rheinufer in Duisburg (vgl. Kap. 3.4.2) konzentrieren sich in einer sonst in Deutschland nicht vorhandenen Dichte Binnenhäfen und Industrieanlagen. Duisburg gilt als die größte Binnenhafenstadt der Welt. Von großer Bedeutung sind ferner die trimodalen **Rheinhäfen** Düsseldorf/Neuss (Hafengemeinschaft), die Umschlagzentren für den Rhein-Containerdienst sind. In Köln werden mehrere Binnenhäfen betrieben, u.a. der Ölhafen Niehl und die Häfen Deutz, Godorf, Mülheim.

- Für den Luftverkehr gibt es an der Rheinschiene zwei herausragende Verkehrsknoten. Es sind dies die Flughäfen Düsseldorf International und Köln/Bonn (vgl. Kap. 3.6).

2.3.6   Frankfurt und das Rhein-Main-Gebiet

Der Wirtschaftsraum Rhein-Main, ebenfalls eine Metropolregion, befindet sich überwiegend im südlichen Teil des Bundeslandes Hessen. Wirtschafts- und Verkehrsschwerpunkte sind neben **Frankfurt** u.a. die beiden Landeshauptstädte **Mainz** (Rheinland-Pfalz) und **Wiesbaden** (Hessen) sowie **Rüsselsheim, Darmstadt, Offenbach, Aschaffenburg** und **Hanau**. Überragender Ballungsraum ist die Handels-, Messe-, Banken-, Verkehrs- und Verwaltungsmetropole Frankfurt. In ihr haben heute über ein Drittel aller hessischen Industriebetriebe ihren Sitz und über 40 % der Beschäftigten Hessens finden dort ihren Erwerb. Die Stadt ist Sitz zahlreicher einflussreicher Verwaltungen und Verbände geworden, die bundesweit wirken.

Beispiele:

In Frankfurt befinden sich die Europäische Zentralbank (EZB), die Hauptsitze fast aller führenden deutschen Geschäftsbanken, die wichtigste deutsche Börse und der Bundesrechnungshof. Ferner die Zentralen vieler Einrichtungen des Verkehrsgewerbes, wie u. a. die Hauptverwaltung der Deutschen Bahn AG, das Bundesamt für gewerbliche Wirtschaft (Eschborn), die berufsständischen Organisationen Bundesverband Güterkraftverkehr und Logistik (BGL) und Bundesverband Wirtschaftsverkehr und Entsorgung (BWE) sowie wichtige Abteilungen der Deutschen Lufthansa.

Das Wirtschaftsbild Frankfurts wird maßgeblich auch durch zahlreiche Niederlassungen in- und ausländischer Unternehmen und des Land- und Lufttransportwesens (insbesondere in Kelsterbach), Exportvertretungen, Konsulate und ähnliche Stellen bestimmt. Der größte Arbeitgeber nicht nur Frankfurts, sondern ganz Hessens und viertgrößter westdeutscher Arbeitgeber ist der **Rhein-Main-Flughafen** (vgl. Kap. 3.6.2).

Beispiel:

Der Großflughafen Frankfurt stellt über 60.000 Arbeitsplätze in mehr als 400 unterschiedlichen logistischen Arbeitsstätten. Zentralpunkte für Güterabfertigungen sind die Cargo City Nord und die Cargo City Süd. Frankfurt ist ein Logistikplatz von europäischer Bedeutung und steht in Konkurrenz zu den Markt- und Distributionsplätzen Paris, Amsterdam und London.

Zu den Standortvorteilen Frankfurts gehören die zentrale europäische Lage, die dadurch bedingten ständig steigenden Aufgaben beim Personenverkehr und der interkontinentalen Verteilung von Gütern sowie die hervorragenden Verkehrsverbindungen mittels Eisenbahn und Fernstraßen. Die **Autobahnen** (A 5, A 3, A 60, A 61, A 67 und andere) sowie die Autobahnkreuze im Rhein-Main-Raum gehören zu den großen Schaltstellen des deutschen Straßenverkehrs, Ähnliches gilt für den **Bahnverkehr** (Frankfurt/M.-Ost). Mehrere **Binnenhäfen** an Rhein und Main (Bingen, Mainz, Wiesbaden, Rüsselsheim, Frankfurt, Offenbach, Hanau, Aschaffenburg) ergänzen das Bild einer außerordentlich vielfältigen Verkehrslandschaft.

2.3.7   Rhein-Neckar-Dreieck

Das Rhein-Neckar-Dreieck wird durch die Städte Worms, Neustadt und Heidelberg eingegrenzt, es ist der sechstgrößte Ballungsraum in Deutschland. Die wirtschaftlichen Zentren dieser Region, die sich über drei Bundesländer (Hessen, Rheinland-Pfalz und Baden-Württemberg) erstrecken, sind die drei Großstädte **Ludwigshafen, Mannheim** und **Heidelberg**. Eine herausragende Rolle nimmt das Speditions- und Transportwesen ein. Das Rhein-Neckar-Dreieck gilt mittlerweile als das bedeutendste **Güterumschlag- und Distributionszentrum** im süddeutschen Raum. Durch die Region verlaufen mehrere große Fernstraßen, die herausragenden sind die **Autobahnen** A 5 (Richtung Frankfurt oder Basel) und die A 6 (Richtung Stuttgart/München oder Kaiserslautern/Saarbrücken), sie werden ergänzt durch die A 61 (Hockenheim–Mönchengladbach) und die A 67 (Viernheimer AD–Frankfurt).

Im Personenverkehr der **Eisenbahn** stellt die Region einen der wichtigsten Knotenpunkte im Intercity-Verkehr Deutschlands dar, Ähnliches gilt für den Güterverkehr.

Herausragende Transportwege sind weiterhin der **Rhein** und der **Neckar**. Die Binnenhäfen von Ludwigshafen und Mannheim sind führend unter den deutschen Binnenhäfen, zusammengenommen bilden sie den zweitgrößten deutschen Binnenhafenkomplex. Bedeutend im Binnenhafen von Mannheim sind große überdachte Lagerflächen, die

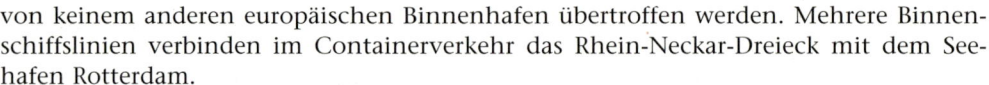

von keinem anderen europäischen Binnenhafen übertroffen werden. Mehrere Binnen-schiffslinien verbinden im Containerverkehr das Rhein-Neckar-Dreieck mit dem See-hafen Rotterdam.

2.3.8   Stuttgart und Mittlerer Neckar

Als Raum Mittlerer Neckar gilt die Region zwischen Heilbronn, Nürtingen, Sindelfingen und Göppingen. Im Zuge der Industrialisierung hatten sich in den verkehrsgünstig gele-genen Neckartalstädten **Heilbronn, Ludwigsburg, Kornwestheim, Stuttgart, Esslingen** und **Plochingen** leistungsfähige Industrieunternehmen konzentriert. Als Folge der Ver-knappung von Gewerbeflächen verlagerten viele Unternehmen ihre Produktion in die Täler und an die Nebenflüsse Enz, Murr, Rems und Fils sowie auf die Hochflächen. Es entstand das heute für den Mittleren Neckar charakteristische Verteilungsbild der Indus-triegassen. Fast 30 Gemeinden mit 2,5 Mio. Einwohnern umfasst dieses Wirtschaftsge-biet heute.

Der Mittlere Neckar gilt von allen Ballungsgebieten Deutschlands als der am stärksten durch gewerbliche Produktion bestimmte, die hohe Spezialisierung der Region bedingt große Exportanteile. Besonders Stuttgart, Landeshauptstadt von Baden-Württemberg, gehört zu den am stärksten exportorientierten Städten Deutschlands. Die Stadt ist auch einer der Verkehrsschwerpunkte der Region, das heißt vor allem **Eisenbahn- und Auto-bahnknotenpunkt**. Durch ihre Kessellage ist sie allerdings erheblichen Verkehrsproble-men ausgesetzt. Der Flussverkehr auf dem kanalisierten Neckar ist bis zum **Endhafen Plochingen** möglich, die größten Neckarhäfen befinden sich in Heilbronn und Stutt-gart. An das Luftverkehrsnetz ist der Mittlere Neckarraum durch den **Regionalflughafen Stuttgart-Echterdingen** angebunden.

2.3.9   Großraum Nürnberg

Das Städtedreieck **Nürnberg–Erlangen–Fürth** bildet den Kern der mittelfränkischen Metropolregion; es ist nach München die zweitgrößte Wirtschafts- und Logistikregion in Bayern. Die Metropolregion umfasst ferner die Wirtschaftsstandorte Bamberg, Bayreuth, Pegnitz, Amberg, Ansbach, Schwabach und Herzogenaurach; insgesamt leben rund 2,5 Mio. Einwohner in der Region. Mit seinen bedeutenden Land- und Wasserwegen nimmt das Städtedreieck überragende Aufgaben im nationalen und internationalen Transitverkehr wahr.

Vor allem ist der Raum Nürnberg im deutschen **Autobahnnetz** seit jeher eine zentrale Verteilerstelle. Bei Nürnberg schneiden sich die A 3, A 6, A 73 und A 9. Diese Autobah-nen sind herausragende Streckenabschnitte im internationalen West-Ost-Straßengüter-verkehr, der u.a. über die A 6 via Nürnberg in die Tschechische Republik und andere EU-Länder in Mittelosteuropa führt. Ähnlich wichtige Verteileraufgaben fallen dem Bahnumschlagszentrum **Nürnberg Hgbf.** im ost- und nordgehenden Bahnverkehr zu. Sowohl Nürnberg als auch Fürth und Erlangen unterhalten Binnenhäfen bzw. Umschlag-stellen am **Main-Donau-Kanal**, sie sind damit in die große transkontinentale Wasser-straße zwischen Rhein und Schwarzem Meer eingebunden.

Eine herausragende Stellung nimmt der **Kanalhafen Nürnberg-Roth** am Main-Donau-Kanal ein. Er ist einer von fünf bayerischen Landeshäfen und Standort des mittlerweile größten Güterverkehrszentrums (GVZ) in Süddeutschland. Das GVZ Nürnberg-Hafen bietet alle technischen Einrichtungen für die Abwicklung multimodaler Verkehre. Der Hafen und das GVZ profitieren insbesondere von ihrer zentralen Stellung in der internationalen Schifffahrtsverbindung Rotterdam–Schwarzes Meer und den Schiffsverkehren für Massengüter (Agrarerzeugnisse, Baustoffe) nach Ländern in Ost- und Südosteuropa. Der **Flughafen Nürnberg** ist ein internationaler Flughafen mit starker europäischer Ausrichtung.

2.3.10 Metropolregion München

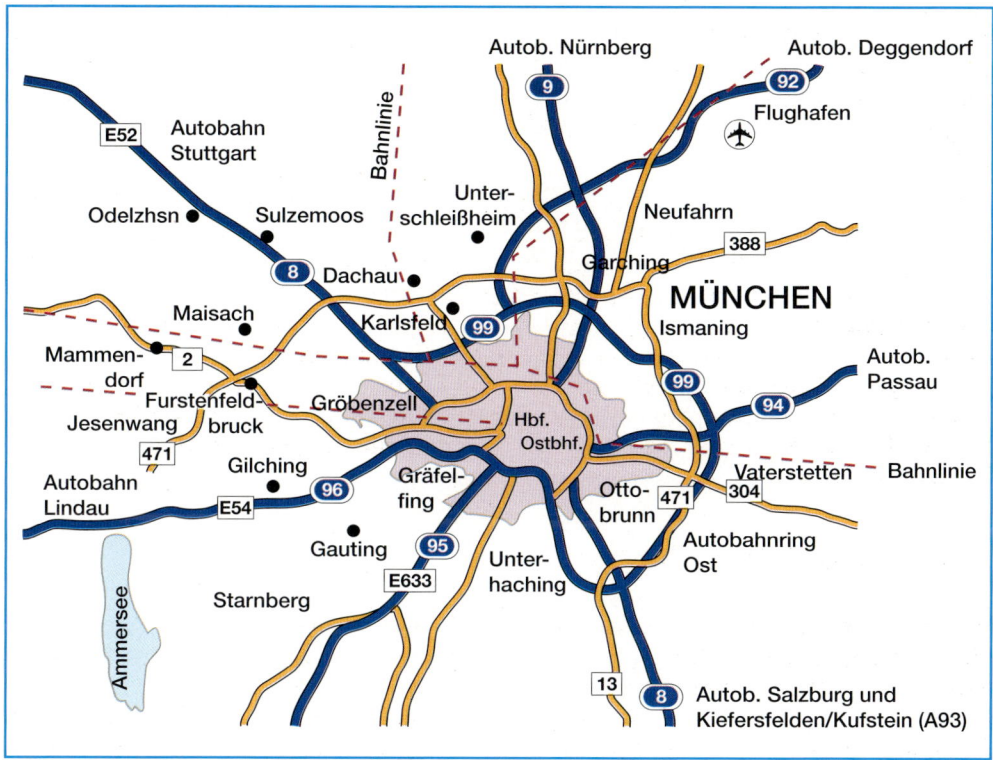

Der über 2,5 Mio. Einwohner umfassende Großraum München wird aus der Stadt München und acht umgebenden Landkreisen (Freising, Erding, Ebersberg, München, Starnberg, Landsberg a. Lech, Fürstenfeldbruck und Dachau) gebildet. Im deutschen Alpenvorland ist München eine konkurrenzlose Metropole, die alle wichtigen Handels- und Verkehrslinien auf sich zieht. Im **süddeutschen Autobahnnetz** ist die Stadt München, die noch nicht von einem geschlossenen Autobahnring umgeben wird, zentrale Verteilerstelle. Um München bündeln sich die sieben Autobahnen, wobei die östliche Umgehungsautobahn A 99 besonders belastet ist.

> **Beispiel:**
> Sämtliche von Norden kommenden Straßenverkehre mit Zielrichtung Norditalien via Kiefersfelden/Kufstein und Brenner sowie Österreich via Bad Reichenhall/Salzburg müssen die Umgehungsautobahn A 99 benutzen, ehe sie sich am Autobahndreieck Rosenheim (A 8 und A 93 Inntal-Dreieck) verteilen.

Im Eisenbahnverkehr sind der Münchener Hauptbahnhof, der über eine **Huckepack-Umschlaganlage** verfügt, und der **Rangierbahnhof München**-Nord Schaltstellen für Bahnverkehr von/nach Italien, Österreich und den Balkanraum. Ein Wasserstraßenanschluss für die gewerbliche Binnenschifffahrt existiert nicht. Der **Großflughafen München**, der nördlich der Stadt nahe Freising liegt, gilt als einer der modernsten in Europa. Er rangiert im Passagierverkehr nach Frankfurt bundesweit auf Platz zwei und nimmt in der Luftfracht ebenfalls einen Spitzenplatz ein (vgl. Kap. 3.6).

2.3.11 Großraum Hannover/Braunschweig

Das Ballungs- und Großraumgebiet **Hannover/Braunschweig** bildet den wirtschaftlichen Schwerpunkt des Bundeslandes Niedersachsen. Es schließt bedeutende weitere Wirtschaftszentren ein, darunter vor allem **Wolfsburg**, **Wolfenbüttel**, **Salzgitter**, **Celle**, **Peine** und **Hildesheim**. Die Verwaltungsmetropole, Messe- und **Landeshauptstadt Hannover** ist das Zentrum dieser Region. Sie hat, einschließlich des engeren Umlandes, eine Bevölkerung von mehr als einer Million Menschen. Die Lage Hannovers inmitten eines überwiegend ländlichen Raumes ist der von München vergleichbar.

Hannover, Braunschweig und Wolfsburg sind an den **Mittellandkanal** angebunden, Salzgitter und Hildesheim werden über Stichkanäle versorgt. Das Eisenbahnwesen ist breit entwickelt, u. a. können in **Hannover-Linden** Kombi-Sendungen abgefertigt werden. Im **Autobahnnetz** ist die Region durch das markante Autobahnkreuz von Hannover-Ost gekennzeichnet, in dem sich die A 2 und die A 7 schneiden. Bedeutender internationaler Flughafen mit starker europäischer Ausrichtung ist der Airport von **Hannover-Langenhagen**.

2.3.12 Saargebiet

Der Ballungsraum Saargebiet wird entlang des kanalisierten Saarflusses von den Städten **Saarbrücken**, **Völklingen**, **Saarlouis** und **Dillingen** sowie einigen weiteren kleinen Gemeinden gebildet. Aufgrund der Grenzlage fallen dem Saargebiet lagebedingt wichtige Aufgaben im Transitverkehr zu, vor allem im Wechselverkehr zwischen Frankreich/Benelux und Deutschland. Hauptverkehrsader im Straßengüterverkehr ist die große **West-Ost-Achse A 6** (Paris–Saarbrücken–Ludwigshafen/Mannheim). Für die Schwerindustrie des Saargebietes und Teile der Pfalz ist der zum Großschifffahrtsweg ausgebaute **Saarkanal** (kanalisierte Saar) wichtigster Verkehrsweg. Größter Saarhafen ist Saarlouis/Dillingen. Seit Eröffnung der modernen Wasserstraße im Jahre 1989 gehört dieser Hafen zu den zehn umschlagstärksten deutschen Binnenhäfen. Große Bedeutung hat das **Eisenbahnwesen**, denn mehr als die Hälfte des saarländischen Güterverkehrsaufkommens wird mit der Eisenbahn transportiert. Im Bereich des kombinierten Verkehrs Straße/Schiene nimmt der Kombi-Bahnhof Saarbrücken für bestimmte west- und südwestgehende Relationen eine Schlüsselrolle ein, dies gilt insbesondere für den Spanienverkehr.

Beispiel:
Der deutsch-spanische Kombiverkehr wird zu 90 % über Saarbrücken abgewickelt. Auf der Relation Saarbrücken–Silla (bei Valencia) werden Kombi-Ganzzüge eingesetzt. Täglich verkehren Kombizüge via Paris und Port Bou (Grenze Frankreich/Spanien) in beide Richtungen. Der ein- und ausgehende Verkehr umfasst pro Tag üblicherweise mehr als 100 Bahnwagen.

Regionalflughafen für das Saargebiet ist der Saarbrückener Verkehrsflughafen Ensheim.

2.3.13 Sächsisches Industrierevier

Drittgrößtes Ballungsgebiet in Ostdeutschland ist nach Berlin und der Region Halle-Leipzig das sog. Sächsische Industrierevier mit den beiden Teilräumen Chemnitz/Zwickau und Dresden. Dieser Wirtschaftsraum bildet wiederum zusammen mit Halle–Leipzig die Metropolregion „Sachsendreieck".

Im Ballungsraum **Chemnitz/Zwickau** leben rund 1,5 Millionen Einwohner. Die Wirtschafts- und Verkehrsschwerpunkte sind neben Chemnitz und Zwickau u. a. die Städte Aue, Plauen, Glauchau und Werdau. Die Erschließung mit **Bahnnetzen** ist entsprechend der industriellen Dichte seit eh und je außerordentlich hoch. Zwei **Autobahnen**, die A 4 (Eisenach–Dresden) und die A 72 (Chemnitz–Hof) bilden derzeit für den Straßengüterverkehr das entscheidende Rückgrat. Eine Wasserstraßenverbindung existiert nicht.

Das Wirtschaftsgebiet **Dresden** umfasst entlang der Elbe die Kernstadt Dresden sowie die nördlich davon liegenden Orte Coswig und Meißen, nach Süden hin erstreckt sich der Raum über Freital bis Pirna. Entlang dieser „**Industriegasse**" an der Elbe leben rund 1 Mio. Einwohner. Im Großraum Dresden ist wie im Bereich Chemnitz/Zwickau das **Eisenbahnnetz** sehr engmaschig. Dresden verfügt zwar über keinen Zentralknoten im Eisenbahnnetz, jedoch ist die Stadt wichtige Durchgangsstation im Nord-Süd-Bahnverkehr (via Bad Schandau in die Tschechische Republik). Im **Autobahnnetz** ist die West-Ost-Linie A 4 von elementarer Bedeutung. Weiterhin sind die A 14 nach Leipzig und die A 13 in Richtung Berliner Ring die grundlegenden Straßenverkehrsleitlinien. An der großen Wasserstraße **Elbe** haben Meißen und Dresden Lade- und Löschplätze. Die Elbe hat durch den Verkehr nach/von der Tschechischen Republik (Zielhäfen Melnik, Kolon und Prag) den Charakter einer internationalen Wasserstraße. Der Güterverkehr ist jedoch aufgrund der geringen Elbetauchtiefen nur von mäßiger Bedeutung. Für den Flugverkehr steht der **Flughafen Dresden-Klotzsche** zur Verfügung.

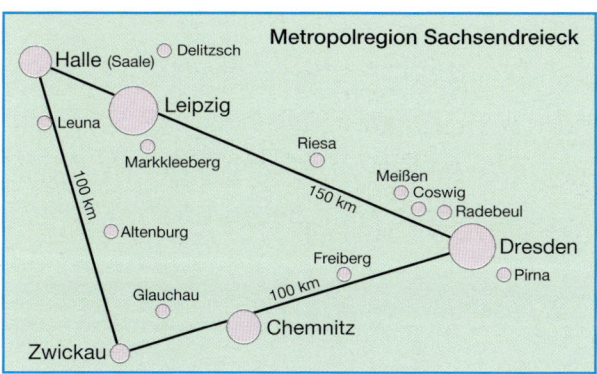

2.3.14 Leipzig und Halle

Dieses Wirtschaftsgebiet liegt bis auf Altenburg (Thüringen) etwa je zur Hälfte in den Bundesländern Sachsen-Anhalt (mit Halle, Merseburg und Dessau) und Sachsen (mit Leipzig und Borna). Es umfasst den größten Teil der sog. Leipziger Bucht und stellt nach Berlin die größte Ballung in Ostdeutschland dar.

Es können mehrere wichtige Teilräume unterschieden werden. Im Norden das Gebiet um **Bitterfeld/Dessau**, im Südwesten das Gebiet **Halle/Merseburg**, im Südosten der Teilraum **Leipzig/Borna** mit dem Braunkohlerevier von Borna/Böhlen/Zeitz und im Süden der Raum um **Zeitz/Altenburg**. Nach Berlin ist Leipzig die größte Stadt in Ostdeutschland.

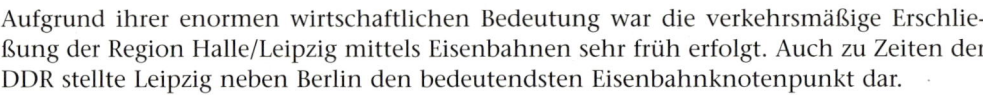

Aufgrund ihrer enormen wirtschaftlichen Bedeutung war die verkehrsmäßige Erschließung der Region Halle/Leipzig mittels Eisenbahnen sehr früh erfolgt. Auch zu Zeiten der DDR stellte Leipzig neben Berlin den bedeutendsten Eisenbahnknotenpunkt dar.

Beispiel:
Leipzig und Halle bilden zusammen einen sog. „**Eisenbahndoppelknoten**", einen der größten europäischen Eisenbahnknotenpunkte. In Leipzig sind mehrere Rangierbahnhöfe (Rbf) von besonderer Bedeutung. Im Norden der Rbf Leipzig-Wahren und im Osten der Rbf Engelsdorf. Über diese Stationen werden vorzugsweise Güterzüge in nördliche und östliche Richtung abgefertigt.

Wichtige Schaltstelle im Autobahnnetz ist das **Schkeuditzer Kreuz** mit der A 9 (Berlin-München) und der A 14 (Halle-Dresden). Nahe des Autobahnkreuzes liegt der **Verkehrsflughafen Leipzig/Halle**. Er ist von der Deutschen Post als europäisches DHL-Luftkreuz ausgebaut worden und ersetzt den Standort Brüssel. Leipzig/Halle zählt damit zu den herausragenden Luftfrachtknoten in Deutschland. Leipzig hat keinen Wasserstraßenanschluss, Halle kann über die Saale bis zum **Binnenhafen Halle-Trotha** angefahren werden. Die Binnenschifffahrt hat für den Raum nur untergeordnete Bedeutung.

Der Ausbau der Verkehrsinfrastruktur in den Bundesländern Mecklenburg-Vorpommern, Sachsen-Anhalt, Berlin, Brandenburg, Thüringen und Sachsen ist noch nicht abgeschlossen. Im gesamtdeutschen Verkehrswegeplan sind 17 umfangreiche Maßnahmen für Schienen, Straßen und Wasserwege (sog. „Verkehrsprojekte Deutsche Einheit") vorgesehen, mit denen ein schneller Anschluss an den Qualitätsstandard der alten Bundesländer erreicht werden soll. Es handelt sich (vgl. auch Karte) um:

Projekt Nr.	Verkehrsweg	Länge in km
1 bis 9	Schiene	ca. 2.200
10 bis 16	Straße	ca. 2.000
17	Wasserstraße	280

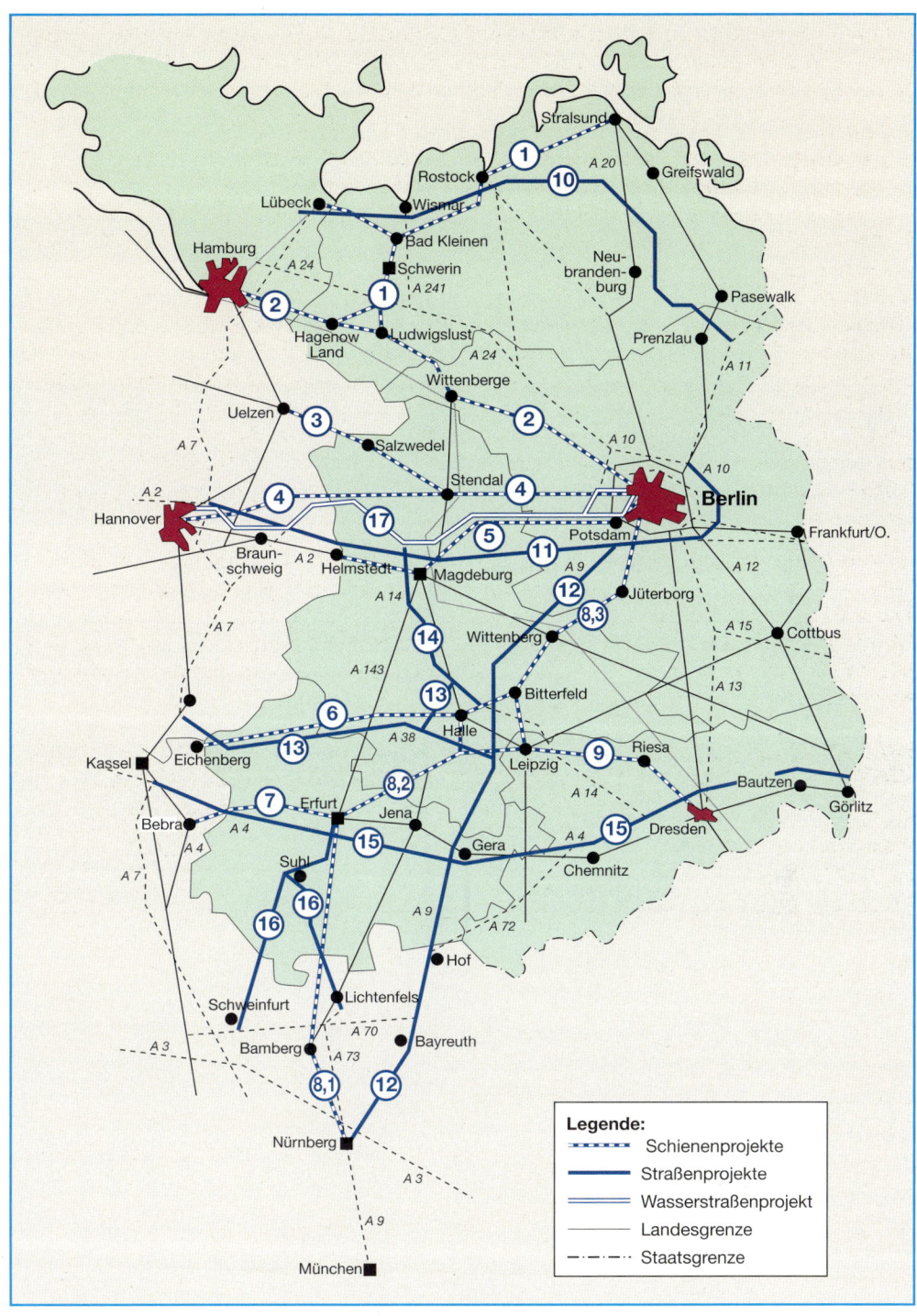

Die Verkehrsprojekte Deutsche Einheit 1–17 im Überblick

Aufgaben

1. Beschreiben Sie die Lage Deutschlands in Zentraleuropa und begründen Sie die Transitaufgaben.

2. Fertigen Sie eine Tabelle nach folgendem Muster an, und tragen Sie mithilfe von Atlas, Karten und Lehrbuch ein: die Nachbarstaaten Deutschlands, deren jeweilige Hauptstadt, einen Binnen- oder Seehafen oder ein sonstiges Logistikzentrum nach freier Wahl.

Nachbarstaat	Hauptstadt	Binnen-/Seehafen, Logistikzentrum

3. Nennen Sie die deutschen Ballungsräume und umreißen Sie deren Bedeutung. Fertigen Sie ferner eine Tabelle an, in die Sie wesentliche Angaben zur Verkehrsstruktur der Ballungsräume eintragen können. Verwenden Sie nachfolgendes Muster:

Ballungs-raum	Große Städte	Wasserstraßen-anschluss und Binnenhäfen	Bedeutende Autobahn-strecken	Wichtige Bahnlinien und Bahneinrich-tungen	Wichtiger Flughafen
Saargebiet	Saarbrücken Völklingen	Saarkanal Dillingen	A 6	Relation Frankreich und Spanien	Ensheim

3 Verkehrswege und Logistikzentren in Deutschland

3.1 Kraftverkehrswege

Die extreme Ausweitung des Straßengüterverkehrs basiert auf der Tatsache, dass Lkw über eine hohe Transportgeschwindigkeit verfügen und die größte Netzbildungsfähigkeit besitzen, die zu der heute lückenlosen Flächenbedienung geführt hat. Im gewerblichen Güterkraft- und Werkverkehr werden in Deutschland über 2 Mio. Motorfahrzeuge und ebenso viele Anhänger eingesetzt. Zunächst wurde der Lkw vorwiegend national genutzt, dies ist längst nicht mehr der Fall. Grenzüberschreitende Transporte per Lkw in die Staaten der EU, der EFTA, nach Osteuropa, in den Nahen und Mittleren Osten sowie nach Nordafrika sind für viele Speditionen und Frachtführer eine Selbstverständlichkeit. Auch auf diesen Relationen ist der Lastkraftwagen zu einem großen Konkurrenten der Bahn, der Küsten- und der Seeschifffahrt geworden. Der Lkw erbringt die höchsten Verkehrsleistungen, er gilt jedoch als das am stärksten die Umwelt belastende Verkehrsmittel beim Landtransport.

Güterfernverkehrsmittel im Vergleich

Verkehrs-mittel	Modal Split in %		Belastung in EUR-Cent für …			
	Verkehrsauf-kommen	Verkehrs-leistung	Unfallkosten je 100 tkm[1),2)]	Lärmkosten je tkm[2)]	CO_2-Kosten/ je tkm bei Massengut[1)]	CO_2-Kosten/ je tkm bei Containern[3)]
Lkw	68,0	60,1	42,9	0,79	0,47	0,26
Eisenbahn	19,4	25,2	6,0	0,84	0,18	0,16
Binnenschiff	12,6	14,7	3,3	0,00	0,12	0,11

Quelle: Zahlen vgl. Daten & Fakten 2011/12, hrsg. v. Bundesverband der Deutschen Binnenschifffahrt e. V., Duisburg, unter: http://www.schiffundtechnik.com/lexikon/d/daten--fakten-2011-2012.html, letzter Zugriff: 16.7.2013

In seiner derzeitigen Form ist das deutsche Straßennetz erst nach 1945 entstanden. Zwar gab es bereits vorher die ersten Autobahnstrecken (1938 rund 2.100 km). Doch erst die Motorisierungswelle der Nachkriegszeit setzte den großräumigen Straßen- und Autobahnbau in Gang. Die Gesamtlänge aller Straßen betrug 2011 über 653.000 km.

[1)] *tkm Tonnenkilometer = Entfernungskilometer x Gewicht in Tonnen*
[2)] *Planco-Studie zum Verkehrsträgervergleich 2007*
[3)] *in ausgewählten Relationen*

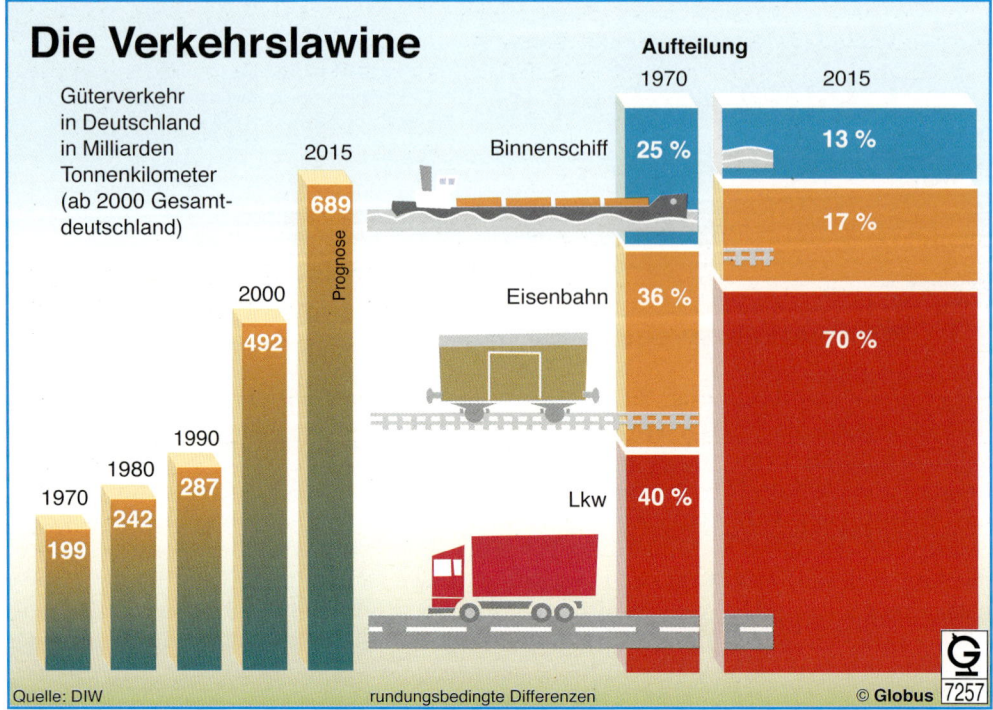

Die Verkehrslawine

Güterverkehr
in Deutschland
in Milliarden
Tonnenkilometer
(ab 2000 Gesamt-
deutschland)

Aufteilung
1970   2015

2015
689
Prognose

2000
492

1990
287

1980
242

1970
199

Binnenschiff 25 % 13 %

Eisenbahn 36 % 17 %

Lkw 40 % 70 %

Quelle: DIW   rundungsbedingte Differenzen   © **Globus** 7257

3.1.1 Straßennetz

Insgesamt verfügt Deutschland über ein außerordentlich engmaschiges und modernes Straßennetz, bei dem es kaum noch Gebiete gibt, die als „verkehrsfern" bezeichnet werden können. Aufgrund ihrer zentralen Lage in Mitteleuropa gehören die deutschen Straßen, und hier insbesondere die Autobahnen, zu den am stärksten belasteten Strecken in Europa. Das hohe Verkehrsaufkommen führt zu zeitweise völligen Verkehrsstillständen.

Als Sammelbegriff für alle öffentlichen Straßen, die in Deutschland ein zusammenhängendes Verkehrsnetz bilden und dem weiträumigen Verkehr dienen, wird die Bezeichnung **Bundesfernstraßen** verwendet. Die Bundesfernstraßen werden gegliedert in

- Bundesautobahnen und
- Bundesstraßen mit Ortsdurchfahrten.

Die Baulast trägt für alle Bundesfernstraßen der Bund, der diese auf die einzelnen Bundesländer überträgt. Für Ortsdurchfahrten bei Bundesstraßen haben von einer bestimmten Gemeindegröße an die Gemeinden die Baulast zu tragen. Ausnahmen bilden die privat finanzierten Fernstraßen.

Bundesverkehrswegeplan

Der Neu- oder Ausbau von Bundesstraßen, Bundesautobahnen, Schienenstrecken und Wasserwegen erfolgt langfristig mithilfe des sog. **Bundesverkehrswegeplanes** (BVWP). Dies ist ein langfristiger Investitionsplan der Bundesregierung für den Ausbau und Erhalt aller Bundesverkehrswege. Alle Planungen, die die Straßen, die Schienen- und die Wasserwege betreffen, sollen koordiniert werden und am gesamtwirtschaftlichen Interesse ausgerichtet

sein. Das Ziel des BVWP ist es, dass die mit öffentlichen Mitteln errichteten Verkehrswege nicht untereinander in Konkurrenz stehen, sondern sich ergänzen. Damit soll der höchste Nutzen für die Volkswirtschaft und eine Verbesserung der Lebensqualität erreicht werden.

Straßenkategorien

Es werden fünf Kategorien von Straßen unterschieden:

Straßenkategorien und Straßennetzlängen 2011

Kategorie			Netzlänge
	Bezeichnung	Abkürzung	in ca. km
1	Bundesautobahnen	A oder BAB	12.819
2	Bundesstraßen	B	39.710
3	Landesstraßen	L	86.598
4	Kreisstraßen	K	91.655
5	Gemeindestraßen und andere	G	415.000

Quelle: Vgl. Stat. Bundesamt, Berlin, unter: http://www.bmvbs.de/cae/servlet/contentblob/85490/ publicationFile/76459/verkehrsinvestitionsbericht-2011-strasse.pdf, letzter Zugriff: 16.07.2013

Bundesautobahnen

Bundesautobahnen sind richtungsgetrennte Schnellverkehrsstraßen mit üblicherweise vier bis sechs Fahrspuren für den Kraftwagen- und Kraftradverkehr. Die Autobahnen gelten als die Hauptträger des Fernverkehrs, da sie eine relativ schnelle Beförderung gewährleisten. Dies ist bedingt durch ihren kreuzungsfreien Bau und ihre Trassierung, die gewöhnlich an Städten oder Gemeinden vorbeiführt. Darüber hinaus ist eine Mindestgeschwindigkeit von 60 km/h vorgeschrieben. Eine durchgehende Nummerierung aller Autobahnen ist eine wichtige Orientierungshilfe.

> **Beispiel:**
> Das sog. **Blaue System**, ein in blauer Farbe gehaltenes Leitsystem von Autobahnnummern und Ortswegweisern, kennzeichnet alle Autobahnen in Deutschland. Wie auch bei den Bundesstraßen erlaubt die Nummerierung eine leichte Orientierung und die Festlegung des geografischen Verlaufes der Strecken.

Bundesstraßen

Hierbei handelt es sich um ein- bis zweispurige Fernverkehrs- und Regionalstraßen, die von staatlicher Seite aus unterhalten werden und die üblicherweise von allen Verkehrsteilnehmern benutzt werden können. Die durchgehende Nummerierung ist wie bei den Autobahnen die entscheidende Orientierungshilfe.

> **Beispiel:**
> Das sog. **Gelbe System**, ein in gelber Farbe gehaltenes Leitsystem, kennzeichnet alle Bundesstraßen in Deutschland. Im Gegensatz zu den Land- und Kreisstraßen sind die Bundesstraßen deutlich nummeriert und erkennbar. Niedrige Nummern wie z. B. die B 1 (von Aachen bis Kietz, Krs. Seelow, an der deutsch/polnischen Grenze) stehen für Fernverkehrsstraßen.

Die Bedeutung der Bundesstraßen für den Fernverkehr hat mit steigendem Ausbau der Autobahnen nicht nachgelassen. Einige dieser Straßen sind Strecken des Europastraßen-Systems und nehmen überragende Funktionen wahr. Seit 2012 sind etwa 1.100 km vier-streifige autobahnähnliche Bundesstraßen mautpflichtig (siehe hierzu Abschnitt 3.1.2). Von Bedeutung sein wird in Zukunft der Bau privat finanzierter Fernstraßen, Autobahn-brücken oder Tunnel. Für ihre Nutzung werden in Regelfall ebenfalls Mauten erhoben.

3.1.2   Bundesautobahnen

Nummerierung

Die Nummerierung der deutschen Autobahnen erfolgt in drei Gruppen:

- Die **einstelligen Nummern** 1 bis 9 dienen zur Kennzeichnung der von Nord nach Süd und von West nach Ost verlaufenden Hauptautobahnen. Sie bilden gemeinsam das Hauptraster oder **Autobahngrundnetz**. Diese Autobahnen dienen vor allem dem internationalen Fernverkehr. Strecken mit ungeraden Nummern verlaufen in Nord-Süd-Richtung, die Nummern steigen von Westen nach Osten an. Strecken mit geraden Nummern verlaufen in West-Ost-Richtung, die Nummern steigen von Norden nach Süden an. Die einstellig nummerierten Autobahnen stellen vor allem für den durch Deutschland führenden Lkw-Transitverkehr wichtige Streckenabschnitte dar. Über-wiegend markieren Grenzübergänge die Anfangs-/Endpunkte dieser Autobahnen.

Nord-Süd-Autobahnen

Nr.	Verlauf	Regionale Teilstreckenbezeichnung
A 1	Puttgarden–Hamburg–Bremen–Münster–Köln–Saarbrücken (Eifelstrecke nicht fertiggestellt)	Lübeck–Münster: Hansalinie Kamen–Köln: Ruhrtangente
A 3	Emmerich–Oberhausen–Düsseldorf–Köln–Frankfurt–Würzburg–Nürnberg–Regensburg–Passau/Suben	Emmrich–Rüsselsheim: rechtsrheinische Autobahn
A 5	Bad Hersfeld–Gießen–Frankfurt–Karlsruhe–Freiburg–Weil/Basel	Karlsruhe–Basel: Rheintalautobahn
A 7	Flensburg–Hamburg–Hannover–Kassel–Fulda–Feuchtwangen–Ulm–Kempten–Füssen	Hamburg–Würzburg: Nord-Süd-Achse
A 9	Berlin–Leipzig–Hof–Nürnberg–Ingolstadt–München	Nürnberg–Berlin: Berliner Autobahn

West-Ost-Autobahnen

Nr.	Verlauf	Regionale Teilstreckenbezeichnung
A 2	Oberhausen–Dortmund–Bielefeld–Hannover–Magdeburg–Berlin Autobahnring A 10	Dortmund–Kamen: Dortmunder Ring
A 4	Aachen–Köln–Olpe/Bad Laasphe (Unterbre-chung) Bad Hersfeld–Erfurt–Jena–Chemnitz–Dresden–Görlitz	Köln–Aachen: Hollandlinie
A 6	Saarbrücken–Kaiserslautern–Mannheim–Heilbronn–Nürnberg–Waidhaus	Mannheim–Heilbronn: Neckarlinie
A 8	Perl–Saarlouis–Pirmasens (Unterbrechung) Karlsruhe–Stuttgart–Ulm–München–Salzburg	Karlsruhe–Salzburg: Südautobahn

Das Hauptnetz der deutschen Autobahnen mit Entfernungen und Fahrzeiten

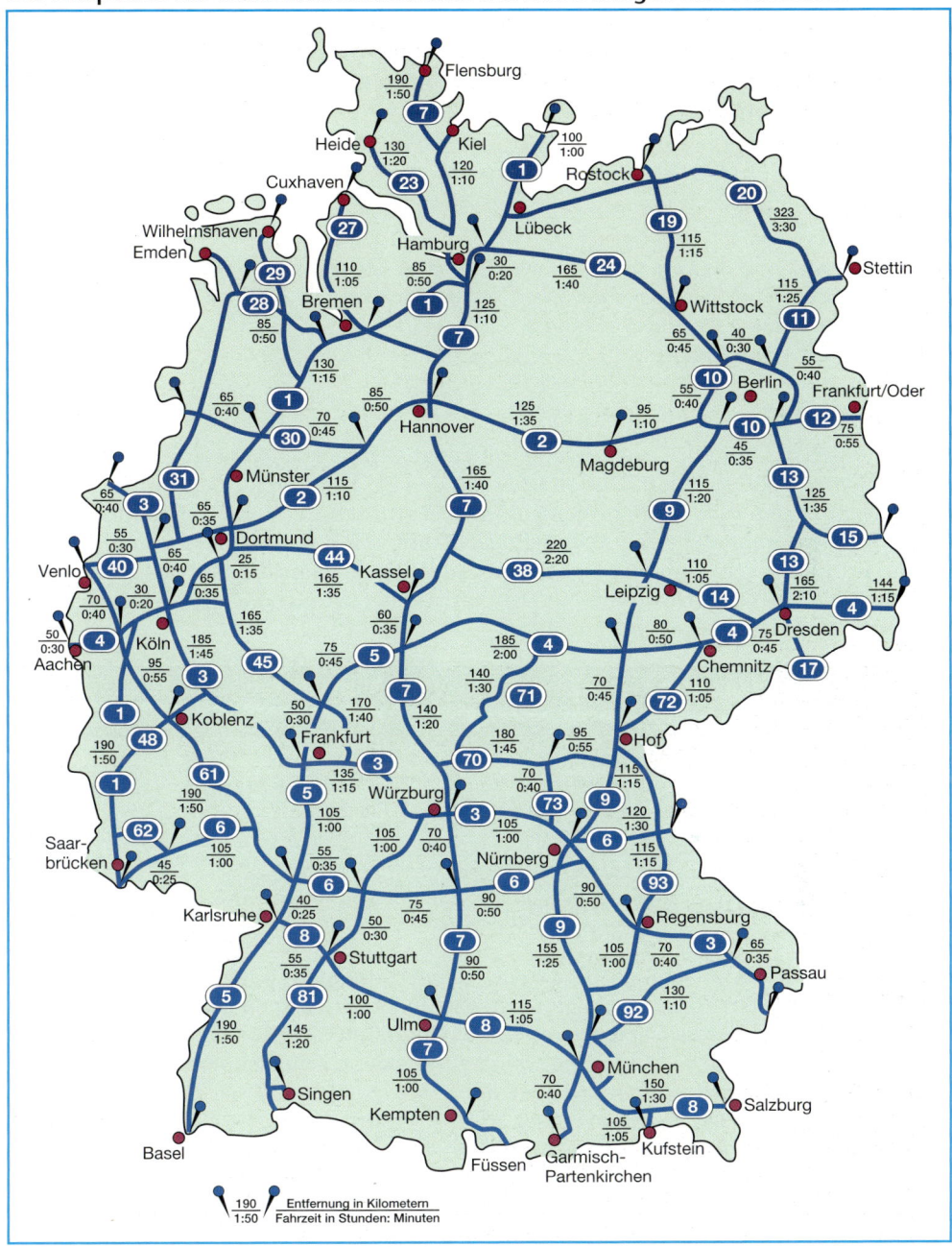

(Hinweis: Für Lkw-Verkehre müssen Zeitzuschläge von rd. 50% berücksichtigt werden.)

- **Zweistellige Nummern** von 10 bis 99 werden für Autobahnen des Durchgangs- und Verbindungsverkehrs verwendet, auch ihre Bedeutung ist überregional.

- **Dreistellige Nummern** von 100 bis 999 finden Anwendung bei Autobahnen des regionalen Verkehrs. Diese Autobahnen haben den Charakter von Verbindungs- und/oder Zubringerstrecken.

Alle großen Autobahnen sind gleichzeitig Teilstücke im System der Europastraßen (Abkürzung E).

> **Beispiel:**
> Die Autobahn A 3, die vom deutsch-niederländischen Grenzübergang Emmerich-Elten bis zur deutsch-österreichischen Grenze bei Suben verläuft (768 km), ist Teil der Europastraße E 5, die Großbritannien und die Türkei verbindet.

Grenzübergänge

Bedingt durch die zentrale Lage in Europa gibt es an den deutschen Grenzen eine Vielzahl von Straßengrenzübergängen. Die Grenzen mit den EU-Ländern werden **Binnengrenzen** genannt, Grenzen mit Drittlandstaaten sind **EU-Außengrenzen**. Die Binnengrenzen haben für die warentechnische Abfertigung in Form von Zoll keine Bedeutung mehr, sie stellen aus transporttechnischer Sicht keine Hindernisse mehr dar. Als EU-Außengrenze für den Güterkraftverkehr kommen in Deutschland derzeit nur noch folgende wichtigen Grenzen infrage:

Grenzart	Grenzübergang nach	Deutsche Grenzübergänge	Ausländische Grenzübergänge	Autobahn/ Strecke
Trockene Grenze	Schweiz	Weil Autobahn Rheinfelden Rielasingen/Singen Friedrichshafen	Basel Rheinfelden Ramsen Romanshorn	A 5 A 861 A 81 Autofähre
Nasse Grenze	Norwegen, Russland u. a.	Seehäfen Kiel, Lübeck-Travemünde, u. a.	Je nach Drittland verschieden	Ro/Ro-Fähren

Gleichwohl sind alle Grenzübergänge zu EU- oder Drittländern nach wie vor Trennlinien unterschiedlicher Territorien und damit unterschiedlicher nationaler Rechtsvorschriften und Verordnungen für das Verkehrswesen. Der Güterkraftverkehr kann an diesen Grenzpunkten durch technische Kontrollen, Fahrtzeiten- oder Gewichtsüberprüfungen u. a. m. behindert oder gänzlich unterbunden werden.

Lkw-Maut

In Deutschland wird seit dem 1. Januar 2005 eine streckenbezogene Lkw-Maut für alle in- und ausländischen Lkw und Fahrzeugkombinationen mit einem zulässigen Gesamtgewicht von 12 t und mehr erhoben.

Das Lkw-Mautsystem

Mautpflichtiges Straßennetz	Mautpflichtige Fahrleistungen	Manuelle Variante	Automatische Variante
12.800 Kilometer Autobahnen (2011) und rd. 1.100 km Bundesstraßen (ab 2012).	ca. 22,7 Mrd. Fahrzeugkilometer pro Jahr davon ca. 35 % durch ausländische Lkw	Der Lkw-Fahrer erwirbt ein **Ticket** im **Internet** oder aus einem **Automaten** (z. B. an der Tankstelle). Berechnung der Maut: – geplante Strecke – Lkw-Achsenzahl – Schadstoffklasse (Euro-Norm II bis IV)	**Der Spediteur erhält ein Konto** beim Betreiberkonsortium Toll-Collect. Über **Handy** oder ein „**On-Board-Unit**" (OBU) **im Lkw** ortet das **GPS-Satelliten-system** den Wagen, sobald er auf eine Autobahn fährt. Verlässt er die Autobahn, wird über die Länge der gefahrenen Strecke die Maut errechnet und automatisch vom Konto abgebucht.

Mautpflichtige Lkw pro Jahr absolut

Mautpflichtige Lkw pro Jahr in %

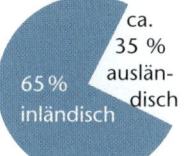

800.000–900.000 deutsche Lkw

400.000–500.000 ausländische Lkw

65 % inländisch

ca. 35 % ausländisch

Mautpflichtig ist das gesamte deutsche Autobahnnetz und einige Bundesstraßen, ausgenommen sind zwei Abschnitte auf der A 5 und der A 6 im grenznahen Bereich zu Frankreich und der Schweiz. Die Mauthöhe ist abhängig von der zurückgelegten Strecke, der Achsenanzahl des Fahrzeuges und dessen Schadstoffklasse. Die Mauterhebung kann auf drei Weisen erfolgen:

- manuelle Einbuchung an mehr als 3.500 Mautstellen-Terminals (Rastplätze, Tankstellen, Grenzübergänge)
- manuelle Einbuchung im Internet
- automatische Einbuchung über eine im Fahrzeug installierte sog. On-Board-Unit (OBU)

Mautsätze in EUR/km in Deutschland (Stand 2012)
für Lkw ab 12 t zul. Gesamtgewicht

Schadstoffklasse	Kategorie	Mautsätze für ...	
		Lkw mit bis zu 3 Achsen	Lkw mit 4 oder mehr Achsen
S 1	D	0,274	0,288
S 2	D	0,274	0,288
S 3	C	0,190	0,204
S 4	B	0,169	0,183
S 5, S 6[1]	A	0,141	0,155

Quelle: Zahlen vgl. Toll Collect, Berlin, unter: http://www.toll-collect.de/rund-um-ihre-maut/maut-tarife.html, letzter Zugriff: 20.12.2012

---

[1] *Schadstoffarme Fahrzeuge (EEV= enhanced environmentally friendly vehicle)*

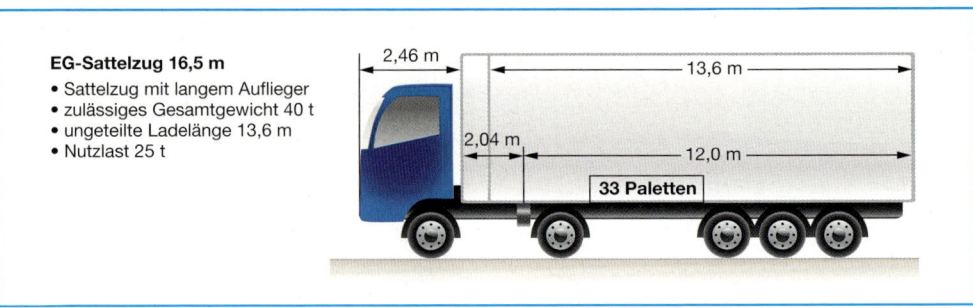

EG-Sattelzug 16,5 m
- Sattelzug mit langem Auflieger
- zulässiges Gesamtgewicht 40 t
- ungeteilte Ladelänge 13,6 m
- Nutzlast 25 t

2,46 m

13,6 m

2,04 m

12,0 m

33 Paletten

Beispiel:

Ein 40-t-Sattelzug (5 Achsen, Schadstoffklasse S 4/Kat. B) befördert 25 t Baumaterial von Magdeburg nach Leipzig. Bei Nutzung der Autobahnen A 2, A 10 und A 9 legt das Fahrzeug 210 mautpflichtige Kilometer zurück. Die Mautberechnung lautet: 210 km x 0,183 EUR = 38,43 EUR netto.

Fern- und Transitstrecken

Für die innerdeutschen Fernverbindungen über die Hauptautobahnen können – unter der Voraussetzung von staufreiem Verkehr – die für Pkw auf den nachfolgenden Karten angegebenen ungefähren Fahrtzeiten in Stunden und Minuten gerechnet werden. Für den Güterverkehr mit Lastkraftwagen müssen Zeitzuschläge von rund 50 % berücksichtigt werden. Lesebeispiel: Pkw Hamburg–Bremen über A 1 ca. 50 Minuten, Lkw ca. 1 Std. und 15 Min. Die Fahrzeiten auf den Haupttransitstrecken müssen wegen des oft enormen Verkehrsaufkommens zum Teil verdoppelt werden.

Hauptfernstrecken (Autobahnen) im Nord-Süd-Verkehr

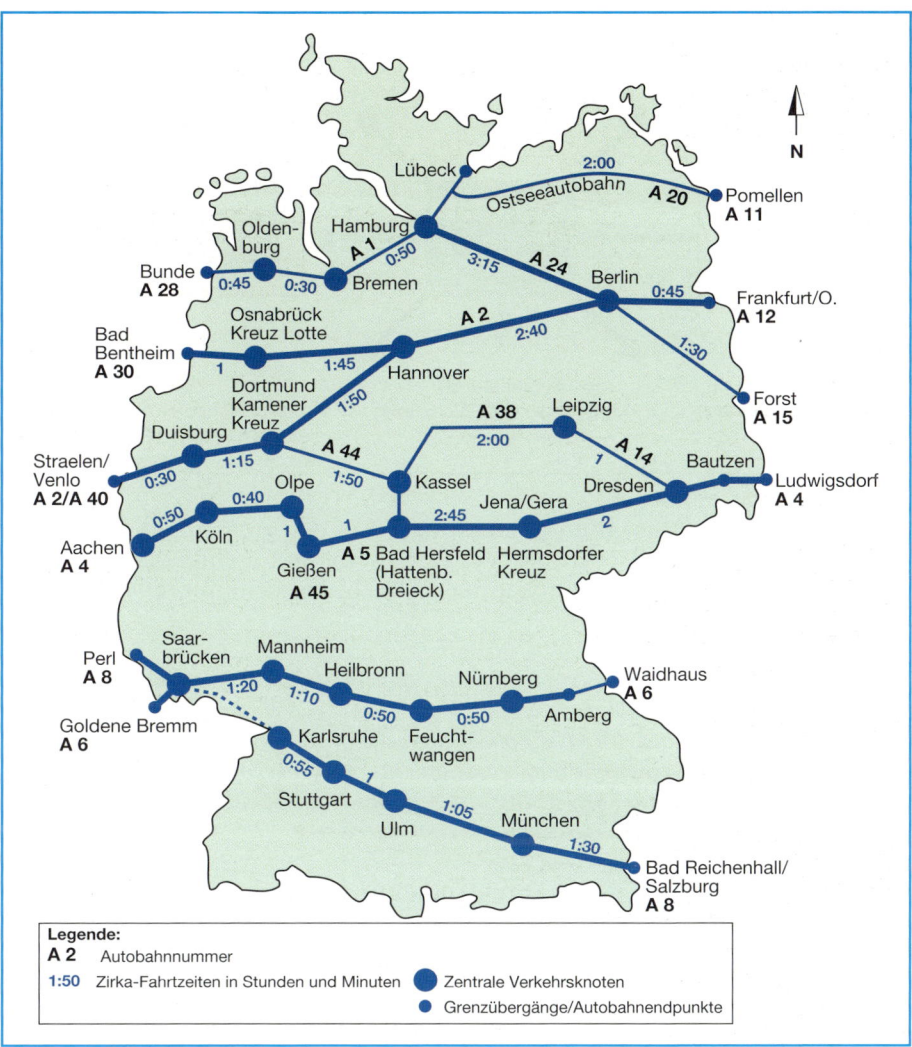

Hauptfernstrecken (Autobahnen) im West-Ost-Verkehr

3.1.3   Straßennetz und Hub-Systeme

Flächendeckende Netzwerke sind im Straßengüterverkehr, namentlich bei Systemdienst-leistern, KEP-Diensten und Sammelgutspeditionen, ohne „huborientierte Transporte" heute nicht mehr denkbar. Dieses Transportsystem, das sich an der Form eines Rades orientiert, besteht aus einer **Nabe** (engl.: *hub*) und mehreren **Speichen** (engl.: *spoke*) in sternförmig angeordneter Organisation. Der **Hub** bildet den Zentralknoten, von dem die Transportwege in alle Richtungen verlaufen und damit die Fläche abdecken. Es können im Wesentlichen Zentralhubs und Regionalhubs unterschieden werden. Das System hat, trotz teilweise längerer Teilstrecken, zahlreiche betriebswirtschaftliche Vorteile: so die Sicherstellung von regelmäßigen 24/48-Stunden-Lieferdiensten, optimale Lkw-Auslas-tung, die Reduzierung von Leerfahrten, hohe Laufgeschwindigkeiten von Einzelsendun-gen, vereinfachte Abwicklung und reduzierte Logistikkosten.

Spediteur-Kooperation mit Hub-Nutzung

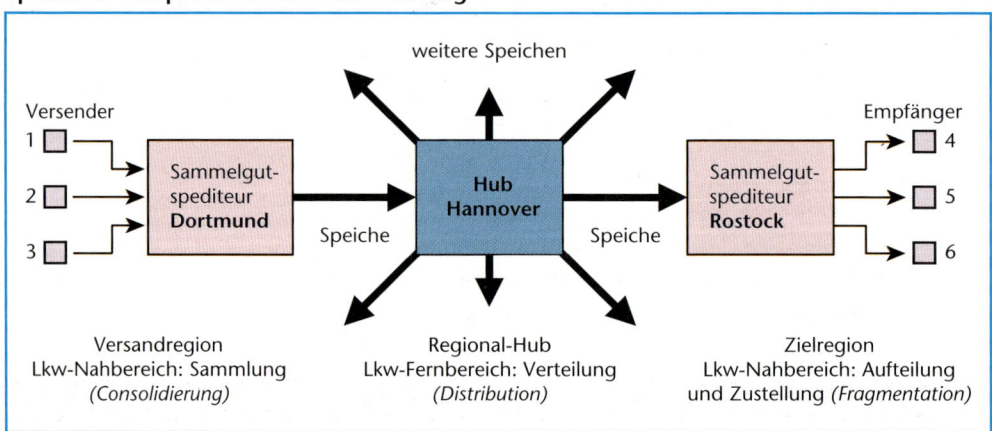

Im Straßengüterverkehr müssen Hubs nicht zwingend in den großen Metropolen eingerichtet werden. Wesentliche Aspekte bei der Lageauswahl sind vielmehr Erreichbarkeit über Autobahnen, Zentrallage im Autobahnnetz, Flächenausdehnung und -reserven, Immobilienpreise und Personalkosten.

→ *Da Hub-and-Spoke-Systeme die Bündelung von Verkehrsströmen ermöglichen und das Angebot an Verbindungen erhöhen, werden sie bei allen Verkehrsträgern in reiner oder gemischter Form angewendet. Im Eisenbahn-Güterverkehr in Form der Rangierbahnhöfe und Kombi-Terminals. Im Seeverkehr durch die Einrichtung von Feeder-Verkehren von/nach den großen Containerhäfen. Im Luftverkehr, aus dem das Nabe-Speichen-System ursprünglich stammt, sind die Drehkreuze Ausdruck der Hub-Netzwerke.*

Das Gegenteil des Hub-Systems ist der **Direktverkehr** im **Rastersystem**. Dies sind Verkehre von Punkt zu Punkt *(point-to-point)*, also Transporte, die stets nur in eine Richtung abgewickelt werden und jeden Punkt eines Verkehrsnetzes miteinander verbinden. Das komplizierte Netzwerk erfordert u. U. einen hohen dispositiven Aufwand und hohe logistische Kosten.

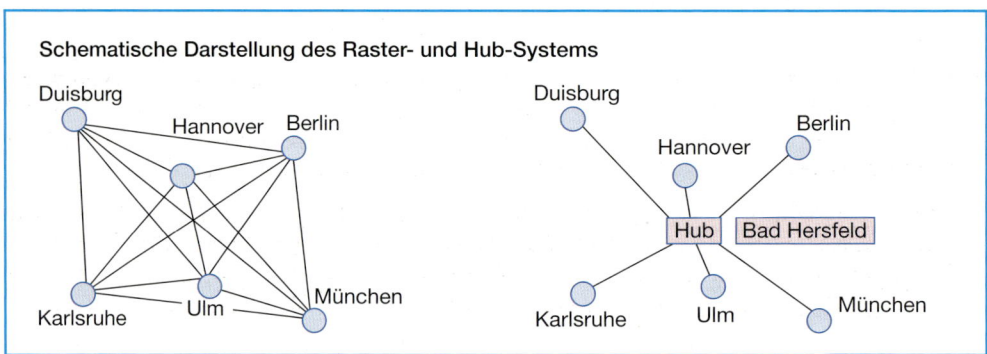

Rastersystem mit Punkt-zu-Punkt-Verbindungen. Die Verknüpfung von sechs Orten erfordert 30 Fahrten (hoher logistischer Aufwand).

Nabe-Speichen-System mit einem Zentral-Hub. Die Verknüpfung über den Hub erfordert zwölf Fahrten (reduzierte Logistikkosten).

Zusammenfassung

1. Deutschland ist im Straßenverkehr das Transitland Nummer 1 in Europa.

2. Es werden fünf Straßen-Kategorien unterschieden: Bundesautobahnen (Abk.: A oder BAB), Bundesstraßen (B), Landstraßen (L), Kreisstraßen (K) und Gemeindestraßen.

3. Alle überregionalen Autobahnen sind gleichzeitig Teilstücke im System der Europastraßen (Abk.: E).

4. Das Autobahngrundnetz Deutschlands wird von den einstelligen Autobahnnummern 1 bis 9 gebildet. Die Strecken mit geraden Nummern verlaufen weitgehend in West-Ost-Richtung, die mit ungeraden Nummern in Nord-Süd-Richtung.

Aufgaben

1. Erstellen Sie eine Übersicht der wichtigsten Bundesautobahnen, nennen Sie jeweils die Endpunkte der Autobahnen, die großen Städte entlang der Strecke sowie wichtige Autobahnkreuze oder -dreiecke. Verfahren Sie nach folgendem Muster:

BAB-Nr.	Endpunkte	Städte	Autobahnkreuze/-dreiecke
30	Grenze Oldenzaal/ Bad Bentheim und Bad Oeynhausen	Rheine, Ibbenbüren, Osnabrück	AK Lotte/Osnabrück

2. Die folgenden Autobahnstrecken weisen Lücken auf. Ergänzen Sie die fehlenden nachstehenden Orte: Berlin, Bielefeld, Duisburg, Gießen, Hannover, Heilbronn, Hof, Ingolstadt, Kaiserslautern, Limburg, Magdeburg, Neumünster, Pforzheim, Ulm, Weimar, Würzburg.
   a) Dortmund   ... Frankfurt   ... Nürnberg
   b) Berlin   ... Hannover   ... Hamm
   c) Flensburg   ... Hamburg   ... Kassel
   d) Emmerich   ... Köln   ... Frankfurt
   e) Karlsruhe   ... Stuttgart   ... Augsburg
   f) München   ... Nürnberg   ... Leipzig
   g) Frankfurt/Oder ... Halle   ... Erfurt
   h) Saarbrücken ... Ludwigshafen ... Erlangen

3. Ein Sammelgutspediteur belädt in Frankfurt/M. an einem Tag sechs seiner Lkw mit Sammelgut für Regional-Hubs in Hamburg, Leipzig, Oberhausen, Stuttgart, Cottbus und Aachen. Beschreiben Sie die günstigsten Fahrtrouten des Lkw zu den Empfangsspediteuren, und ordnen Sie je sechs der folgenden Endempfängerorte den jeweils richtigen Relationen zu:

Altenburg, Bitterfeld, Böblingen, Bocholt, Borna, Bottrop, Buxtehude, Dinslaken, Düren, Eschweiler, Esslingen, Forst, Gelsenkirchen, Göppingen, Guben, Halle, Harburg, Jülich, Lauchhammer, Lauenburg, Leonberg, Lübbenau, Lüneburg, Merseburg, Moers, Monschau, Nürtingen, Ratzeburg, Reutlingen, Spremberg, Stolberg, Torgau, Uetersen, Weißwasser, Wesel, Würselen.

4. Berechnen Sie mithilfe der Karten und der Mauttabelle die Fahrzeiten und die Mautbeträge für folgende Transporte zu heutigem Datum. Nennen Sie ferner die benutzten Autobahnen.

Transport	Fahrzeug	Maut-Kategorie	Strecke
25 t Bleche	40-t-Sattelzug, 5 Achsen	B	Dortmund–Hannover–Flensburg (445 km)
14 t Sammelgut	38-t-Gliederzug, 5 Achsen	D	Leipzig–Hof–Nürnberg–München (410 km)
2 TEU Textilien	40-t-Gliederzug, 5 Achsen	D	Venlo–Koblenz–Karlsruhe–Ulm (550 km)
12 t Teppiche	32-t-Sattelzug, 5 Achsen	A	Regensburg–Würzburg–Kassel (395 km)
1 FEU Spielwaren	36-t-Sattelzug, 5 Achsen	C	Dresden–Gießen–Olpe–Köln (585 km)

5. Ein Sattelzug (5 Achsen, S4) mit Pkw-Ersatzteilen wird auf der Relation Dortmund–Stockholm eingesetzt. Für die Ostseeüberquerung ist eine Ro/Ro-Fähre ab Terminal Lübeck-Travemünde gebucht, die Dienstag um 10:00 Uhr ablegt. Der Lkw-Einsatz wird mit 60 km/h kalkuliert, 95 % der deutschen Strecke sind mautpflichtige Autobahnen. Die Entfernung Hamburg bis Fährterminal Lübeck wird mit 75 km gerechnet. Ermitteln Sie
a) die Entfernung Dortmund–Fährterminal Lübeck mithilfe der Autobahnkarte,
b) die Dauer der Fahrzeit,
c) den spätesten Zeitpunkt der Abfahrt in Dortmund, wenn der Lkw zwei Stunden vor Ablegen der Fähre auf dem Fährterminal zur Verladung bereitstehen muss,
d) die Höhe der Maut.

6. Ein Kunde beauftragt Sie mit der Beförderung einer Komplettladung von Ulm nach Dresden. Sie setzen einen 40-t-Gliederzug (5 Achsen, S3) mit einem Fahrer ein; die Durchschnittsgeschwindigkeit wird mit 50 km/h kalkuliert. Ermitteln Sie
a) die Entfernung Ulm–Dresden mithilfe der Autobahnkarte,
b) unter Berücksichtigung der gesetzlichen Bestimmungen
ba) die Gesamtlenkzeit in Stunden und Minuten,
bb) die Ankunftszeit des Lkw in Dresden, wenn das Fahrzeug den Betriebshof des Auftraggebers um 7:00 Uhr verlässt, und begründen Sie Ihre Berechnung.
c) Errechnen Sie die Mautkosten, wenn von der Gesamtstrecke 10 km mautfrei sind.

3.2 Schienenverkehrswege

Mit Eisenbahnen werden in Deutschland jährlich bis zu 355 Mio. t Güter befördert. Dies sind etwa 19 % des Verkehrsaufkommens. Anders ausgedrückt: An jedem Werktag werden bis zu 1,1 Mio. t Güter über Schienen verfrachtet. Das Verkehrsmittel Eisenbahn gilt als kaum witterungsempfindlich und relativ umweltfreundlich. Seine besondere Stärke ist die schnelle Massenleistungsfähigkeit auf großen Distanzen, d.h. es ist besonders für den Transport von **Massengütern** aller Art auf **Langstrecken** geeignet. Güterzüge können Ladungen bis zu 4.000 t aufnehmen; sie sind somit direkte Konkurrenten der ebenfalls massengutorientierten Binnenschifffahrt, bei der die Ladefähigkeit der Regelschiffstypen bis 2.000 t reicht. Um eine dem Güterzug vergleichbare Gütermenge auf der Straße zu befördern, wären mehr als 160 Lkw notwendig. Aufgrund ihrer Spurführung und der rechnergesteuerten Zugüberwachung gehört die Eisenbahn zu den **sichersten Verkehrsmitteln**. Ihrem Konkurrenten Lkw ist die Bahn im direkten Station-Station-Verkehr in der Schnelligkeit grundsätzlich nicht unterlegen. Sie büßt nur dort Zeit ein, wo Bahnwagen umgestellt oder Güter mehrfach umgeladen werden müssen. Als Nachteile gelten nach wie vor die noch zu langen Beförderungszeiten im Nah- und Mittelstreckenbereich, die relativ geringe Schienennetzdichte, die eine Haus-Haus-Beförderung einschränkt und der Zwang zu Vor- und Nachläufen mittels Lkw. Volkswirtschaftlich ist der Eisenbahngüterverkehr jedoch ein unverzichtbarer Verkehrsträger.

3.2.1 Eisenbahninfrastruktur- und Eisenbahnverkehrsunternehmen

Das Schienennetz der Deutschen Bahn AG ist seit 1998 allen in- und ausländischen Nutzern zugänglich. Es gibt somit kein Transportmonopol der Deutschen Bahn auf eigenen Strecken. Um auch sog. Drittnutzern den Zugang zum Schienennetz zu ermöglichen, wurde als selbstständiges Unternehmen die DB Netz AG gegründet. Sie verwaltet, betreibt und vermarktet das Schienennetz der Deutschen Bahn. Sie ist ein **Eisenbahninfrastrukturunternehmen (EIU)** und bietet Nutzer gegen Entgelt Trassen an. Als Trasse gilt die Bereitstellung eines Schienenweges auf einem bestimmten Abschnitt (Relation) und für eine bestimmte Zeit. Der „Kauf" einer Trasse ermöglicht die Zugfahrt und damit die Güterbeförderung. Es werden von der DB Netz AG verschiedene Nutzungsmöglichkeiten oder „Trassenprodukte" angeboten.

> **Beispiel**:
> Allgemeine nationale Güterverkehre werden über die Güterverkehrs-Standard-Trassen abgewickelt. Im Nahbereich für Zufuhrverkehre kommen Güterverkehrs-Zubringer-Trassen infrage. Als Schnellstrecken zwischen den wichtigsten deutschen Wirtschaftszentren werden Güterverkehrs-Express-Trassen genutzt. Für internationale Verkehre werden verschiedene Freight-Freeway-Trassen in bestimmten Transportkorridoren angeboten.

Die Nutzer von Gleiswegen sind die **Eisenbahnverkehrsunternehmen (EVU)**, die Transportleistungen im Schienengüterverkehr anbieten. Sie benutzen als Frachtführer die Schienenwege (Trassen) auf bestimmten Strecken zeitlich begrenzt und gegen Entgelt. Als Frachtführer im nationalen Bereich treten drei EVU-Gruppen auf:

Art der EVU	Anzahl	Bezeichnung	Leistungsbereich/Geschäftsfeld
öffentlich und bundeseigen	1	DB Schenker (bis 2003 DB Cargo)	standardisierte Schienentransporte für Spediteure und Großkunden
öffentlich, aber nichtbundeseigen (private NE-Bahnen)	> 300	u. a. Rail4Chem, HGK Köln, NetLog, Speditionsunternehmen	zum Teil spezialisiert auf Kontraktlogistik oder Güterarten
nicht öffentlich und privat	ca. 100	versch. Unternehmens- oder Kommunennamen	Privatbahnen in Binnen- und Seehäfen, Werk- und Industriebahnen

Marktführer bei den EVU ist die öffentliche und noch bundeseigene Unternehmung DB Schenker. Sie ist die Güterverkehrs-Tochtergesellschaft der Deutschen Bahn. DB Schenker bietet als Schienencarrier direkte Transportleistungen auf der Schiene sowie mittels

Partnerunternehmen verschiedene andere speditionelle und logistische Leistungen an (vgl. Übersicht).

Die Bahn erbringt im Wesentlichen standardisierte und auf den allgemeinen Markt ausgerichtete direkte Transportleistungen (sog. Basisprodukte) im Ladungsverkehr sowie indirekt mittels Partnerunternehmen eine Reihe branchenspezifische Serviceleistungen. So u. a. für die Papier-, Chemie- und Fahrzeugindustrie sowie im Kombinierten Verkehr.

Leistungsangebot der DB Schenker

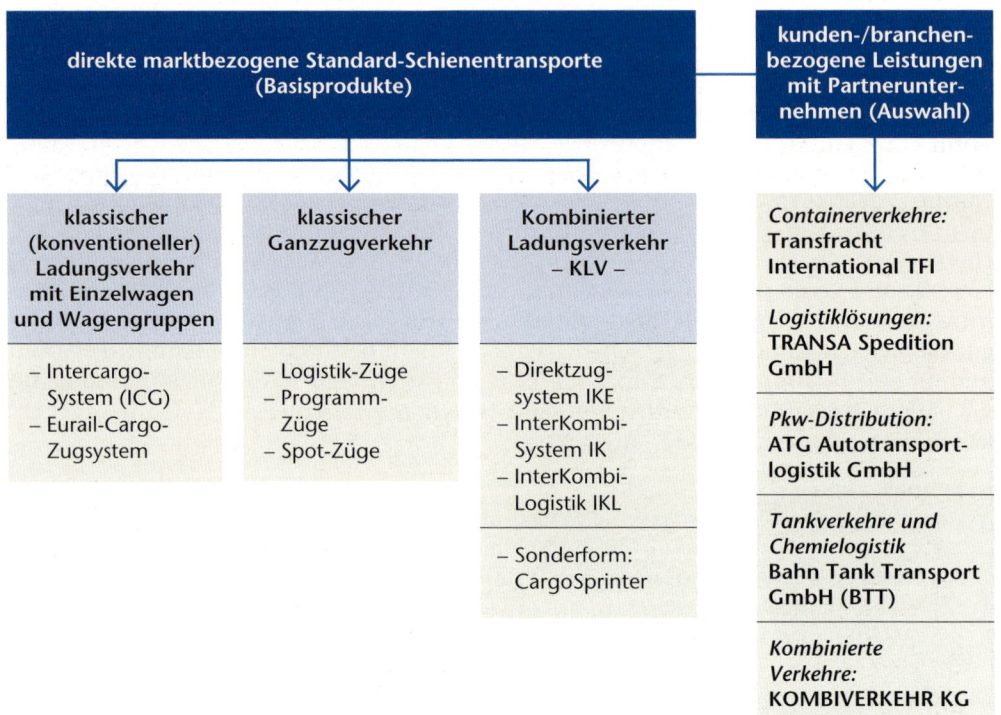

3.2.2 Streckennetz

Das öffentliche Schienennetz hat in Deutschland eine **Länge** von rund 42.000 km. Sämtliche Hauptstrecken im Personen- und Güterverkehr sind elektrifiziert (rd. 19.500 km) und zweigleisig ausgebaut. Im Wagenladungsverkehr können Güterzüge sowohl im nationalen als auch internationalen Einsatz im deutschen Streckennetz mit Geschwindigkeiten über 120 km/h gefahren werden. Auf einigen Nord-Süd-Fernverbindungen wie u. a. Hannover–Kassel–Würzburg werden auch 160 km/h schnelle Gütertransporte im InterCargo-System durchgeführt. Für den Güterverkehr werden durchschnittlich pro Werktag rund 6.000 km des Streckennetzes genutzt. Auf diesen sog. Hauptabfuhr- und Transitstrecken verkehren mehr als 5.000 Güterzüge täglich.

Die **Spurweite** des deutschen Bahnnetzes ist die Normalspur. Diese Spurweite wurde mit der ersten Lokomitive, die aus England stammte, 1835 in Deutschland übernommen. Die Spurweiten werden definiert als der Abstand der inneren Schienenkanten in einer bestimmten Höhe.

Beispiel:

Der Abstand der inneren Schienenkanten beträgt in Deutschland 4 Fuß und 8 $\frac{1}{2}$ Zoll, dies entspricht 1.435 mm. Diese Spurweite wird als Normal-, Regel- oder Vollspur bezeichnet und entspricht den Maßen der meisten europäischen Eisenbahnen. Breitspuren gibt es in Irland (1.600 mm), Finnland, Estland, Lettland, Litauen, Russland, Weißrussland und anderen GUS-Ländern (1.524 mm), Portugal (1.665) und Spanien (1.674). Schmalspurweiten mit Maßen unter 1.435 mm sind allgemein nicht von Bedeutung.

Die nachfolgende Karte zeigt die Hauptabfuhr- und Transitstrecken in Deutschland, die wichtigsten Rangierbahnhöfe und überregionalen Zugbildungsanlagen sowie die Grenzübergänge für den internationalen Bahngüterverkehr. Die **Grenzübergänge** sind Schnittstellen zu den benachbarten Bahnverwaltungen. In der Regel unterliegen Bahntransporte an diesen Grenzstellen keinen besonderen Aufenthalten. Die Angabe der Grenzstelle in Form einer Grenzübergangsnummer ist in internationalen Frachtbriefen (CIM-Frachtbrief) unter Umständen von Bedeutung, da die Grenzstellen vielfach auch Schnittstellen für die Tarifabrechnungen sind und damit Bedeutung für die Frachtabrechnung haben.

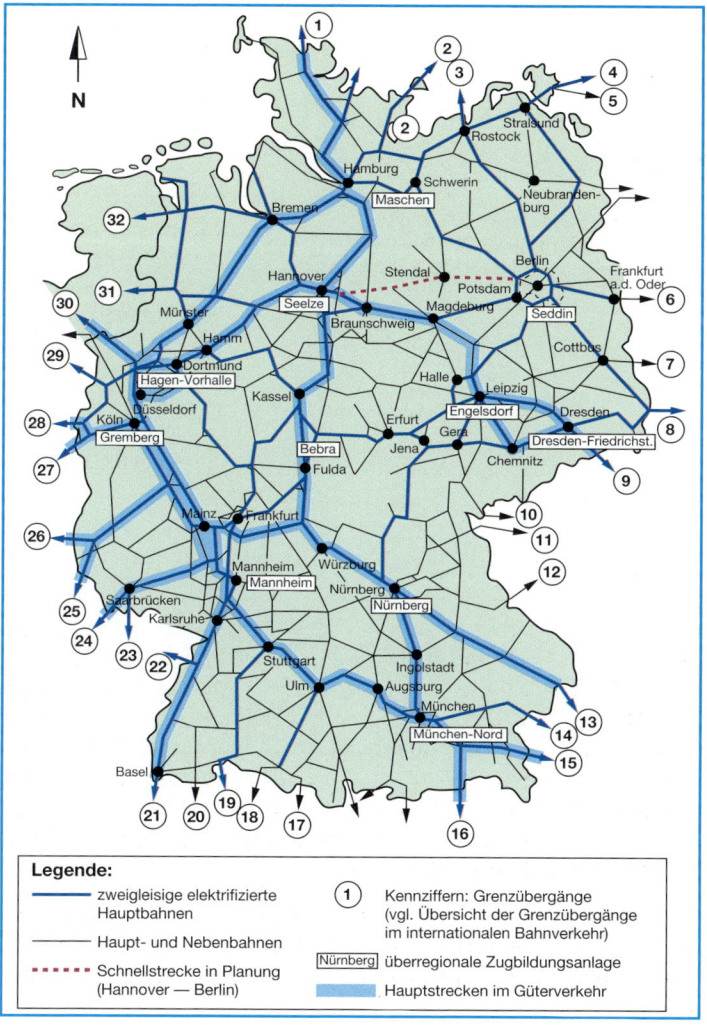

Netz der deutschen Eisenbahn

Grenzübergänge für den Eisenbahngüterverkehr

(Stand 01.01.2008; in Klammern: Länderkennzahl[2] und Bezeichnung der Bahnverwaltung des Ziel- oder Nachbarlandes)

Grenzübergang (GÜ) mit ...	GÜ-Nr.	Grenzübergangspunkt bzw. -bahnhof		Lagekennziffer in der Karte
		Deutsche Seite	Ausländische Seite	
Dänemark (86/ Dänische Staatsbahn)	406	Flensburg Grenze	Padborg	1
Finnland (10/VR Finnische Staatsbahnen)	138	Lübeck Konstinbhf.	Helsinki	2
	103	Lübeck Skandinavienkai	Hanko	
Schweden (74/SJ Schwedische Staatsbahnen)	021	Flensburg Großer Belt Grenze	Padborg	1
	103	Lübeck Skandinavienkai	Malmö Transit	2
	022	Saßnitz Mitte See	Trelleborg Transit	4
		Rostock	Trelleborg	3
Litauen (24/Litauische Bahn)	109	Saßnitz Mukran Fähre	Klaipeda	5
Polen (51/PKP Polnische Staatsbahnen)	687	Frankfurt/Oder Grenze	Kunowice	6
	690	Forst/Lausitz Grenze	Zasieki	7
	696	Görlitz/Horka Grenze	Bielawa Dolna	8
Tschechische Republik (54/CD Tschechische Bahnen)	649	Bad Schandau Grenze	Décin	9
	646	Bad Brambach Grenze	Vojtanow	10
	644	Schirnding Grenze	Cheb	11
	642	Furth i. Wald Grenze	Domalize	12
Österreich (81/ÖBB Österreichische Bundesbahnen)	460	Passau Hbf.		13
	461	Simbach (Inn)		14
	462	Salzburg[1]		15
	463	Kufstein[1]		16
	467	Lindau-Reutin	Bregenz	17
Schweiz (85/SBB Schweizerische Bundesbahn)	495	Konstanz		18
	493	Schaffhausen[1]		19
	492	Waldshut		20
	491	Basel Bad Gbf.[1]		21
Frankreich (87/SNCF Nationale Gesellschaft der französischen Eisenbahnen)	471	Kehl Grenze	Straßburg	22
	475	Hanweiler/Bad Rilchingen Grenze	Sarreguemines	23
	476	Saarbrücken Grenze	Forbach	24
	479	Perl Grenze	Apach	25

---

[1]   *Der Grenzbahnhof liegt nicht auf deutschem Gebiet.*
[2]   *Die Länderkennzahl (oder Eigentumsmerkmal) findet Anwendung im internationalen Richtpunktverfahren für die Bestimmung der Leitwege von Bahnwagen.*

Grenzübergang (GÜ) mit ...	GÜ-Nr.	Grenzübergangspunkt bzw. -bahnhof		Lagekenn-ziffer in der Karte
		Deutsche Seite	Ausländische Seite	
Luxemburg (82/CFL Nationale Gesellschaft der luxemburgischen Eisenbahnen)	580	Igel Grenze	Wasserbillig	26
Belgien (88/SNCB Nationale Gesellschaft der belgischen Eisenbahnen)	450	Aachen West	Montzen	27
Niederlande (84/NS Niederländische Eisenbahnen AG)	420 418 416 412 411	Herzogenrath Grenze Kaldenkirchen Grenze Emmerich Grenze Bad Bentheim Grenze Weener	Haanrade Venlo Zevenaar Oldenzaal Nieuweschans	28 29 30 31 32

3.2.3 Verkehrsleistungen und Verkehrszentren

Die Bahn bedient im Ladungsverkehr, bedingt durch die Politik des „Rückzugs aus der Fläche", längst nicht mehr alle Orte in Deutschland. Ihre tatsächlich hochwertigen Transportleistungen erbringt sie zwischen den 18 wichtigsten Wirtschaftsräumen Deutschlands. Diese als **Wirtschaftszentren** (WZ) bezeichneten Regionen sind deckungsgleich mit den wichtigsten deutschen Industrie- und Ballungsgebieten.

Die herausragende Verkehrsleistung der DB Cargo bei Einzelwagenverkehren bildet das InterCargo-System mit den **InterCargo-Güterzügen** (ICG-Verkehre). Sie werden i. d. R. mit Geschwindigkeiten von 100 km/h betrieben und haben grundsätzlich keine Zwischenaufenthalte für das Einstellen oder Absetzen von Waggons. Die ICG-Transporte erfolgen auf einem speziellen InterCargo-Netz, das die 18 WZ untereinander verbindet, im sog. Nachtsprungverfahren, das heißt also in den Nachtstunden. Das InterCargo-System ist vor allem auf die Beförderung von zeitsensiblen Gütern jeder Art ausgerichtet. Es werden über 180 InterCargo-Güterzüge auf 254 Relationen zwischen den 18 WZ betrieben. Die gesamte Beförderungsdauer unterschreitet dabei üblicherweise 18 Stunden. Ladungen in Einzelwagen, die nicht innerhalb des ICG-Systems befördert werden (siehe folgende Abb.), können Transportzeiten von 48 bis 72 Stunden aufweisen.

Schaltstellen in den Transportketten der Bahn sind neben den Rangierbahnhöfen die Knotenbahnhöfe (Kbf), auch regionale Zugbildungsanlagen genannt. Dies sind diejenigen Bahnhöfe, die das Sammeln und Verteilen von Bahnwagen im Nahbereich durchführen. Die Knotenbahnhöfe bilden die Schnittstellen für Bedienungsfahrten von/nach Bahnkunden (Satelliten) und den Rangierbahnhöfen des Fernverkehrs, die wiederum große Wagengruppen zusammenstellen.

Knotenbahnhöfe und Knotenpunktsystem

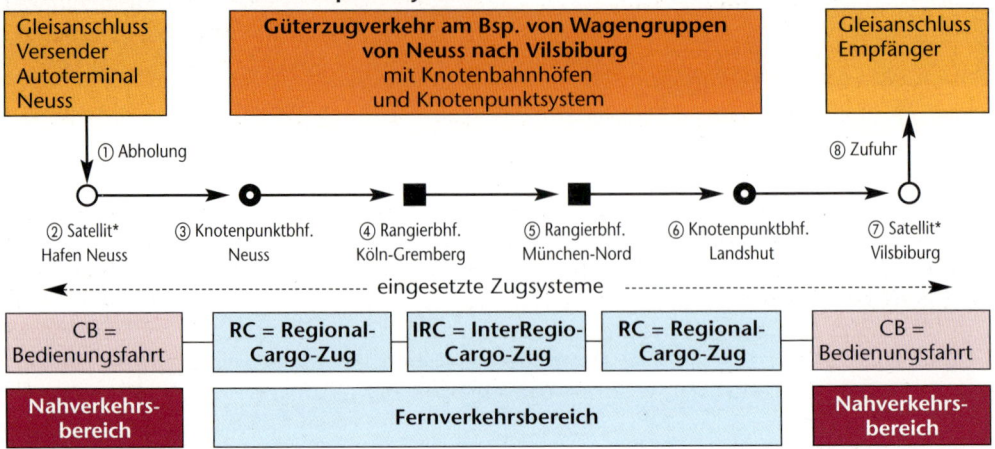

Gleisanschluss Versender Autoterminal Neuss	Güterzugverkehr am Bsp. von Wagengruppen von Neuss nach Vilsbiburg mit Knotenbahnhöfen und Knotenpunktsystem	Gleisanschluss Empfänger

① Abholung ⑧ Zufuhr

② Satellit* Hafen Neuss ③ Knotenpunktbhf. Neuss ④ Rangierbhf. Köln-Gremberg ⑤ Rangierbhf. München-Nord ⑥ Knotenpunktbhf. Landshut ⑦ Satellit* Vilsbiburg

eingesetzte Zugsysteme

CB = Bedienungsfahrt	RC = Regional-Cargo-Zug	IRC = InterRegio-Cargo-Zug	RC = Regional-Cargo-Zug	CB = Bedienungsfahrt
Nahverkehrs-bereich	Fernverkehrsbereich			Nahverkehrs-bereich

* Satellit oder Güterverkehrsstelle (Gvst) ist in der Transportkette eine Bahnstelle mit kleinerem Güteraufkommen

Ganzzugverkehre

Die **Ganzzüge** kommen zum Einsatz, wenn große Produktmengen über große Entfernungen zwischen den Wirtschaftszentren bewegt werden müssen. Dominierende Güterarten sind massenhafte Waren wie Kohle, Baustoffe, Mineralölerzeugnisse, diverse Rohstoffe usw. Die beladenen Wagen werden in geschlossenen Zügen (daher Ganzzug) von dem Versender der Bahn übergeben und teilweise im Nachtsprung ohne Rangiervorgänge an das gewünschte Ziel befördert. Abfahrts- und Ankunftszeiten sind dabei auf die besonderen Bedürfnisse (Produktionsprozesse) des Versenders oder Empfängers ausgerichtet. Der Ganzzugverkehr kann daher als logistisches Teilelement angesehen werden. Angeboten werden die folgenden Varianten:

■ **Logistik-Züge:** Speziell überwachte und disponierte Güterzüge für den kontinuierlichen und fahrplanmäßigen innerdeutschen und europäischen Einsatz in der Beschaffungs- und Distributionslogistik sowie bei just-in-time-Verfahren (z. B. bei der Materialversorgung von Pkw-Produzenten).

■ **Programm-Züge:** Dieses Angebot der Bahn zielt auf den planbaren Massengutverkehr bestimmter Branchen. Angesprochen werden u. a. die Kohle-, Erz-, Eisen-, Stahl- und Mineralölverkehre.

■ **Spot-Züge:** Hierbei handelt es sich um flexibel einsetzbare Saison- und Sonderverkehre der Bahn. Sie können u. a. bei saisonalen Getreide- und Düngemitteltransporten, bei speziellen Baustoffverkehren oder im Rahmen von kurzfristig anfallenden hohen Gütermengen durch Schiffsankünfte eingesetzt werden.

Kombinierter Ladungsverkehr (KLV)

Der Sammelbegriff „Kombinierter Ladungsverkehr" wird für Beförderungen von Gütern in einem Transportgefäß unter Benutzung von wenigstens zwei Verkehrsträgern in einer Transportkette verwendet. Auf diese Weise können Transportketten unter Einschluss von Straße, Schiene, Binnenwasser- und Seeweg hergestellt werden. Im Eisenbahnwesen bedeutet Kombinierter Ladungsverkehr die Kombination der Transportsysteme Schiene und Straße.

Beispiel:

Beim KLV der Bahn wird die Beförderung von Containern, Wechselbehältern, Sattelaufliegern und kompletten Lastzügen auf einem Teil des Gesamtweges über Bahngleise geführt. Mit dieser Schiene/Straße-Kombination werden die arteigenen Vorteile beider Verkehrsträger optimal ausgenutzt: Der als flexibel geltende Lkw sammelt und verteilt die Güter in der Fläche, die Bahn wickelt – meist nachts – die Ferntransporte zwischen den Terminals ab und wird damit ihrer Massenleistungsfähigkeit gerecht.

Seit 1995 wird von der Bahn ein Standortentwicklungskonzept für Terminalverkehre vorangetrieben. Der **Geschäftsbereich „Umschlagbahnhöfe" (GBU)** der DB Netz ist im Regelfall für die Planung, den Bau und den Betrieb der DB-KLV-Terminals zuständig. Bislang betreibt die DB Netz auch die meisten der vorhandenen Terminals. Künftig sollen Terminals an bestimmten Standorten auch von einzelnen Privatunternehmen oder durch Betreibergesellschaften gebaut und unterhalten werden können. Als eine dieser Betreibergesellschaften tritt bisher die Deutsche Umschlaggesellschaft Schiene-Straße (DUSS) auf.

KLV-Umschlagbahnhöfe in Deutschland

1) *Beförderung von kompletten Lastzügen einschl. Lkw-Fahrer in gesonderten Personenwagen (sog. begleiteter Kombinierter Verkehr)*

Branchenlogistik: Tank- und Chemieverkehre

Für den Chemie-, Mineralöl- und Düngemittelmarkt hat die Bahn ein Logistikkonzept entwickelt, mit dem die wichtigsten fünf deutschen Produktions- und Absatzräume dieser Branchen miteinander verbunden werden. Das Transportkonzept „**Netz Chem-Cargo**" ist ein Branchenprodukt der Bahn, das auf die Anforderungen der chemischen Industrie zugeschnitten ist. Die Bahn setzt in Zusammenarbeit mit der DB Cargo Tochterunternehmung BTT (Bahn Tank Transport GmbH) besonders überwachte Direktzüge zwischen ausgewählten Versand- und Empfangsstationen ein, mit denen die Beförderungen auch **sensibler Gefahrgutprodukte** in privaten Kesselwagen sicher durchgeführt werden können. Die Züge verkehren nicht nur national, sondern auch europaweit unter anderem zu den Raffinerie- und Hafenstandorten Rotterdam, Antwerpen, Wien, Linz und Basel. Vorzugsweise erfolgen die Transporte an Werktagen im Nachtsprung. Die Bahn kontrolliert von der Beladung bis zur Ablieferung die gesamte Logistikkette und stellt auch spezielles Equipment wie Tank-, Gas-, Silocontainer und Kesselwagen zur Verfügung. Die Kunden können so einen ausschließlich von einem Frachtführer gesteuerten und kontrollierten Warenfluss im Rahmen ihrer Versorgungskette (Supply Chain) nutzen. Vergleichbare Transport- und Logistikangebote werden u. a. für die Automobil- und die Papier- und Zellstoffindustrie angeboten.

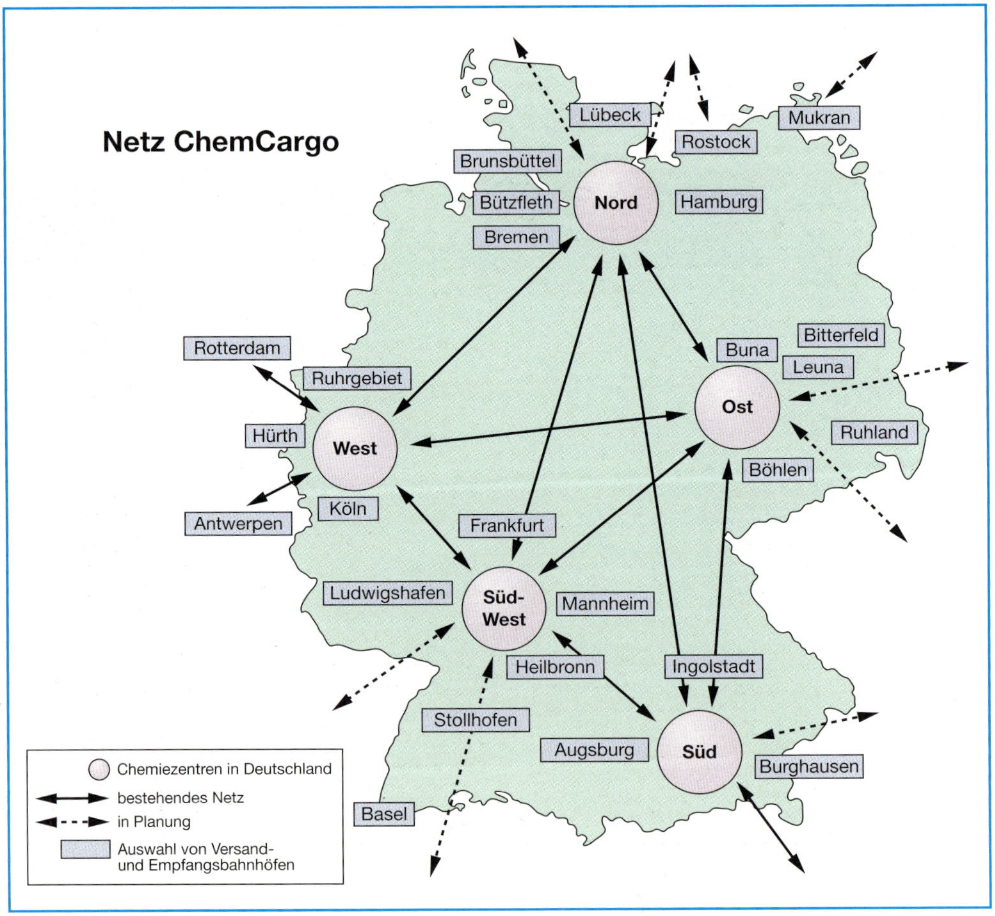

Netz ChemCargo

Lübeck · Rostock · Mukran · Brunsbüttel · Bützfleth · **Nord** · Hamburg · Bremen

Rotterdam · Ruhrgebiet · Hürth · **West** · Köln · Antwerpen · Buna · Bitterfeld · Leuna · **Ost** · Ruhland · Böhlen · Frankfurt · Ludwigshafen · **Süd-West** · Mannheim · Heilbronn · Ingolstadt · Stollhofen · Augsburg · **Süd** · Burghausen · Basel

○ Chemiezentren in Deutschland
→ bestehendes Netz
- - → in Planung
▭ Auswahl von Versand- und Empfangsbahnhöfen

Maritime Container-Shuttle-Verbindungen

Als maritime Container-Shuttle-Verbindungen gelten die auf Bahnstrecken durchgeführten nationalen und grenzüberschreitenden **Hinterlandverkehre** von und nach Seehäfen. Sie erfolgen mit **Container-Ganzzügen**, die linienmäßig im Pendelverkehr zwischen Hafen- und Binnenterminals eingesetzt werden. Es handelt sich um intermodale Systemverkehre, also eine Form des Kombiverkehrs, da sie stets mit einem Seetransport in Verbindung stehen. Seehäfen mit Shuttle-Zugverbindungen sind Hamburg und Bremerhaven, die Westhäfen Antwerpen und Rotterdam sowie italienische Mittelmeerhäfen. Da diese Häfen Hauptumschlagstellen darstellen, werden sie vielfach auch als „Container-Hubs" angesehen.

Ziel aller Shuttle-Verkehre ist die schnelle, kostengünstige und zuverlässige Beförderung von Containern zwischen den Seehäfen und den wirtschaftsstarken Räumen des Hinterlands; sie schließt die elektronisch gesteuerte Auftragsabwicklung (EDI = *Electronic Data Interchange*) und Laufüberwachung ein. Die von/nach deutschen Häfen verkehrenden Ganzzüge werden über den **Rangierbahnhof Maschen** gesteuert. Überwiegend wird der Betrieb der Netze durch Vermarktungsgesellschaften (Operateure) und/oder Kooperationen verschiedener Beteiligungsgesellschaften, zu denen auch die DB Cargo gehört, sichergestellt. Die Operateure organisieren den Umschlag, den Schienentransport und ggf. Vor- oder Nachläufe mit Lkw. Für die Auslastung und Vermarktung der eingekauften Schienenkapazitäten sind die Operateure selbst verantwortlich.

Beispiele für maritime Eisenbahn-Shuttle-Verbindungen
(vgl. hierzu auch folgende Grafik)

Relationen	Shuttle-Bezeichnung	von/nach Seehäfen (Hub)	Hinterland	Transitzeit	Operator
inner-deutsch	**Albatros-Express-Netz**	*Nordhäfen:* Hamburg, Bremerhaven	Deutschland, Österreich, Schweiz	12–36 Std. je nach Zielort	TFG Transfracht International
grenzüberschreitend	**Metrans-Netz**		Tschechien, Slowakei, Ungarn	18–24 Std. je nach Zielort	Metrans S. A.
	Austria-Container-Express		Österreich	18–24 Std.	TFG Transfracht International
	Polzug		Polen (mit Anschluss nach Osteuropa)	30 Std.	Polzug GmbH
	Conliner-Netz	*Westhäfen:* Rotterdam, Antwerpen	Deutschland, Schweiz, Skandinavien, Italien, Österreich, Ost- und Südeuropa	unterschiedlich	Conliner B. V.

Relationen	Shuttle-Bezeichnung	von/nach Seehäfen (Hub)	Hinterland	Transitzeit	Operator
	MarCo-Netz	*Südhäfen:* Gioia Tauro, La Spezia, Livorno, Ravenna	Zentraleuropa, Süddeutsch- land	24–36 Std.	Maritim Container Services SpA

AlbatrosExpress-Netzwerk (Shuttle-Verkehre)

Container-Direktverkehre mit Hinterlandterminals, Anschlusslinien

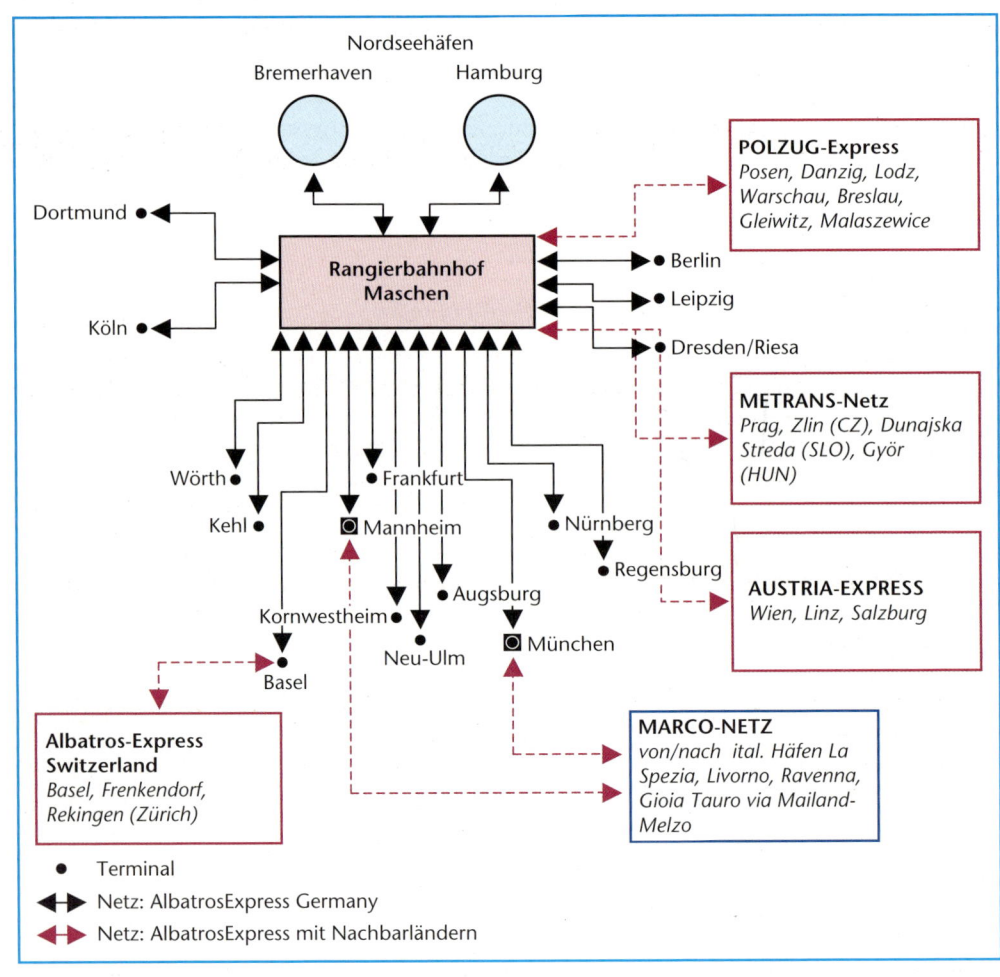

Zusammenfassung

1. *Die Eisenbahn gilt als umweltfreundliches, kaum witterungsempfindliches und schnelles Verkehrsmittel für Massengüter.*

2. *Als Spurweite gilt der Abstand der inneren Schienenkanten. In Deutschland und den meisten europäischen Staaten beträgt er 1.435 mm. Diese Spurweite wird als Normalspur bezeichnet.*

3. *Der Eisenbahnverkehr wird in Deutschland von der Deutschen Bahn AG und mehreren nicht-öffentlichen Eisenbahnen (NE-Bahnen) ausgeübt.*

4. *Auf den Hauptstrecken der Bahn verkehren InterCargo-Züge zwischen den 18 deutschen Wirtschaftsräumen.*

5. *Zu den wichtigen Güterverkehren der Bahn gehören neben dem InterCargo-System ferner Ganzzüge (von Großkunden), Logistikzüge, Container-Linieverbindungen und Kombinierte Ladungsverkehre (KLV).*

Aufgaben

1. *InterCargo-Züge verkehren zwischen den 18 wichtigsten Wirtschaftsräumen Deutschlands. Nennen Sie diese Wirtschaftsräume.*

2. *Erklären Sie die Abkürzung KLV.*

3. *Die folgenden Eisenbahnstrecken weisen Lücken auf. Ergänzen Sie die fehlenden nachstehenden Orte: Augsburg, Bebra, Braunschweig, Essen, Gelsenkirchen, Göttingen, Hamm, Heidelberg, Koblenz, Köln, Lübeck, Oberhausen, Osnabrück, Regensburg, Wuppertal, Würzburg.*
    a) *Dortmund ... Frankfurt ... Nürnberg*   e) *Mannheim ... Stuttgart ... München*
    b) *Berlin ... Hannover ... Hagen*   f) *Passau ... Nürnberg ... Leipzig*
    c) *Puttgarden ... Hamburg ... Kassel*   g) *Bremen ... Münster ... Essen*
    d) *Emmerich ... Köln ... Frankfurt*   h) *Aachen ... Düsseldorf ... Bochum*

4. *Ordnen Sie die folgenden Grenzübergangsstellen den jeweiligen Fernverbindungen zu: Apach/Perl, Basel Bad Gbf., Emmerich, Flensburg, Frankfurt/Oder, Kehl, Aachen, Bad Bentheim, Passau, Salzburg, Schirnding, Saßnitz.*
    a) *Amsterdam–Duisburg*   g) *Lüttich–Köln*
    b) *Zürich–Karlsruhe*   h) *Göttingen–Arhus*
    c) *Hannover–Amsterdam*   i) *Prag–Frankfurt*
    d) *Stettin–Berlin*   j) *Mannheim–Lyon*
    e) *München–Wien*   k) *Kassel–Wien*
    f) *Paris–Koblenz*   l) *Stockholm–Dresden*

3.3 Binnenwasserwege

Die Binnenschifffahrt wird zu den Landverkehrsträgern gerechnet. Ihre **betriebswirtschaftlichen Vorzüge** gegenüber Eisenbahn und Lkw liegen in der besonderen Eignung für den massenhaften preisgünstigen Transport von Gütern, da die Binnenschiffe über große Transportkapazitäten verfügen, sowie in der Beförderung von Schwergütern. Neben Massen-, Gefahren- (Erdöl, Treibstoffe, Chemikalien) und Schwergütern (Maschinen,

Bauteile, Fahrzeuge) werden von der Binnenschifffahrt auch Stückgüter und Container in beträchtlichem Umfang befördert. Der Containerverkehr mittels Binnenschiffen ist der in jüngster Zeit am stärksten zunehmende Gütersektor. Insbesondere entlang des Rheins haben sich viele Containerterminals für den Umschlag Binnenschiff/Bahn bzw. Binnenschiff/Lkw etabliert. Den genannten Vorteilen der großen Ladekapazität, der dadurch bedingten niedrigen Transportkosten und des sparsamen Energieverbrauchs kommen noch **volkswirtschaftliche Vorteile** wie die Umweltfreundlichkeit (Geräuscharmut, hohe Sicherheit, geringe Abgaswerte usw.) und die Straßen-Schienenentlastung hinzu. Die Nachteile dieses Verkehrsträgers sind, vor allem mit Blick auf den Hauptkonkurrenten Eisenbahn, die geringe Geschwindigkeit, das nicht flächendeckende, da an Flüsse und Kanäle gebundene Verkehrsnetz sowie die große Abhängigkeit von Natureinflüssen wie dem Hoch- und Niedrigwasser und der Vereisung.

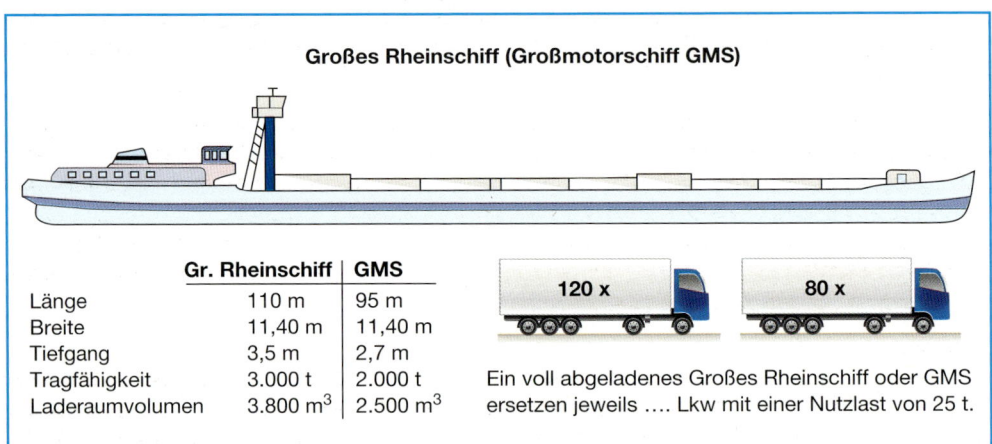

Großes Rheinschiff (Großmotorschiff GMS)

	Gr. Rheinschiff	GMS
Länge	110 m	95 m
Breite	11,40 m	11,40 m
Tiefgang	3,5 m	2,7 m
Tragfähigkeit	3.000 t	2.000 t
Laderaumvolumen	3.800 m³	2.500 m³

120 x   80 x

Ein voll abgeladenes Großes Rheinschiff oder GMS ersetzen jeweils .... Lkw mit einer Nutzlast von 25 t.

3.3.1   Arten und Klassen von Binnenwasserwegen

Alle wichtigen Wasserstraßen in Deutschland sind sog. **Bundeswasserstraßen**. Dies ist der Sammelbegriff für alle Binnenwasserstraßen und die Seeschifffahrtsstraßen an den Küsten, die dem Bund gehören, von ihm verwaltet und betrieben werden. Die Bundeswasserstraßen können in die folgenden fünf Gruppen unterteilt werden:

1. **Natürliche Flüsse** – damit sind Wasserwege gemeint, die ohne Schleusen, Staustufen oder andere wasserbautechnische Eingriffe – abgesehen von Deichen – befahren werden können (u. a. Niederrhein, Unterweser).

2. **Kanalisierte Flüsse** – dies sind Wasserwege, die erst durch Regulierungsmaßnahmen und Korrekturen, etwa in Form von Schleusen, für die Großschifffahrt genutzt werden können, Beispiele sind die Flüsse Mosel und Main.

3. **Kanäle** – dies sind rein künstlich eingerichtete Wasserwege (u. a. Dortmund-Ems-Kanal).

4. **Wattenfahrwasser** – Wasserwege für die Binnen- und Küstenmotorschiffe in den Wattengebieten der Nordsee.

5. **Seeschifffahrtsstraßen** – festgelegte Wasserstraßen in den Seezonen vor den Küsten von Nord- und Ostsee. Sie reichen teilweise tief in die Flussunterläufe – etwa der Elbe und der Weser – und stellen damit die Zufahrten zu den deutschen Seehäfen dar. Benutzt werden sie sowohl von Binnen- als auch von Seeschiffen.

Das gesamte Netz der Bundeswasserstraßen umfasst rund 7.500 km. Davon sind etwa 800 km Seeschifffahrtsstraßen und 6.700 km Binnenwasserstraßen. Die Binnenschifffahrtsstraßen bestehen wiederum zu 75 % aus natürlichen Flüssen, den Rest bilden Schifffahrtskanäle unterschiedlicher Größe, Bedeutung und Nutzung. An einigen Stellen kreuzen sich Wasserstraßen und bilden wichtige Knotenpunkte und Schaltstellen im Binnenschiffsverkehr. Derartige **Wasserstraßenkreuze** finden sich in Datteln, Minden und Magdeburg.

Die reinen Binnenwasserstraßen, also Flüsse und Kanäle, bilden innerhalb Deutschlands ein vergleichsweise dichtes und leistungsfähiges Netzwerk. Fast alle bedeutenden Industrie- und Handelszentren und rund **55 Großstädte** verfügen über einen Wasserstraßenanschluss in diesem Netz (vgl. Kap. 3.4). Bis auf Rostock liegen alle großen deutschen Seehäfen an einer ins Binnenland führenden Wasserstraße. Die deutschen Binnenwasserwege bilden gleichzeitig den Kern des mittel- und westeuropäischen Wasserstraßensystems. Dieses verbindet Nord- und Ostsee, das Schwarze Meer, das Mittelmeer und den Atlantischen Ozean miteinander.

Entsprechend ihrer Befahrbarkeit sind alle Wasserstraßen mit den Kennzahlen eines europaweit geltenden Klassifizierungssystems, den **Wasserstraßenklassen**, versehen. Das System mit den Klassen I bis VII wurde von der „Wirtschaftskommission für Europa" (ECE) der Vereinten Nationen und der Europäischen Verkehrsministerkonferenz (CEMT) empfohlen, um mit einheitlichen Grundsätzen ein zusammenhängendes, durchgehend befahrbares Wasserstraßennetz in ganz Europa zu schaffen. Je Wasserstraßenklasse wurde ein genormter Schiffstyp festgelegt.

Beispiel:
Als charakteristischer Schiffstyp der Wasserstraßenklasse IV gilt das sog. Europaschiff mit einer durchschnittlichen Tragfähigkeit von 1.350 t. Das Europaschiff wurde lange Zeit als Regelgröße auf westeuropäischen Gewässern angestrebt. Es ist mittlerweile von den Großen Rheinschiffen der Wasserstraßenklasse V a (Tonnage 1.500 bis 3.000 t) in seiner Bedeutung überflügelt worden.

Die Übersicht auf Seite 97 informiert über Wasserstraßenklassen, Schiffstypen, Tragfähigkeiten und Schiffsabmessungen. Einige der deutschen Wasserstraßen werden als Großschifffahrtswege bezeichnet.

Beispiel:
Großschifffahrtswege sind alle Binnenwasserstraßen, die mehrere Staaten untereinander verbinden und auf denen ständig umfangreiche Güterbewegungen stattfinden. Dies gilt namentlich für die Flüsse Rhein, Mosel und Donau.

Als wichtige Informationsquelle über Befahrbarkeiten der Wasserwege und damit die Abladung der Schiffe dienen die **Pegel**. Dies sind hydrologische Messgeräte zur systematischen und regelmäßigen Beobachtung und Registrierung von Wasserständen. In der Binnenschifffahrt werden die Wasserstände (Pegelstände) der Flüsse täglich bekannt gegeben, damit sich die Schifffahrtsbetriebe rechtzeitig auf Behinderungen durch Hoch- oder Niedrigwasser einstellen können. Kanäle benötigen aufgrund ihrer konstanten Wasserführung keine Pegel.

Schifffahrtsrelevante Pegelstationen an deutschen Wasserstraßen

(ausgewählte Beispiele für Wasserstände: jeweils 12:00 Uhr MEZ; Quelle: Vgl.
http://www.pegelonline.wsv.de/gast/start)

Wasserstände[1]	25.07.2012	23.10.2010	Wasserstände[1]	25.07.2012	23.10.2010
Donau			**Mosel**		
Straubing	162	218	Trier	241	253
Pfelling	300	360			
Deggendorf	230	281	**Neckar**		
Passau	482	460	Plochingen	142	165
			Heidelberg	212	217
Elbe			**Rhein**		
Dresden	127	199	Rheinweiler	216	198
Torgau	131	221	Karlsruhe-Maxau	482	437
Wittenberg	184	303	Bingen	180	167
Rothensee	199	349	Kaub	180	162
Niegripp	303	447	Köln	256	213
Dömitz	188	307	Duisburg-Ruhrort	364	296
Hohnstorf	463	550			
Main			**Saale**		
Würzburg	156	160	Bernburg	182	177
Frankfurt Osth.	157	163			

Wie schwer beladen ein Binnenschiff einen bestimmten Wasserweg nutzen kann, hängt
von mehreren Einflussgrößen, den sog. Fahrwasserparametern, und den Brückendurch-
fahrtshöhen ab.

Fahrwasserparameter

Entscheidend sind folgende Größen:

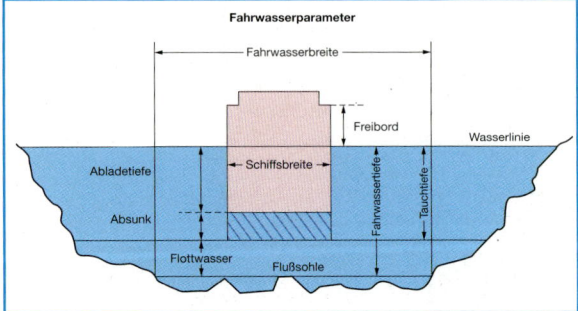

- Fahrwasserbreite: der Teil einer
  Wasserstraße, der nutzbar ist

- Fahrwassertiefe: Tiefe zwischen
  Wasserlinie und Flusssohle

- Tiefgang: Abstand zwischen
  tiefstem Schiffspunkt (i. d. R.
  Heck) und Wasserspiegel

- Abladetiefe: Tiefe des beladenen Binnenschiffes im Ruhezustand

- Absunk/Einsinktiefe: zusätzliches Absinken des Schiffes durch die Fahrtgeschwindigkeit

- Tauchtiefe: Summe aus Tiefgang und Absunk; höchstzulässiges Maß für die Nutzung
  der Wasserstraße, wird vom Pegel bestimmt

- Flottwasser: Sicherheitsabstand zwischen Schiffsboden und Flusssohle

---

[1]   *Pegelstände in cm. Es wird der Abstand von Flusssohle zur Wasserlinie gemessen. Der Wert ist nicht
identisch mit der Fahrwassertiefe. Bei Hochwasser gelten für die Binnenschifffahrt die Hochwassermarken
I und II. Bei Hochwassermarke I (z. B. bei Bingen 3,50 m) kann die Schifffahrt nur noch mit Geschwin-
digkeitsbegrenzungen durchgeführt werden. Ab Hochwassermarke II (z. B. bei Bingen 4,90 m) ist der
Binnenschiffsverkehr verboten.*

Klassifizierung der europäischen Binnenwasserstraßen

Typ der Binnenwasserstraße	Klasse der Binnenwasserstraße	Motorschiffe und Schleppkähne – Typ des Schiffes: Allgemeine Merkmale					Schubverbände: Allgemeine Merkmale – Art des Schubverbandes					Brückendurchfahrtshöhe[2]
		Bezeichnung	maxim. Länge L (m)	maxim. Breite B (m)	Tiefgang d (m)[7]	Tonnage T (t)	Formation	Länge L (m)	Breite B (m)	Tiefgang d (m)[7]	Tonnage t (t)	
1	2	3	4	5	6	7	8	9	10	11	12	13
von nationaler Bedeutung – westlich der Elbe	I	Penische	38,5	5,05	1,8–2,2	250–400						4,0
	II	Kempenaar	50–55	6,6	2,5	400–650						4,0–5,0
	III	Gustav Koenigs	67–80	8,2	2,5	650–1.000						4,0–5,0
von nationaler Bedeutung – östlich der Elbe	I	Gross Finow	41	4,7	1,4	180						3,0
	II	BM-500	57	7,5–9,0	1,6	500–630						3,0
	III [6]		67–70	8,2–9,0	1,6–2,0	470–700		118–132[1]	8,2–9,0[1]	1,6–2,0	1.000–1.200	4,0
von internationaler Bedeutung	IV	Johann Welker	80–85	9,50	2,5	1.000–1.500		85	9,50[5]	2,50–2,80	1.250–1.450	5,25 od. 7,00[4]
	V a	Große Rheinschiffe	95–110	11,40	2,50–2,80	1.500–3.000		95–110[1]	11,40	2,50–4,50	1.600–3.000	5,25 od 7,00 od. 9,10[4]
	V b							172–185	11,40	2,50–4,50	3.200–6.000	7,00 od. 9,10[4]
	VI a							95–110	22,80	2,50–4,50	3.200–6.000	7,00 od. 9,10[4]
	VI b [3]		140	15,00	3,90			185–195[1]	22,80	2,50–4,50	6.400–12.000	7,00 od. 9,10[4]
	VI c							270–280[1] / 195–200[1]	22,80 / 33,00–34,20[1]	2,50–4,50	9.600–18.000 / 9.600–18.000	9,10[4]
	VII [8]							285	33,00–34,20[1]	2,50–4,50	14.500–27.000	9,10[4]

1) Die erste Zahl berücksichtigt die bestehende Situation, während die zweite sowohl zukünftige Entwicklungen als auch – in einigen Fällen – die bestehende Situation darstellt.

2) Berücksichtigt einen Sicherheitsabstand von etwa 30 cm zwischen dem höchsten Fixpunkt des Schiffes oder seiner Ladung und einer Brücke.

3) Berücksichtigt die Abmessungen von Fahrzeugen mit Eigenantrieb, die im Ro/Ro- und Containerverkehr erwartet werden. Die angegebenen Abmessungen sind annähernde Werte.

4) Für die Beförderung von Containern ausgelegt: 5,25 m für Schiffe, die zwei Lagen Container befördern; 7,00 m für Schiffe, die drei Lagen Container befördern; 9,10 m für Schiffe, die vier Lagen Container befördern; 50 % der Container können leer sein, sonst Ballastierung erforderlich.

5) Einige vorhandene Wasserstraßen können aufgrund der größten zulässigen Länge von Schiffen und Verbänden der Klasse IV zugeordnet werden, obwohl die größte Breite 11,40 m und der größte Tiefgang 4,00 m beträgt.

6) Schiffe, die im Gebiet der Oder und auf den Märkischen Wasserstraßen eingesetzt werden.

7) Der Tiefgangswert für eine bestimmte Bundeswasserstraße ist entsprechend den örtlichen Bedingungen festzulegen.

8) Auf einigen Abschnitten von Wasserstraßen der Klasse VII können auch Schubverbände eingesetzt werden, die aus einer größeren Anzahl von Leichtern bestehen. In diesem Fall können die horizontalen Abmessungen die in der Tabelle angegebenen Werte übersteigen.

Bundeswasserstraßen

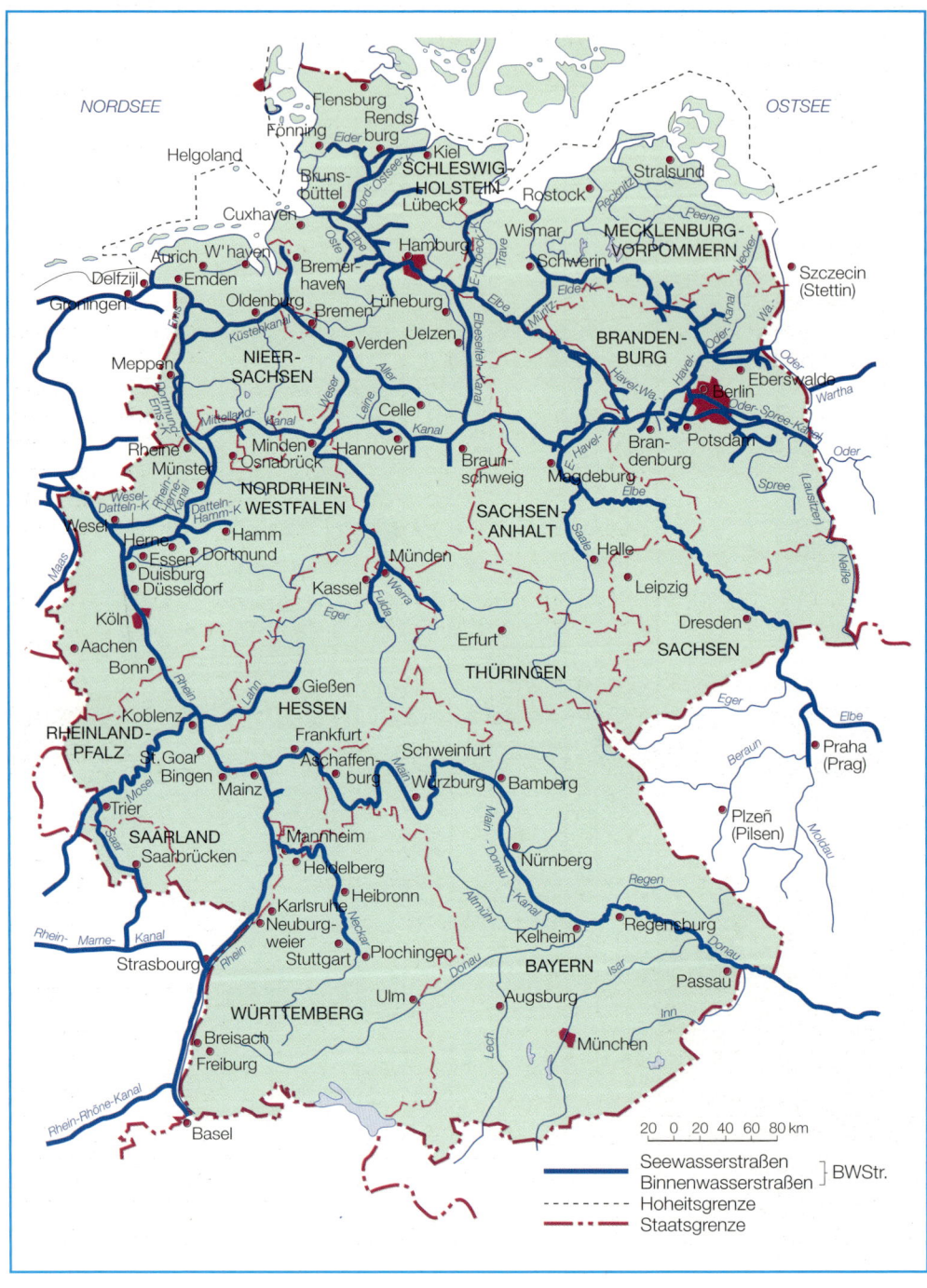

NORDSEE   OSTSEE

Flensburg
Tönning   Rends-burg
Helgoland   Eider   Kiel
Brauns-büttel   SCHLESWIG-HOLSTEIN   Stralsund
Cuxhaven   Lübeck   Rostock
Aurich   W'haven   Wismar   MECKLENBURG-VORPOMMERN
Delfzijl   Emden   Bremer-haven   Hamburg   Schwerin   Szczecin (Stettin)
Groningen   Oldenburg   Lüneburg
Meppen   Bremen   Uelzen   BRANDEN-BURG   Eberswalde
NIEDER-SACHSEN   Verden   Berlin   Wartha
Celle   Potsdam   Oder
Rheine   Minden   Hannover   Brandenburg   Oder
Münster   Osnabrück   Braun-schweig   Magdeburg   Spree
NORDRHEIN-WESTFALEN   SACHSEN-ANHALT
Wesel   Hamm   Münden   Halle   Leipzig
Herne   Dortmund   Kassel   Eger   Dresden
Duisburg   SACHSEN
Düsseldorf   Erfurt   Neiße
Köln   THÜRINGEN   Eger   Elbe
Aachen   Gießen   Beraun   Praha (Prag)
Bonn   HESSEN
Koblenz   Frankfurt   Schweinfurt   Plzeň (Pilsen)
RHEINLAND-PFALZ   Aschaffen-burg   Würzburg   Bamberg   Moldau
St. Goar
Bingen   Mainz   Main   Nürnberg
Trier   Mannheim   Regen
SAARLAND   Heidelberg   Regensburg
Saarbrücken   Heilbronn   Kelheim
Karlsruhe   Donau   Passau
Neuburg-weier   Altmühl   Kanal
Rhein–Marne–Kanal   Stuttgart   Plochingen   BAYERN   Donau
Strasbourg   Ulm   Augsburg   Inn
WÜRTTEMBERG   München
Breisach   Lech
Freiburg
Rhein–Rhône–Kanal   Basel

20 0 20 40 60 80 km

Seewasserstraßen   ] BWStr.
Binnenwasserstraßen
Hoheitsgrenze
Staatsgrenze

Charakteristisch für das deutsche Wasserstraßennetz ist die klare **Süd-Nord-Ausrichtung** von vier zum Teil wasserreichen und mit weiten Mündungstrichtern versehenen Flüssen und die weitgehende West-Ost-Ausrichtung der Kanäle. So „entwässern" (d. h. verlaufen und münden) die großen Hauptflüsse Rhein, Weser, Elbe und Oder zur Nord- und Ostsee. In diese Hauptwasseradern münden verschiedene Nebenflüsse, die zum Teil erst durch Kanalisierung schiffbar gemacht worden sind. Kanäle verbinden vor allem in West-, Nord- und Ostdeutschland die Flusssysteme in West-Ost-Richtung untereinander. Allein die Donau entwässert als Hauptfluss nach Südosten mit Richtung auf das Schwarze Meer.

Das gesamte Wasserstraßennetz Deutschlands besteht somit aus fünf Hauptflüssen und mehreren Kanalsystemen bzw. Einzelkanälen, die eine Verbindung zwischen diesen Hauptflüssen herstellen. Die jeweiligen Haupt- und die zugehörigen Nebenflüsse werden üblicherweise zu Stromgebieten zusammengefasst, die Kanäle entsprechend ihrer Lage zu Kanalnetzen. Diese Gebiete werden durch die Wasser- und Schifffahrtsdirektionen und den ihnen unterstellten Wasser- und Schifffahrtsämtern verwaltet. Schiffsverkehre, die von den Flussmündungen stromaufwärts zur Quelle gerichtet sind, werden als **Bergverkehr** bezeichnet. Umgekehrte Flussverkehre heißen Talfahrten bzw. **Talverkehre**. Bei Kanälen wird bei Schleusungen vom Ober- ins Unterwasser (Abschleusung) von Tal-, umgekehrt von Bergfahrten gesprochen. Die Frachten im Bergverkehr sind auf den Flüssen wegen der größeren Energie-Anforderungen üblicherweise höher als die Frachtentgelte im Talverkehr.

Über die einzelnen für den Güterverkehr bedeutenden Stromgebiete Deutschlands, ihre schiffbaren Längen und ihre Klassifizierung gibt die folgende Übersicht Auskunft.

Wichtige Wasserstraßen in Deutschland

Stromgebiet	Wasserweg	Schiffbare Länge in km	Klassifizierung
Rhein	Rhein (Rheinfelden – Emmerich Grenze NL)	618	V
	Mosel (frz. Grenze Apach – Koblenz Mündung Rhein)	242	IV
	Neckar (Plochingen – Mannheim Mündung Rhein)	201	IV
	Main (Bamberg – Mainz Mündung Rhein)	388	IV
	Lahn (Steeden – Mündung Rhein)	67	I
	Ruhr (Mülheim – Duisburg Mündung Rhein)	12	V
	Schiffsweg Rhein – Kleve	10	II
	Saar (frz. Grenze – Konz Mündung Mosel)	103	IV
Weser	Weser (Hann. Münden – Bremerhaven)	414	III/IV/V
	Aller (Celle – Verden Mündung Weser)	117	II
	Untere Hunte (Oldenburg – Elsfleth Mündung Weser)	26	V

Stromgebiet	Wasserweg	Schiffbare Länge in km	Klassifizierung
Elbe	Elbe (tschech. Grenze Schöna–See)	728	IV/V
	Trave (Lübeck–Travemünde)	22	V
	ELK/Elbe-Lübeck-Kanal (Lübeck–Lauenburg)	67	III
	ESK/Elbeseitenkanal (Mittellandk.–Artlenburg)	115	IV
	NOK/Nord-Ostsee-Kanal (Brunsbüttel–Kieler Förde)	109	V
	Saale (Leuna–Mündung Elbe)	124	III
	Havel (Havelberg–EHK-Mündung)	149	III/IV
Oder	Oder/Westoder (pol. Grenze–Abzweig Westoder)	162	III
Donau	Donau (Kelheim–österr. Grenze)	210	IV
	MDK/Main-Donau-Kanal (Bamberg–Kelheim)	171	IV
Westdeutsches Kanalgebiet	WDK/Wesel-Datteln-Kanal (Wesel–Datteln)	60	IV
	RHK/Rhein-Herne-Kanal (Duisburg–Henrichenburg)	49	IV
	DHK/Datteln-Hamm-Kanal (Datteln–Hamm)	47	III
	DEK/Dortmund-Ems-Kanal (Dortmund–See)	304	IV
	KK/Küstenkanal (Dörpen/DEK–Oldenburg)	70	IV
Mittellandkanal (MLK) und Stichkanäle	MLK/Mittellandkanal (DEK/ Bergeshövede–Magdeburg)	325	III
	Stichkanal Misburg	3	III
	Stichkanal Osnabrück	15	III
	Stichkanal Hildesheim	15	III
	Stichkanal Hannover	11	III
	Stichkanal Salzgitter	18	IV
Märkische Wasserstraßen (Auswahl)	EHK/Elbe-Havel-Kanal (Magdeburg–Brandenburg)	56	IV
	HK/Havelkanal (Henningsdorf–Paretz)	35	IV
	TK/Teltow-Kanal (Potsdam–Köpenick)	38	III
	HOW/Havel-Oder-Wasserstraße (Berlin–Oder)	83	III
	SOW/Spree-Oder-Wasserstraße (Berlin–Oder)	84	III
	Sonstige Binnenwasserstraßen	1.432	
	Gesamt	**6.700**	

[1] Die Wasserstraßen zwischen Elbe und Oder haben einschließlich der Berliner und der HOW-/SOW-Nebenwasserstraßen eine Länge von 1.494 km. Sie sind in der Tabelle wegen der teilweise geringen Bedeutung nicht gesondert aufgeführt.

Zusammenfassung

1. Bei den deutschen Binnenwasserwegen unterscheidet man natürliche Flüsse, kanalisierte Flüsse, Kanäle und Wattenfahrwasser.

2. Wasserstraßenkreuze befinden sich in Datteln, Minden und Magdeburg.

3. Die Binnenwasserstraßen sind in die Wasserstraßenklassen I bis VII unterteilt, nach denen sich die Befahrbarkeit richtet.

4. Das Deutsche Wasserstraßennetz wird im Wesentlichen von vier Süd-Nord-entwässernden Hauptflüssen, einigen Nebenflüssen und mehreren weitgehend in West-Ost-Richtung verlaufenden Kanälen gebildet.

5. Die meisten Kanäle dienen als Verbindungswege zwischen den Flusssystemen.

Aufgaben

1. Charakterisieren Sie das deutsche Wasserstraßennetz, indem Sie die Verläufe der Stromgebiete und Kanalnetze sowie ihre Verbindungen darstellen.

2. Geben Sie an, über welche Wasserwege die folgenden Verkehre erfolgen und ob es sich um Tal- oder Bergfahrten handelt:

   Kohle von Duisburg nach Mannheim
   Baustoffe von Emden nach Dortmund
   Fahrzeuge von Stuttgart nach Rotterdam
   Steine von Brunsbüttel nach Magdeburg
   Stahlträger von Ruhrort nach Speyer
   Container von Wien nach Regensburg
   Schrott von Würzburg nach Metz

3. Für die folgenden Binnenschiffsverkehre sind die zu benutzenden Wasserstraßen in der richtigen Reihenfolge aufzuführen und drei Binnenhäfen als Zwischenstationen zu nennen. Verwenden Sie Atlas, Lehrbuch und Karten:

   Köln–Plochingen
   Bremen–Mülheim
   Papenburg–Uerdingen
   Hannover–Berlin
   Leverkusen–Dillingen
   Düsseldorf–Hamburg
   Nürnberg–Gelsenkirchen
   Emden–Mainz

3.3.2   Hauptschifffahrtsweg Rhein

Der Rhein ist nicht nur die verkehrsreichste Binnenwasserstraße in Europa, sondern mit dem St.-Lorenz-Seeweg auch eine der am stärksten genutzten Binnenwasserstraßen der Welt. Er stellt eine natürliche **Verbindungsader** zwischen der verkehrsreichen Nordsee und den Wirtschaftsräumen in Mitteleuropa dar. Der Rhein ist regionaler, nationaler und internationaler **Großschifffahrtsweg** und gleichzeitig der Hauptfluss des ausgedehnten zentraleuropäischen Wasserstraßennetzes. Er gilt insgesamt als **Hochleistungsschifffahrtsstraße**, denn auf ihm werden fast 70 % aller in Deutschland erbrachten Tonnenkilometer der Binnenschifffahrt erbracht. Mit seinen kanalisierten Nebenflüssen Neckar, Main und Mosel (die Lahn spielt für den Schiffsgüterverkehr keine Rolle) bildet er eindeutig das Rückgrat der deutschen Binnenschifffahrt.

Güterverkehr auf dem Hauptnetz der Wasserstraßen

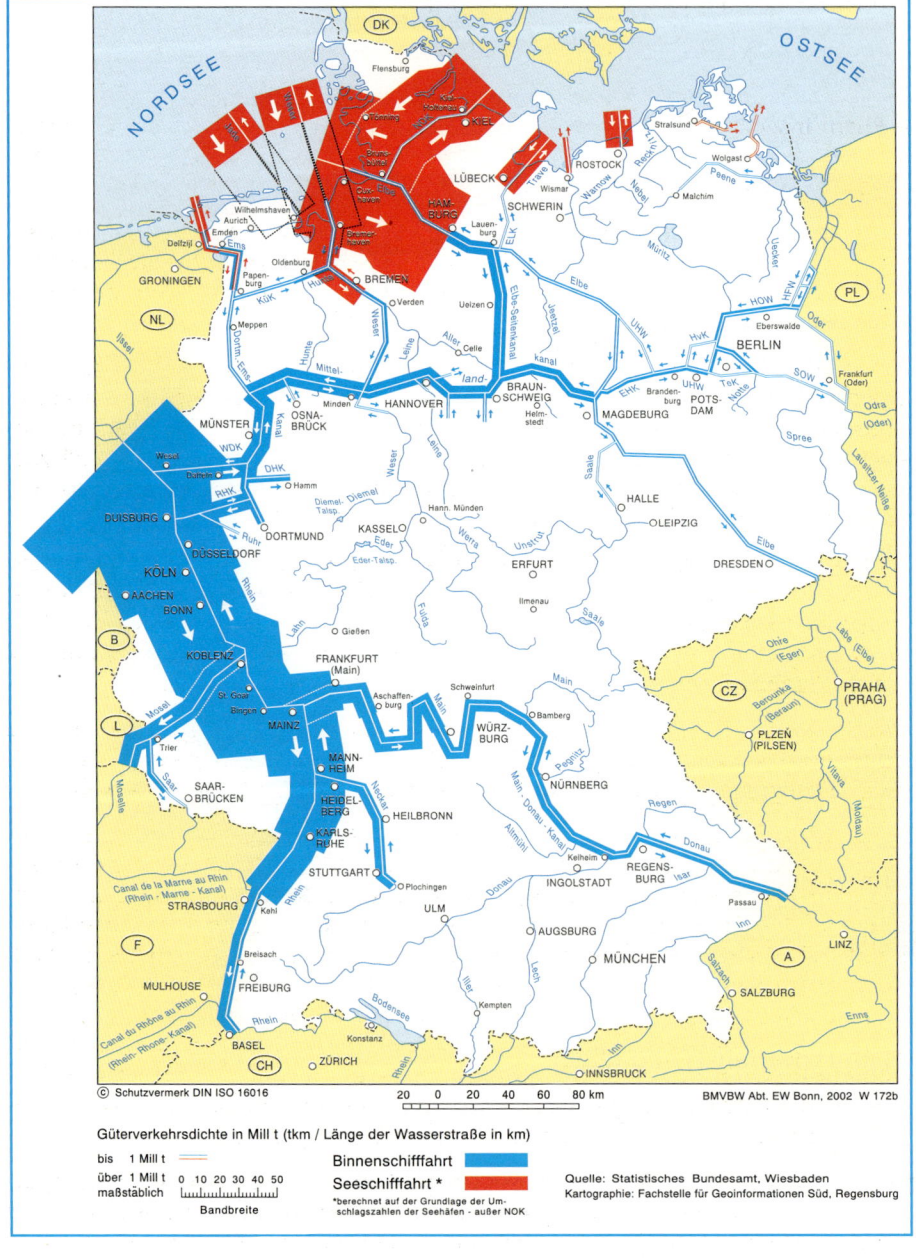

Von seiner Quelle im St. Gotthard-Massiv bis zur Mündung bei Rotterdam hat der Rhein eine Länge von rund 1.320 km, davon sind 1.031 km schiffbar. Die schiffbare Strecke ist in Stromkilometern vermessen.

> **Beispiel:**
> Die Rheinkilometrierung beginnt bei Konstanz/Bodensee mit km 0 und erreicht an der Maasmündung bei Rotterdam km 1.031. Bis zum deutsch/niederländischen Grenzübergang bei Emmerich/Lobith beträgt die schiffbare deutsche Stromlänge 618 km.

Die stärkste Verkehrsintensität wird auf dem Niederrhein zwischen Stromkilometer 686 bei Köln und der Mündung in die Nordsee erreicht.

Gunstfaktoren

Dass der Rhein insgesamt, vor allem aber auf dem niederrheinischen Abschnitt eine so enorme Transport- und Umschlagintensität aufweist, ist auf eine Reihe verkehrsgeografischer Gunstfaktoren zurückzuführen:

- Die **verkehrsgeografische Lage** der Rheinmündung ist außerordentlich vorteilhaft. Denn durch seine „Entwässerung" in die Nordsee schafft der Rhein für die Schifffahrt einen direkten Zugang zu allen Weltmeeren. Dies wird vor allem in Form der Rhein-Seeverkehre mit Fluss-Seeschiffen genutzt.

- Im Einzugsbereich der Rhein-Deltamündung konnten sich in den vergangenen Jahrzehnten **drei Seehäfen** zu bedeutenden Umschlagplätzen im Seeverkehr entwickeln. Dies sind die Hafenplätze Amsterdam, Rotterdam und Antwerpen, die zusammen als **ARA-Häfen** bezeichnet werden. Vor allem Rotterdam als einer der größten Seehäfen der Welt übt eine wichtige Funktion als Scharnier zwischen dem Seeverkehr und dem Binnenschiffsverkehr auf dem Rhein aus.

- Von diesen Häfen aus wirkt der Rhein wie ein „**verlängerter Arm**". Denn aufgrund des bis Köln reichenden seeschifftiefen Wassers können Küstenmotorschiffe (Kümos) und seegängige Flussschiffe diese Teilstrecke fast das ganze Jahr über befahren. Viele Häfen am Niederrhein sind Rhein-Seehäfen, d. h., von diesen Häfen aus wird direkte Seeschifffahrt betrieben.

- Schließlich liegen am Niederrhein zwei der bedeutendsten **Wirtschaftsräume** Deutschlands: das Ruhrgebiet und die Rheinschiene. Dies hat dazu geführt, dass sich Duisburg-Ruhrort zum weltweit größten Binnenhafensystem entwickeln konnte.

Doch die geografischen Vorzüge der Lage und der Wirtschaftsgebiete machen nicht allein die große Bedeutung des Rheins aus. Flüsse werden in der Regel erst dann zu leistungsfähigen Verkehrswegen, wenn sie so gute **hydrologische Verhältnisse** aufweisen, dass sich daraus eine ununterbrochene und gleichbleibende Nutzung entwickeln kann. Derartig günstige Verhältnisse hat der Rhein im Wesentlichen in seinem Gesamtlauf, insbesondere aber lassen sich für den Niederrhein einige Vorzüge nennen. So gilt gerade dieser Stromabschnitt bezüglich der Wasserverhältnisse als außergewöhnlich gut ausgestattet, was in großem Umfang durch die Niederschläge bedingt wird. Mit einer mittleren durchschnittlichen Niederschlagshöhe von 900 mm im Jahr gehört das Flussgebiet des Rheins zu den niederschlagreichsten Stromgebieten in Europa. Als Folge davon ist der jahreszeitliche Verlauf der **Wasserführung** relativ ausgeglichen.

Während bis zu den 1960er-Jahren die klassische Binnenschifffahrt, also der massengutorientierte Flussverkehr mit Selbstfahrern und gelegentlich noch Schleppkähnen, das Bild auf dem Niederrhein bestimmte, zeigt sich die Schifffahrt heute in einer deutlich veränderten Form. Kleinschiffe sind zurückgetreten, rationelle **Großschiffe** haben wie in der Seeschifffahrt die erste Stelle eingenommen.

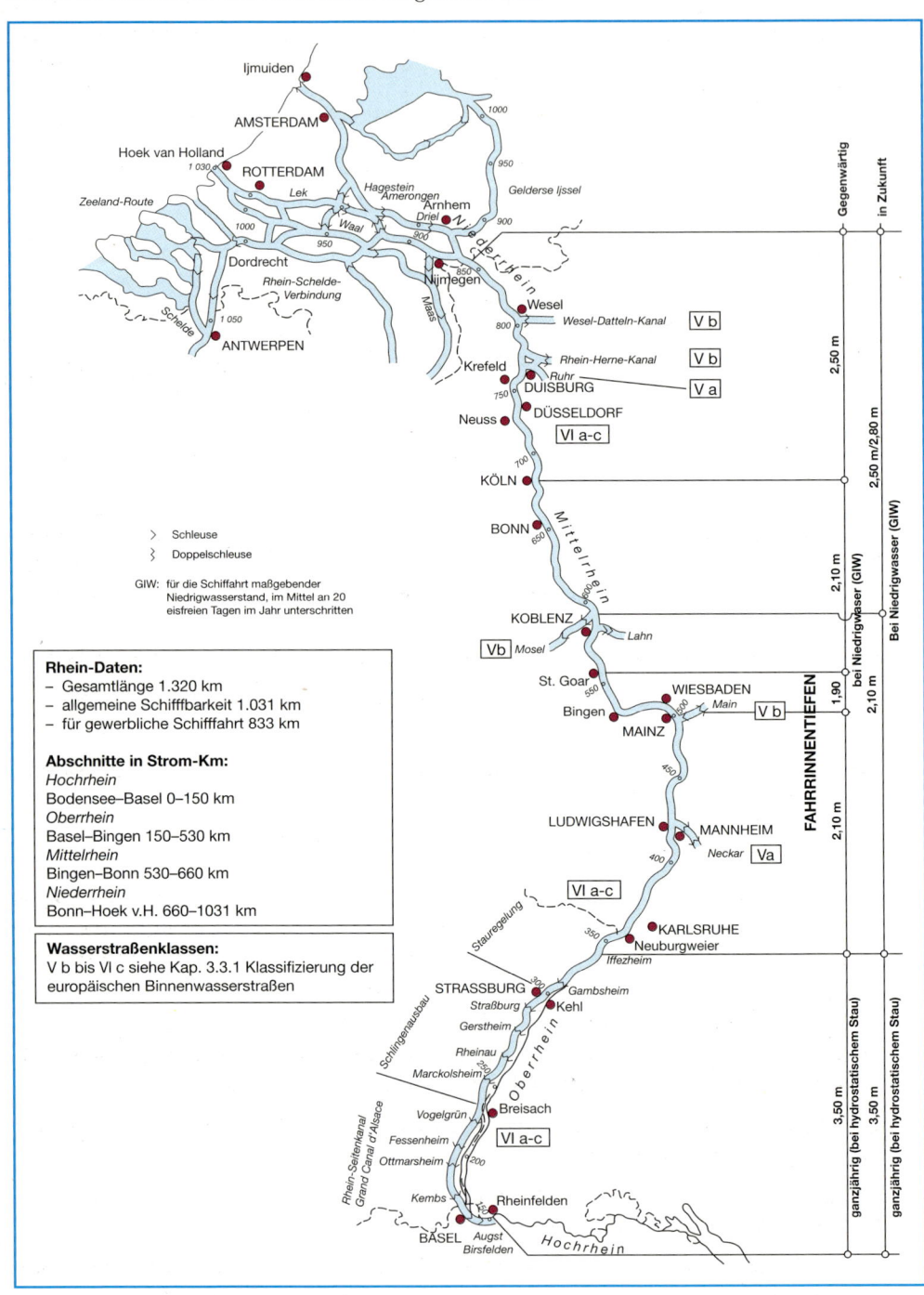

Der Rhein von Rheinfelden bis zur Nordsee

Schubverkehre

Der im Jahre 1957 aufgenommene Rhein-Schubverkehr hat sich stetig aufwärts entwickelt. Die Standardformation auf dem Niederrhein ist gegenwärtig die **Vierer-Schubeinheit.** Sie besteht in der Regel aus einem Schubboot mit bis zu 6.000 PS und vier Leichtern bzw. Bargen in der maximalen Abmessung 185 m × 22,80 m (bei Bergfahrt, z.B. Rotterdam–Duisburg) oder in der Abmessung 155 m × 34,20 m (bei Talfahrt, z.B. Köln–Duisburg). Seit 1986 werden im Erzverkehr Rotterdam–Niederrhein auch Schubeinheiten mit sechs Leichtern eingesetzt. Haupthäfen für die Schubverkehre sind die Privathäfen des Duisburger Raumes.

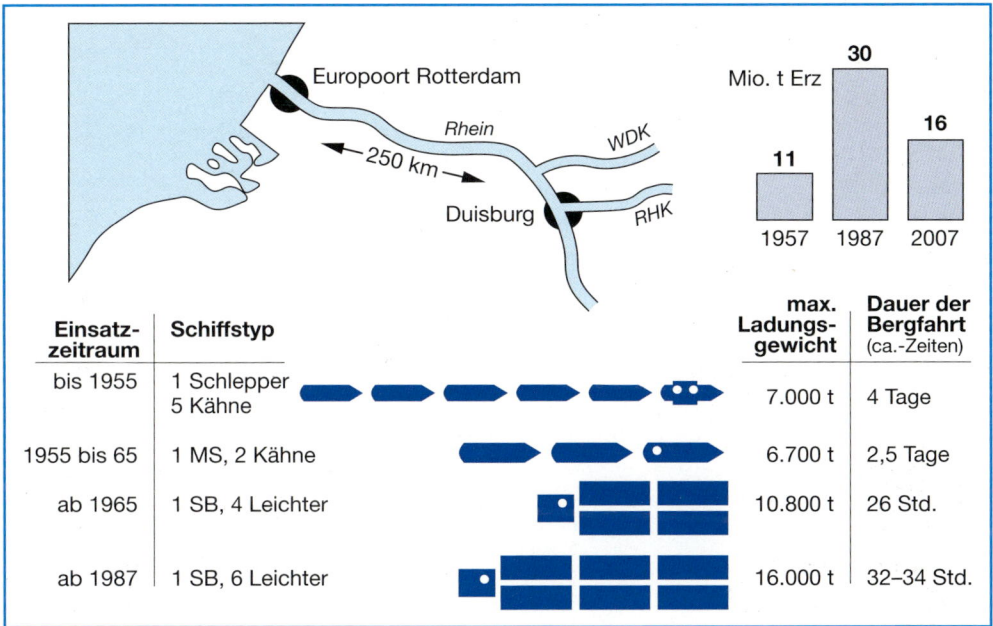

Entwicklung der Erzschifffahrt auf dem Rhein

➜ *In seiner heutigen Form stammt der Schubverkehr aus den USA, wo auf großen Strömen wie dem Mississippi diese Technik in den 1930er-Jahren einen enormen Aufschwung nahm. Zwischen 1930 und 1938 wurden bereits auch Tankschubfahrten auf der Donau zwischen Regensburg und Wien durchgeführt, zum eigentlichen Durchbruch der Schubtechnik in Deutschland kam es jedoch erst nach dem Zweiten Weltkrieg.*

Der starke Anstieg dieser Technik basiert allein auf den großen **Rationalisierungseffekten.** Die wichtigsten Vorzüge der Schubschifffahrt sind

■ die Einsparungen von **Arbeitskräften** gegenüber vergleichbarem Schiffsraum, was zu einer Steigerung der Arbeitsproduktivität führte;

■ die relativ **geringen Investitionskosten**, da die Leichter in Standardbauweisen und ohne Wohnraumeinrichtungen gebaut werden können;

■ den durch die Trennung von Antriebs- und Lasteinheit ermöglichten **Pendeleinsatz** der Schubboote;

■ der wesentlich günstigere **Energieaufwand** aufgrund der bekanntlich hohen Tragfähigkeiten im Vergleich zu den Motorgüterschiffen.

Schubverband mit vier Leichtern (großer Rheinschubverband)

Länge:	max. 195 m
Breite:	22,80 m
Tiefgang:	max. 4,50 m
Tragfähigkeit	12.000 t

480x

Ein Vierer-Schubverband mit 12.000-t-Tragfähigkeit ersetzt 480 Lkw mit je 25 t Nutzlast.

Allerdings stellen die Abmessungen der Schubeinheiten auch einen negativen Aspekt dar, denn die Schubverbände sind in ihrer rationellsten Form (d. h. der Vierer- bzw. Sechser-fahrt) an den Nieder- und Mittelrhein gebunden. Im Kanalverkehr und auf einigen Rheinnebenflüssen ist die Schubschifffahrt nur in der Einer- oder Zweierfahrt vertreten, da die Kanal- und Flussdimensionen für große Schubverbände ungeeignet sind.

Direkte Rhein-Seeverkehre

Am Niederrhein, ausgehend von den großen Häfen Duisburg, Düsseldorf, Neuss und Köln, hat der direkte Rhein-Seeverkehr stark an Bedeutung gewonnen. Hierbei handelt es sich um Direktverschiffungen von Außenhandelsgütern, die mit speziellen Fluss-Seeschiffen oder Küstenmotorschiffen in Fahrtgebiete des europäischen Atlantiks, des Mittelmeeres und der Nord- und Ostsee befördert werden. Derartige Verkehre werden auch in Liniendiensten mit festen wöchentlichen Abfahrtszeiten durchgeführt. Die wirt-schaftlichen Vorteile dieser Transportvarianten sind überzeugend, denn

- beim direkten Rhein-Seeverkehr müssen die Güter nicht mehr in den Seehäfen der Rheinmündung umgeschlagen werden, was zu einer **Kosten- und Zeiteinsparung** führt und auch das **Güterschadenrisiko** vermindert;

- zum Teil kann ein direkter **Haus-Haus-Verkehr** angeboten werden, wenn Versender und Empfänger wasserseitige Umschlaganlagen besitzen.

Jährlich werden am Grenzübergang Emmerich/Lobith je nach Konjunkturlage bis zu vier Millionen Tonnen im direkten Rhein-Seeverkehr registriert. Zu den Besonderheiten dieser Transporte gehört es, dass die Güter nicht zu den typischen Binnenschiffsladungen gezählt werden. Vielmehr sind es hochwertige Halbfertig- und Fertigwaren.

> **Beispiel:**
> Im direkten Rhein-Seeverkehr werden neben Eisen- und Stahlprodukten, Aluminium, Chemika-lien, Salz, Holz, Zellulose und Stückgütern aller Art (auch Fahrzeuge), häufig sperrige Konstruk-tionsteile sowie Fabrik- und Maschinenanlagen verschifft.

Zu den klassischen Fahrtgebieten der direkten Rhein-Seeschifffahrt gehören die Häfen der Britischen Inseln, sämtliche großen Ostseehäfen sowie die Nordseehäfen von Oslo, Bergen und Stavanger. Weiterhin werden angefahren: der Golf von Biscaya, Mittelmeer-häfen in Nordafrika und in den EU-Südstaaten. Die Verkehre können jedoch auch bis an die afrikanische Westküste reichen.

Containerverkehre

Nach zunächst großen Schwierigkeiten bei der Abwicklung von Containerverkehren bewegen Binnenschiffe derzeit jährlich über 3 Mio. TEU (TEU = Twenty foot Equivalent Unit/Umrechnungseinheit für den 20-Fuß-Container), und zwar zum großen Teil auf dem Rhein. Im Wesentlichen handelt es sich dabei um Container, die in Rotterdam oder Antwerpen gelöscht oder geladen werden. Insgesamt gehen derzeit etwa 22 % der jährlichen Containersendungen Rotterdams über den Wasserweg. Die Containertransporte werden mit Linienschiffen im grenzüberschreitenden Pendelverkehr zwischen Binnenhafengruppen und den Rheinmündungshäfen vorgenommen (vgl. Kap. 3.4.3).

Beispiel:

Containerverkehr auf deutschen Binnenwasserstraßen (in 1.000 TEU)

	2001	2003	2010	2003–2010
Verkehr innerhalb Bundesgebiet	112	145	224	+54,5 %
grenzüberschreitender Verkehr	1.312	1.512	1.962	+30,0 %
davon Versand	570	675	783	+16,0 %
Empfang	540	628	905	+44,1 %
Durchgangsverkehr	202	209	274	+31,1 %
Gesamtverkehr auf deutschen Wasserstraßen	1.424	1.657	2.186	+31,9 %
davon auf deutschen Schiffen	305	321	353	+9,9 %

Quelle: Zahlen vgl. Pressemitteilung „Binnenschiffahrt 2012: 0,5 % mehr Güter" vom 28.03.2013, hrsg. v. Statist. Bundesamt, Berlin

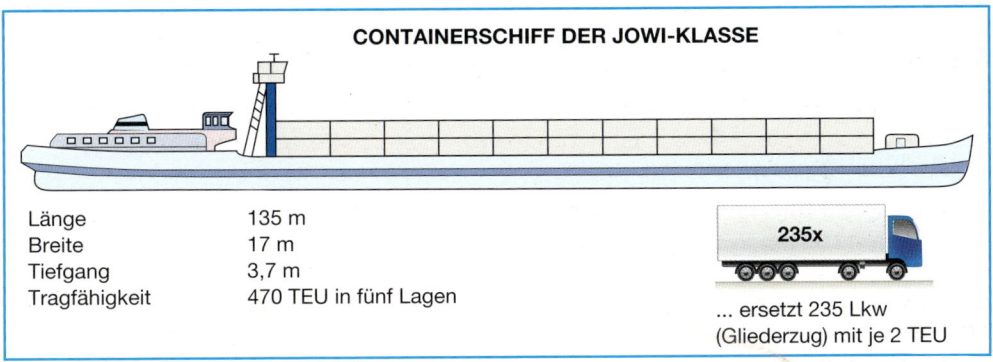

CONTAINERSCHIFF DER JOWI-KLASSE

Länge	135 m
Breite	17 m
Tiefgang	3,7 m
Tragfähigkeit	470 TEU in fünf Lagen

235x

... ersetzt 235 Lkw (Gliederzug) mit je 2 TEU

Das Internationale Rheinstatut

Seit mehr als zwei Jahrtausenden wird der Rhein als Verkehrsweg genutzt. Doch erst seit dem vorletzten Jahrhundert ist der Flussverkehr frei von jeglichen Abgaben und Behinderungen. Noch bis zum Beginn des 19. Jahrhunderts gab es etwa 18 Zollstationen und eine Reihe von Städten, die auch das Stapelrecht ausübten.

Beispiel:

In den Häfen von Köln, Mainz und Speyer mussten die Waren „gestapelt", d.h. dort auf ihrem Weg von der Küste zum Binnenland für eine gewisse Zeit zum Kauf angeboten und teilweise für den Weitertransport auf andere Schiffe verladen werden. Der Abbau dieser und anderer Behinderungen war gemeinsames Anliegen aller Rheinuferstaaten.

Der erste Versuch, eine einheitliche Regelung für die Rheinstaaten, also ein internationales Statut, zu schaffen, datiert aus den Jahren 1814/15. Auf dem Wiener Kongress wurden die Rheinanlieger erstmals verpflichtet, alles was die Schifffahrt auf diesem Fluss anbelangte, gemeinsam zu regeln. Gleichzeitig wurde die „**Zentralkommission für die Rheinschifffahrt**" (ZKR) gegründet. Allerdings gab es noch Auslegungsprobleme bei den neuen Verträgen, sodass erst mit der Rheinschifffahrts-Akte von 1831, der sog. **Mainzer Akte,** Veränderungen einsetzten. Die Mainzer Akte garantierte die Freiheit der Schifffahrt auf dem Strom, hob die Stapelrechte von Köln und Mainz auf und verpflichtete die Uferstaaten, Schiffshindernisse auf ihren Gebieten zu beseitigen.

Seit der Revision der Mainzer Akte, die im Jahre 1868 in Mannheim vorgenommen wurde, spricht man von der sog. **Mannheimer Akte** (MA). Mit ihr wurden neue Regelungen geschaffen und alte verbessert. Zölle und andere Abgaben wurden endgültig aufgehoben, einheitliche Schifferpatente, Schiffsatteste und Schifffahrtsgerichte eingeführt. Die wesentliche Regelung der MA ist darin zu sehen, dass sie Schifffahrtsfreiheit auf dem Strom garantiert. Es gibt somit keine Zugangsbeschränkungen zum Markt oder zur Ladung. Die MA regelt weiterhin, dass die Uferstaaten die Fahrrinne in ihren Hoheitsgewässern freihalten müssen.

3.3.3 Wasserwege des Rheinstromgebietes

Ruhr und Schifffahrtsweg Rhein–Kleve

Für die gewerbliche Binnenschifffahrt ist die **Ruhr** (Klasse V) über 12,2 km als kanalisierte Flussstrecke nutzbar. Sie wird seit 1936 als Großschifffahrtsweg ausgewiesen und verbindet den Binnenhafen Mülheim mit dem Rhein bei Duisburg-Ruhrort und mittels eines Verbindungskanals auch mit dem Rhein-Herne-Kanal. Der **Schifffahrtsweg Rhein–Kleve** (Klasse III) ist ein rd. 8,5 km langer Wasserweg am Niederrhein, der vom Rheinstromkilometer 863,9 zur Industriestadt Kleve führt. Er besteht aus dem Spoykanal zwischen Brienen und Kleve sowie dem 5,7 km langen Griethauser Altrhein, der in den Rhein mündet.

Großschifffahrtsweg Saar

Der Fluss **Saar** ist ein Nebenfluss der Mosel und verläuft – ohne die Grenzstrecke zu Frankreich – 109 km auf deutschem Gebiet. Als **Großschifffahrtsweg** wird die Saar erst seit 1987 bezeichnet, und zwar nur auf dem 80 km langen Abschnitt von der Mündung bei Konz bis zum Hafen Völklingen. Auf ihm können Großmotorgüterschiffe und Schubverbände verkehren. Die öffentlichen Häfen an diesem Flussabschnitt sind jung. Der bedeutendste, Dillingen, wurde erst 1988 eröffnet. Der Saarschifffahrtsweg und der Dillinger Hafen waren entscheidend für den Erhalt der saarländischen Schwerindustrie. Der Saarabschnitt Konz-Dillingen und die Weiterführung nach Völklingen stellen das Kernstück des weiterhin geplanten Saarausbaus dar.

Mosel

Mit einer Fahrrinnentiefe von 2,70 m und einer Mindestbreite von 40 m ist die **Mosel** eine Wasserstraße der Klasse IV. Das Fahrwasser und die 18 Schleusen zwischen Koblenz und Metz sind für Motorgüterschiffe vom Typ „Johann Welker" (d.h. dem Europaschiff mit rd. 1.350 t Tragfähigkeit) ausgelegt. Schubleichter vom „Europa"-Typ, die mit ihren 1.660 t Tragfähigkeit vor allem im Erz- und Kohleverkehr eingesetzt werden, können in Verbänden bis zu zwei Schubleichtern eingesetzt werden.

Mit 545 km Gesamtlänge ist die Mosel nach der Maas (925 km) der zweitlängste Nebenfluss des Rheins. Sie entspringt in den Vogesen und kann ab Epinal von kleinen Frachtschiffen, ab Neuves-Maisons von Europaschiffen genutzt werden. Beim Grenzort Apach endet der französische Teil, der Fluss bildet dann über rund 36 km bis Wasserbillig die Staatsgrenze zwischen Deutschland und Luxemburg.

In Frankreich hat die Mosel leistungsfähige Anschlüsse in Form des **Marne-Rhein-Kanals** in West-Ost- und des **Ostkanals** (Canal de l'Est) in Nord-Süd-Richtung. Letzterer stellt über den Fluss Saône nahe Dijon (St.-Jean-de-Losne) eine Verbindung zur Rhône her.

Den Status eines modernen **Großschifffahrtsweges** hat die Mosel seit 1964. Denn erst mit künstlichen Eingriffen gelang es, den Flusslauf zu regulieren und die gefährlichen Flussschleifen (Mäanderabschnitte) zu entschärfen. Mit der Regulierung wurde das größte Problem, die unregelmäßige Wasserführung, ausgeschaltet. Die Leistungsfähigkeit der Mosel beruht auf den im Zuge des Moselvertrages von 1956 vereinbarten Ausbauarbeiten.

➔ *Der internationale Moselvertrag existiert seit dem 27. Oktober 1956. Das Vertragswerk zwischen Deutschland, Luxemburg und Frankreich hat in zweierlei Hinsicht Bedeutung. Zum einen war der Vertrag die Grundlage für den Ausbau des Flusses zu einem staugeregelten Schifffahrtsweg (1958–1964), der ganzjährig den Verkehr von Schiffen bis zu 1.500 t ermöglichen sollte. Zum anderen wurde der Fluss einem „internationalen Regime", d.h. einer internationalen Leitung, unterstellt. Damit erhielt die Mosel den Charakter einer dem Rhein vergleichbaren, jedoch abgabenpflichtigen internationalen Wasserstraße. Dies bedeutet, dass Schiffe aller Nationalitäten den Wasserweg befahren dürfen.*

Main und Neckar

Zwischen seiner Mündung bei Mainz und dem Beginn des Main-Donau-Kanals (MDK) bei Bamberg ist der **Main** seit 1962 als **Großschifffahrtsweg** für Schiffe der Europaklasse durchgehend befahrbar. Bis zum Hafen Frankfurt können große Rheinschiffe mit einer Tragfähigkeit von 3.600 t eingesetzt werden. Auf der 384 km langen Mainstrecke müssen etwa 149 m Höhenunterschied überwunden werden, dies wird mit 34 Schleusen erreicht. Der Main ist Teil der großen Wasserachse Nordsee-Schwarzes

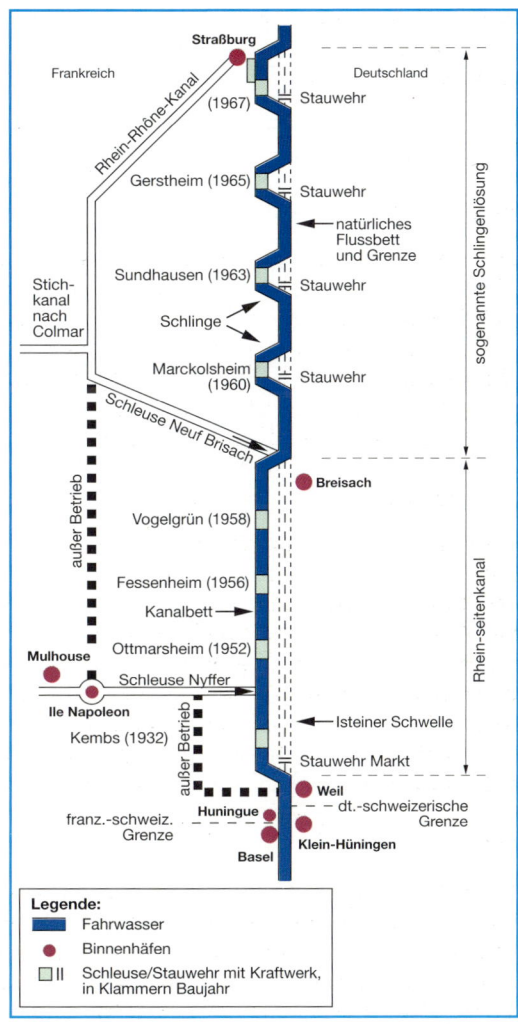

Verlauf des Rheinseitenkanals

Meer. Auch der **Neckar** gilt über eine Strecke von 202 km als Großschifffahrtsweg. 27 Staustufen regeln den Wasserstand und erlauben die Durchfahrt von Europaschiffen. Bedeutendster Umschlagplatz ist der Hafen von Heilbronn. Der Endhafen ist stromaufwärts Plochingen.

Rheinseitenkanal

Der Oberrhein oberhalb von Straßburg konnte bis ins 18. Jh. aufgrund seiner Ausprägung als Wildwasser nur unregelmäßig genutzt werden. Mit der Inwertsetzung dieses Stromabschnittes wurde 1817 begonnen, indem man eine erste **Korrektion** (= Gradelegung) durchführte. Die Korrektion verkürzte den Rhein um 82 km und damit um fast ein Viertel seiner Oberlauflänge. Trotz der Regulierungen konnten nur 300-t-Schiffe in den Sommermonaten die Häfen sicher erreichen.

Frankreich begann daher 1928 mit dem Bau des „**Grand Canal d'Alsace**" (Großer Elsäßischer Kanal), der im deutschen Sprachgebrauch als **Rheinseitenkanal** bezeichnet wird. Der Kanal verläuft von Breisach nach Basel und hat eine Länge von 120 km, er liegt gänzlich auf französischer Seite und wird durch Wasserzuleitungen aus dem Rhein gespeist. Die Kanalstrecke zwischen den Staustufen von Vogelgruen und Basel gilt wegen des konstanten Wasserstandes als ganzjährig hervorragend schiffbar.

3.3.4   Stromgebiet Weser

Der Strom beginnt am Zusammenfluss von Werra und Fulda bei Hannoversch-Münden und ist ganz für die allgemeine Binnenschifffahrt nutzbar. Allerdings sind die Nutzungsmöglichkeiten streckenweise unterschiedlich. Trockenperioden und Hochwässer sorgen für häufig wechselnde Wassertiefen und -führungen, insbesondere auf Strecken der **Oberweser** (Hannoversch-Münden–Minden). Die **Mittelweser** (Minden–Bremen) ist seit 1962 kanalisiert und für die Zweier-Schubschifffahrt befahrbar. Als **Unterweser** wird der Stromabschnitt von Bremen bis Bremerhaven bezeichnet, er unterliegt deutlich den Gezeiteneinflüssen. Ab Bremerhaven wird der Fluss mit seinem Mündungstrichter als **Außenweser** bezeichnet. Auf die großen natürlichen Schwierigkeiten, denen die Weserschifffahrt seit jeher unterlag, ist die Gründung Bremerhavens (1827) zurückzuführen. Der Ort ist als Vorhafen von Bremen angelegt worden, da die alte Hafenstadt bei Ebbe nur noch geringe Wassertiefen hatte und von Schiffen kaum noch angelaufen werden konnte. Neben Werra und Fulda gehören noch die Aller und deren Nebenfluss Leine zum Weserstromgebiet. Auf diesen Wasserwegen findet fast kein Güterverkehr statt.

3.3.5   Stromgebiet Elbe

Elbe, Saale, Havel

Die **Elbe** ist der zentrale Wasserweg im mittleren Teil Deutschlands und traditionell die wichtigste Wasserverbindung zwischen dem Seehafen Hamburg und seinem Hinterland, das Mitteldeutschland, den Großraum Berlin und Teile Böhmens umfasst. Zu ihrem Stromgebiet gehören die schiffbaren deutschen Nebenflüsse **Saale** und **Havel** sowie die in der Tschechischen Republik liegende **Moldau.** Die Elbe ist von den mitteldeutschen Flüssen der am besten befahrbare, denn sie erlaubt den Verkehr von

1.350-t-Schiffen der Europaklasse. Die sommerlichen Niedrigwasser schränken die Elbenutzung jedoch ein.

> **Beispiel:**
> Die Tauchtiefen der Binnenschiffe auf der Elbe müssen im Sommer z. T. stark vermindert werden. Die Tonnage kann dann nur noch 750 t und weniger betragen.

Die Elbe entspringt in der Tschechischen Republik, von größeren Schiffen wird sie dort etwa ab Kolin benutzt. Der Nebenfluss Moldau ist bedeutsam, da er die Hauptstadt Prag mit seinem Binnenhafen an die Elbe anbindet. Als Oberelbe tritt der Fluss bei Schöna (südlich von Bad Schandau) im Elbsandsteingebirge nach Deutschland über. Die größte Bedeutung hat der Fluss in seinem rund 110 km langen gezeitenabhängigen Unterlauf (Unterelbe) zwischen Hamburg und Cuxhaven sowie in geringerem Umfang in seinem Mittellauf, etwa von Lauenburg bis Dessau.

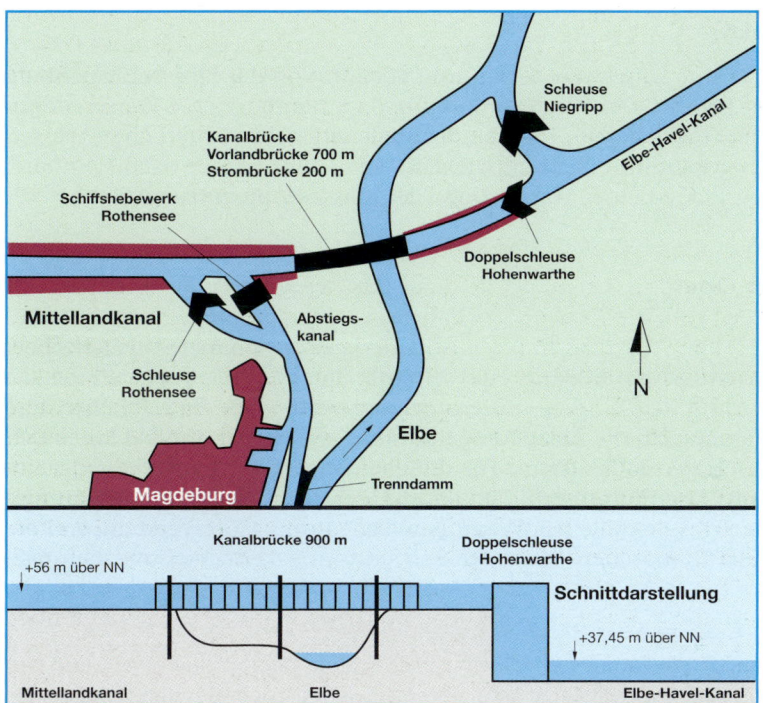

Wasserstraßenkreuz Magdeburg

Mit der Fertigstellung der 900 m langen Kanalbrücke beim **Wasserstraßenkreuz Magdeburg** ist die Verkehrsführung an den Schnittpunkten von Elbe, Mittellandkanal und Elbe-Havel-Kanal deutlich verbessert worden. Die Schifffahrt zwischen den beiden Kanälen muss seither nicht mehr über das Schiffshebewerk Rothensee und die Elbe geleitet werden.

Die Elbenebenflüsse **Saale** und **Havel** haben eine eingeschränkte Bedeutung. Die gewundene und von starken Wasserstandsschwankungen geprägte Saale wird bis zum Binnenhafen Halle-Trotha genutzt. Die Havel (genaue Bezeichnung: Untere Havel-Wasserstraße) umfasst eine Strecke von 148,5 km, sie ist zum Teil kanalisiert und durch die Havel-Seen-kette im Wasserstand ausgeglichener. Die Schifffahrt ist teilweise umfangreich, so etwa im Bereich Brandenburg.

Elbe-Seitenkanal (ESK)

Diese 115,2 km lange Wasserstraße (Klasse IV) verläuft von der Ortschaft Edesbüttel am Mittellandkanal nach Norden durch das Allertal und die Lüneburger Heide bis zur Elbe bei Artlenburg. Über den ESK werden die Seehäfen Hamburg und Lübeck an die westlichen Binnenwasserstraßen angeschlossen. Der 1976 in Betrieb genommene ESK sollte ursprünglich die sichere Umgehung von Elbestrecken mit stark schwankenden Wasserständen gewährleisten. Der Kanal weist einen Höhenunterschied von 61 m auf. Dieser wird durch das Schiffshebewerk Lüneburg (Fallhöhe 38 m) und die Schachtschleuse von Uelzen (Fallhöhe 23 m) überwunden.

Elbe-Lübeck-Kanal (ELK)

Der ELK (Klasse III) hat eine Länge von 67 km und verläuft von der Elbe bei Lauenburg bis zum Fluss Trave in Lübeck. Der Kanal sorgt dafür, dass Hamburg eine Wasserverbindung zur Ostsee hat. Er wurde bereits 1896 an der Stelle eines mittelalterlichen Wasserweges (Stecknitzkanal) gebaut und dient vorwiegend dem Güterverkehr nach Hamburg. Es ist beabsichtigt, den ELK zu einer Wasserstraße der Klasse IV auszubauen.

3.3.6 Stromgebiet Oder

Die Oder, die über 161,7 km Grenzfluss zu Polen ist, unterliegt im Sommer sehr stark Niedrigwasserperioden und im Winter Eisgang. Dies schränkt den Wert der Wasserstraße, die von deutschen und polnischen Binnenschiffern genutzt wird, stark ein. Üblicherweise werden 750-t-Schiffe eingesetzt, die Abladetiefe schwankt zwischen 1,3 m bei Frankfurt/Oder und 2 m bei der Hafenstadt Stettin. Für die ehemalige DDR hatte die Oder vor allem auf dem Abschnitt Eisenhüttenstadt, Frankfurt/Oder, Groß Neuendorf bis zur Einfahrt in die Havel-Oder-Wasserstraße (HOW) größere Bedeutung. Güterverkehre von der Ostsee nach Berlin, den Märkischen Wasserstraßen und umgekehrt müssen mehrfach geschleust werden.

> **Beispiel:**
> Oberhalb der Mündung in die Pommersche Bucht gabelt sich die Oder in einen West- und Ostlauf. Der Wechsel zwischen den Flussläufen kann über Schleusen bei Schwedt und Hohensaaten erfolgen. Die Alte Oder bei Hohensaaten ist Einfahrtspunkt in die Havel-Oder-Wasserstraße, die über das **Schiffshebewerk Niederfinow** erreicht wird.

Zum Oderstromgebiet gehören die Flüsse Peene und Uecker. Ihre Bedeutung für die gewerbliche Binnenschifffahrt ist gering.

3.3.7 Westdeutsches Kanalnetz

Sechs künstliche Wasserstraßen in Nordrhein-Westfalen und Niedersachsen bilden das Westdeutsche Kanalnetz. Auf diesen Kanälen werden jährlich über 60 Mio. Tonnen Güter transportiert. Damit ist das Westdeutsche Kanalnetz ein unverzichtbarer Bestandteil der deutschen Verkehrsinfrastruktur, insbesondere der des Landes Nordrhein-Westfalen. Die Kanäle stellen einerseits den Anschluss des Ruhrgebietes an die deutschen Seehäfen an Ems, Weser und Elbe und andererseits an die Hauptschlagader des europäischen Wasserstraßensystems, den Rhein, her.

Dortmund-Ems-Kanal (DEK)

Der DEK wurde als erster großer deutscher Binnenschiffskanal (1892–1899) mit einer Streckenlänge von 266 km errichtet. Er verbindet den **Seehafen Emden** mit dem **Dortmunder Binnenhafen** und ist Durchgangsstrecke für Transporte vom Rhein nach dem Mittellandkanal. Der DEK ist eingeschränkt als Wasserstraße der Klasse IV zugelassen. Der Kanal verläuft von Dortmund aus nach Norden über das **Kanalkreuz Datteln** (Abzweigungen DHK und WDK) bis zum Hafen Münster. Bei Kanalkilometer 108 in Höhe von Bergeshövede zweigt der Mittellandkanal nach Osten ab. Ab Meppen bis zur Schleuse Herbrum ist der DEK Teil des stauregulierten Ems-Flusses, danach ist er bis Papenburg freier Tidestrom. Südlich von Papenburg bei Dörpen zweigt der Küstenkanal (KK) nach Osten ab. Von Papenburg abwärts bis zur offenen Nordsee wird die Wasserstraße als Ems bezeichnet. Der DEK hat eine Fallhöhe von 69,75 m zu überwinden, dies wird mit 16 Kanalstufen erreicht. Haupthäfen und Umschlagstellen sind neben Europas größtem Kanalhafen in Dortmund die Anlagen von Münster, Holthausen (Lingen), Lünen sowie in geringerem Umfang auch Rheine.

Rhein-Herne-Kanal (RHK)

Die 1906–1914 gebaute Wasserstraße der Klasse IV (Streckenlänge 45,6 km) folgt der Niederung des Flusses Emscher. Der RHK ist der Hauptwasserweg für das zentrale Ruhrgebiet und verbindet den Rhein mit dem DEK. Die Kilometrierung beginnt in Duisburg-Ruhrort und endet am DEK bei Henrichenburg; die sechs Kanalschleusen überwinden eine Höhe von 36,73 m. Die Hafendichte ist am RHK hoch; wichtige Umschlagplätze sind u. a. die Häfen von Essen, Gelsenkirchen und Wanne-Eickel.

Die Westdeutschen Kanäle (Verlauf, Schleusen und Häfen)

Kanalhäfen mit Spezial- und Massengutumschlag

Kanal	Häfen
RHK *(Rhein-Herne-Kanal)* und Ruhr	Essen Gelsenkirchen Herne/Wanne-Eickel Mülheim
WDK *(Wesel-Datteln-. Kanal)*	Dorsten Voerde-Emmelsum Wesel
DHK *(Datteln-Hamm-Kanal)*	Hamm Lünen
DEK *(Dortmund-Ems-Kanal)*	Dortmund Leer Münster Spelle Venhaus

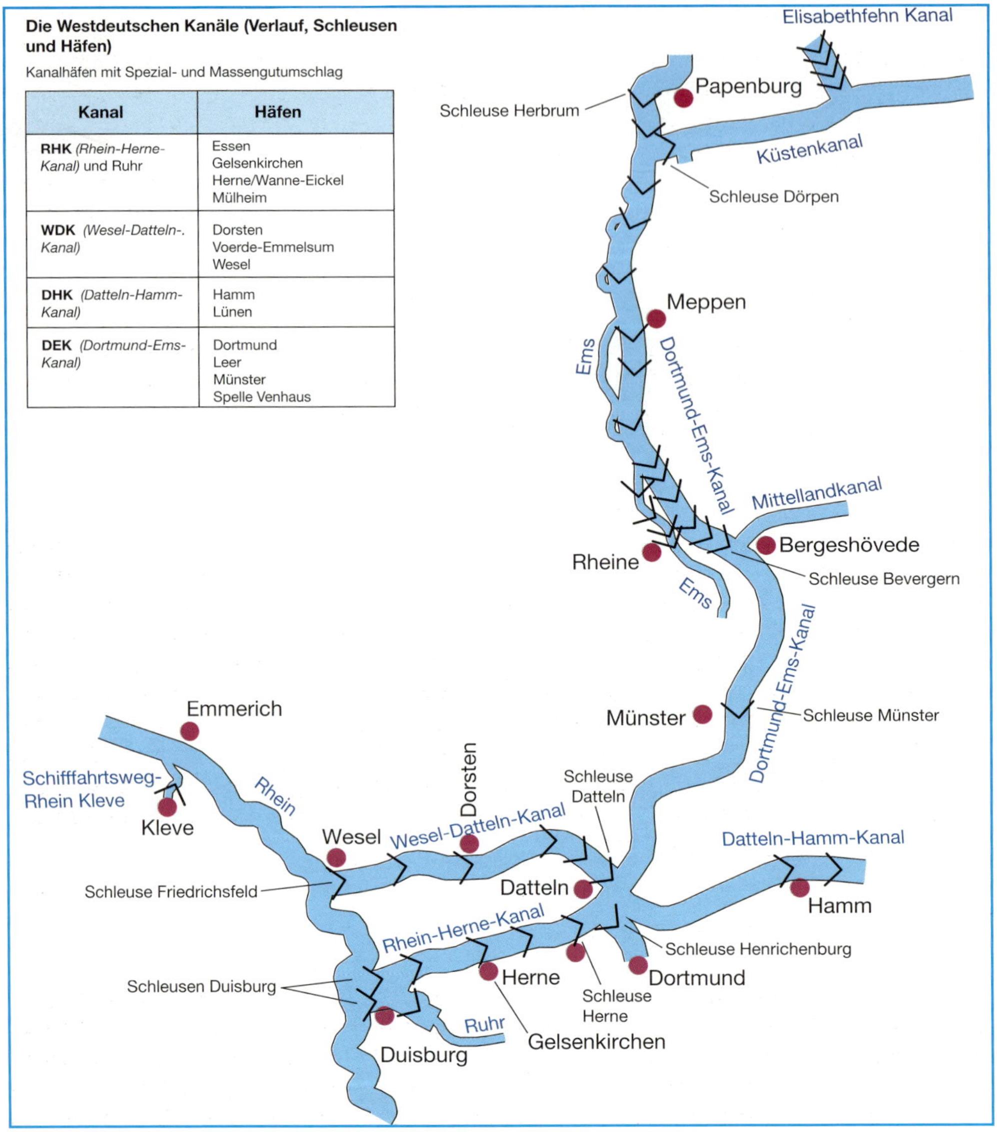

Elisabethfehn Kanal

Schleuse Herbrum — Papenburg

Küstenkanal

Schleuse Dörpen

Meppen

Ems

Dortmund-Ems-Kanal

Mittellandkanal

Bergeshövede

Rheine

Schleuse Bevergern

Ems

Dortmund-Ems-Kanal

Münster

Schleuse Münster

Emmerich

Schifffahrtsweg-Rhein Kleve

Rhein

Kleve

Dorsten

Schleuse Datteln

Datteln-Hamm-Kanal

Wesel   Wesel-Datteln-Kanal

Schleuse Friedrichsfeld

Datteln

Hamm

Rhein-Herne-Kanal

Schleuse Henrichenburg

Schleusen Duisburg

Herne   Dortmund

Schleuse Herne

Ruhr   Gelsenkirchen

Duisburg

Die Westdeutschen Kanäle (Verlauf, Schleusen und Häfen)

Wesel-Datteln-Kanal (WDK)

Diese Bundeswasserstraße (Klasse IV) verläuft am nördlichen Rand des Ruhrgebietes. Sie ist 60 km lang und folgt der Niederung des Flusses Lippe. Mit sechs Schleusen wird eine Fallhöhe von rd. 41 m überwunden. Der Kanal verbindet den Rhein bei Wesel mit dem DEK beim Kanalkreuz Datteln, er ist in der Hauptsache ein Transitkanal zwischen dem Niederrhein und dem östlichen Ruhrgebiet sowie den Kanalhäfen in Norddeutschland. Der WDK ist für 1.350-t-Schiffe und Schubverbände mit zwei Europa-II-Leichtern befahrbar. Haupthäfen sind der Weseler Kanalhafen (Rhein-Lippe-Hafen), Dorsten und Marl.

Datteln-Hamm-Kanal (DHK)

Der rund 47 km lange Kanal (Klasse III) erstreckt sich vom Kanalkreuz Datteln bis Uentrop/Schmehausen bei Hamm im nordöstlichen Ruhrgebiet. Er bindet die Industriegebiete Lünen und Hamm an das Kanalnetz an und dient diesem weiterhin als Speisungsleitung durch die Zufuhr von Lippewasser. Die Fallhöhe von 6,75 m wird durch zwei Schleusen überwunden. Durch das Praktizieren zeitlich begrenzter Richtungsverkehre können auf dem DHK auch große Schiffseinheiten verkehren. Hauptumschlagplätze sind Schmehausen, Hamm und Lünen.

Küstenkanal (KK)

Dieser Verbindungskanal der Klasse IV (eingeschränkt) erstreckt sich vom Fluss Hunte bei Oldenburg zum DEK bei Dörpen über rund 69 km. Hauptaufgabe des mit zwei Kanalstufen versehenen KK ist der Transitverkehr zwischen Weser und Ems und der Anschluss des nördlichen Emslandes an das Wasserstraßennetz.

Mittellandkanal (MLK)

Der 320 km lange West-Ost-Wasserweg verbindet Ems, Weser und Elbe. Er ist der einzige Wasserweg für Verkehre zu den Wasserstraßen in Ostdeutschland, Polen und der Tschechischen Republik. Der MLK zweigt bei **Bergeshövede** am DEK ab und verläuft bis zur **Kanalbrücke** bei Magdeburg an der Elbe. Im Wesentlichen ist der MLK eine Wasserstraße der Klasse III (bis 1.000-t-Schiffe bzw. Abladung 2,10 m), nach Abschluss der noch laufenden Ausbauten soll er durchgehend als Klasse IV (bis 1.350-t-Schiffe) ausgelegt sein. Der Kanal, der 1916–1938 in mehreren Abschnitten gebaut wurde, hat in Niedersachsen vier Doppelschleusen und acht Einkammerschleusen zu den Stichkanälen von Osnabrück, Hannover-Linden, Misburg, Hildesheim und Salzgitter. Die Verkehrsintensität ist auf der Weststrecke bis Hannover/Wolfsburg am stärksten. Haupthäfen sind Hannover, Braunschweig und Salzgitter.

3.3.8 Märkisches Wasserstraßennetz

Die Bezeichnung Märkische Wasserstraßen ist der Sammelbegriff für das Wasserwegsystem zwischen Elbe und Oder in den Bundesländern Brandenburg und Sachsen-Anhalt. Der Begriff geht zurück auf die zur Zeit Preußens für diese Region verwendete Bezeichnung „Mittelmark" der Kurmark Brandenburg. Die Wasserstraßen, die für den Großraum Berlin eine enorme Bedeutung haben, erstrecken sich etwa über eine Länge von 1.200 km.

Hauptstrecken sind die in Ost-West-Richtung verlaufenden Kanäle und Flussabschnitte. Im Wesentlichen sind das:

- westlich von Berlin die Untere Havel-Wasserstraße,

- der sich daran anschließende Elbe-Havel-Kanal (EHK),

- der nordwestlich von Berlin liegende Havelkanal,

- die von Berlin nach Nordosten verlaufende Havel-Oder-Wasserstraße mit dem Oder-Havel-Kanal (OHK) und

- die von Berlin nach Südosten verlaufende Spree-Oder-Wasserstraße mit dem Oder-Spree-Kanal (OSK).

Zum Märkischen Wasserstraßennetz gehören noch andere Wasserwege. Unter dem Oberbegriff **Berliner Wasserstraßen** kommen u.a. noch hinzu: Landwehrkanal, Berlin-Spandauer Schifffahrtskanal, Spreekanal, Neuköllner Schifffahrtskanal, Rüdersdorfer Gewässer, Teltow-Kanal. Diese Wasserwege verbinden in vielfältiger Weise einzelne Stadtgebiete Berlins untereinander. Von größter Bedeutung für die gewerbliche Binnenschifffahrt sind die im Verkehrsprojekt „Deutsche Einheit" Nr. 17 vorgesehenen Ausbauten von Havel/Havelkanal bis zum Berliner Westhafen, die sog. **Nordtrasse**, und die Verbindung von Potsdam über den Teltow-Kanal zum Hafen Neukölln, die sog. **Südtrasse**.

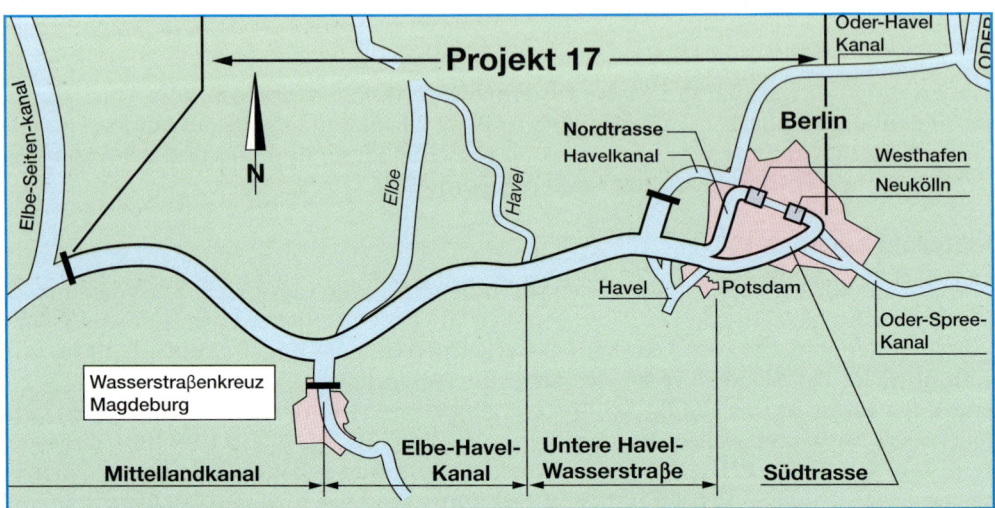

Märkische und Berliner Wasserstraßen

Die Charakteristik der drei wichtigsten Wasserwege im Märkischen Netz kann wie folgt umrissen werden.

Ein bis 1989 stark frequentierter Wasserweg war die Spree-Oder-Wasserstraße mit dem rund 85 km langen **Oder-Spree-Kanal (OSK)**. Der gesamte Wasserweg verbindet Berlin mit dem südöstlich liegenden Eisenhüttenstadt an der Oder und kann von Einzelschiffen und Schubverbänden bis 135 m Länge befahren werden. Die von Berlin nach Nordosten verlaufende Havel-Oder-Wasserstraße hat eine Länge von insgesamt 90 km. Rund 50 km des Wasserweges, der Abschnitt zwischen den Orten Lehnitz und Niederfinow, werden als **Oder-Havel-Kanal (OHK)** bezeichnet. Die gesamte Wasserstraße hat vier Schleusen und ein Schiffshebewerk bei Niederfinow. Teilweise kann sie von 145 m langen Schubverbänden befahren werden. Aufgrund seiner Lage zwischen dem Ballungsraum Berlin und dem Fluss Elbe ist der **Elbe-Havel-Kanal (EHK)** der am stärksten befahrene Wasserweg im Märkischen Netz. Der Kanal (Länge 56 km) verbindet die Elbe mit dem Plauer See, der seinerseits zur Unteren Havel-Wasserstraße gerechnet wird. Ausgelegt ist der Kanal auf Verkehre mit Vierer-Schubverbänden.

3.3.9   Donau und Main-Donau-Kanal (MDK)

Von der über 2.400 km schiffbaren **Donau** befinden sich 209 km in Deutschland. Die Donau ist der einzige schiffbare deutsche Strom, der nach Süden entwässert. Nach der Wolga ist sie zweitlängster europäischer Fluss. Nennenswerter Gütertransport setzt erst bei Kelheim mit dem Zugang des Main-Donau-Kanals ein. Bis zum Grenzübergang bei Jochenstein (Passau) nach Österreich müssen vier Schleusen passiert werden. Bedeutende Donauhäfen sind Regensburg (Container), Deggendorf (Freihafen) und Passau.

Der **Main-Donau-Kanal (MDK)**, der eine Länge von 171 km hat und zwischen Bamberg (Main) und Kelheim (Donau) verläuft, verbindet zwei der bedeutendsten europäischen Ströme miteinander. Er ist ferner Bindeglied in der rund 3.500 km langen transeuropäischen Wasserstraßenverbindung Nordsee–Schwarzes Meer (siehe Kap. 5.8.3). Der MDK ist – wie auch die beiden durch ihn verbundenen Stromgebiete – für Schiffe der 1.350-t-Klasse und für Schubverbände in der Zweierfahrt mit bis zu 3.300 t befahrbar. Er ist eine nationale Wasserstraße, die der Souveränität der Bundesrepublik Deutschland unterliegt. Sie kann daher bestimmen, unter welchen Bedingungen der Kanal befahren und genutzt werden kann. Ausländische Binnenschiffe benötigen eine Erlaubnis zum Befahren – ausgenommen sind Binnenschiffe, die aus EU-Ländern stammen, zu Staaten gehören, die die Mannheimer Akte unterzeichnet haben oder deren Herkunftsländer ein Abkommen mit Deutschland geschlossen haben.

Der höchste Kanalpunkt (sog. Scheitelhaltung) liegt 406 m über NN, dieser Abschnitt wird mit vier Staustufen überwunden. Insgesamt hat der MDK 16 Schleusen, davon liegen die größten auf der Strecke Nürnberg–Kelheim.

Beispiel:
Alle Schleusen haben eine Breite von 12 m und Kammerlängen von 190 m. Je Schleuse können zwei Motorschiffe von je 90 m Länge und 1.500 t Tragfähigkeit oder ein zweigliedriger Schubverband mit 185 m Länge und rd. 3.000 t geschleust werden. Die Schachtschleusen sind Sparschleusen, mit denen eine sog. „Kreuzschleusung", d. h. eine Berg- und Talschleusung, in einer Stunde abgewickelt werden kann.

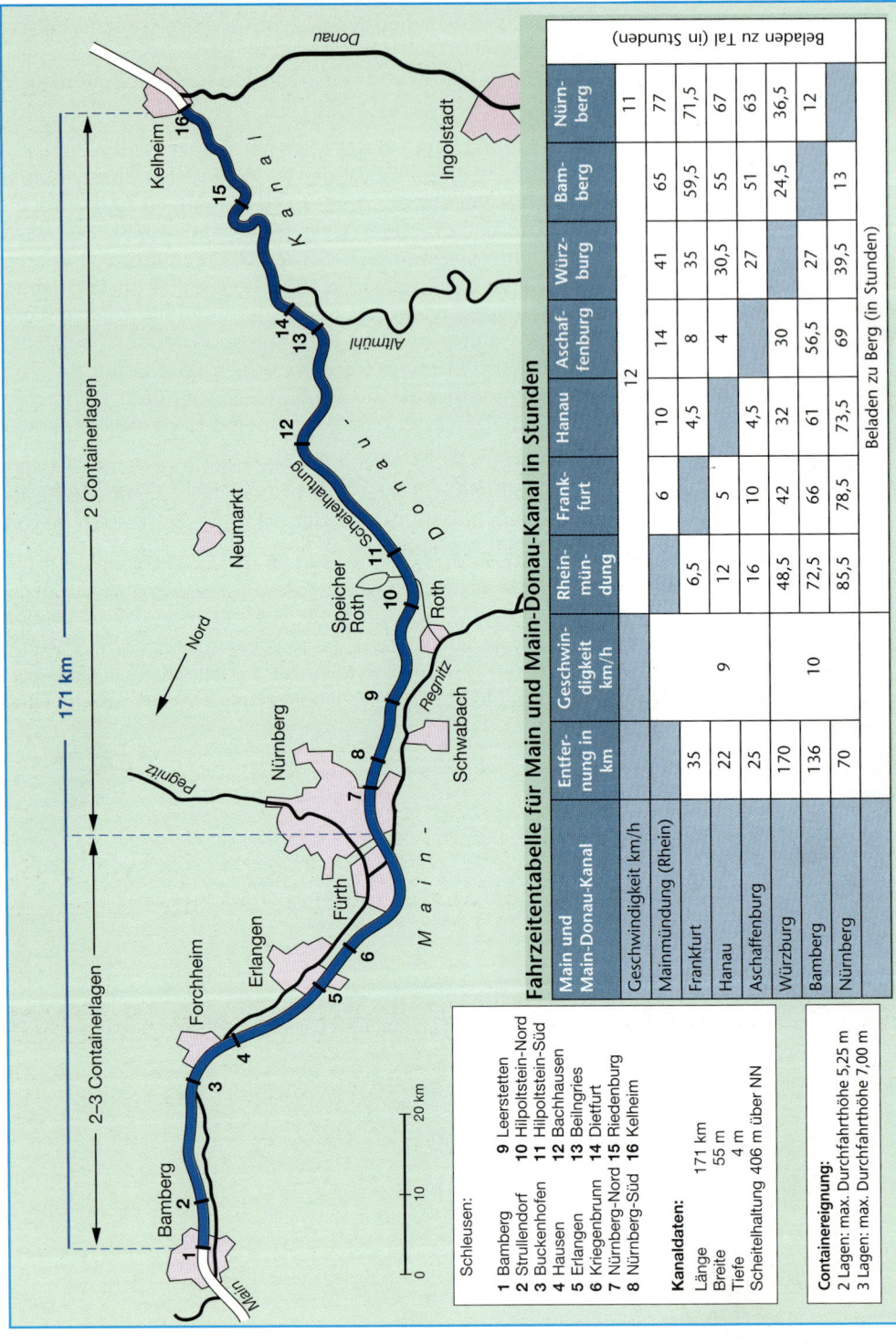

Fahrzeitentabelle für Main und Main-Donau-Kanal in Stunden

Beladen zu Tal (in Stunden) — oberer Bereich · Beladen zu Berg (in Stunden) — unterer Bereich

Main und Main-Donau-Kanal	Entfernung in km	Geschwindigkeit km/h	Nürnberg	Bamberg	Würzburg	Aschaffenburg	Hanau	Frankfurt	Rheinmündung
Mainmündung (Rhein)		9	77	65	41	12	10	6	
Frankfurt	35	10	71,5	59,5	35	8	4,5		6,5
Hanau	22		67	55	30,5	4		5	12
Aschaffenburg	25		63	51	27		4,5	10	16
Würzburg	170		36,5	24,5		30	32	42	48,5
Bamberg	136		11		27	56,5	61	66	72,5
Nürnberg	70			13	39,5	69	73,5	78,5	85,5

Schleusen:
1 Bamberg
2 Strullendorf
3 Buckenhofen
4 Hausen
5 Erlangen
6 Kriegenbrunn
7 Nürnberg-Nord
8 Nürnberg-Süd
9 Leerstetten
10 Hilpoltstein-Nord
11 Hilpoltstein-Süd
12 Bachhausen
13 Beilngries
14 Dietfurt
15 Riedenburg
16 Kelheim

Kanaldaten:
Länge 171 km
Breite 55 m
Tiefe 4 m
Scheitelhaltung 406 m über NN

Containereignung:
2 Lagen: max. Durchfahrthöhe 5,25 m
3 Lagen: max. Durchfahrthöhe 7,00 m

Map labels: Donau · Kelheim · Ingolstadt · Altmühl · Neumarkt · Scheitelhaltung · Speicher Roth · Roth · Nürnberg · Regnitz · Schwabach · Fürth · Erlangen · Forchheim · Bamberg · Main · Pegnitz · Nord · 171 km · 2 Containerlagen · 2–3 Containerlagen · 0 10 20 km

Verlauf des Main-Donau-Kanals

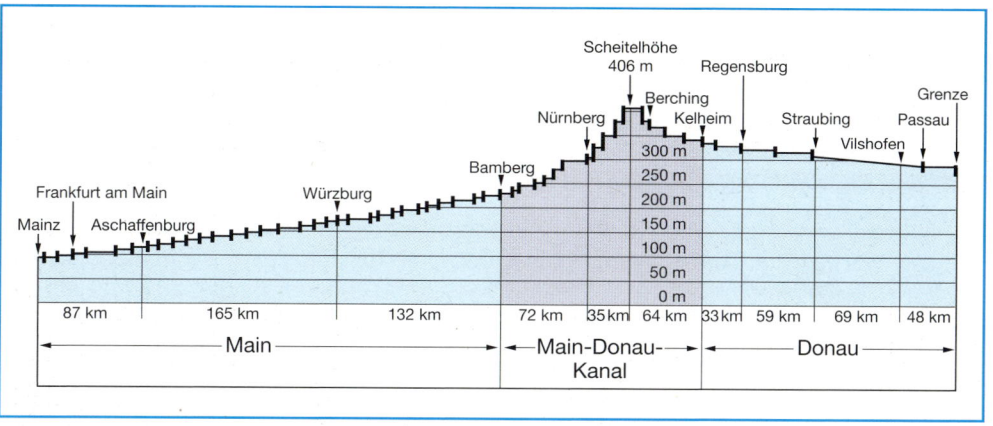

Schleusen und Höhenunterschiede bei Main, Main-Donau-Kanal und Donau

Zusammenfassung

1. Der Rhein ist eine Hochleistungswasserstraße. Auf ihm werden fast 70 % aller in Deutschland geleisteten Tonnenkilometer der Binnenschifffahrt erbracht. Er ist eine internationale Wasserstraße, die von allen Nationen abgabenfrei befahren werden darf. Dies ist im internationalen Rheinstatut, der Mannheimer Akte von 1868, verbrieft.

2. Das Stromgebiet Weser umfasst die Ober-, Mittel-, Unter- und Außenweser.

3. Das Stromgebiet der Elbe umfasst die Ober-, Mittel- und Unterelbe. Große Nebenflüsse sind Saale und Havel sowie in der Tschechischen Republik die Moldau.

4. Das Westdeutsche Kanalnetz besteht aus sechs Kanälen. Es verknüpft den Rhein mit den Stromgebieten von Weser und Elbe.

5. Das Märkische Wasserstraßennetz verbindet das Elbe- mit dem Oderstromgebiet.

6. Der Main-Donau-Kanal (MDK) ist eine nationale deutsche Wasserstraße. Er verläuft vom Main bei Bamberg zur Donau bei Kelheim. Die Donau ist der einzige schiffbare deutsche Strom, der nach Süden entwässert.

Aufgaben

1. Mehrere verkehrsgeografische Gunstfaktoren machen den Rhein zu einem der weltweit am stärksten genutzten Ströme. Stellen Sie fest, um welche Gunstfaktoren es sich handelt.

2. Erläutern Sie, was unter direktem Rhein-Seeverkehr zu verstehen ist.

3. Referieren Sie über die Bedeutung, den Umfang und die Leistungsfähigkeit des westdeutschen Kanalnetzes.

4. Referieren Sie über die Bedeutung, den Umfang und die Leistungsfähigkeit des Märkischen Wasserstraßennetzes.

5. Eine Reederei disponiert folgende Transporte:
   - 1.000 t Schrott mit Europaschiff von Frankfurt/Main nach Nürnberg
   - 970 t Schüttgüter von Bamberg nach Hanau

Stellen Sie fest, welche Transporte zu Berg bzw. zu Tal gehen und berechnen Sie unter Nutzung der Fahrtzeiten-Tabelle und der Höhengrafik für beide Transporte
a) die Reisedauer der Schiffe in Tagen bei täglich 14 Stunden Einsatz,
b) die Reisedauer der Schiffe in Tagen bei Continue-Einsatz,
c) die Transportentfernungen in km,
d) die Anzahl der zu passierenden Schleusen.

6. *Ein Partikulier erhält den Auftrag, 980 t Kies von Koblenz nach Hannover zu befördern. Er vereinbart mit dem Auftraggeber einen Nettotransportpreis von 5,40 EUR/t. Die Transportzeit wird mit vier Tagen veranschlagt. Für das eingesetzte Schiff MS Hitzacker II, das 305 Tage pro Jahr im Einsatz ist, gelten folgende jährliche Schiffskosten:*

Personalkosten 96.000 EUR, Treib- und Schmierstoffe 80.000 EUR, Reparaturen 12.000 EUR, Steuern und Versicherung 18.000 EUR, Betriebs- und Verwaltungskosten 20.000 EUR. Die kalkulatorischen Abschreibungen auf den Wiederbeschaffungswert von Schiff und Maschinenanlage betragen zusammen 80.000 EUR. Die kalkulatorischen Zinsen auf gebundenes Kapital betragen 45.000 EUR. Wagniskosten werden mit 6.000 EUR verrechnet, für Hafen- und Ufergelder werden 2 % pauschal auf die Schiffskosten kalkuliert.
a) Nennen Sie die bei der Reise befahrenen Wasserstraßen in der richtigen Reihenfolge.
b) Ermitteln Sie
    ba) die Summe der jährlichen Schiffskosten für MS Hitzacker II einschl. der Pauschale für Hafen- und Ufergelder,
    bb) die Transportkosten für den Transport Koblenz–Hannover,
    bc) die Summe der Erlöse für diesen Transport (ohne USt),
    bd) das Ergebnis (Gewinn/Verlust) für diesen Transport.

3.4   Binnenhäfen und Binnenhafenwirtschaft

Binnenhäfen sind wichtige Wirtschaftszentren und Verkehrsknotenpunkte. Dort werden die Güter nicht nur fachgerecht umgeschlagen und gelagert, sondern auch von der Industrie, von Handels- und Verkehrsbetrieben be- oder verarbeitet, veredelt, kommissioniert, verkaufs- und versandfertig gemacht. In einigen Fällen, so am Niederrhein, haben die Binnenhäfen gleichzeitig den Status von Seehäfen mit allen sich daraus ergebenden Arbeiten für den Im- und Export. Die Binnenhäfen erfüllen recht unterschiedliche Aufgaben, teilweise sind sie spezialisiert. Dementsprechend sind ihre technischen Einrichtungen. Dies wird deutlich, wenn man sie nach der Besitzstruktur oder den Hafenbetreibern betrachtet. In dieser Hinsicht werden öffentliche und private Häfen unterschieden. In Deutschland gibt es über 100 öffentliche Binnenhäfen, auf sie entfallen über zwei Drittel des gesamten Güterumschlags. Betreiber sind Kommunen oder Betreibergesellschaften. Die Privat- oder Werkshäfen werden dagegen in Regie von Wirtschaftsunternehmungen betrieben und zwar in der Regel nur von Großkonzernen der Branchen Stahl, Chemie und Bergbau.

Die Aufgabe der **öffentlichen Binnenhäfen** ist vorrangig die von Verteilerplätzen für das Hafenum- bzw. Hafenhinterland. Diese Häfen sind **multifunktional**, d.h., sie bieten zahlreiche Leistungen an, in ihnen können Container aller Größen und Güter aller Art umgeschlagen, gelagert, behandelt und verteilt werden. Vielfach sind sie auch Standorte von typischen Hafenindustrien, wie z.B. Futtermittelwerken, Öl- und Getreidemühlen und Ähnlichem. Daneben verfügen sie oft über weitreichende zentrale Funktionen, die vor allem für die Schifffahrt von Bedeutung sind.

In öffentlichen Binnenhäfen ging der Umschlag von Massengut in den letzten Jahren zurück. Dagegen gewannen die höherwertigen Stückgüter, insbesondere in Form der containerisierten Ladung, weiter an Bedeutung. Die technische Ausstattung der öffentlichen Binnenhäfen ist entsprechend der Aufgaben außerordentlich umfangreich.

Eine andere Stellung nehmen die **Privathäfen** und privaten Umschlagstellen ein. Sie dienen vorwiegend der Versorgung einzelner Industrieunternehmen. Im Gegensatz zu den öffentlichen Häfen sind die Privathäfen durchweg **monofunktional** ausgerichtet. Vielfach sind es Spezialhäfen, in denen nur bestimmte Massengüter ein- und ausgekrant werden können. Die Dichte derartiger Werkshäfen ist besonders im Gebiet von Ruhr und Niederrhein hoch. Der Güterumschlag einiger Privathäfen übertrifft mengenmäßig den der meisten öffentlichen Häfen beträchtlich.

3.4.1 Hafentypen, Hafenaufgaben und Umschlag

Binnenhäfen können nach Merkmalen wie Lage, Umschlagmenge, Funktionen, verkehrstechnischer Ausstattung, Art der Umschlagsgüter usw. charakterisiert werden. Die nachfolgende Übersicht zeigt beispielhafte Hafentypen mit ihren vorrangigen Aufgaben.

Übersicht der Binnenhäfen nach Hafentypen und Aufgaben

Merkmal nach der	Hafentyp/Hafen-bezeichnung	Beispiel	Wasserweg	Vorrangige Aufgaben
Lage	Flusshafen Kanalhafen	Ludwigshafen Dortmund	Rhein DEK	Industriehafen Verteilerhafen
Umschlag-größe	Kleiner Hafen (< 0,5 Mio. t)	Vlotho	Weser	Stadtversorgung
	Mittlerer Hafen (0,5–4 Mio. t)	Königs Wusterhausen	Dahme/ Teupitzer Gewässer	Stadtversorgung
	Großer Hafen (> 4 Mio. t)	Karlsruhe	Rhein	Handels- und Versorgungshafen
Funktion	Umschlaghafen	Aken	Elbe	Wechsel von Verkehrsträgern
	Versorgungs-hafen	Dorsten Lünen	WDK WDK	Gewerbe- und Schifffahrtsversorgung
	Industriehafen Handelshafen	Neuss Duisburg	Rhein Rhein	Hafenindustrien Rohstoffhandel, Schrott
Verkehrs-technischen Struktur	Hafen Umschlagplatz	Berlin Wustermark Düsseldorf-Reisholz	Havelkanal Rhein	vgl. Merkmal Funktion Umschlag Schiff/Lkw am freien Strom
	Umschlagstelle	Umschlagkai Ford-Werke	Rhein	Umschlag von Energiestoffen
Besitz-struktur	öffentl. Hafen Privathafen	Bonn Rhein-Lippe-Hafen Wesel	Rhein Rhein/ WDK	vgl. Merkmal Funktion Privatversorgung eines Betriebes
	Mischformen	Orsoy	Rhein	Betriebsversorgung

Merkmal nach der	Hafentyp/Hafen-bezeichnung	Beispiel	Wasserweg	Vorrangige Aufgaben
Umschlag-struktur	Erzhafen	Schwelgern	Rhein	Erzumschlag
	Kohlehafen	Walsum-Nord	Rhein	Kohleumschlag
	Mineralölhafen	Köln-Niehl	Rhein	Zwischenlagerung und Verteilung
	Containerhafen	Stürzelberg	Rhein	Containerumschlag

Die umschlagstärksten Binnenhäfen liegen am Nieder- und Oberrhein. Am Niederrhein sind dies Duisburg, Köln und der Hafen Neuss, der seit 2004 in Kooperation mit Düsseldorf unter der Bezeichnung Neuss-Düsseldorfer Häfen firmiert. Am Oberrhein sind die Häfen Ludwigshafen, Mannheim und Karlsruhe die herausragenden Schifffahrtsplätze.

Schiffsgüterumschlag in deutschen Binnenhäfen (Auswahl)

Rang	Binnenhafen	Wasserweg	Umschlag in Mio. t (gerundet)	
			2001	2010
1	Duisburg[1]	Rhein	42,1	49,3
2	Köln[2]	Rhein	9,6	12,0
3	Hamburg (nur Binnenschiffe)	Elbe	10,3	9,2
4	Neuss-Düsseldorf[3]	Rhein	7,3[4]	9,1
5	Ludwigshafen	Rhein	7,5	8,0
6	Mannheim	Rhein	8,3	7,6
7	Karlsruhe	Rhein	6,1	5,2
8	Frankfurt	Main	3,2	4,0
9	Heilbronn	Neckar	4,4	3,9
10	Gelsenkirchen	RHK	3,5	3,8
11	Marl	WDK	2,6	3,8
12	Berlin	Havel	4,0	3,8

Quelle: Eigene Darstellung, vgl. u. a. https://www.destatis.de/GPStatistik/servlets/MCRFileNodeServlet/ NWAusgabe_derivate_00000004/Z021201200_PDFA.pdf;jsessionid=6AA12BDD5C5DE1A04763824213EC 4AAB

3.4.2 Rhein-Ruhr-Hafen Duisburg

Im Raum Duisburg wird der Rhein auf rd. 23 km Länge von gewaltigen Industrieanlagen und einer ungewöhnlichen Dichte von Häfen gesäumt. Der größte Binnenhafenkomplex der Welt, der Rhein-Ruhr Hafen Duisburg, besteht aus den öffentlichen Duisburg-Ruhrorter Häfen (DRH) am Rheinufer und 13 werkseigenen Privathäfen und Umschlagstellen der Großindustrie an der Rheinreede. Der Hafen an der Ruhrmündung geht auf das Jahr 1716 zurück, als die Stadt großmaßstäbig mit dem Umschlag von Kohle aus Ruhrschiffen in Rheinschiffe begann. Seine heutige Bedeutung verdankt das Binnenhafengebiet in erster Linie der verkehrsgeografischen Gunstlage.

---

[1] *Duisport Gruppe und private Häfen*
[2] *öffentliche Häfen (HGK AG) Köln Deutz, Niehl I und II, Godorf-Ölhafen*
[3] *Hafenzusammenschluss seit 2004*
[4] *2001: Neuss 4,6 Mio. t und Düsseldorf 2,7 Mio. t*

DUISPORT – die öffentlichen Häfen von Duisburg-Ruhrort

Die aus mehreren Hafengruppen bestehenden öffentlichen Duisburg-Ruhrorter Häfen (DRH), auch Duisport genannt, sind das Kernstück des Binnenhafenkomplexes. Träger des Hafens ist die Duisburg-Ruhrorter Häfen AG (Hafag), deren Aktienkapital zu gleichen Teilen vom Land NRW, der Stadt Duisburg und der Bundesrepublik Deutschland gehalten werden. Der Hafen verfügt über 21 Hafenbecken, die Hafenfläche umfasst über 730 ha. Die Uferlänge beträgt 39 km, davon sind 17 km Umschlagsufer mit Gleisanschlüssen, insgesamt nutzt die Hafenbahn ein Gleisnetz von 128 km.

Früher wurden in den privaten und öffentlichen Duisburger Häfen vorrangig die Massengüter Kohle und Erz umgeschlagen, sodass man die Häfen jahrzehntelang als Kohleaus- und Erzeinfuhrhäfen bezeichnete. Dies hat sich im Zuge der Stahlkrisen geändert, die Häfen befinden sich in einem umfassenden **Strukturwandel.** Zwar dominieren noch die Verkehre mit Erz, Kohle, Mineralöl, Abbränden und anderen Massengütern, doch ihre Bedeutung ist rückläufig. Die öffentlichen Häfen haben sich zu einem modernen **multifunktionalen Güterverkehrszentrum** mit einer breiten Dienstleistungspalette entwickelt. Wichtige Einrichtungen sind hierfür vier Containerterminals, die einen Full-Service mit Sammelladungsverkehr, Containerreparatur, Containerdisposition usw. anbieten. Eine Ro/Ro-Anlage für die Verkehre der schwimmenden Landstraße sowie für schwere oder sperrige Einzelstücke ist eine weitere bedeutende Hafenanlage. Zu den hochmodernen Anlagen gehören weiterhin drei Stahlservice-Center, eine Kohlemisch- und Verladeanlage u. a. m.

Schiffsgüterumschlag in den Häfen Duisburgs (in Mio. t)

Hafen	2002	2011
Duisport-Gruppe[1)	14,2	17,7
Hafen Homburg	0,9	0,6
Hafen Huckingen	9,8	10,2
Hafen Schwelgern	19,7	22,4
Hafen Walsum	2,5	3,3
Gesamt	**47,1**	**54,2**

[1) *Duisburger Häfen AG, ehemals Ruhrorter Häfen AG*
   Zahlen nach: Statistisches Jahrbuch NRW 2012

Logistikzentren

Mit einer Reihe von Maßnahmen hat der Duisburger Hafen in den letzten Jahren seine Stellung als internationale Drehscheibe für Logistikketten ausgebaut. Zu den Neuerungen gehören vor allem der Um- und Ausbau ehemaliger Industrie-Areale zu verschiedenen Logistikzentren. Mit dem im linksrheinischen Rheinhausen gebauten Logistizentrum „Logport I" wurde ein Logistikzentrum von internationalem Format eingerichtet. Es handelt sich um ein 265 ha großes Verkehrszentrum, dessen Kernanlage ein trimodales Containerterminal bildet. „Logport I" kann sowohl von Lkw als auch Bahnen und Binnen-/Küstenmotorschiffen bedient werden. Die Anlage ist auf den Umschlag von zunächst 200.000 TEU pro Jahr, in der Endphase auf mehr als die doppelte Menge ausgelegt. Die Duisburger Häfen verfügen damit über fünf große moderne Logistikeinrichtungen für die künftigen noch stärker werdenden Stückgutwarenströme. Die rechtsrheinische Anlage „Logport II" ist das neueste Logistikzentrum des Hafens.

Spezielle Logistikeinrichtungen in den öffentl. Duisburger Häfen

Bezeichnung	Vorrangige Dienstleistungen
Logistikpark Kaßlerfeld	Kommissionierung und Distribution von Stückgutsendungen
Logistikzentrum Logport I	Neutrales Trimodal Containerterminal, Logistikdienste aller Art
Logistikzentrum Ruhrort	Kommissionierung und Distribution von Stückgutsendungen
PCD Packing-Center Duisburg	Umschlagzentrum für das seemäßige Verpacken hochwertiger Güter
Schwergut-Umschlagplatz	Stationärer Kran mit 300 t Tragfähigkeit, Schwerguthandling
KLV-Zentrum Südhafen	Abfertigung von Ganzzügen im Kombinierten Verkehr
Logport II	Container-Terminal Gateway West

Freizone Duisburg

Im Nordhafen wurde 1990 auf einem ehemaligen Erzumschlagplatz unter der Bezeichnung „FreePort Duisburg" die seinerzeit erste zollprivilegierte Freihafenzone (heute Freizone genannt) im deutschen Binnenland eingerichtet. Sie schafft für Im- und Exporteure zollrechtliche Erleichterungen und unterstellt diesen Hafenteil im Wesentlichen den gleichen Zoll-Rahmenbedingungen wie die deutschen Seehäfen.

> **Beispiel:**
> Freizonen sind nach EU-Recht vom übrigen Zollgebiet der EU abgetrennte Teile, in die – wie auch in Freilagern – Nichtgemeinschaftswaren zeitlich unbegrenzt verbracht werden können, ohne dass Einfuhrabgaben erhoben werden. Die Waren können umgeschlagen, gelagert oder sonstigen Handelszwecken unterzogen werden. Zollvorschriften wirken erst, wenn die Güter die Freizone verlassen. Das Freizonen-Areal muss eingezäunt sein und über kontrollierbare Ein-/Ausgänge verfügen.

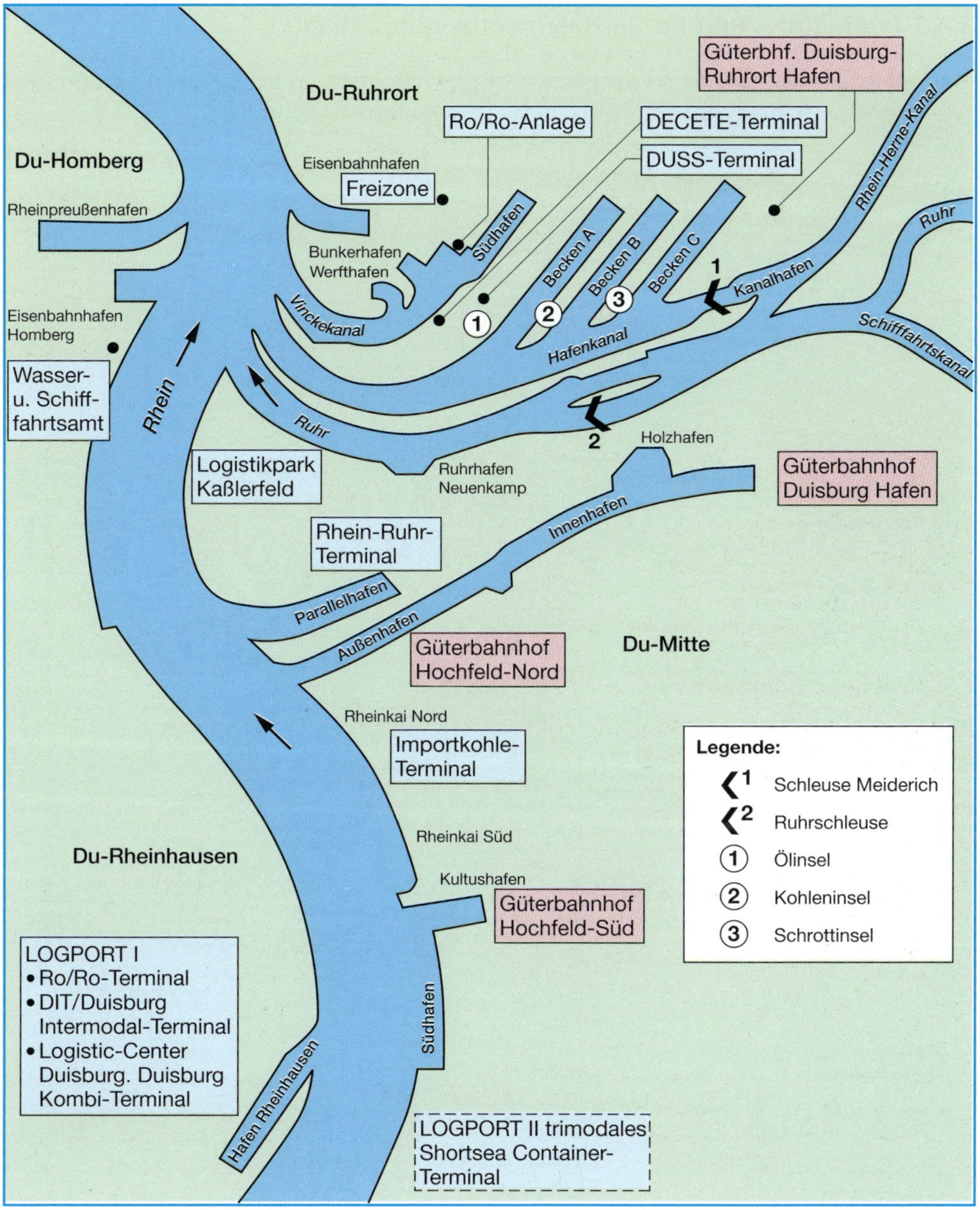

Du-Ruhrort

Güterbhf. Duisburg-Ruhrort Hafen

Du-Homberg

Eisenbahnhafen

Ro/Ro-Anlage

DECETE-Terminal

Freizone

DUSS-Terminal

Rheinpreußenhafen

Rhein-Herne-Kanal

Südhafen

Bunkerhafen
Werfthafen

Becken A

Becken B

Becken C

Ruhr

Eisenbahnhafen
Homberg

Vinckekanal

Kanalhafen

1

① ② ③

Schifffahrtskanal

Wasser-
u. Schiff-
fahrtsamt

Rhein

Ruhr

Hafenkanal

Logistikpark
Kaßlerfeld

Ruhrhafen
Neuenkamp

2

Holzhafen

Güterbahnhof
Duisburg Hafen

Rhein-Ruhr-
Terminal

Innenhafen

Parallelhafen

Außenhafen

Güterbahnhof
Hochfeld-Nord

Du-Mitte

Rheinkai Nord

Importkohle-
Terminal

Legende:

Rheinkai Süd

Du-Rheinhausen

Kultushafen

Güterbahnhof
Hochfeld-Süd

❮¹ Schleuse Meiderich

❮² Ruhrschleuse

① Ölinsel

② Kohleninsel

③ Schrottinsel

LOGPORT I
• Ro/Ro-Terminal
• DIT/Duisburg
  Intermodal-Terminal
• Logistic-Center
  Duisburg. Duisburg
  Kombi-Terminal

Hafen Rheinhausen

Südhafen

LOGPORT II trimodales
Shortsea Container-
Terminal

Rhein-Ruhr-Hafen Duisburg (Duisport)

3.4.3   Container- und Ro/Ro-Häfen entlang des Rheins

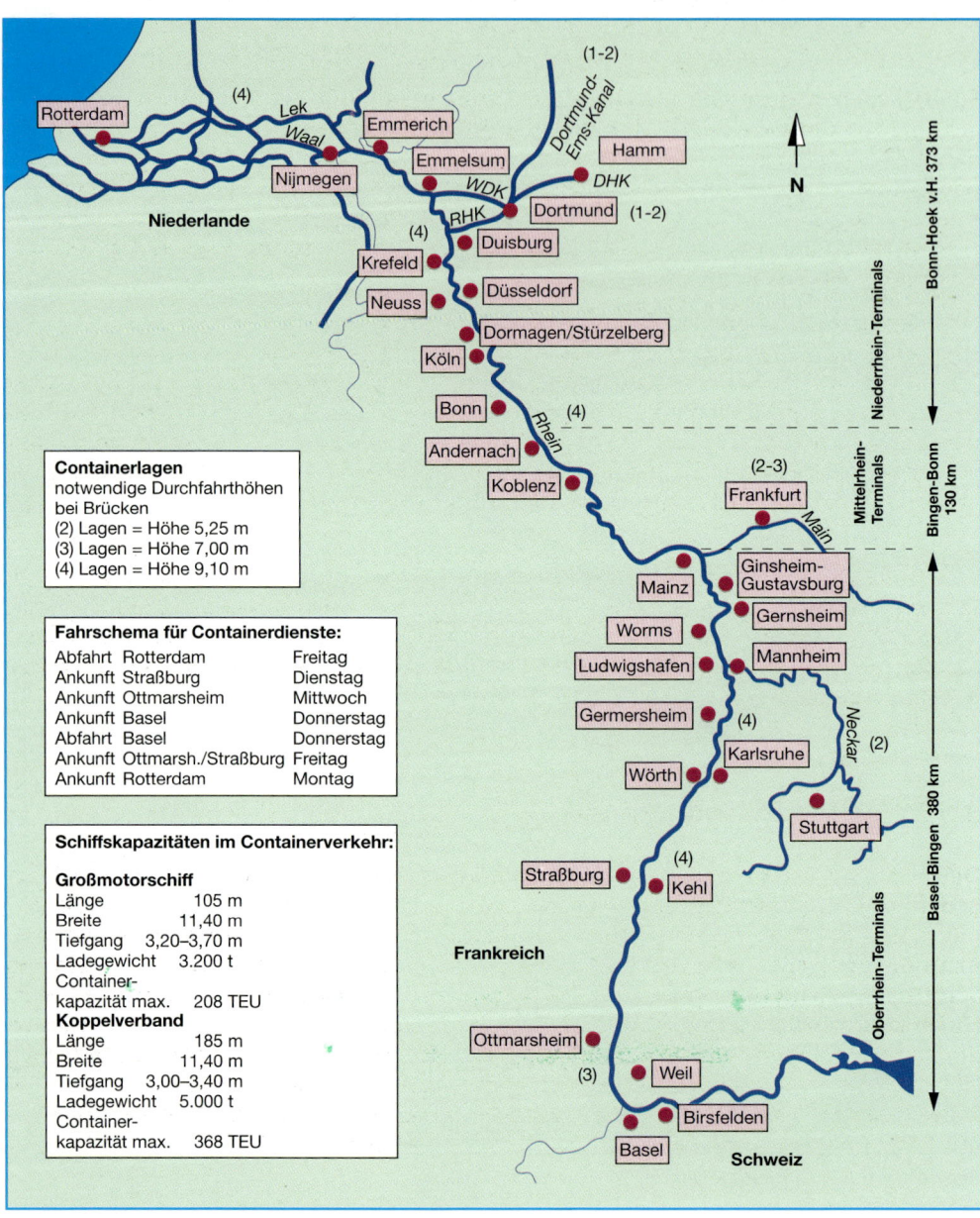

Containerlagen
notwendige Durchfahrthöhen
bei Brücken
(2) Lagen = Höhe 5,25 m
(3) Lagen = Höhe 7,00 m
(4) Lagen = Höhe 9,10 m

Fahrschema für Containerdienste:

Abfahrt Rotterdam	Freitag
Ankunft Straßburg	Dienstag
Ankunft Ottmarsheim	Mittwoch
Ankunft Basel	Donnerstag
Abfahrt Basel	Donnerstag
Ankunft Ottmarsh./Straßburg	Freitag
Ankunft Rotterdam	Montag

Schiffskapazitäten im Containerverkehr:

Großmotorschiff
Länge	105 m
Breite	11,40 m
Tiefgang	3,20–3,70 m
Ladegewicht	3.200 t
Container-kapazität max.	208 TEU

Koppelverband
Länge	185 m
Breite	11,40 m
Tiefgang	3,00–3,40 m
Ladegewicht	5.000 t
Container-kapazität max.	368 TEU

Container-Terminals zwischen Rotterdam und Birsfelden

Zwei Entwicklungen haben sich in Binnenhäfen vor allem entlang des Rheins durchgesetzt. Zum einen ist es der immer bedeutender werdende Containerverkehr, zum anderen der Ro/Ro-Dienst. Für beide Kombivarianten, die in nennenswertem Umfang nur über den Rhein erfolgen, ist Rotterdam der wichtigste Ausgangs- und Zielpunkt.

Für den Containerumschlag sind über 30 Terminals entlang des Rheins eingerichtet worden, die von diversen, zum Teil speziellen Containergesellschaften betrieben werden. An ihnen erfolgt der Umschlag vielfach „trimodal", also zwischen den Verkehrsmitteln Binnenschiff, Lkw und Bahn. Die via Rhein bis nach Basel/Birsfelden beförderten Container werden fast zur Gänze in Rotterdam verschifft und im durchgehenden Nacht- und Sonntagseinsatz („Continue-Fahrt") befördert. Die Transporte erfolgen nach festen Fahrplänen im Linienverkehr.

Die aufgrund der Kostengunst sehr geschätzten Rhein-**Ro/Ro-Verkehre** sind ebenfalls eine wichtige Variante der Hinterland-Versorgung. Die Ro/Ro-Dienste verbinden z. B. Rotterdam mit Binnenhäfen im Mittel- und Oberrheingebiet (Mainz, Mannheim und Karlsruhe). Im Einsatz sind Koppelverbände, die jeweils 30 bis 40 Trailer aufnehmen können. Für die rund 600 km lange Strecke zwischen dem Mittelrhein und Rotterdam werden in der Talfahrt etwa 25 bis 30 Stunden benötigt. Diese oft als „schwimmende Landstraße" bezeichneten Binnenschiffsverkehre gelten als zukunftsträchtig.

Beispiel:

Neben der „schwimmenden Landstraße" werden dem Ro/Ro-Verkehr ferner die Beförderungsformen „Neuwagentransport" und „Schwergutverkehre/Rollende Maschinen" zugeordnet. Alle drei profitieren von der Einsparung an Energiekosten. So werden je Kilometer und Tonne (km/t) bei Ro/Ro-Verkehren zirka 0,02 EUR an Energiekosten kalkuliert. Bei Transporten auf der Schiene betragen sie rund 0,04 EUR und auf der Straße 0,09 EUR.

3.5   Seehäfen und Seehafenwirtschaft

Die seewärtige Wirtschaft, die auch als „maritime" Wirtschaft (lat. *maritimus* = das Meer betreffend) bezeichnet wird, stellt in Deutschland über 350.000 Arbeitsplätze. Diese verteilen sich im Wesentlichen auf vier Wirtschaftsbereiche. Im engeren Sinne wird die maritime Wirtschaft von den Unternehmen der **Seeschifffahrt (Reedereien)** und des **Schiffbaus (Werften)** sowie den **Seehäfen als eigene Wirtschaftsunternehmen** gebildet. Hinzu kommen als vierter Wirtschaftsbereich die **sonstigen Dienstleistungen**, die sich durch eine Fülle von maritimen Spezialunternehmen auszeichnen. Die nachfolgende Übersicht vermittelt grundlegende Daten der maritimen Wirtschaft in Deutschland. Der Schwerpunkt des anschließenden Textes liegt auf der Betrachtung der Seehäfen und den mit ihnen eng verflochtenen sonstigen Dienstleistungen.

Deutschlands maritime Wirtschaft in Stichworten

Zahlen für 2012 *(Quelle: Vgl. u. a. Statistisches Bundesamt, Berlin, unter: https://www.destatis.de/ DE/Publikationen/Thematisch/TransportVerkehr/Schifffahrt/SeeschifffahrtJ2080500127004.pdf?__ blob=publicationFile, letzter Zugriff: 15.07.2013.)*

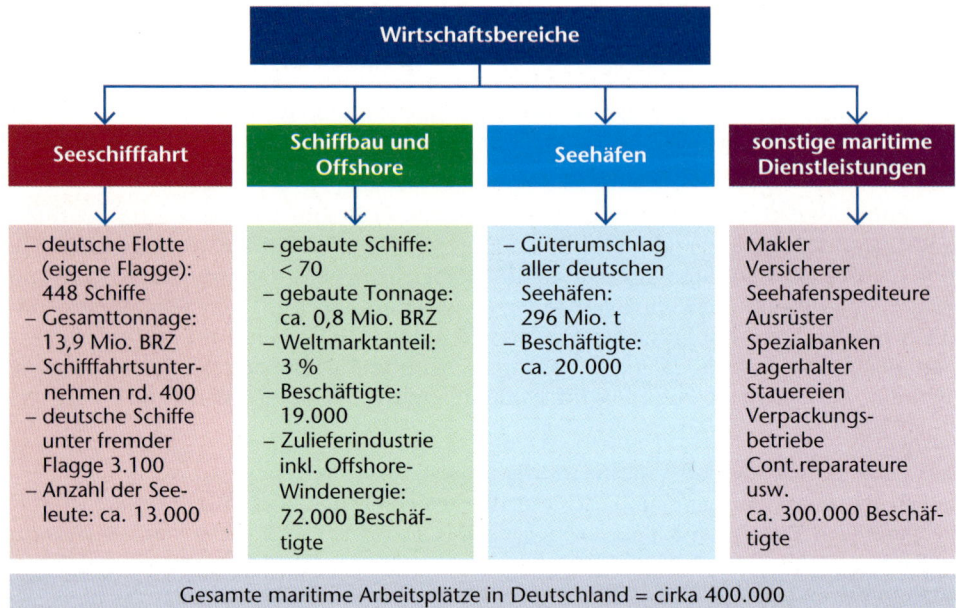

Wirtschaftsbereiche			
Seeschifffahrt	**Schiffbau und Offshore**	**Seehäfen**	**sonstige maritime Dienstleistungen**
– deutsche Flotte (eigene Flagge): 448 Schiffe – Gesamttonnage: 13,9 Mio. BRZ – Schifffahrtsunternehmen rd. 400 – deutsche Schiffe unter fremder Flagge 3.100 – Anzahl der Seeleute: ca. 13.000	– gebaute Schiffe: < 70 – gebaute Tonnage: ca. 0,8 Mio. BRZ – Weltmarktanteil: 3 % – Beschäftigte: 19.000 – Zulieferindustrie inkl. Offshore-Windenergie: 72.000 Beschäftigte	– Güterumschlag aller deutschen Seehäfen: 296 Mio. t – Beschäftigte: ca. 20.000	Makler Versicherer Seehafenspediteure Ausrüster Spezialbanken Lagerhalter Stauereien Verpackungsbetriebe Cont.reparateure usw. ca. 300.000 Beschäftigte

Gesamte maritime Arbeitsplätze in Deutschland = cirka 400.000

3.5.1   Welthafen Hamburg

Der südöstliche Teil der Nordsee, die **Deutsche Bucht**, ist eines der bedeutendsten Schifffahrtsgebiete der Welt. Bis zu 150.000 Schiffe unterschiedlicher Größe, Bauart und Zweckbestimmung passieren die Verkehrszonen der Deutschen Bucht pro Jahr. Wesentliche Ursache für die hohen Schiffsbewegungen sind die deutschen Seehäfen an der Nordseeküste, die über die Verkehrszonen angefahren werden.

Aufgrund seiner vielfältigen Umschlag-, Lager- und Abfertigungsmöglichkeiten gehört der **Hamburger Hafen** zu den größten **Universalhäfen** in Europa. Er liegt rund 110 km von der offenen Nordsee entfernt. Das Hafengebiet wird über die Wasserstraße Unterelbe mittels Lotsen und einer dichten Radarkette angefahren. Die Unterelbe ist ein wasserreicher Großschifffahrtsweg mit einer garantierten Wassertiefe von 13,50 m, sie kann von Schiffen mit einem Tiefgang von 12,50 m tidenabhängig oder bis zu 11,50 m tidenunabhängig (z. B. auch bei Ebbe) angelaufen werden. Der Hafen ist ein **offener Tidehafen**, d. h., er unterliegt den Gezeiten, es gibt aber keine Schleusen, vor denen die Frachtschiffe warten müssen. Der Tidenhub beträgt rund 3 m. Für die großen Containerschiffe war das tidenunabhängige Befahren der Unterelbe bis zum Ende des Jahres 1999 bei voller Abladung nicht möglich. Die durchgeführten **Fahrwasservertiefungen** haben diesen Wettbewerbsnachteil des Hamburger Hafens gegenüber den „Westhäfen" (Antwerpen, Rotterdam) jedoch weitgehend beseitigt.

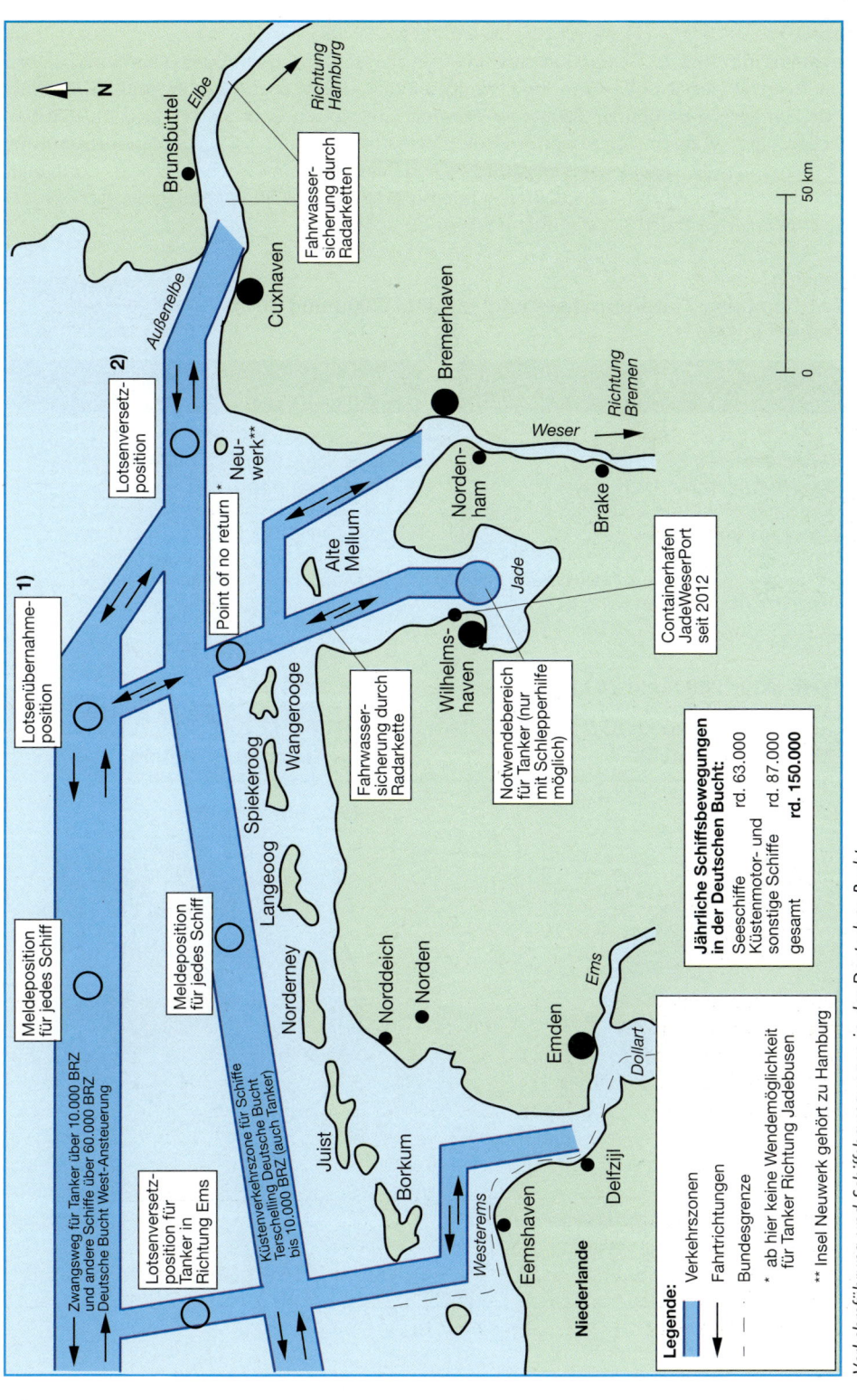

Verkehrsführung und Schiffsbewegungen in der Deutschen Bucht

1) Lotsenübernahmeposition: Lotse geht an Bord des fahrenden Schiffes

2) Lotsenversetzposition: Beginn der nautischen Arbeit (Beratung) des Lotsen im Fahrtrevier

Beispiel 1:

Containerschiffe der 6. Generation mit 8.000 TEU Ladung (8.000 20-Fuß-Container) haben einen Tiefgang von etwa 13,80 m, sie benötigen daher eine Wassertiefe von rund 16 m. Diese Schiffe können die Hamburger Container-Terminals mit Lotsen während der sog. „Tidefenster" erreichen oder verlassen. Allerdings birgt die tidenabhängige und zeitraubende Elbebefahrung für Linienschiffe die Gefahr von Verspätungen und damit von Unwirtschaftlichkeit. Container-schiffe der 5. Generation (rund 6.000 TEU) mit Tiefgängen bis 12,80 m können dagegen seit der Elbevertiefung den Hafen ständig tidenunabhängig anlaufen.

Beispiel 2:
Hafen Hamburg: Güterumschlag und -struktur 2000 und 2011
Umschlag in Mio. t

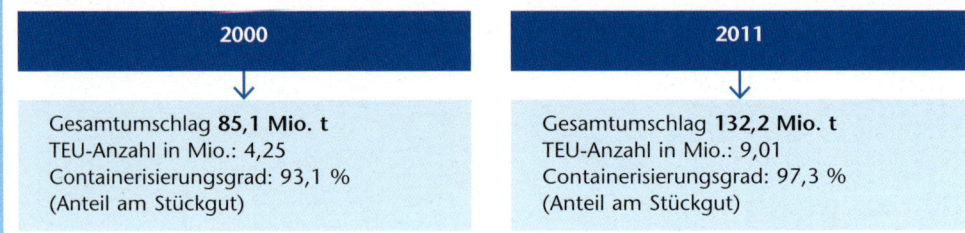

2000	2011
Gesamtumschlag **85,1 Mio. t** TEU-Anzahl in Mio.: 4,25 Containerisierungsgrad: 93,1 % (Anteil am Stückgut)	Gesamtumschlag **132,2 Mio. t** TEU-Anzahl in Mio.: 9,01 Containerisierungsgrad: 97,3 % (Anteil am Stückgut)

Quelle: Zahlen vgl. Containerumschlag Zeitreihe 2012, unter: http://www.hafen-hamburg.de/content/ containerumschlag-zeitreihe-2012, letzter Zugriff: 19.07.2013

Güterstruktur 2000 und 2011

Gesamtumschlag 2000: 85,1 Mio. t
(in Klammer %-Anteil)

2011: 132,2 Mio. t
(in Klammer %-Anteil)

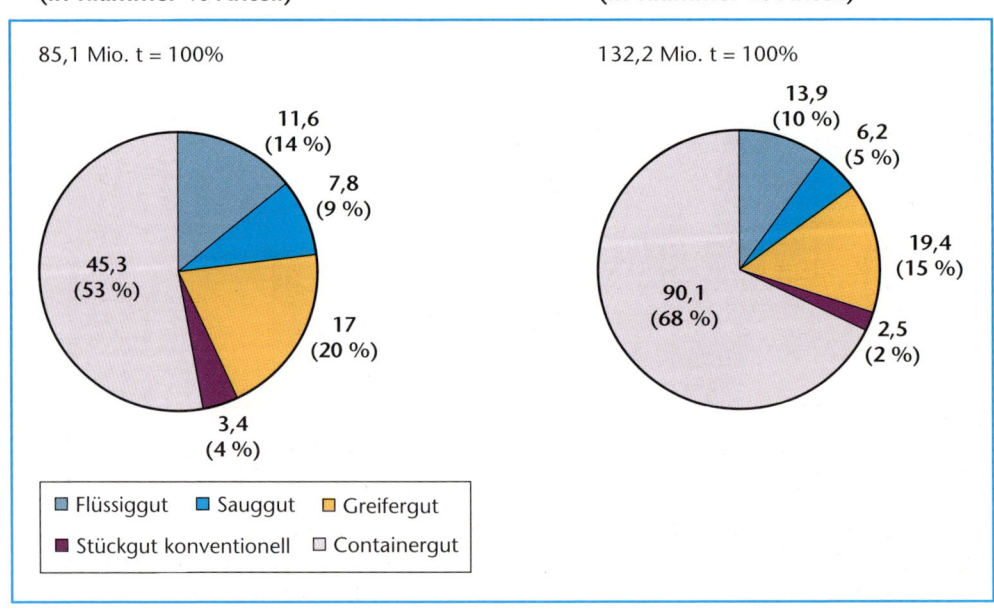

Wegen seiner günstigen geografischen Lage konnte sich Hamburg zu einem bedeutenden Knotenpunkt für den zwischenstaatlichen Handelsverkehr (Transithandel) entwickeln. Hamburgs Hafen wird als der östlichste der großen Nordseehäfen und durch die Verbindung über den Nord-Ostsee-Kanal auch als der westlichste „Ostseehafen" Deutschlands bezeichnet. Pro Jahr laufen rund 12.000 Seeschiffe aus über 90 Staaten den Hafen an, davon verkehrt jedes zweite Schiff im Rahmen eines festen Linienfahrplans deutscher oder ausländischer Reedereien.

Als Transithafen für Container versorgt der Hamburger Hafen über **intermodale Verkehre** das gesamte mitteleuropäische Gebiet. In den letzten Jahren sind laufend neue Hinterlandverbindungen per Bahn eingerichtet worden. Hierzu gehören mehrere Container-Expresszüge, an denen die Hamburger Hafen- und Lagerhaus-Aktiengesellschaft (HHLA) beteiligt ist. Vergleicht man die Marktanteile (Modal Split) der Verkehrsmittel im Hinterland-Containerverkehr, dominiert im Hafen Hamburg der Lkw (vgl. Abbildung).

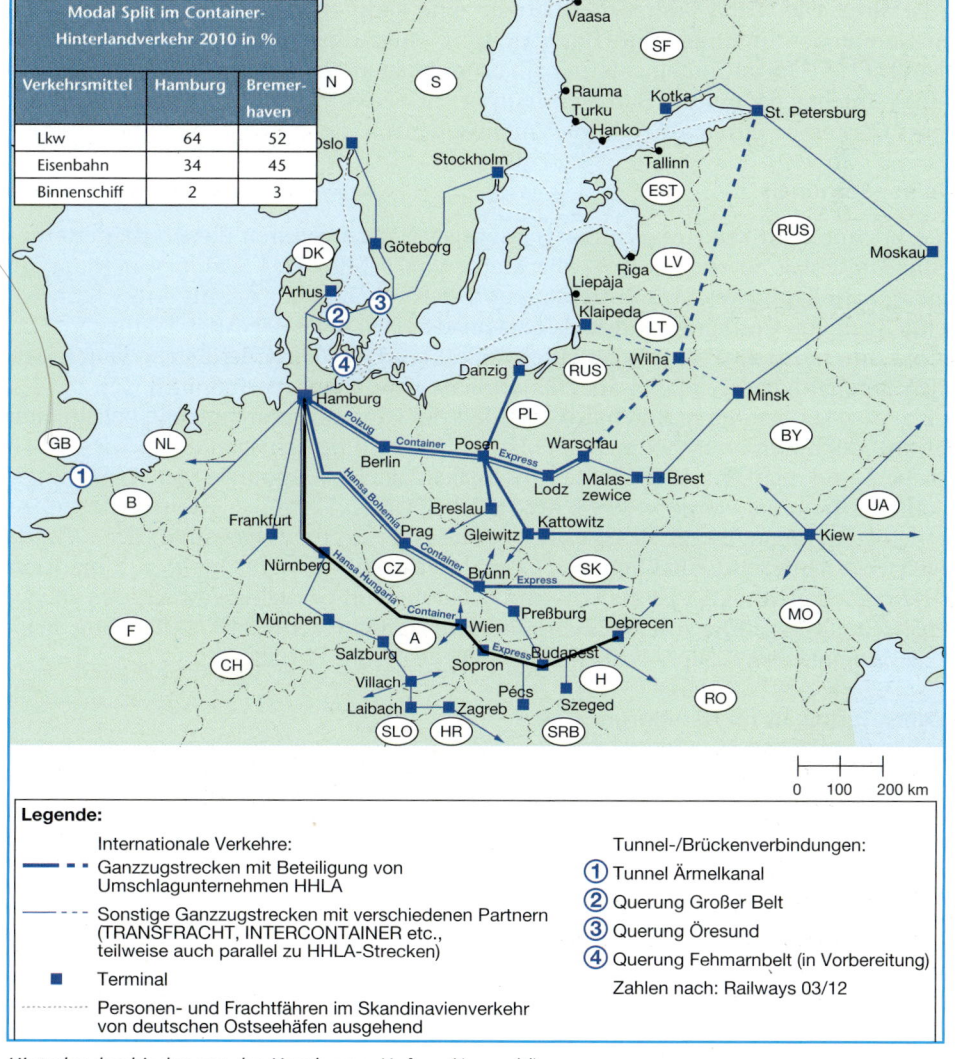

Modal Split im Container-Hinterlandverkehr 2010 in %		
Verkehrsmittel	Hamburg	Bremerhaven
Lkw	64	52
Eisenbahn	34	45
Binnenschiff	2	3

Legende:

Internationale Verkehre:

━ ━ ━ Ganzzugstrecken mit Beteiligung von Umschlagunternehmen HHLA

──── Sonstige Ganzzugstrecken mit verschiedenen Partnern (TRANSFRACHT, INTERCONTAINER etc., teilweise auch parallel zu HHLA-Strecken)

■ Terminal

⋯⋯⋯ Personen- und Frachtfähren im Skandinavienverkehr von deutschen Ostseehäfen ausgehend

Tunnel-/Brückenverbindungen:
① Tunnel Ärmelkanal
② Querung Großer Belt
③ Querung Öresund
④ Querung Fehmarnbelt (in Vorbereitung)
Zahlen nach: Railways 03/12

Hinterlandverbindungen des Hamburger Hafens (Auswahl)

Hamburger Hafen- und Lagerhaus-Aktiengesellschaft (HHLA)

Die im Jahre 1885 gegründete Gesellschaft stellt das größte Dienstleistungsunternehmen im Hamburger Hafen dar. Auf einer Fläche von rund 2,5 Mio. m² und in über 100 Umschlag-, Lager-, Werkstatt- und Verwaltungsgebäuden bietet es alle in der Hafenwirtschaft benötigten Dienste an.

> **Beispiel:**
> Die Dienstleistungen der HHLA umfassen u. a. die Durchführung aller Geschäfte der Seehafenverkehrswirtschaft, vor allem Kaiumschlag, Lagerei und Distribution, Containerreparatur und Leasing-Depot, Port Consulting, Kraftwagenverkehre, Stauerei, Ladungskontrollen (Tally-Arbeiten), elektronische Dienstleistungen.

Pro Jahr werden an den Kaianlagen der HHLA, an denen sich fast 70 Seeschiffliegeplätze befinden, über 3.000 Schiffe abgefertigt. Der Umschlag beläuft sich dabei auf jährlich etwa 10 Mio. t. Die HHLA besitzt und betreibt eine Reihe der wichtigsten und bekanntesten Hamburger Terminals und Hafenanlagen. Hierzu gehören: Container Terminal Burchardkai, UCT Unikai Container Terminal, Forstprodukten-Terminal Dradenau, O'Swaldkai-Terminal, Fruchtzentrum und Bananenschuppen, Übersee-Zentrum, Speicherstadt, TCT Tollerort Container-Terminal, Terminal Altenwerder u. a. m.

Container-Terminals

Zu den hochproduktiven Anlagen des Hamburger Hafens gehören die Containerterminals. Ihr Umschlag überschritt 2011 die Marke von 9 Mio. TEU. Damit war Hamburg europaweit auf Rang zwei nach Rotterdam und weltweit auf Platz elf. Als erstes Terminal ausschließlich für Container wurde 1968 von der HHLA im Stadtteil Waltershof das Terminal **Burchardkai** (CTB) eingerichtet. Annähernd 40 Containerdienste laufen derzeit den Burchardkai regelmäßig an. Die jährliche Umschlagkapazität an Boxen beträgt über 2,5 Mio. TEU. Auf dem Burchardkai erfolgt der Umschlag durchgängig bei Tag und Nacht, stündlich werden in Boomzeiten bis zu 250 TEU umgeschlagen. Bis heute ist CTB die flächen- und mengenmäßig größte Umschlaganlage im Hamburger Hafen. Als jüngstes Containerterminal wurde in Regie der HHLA 2004 das Terminal **Altenwerder** (CTA) in Betrieb genommen. Es gilt als eines der modernsten Containerterminals der Welt, da alle Betriebsabläufe einschließlich der Containertransporte weitgehend automatisiert sind. Kerngeschäft von CTA ist die Ent- und Beladung von Containergroßschiffen an vier Liegeplätzen, die Lagerung von Behältern und ihre landseitige An- und Auslieferung. Beim Umschlag kommen sog. „Super-Post-Panamax-Brücken" zum Einsatz.

Container-Terminals im Hamburger Hafen

Abkürzung	Bezeichnung	Kai-länge in m	Schiffslie-geplätze	Con-tainer-brücken	TEU – Kapazität in Mio. pro Jahr		Betreiber
					2011	geplant	
CTB	Container-Terminal Burchardkai	3.000	10	18	3,3	5,2	HHLA
CTA	Container-Terminal Altenwerder	1.400	4	14	2,4	3,0	HHLA
CTH	Container-Terminal Hamburg	2.100	6	18	2,5	6,0	Eurogate
CTT	Container-Terminal Tollerort	1.240	4	7	0,85	2,0	HHLA

Ehemalige Freizone Hamburg Seit 1.1.2013 „Seezollhafen"

Die Freizone Hamburg, ein ehemals zollprivilegiertes Gewerbegebiet am Wasser, das 1888 per Staatsvertrag zwischen dem Deutschen Reich und der Hansestadt eingerichtet wurde und ursprünglich eine Ausdehnung von 1.634 ha aufwies, existiert nicht mehr. Die Abschaffung beruht auf den veränderten Rahmenbedingungen durch die EU-Ausweitung. Denn ehemalige Drittländer in Europa sind heute Teil des Binnenmarktes, Zollgrenzen wie die an den Freizonen blockierten somit vielfach einen flüssigen Durchgangsverkehr. Die EU hat 2009 das Freizonenprivileg generell abgeschafft, in Hamburg ist die Freizone 2013 vollständig aufgehoben worden.

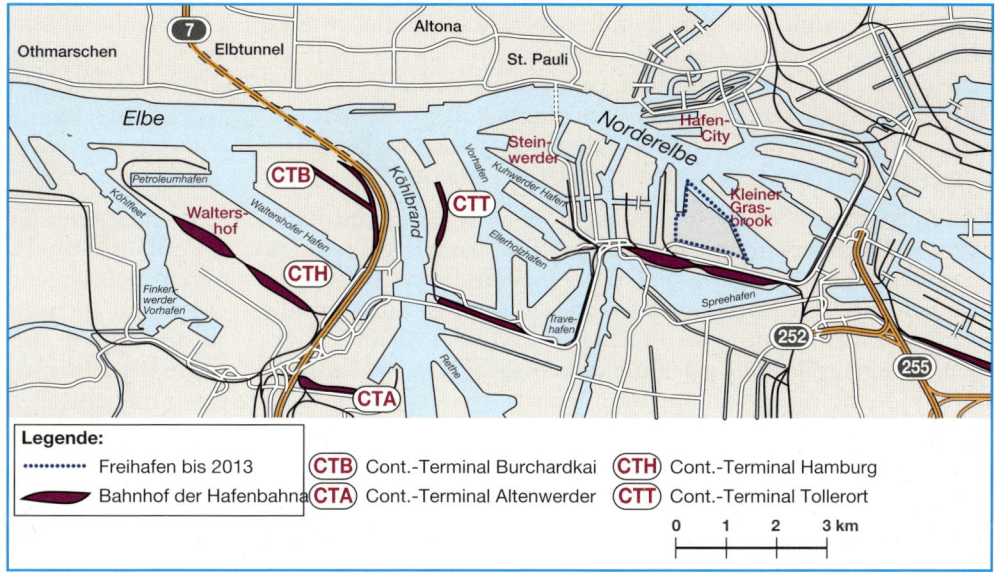

Hafengebiet Hamburg und Containerterminals

3.5.2 Bremische Häfen

Der Begriff „Bremische Häfen" ist eine Sammelbezeichnung, da der Seehafen Bremen aus zwei Hafengruppen besteht: dem **Hafen Bremen-Stadt** an der Unterweser und dem **Hafen Bremerhaven** an der Wesermündung bzw. der Außenweser. Beide Häfen gehören zur Kategorie der **Universalhäfen** und wickeln traditionelle große Mengen Stückgut ab.

In **Bremen-Stadt** gibt es die Hafenanlagen des Überseehafens, des Europahafens (mit Ro/Ro-Terminal), des Neustädter Hafens (mit Container-Terminals und Packing-Center), des Weserbahnhofs und die Speicherflächen für Umschlag und Lagerung. Weitere Spezialeinrichtungen sind die Getreideanlage, das Fruchtzentrum, Kühlhaus und Distributions-Service.

In **Bremerhaven** erfolgen Güterumschläge u. a. in folgenden Häfen: Kaiserhafen II und III (Auto-Import-Terminal, Bananenumschlag), Verbindungshafen, Osthafen (Erzumschlag), Nordhafen (Auto-Export-Terminal, Container). Zu den ausgesprochenen Spezialanlagen gehören u. a. das Fruchtzentrum, das Außenhandelszentrum Speckenbüttel, Kühlhäuser, die Fähranlage und das Packing-Center. Alles überragende Einrichtung ist

das Container-Terminal „Wilhelm Kaisen", das von der **Bremer Lagerhaus-Gesellschaft (BLG)** betrieben wird. Es handelt sich hierbei um die größte geschlossene Containeranlage in Europa.

> **Beispiel:**
> An der rund drei Kilometer langen Stromkaje an der Weser – und damit am offenen Fahrwasser – können bis zu **zehn Großcontainerschiffe** gleichzeitig abgefertigt werden. Das Containerterminal hat eine Fläche von 2,4 Mio. m². Der zu ihm gehörende Nordhafen mit rund 900 m Länge dient neben dem Container- auch dem Ro/Ro-Umschlag. Über Bremerhaven werden jährlich fast 6 Mio. TEU umgeschlagen.

Die BLG übernimmt in den Bremischen Häfen (ähnlich wie HHLA in Hamburg) eine Reihe von typischen Hafendienstleistungen. Hierzu gehören u. a. Güterumschlag, Lagerei, Be- und Entladung von Landverkehrsmitteln, Planung/Bau/Finanzierung der Anlagen sowie deren Unterhalt. Eine Spezialität in Bremerhaven ist der **Fahrzeugumschlag** über mehrere BLG-Anlagen. Jährlich werden bis zu 900.000 Fahrzeuge in Bremen umgeschlagen, davon sind etwa zwei Drittel Import-Pkw.

Die Bremischen Häfen gelten nach wie vor als **Eisenbahnhäfen**, denn annähernd die Hälfte aller Güter wird über die Schiene an- oder ausgeliefert. Etwa 30 Container-Direktzüge verkehren täglich zwischen den Häfen und den Wirtschaftszentren in Deutschland und europäischen Ländern. Hauptumschlaggut ist Stückgut, dies verdeutlich auch die relativ frühe Einführung der Container- und Lash-Technik (Lighter-aboard-ship) in Bremen. Eine zentrale Rolle spielt die verkehrsgeografische Gunstlage insbesondere Bremerhavens; die dortigen Containerterminals gelten wegen der nahen Seeschifffahrtstraßen als schnell erreichbar.

Containerumschlag in der Hamburg-Antwerpen-Range in Mio. TEU (Zahlen gerundet)

Hafen	1996	2000	2008	2011
Deutsche Nordseehäfen				
– Hamburg	3,1	4,3	9,7	9,0
– Bremen/Bremerhaven	1,5	2,8	5,5	5,9
Benelux-Westhäfen				
– Antwerpen (Belgien)	2,7	4,1	8,6	8,7
– Rotterdam (Niederlande)	5,0	6,3	10,7	11,9

Zu den etablierten Häfen zählen an der deutschen Nordseeküste neben Hamburg und Bremen/Bremerhaven weitere zehn Hafenplätze. Es handelt sich dabei zum Teil um Spezialhäfen mit besonderen Aufgaben im Import- bzw. Exportgeschäft. Die Häfen werden gemäß ihrer Lage an den Wasserwegen Unterweser/Hunte, Jade, Ems und Elbe zu Hafengruppen zusammengefasst. Die Tauchtiefen und damit die Befahrbarkeit der Wasserwege sind sehr unterschiedlich.

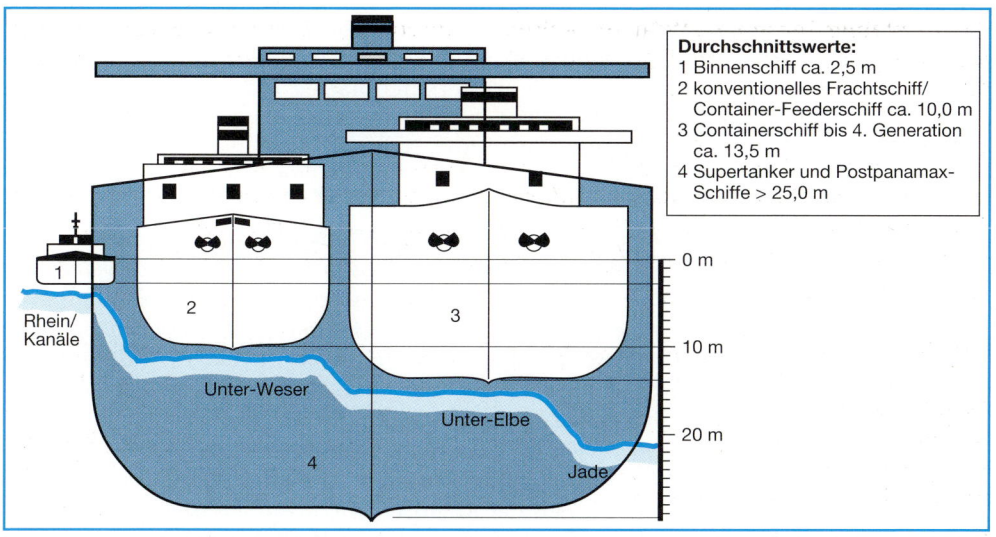

Durchschnittswerte:
1 Binnenschiff ca. 2,5 m
2 konventionelles Frachtschiff/
  Container-Feederschiff ca. 10,0 m
3 Containerschiff bis 4. Generation
  ca. 13,5 m
4 Supertanker und Postpanamax-
  Schiffe > 25,0 m

Tauchtiefen und Schiffsgrößen auf deutschen Wasserstraßen im Vergleich

3.5.3 Häfen an Unterweser und Hunte

Neben den Bremer Häfen übernehmen an der Weser die Seehäfen von Nordenham, Brake und Elsfleth Umschlagsaufgaben. **Nordenham** liegt am linken Weserufer unmittelbar am seeschifftiefen Wasser und kann von Schiffen mit einem Tiefgang von bis zu 13 m genutzt werden. Die Hafenanlagen, die oberhalb von Bremerhaven beginnen, erstrecken sich über eine Länge von rund 10 km. Nordenham ist ein sog. privater Stromhafen mit öffentlichem Charakter. Der Hafen dient vorzugsweise dem Umschlag von Agrarprodukten (Getreide), Eisenerzen, Mineralölerzeugnissen, Kohle/Koks und Gesteinen. Umgeschlagen werden ferner Militär- und Gefahrgüter. Der gleichfalls am linken Ufer der Weser liegende niedersächsische Landes- und **Seehafen Brake** liegt rund 25 km oberhalb von Bremerhaven. Er ist ein Seehafen mit Pieranlagen am offenen Weserstrom (Stromhafen), der von Schiffen bis zu einem Tiefgang von 11,30 m angelaufen werden kann. Durch eine Seeschleuse ist der Umschlag im Braker Binnenhafen tidenunabhängig. In Brake werden vorzugsweise Eisen, Stahl, Windkraftanlagen, Zellstoff/Papier und Agrarerzeugnisse (Getreide, Speiseöle, Fette) umgeschlagen. An der Mündung des Flusses Hunte in die Unterweser befindet sich der **Seehafen Elsfleth.** Er kann Schiffe bis zu einem Tiefgang von 6 m aufnehmen. Vorzugsweise dient Elsfleth dem Umschlag von Massengütern wie Zellulose, Holz, Formstahl und Blechen. Der letzte Hafen im Wesergebiet ist **Oldenburg**. Er ist ein städtischer Hafen am Übergang des Flusses Hunte zum Küstenkanal. Die Hauptumschlagsgüter sind Getreide, Futtermittel und Baustoffe. Für Seeschiffe ist er bis zu einem Tiefgang von 4,20 m geeignet.

3.5.4 Wilhelmshaven und der JadeWeserPort

Der Spezialhafen von Wilhelmshaven stand bis 2012 beim Umschlag der Nordseehäfen traditionell nach Hamburg und Bremerhaven an dritter Stelle. Der ehemalige Industrie- und Handelshafen ist seit 1958, als die erste Tankerlöschbrücke in Betrieb ging, ein ausgesprochener Mineralöleinfuhrhafen. Dieses Massengut beherrscht das Bild in Wilhelmshaven. Die mit fast 20 m Tiefe sehr günstigen Fahrwasserverhältnisse der Jade geben dem Hafen den Charakter eines Tiefwasserhafenplatzes, sodass Tankschiffe bis zu einer Tragfähigkeit von 280.000 t die Tankerlöschköpfe anlaufen können. Die rund 47 km lange Jadestrecke ist tidebeeinflusst und in mehreren Ausbaustufen auf ihre heutige günstige Fahrwassertiefe gebracht worden.

> → *Wilhelmshaven wird seit 1972 als der einzige deutsche Tiefwasserhafen bezeichnet. Der Ausbau der seewärtigen Jadestrecke und des ehemaligen Kriegs- und Marinehafenplatzes zu einem Tiefwasserhafen basiert auf Entscheidungen aus dem Jahre 1956, Wilhelmshaven zur Kopfstation einer Rohölfernleitung für die Ruhrgebietsraffinerien auszubauen. Als erster Großtanker machte nach Abschluss der Vertiefungsarbeiten am 14. April 1974 der vollbeladene Tanker „Esso Bonn" mit 258.000 t Rohöl bei rund 20 m Tiefgang und optimaler Tideausnutzung in Wilhelmshaven fest.*

Von Wilhelmshaven aus werden mittels **Rohrleitungen** die Raffineriezentren im Ruhrgebiet (Gelsenkirchen–Scholven) und an der Rheinschiene (Köln–Wesseling) mit Rohöl versorgt. Teilweise erfolgt die Mineralölverarbeitung auch in Wilhelmshaven selbst. Während am tiefen Fahrwasser ausschließlich Mineralöl, Mineralölprodukte und Massenstückgüter umgeschlagen werden, dient der Innenhafen für den Umschlag von Ro/Ro-Ladungen, Greifergut, Stück- und Gefriergut sowie diversen Gasen. Seit 2013 übernimmt Wilhelmshaven Aufgaben in der Containerschifffahrt.

Beispiel:
Die Einweihung des Tiefwasserhafens am Jadebusen für den Containerumschlag erfolgte im Sommer 2012. Dieser neue Hafen trägt die Bezeichnung **„JadeWeserPort"**. Er ist mit seiner Wassertiefe von 18 m und einer 1.725 m langen Stromkaje mit vier Schiffsliegeplätzen bereits auf die neue Generation von Containerschiffen, die bis zu 420 m Länge aufweisen und bis zu 12.000 TEU laden können, ausgelegt. Landeinwärts ist ein groß dimensionierter Container-Distributionspark sowie ein Industrie- und Gewerbegebiet („Voslapper Groden") im Bau.

3.5.5   Häfen an Ems und Dollart

Herausragender Hafen in der Emsmündung, dem Dollart, ist der **Seehafen Emden.** Er war traditionell der wichtigste Hafen für das östliche Ruhrgebiet, da durch den Dortmund-Ems-Kanal (DEK) eine direkte und günstige Versorgung des Reviers mit Importerzen gewährleistet werden konnte. Gleichzeitig war er Ausfuhrhafen für Kohlen aus dem Ruhrgebiet. Beide Gütergruppen haben jedoch an Bedeutung verloren. Heute ist der westlichste aller deutschen Seehäfen ein Mehrzweckhafen und der drittgrößte europäische Hafen für den Fahrzeugumschlag. Direkte Konkurrenzhäfen sind für Emden die auf niederländischer Seite liegenden Dollarthäfen von Delfzijl und Eemshaven. Verbesserungen bei der ungünstigen Fahrwassertiefe und bei den Seeschleusen sollen die Position von Emden langfristig stärken.

Weiter stromaufwärts im Gebiet der Unterems sind die städtischen Seehäfen **Leer** (Baustoffumschlag) und **Papenburg** von Bedeutung. Letzterer ist einer der wichtigsten deutschen Werftstandorte und spezialisiert auf Holzeinfuhren. Beide Häfen haben für den regionalen Arbeitsmarkt größte Bedeutung.

Umschlagzahlen der wichtigsten deutschen Seehäfen in Mio. t (Zahlen gerundet)

Hafengruppe	Hafen	1997	2004	2010
Nordseehäfen	Hamburg	76,7	114,1	104,5
	Bremische Häfen	33,9	52,0	59,1
	Wilhelmshaven	36,6	48,0	24,7
	Brunsbüttel	7,5	7,8	7,4
	Brake	4,1	5,2	5,1
	Stade-Bützfleth	4,0	4,3	5,2
	Emden	2,6	3,9	4,3
	Nordenham	2,5	2,0	3,2
	Cuxhaven	1,3	1,2	2,1
Ostseehäfen	Lübeck	17,0	27,5	17,8
	Rostock	16,4	21,8	19,5
	Saßnitz-Mukran	< 1	< 1	2,6
	Kiel	3,7	4,6	3,8
	Wismar	1,9	3,1	3,4
	Stralsund	< 1	< 1	< 1
Rheinhäfen[1]	Duisburg	1,7	2,1	2,0

3.5.6　Elbemündungshäfen

Am Mündungstrichter einer der meistbefahrenen Schifffahrtsstraßen der Welt, der Elbe, übernehmen die Häfen von Cuxhaven und Brunsbüttel einige besondere Funktionen. **Cuxhaven** gehört territorial zum Bundesland Niedersachsen. Teile des Hafens (Amerikahafen und Steubenhöft) gehörten bis 1993 zur Hansestadt Hamburg. Cuxhaven verfügt über gute Fahrwasserverhältnisse, sodass auch große Seeschiffe die Kais anlaufen können. Durch die direkte Lage an den Seewasserwegen entfallen für Schiffe zeitaufwendige sog. Revierfahrten. Cuxhaven ist auf den Kurzstrecken-Linienverkehr und den Ro/Ro-Verkehr spezialisiert. Die Schwerpunkte liegen im Verkehr mit Großbritannien (Immingham, Harwich), Schweden (Södertälje) und Finnland (Turku, Helsinki, Kotka). Zu den besonderen Arbeitsgebieten werden der Umschlag von tiefgekühlten Nahrungsmitteln und deren Lagerung in Kühlhäusern gerechnet. Cuxhaven ist ferner Fährplatz für den Helgoland-Verkehr und größter deutscher Fischereihafen.

Der Hafen von **Brunsbüttel** stellt den westlichen Endpunkt des Nord-Ostsee-Kanals (NOK) dar. Er führt Umschlagarbeiten für die hafeneigene Industrie aus wie auch Arbeiten im Zusammenhang mit der NOK-Passage. Dies sind vor allem Seeschiff-Schleusungen. In Brunsbüttel werden jeweils eine alte und eine neue Schleuse betrieben (vgl. Kap. 7.5.1). Die Schleusungszeiten betragen zwischen 30 und 45 Minuten, die NOK-Passagen dauern sieben bis neun Stunden. Dominierende Güter sind in Brunsbüttel Chemieprodukte, Erze, Gase, Mineralöle und Windkraftanlagen.

---

[1]　*nur direkter Seeverkehr*

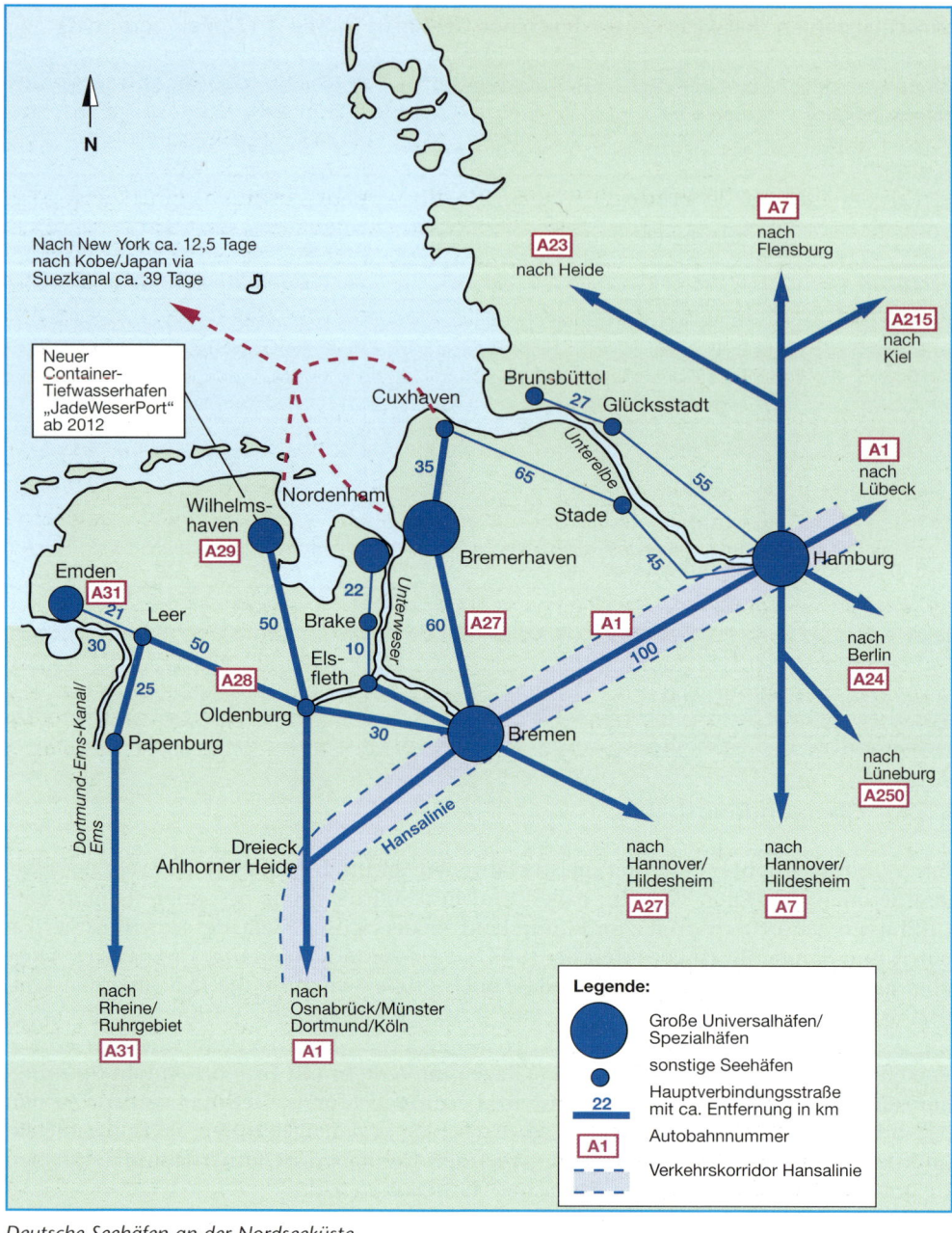

N

Nach New York ca. 12,5 Tage
nach Kobe/Japan via
Suezkanal ca. 39 Tage

Neuer
Container-
Tiefwasserhafen
„JadeWeserPort"
ab 2012

A7
nach
Flensburg

A23
nach Heide

A215
nach
Kiel

Brunsbüttel

27 Glücksstadt

Cuxhaven

35 65 Unterelbe 55

A1
nach
Lübeck

Wilhelms-
haven

A29

Nordenham

Stade

Bremerhaven

45

Hamburg

Emden

A31

21

Leer

30

50

50

25

A28

Oldenburg

Papenburg

22

Brake

Els-
fleth

10

Unterweser

60

A27

A1

100

nach
Berlin

A24

Dortmund-Ems-Kanal/
Ems

30

Bremen

Hansalinie

Dreieck
Ahlhorner Heide

nach
Lüneburg

A250

nach
Hannover/
Hildesheim

A27

nach
Hannover/
Hildesheim

A7

nach
Rheine/
Ruhrgebiet

A31

nach
Osnabrück/Münster
Dortmund/Köln

A1

Legende:

⬤ Große Universalhäfen/
     Spezialhäfen

● sonstige Seehäfen

──22── Hauptverbindungsstraße
         mit ca. Entfernung in km

A1 Autobahnnummer

- - - Verkehrskorridor Hansalinie

Deutsche Seehäfen an der Nordseeküste

3.5.7 Kiel, Lübeck-Travemünde, Puttgarden

An der Ostseeküste verfügt Deutschland über 14 unterschiedlich große und leistungsfähige Seehäfen, die zum Teil reine Spezialhäfen für den Fährverkehr sind. Die Häfen
Kiel, Lübeck-Travemünde und Puttgarden haben in den vergangenen Jahrzehnten einen
Strukturwandel durchlaufen. Er drückt sich darin aus, dass der konventionelle Schiffsverkehr zugunsten der **Fährschifffahrt (Ro/Ro-Verkehr)** deutlich zurückging. Dies
unterstreicht, dass die in der Ostseeschifffahrt vorherrschenden Massengüter wie Mineralöle, Erze, Getreide mittlerweile eine viel geringere Rolle einnehmen als die typischen
Produkte im Fährverkehr, nämlich Stückgüter aller Art, Forstprodukte, Fahrzeuge und
Maschinen. Die Folge dieser Umstrukturierung ist, dass sich Verkehrswege verlagert und
die Häfen neue Funktionen übernommen haben. Als Ursache für diesen Wandel können
zwei Entwicklungen genannt werden:

- Das Transportmittel Lastkraftwagen dominiert im Güterverkehr.

- Die technische Weiterentwicklung von Transportverfahren wie der Ro/Ro-Technik,
  der Bau von Spezialschiffen für den kombinierten Fracht-Fahrgastbetrieb und die Entwicklungen im Eisenbahnfährwesen haben die Verladung von rollenden Gütern im
  Haus-Haus-Verkehr auch über Seewege weiter vorangetrieben.

Führender Fährhafen ist **Lübeck-Travemünde**, er gilt als größter europäischer Fähr-
schiffplatz. Von Lübeck-Travemünde werden täglich Fährliniendienste nach Dänemark,
Schweden, Finnland, Lettland, Estland und Polen angeboten. Der Umschlag der rollenden Ladungen erfolgt über Ro/Ro-Anlagen für Pkw/Lkw-Verkehre sowie über spezielle
Ro/Ro-Eisenbahnanlagen für den sog. Eisenbahntrajektverkehr. Hierbei werden Bahnwagen auf Fährschiffen befördert (= trajektiert), die mit entsprechenden Gleisanlagen
ausgestattet sind.

> **Beispiel:**
> Eine herausragende Fährstrecke ist die Verbindung Travemünde–Hanko (Finnland) mit rund
> 1.080 km. Die Fahrzeit liegt zwischen 33 und 40 Stunden. Wichtige andere Fahrziele sind Gedser
> (3 Std.), Göteborg (14 Std.), Malmö (9 Std.), Trelleborg (7 Std.) und Helsinki (33–45 Std.).

Gemessen an der Fährtonnage ist **Puttgarden** der zweitwichtigste Fährhafen. Die Fährlinie Puttgarden–Rødby Havn ist unter dem Begriff **Vogelfluglinie** bekannt, sie bildete
eine der wichtigsten Verbindungen zwischen Deutschland und Dänemark. Der Bau einer
Brücke über den Fehmarnbelt ist im Vorbereitung.

Von **Kiel** aus werden Fährlinien nach Norwegen, Schweden und Dänemark unterhalten,
wobei die Linien nach Oslo (Norwegen) und Göteborg (Schweden) von großer Bedeutung sind. Nördlich von Kiel ist noch die Fährverbindung Gelting–Faborg (Dänemark)
zu nennen. Sie führt von der Flensburger Förde auf die Insel Fünen und ist damit die
nördlichst gelegene deutsche Fähre.

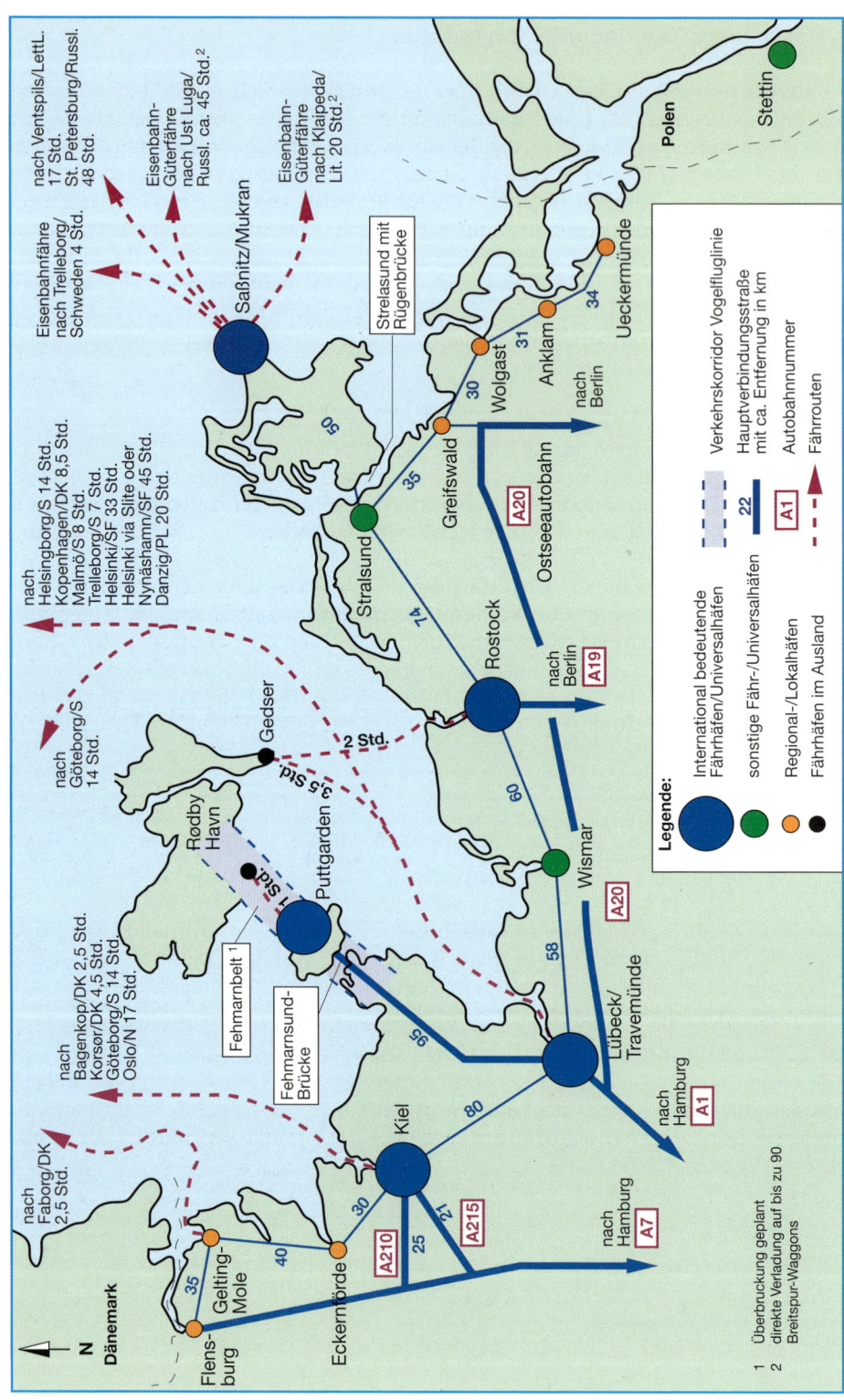

Deutsche Seehäfen an der Ostseeküste

3.5.8   Rostock und andere Ostseehäfen

An der rund 340 km langen Ostseeküste von Mecklenburg-Vorpommern befinden sich acht Seehäfen. Führend sind die international ausgerichteten Häfen **Rostock, Saßnitz/ Mukran,** Wismar und Stralsund, die Aufgaben als Logistikzentren einnehmen. Die Häfen **Wolgast, Greifswald, Ueckermünde** und **Anklam** verzeichnen pro Jahr weniger als 1 Mio. t Umschlag. Allgemein wird all diesen Häfen eine „Verkehrsungunst" nachgesagt.

> **Beispiel:**
> Einige Küstenabschnitte sind sog. Ausgleichsküsten. Der Seehafenbau wird an derartigen Küsten erschwert, da ständige Versandung durch Materialtransport im Wasser (Schwemmsande) droht. Auf Dauer können nur durch kostspielige Molenbauten die Fahrtrinnen freigehalten werden. In Vorpommern gehören einige Abschnitte zum Typ der Boddenküste. Hier sind es geringe Fahrwassertiefen, die nur den Bau von Kleinhäfen zugelassen haben. Darüber hinaus sind diese Häfen von Vereisungen bedroht, die 30 bis 45 Tage andauern können.

Seehafen Rostock

Rostock gehört – neben den polnischen Häfen Danzig und Stettin – zu den größten Seehäfen im gesamten südlichen Ostseeraum. Stadt und Hafen liegen an der Mündung des Flusses Warnow in die Ostsee. Die hydrografischen und nautischen Bedingungen gelten als günstig. Denn das rund 7,5 Mio. m² große Hafengelände kann schnell über eine etwa 14,5 m tiefe und etwa 6 km lange Hafenzufahrt, den Seekanal, erreicht werden. Der Hafen gilt als eisfrei und hat weder Schleusen noch Docks und auch keinen Tidenhub.

In den letzten Jahren sind die Hafenanlagen ständig erweitert worden. Heute ist Rostock der am stärksten **universal** ausgerichtete deutsche Ostseehafen.

> **Beispiel:**
> Zu den Kernanlagen Rostocks gehören Ro/Ro-, Container- und Pkw-Umschlageinrichtungen. Der Rostocker KLV-Terminal liegt nur wenige hundert Meter von den Fähr-, Ro/Ro- und Containerplätzen entfernt. Der Warnow-Fährterminal ist mit vier modernen Anlegestellen einer der Knotenpunkte im Skandinavien-Fährverkehr.

Der einzige Standortnachteil des Hafens ist die fehlende Anbindung an Binnenwasserstraßen. Rostock ist daher ein ausgesprochener **Eisenbahnhafen,** denn rund 90 % aller Güter werden in Bahnwaggons umgeschlagen. Durch seine breitgefächerten Dienstleistungen und seine günstige Lage zu Seehäfen im östlichen Ostseeraum bietet Rostock deutliche Zeit- und Kostenersparnisse bei Verschiffungen in diese Räume.

Vergleich von See-Entfernungen (in Kilometern)

nach	von Rostock	von Kiel	von Lübeck
Trelleborg (Schweden)	135	263	238
Klaipeda (Litauen)	654	823	759
Tallinn (Estland)	1.051	1.220	1.157
Helsinki (Finnland)	1.093	1.261	1.198

Fährhafen Saßnitz/Mukran

1998 wurde die neue „Fährhafen Saßnitz GmbH" auf dem Gelände der Eisenbahnfähr-anlage Mukran in Betrieb genommen. Damit wurden die Fährdienste von zwei Häfen auf der Insel Rügen, die nahe beieinander lagen, zusammengefasst: Saßnitz und Mukran. Die Terminals gelten heute als die modernsten ihrer Art in Europa. Fast 3 Mio. t Güterumschlag pro Jahr entfallen auf die Fährdienste über den Fährhafen Saßnitz.

Die deutsch-schwedische Fährverbindung Saßnitz–Trelleborg ist die traditionsreichste Linie im Ostseegebiet; auf dieser Strecke werden zu etwa 75 % Transitverkehre ausgeführt. Es handelt sich um einen kombinierten Eisenbahn-, Passagier- und Kfz-Fährverkehr, der aufgrund der Einzugsbereiche und der geografischen Lage erheblich größer ist als auf anderen Nord-Süd-Fährrouten.

> **Beispiel 1:**
> Seeschifftiefes Wasser, Saßnitz ist östlichster Tiefwasserhafen Deutschlands, und kurze Entfer-nungen nach Skandinavien sind die eigentlichen Vorteile des Hafens. Bei Fährzeiten von rund 3,5 Stunden nach Trelleborg gegenüber 5,5 Std. ab Rostock und 7 Std. ab Travemünde sind von Saßnitz mehr Schiffsumläufe möglich. Dies bedeutet betriebswirtschaftlich eine höhere Produk-tivität des Fährbetriebes.

> **Beispiel 2:**
> Die Fährroute Saßnitz–Trelleborg wickelt fast den gesamten Eisenbahnfährdienst zwischen Mitteleuropa und Skandinavien ab. Die Route ist ferner wichtig für CMR-Verkehre mit Tsche-chien, Slowakei, Polen, Österreich und Italien. Aufgrund ihrer Lage stellt die Linie mit rd. 111 km seit alters her die kürzeste direkte Verbindung zwischen Skandinavien und Kontinental-europa dar.

Der ehemals selbstständige Eisenbahnfährhafen Mukran, der 1986 in Betrieb ging, ver-zeichnet eine Besonderheit. Er wurde als Hafenplatz für Großfähren auf der Linie DDR–Sowjetunion gebaut und hat in seinem Hafengelände neben 60 km Normalspurgleisen auch 30 km Gleisanlagen in russischer Breitspur (1.520 mm). Der größte deutsche Eisen-bahnfährhafen ist dadurch ein in Westeuropa einzigartiger Spezialhafen für Schwergut- und Projektladungen wie Maschinen- und Anlagentechnik nach Russland und in das Baltikum. Die Tatsache, dass Ladungen bereits im Hafen auf russische Breitspurwaggons geladen werden können, ist Grund dafür, dass Saßnitz/Mukran oft als „westlichster Cargo-Bahnhof der Transsibirischen Eisenbahn" bezeichnet wird. Die Umachsung auf die mitteleuropäische Normalspur (1.435 mm) kann – auch für Ganzzüge – durch den Austausch von Drehgestellen erfolgen. Vielfach werden Güter jedoch umgeladen. Saß-nitz hat seine linienmäßigen Verbindungen ausgebaut.

> **Beispiel 3:**
> Der Fährhafen wurde ursprünglich für Eisenbahntrajektionen auf der Linie Mukran-Klaipeda (Memel) im heutigen Litauen gebaut. Diese Route, rund 520 km lang und in etwa 20 Stunden Fahrzeit zu bewältigen, ist derzeit Hauptlinie für Verschiffungen von Breitspurwaggons nach Russland. Weitere hoch frequentierte Fährrouten ab Saßnitz sind die Linien nach Ventspils (Lett-land) mit Anschluss nach St. Petersburg (keine Bahnwaggons), nach Baltijsk sowie dem neuen russischen Logistikzentrum Ust Luga westlich der Metropole St. Petersburg.

Zusammenfassung

1. An der Nordsee verfügt Deutschland über zehn unterschiedlich große und leistungsfähige Seehäfen.

2. Der Hamburger Hafen ist größter deutscher Seehafenplatz und einer der führenden Universalhäfen in Europa.

3. Der Hamburger Hafen liegt rund 110 km von der offenen See entfernt, er kann von Schiffen mit über 100.000 tdw angelaufen werden. Der Hafen unterliegt den Gezeiten, er ist ein offener Tidehafen.

4. „Bremische Häfen" ist die Sammelbezeichnung für den Seehafen Bremen-Stadt und den Hafen Bremerhaven an der Wesermündung bzw. der Außenweser. Es sind Universalhäfen mit einem hohen Anteil von Stückgütern und Containern.

5. An der Ostsee verfügt Deutschland über elf unterschiedlich große und leistungsfähige Seehäfen, die zum Teil Spezialhäfen für den Fährverkehr sind.

6. Der Seehafen Rostock ist der größte deutsche Universalhafen an der Ostsee. Er besitzt als einziger großer deutscher Großhafen keinen Wasserstraßenanschluss.

Aufgaben

 1. Vergleichen Sie die Häfen Hamburg, Bremen/Bremerhaven und Rostock hinsichtlich
   – ihrer geografischen Lage,
   – ihrer natürlichen Voraussetzungen,
   – ihrer Hinterlandverbindungen,
   – ihrer speziellen Aufgaben und Leistungsschwerpunkte.

 2. Erstellen Sie eine Übersicht der deutschen Nordsee- und Ostseehäfen. Verfahren Sie nach folgendem Muster:

Hafen	Hafentyp	Lage	Hinterland	Hinterland-verbindung	Leistungs-schwerpunkte
Emden	Spezialhafen	Dollart und Ems	Ruhrgebiet	DEK Bahn A 31 A 28	Rohstoffe, Militärgut, Kfz, Zellulose

3. Erstellen Sie mithilfe von Atlas, Karten, Internet und dem Lehrbuch eine Übersicht der deutschen Ostsee-Fährhäfen und ihrer Fährverbindungen. Verfahren Sie nach folgendem Muster:

Hafen	Fährlinie nach	Fährstrecke	Fährzeit in ca. Std.	Leistungs-schwerpunkte
Saßnitz	Klaipeda (Litauen)	521	20	Eisenbahnwaggons (Trajektverkehr)

4. Erläutern Sie die Aussage: Der Hafen Saßnitz/Mukran ist „westlichster Cargo-Bahnhof der Transsibirischen Eisenbahn".

3.6   Flughäfen und Luftfrachtverkehr

Von allen Verkehrsträgern werden dem Luftverkehr, der als sehr dynamischer Verkehrszweig gilt, die größten Zuwachsraten vorausgesagt. Der kommerzielle (= gewerbliche) Luftverkehr wird unterteilt in **Passageverkehr** (Beförderung von Fluggästen) und **Frachtverkehr** (Cargo).

Als regelmäßigen Flugliniendienst gibt es den Luftverkehr etwa seit Ende des Ersten Weltkrieges. In den USA wurde 1918 der Linienverkehr Washington–New York aufgenommen. In Europa kam es 1919 zu ersten Linienverkehren und zwar unter anderem auf den Strecken London–Paris und Berlin–Weimar. Die heutige **Deutsche Lufthansa (DLH)** nahm ihren Liniendienst am 6. April 1926 unter dem Firmennamen „**Deutsche Luft Hansa Aktiengesellschaft**" auf. Kurz zuvor, am 6. Januar 1926 war sie als neue Einheitsfluggesellschaft durch Zusammenschluss der Fluggesellschaften „Deutsche Aero Lloyd AG" und „Junkers-Luftverkehr AG" gegründet worden. Bereits damals waren die Firmenfarben Blau/Gelb und der Kranich mit Schriftzug das Firmensymbol.

Heute gehört Lufthansa, die eine Vielzahl von Beteiligungen hat, in der Passage und im Cargo-Bereich zu den weltweit führenden Unternehmen. Rund 20% des jährlichen Umsatzes erzielt DLH mit Luftfracht. Für viele exportorientierte Wirtschaftsunternehmungen ist der Luftverkehr der wichtigste Verkehrsträger. Er lässt die Transportzeiten schrumpfen und damit die Wettbewerbsfähigkeit der Unternehmen im globalen Handel steigen. Zu den großen Luftfrachtkunden in Deutschland gehören die Branchen Elektronik, Elektrotechnik, Maschinenbau, Feinmechanik und Optik. Auf der anderen Seite werden viele Importgüter erst durch einen schnellen und leistungsfähigen Luftverkehr handels- und verkaufsfähig. Dies gilt insbesondere für Früchte, Blumen, Fisch, Gemüse u. a. m. Die herausragende Bedeutung des Luftverkehrs auch als „Job-Maschine" für die Wirtschaft Deutschlands zeigen die folgenden Zahlen:

- Wertmäßig werden jährlich per Luftfracht rund 40% der deutschen Exporte abgewickelt.

- An den Luftverkehr und die Luftfahrtindustrie sind derzeit – ohne Tourismusbranche – direkt 250.000 und indirekt rund 500.000 Arbeitsplätze gebunden.

- Das Wachstum des Luftverkehrs soll künftig jährlich im Durchschnitt bei Fluggästen 5 und im Luftfrachtverkehr 7 % betragen. Die damit verbundenen Geschäftstätigkeiten schaffen neue Arbeitsplätze. Allgemein rechnet man je neuem Arbeitsplatz am Flughafen mit zwei weiteren indirekten Arbeitsplätzen im Umfeld.

Den grenzüberschreitenden Frachtverkehr führt Lufthansa im **Liniendienst** selbst aus. Am **Chartergeschäft** ist die DLH über die Tochtergesellschaft German Cargo Services (GCS) beteiligt. Während der innerdeutsche Luftverkehr der Lufthansa, ihren Tochterunternehmen und wenigen nationalen Regionalfluggesellschaften vorbehalten ist, sind am grenzüberschreitenden Luftverkehr neben der DLH über 30 ausländische Gesellschaften beteiligt. Innerhalb Deutschlands und zu bedeutenden Wirtschaftszentren Europas ist der Lkw Konkurrent der Carrier, zum Teil werden Lkw von den Fluggesellschaften für „Trucking-Dienste" – sog. RFS/Road-Feeder-Services – europaweit eingesetzt.

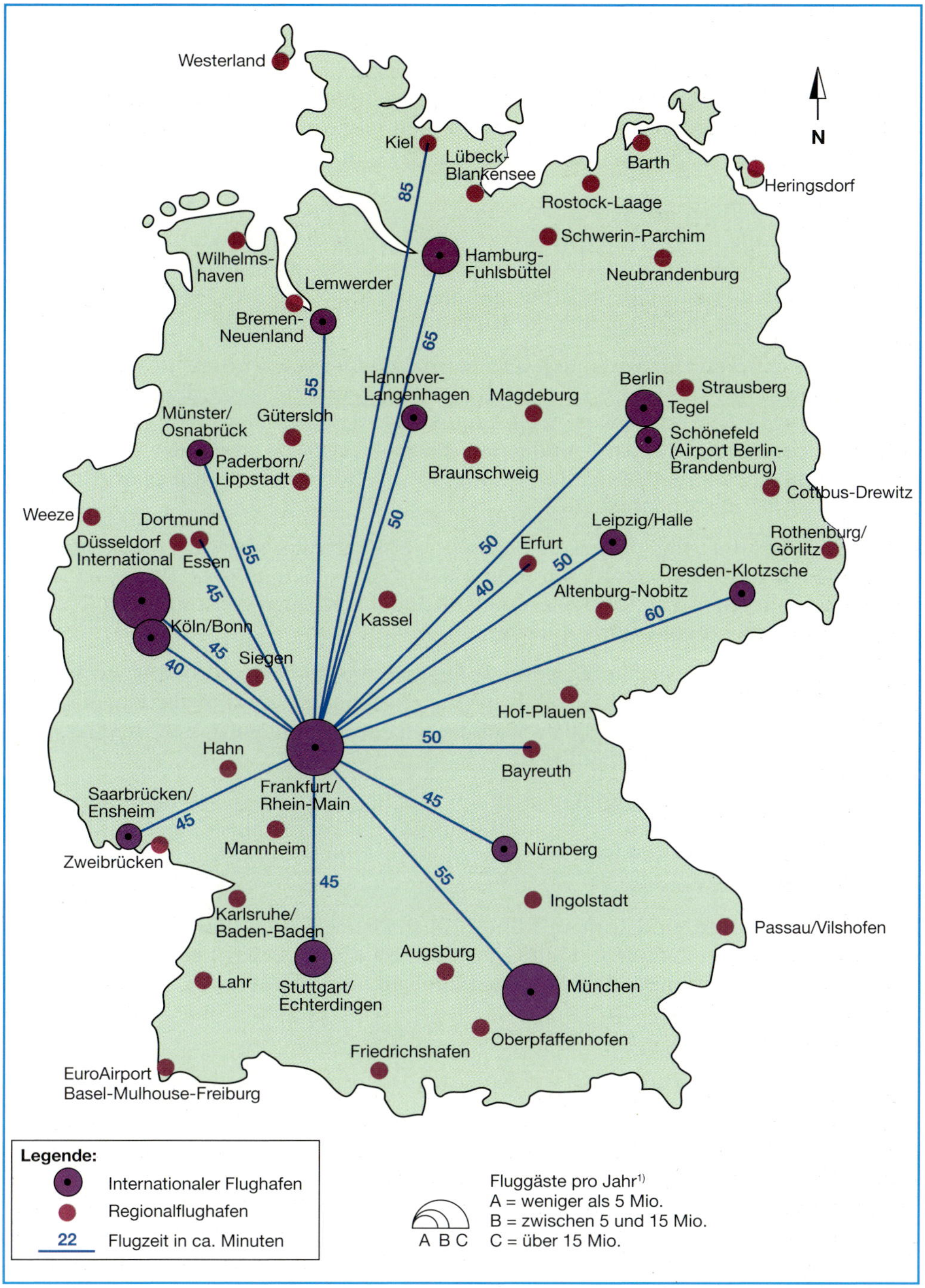

Westerland

Kiel

Lübeck-Blankensee

Barth

Heringsdorf

Rostock-Laage

85

N

Wilhelms-haven

Lemwerder

Hamburg-Fuhlsbüttel

Schwerin-Parchim

Neubrandenburg

Bremen-Neuenland

65

Hannover-Langenhagen

Magdeburg

Berlin
Tegel

Strausberg

55

Münster/Osnabrück

Gütersloh

Schönefeld
(Airport Berlin-Brandenburg)

Paderborn/Lippstadt

Braunschweig

Cottbus-Drewitz

Weeze

Dortmund

50

Leipzig/Halle

Rothenburg/Görlitz

Düsseldorf International

Essen

55

Erfurt

50

50

Dresden-Klotzsche

45

50

40

Altenburg-Nobitz

Köln/Bonn

45

Kassel

60

40

Siegen

Hahn

Hof-Plauen

50

Frankfurt/Rhein-Main

Bayreuth

45

Saarbrücken/Ensheim

45

Mannheim

Nürnberg

Zweibrücken

45

Ingolstadt

Karlsruhe/Baden-Baden

55

Passau/Vilshofen

Lahr

Augsburg

München

Stuttgart/Echterdingen

Oberpfaffenhofen

Friedrichshafen

EuroAirport
Basel-Mulhouse-Freiburg

Legende:

- Internationaler Flughafen
- Regionalflughafen
- 22 Flugzeit in ca. Minuten

Fluggäste pro Jahr[1]
A = weniger als 5 Mio.
B = zwischen 5 und 15 Mio.
A B C C = über 15 Mio.

Deutsche Verkehrsflughäfen (einschl. trinationaler EuroAirport Basel-Mulhouse-Freiburg) und ausgewählte innerdeutsche Flugzeiten ab Frankfurt/Main

[1] einschl. Frachtaufkommen: Eine Tonne Fracht entspricht zehn Fluggästen.

3.6.1　Internationale und regionale Verkehrsflughäfen

Verkehrsflughafen ist der Sammelbegriff für alle Landeplätze, die regelmäßig von öffentlichen Fluglinien benutzt werden und bestimmte technische und kommerzielle Einrichtungen aufweisen. Neben den **Verkehrsflughäfen** gibt es die privaten **Flugplätze** und die Militärflugplätze. Dem internationalen Luftverkehr stehen in Deutschland 19 Verkehrsflughäfen bzw. Hauptflughäfen zur Verfügung. Ergänzt werden sie von rund 30 mehr oder weniger wirtschaftlich bedeutenden regionalen Verkehrsflughäfen bzw. Landeplätzen. Alle diese Verkehrsflughäfen bilden zusammen ein **multizentrales Flughafennetz.** Die großen Flughäfen haben sich, obwohl sie unterschiedlich hohe Flugbewegungen, Passagier- und Luftfrachtmengen aufweisen, alle zu Wirtschafts-, Verkehrs- und Nachrichtenzentren ihrer Regionen entwickelt.

Der Linienflugverkehr für Passagiere und Luftfrachtgüter konzentriert sich auf die Verkehrsflughäfen. Mehrheitseigentümer ist meist die öffentliche Hand, also regionale Körperschaften wie Städte oder Gemeinden, Länder oder der Bund. Diese Flughäfen verfügen über hohe technische Standards und sind sehr gut über die landseitigen Verkehrswege (Straßen und Schienen) erreichbar. Die Flughäfen werden anhand ihrer Funktion und Attraktivität in Gruppen eingeteilt.

- **Primärflughäfen** sind interkontinentale Großflughäfen mit Drehkreuzfunktion (Hub-Flughäfen). Hierzu zählen in Deutschland die beiden größten Flughäfen Frankfurt und München. Fast 90 % aller interkontinentalen Flüge von und nach Deutschland gehen über diese beiden Airports.

- **Sekundärflughäfen** sind internationale Flughäfen mit starker europäischer Ausrichtung. Sie verfügen über ein attraktives Einzugsgebiet und sind in die Flugpläne der Hub-Airlines eingebunden. Hierzu gehören derzeit u.a. die Flughäfen in Düsseldorf, Hamburg, Berlin-Tegel und Stuttgart.

- **Tertiär- oder Regionalflughäfen** sind Verkehrsflughäfen, die meist nur durch wenige oder eine Fluggesellschaft in das internationale Luftverkehrsnetz eingebunden sind. Als Beispiele hierfür können die Flughäfen in Dresden, Dortmund, Saarbrücken, Münster genannt werden.

- **Quartiärflughäfen** sind frühere Militär- oder kleine Regionalflughäfen abseits der Metropolregionen, die nur von Billig-Airlines (Low-Cost-Carriern) genutzt werden. Sie gelten nicht als internationale Verkehrsflughäfen.

Der weitaus größte deutsche Flughafen ist bei Passage und Cargo der **Frankfurter Rhein-Main-Airport.** Diesen Flughafen nutzen jährlich über 55 Mio. Passagiere und über das **Lufthansa Cargo Centrum** (LCC) werden fast zwei Drittel des gesamten deutschen Luftfrachtaufkommens geleitet. Speziell im Frachtverkehr sind nach Frankfurt die Flughäfen **Köln/Bonn** und **München** sowie **Leipzig/Halle** herausragend. Köln/Bonn nimmt in Deutschland im Luftfrachtverkehr Rang zwei ein. Zu einem Frachtdrehkreuz hat sich ferner der Regionalairport **Hahn (Hunsrück)** entwickelt, der zur Entlastung Frankfurts dient. Auf der Anlage, die bis 1993 eine Militärbasis der US-Luftwaffe war, werden jährlich über 280.000 t Luftfracht abgefertigt.

Verkehrsergebnisse auf deutschen Flughäfen 2011 (Zahlen gerundet)

Rang	Art	Flughafen	IATA-Code	Passagiere in Mio.[1]	Luftfracht in Tsd. t[2]	Flugbeweg. in Tsd.
1	Primärflughafen: Interkontinentaler Großflughafen	**Frankfurt** *Rhein-Main*	FRA	56,436	2.251,0	486
2		**München** *F.J. Strauß*	MUC	37,764	320,0	410
3	Sekundärflughafen: Intern. Flughafen mit starker europ. Ausrichtung	**Düsseldorf** *International*	DUS	20,334	81,8	222
4		**Berlin** *Tegel*	TXL	16,914	31,1	169
5		**Hamburg** *Fuhlsbüttel*	HAM	13,558	27,6	141
6		**Köln/Bonn** *K. Adenauer*	CGN	9,623	742,3	131
7		**Stuttgart** *Echterdingen*	STR	9,591	31,0	137
8		**Berlin-Brandenburg**	SXF	7,113	4,7	74
9		**Hannover** *Langenhagen*	HAJ	5,340	17,1	81
10		**Nürnberg**	NUE	3,962	10,5	68
11	Tertiärflughafen: Sonstige intern. Flughäfen	**Hahn**	HHN	2,894	286,0	33
12		**Bremen**	BRE	2,560	0,6	45
13		**Leipzig/Halle**[3]	LEJ	2,264	760,3	64
14		**Dresden** *Klotzsche*	DRS	1,918	0,4	35
15	Quartiärairport: Regionalflughafen	**Dortmund**	DTM	1,822	< 0,1	34
16		**Weeze**	NRN	2,421	< 0,1	22
17		**Münster/Osnabrück**	FMO	1,323	0,2	40
18		**Karlsruhe/ Baden-Baden**	FKB	1,114	0,6	45
19		**Paderborn/Lippstadt**	PAD	0,975	< 0,1	42

3.6.2 Kontinentales Drehkreuz Frankfurt

Der internationale Großflughafen Rhein-Main ist eines der zentralen Drehkreuze (Hub) des kontinentaleuropäischen Flugverkehrs. Er steht in direkter Konkurrenz zu den Großflughäfen von Amsterdam, Paris und London (vgl. Tabelle) und bildet mit ihnen

---

[1] *Flughäfen mit mehr als 1 Mio. Passagiere; Gesamtverkehr einsch. Transit*

[2] *gesamte Fracht einschl. Trucking und Luftpost*

[3] *ab 2008 DHL-Eurofrachtknoten*

die Gruppe der „Großen Vier". In der **Frachtabfertigung** ist der Flughafen mit mehr als 2,1 Mio. t jährlich die Nummer Eins in Europa und weltweit einer der größten seiner Art. Nirgendwo sonst in Europa bündeln sich luftfrachtorientierte Logistikdienstleister in dem Maße wie in Frankfurt, damit ist der Flughafen ein Logistikplatz von herausragender europäischer Bedeutung. Der Flughafen profitiert von der sehr hohen Anzahl von Linienfluggesellschaften, die ihn in hoher Frequenz anfliegen sowie von den zahlreichen Anschlüssen zu weltweiten Destinationen. Wöchentlich werden mehr als 4.600 Passagier- und rund 240 reine Frachtverbindungen zu weltweiten Zielen geboten. Eine Übersicht über wichtige Flugziele im Mittelstreckenverkehr zeigt die Karte auf Seite 150.

> **Beispiel:**
> Von Frankfurt aus werden Flugziele in 112 Ländern direkt angeflogen. Die Zahl der Fluggesellschaften in Frankfurt beträgt über 210. Stündlich erfolgen durchschnittlich 80 Starts und Landungen; in den kommenden Jahren sollen es stündlich 120 Maschinen sein. Die Güter werden bis auf einen geringen Prozentsatz mit Linienflugzeugen befördert. Die Abfertigung übernehmen über 150 IATA-Spediteure.

Um rentabel arbeiten zu können, setzen die Fluggesellschaften im interkontinentalen Luftfrachtverkehr verstärkt Großraumflugzeuge nur zwischen zwei großen Frachtflughäfen ein. Viele Güter werden daher mit Lkw im sog. Truckingverfahren von kleineren Airports oder Abgangsorten im Vor- oder Nachlauf der Langstreckenflüge bewegt. Frankfurt übt eine derartige Knotenpunkt-Funktion aus. Mehrere Tausend Tonnen Luftfracht werden hier jährlich im sog. „**Road Feeder Service**" (RFS) von und nach Frankfurt Rhein-Main befördert.

Die „großen Vier" – führende Verkehrsflughäfen in Europa mit Hub-Funktion
(Zahlen für 2011 – Werte gerundet)

Rang	Flughafen	IATA-Code	Passagiere in Mio.	Luftfracht in Mio. t
1	**London** *Heathrow*	LHR	69,4	1,48
2	**Paris** *Roissy (Charles de Gaulle)*	CDG	61,0	2,09
3	**Frankfurt** *Rhein-Main*	FRA	56,4	2,25
4	**Amsterdam** *Schiphol*	AMS	49,8	1,56

Quelle: Zahlen vgl. Frankfurt Airport, Luftverkehrsstatistik 2011, unter: http://www.fraport.de/content/ fraport/de/misc/binaer/presse/luftverkehrsstatistik-2011/jcr:content.file/luftverkehrsstatistik-2011.pdf, letzter Zugriff: 20.12.2012

Die Frachtabwicklung erfolgt über die sog. CargoCity Frankfurt mit ihren beiden Bereichen CargoCity Nord und CargoCity Süd. Der ältere Bereich **CargoCity Nord** umfasst 51 ha und wird vorzugsweise von der Lufthansa als CargoCenter 1, den Expressdienstleistern sowie einigen Selbstabfertigern genutzt. Die rund 98 ha große Anlage **CargoCity Süd** gliedert sich in das flugvorfeldnahe CargoCenter 2 (48,2 ha) für Fluggesellschaften und Agenten sowie in das flugvorfeldfernere Speditionszentrum Süd (49,8 ha) für Distributeure, Logistikunternehmen und Spediteure. Beide Bereiche sind miteinander vernetzt.

3.6.3 Frachtknoten Köln, Leipzig und München

Der zwischen Köln und Bonn liegende Flughafen **Köln/Bonn**, dessen vorrangige Bedeutung lange Zeit die des Regierungsflughafens der ehemaligen Hauptstadt Bonn war, ist der zweitgrößte deutsche Luftfrachtstandort. Der Umschlag an Luftfracht liegt bei rund 740.000 t pro Jahr. Hauptgründe für die starke Stellung Kölns im internationalen Luftfrachtverkehr sind neben der allgemein günstigen Lage in Zentraleuropa vor allem der 24-Stunden-Service, der es Kurier- und Expressdiensten wie FedEx und UPS erlaubt, ganztägig Frachtabfertigungen vorzunehmen. Teilweise unterhalten derartige Unternehmen in Köln ihren zentralen europäischen Frachtknoten. Die vergleichsweise auch hohen Passagierzahlen Kölns basieren auf den stetig steigenden Flugzeugbewegungen der sog. „Low Cost Carrier". Ein ausgesprochenes Fracht-Drehkreuz stellt der Flughafen **Leipzig/Halle** dar. Der sächsische Frachtknoten ist der DHL-Hub für Deutschand. Der Großflughafen **München** liegt etwa 30 km nördlich der Stadt im Erdinger Moos. Für Süddeutschland ist der Flughafen das alles überragende Luftverkehrszentrum, bundesweit stellt er das zweite internationale Drehkreuz für interkontinentale Flugverkehre dar. Im Frachtverkehr gehört München zu den führenden Airports in Deutschland mit einem jährlichen Umschlag von rund einer Viertelmillion Tonnen.

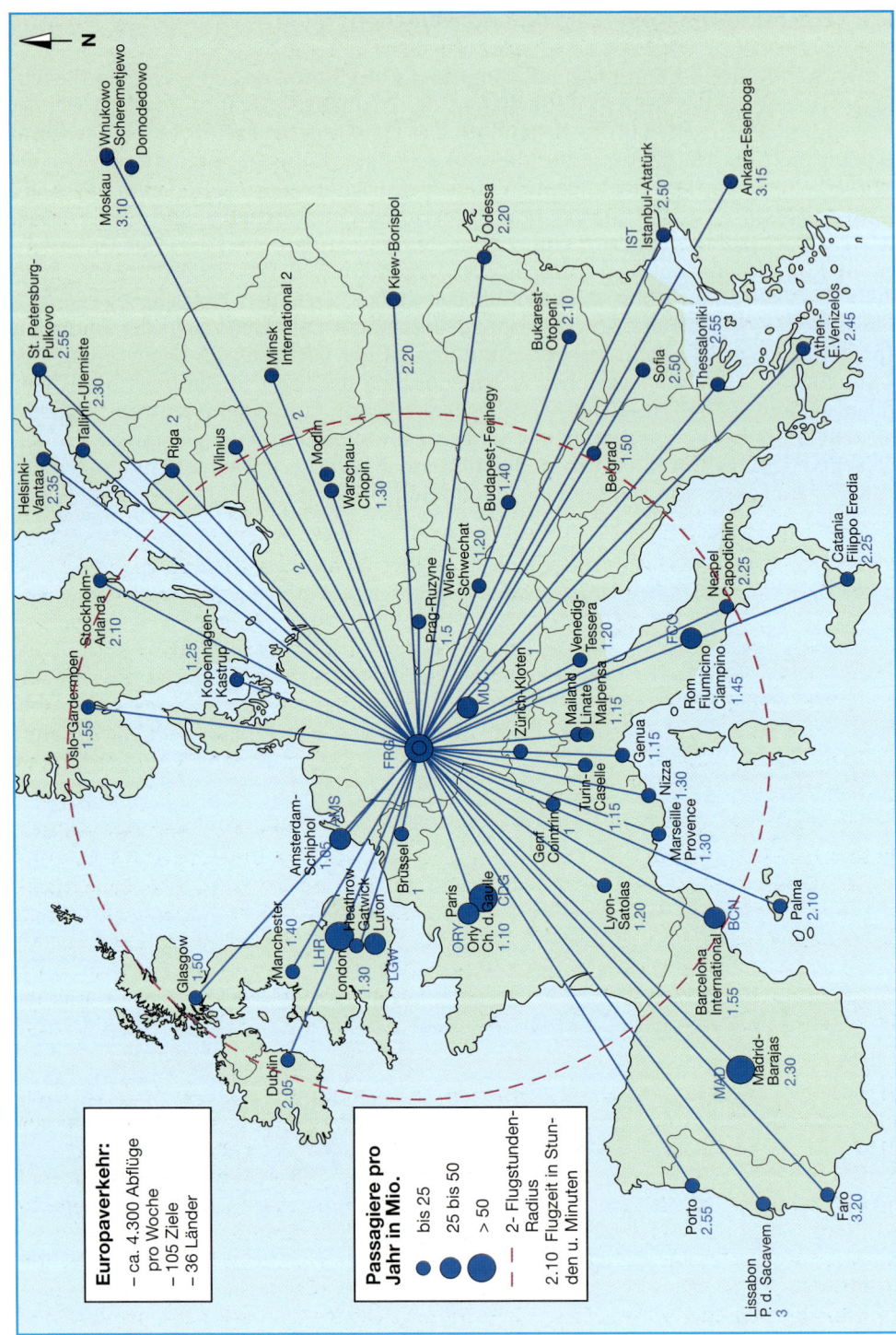

Flugziele und durchschnittliche Flugzeiten im Europaverkehr der Deutschen Lufthansa (Auswahl) ab Frankfurt Rhein-Main

Europaverkehr:
– ca. 4.300 Abflüge pro Woche
– 105 Ziele
– 36 Länder

Passagiere pro Jahr in Mio.
- bis 25
- 25 bis 50
- > 50
- 2 – Flugstunden-Radius
- 2.10 Flugzeit in Stunden u. Minuten

Zusammenfassung

1. *Der kommerzielle (gewerbliche) Luftverkehr wird in Passageverkehr, also Beförderung von Fluggästen, und Frachtverkehr unterteilt. Der Oberbegriff für den Luftfrachtverkehr ist „Cargo".*

2. *Dem internationalen Luftverkehr stehen in Deutschland 19 Verkehrs- bzw. Hauptflughäfen und über 30 regionale Verkehrsflughäfen oder Landeplätze zur Verfügung. Alle zusammen bilden ein multizentrales Flughafennetz.*

3. *Überragender deutscher Flughafen ist im Fracht- und Passagegeschäft der Frankfurter Rhein-Main-Airport. Zweitgrößter deutscher Luftfracht-Umschlagplatz ist der Flughafen Köln/Bonn.*

3.7 Rohrleitungsverkehre

Eine Konkurrenz für Binnenschifffahrt und Eisenbahn stellen die **Rohrleitungen** (Pipelines) dar. Eine große Zahl von Gütern kann mit diesem Verkehrsmittel sehr günstig befördert werden. Dies gilt vor allem für jene **flüssigen** und **gasförmigen Stoffe**, die regelmäßig in großen Mengen in festen Verkehrsrichtungen bewegt werden müssen. Hierzu gehören Erdöl, Erdölprodukte wie Treibstoffe, Heizöl, Erdgas und Industriegas (technische Gase). Rohrleitungen zum Transport von Erdöl werden **Mineralöllleitungen** genannt, für die Beförderung von Erdölprodukten und vergleichbaren Erzeugnissen allgemein **Produktenleitungen.** Eine besondere Form sind die Wärme- und Feststoffleitungen. In ihnen werden, meist auf nur kurzen Distanzen, staubförmige Güter wie Zement, Mehl oder feingemahlene Kohle transportiert, in Wärmeleitungen Wasser in hohen Temperaturen (bis 180 °C) zur Wärmeversorgung.

Optisch treten Rohrleitungen kaum in Erscheinung, da sie üblicherweise unterirdisch oder untermeerisch verlaufen. Markante Punkte sind lediglich die Endpunkte der Pipelines, an denen sich große verkehrstechnische Anlagen befinden. Für das Verkehrsgewerbe, insbesondere für Fach- und Tankspeditionen, sind vor allem die angeschlossenen Verarbeitungszentren von Interesse, da von hier aus die Feinverteilung, also die Versorgung der Abnehmer mit Kraftstoffen, Industriegasen, Heizölen vorgenommen wird. So arbeiten im Rhein-Ruhr-Gebiet, in der Rhein-Main-Region oder im Raum Hamburg eine Reihe spezialisierter Frachtführer, die für Raffineriebetriebe die Distribution vornehmen.

Rohrleitungen wurden bereits zu Beginn des 19. Jahrhunderts eingesetzt, und zwar zunächst für den Transport von Steinkohlegasen. In Deutschland gab es **Stadtgasnetze** ab 1826 in Hannover und ab 1828 in Dresden. Besonders für den Ferntransport von Gasen ist der Rohrleitungsverkehr so gut wie konkurrenzlos. **Ferngasleitungen** gab es in Deutschland schon um 1920, zunächst im Gebiet Rhein-Ruhr und in Südwestdeutschland. Heute sorgt ein von der Energiewirtschaft unterhaltenes bundesweites Netz von **Erdgasleitungen** für eine stetige Versorgung mit diesem wichtigen Energiestoff. **Erdölrohrleitungen** sind seit 1865 in den USA im Gebrauch (Ölleitung von Titusville über 7 km). In Deutschland wurden in großem Umfang Ölleitungen erst nach dem Zweiten

Weltkrieg gebaut. Das besondere Merkmal aller Rohrleitungsverkehre ist darin zu sehen, dass sie bei ihrem Bau einen hohen Kapitaleinsatz erfordern, die ständigen Betriebskosten dagegen gering sind.

Rohrleitungsverkehre über eine Entfernung bis etwa 50 km erfolgen mit **Nahleitungen**. Sie verbinden z. B. erdölverarbeitende Unternehmen (Raffinerien) mit der petrochemischen Industrie oder einzelne Betriebsteile untereinander. Die Güter in diesen Leitungen sind vorwiegend Mineralölprodukte wie Dieselkraftstoff, Superbenzin, Heizöl, Düsenkraftstoff usw. oder gasförmige Rohstoffe (Äthylen, Stickstoff, Methangas u. a. m.). Für die nationale Versorgung mit Rohöl stehen mehrere, teilweise **internationale Fernleitungen** zur Verfügung. Sie führen fast ausnahmslos von Importhäfen, wo es ebenfalls beträchtliche Raffineriekapazitäten gibt, zu Raffinerie- und Petrochemiewerken sowie Logistikzentren im Binnenland und damit zu den Verbrauchern. Dieses Netz entstand im Wesentlichen zwischen 1958 und 1975.

Leitungen für Erdöl und Erdölprodukte nach/in Deutschland (Auswahl)

Abkür-zung	Bezeichnung und Inbetriebnahme	Beginn (Importhafen bzw. Ausgangspunkt)	Ende (Raffineriezentrum)	Länge in ca. km
NWO	Nord-West-Ölleitung (seit 1958)	Wilhelmshaven	Duisburg, Gelsenk., Köln/Wesseling	353 km
NDO	Norddeutsche Ölleitung	Wilhelmshaven	Hamburg	136 km
RRP	Rotterdam-Rhein-Pipeline (seit 1960)	Rotterdam via Venlo	Wesseling Gelsenkirchen	280 km 221 km
SEPL	Südeuropäische Pipeline (seit 1962)	Marseille/Lavéra/ Fos-sur-mer	Karlsruhe, Mannheim	770 km
RDO	Rhein-Donau-Ölleitung (seit 1963) Fortführung der TAL	Ingolstadt	Karlsruhe	272 km
CEL	Centraleuropäische Leitung (seit 1965)	Genua	Ingolstadt	660 km (stillgelegt)
TAL	Transalpine Ölleitung (seit 1967)	Triest	Ingolstadt	465 km
–	Schwedt-Leuna Fernrohrleitung (seit 1962)	Schwedt a. d. Oder	Leuna, Böhlen und Rüssen	326 km
–	Rostock-Schwedt-Fernrohrleitung	Rostock	Schwedt a. d. Oder	202 km
–	Druschba-Leitung	Ural/Wolga-Gebiet	Schwedt a. d. Oder	4.000 km

Die **NWO** war die erste westeuropäische Fernleitung für Rohöl. Die über Wilhelmshaven eingeführten Erdöle werden über diese Pipeline in die Raffinerie- und Petrochemiezentren des Emslandes, des Ruhrgebietes und des Kölner Raumes gepumpt. Die **RRP** versorgt von Rotterdam aus via Venlo und von dort über Zweigleitungen Gelsenkirchen, Wesseling und Wesel. Besondere Bedeutung haben die Südeuropa-Pipelines, über die Nahost-Rohöl auf kurzem Wege nach Mitteleuropa transportiert werden kann.

> **Beispiel:**
> Mit dem Bau der **SEPL**, die heute aus drei Rohrsträngen besteht, von Marseille durch das Rhône-
> tal nach Norden verkürzt sich der Transportweg zu Abnehmern im Oberrheingebiet (Karlsruhe,
> Mannheim, Ludwigshafen), der Schweiz und Ostfrankreich um mehr als 3.000 km, da der See-
> transport um die Iberische Halbinsel entfällt.

Größter Raffinerie- und Tanklagerstandort in Süddeutschland ist Ingolstadt, wo die
Leitung der **TAL** endet und von wo aus die **TAL/RDO-Leitung** zum Oberrhein weiter-
geführt wird. Im ostdeutschen Raffineriezentrum von Schwedt/Oder schließt die rund
4.000 km lange russische Erdölleitung „Freundschaft" (Druschba) ab, in der Erdöl
aus den Feldern des Wolga-Ural-Gebietes befördert wird. Pipelines gelten als umweltfreundlich.

> **Beispiel:**
> Durch die für Österreich wichtigste Rohrleitung, die TAL zwischen dem Hafen Triest und dem
> Raffineriestandort Wien-Schwechat werden jährlich rund 7 Mio. t Rohöl gepumpt. Für diese
> Transportleistung müssten im Straßenverkehr bei 250 Arbeitstagen pro Jahr etwa 1.400 Tankzüge
> täglich eingesetzt werden.

Neben dem Rohrfernleitungsnetz für Erdöl gibt es zahlreiche Erdgas- und Produktenfern-
leitungen. Hier sind vor allem zu nennen: die **TENP** (Trans-Europa Naturgas Pipeline),
die von den Niederlanden über Deutschland in die Schweiz und nach Italien führt und
die **MEGAL** (Mitteleuropäische Gasleitung), von Südfrankreich über Deutschland nach
Österreich. Westsibirisches Erdgas kann über die Leitungen „**Nordlicht**" und „**Sojus**" via
Tschechische Republik nach den Industriegebieten Halle/Bitterfeld/Leipzig und Lauch-
hammer/Senftenberg gepumpt werden; eine Abzweigung führt nach Bayern und wird in
die MEGAL eingespeist. Seit 2011 wird durch die neue Ostsee-Pipeline „Nord Stream"
Erdgas aus sibirischen Gasfeldern nach Greifswald/Lubmin befördert. Die Leitung ist
1.200 km lang und teilweise in über 200 m Meerestiefe verlegt. Eine wichtige Rolle nehmen weiterhin die Produktenleitungen **RMR** (Rhein-Main-Rohrleitung) von Rotterdam
nach Ludwigshafen (665 km) und die ostdeutsche Leitung von Buna/Leuna nach Leu-
tensdorf/Záluzi in der Tschechischen Republik ein. Je nach Konjunkturlage ist es möglich, dass einzelne Raffinerien stillgelegt werden und damit auch die entsprechenden
Fernleitungen.

Zusammenfassung

1. *Der Rohrleitungsverkehr ist beim Transport von flüssigen oder gasförmigen Gütern ein Konkurrent der Binnenschifffahrt und der Eisenbahn.*

2. *Deutschland wird über neun teilweise internationale Fernleitungen mit Erdöl und Erdölprodukten beliefert.*

3. *Große Raffineriezentren befinden sich in Duisburg, Gelsenkirchen, Köln-Wesseling, Hamburg,
   Wesel-Hünxe, Karlsruhe, Mannheim, Ingolstadt und Schwedt/Oder.*

4. *Tank- und Fachspeditionen übernehmen in den Raffineriezentren flüssige und gasförmige Güter
   für die Feinverteilung mit Lastkraftwagen.*

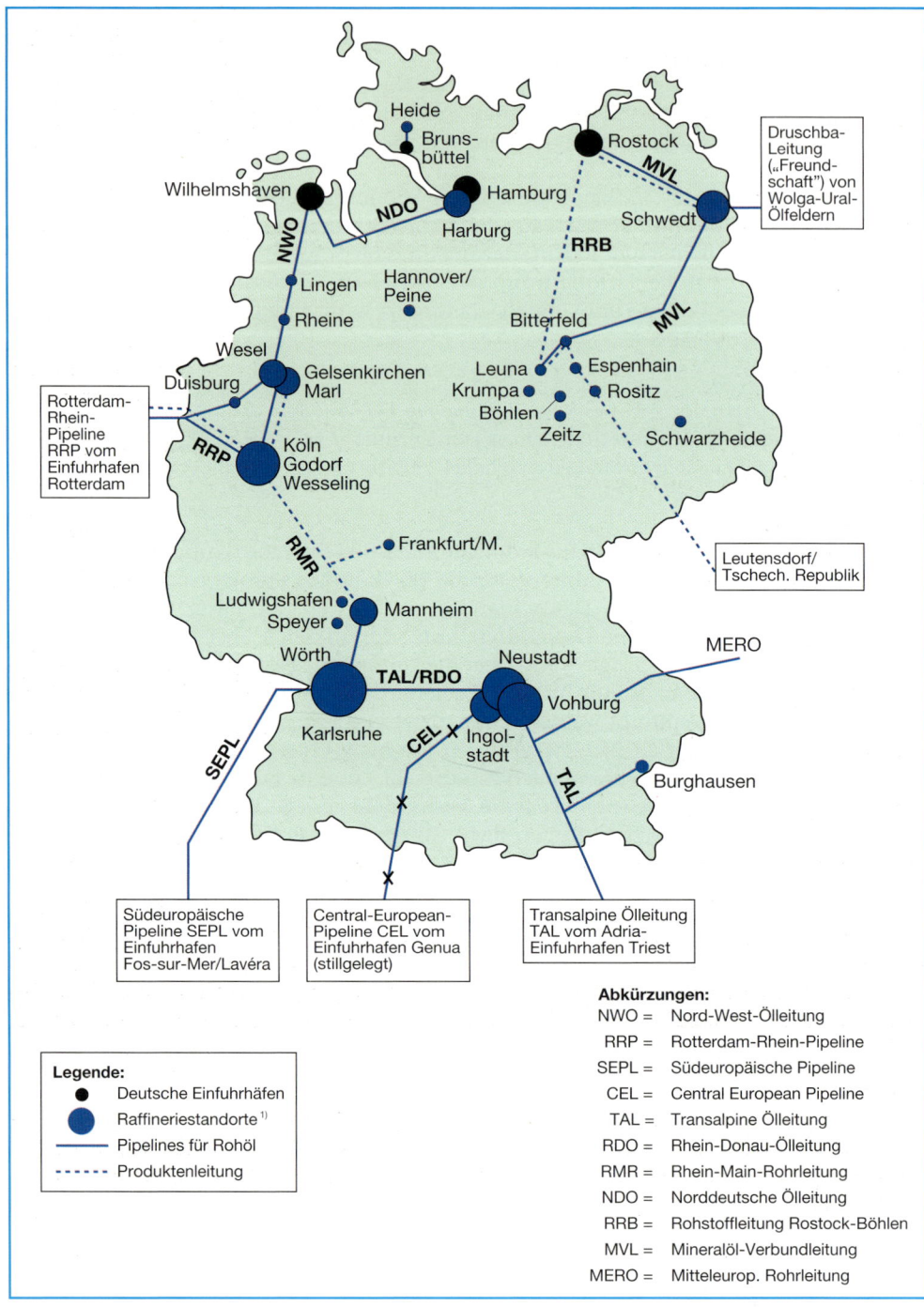

Heide
Bruns-
büttel
Wilhelmshaven
Rostock
Druschba-
Leitung
(„Freund-
schaft") von
Wolga-Ural-
Ölfeldern
MVL
NDO
Hamburg
Schwedt
Harburg
NWO
RRB
Lingen
Hannover/
Peine
Bitterfeld
MVL
Rheine
Wesel
Leuna
Espenhain
Duisburg
Gelsenkirchen
Marl
Krumpa
Rositz
Böhlen
Zeitz
Schwarzheide
Rotterdam-
Rhein-
Pipeline
RRP vom
Einfuhrhafen
Rotterdam
Köln
Godorf
Wesseling
RRP
RMR
Frankfurt/M.
Leutensdorf/
Tschech. Republik
Ludwigshafen
Speyer
Mannheim
Wörth
Neustadt
MERO
TAL/RDO
Vohburg
Karlsruhe
CEL
Ingol-
stadt
SEPL
TAL
Burghausen

Südeuropäische
Pipeline SEPL vom
Einfuhrhafen
Fos-sur-Mer/Lavéra

Central-European-
Pipeline CEL vom
Einfuhrhafen Genua
(stillgelegt)

Transalpine Ölleitung
TAL vom Adria-
Einfuhrhafen Triest

Abkürzungen:

NWO = Nord-West-Ölleitung
RRP = Rotterdam-Rhein-Pipeline
SEPL = Südeuropäische Pipeline
CEL = Central European Pipeline
TAL = Transalpine Ölleitung
RDO = Rhein-Donau-Ölleitung
RMR = Rhein-Main-Rohrleitung
NDO = Norddeutsche Ölleitung
RRB = Rohstoffleitung Rostock-Böhlen
MVL = Mineralöl-Verbundleitung
MERO = Mitteleurop. Rohrleitung

Legende:

● Deutsche Einfuhrhäfen
● Raffineriestandorte [1]
— Pipelines für Rohöl
---- Produktenleitung

Rohölversorgung Deutschlands – Einfuhrhäfen, Raffineriestandorte und Pipeline-Systeme

[1] *Die Kreisgrößen bezeichnen den ca. Jahresdurchsatz in Mio. t*
– kleine Kreise = bis 4 Mio. t
– mittlere Kreise = 4–8 Mio. t
– große Kreise = über 8 Mio. t

4   Verkehrs- und Wirtschaftsraum Europa

Europa ist mit einer Fläche von 10,245 Mio. qkm der zweitkleinste Kontinent vor Australien, aber mit über 740 Mio. Menschen sehr dicht besiedelt. Die **Bevölkerungsdichte** liegt bei rd. 70 Einwohnern/km², dies ist der weltweit höchste Wert für einen Kontinent. Insgesamt nimmt Europa etwa 6,8 % der Landfläche der Welt ein, es leben aber über 16,5 % der Weltbevölkerung auf dieser Fläche. Diese Zahlen lassen bereits die besondere Stellung Europas im weltweiten Wirtschafts- und Verkehrsgefüge erkennen.

Das Wort Europa geht ursprünglich auf eine Richtungsangabe in phönizischer Sprache zurück. In der Mittelmeerschifffahrt bedeutete *ereb* = Sonnenuntergang bzw. Abendland. Im Gegensatz dazu steht *aszu* = Sonnenaufgang oder Morgenland. Für die Abgrenzung Europas gilt:

Max. Punkt im ….	Koordinate	Ort/Lage	Staat
Westen	9° 31′ w. L.	Cabo da Roca	Portugal
Osten	60° ö. L.	Uralgebirge/-fluss	Russland
Norden	71° 8′ n. Br.	Nordkinn	Norwegen
Süden	36° n. Br.	Punta Marroqui	Spanien

Rund ein Drittel der europäischen Landfläche wird von Inseln und Halbinseln eingenommen, die stark gegliederten Küsten haben eine Länge von insgesamt fast 37.000 km. Viele Buchten begünstigen Naturhäfen und zahlreiche Flussmündungen, unter anderem in Form von Trichtermündungen, bieten eine hervorragende Verkehrserschließung bis weit in die Hinterländer. Bevorzugt sind in dieser Hinsicht die Britischen Inseln und der Nordwesten des Kontinents.

Beispiel:
Bis auf Ausnahmen in den Gebieten Osteuropas gilt generell, dass kein Ort in Europa mehr als 500 km von einem Meer entfernt liegt. Diese insgesamt also den Handel begünstigende Situation hat entscheidend zur heutigen Ausprägung der Wirtschafts- und Verkehrsverhältnisse beigetragen.

4.1   Lage, Grenzen und politische Gliederung

In Europa gibt es derzeit 50 Staaten. Fast alle Flächenländer gehören Wirtschaftsgemeinschaften oder politisch geprägten Staatengruppen an. Die wichtigsten Allianzen sind die **Europäische Union** (EU) und die Zollunion der **Europäischen Freihandelszone** EFTA (European Free Trade Association). Beide Gruppen sind – bis auf die Schweiz – wiederum im sog. **EWR ("Europäischer Wirtschaftsraum")** zusammengeschlossen. Der EWR stellt allerdings noch keinen Binnenmarkt im Sinne der EU dar. Er garantiert jedoch den freien Verkehr von Waren, Personen, Dienstleistungen und Kapital zwischen den EU- und EFTA-Ländern. Im EWR-Raum leben über 460 Mio. Menschen, dies sind etwa 8 % der Weltbevölkerung. Sie erbringen rund 21 % der Weltwirtschaftsleistung. Die Gemeinschaft Unabhängiger Staaten (GUS) umfasst zwölf Mitgliedsländer, von denen vier ganz oder teilweise in Europa liegen.

Die 27 EU-Länder bilden den wirtschaftlichen Kern Europas. Mehrere Staaten haben die EU-Mitgliedschaft beantragt. Die Türkei ist der EU seit 1963 assoziiert, d. h. angeschlossen, was sich in beiderseitigen Zollvergünstigungen ausdrückt.

Wirtschaftlich-politische Staatengruppen in Europa

Staatengruppe	Länderanzahl	Mitgliedsländer	Gründungs-/ Beitrittsjahr	Bev. in Mio (2011)
EU Europäische Union	27	Belgien, Deutschland, Frankreich, Italien, Luxemburg, Niederlande	1958	502,5
		Dänemark, Großbritannien, Irland	1973	
		Griechenland	1981	
		Portugal, Spanien	1986	
		Finnland, Österreich, Schweden	1995	
		Estland, Lettland, Litauen, Polen, Tschechien, Slowakei, Ungarn, Slowenien, Malta, Zypern	2004	
		Rumänien, Bulgarien	2007	
EFTA European Free Trade Association	4	Island (EU-Beitritt beantragt), Norwegen, Schweiz, Liechtenstein	1960	12
GUS Gemeinschaft Unabhängiger Staaten[1]	4	Russland, Weißrussland (Belarus), Ukraine, Moldawien	1991	166,0 (einschl. asiatischer Teil Russlands 203,0)
Sonstige: Reformländer bzw. Staaten ohne Anschlüsse	4	Kroatien, Serbien, Montenegro, Kosovo	EU-Beitritt geplant	15
	7	Mazedonien, Albanien, Bosnien-Herzegowina, Andorra, Monaco, San Marino, Vatikanstadt		10

---

[1]   *GUS-Länder in Asien: Armenien, Aserbaidschan, Georgien, Kasachstan (5,4 % in Europa), Kirgisistan, Tadschikistan, Turkmenistan, Usbekistan. Bei Russland wird ein europäischer (23,2 % der Fläche) und ein asiatischer Teil (76,8 %) unterschieden.*

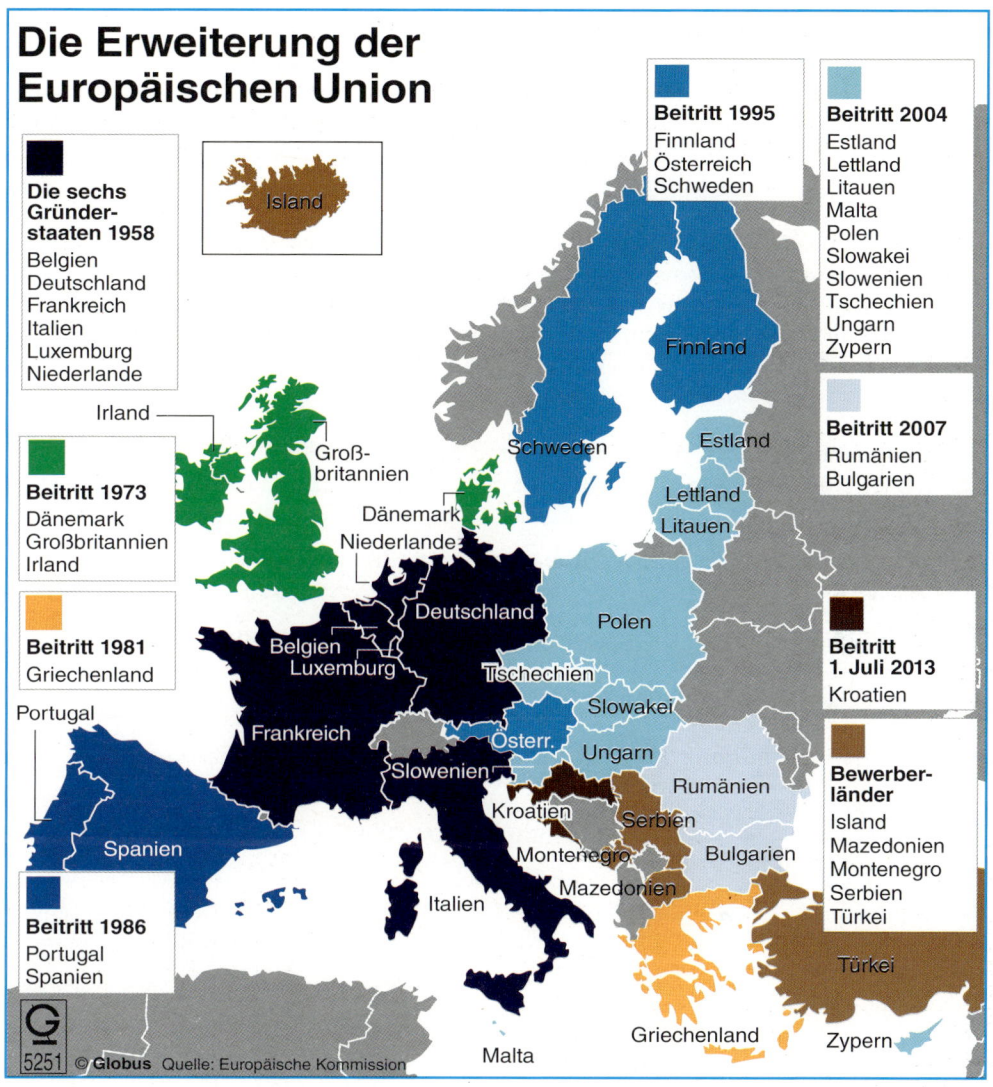

Die Erweiterung der Europäischen Union

Die sechs Gründerstaaten 1958
Belgien
Deutschland
Frankreich
Italien
Luxemburg
Niederlande

Beitritt 1973
Dänemark
Großbritannien
Irland

Beitritt 1981
Griechenland

Beitritt 1986
Portugal
Spanien

Beitritt 1995
Finnland
Österreich
Schweden

Beitritt 2004
Estland
Lettland
Litauen
Malta
Polen
Slowakei
Slowenien
Tschechien
Ungarn
Zypern

Beitritt 2007
Rumänien
Bulgarien

Beitritt 1. Juli 2013
Kroatien

Bewerberländer
Island
Mazedonien
Montenegro
Serbien
Türkei

5251 © **Globus** Quelle: Europäische Kommission

4.2 Verkehrsmagistralen und Wirtschaftszentren

Frachtführer und Spediteure benötigen für internationale Güterverkehre eine gut ausgebaute, leistungsfähige **Verkehrsinfrastruktur**. Darunter versteht man alle Arten von Verkehrseinrichtungen (z. B. Rangierbahnhöfe, Autohöfe) sowie die Straßennetze für den Güterkraftverkehr, die Schienenwege und Wasserstraßennetze, die Verknüpfung der Flughäfen mit Fluglinien, die Seehäfen mit ihren Verbindungen zu den Hinterlandgebieten u. a. m. Nur ein dichtes und aufeinander abgestimmtes Netzwerk aller dieser Verkehrslinien und -einrichtungen gewährleistet, dass der Güterverkehr zwischen den Staaten reibungslos abläuft, die Handelsbeziehungen enger werden und die wirtschaftliche Bindung untereinander gefördert wird. Mit einer Vielzahl von internationalen Abkommen ist in Europa die Abwicklung von grenzüberschreitenden Güterverkehren gefördert und vereinfacht worden.

Beispiel 1:

In der EU ist mit EU-Lizenzen für den grenzüberschreitenden Straßengüterverkehr, mit einheitlichen Zollverfahren und der Kabotagefreiheit ein vereinfachter Warenverkehr möglich. Auch die Europäische Verkehrsministerkonferenz (CEMT) hat früh, durch Normungen (z. B. Europaschiff), einheitliche Konzessionierungen (CEMT-Konzessionen) oder einen abgestimmten Straßenbau (Europastraßen) die Güterbewegungen in Europa beschleunigt und erleichtert.

Beispiel 2:

Im Eisenbahnwesen ist zwischen den im Eisenbahnverband UIC *(Union Internationale des Chemins de Fer)* zusammengeschlossenen nationalen Bahnverwaltungen seit Jahrzehnten eine enge Zusammenarbeit üblich. So bei der Fahrplanabstimmung, der Einrichtung gemeinsamer Schnellzugverbindungen, dem Betreiben eines Bahn-Containernetzwerkes, grenzüberschreitenden Tarifen, gleichen Haftungsgrundsätzen (CIM-Haftung) und anderem mehr.

Ein europäisches Gesamtverkehrskonzept ist in Ansätzen bereits realisiert. Die EU betreibt eine gemeinschaftliche Verkehrspolitik mit dem Ziel, ein „**Europa der Verkehrswege**" zu schaffen. Zahlreiche Maßnahmen sind hierzu eingeleitet – darunter ragen heraus:

- Lkw-Verkehr: vollständige Liberalisierung des Straßengüterverkehrs und der Straßenkabotage.

- Schienenverkehr: Liberalisierung des Bahnverkehrs und Bau von Hochgeschwindigkeitsnetzen sowie die Förderung des kombinierten Verkehrs Straße-Schiene.

- Binnenschifffahrt: Ausbau von Wasserwegen und Anpassung der technischen Standards.

- Seeschifffahrt: Erhöhung der Schiffssicherheit, Maßnahmen zur Schaffung eines europäischen Schiffsregisters und einer europäischen Flagge.

- Luftverkehr: Liberalisierung von Bestimmungen über die Nutzung und Aufteilung von Beförderungskapazitäten.

Vor allem mit der Schaffung **transeuropäischer Verkehrsnetze** (TEN), die großräumig abgestimmte Verkehrskorridore darstellen, sollen bestehende Netze miteinander verknüpft und Lücken geschlossen werden.

Gegenstand des Programms zur Schaffung **transeuropäischer Netze** (TEN) sind vor allem die Straßenverkehrsinfrastruktur, und zwar grenzüberschreitende Straßen und Autobahnverbindungen, sowie im Bereich des Eisenbahnverkehrs der Bau eines Hochgeschwindigkeitsnetzes, in Grenzregionen die Verbesserung der Verbindungen zwischen den benachbarten Netzen und die Verwirklichung transeuropäischer Eisenbahnmagistralen. Im Bereich des Luftverkehrs wird vorrangig die Vereinheitlichung der Flugverkehrskontrollsysteme angestrebt. Die Finanzierung dieses umfangreichen Programms ... erfolgt von privater Seite wie auch durch öffentliche Mittel (der einzelnen Staaten und der EU).

Quelle: Vgl. „Transeuropäische Netze, unter: http://epp.eurostat.ec.europa.eu/statistics_explained/index.php/Trans-European_networks_in_transport_(TEN-T), letzter Zugriff: 12.01.2013

Nach wie vor gilt es jedoch, eine Reihe von Hemmnissen und Nachteilen zu beseitigen. Für die Landverkehrsmittel Lkw, Bahn und Binnenschiff können folgende genannt werden:

- Lkw-Verkehre: Die auf EU-Basis genormten Gewichtsgrenzen und Lkw-Abmessungen gelten nicht in allen Ländern Europas.

- Eisenbahnverkehre: Europaweit und selbst innerhalb der EU existieren noch immer Spurweitenunterschiede. Im Gegensatz zur Normalspur (1.435 mm) werden Breitspursysteme u. a. in Spanien, Portugal, Finnland, den baltischen EU-Ländern und der GUS benutzt. Weiterhin gibt es technische Abweichungen bei der Stromversorgung und Differenzen bei der Gleisabständen.

- Binnenschifffahrt: Schleusenabmessungen, Kanalquerschnitte und garantierte Wasserstände sind in den Staaten teilweise noch sehr unterschiedlich. Der Ausbau der Wasserwege nach CEMT-Standards ist noch im Gange.

4.2.1 Hauptverkehrsachsen und -zentren

Hauptverkehrslinien, die eine Bündelung der Verkehrswege eines oder mehrerer Verkehrsträger darstellen, werden in der Fachsprache **Verkehrsmagistralen** genannt. In Europa haben sich mehrere solcher Magistralen oder Korridore herausgebildet. Sie sind oft regelrechte „Verkehrslandschaften", wenn sie durch Flussniederungen, Täler oder entlang von Gebirgsketten verlaufen. Diese transeuropäischen Verkehrsachsen sind vielfach deckungsgleich mit den Linien der Transeuropäischen Netze (TEN).

Transeuropäische Verkehrsachsen

Im Wesentlichen lassen sich derzeit fünf in Nord-Süd-Richtung und fünf in West-Ost-Richtung verlaufende Achsen oder Magistralen für den Lkw- und Bahnverkehr unterscheiden. Sie werden jeweils von Randachsen flankiert oder ergänzt. Zusammengenommen bilden sie das Grundgerüst der transeuropäischen Netze.

Verlauf	Achse Nr.	Bedeutende transeuropäische Stationen und Transiträume
Nord-Süd-Achsen	1.	Mittelengland–London–Paris–Lyon–Rhônedelta
	2.	ARA-Häfen–Rhein/Ruhr–Rhein/Main–Rhein/Neckar–Basel/Zürich–Gotthard–Mailand–Genua
	3.	Südnorwegen–Hamburg–München–Brenner–Bologna–Rom
	4.	Südschweden–Berlin–Prag–Wien–Ljubljana–Triest
	5.	Stockholm–Warschau–Budapest–Belgrad–Athen
West-Ost-Achsen	1.	London–ARA-Häfen–Rhein/Ruhrgebiet–Berlin–Warschau–Moskau
	2.	Kanalküste–Paris–Rhein/Main–Prag–Kattowitz–Donezbecken
	3.	Lyon–Genf–München–Wien–Budapest–Donezbecken
	4.	Lyon–Mt. Blanc–Mailand–Triest/Ljubljana
	5.	Lissabon/Algeciras–Barcelona–Rhônedelta–Cote d'Azur–Bologna

Wichtige Randachsen verlaufen im Süden und Westen des Kontinents, entlang der französischen Atlantikküste zum nordspanischen Industrierevier um Bilbao/Pamplona, im Norden nach Helsinki und St. Petersburg. In Osteuropa zweigen Linien zu den Adriahäfen und in die Türkei ab.

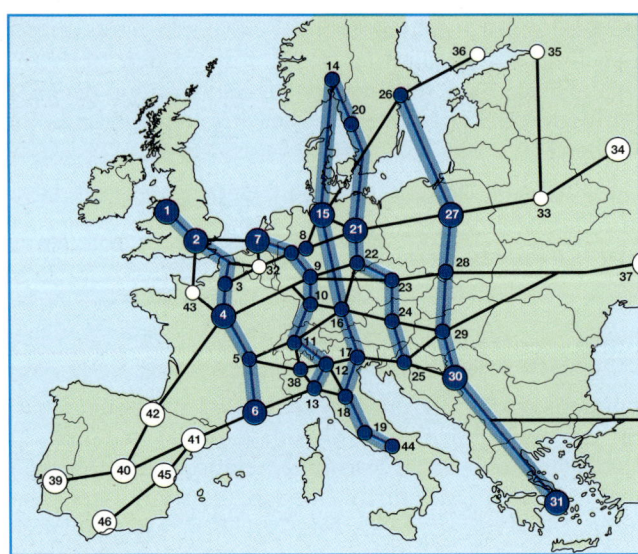

Europäische Nord-Süd-Verkehrsachsen, Wirtschafts- und Verkehrszentren

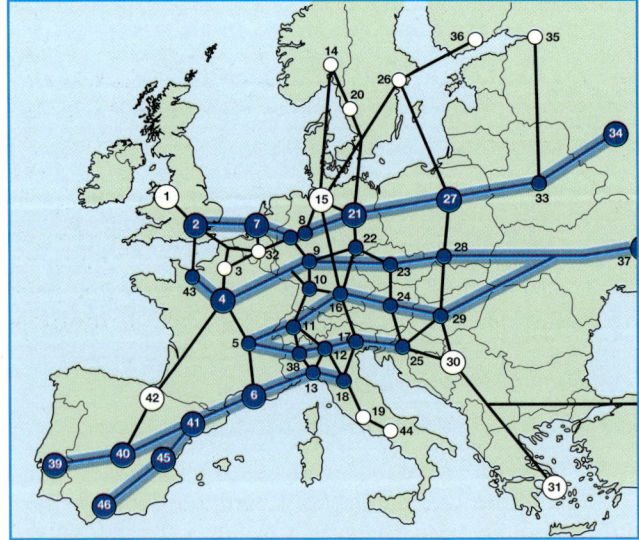

Europäische West-Ost-Verkehrsachsen, Wirtschafts- und Verkehrszentren

1 Liverpool/Birmingham
2 Großraum London
3 Lille/Nordfrankreich
4 Großraum Paris
5 Lyon, Mittelrhône
6 Marseille, Rhônedelta
7 ARA-Häfen/Randstad
   (= Ringstadt) Holland
8 Rheinschiene/Ruhrgeb.
9 Rhein-Main-Raum
10 Rhein-Neckar-Raum
11 Basel/Nordschweiz
12 Mailand
13 Genua
14 Oslo/Moss
15 Hamburg/Unterelbe
16 München
17 Verona/Veneto
18 Bologna/Modena
19 Rom/Latium
20 Göteborg
21 Großraum Berlin
22 Dresden/Zwickau
23 Prag
24 Wien/Linz
25 Ljubljana/Zagreb
26 Stockholm/Upsala
27 Warschau/Lodz
28 Kattowitz/Krakau
29 Budapest
30 Belgrad/Novi Sad
31 Athen/Piräus
32 Brüssel/Nordbelgien
33 Minsk
34 Großraum Moskau
35 St. Petersburg,
   Newamündung
36 Helsinki
37 Donezbecken
38 Turin
39 Lissabon
40 Madrid
41 Barcelona
42 Bilbao/San Sebastian
43 Le Havre/Rouen
44 Neapel
45 Valencia
46 Algeciras

Intermodale Güterverkehrszentren

An einigen großen Knotenpunkten der Verkehrsachsen sind sog. offene **intermodale Transportcenter** (ITC) eingerichtet worden. Dies sind große Güterverteilungszentren, die alle technischen Anlagen für die Transportwirtschaft beherbergen und Nutzern aller Branchen offenstehen.

> **Beispiel:**
> Ein intermodales Transportcenter besteht aus spediteurneutralen Einrichtungen wie Lagerhallen, Kühlhäusern, Tiefkühlterminals, Distributionszentren, Computer- und Kommunikationseinrichtungen, Servicezentren, Kombi-Umschlaganlagen, Containerterminals, Schulungszentren, Gefahrgut-Lagerplätzen sowie Speditions- und Fachbüros jeglicher Art. Die Anlagen können von Transportunternehmen, von Handels- oder Versicherungsgesellschaften gemietet werden.

In den Transportcentern können alle Arten von Gütern zwischen den verschiedenen Verkehrsträgern (= intermodal) umgeschlagen, gelagert, verteilt oder manipuliert werden. Sie sind verkehrsgeografisch zentral platziert und erlauben durch die Kooperation der in ihnen ansässigen Unternehmen die Bildung von leistungsfähigen internationalen Transport- und Logistikketten. Die Entwicklung derartiger Verkehrsanlagen wird von der Europäischen Union, die ein europaweites integriertes Transportsystem und europaweite Transportkorridore (sog. Eurolinks) im Rahmen einer neuen europäischen Verkehrsinfrastruktur anstrebt, gefördert. **Eurolinks** sollen aus einer Reihe von Transportcentern entlang mehrerer Hauptlinien bestehen. Derzeit werden schon mehrere Transportcenter der geschilderten Art in Europa betrieben, weitere sind geplant.

> **Beispiel:**
> Zu den führenden intermodalen Güterverkehrszentren gehören derzeit (s. auch Karte S. 162):
>
> 1. Quadrante Europa Verona
> 2. GVZ Bremen
> 3. GVZ Nürnberg
> 4. Interporto Bologna
> 5. Madrid CTC-Coslada
> 6. Interporto Turin
> 7. Interporto Nola Campano
> 8. Interporto Parma
> 9. ZAL Barcelona
> 10. GVZ Berlin Süd

Derartige Transportcenter werden in Deutschland üblicherweise **Güterverkehrszentren (GVZ)** genannt. Eines der bekanntesten GVZ in Deutschland ist die Anlage in Bremen. Wenngleich die GVZ bzw. ITC unterschiedliche Arbeitsschwerpunkte haben können, so erfüllen sie doch alle folgenden grundlegenden Aufgaben: Stärkere Verflechtung der Verkehre von Straße und Schiene, schnelle und rationale Zusammenarbeit der Transportunternehmen, Konzentration der Frachtverkehre auf leistungsfähige internationale Transportverbindungen, erhöhter Umweltschutz, verbesserte internationale Transportplanungen, Kombination von Güterfluss und Informationsfluss (Statusüberwachung der Gütersendungen) mittels moderner elektronischer Kommunikationsmittel, Rationalisierung der Verkehrsabläufe und optimale Nutzung von Transporteinrichtungen.

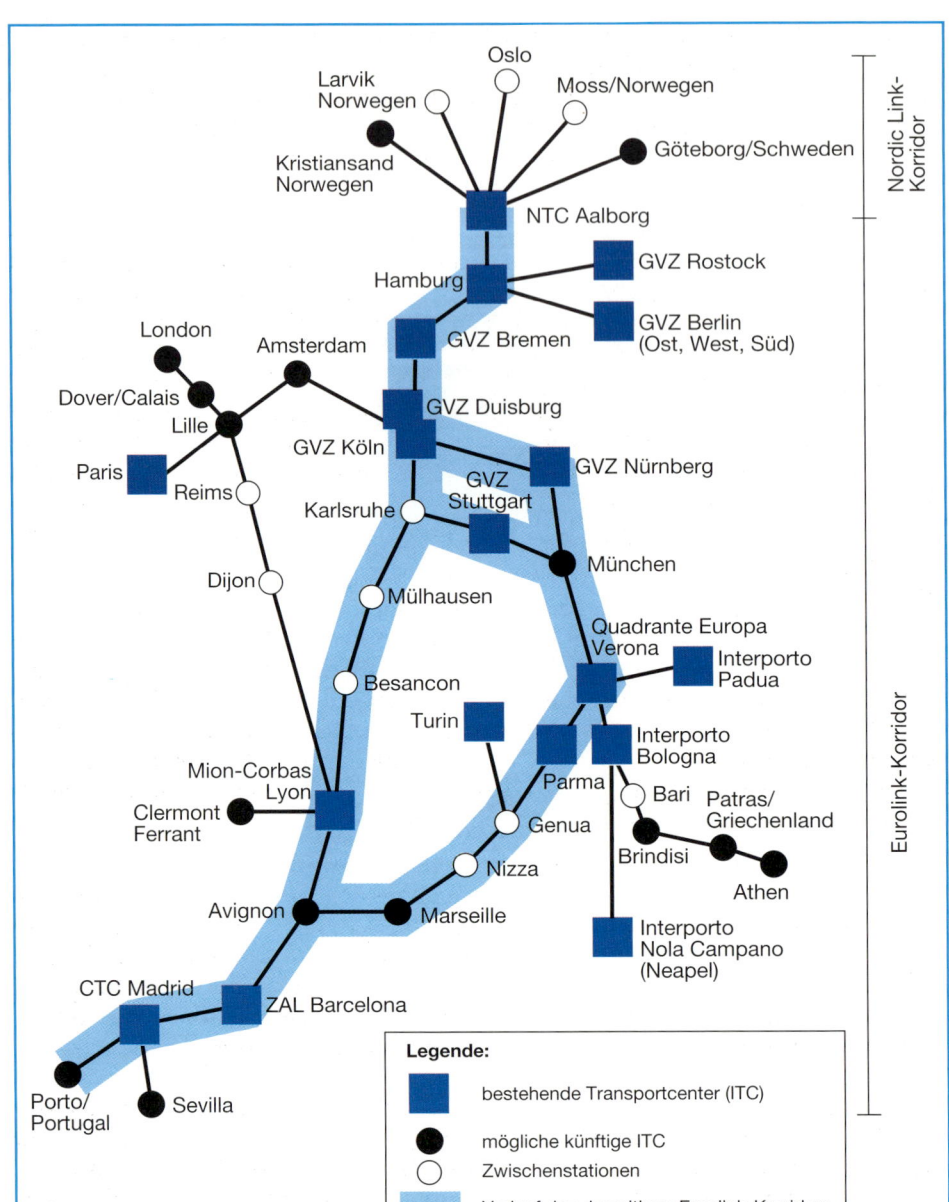

Schematische Darstellung des Eurolink und Nordic Link-Korridors

4.2.2   Europastraßen und europäische Bahnverbindungen

Bereits im Jahre 1950 wurde von 18 europäischen Ländern ein Netz über- und zwischen-
staatlicher Durchgangsstraßen mit einer Länge von rd. 50.000 km projektiert, das der
wirtschaftlichen Erschließung des Kontinents dienen sollte. Dieses einheitlich durch-
nummerierte Straßensystem der **Europastraßen** ist heute zum größten Teil auf den

Haupt- und Verbindungslinien fertig. Alle wichtigen deutschen Hauptautobahnen sind in das Netz einbezogen. Europastraßen sind durch ein weißes E mit zugehöriger weißer Nummer auf einem grünen rechteckigen Schild gekennzeichnet. Üblicherweise sind Europastraßen Autobahnen oder ähnliche vierspurige Kraftfahrzeugstraßen und mautpflichtig. Die Maut wird entweder in Form einer Vignette oder streckenbezogen erhoben.

Im Eisenbahngüterverkehr der EU zeichnet sich immer deutlicher ein gemeinsamer liberalisierter Schienenverkehrsmarkt mit einem grenzüberschreitenden Netzwerk ab. Auf rund 50.000 km Gleiswegen gelten bereits Zugangsrechte für Schienennutzer, die stark vereinfachte Auslandsverkehre innerhalb der EU ermöglichen. Dieses sog. **Trans European Rail Freight Network** (TERFN) soll in den kommenden Jahren das gesamte EU-Schienennetz umfassen und auch – wie im Straßengüterverkehr – die Kabotage innerhalb der Mitgliedsstaaten zulassen. Den Kern dieser neuen europäischen Bahnverkehrsform bildet derzeit der Zusammenschluss von zwanzig Infrastrukturbetreibern, die unter der Bezeichnung **RailNetEurop** grenzüberschreitende Schienenverkehrswege im TERFN-Netz und damit zusammenhängende Serviceleistungen anbieten. Diese Schienenwege werden Trans European Rail Freight Freeways – auch kurz Freeway-Bahnen oder **Freight Freeways** genannt.

Hierbei handelt es sich um Schienenkorridore für den Güterverkehr, also Bahntrassen, deren Nutzung durch gewerbliche Unternehmen jeder Art erfolgen kann. Stellt ein Unternehmen (z.B eine Spedition) seinen „eigenen" internationalen Güterzug für eine bestimmte Relation zusammen, dann muss es als Operator nicht mehr alle beteiligten Schienennetzbetreiber – etwa die nationalen Bahnverwaltungen – ansprechen. Der Freeway-Nutzer hat es vielmehr nur noch mit einer Kundenzentrale bzw. einer Koordinierungsstelle, einem Freeway-Manager, für diesen Freeway zu tun. Derartige zentrale Anlaufstellen werden „One-Stop-Shop" (OSS) genannt.

> **Beispiel:**
> Grundlegende Aufgaben eines One-Stop-Shop sind die Organisation und der Verkauf von Trassenkapazitäten und Trassenzeiten (Slots). Ferner informieren sie über Geschäftsbedingungen, Preise, Fahrpläne, Zielorte u.a.m. Die großen Vorzüge von Freeways liegen in der schnellen Abwicklung eines Gesamttransportes sowie in der kürzeren Laufzeit der Züge, weil es kaum noch Grenzaufenthalte gibt. Die Einrichtung von Freight Freeways setzt eine technische und betriebliche Abstimmung („Interoperabilität") der beteiligten Eisenbahnen voraus.

Zunächst wurden in den kontinentalen EU-Ländern und der Schweiz drei Freeway-Korridore in Nord-Süd-Richtung (North-South-Freight Freeways) eingerichtet. Das Netz ist ausgedehnt worden und umfasst auch West-Ost-Korridore (East-West Freeways) und Verbindungen mit Nordeuropa (Scanways). Optisch sind diese Schienenverkehre allerdings kaum von den üblichen internationalen Güterzugverkehren zu unterscheiden. Innerhalb Deutschlands verlaufen die Freeways auf den Hochleistungs-Bahntrassen der DB Netz AG, sie sind damit im Wesentlichen mit den allgemeinen zweigleisigen elektrifizierten Hauptbahnstrecken der deutschen Eisenbahn identisch (vgl. hierzu Kapitel 3.2 Schienenverkehrswege).

Freight Freeways von RailNetEurop im TERFN-Netz (Stand: 2011)

Richtung	von ...	nach ...	Beteiligte Länder und Bahnverwaltungen	Haupttransitpunkte
Nord-Süd[1]	Rotterdam/Bremen/Hamburg	Gioia Tauro	Niederlande (NS), Deutschland (DB), Schweiz (SBB), Italien (FS)	Duisburg, Basel, Mailand
	Hamburg/Bremen	Brindisi	Deutschland (DB), Österreich (ÖBB), Italien (FS)	Hannover, München, Verona
	Rotterdam/Bremen/Hamburg	Wien	Niederlande (NS), Deutschland (DB), Österreich (ÖBB)	Duisburg, Nürnberg, Passau
	Oslo/Hallsberg/Stockholm	Basel	Norwegen (NSB), Schweden (SJ), Deutschland (DB), Schweiz (SBB)	Malmö, Hamburg, Duisburg
	Oslo/Hallsberg/Stockholm	Villach	Österreich (ÖBB), Deutschland (DB), Schweden (SJ), Norwegen (NSB)	Trelleborg, Berlin, München, Salzburg
	Antwerpen (Belifret-Korridor)	Valencia und Gioia Tauro	Belgien (SNCB), Luxemburg (CFL), Frankreich (SNCF), Spanien (RENFE), Italien (FS)	Lyon, Marseille, Barcelona, Ventimiglia, Genua
West-Ost[1]	London/Le Havre	Sopron	Großbritannien (BR), Frankreich (SNCF), Deutschland (DB), Österreich (ÖBB), Ungarn (MAV)	Paris, Saarbrücken, Nürnberg, Wien

---

[1] *und umgekehrt*

4.2.3 Wasserstraßensysteme

Zusammenhängende und leistungsfähige Wasserstraßennetze existieren in Europa in drei geografischen Räumen:

In **West- und Mitteleuropa** sind Benelux, Frankreich, Deutschland, die Schweiz und die Tschechische Republik untereinander über Wasserwege erreichbar. Das Wasserstraßennetz wird von den Hauptflüssen Rhein, Seine, Rhône, Weser, Elbe und Oder, ihren Nebenflüssen und einer Vielzahl von Kanälen gebildet. Es ist in seiner Form weitgehend abgeschlossen, geplant sind nur noch wenige Kanäle (in Frankreich Aisne-Kanal, Ardennen-Kanal) und der Ausbau der Maas. Im Vordergrund stehen Ausbauten bezüglich Vertiefung und Verbreiterung, so etwa beim Mittellandkanal, Main und Neckar.

In **Südosteuropa** ist die Donau mit einigen Nebenflüssen – bedeutendster ist der Fluss Theiß – der zentrale Binnenschiffsweg. Die Wasserstraße ermöglicht mehreren Binnenstaaten den Zugang zum Schwarzen Meer. Durch den Main-Donau-Kanal erfolgt die Verknüpfung mit Main und Rhein und somit mit dem mitteleuropäischen Wasserstraßennetz. Beide Netze zusammen stellen die einzige transkontinentale Wasserstraßenachse zwischen Nordsee und Schwarzem Meer dar.

In **Osteuropa** liegt ein Großteil des gewaltigen russischen Wasserstraßennetzes, es ist mit rund 150.000 km das längste der Welt. Das osteuropäische Tiefland bietet aufgrund der geringen Flussgefälle hervorragende Bedingungen zum Ausbau von Wasserwegen. Allein der zentrale Wasserweg Wolga stellt mit seinen Nebenflüssen ein Netz von rd. 20.000 km dar. Auf der Wolga und der Kama werden über zwei Drittel der russischen Binnenschiffsverkehre abgewickelt. Polen ist über die Oder an das mitteleuropäische Wasserwegenetz angeschlossen. In Zentralpolen ist die Weichsel mit ihrer Mündung beim Seehafen Danzig einziger Wasserweg. Eine Verbindung zwischen Mittel- und Osteuropa existiert mittels der Flüsse Warthe und Netze.

In **Südeuropa** erfolgt Binnenschifffahrt auf den Flüssen Douro, Tejo und Guadiana (Portugal). In Spanien sind die Flüsse Ebro und Guadalquivir und der Kanal Alfons-XIII zu nennen. Die italienische Binnenschifffahrt konzentriert sich überwiegend auf den Po und wenige Regionalkanäle im Bereich dieses Flusses, der zwischen Cremona und Mailand ausgebaut werden soll.

In seiner jetzigen Form kann das gesamteuropäische Wasserstraßennetz als nicht abgeschlossen angesehen werden. Mehrere Ausbau- und Neubaupläne zielen darauf ab, Lücken im Wasserstraßennetz zu schließen und eine größere Durchlässigkeit zu schaffen.

Bedeutende europäische Wasserstraßen

Zusammenfassung

1. *Flächenmäßig ist Europa der zweitkleinste Kontinent, gemessen an der Bevölkerung nach Asien der am dichtesten besiedelte.*

2. *In Europa gibt es 46 Staaten. Die wirtschaftlich bedeutendsten sind in der Europäischen Union (EU) und in der Europäischen Freihandelszone (EFTA) zusammengeschlossen. EU und drei EFTA-Staaten bilden gemeinsam den Europäischen Wirtschaftsraum (EWR).*

3. *Hauptverkehrslinien, die eine Bündelung der Verkehrswege eines oder mehrerer Verkehrsträger darstellen, werden in der Fachsprache Verkehrsmagistralen genannt.*

4. *Schwerpunktmäßig liegen die großen europäischen Verkehrsmagistralen im Bereich der EU und der EFTA. Es lassen sich mehrere Nord-Süd- und West-Ost-Magistralen unterscheiden.*

5. *Europastraßen sind durch ein weißes E mit weißer Nummer auf einem grünen rechteckigen Schild gekennzeichnet.*

Aufgaben

1. *Begründen Sie, warum bis auf wenige Punkte in Osteuropa die verkehrsgeografischen Verhältnisse in Europa als günstig bezeichnet werden.*

2. *Erklären Sie die Fachbegriffe EWR, EU, EFTA, CEMT, UIC, GUS.*

3. *Beschreiben Sie wichtige Verkehrseinrichtungen und -routen im europäischen Straßengüter-, Eisenbahn- und Binnenschiffsverkehr.*

4. *Stellen Sie für die nachstehenden CMR-Transportfälle die günstigsten Fahrtrouten mit folgenden Angaben zusammen: richtige Reihenfolge der durchquerten Länder, Hauptorte (Städte) entlang der Route, mögliche Fährverbindungen und/oder Passstrecken. Verfahren Sie nach folgendem Muster:*

Von	Nach	Länder	Städte
Stock-holm	Bilbao	Schweden–Dänemark–Deutschland–Belgien–Frankreich–Spanien	Kopenhagen–Hamburg–Dortmund–Düsseldorf–Lüttich–Paris–Tours–Bordeaux–Biarritz

CMR-Transportfälle:
a) 23 t Gemüse von Istanbul nach Frankfurt/Main
b) 20 t Lederwaren von CTC Madrid nach Quadrante Europa Verona
c) Sammelladung von London nach Warschau
d) 18 t Konserven von Athen nach Basel
e) 2 Wechselbrücken Spielzeug von GVZ Nürnberg nach Glasgow
f) 2 Container von Mions-Corbas (Lyon) zur Seeverschiffung nach Genua
g) 21 t Textilien von Porto nach Prag

5 Europäische Verkehrs- und Logistikschwerpunkte

5.1 Verkehrsgebiet Nordeuropa und Ostsee

Zu den Staaten Nordeuropas gehören die Länder **Dänemark**, **Norwegen**, **Schweden** und **Finnland** sowie die verkehrsgeografisch in einer Randlage befindliche Inselrepublik **Island**. Dänemark angeschlossen sind die autonomen Färöer Inseln und die weltweit zweitgrößte Insel Grönland, die autonomes dänisches Gebiet ist. Zu Norwegen gehören noch die Inseln Spitzbergens (Svalbard). Die angeschlossenen Gebiete werden bis auf Spitzbergen nicht zu Nordeuropa gerechnet. Der gesamte nördliche Raum wird oft als „Der Norden", die angesprochenen Staaten als „Nordische Länder" bezeichnet. Vielfach wird auch der Begriff **Skandinavien** verwendet. Hierzu können im geografischen Sinne jedoch nur Norwegen und Schweden gerechnet werden, da sie allein Anteil am Gebirgsblock der Skanden, der Namensgeber ist, haben. Üblicherweise wird aber auch Finnland dieser Bezeichnung zugeordnet.

Norwegen, Island und der Westteil der dänischen Halbinsel Jütland liegen im Bereich der Nordsee. Dagegen sind Schweden, Finnland, Inseldänemark und Ostjütland der Ostsee zugewandt. Weitere Ostseestaaten sind **Estland, Lettland, Litauen, Russland, Polen** und **Deutschland.**

Die Ostsee mit ihren Anrainerländern bildet im Norden den bedeutendsten Wirtschafts- und Verkehrsraum. Im Einzugsbereich rund um die Ostsee leben rund 100 Mio. Menschen. Über die Ostsee verlaufen zahlreiche Schiffs- und Fährschiffsverbindungen und in den letzten Jahren sind neue attraktive Verkehrsrouten entstanden, die eine weitere enge Verknüpfung mit dem kontinentalen Mitteleuropa erlauben.

5.1.1 Skandinavien, Finnland und Island

Norwegen ist aufgrund seiner geografischen Lage und Beschaffenheit verkehrstechnisch schwer zu erschließen. Hochgebirge, Fjorde, zerklüftete Küsten, eine Vielzahl von Inseln, winterliche Extremtemperaturen sowie schwierige Böden haben ein Verkehrsnetz entstehen lassen, in dem der **gebrochene Verkehr** überwiegt. Während Südnorwegen gut mit autobahnähnlichen Straßen und Bahnlinien erschlossen ist, muss gegen Norden nicht selten der Wechsel von Bahn oder Lkw zu Schiff vorgenommen werden. Rund zwei Drittel der Straßen sind asphaltiert, einige sind gebührenpflichtig. Nur wenige Bahn- und Straßenverbindungen vom zentralen Bahn- und Straßenknotenpunkt Oslo verlaufen nach Norden. Eine davon, die **Nordlandbahn** Oslo-Bodö, ist die wichtigste von acht norwegischen Bahnstrecken. Norwegen verfügt jedoch über ein sehr gutes Inlandsflugnetz, dessen Zentralflughafen **Oslo-Gardemoen** ist.

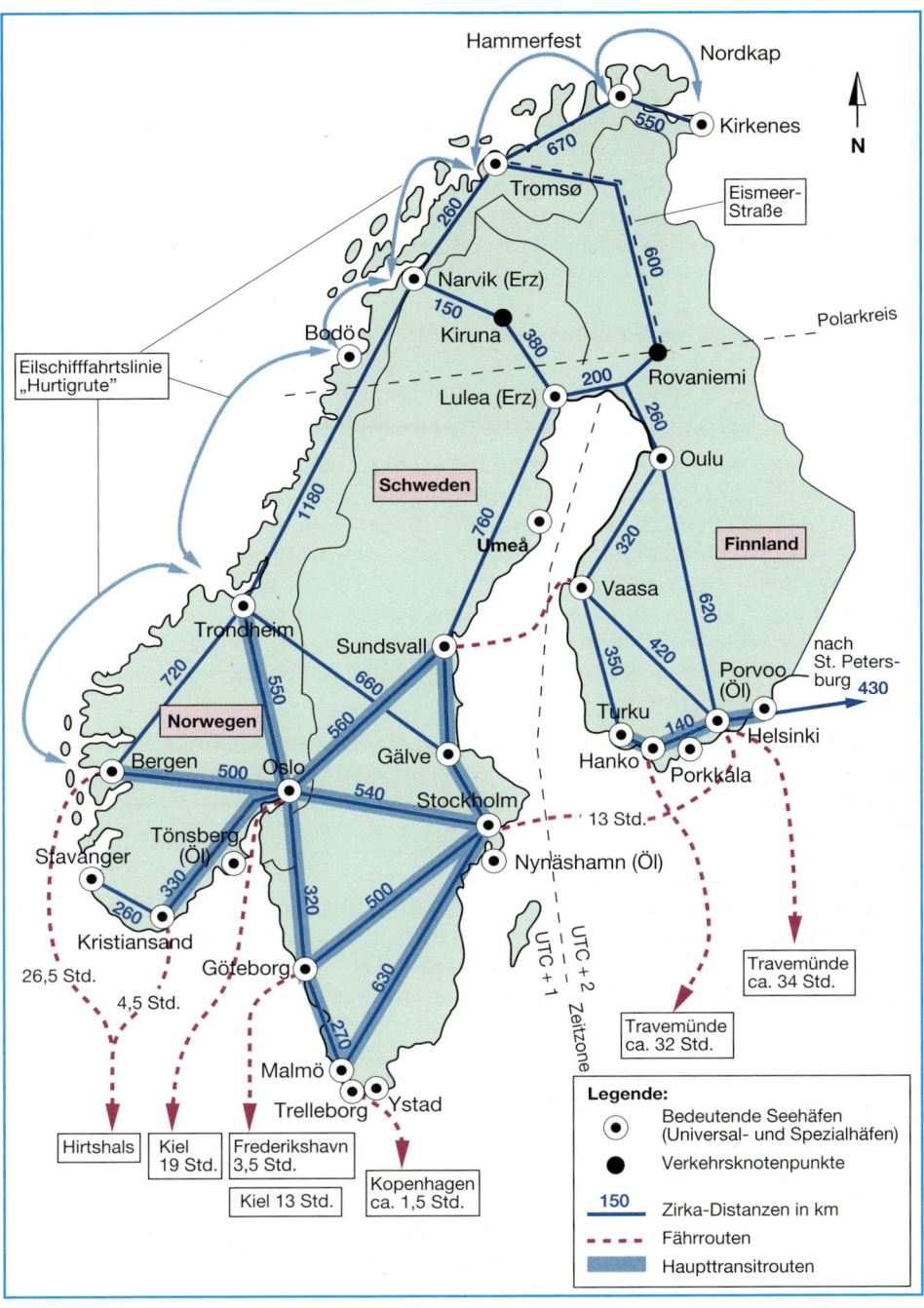

Verkehrsschwerpunkte und Haupttransitrouten in Norwegen, Schweden und Finnland

Im Inlandsverkehr Norwegens spielt die **Küstenschifffahrt** nach wie vor eine Rolle, da viele Orte nur von See aus schnell erreicht werden können. Bedeutende Hafenplätze sind für den Küsten- wie Seeverkehr Oslo, Stavanger, Bergen, Trondheim, Porsgrum, Mo i Rana, Tönsberg, Narvik und Kirkenes. Sie sind aufgrund des Golfstrom-Einflusses alle

eisfrei und ganzjährig nutzbar. Güter- und Personenverkehre werden teilweise zwischen diesen Häfen per Küstenlinienschifffahrt abgewickelt.

> **Beispiel:**
> Zwischen Bergen und Kirkenes betreibt die Eilschifflinie „**Hurtigruten**" einen ständigen Post- und Güterdienst. Auf der rund 2.500 km langen Küstenstrecke sind 35 Orte in den Transportdienst eingebunden, rund ein Dutzend Schiffe befindet sich ständig im Einsatz. Die Schiffslinie existiert bereits seit dem Jahre 1893, sie wird noch gelegentlich als „Reichsstraße Nr. 1" bezeichnet. Im Güterverkehr geht die Bedeutung der Linie zurück, seit Cargoschiffe mit Ro/Ro-Verkehren eingesetzt werden. Für die Strecke Bergen-Kirkenes werden fünf Tage Fahrzeit benötigt.

Norwegen ist ein klassischer **Seefahrtsstaat**. Die norwegische Handelsflotte führt in großem Umfang „Cross trade", d. h. Seeverkehre zwischen Fremdstaaten, durch. Von Mitteleuropa aus werden eine Reihe von Ro/Ro-Verbindungen nach Norwegen angeboten, so von Deutschland (Kiel–Oslo), Dänemark (Hirtshals–Kristiansand), Großbritannien.

Schweden ist ein bedeutendes Exportland für hochwertige Industrieerzeugnisse wie auch Rohstoffe. Entsprechend umfangreich ausgebaut sind die Verkehrseinrichtungen. Es existieren über 200.000 km Straßen und über 11.700 km Eisenbahnlinien, davon sind mehr als die Hälfte elektrifiziert. Streckenweise setzt die staatliche **Bahngesellschaft SJ** („Staden Järnvägar") Hochgeschwindigkeitszüge ein. Zentralflughafen ist **Stockholm-Arlanda**. Von den mehr als 40 Fährlinien gehen die meisten nach Finnland und Dänemark. Führender Seehafen ist Göteborg am eisfreien Kattegat. Weitere wichtige Häfen sind Malmö und Stockholm. Eingeschränkte Bedeutung haben die winterlich vereisten Erzausfuhrhäfen Norrköping und Lulea.

Hochseefährverkehre mit Ro/Ro-Diensten werden von Festlandeuropa nach **Island** durchgeführt. Da Island keine Eisenbahn besitzt, ist der Lkw-Güterverkehr sehr bedeutsam. Das Land hat 72 Seehäfen. Haupthafen ist Reykjavik. Im interkontinentalen Flugverkehr nimmt der Flughafen von **Keflavik** (bei Reykjavik) eine wichtige Position im Atlantikverkehr ein.

Das Verkehrswesen **Finnlands** unterliegt von allen Nordischen Ländern den extremsten Witterungsbedingungen. Beträchtliche Instandhaltungskosten verursachen die jährlichen Winterschäden. Die finnische **Staatsbahn VR** („Valtionrautatiet") unterhält rd. 9.000 Schienenkilometer im Breitspursystem. Aufgrund der großen Seeflächen spielen Binnenschifffahrt und Floßverkehr eine beträchtliche Rolle. Wichtigster Wasserweg ist der **Saima-Kanal** von Wyborg (Russland) zum südfinnischen Seengebiet. Der russische Kanalabschnitt ist gepachtet. Der Flugverkehr wird über 23 Inlandsflugplätze abgewickelt. Zentralflughafen ist **Helsinki-Vantaa**. Der Seeverkehr wird durch die winterliche Ostseevereisung oft stark behindert. Die wichtigen Seehäfen Porvoo-Sköldvik, Helsinki, Kotka, Hamina und Hanko müssen vielfach mittels Eisbrechern freigehalten werden.

5.1.2 Verkehrsklammer Dänemark

Durch seine geografische Zweiteilung in **Festlanddänemark** (Halbinsel Jütland) und **Inseldänemark** (Seeland, Falster, Lolland, Fünen u. a.) ist Dänemarks Verkehrsinfrastruktur durch eine Vielzahl von Brücken und Fährrouten gekennzeichnet. Als **Brückenland** zwischen Skandinavien und dem kontinentalen Mitteleuropa kommt dem Land eine überragende Klammerfunktion zu. Dies drückt sich in sehr hohen

Transitzahlen bei Passagieren und Gütern aus. Das Industrieland Dänemark verfügt über ein sehr gutes Straßen- und Autobahnnetz, die **Eisenbahn DSB** („Danske Statsbaner") ist staatlich. Der Flughafen von **Kopenhagen-Kastrup** ist der größte in Nordeuropa. Bedeutendster Hafen an der Nordseeküste ist der Fischerei- und Fährplatz Esbjerg. Die größten Universalhäfen liegen an der Ostsee, es sind die Häfen Kopenhagen, Kalundborg, Frederikshavn, Alborg und Arhus. Drei große kombinierte Transitrouten führen über dänisches Gebiet und belegen die herausragende Stellung des Landes im innereuropäischen Verkehr.

Vogelfluglinie und Fehmarnbelt-Querung

Die Vogelfluglinie ist eine kurze, kombinierte **Eisenbahn- und Straßenverkehrsroute** zwischen Kontinental- und Nordeuropa. Benannt ist dieser Verkehrsweg nach der Flugstrecke der Zugvögel, die die Meerenge zwischen Inseldänemark und dem Festland nutzen. Die Linie besteht aus der Fehmarnsund-Brücke bei Großenbrode und der kombinierten Bahn-Straßen-Fährverbindung Puttgarden–Rødby-Havn (Dänemark) über den Fehmarnbelt. Die Fährroute ist ca. 18 km lang, die Fahrzeit der Fähren liegt bei etwa einer Stunde. Eine Überbrückung des Fehmarnbelts soll in den kommenden Jahren erfolgen. Von Rødby aus verläuft eine **Autobahn** über die mit Brücken verbundenen Inseln Falster und Seeland nach Kopenhagen.

Die Große-Belt-Querung

Mit zwei „Ostsee-Überbrückungen", die Investitionen in Milliardenhöhe erforderten, hat Dänemark die Möglichkeit geschaffen, zwischen Skandinavien und dem westeuropäischen Festland ohne Fährverbindungen zu verkehren. Die aufwendigste dieser Querungen ist die sog. „Große-Belt-Querung", eine rund 16 km lange Verbindung zwischen der dänischen Hauptinsel Seeland und der Insel Fünen. Es handelt sich um eine innerdänische kombinierte Eisenbahn/Autobahn-Trasse. Der **Eisenbahnverkehr** wird über die sog. Westbrücke, über die kleine Insel Sprogö und durch einen speziellen Eisenbahntunnel (der zweitlängste europäische Tunnel dieser Art) geführt. Über diese Strecke wird seit Inbetriebnahme der Belt-Querung der gesamte internationale Eisenbahngüterverkehr abgewickelt.

> **Beispiel:**
> Die als „**ScanLink**" bekannte Route über den Großen Belt ist zwar länger als die Vogelfluglinie, jedoch aufgrund der fehlenden Fähren schneller. Über die Große-Belt-Querung werden im Durchschnitt täglich 14.500 Pkw und rund 23.000 t an Schienen- und Straßengütern bewegt.

Die Benutzung dieser Brücken- und Tunnelabschnitte ist sowohl für Kraftverkehre als auch Bahntransporte gebührenpflichtig.

Die Öresund-Querung

Die zweite landfeste Anbindung Nordeuropas an Kontinentaleuropa ist die Überquerung des Öresunds zwischen Dänemark und Schweden, die im Jahre 2000 vollendet wurde. Ähnlich wie bei der Große-Belt-Querung handelt es sich um eine etwa 16 km lange kombinierte Straßen- und Schienenquerung. Sie verbindet den Kopenhagener Stadtteil Kastrup (Flughafen) mit der schwedischen Küste bei Lernacken südlich Malmö. Die Strecke ersetzt zum großen Teil die alte Fährroute Helsingborg–Helsingör, die das

wichtigste Bindeglied in der Skandinavien-Linie (ScanLink-Route) darstellte. Die Öresund-Überquerung besteht aus verschiedenen Bauabschnitten:

Öresund-Link

Verbindung:	Kopenhagen (DK) – Malmö (S) mautpflichtig
Länge:	16 km, davon – 4 km Tunnel – 7,7 km Brücken
Nutzung (2009):	15 Mio. Pkw-Reisende 11 Mio. Bahn-Reisende 298.000 Lastkraftwagen 7.250 Güterzüge

Der Kraftverkehr erfolgt über eine vierspurige Autobahn auf den oberen Brückenteilen. Der Eisenbahnverkehr nutzt eine doppelspurige Schienentrasse auf dem Unterdeck der Brücken. Auch diese Verkehrsverbindung ist für alle Benutzer gebührenpflichtig.

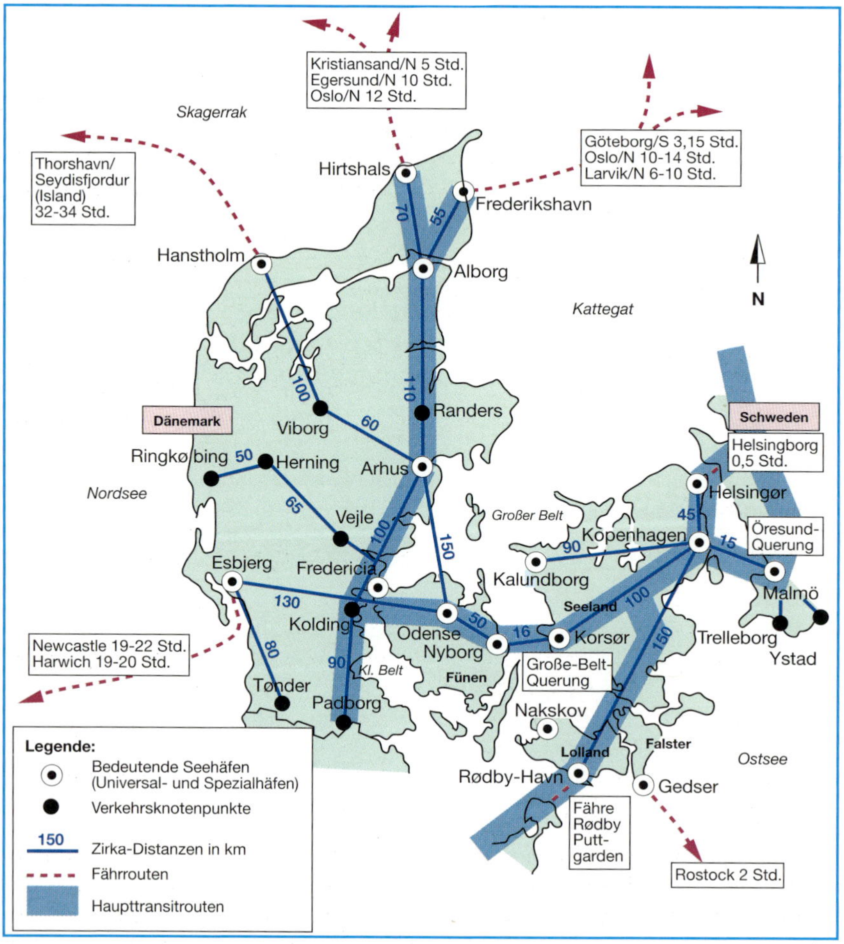

Verkehrsschwerpunkte und Haupttransitrouten in Dänemark

5.1.3 Interner und externer Ostseeverkehr

Das Binnenmeer Ostsee ist ein Verkehrsgebiet, auf dessen relativ kurzen Seestrecken jährlich über 400 Mio. t Güter und über 45 Mio. Passagiere befördert werden. Man unterscheidet einen internen und einen externen Ostseeverkehr.

Der **interne Ostseeverkehr** mit Gütern vollzieht sich zwischen den Häfen der Anliegerstaaten, er hat einen Umfang von jährlich etwa 170 Mio. t. Von dieser Gütermenge werden rund 50 Mio. t von Fährschiffen befördert, ein Drittel davon wiederum von Eisenbahnfähren. Insgesamt ist die Ostsee das Gebiet, in dem die meisten Eisenbahnfähren der Welt verkehren.

Externer Ostseeverkehr mit Gütern ist Verkehr zwischen der Ostsee und Häfen anderer Meere. Er beträgt jährlich rund 230 Mio. t. Es dominiert im Stückgutsektor die Transporttechnologie des Containerfeederdienstes. Die Feederlinien verbinden die Ostseehäfen mit den großen Übersee-Containerhubs Hamburg, Bremerhaven und Rotterdam. Nur der Ostseehafen Göteborg ist in das weltweite interkontinentale Containernetz mit einigen Direktlinien eingebunden. Im Gesamtverkehr spielen Massengüter wie Öl, Erz, Kohle, Getreide und Holz mengenmäßig vor den containerisierten Industriegütern die Hauptrolle.

Vorherrschende Transporttechnologien und Güterarten im Ostseeraum

Ostsee-Verkehrsrelation	Stückgüter, Industrieprodukte	Massengüter, Rohstoffe, massenhafte Stückgüter,	Passagiere
Extern	Containerfeederdienste Ro/Ro-Verkehre	Großtanker, Bulkcarrier, Systemschiffe	Kreuzfahrtschiffe
Intern	Fährverkehre Ro/Ro-Frachtfähren	Kleine und mittelgroße Tanker, Bulker	Fährverkehre

Mehrere Großhäfen bilden die Zentren des Ostseeverkehrs. Die herausragenden Hafenplätze mit einem Güterumschlag von 20 Mio. t und mehr sind Ventspils (Lettland), Göteborg (Schweden), St. Petersburg (Russland), Tallinn (Estland), Lübeck, Rostock und Stettin (Polen).

Ostseefähr- und Verkehrslinien

Die Ostsee gehört seit Jahrzehnten zu jenen Binnenmeeren der Welt, die am dichtesten mit Fährverbindungen ausgestattet sind.

> **Beispiel:**
> Je nach Jahreszeit werden in den unterschiedlichen Teilräumen der Ostsee bis zu 70 Fährverbindungen betrieben, auf denen über 150 Fährschiffe unterschiedlicher Bauart und Zweckbestimmung zum Einsatz gelangen.

Vielfach handelt es sich um Transportrouten, bei denen Fährdienste aufeinander abgestimmt sind und so ineinandergreifen, dass relativ schnelle Transportketten entstehen.

Fast der gesamte Warenhandel zwischen Finnland und Mitteleuropa wird mit Fährlinienschiffen mehrerer Reedereien über die Ostsee bewegt. „Hauptverkehrsstraße" ist die 580 Seemeilen (1.080 km) lange Strecke vom südfinnischen Hanko nach Lübeck/Travemünde; aus finnischer Sicht ist der deutsche Fährhafen damit Eintrittstor nach Mitteleuropa. Seit

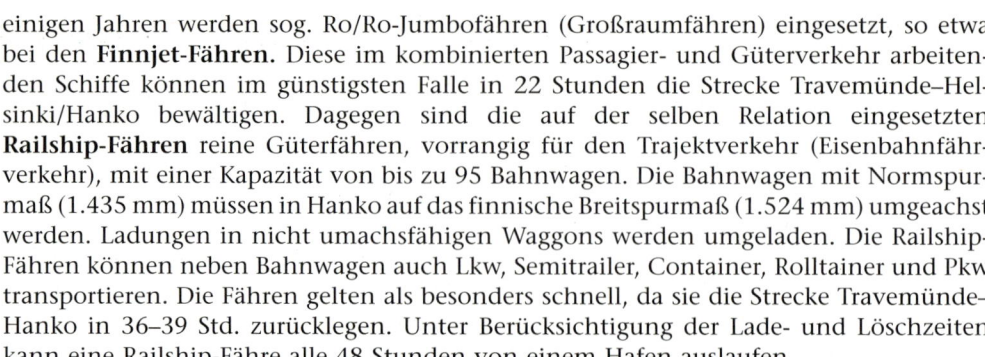

einigen Jahren werden sog. Ro/Ro-Jumbofähren (Großraumfähren) eingesetzt, so etwa bei den **Finnjet-Fähren.** Diese im kombinierten Passagier- und Güterverkehr arbeitenden Schiffe können im günstigsten Falle in 22 Stunden die Strecke Travemünde–Helsinki/Hanko bewältigen. Dagegen sind die auf der selben Relation eingesetzten **Railship-Fähren** reine Güterfähren, vorrangig für den Trajektverkehr (Eisenbahnfährverkehr), mit einer Kapazität von bis zu 95 Bahnwagen. Die Bahnwagen mit Normspurmaß (1.435 mm) müssen in Hanko auf das finnische Breitspurmaß (1.524 mm) umgeachst werden. Ladungen in nicht umachsfähigen Waggons werden umgeladen. Die Railship-Fähren können neben Bahnwagen auch Lkw, Semitrailer, Container, Rolltainer und Pkw transportieren. Die Fähren gelten als besonders schnell, da sie die Strecke Travemünde–Hanko in 36–39 Std. zurücklegen. Unter Berücksichtigung der Lade- und Löschzeiten kann eine Railship-Fähre alle 48 Stunden von einem Hafen auslaufen.

Allerdings hat sich mit der Verlagerung der Stückgutverkehre auf den Lkw, dem Aufkommen des Containers und der Einführung der rationellen Ro/Ro-Technik das Bild des Ostseeverkehrs in den letzten Jahrzehnten geändert. Heute werden rollende Ladungen überwiegend in die Ro/Ro-Fährschiffe für den Lkw-Transport verfrachtet, deutlich vor den Eisenbahnfähren.

Fährrouten über Skagerrak, Kattegat, westliche und mittlere Ostsee (Auswahl)

Zwischen Deutschland und ...	Von/Nach und umgekehrt	Fahrzeit in ca. Std.	Verkehrsachse
– Norwegen	Kiel/Oslo	17	Hamburg–Oslo
– Schweden	Kiel/Göteborg	14	Hamburg–Göteborg
	Travemünde/Göteborg	14	Hamburg–Göteborg
	Travemünde/Trelleborg	8	Hamburg–Stockholm
	Saßnitz/Trelleborg	4	Berlin–Stockholm
– Dänemark	Puttgarden/Rødby H.	1	Hamburg–Kopenhagen
	Travemünde/Gedser	3	Hamburg–Kopenhagen
	Rostock/Gedser	2	Berlin–Kopenhagen
– Finnland	Travemünde/Helsinki	22–40	Hamburg–Helsinki
	Travemünde/Hanko	22–38	Hamburg–Helsinki
– Polen	Travemünde/Danzig	20	Hamburg–Danzig
– Litauen	Saßnitz/Klaipeda	20	
– Lettland	Rostock/Libau (Liepaja)	18–20	Hamburg–Riga

Zusammenfassung

1. *Die Staaten Nordeuropas werden von Dänemark, Norwegen, Schweden, Finnland und Island gebildet.*

2. *Interner Ostseeverkehr ist der Verkehr zwischen Häfen der Anrainerstaaten. Unter externem Ostseeverkehr versteht man Verkehre mit Häfen außerhalb des Ostseeraumes.*

3. *Die Ostsee ist weltweit das Gebiet mit den meisten Fährverbindungen und Eisenbahnfährlinien. Je nach Jahreszeit verkehren auf bis zu 70 Fährrouten über 150 Fährschiffe.*

4. *Die Vogelfluglinie ist eine kombinierte Eisenbahn- und Straßenverkehrsroute von Puttgarden (Insel Fehmarn) nach Rødby Havn (Insel Lolland).*

5. *Zwischen Deutschland (Travemünde) und Finnland (Hanko) werden auf einer Fährstrecke von über 1.000 km mehrere Fährsysteme betrieben.*

5.2 Verkehrsgebiet Britische Inseln

Die Britischen Inseln erstrecken sich von den Shetland-Inseln im Norden bis zu den Kanalinseln (Jersey, Guernsey) im Süden über fast 1.000 km. Die West-Ost-Ausdehnung beträgt von der irischen Westküste bis zur englischen Ostküste (Norfolk) rund 500 km. Die Hauptinsel wird von **Großbritannien** mit den Landesteilen England, Wales und Schottland eingenommen, hinzu kommt noch der Landesteil Nordirland auf der Insel Irland. Die Republik **Irland** nimmt etwa 80 % der Fläche der irischen Insel ein, sie ist dem Atlantik und der Irischen See zugewandt. Beide Staaten weisen ein Verkehrswesen auf, das maßgeblich durch die Insellage bestimmt wird.

5.2.1 Südengland

Eine auffällige Konzentration von Verkehr und Wirtschaft lässt sich in England im Landesteil südlich der Linie Cardiff-Norwich feststellen. Diese Region ist nur durch die rund 31 km breite **Straße von Dover**, einer der am stärksten befahrenen Seewege der Welt, von Kontinentaleuropa entfernt. An den stark gegliederten Küsten Südenglands gibt es eine Vielzahl guter **Naturhäfen**, die zum Typ der Fjordhäfen gerechnet werden. Insgesamt sind es über 300 Seehäfen. Einige sind als Dockhäfen ausgebaut worden, da der teilweise extrem hohe Tidenhub ausgeglichen werden muss. Generell gilt die Verkehrslage aller großen britischen Städte als gut, denn keine ist mehr als 120 km vom Meer entfernt.

Bei den Seehäfen der englischen Süd- und Südostküste lassen sich drei Schwerpunkte herausstellen. Die **Nordseehäfen** wickeln umfangreiche Ro/Ro-Verkehre zum Kontinent ab. Diese werden als Küstenverkehr oder mittels flussgängiger Seeschiffe im Direktverkehr (z. B. bis nach Duisburg) durchgeführt. Container- und Stückgutumschlag dominieren in Nordseehäfen wie Hull, Boston, Grimsby, Immingham, Great Yarmouth, Harwich und Felixstowe. Mehrere **Themsehäfen** versorgen den Großraum London und die Industriezentren entlang des Flusses, insbesondere ist hier der Hafen Tilbury zu nennen. Künftig wird der neue Containerhafen London-Gateway in der Themsemündung mit einem geplanten Jahrsumschlag von 3,5 Mio. TEU dominieren.

Beispiel 1:
Der neue Containerhafen London Gateway liegt etwa 40 km östlich der Hauptstadt. Es ist ein Tiefwasserhafen mit integriertem Logistikzentrum, direktem Schienenanschluss und dem größten Terminal für Schienenverkehre in Großbritannien. Geplant ist, den Hafen täglich mit vier Containerzügen an das Wirtschaftszentrum London anzubinden. Die Inbetriebnahme wird 2013/2014 erfolgen. Der Hafen gilt als das größte Logistikprojekt des Landes.

Beispiel 2:
Die führenden Containerhäfen konzentrieren sich derzeit in Südengland. Mengenmäßig liegt Felixstowe mit jährlich rd. 3,5 Mio. TEU an der Spitze. Der Hafen verfügt über zwei Tiefwasserterminals („Landguard" und „Trinity"), die das Anlegen von Containerschiffen der neuesten Generation ermöglichen. Hohe TEU-Umschlagzahlen weisen ferner die Häfen Southampton (1,5 Mio.), London/Tilbury (0,7 Mio.) und Thamesport (0,6 Mio.) auf.

Die Kanalhäfen nehmen Fähraufgaben im schnellen Wechselverkehr wahr. Abgesehen von den Rohölhäfen Milford Haven (Westküste) oder Sullom Voe (Shetlandinseln) befinden sich die größten Seehäfen ausschließlich an der Kanal- und Nordseeküste.

Wichtiger Verkehrsträger für den Außenhandel ist der Luftverkehr. Es gibt über elf größere internationale Flughäfen, davon liegen allein vier im Raum London: **Heathrow**, **Gatwick**, **Luton** und **Stansted**. Führender Flughafen ist Heathrow, der auch zu den größten der Welt gehört. Großbritannien verfügt über ein ausgezeichnetes **Eisenbahn- und Straßennetz**. Das Autobahnnetz (Motorways) und das Eisenbahnsystem, bei dem auch Hochgeschwindigkeitszüge (High Speed Trains) eingesetzt werden, sind deutlich auf die Hauptstadt London ausgerichtet. Das dichte Fluss- und Kanalnetz hat für den Gütertransport eingeschränkte Bedeutung. Denn zum einen ist die Konkurrenz der Eisenbahn zu groß, zum anderen sind die meisten Wasserwege für die modernen Binnenschiffe zu schmal und die Distanzen zum Meer zu kurz. Bedeutung im kombinierten Binnen-, Küsten- und Seeschiffverkehr haben allein die Flüsse Themse, Severn und Humber sowie der Manchester Ship Canal.

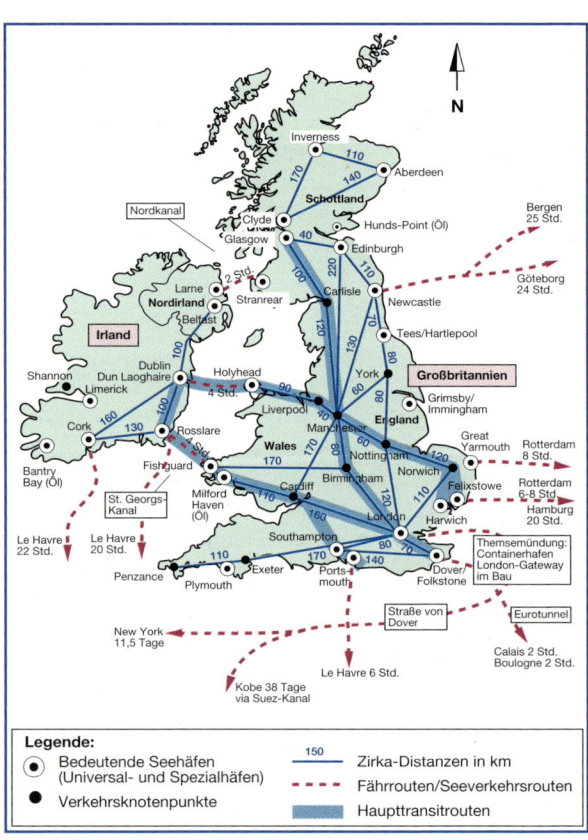

Verkehrsschwerpunkte und Haupttransitrouten auf den Britischen Inseln

5.2.2 Eurotunnel

Die einzige feste Verkehrsverbindung zwischen Großbritannien und dem Kontinent bildet der Eurotunnel zwischen Dover und Calais. Es ist ein rund 50 km langer, aus zwei getrennten Röhren mit einem Durchmesser von je 7,6 m bestehender Komplex, der in der Mitte einen 4 m breiten Servicetunnel hat. Die Tunnelröhren liegen rund 40 m unter dem Meeresboden. Auf britischer Seite beginnt der Tunnel bei **Folkestone Terminal** und verläuft 9 km unter Land. Danach beginnt die Seestrecke von etwa 38 km. Auf französischer Seite liegt er ungefähr 3,3 km unter Land, die Tunnelöffnung liegt bei **Coquelles Terminal/Sangatte**. Der Eurotunnel ist ein reiner **Eisenbahntunnel**. Die speziellen Tunnelwaggons benötigen für eine Durchquerung 35 Minuten, sodass sich für Pkw wie Lkw trotz der Umladung auf die Bahn deutliche Zeitgewinne ergeben. Die Betreiber unterscheiden vier Beförderungskategorien mit speziell dafür eingerichteten Waggons:

- den Shuttle- oder „Huckepack-Betrieb" für Pkw, Wohnwagen, Busse, Fahr- und Motorräder,
- den reinen Passagierverkehr in Reisezügen (through passenger traffic),
- Lkw-shuttle-Frachtverkehre,
- sonstiger Frachtverkehr einschließlich Containerbeförderungen.

Der Eurotunnel ist in das Hochgeschwindigkeitsnetz der europäischen Eisenbahnen integriert. Er verkürzt die Transportzeiten zwischen Großbritannien und wichtigen kontinentalen Wirtschaftszentren beträchtlich.

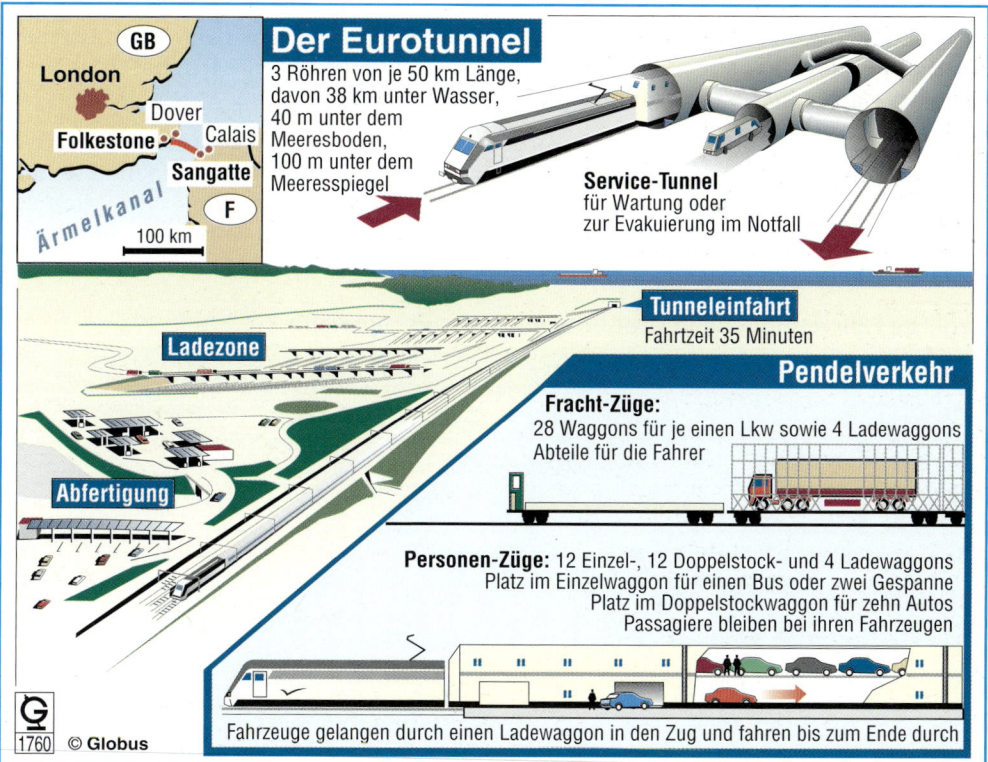

Der Eurotunnel

3 Röhren von je 50 km Länge, davon 38 km unter Wasser, 40 m unter dem Meeresboden, 100 m unter dem Meeresspiegel

London
Dover
Folkestone
Calais
Sangatte
Ärmelkanal
100 km

Service-Tunnel
für Wartung oder zur Evakuierung im Notfall

Tunneleinfahrt
Fahrtzeit 35 Minuten

Ladezone

Pendelverkehr

Fracht-Züge:
28 Waggons für je einen Lkw sowie 4 Ladewaggons Abteile für die Fahrer

Abfertigung

Personen-Züge: 12 Einzel-, 12 Doppelstock- und 4 Ladewaggons
Platz im Einzelwaggon für einen Bus oder zwei Gespanne
Platz im Doppelstockwaggon für zehn Autos
Passagiere bleiben bei ihren Fahrzeugen

Fahrzeuge gelangen durch einen Ladewaggon in den Zug und fahren bis zum Ende durch

1760 © Globus

5.2.3 Verkehrsgebiet Irland

Die Insellage Irlands bedingt, dass Flug- und Seeverkehr besonders stark ausgeprägt sind. Der Transport von Außenhandelsgütern erfolgt zu fast 80 % über Seehandelsrouten. Die bedeutendsten **Seehäfen** liegen an der Ostküste der Republik Irland, wo sich auch Bevölkerung und Industrie konzentrieren. Wichtige Häfen mit universellen Aufgaben sind Dublin, Cork, Waterford Port (Containerumschlag) und Galway, im Süden ist der Erdölspezialhafen Bantry an der Bantry Bay größter Hafenplatz. Hinzu kommen mehrere Fährhäfen, über die Ro/Ro-Verkehre mit Lkw auf der Relation Irland-Kontinentaleuropa via Großbritannien durchgeführt werden. Aufgrund der verkehrs–geografischen Randlage Irlands und der Tatsache, dass an nur wenigen Stellen zwischen Irland und Großbritannien kurze Fährstrecken einen schnellen Gütertransport gewährleisten, läuft ein Großteil des irischen Außenhandels über einen zentralen Verkehrskorridor.

> **Beispiel:**
> Als wichtigste kombinierte internationale Lkw/Bahn/Schiff-Verbindung für Verkehre zwischen Irland und dem Kontinent gilt der Transportkorridor Dublin–Fähre Dun Laoghaire/Holyhead mit Weiterführung über den Eurotunnel oder die Fähren Dover/Calais.

Der irische **Eisenbahnverkehr** wird von der staatlichen Eisenbahngesellschaft CIE („Córas Iompair Éireann") durchgeführt. Sie betreibt ein Netz von rund 2.000 km, das sich sternförmig auf den zentralen Bahnknotenpunkt Dublin konzentriert. Die Bahn hat einen Anteil von 10 % am Frachtmarkt, sie steht deutlich hinter dem Lkw-Verkehr zurück. Das **Straßennetz** umfasst u. a. über 16.000 km gut ausgebaute Hauptstraßen, darunter einige Autobahnabschnitte. Es werden drei internationale **Flughäfen** in Shannon, der Hauptstadt Dublin und der Hafenstadt Cork betrieben.

In **Nordirland** herrschen vergleichbare Verkehrsverhältnisse. Verkehrsknotenpunkt ist die Hafenstadt Belfast, von der Fährverkehre nach Liverpool erfolgen. Die kürzeste Fährstrecke zwischen Nordirland und der britischen Hauptinsel ist die Linie Larne–Stranraer. Der nordirische Eisenbahnverkehr wird von der Northern Ireland Railsways (NIR) durchgeführt.

Tägliche Fährverbindungen Großbritannien–Irland (Auswahl)

Von	Nach	Fahrzeiten in Std.
Holyhead (GB)	Dublin (IRL)	4
Holyhead (GB)	Dun Laoghaire (IRL)	2
Fishguard (GB)	Rosslare (IRL)	3,5
Stranrear (GB)	Belfast (Nordirland)	Konventionell 3 Schnellfähre 1:45

Zusammenfassung

1. *Wirtschaft und Verkehr konzentrieren sich insbesondere in Südengland. Verkehrsschwerpunkte sind die Fährhäfen am Kanal und an der Straße von Dover, das Eurotunnelterminal, der Bahn- und Straßenknotenpunkt London mit seinem Themsehafen Tilbury und vier Flughäfen.*

2. *Der rund 50 km lange Eurotunnel ist ein reiner Eisenbahntunnel.*

3. *Die irische Insel befindet sich in einer Verkehrsrandlage zu den Partnerländern der EU.*

Aufgaben

1. *Beschreiben Sie Verlauf und Bedeutung des Eurotunnels.*

2. *Suchen Sie günstige Fährverbindungen für folgende Relationen heraus:*
   a) Düsseldorf–Leeds
   b) Brüssel–London
   c) Birmingham–Dublin
   d) Paris–Dublin
   e) Glasgow–Kopenhagen

5.3 Benelux-Raum und ARA-Häfen

Die drei Staaten **Belgien** (Be), **Niederlande** (Ne) und **Luxemburg** (Lux) bilden den Wirtschaftsraum Benelux. Vor allem Belgien und die Niederlande sind aufgrund ihrer geografischen Lage in der EU und ihren Küsten zu überragenden Transit- und Logistikplätzen im internationalen Warenhandel geworden.

Dies findet seinen besonderen Ausdruck in der Anzahl und der Ausstattung der **Seehäfen** beider Länder. Denn an der nur 65 km langen belgischen Nordseeküste gibt es drei große Seehäfen mit Handels- und Transitfunktionen: **Antwerpen**, **Gent** und **Brügge-Zeebrügge**. Hinzu kommt der stark auf den Fährverkehr mit Großbritannien ausgerichtete Hafen **Ostende**. Auch die im Binnenland liegenden Häfen der Hauptstadt **Brüssel** und der Industriestadt **Lüttich** können noch von kleinen Seeschiffen angelaufen werden. Die Niederlande spielen eine überragende Rolle im internationalen Gütertransportwesen. Dies liegt vor allem daran, dass das Land über zentrale Positionen, das heißt Zugangswege, im Güterverkehr mit dem kontinental-europäischen Hinterland verfügt. Zu nennen sind hier der Hafenkomplex **Rotterdam**, der universelle Seehafen **Amsterdam**, der Spezialhafen **Vlissingen** für die Fahrzeugverschiffung, die Seehafengruppe **Eemshaven/Delfzijl** im Norden und der internationale **Flughafen** von **Amsterdam-Schiphol**. Vor allem Rotterdam und Schiphol erfüllen ganz spezifische Funktionen als sog. „Mainports" im niederländischen Verkehrswesen.

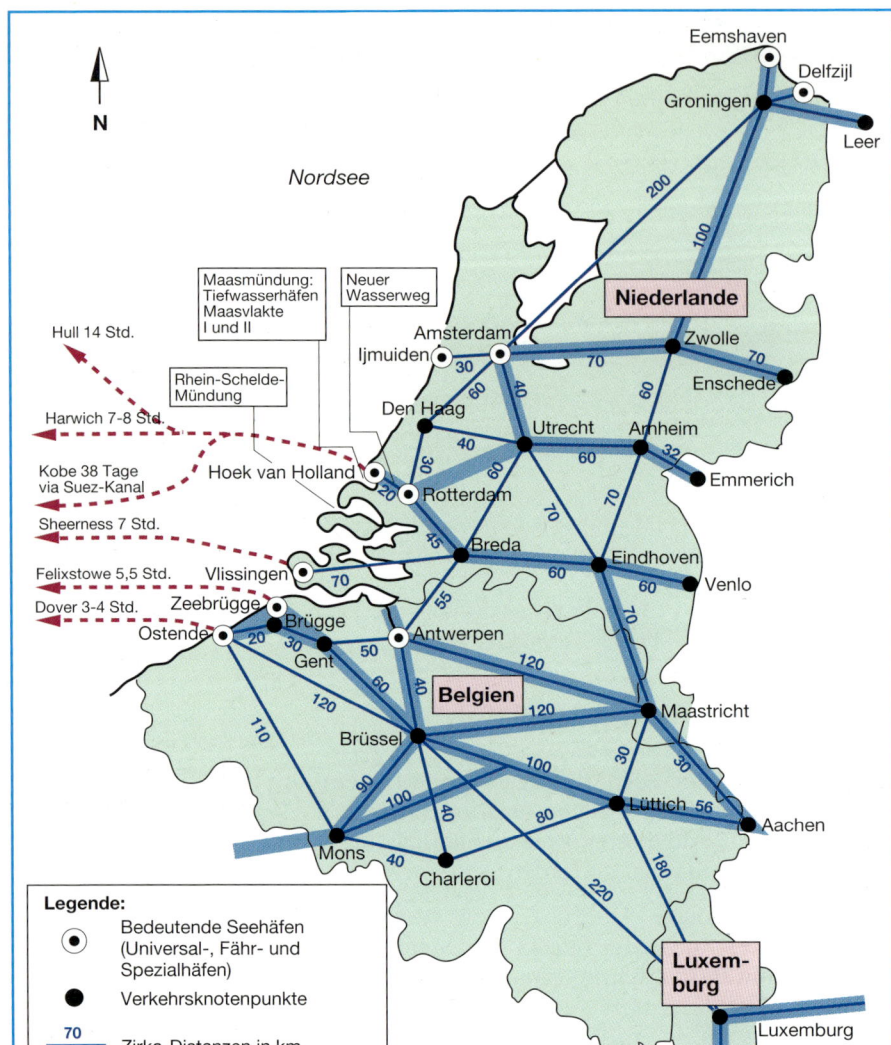

Legende:

⊙ Bedeutende Seehäfen (Universal-, Fähr- und Spezialhäfen)

● Verkehrsknotenpunkte

— 70 — Zirka-Distanzen in km

- - - - - Fährrouten/Seeverkehrsrouten

▬▬▬ Haupttransitrouten

Verkehrsschwerpunkte und Haupttransitrouten im Benelux-Raum

Mit dem gut strukturierten Autobahn- und Eisenbahnnetz und dem dichten System schiffbarer Flüsse und Kanäle besitzt die niederländische Transportwirtschaft ein außerordentlich leistungsfähiges Verkehrsnetz. Einer der bedeutendsten Containerumschlagplätze außerhalb der Seehäfen befindet sich in Venlo-Blerick. Er wird von der niederländischen Eisenbahn betrieben.

Das Fürstentum Luxemburg ist im internationalen Landverkehr mit Lkw und Bahnen vorzugsweise Transitraum. Der Flughafen der Hauptstadt, **Luxemburg-Findel**, ist wichtige Station im EU-Flugverkehr.

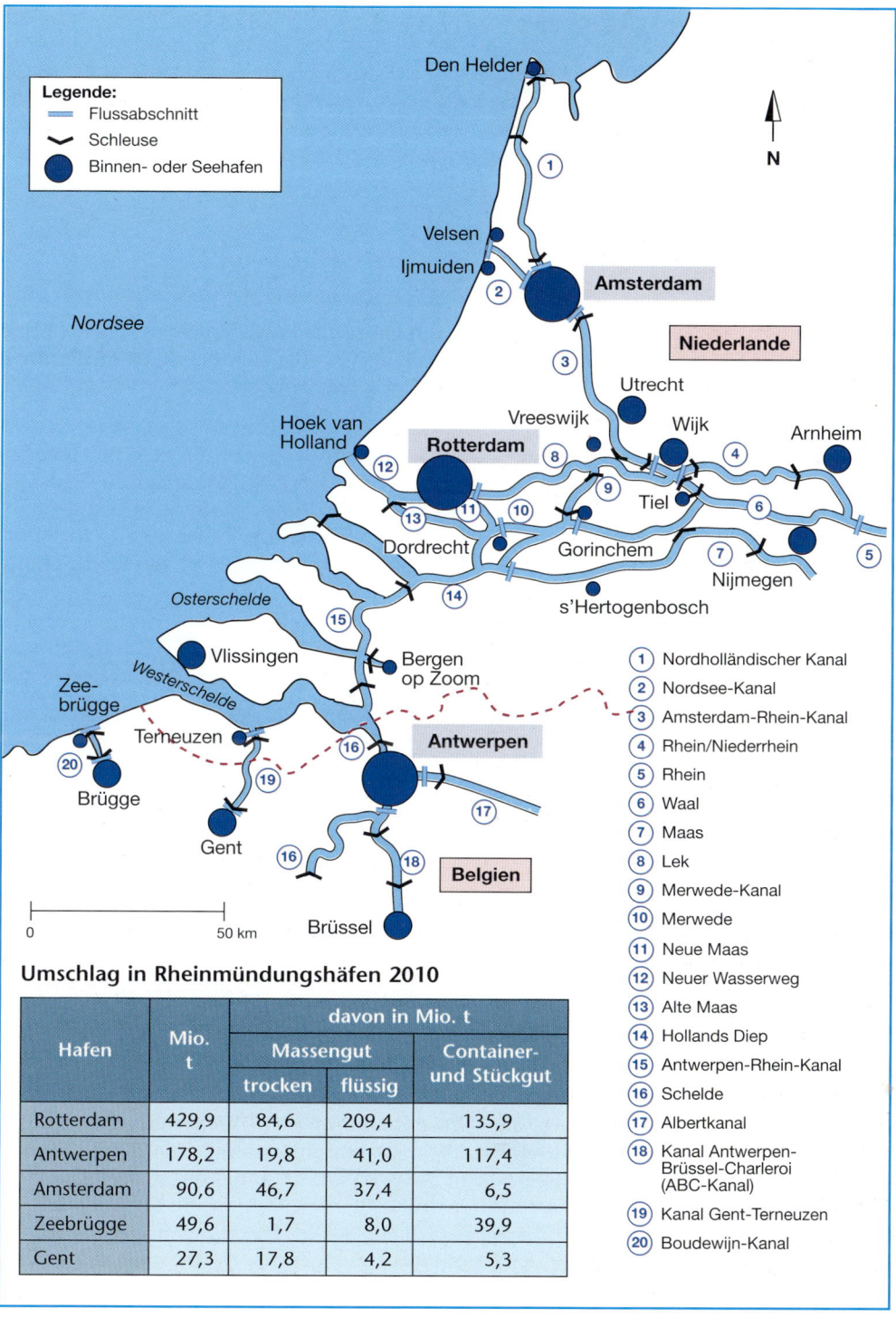

Legende:
- Flussabschnitt
- Schleuse
- Binnen- oder Seehafen

Den Helder

Nordsee

Velsen
Ijmuiden
① Amsterdam

Niederlande

② ③ Utrecht

Hoek van Holland
Vreeswijk   Wijk   Arnheim
Rotterdam
⑫ ⑧ ④
⑨ Tiel ⑥
⑪ ⑩
⑬ Neue Maas
Dordrecht   Gorinchem   ⑦ ⑤
⑭ s'Hertogenbosch   Nijmegen

Osterschelde
⑮
Vlissingen   Bergen op Zoom

Westerschelde

Zee-brügge
Terneuzen   ⑯ Antwerpen
⑳
⑲ ⑰
Brügge

Gent ⑯   ⑱ Belgien

0   50 km
Brüssel

Umschlag in Rheinmündungshäfen 2010

Hafen	Mio. t	davon in Mio. t		
		Massengut		Container- und Stückgut
		trocken	flüssig	
Rotterdam	429,9	84,6	209,4	135,9
Antwerpen	178,2	19,8	41,0	117,4
Amsterdam	90,6	46,7	37,4	6,5
Zeebrügge	49,6	1,7	8,0	39,9
Gent	27,3	17,8	4,2	5,3

① Nordholländischer Kanal
② Nordsee-Kanal
③ Amsterdam-Rhein-Kanal
④ Rhein/Niederrhein
⑤ Rhein
⑥ Waal
⑦ Maas
⑧ Lek
⑨ Merwede-Kanal
⑩ Merwede
⑪ Neue Maas
⑫ Neuer Wasserweg
⑬ Alte Maas
⑭ Hollands Diep
⑮ Antwerpen-Rhein-Kanal
⑯ Schelde
⑰ Albertkanal
⑱ Kanal Antwerpen-Brüssel-Charleroi (ABC-Kanal)
⑲ Kanal Gent-Terneuzen
⑳ Boudewijn-Kanal

Häfen und Wasserstraßen im Rheinmündungsgebiet (Main Port Delta)

Die alles überragenden Verkehrs- und Logistikzentren im Benelux-Raum sind die großen Seehäfen. An erster Stelle ist Europas führender Hafen Rotterdam zu nennen. Mit Antwerpen und Amsterdam bildet Rotterdam an der Nordwestflanke Kontinentaleuropas auf engstem Raum ein Hafentrio, für das man in der Verkehrswirtschaft die Bezeichnung **Westhäfen** oder **ARA-Häfen** geprägt hat. Das Kürzel ARA steht dabei für die Anfangsbuchstaben der drei genannten Seehäfen.

5.3.1 Hafen Antwerpen

Geografische Lage

Das geografisch besondere Merkmal des Antwerpener Hafens, der am Fluss Schelde liegt, ist seine tiefe Lage im Landesinnern. Der Hafenkomplex, der sich über eine Entfernung von rund 21 km ausdehnt, liegt knapp 70 km vom offenen Meer und nur noch 45 km von der belgischen Hauptstadt Brüssel entfernt.

Durch seine starke binnenwärtige Lage ist der Seehafen Antwerpen für viele Wirtschaftsgebiete Europas ein kostengünstiger Hafen, da die **Vor- oder Nachlaufkosten** niedriger sind als bei einem reinen Küstenhafen. Das **wirtschaftliche Hinterland** Antwerpens umfasst eine Reihe von wichtigen Wirtschaftsregionen wie u.a. Nord- und Ostbelgien, Nordfrankreich, Elsass-Lothringen, Luxemburg, Saarland, Nordschweiz, das Rhein-Main-Gebiet sowie die Rheinschiene und das Ruhrgebiet.

Seewärtige Zufahrt, Nordrange und Umschlag

Die Hafenanlagen liegen beiderseits der **Schelde**, die sich unterhalb der Stadt in Ooster- und Westerschelde teilt; beide Mündungsarme gehören territorial zu den Niederlanden. Über die rund 70 km lange Westerschelde, auf der die Seeschiffe nach Antwerpen gelangen, wird die Verbindung zur Nordsee hergestellt. Die Schelde ist ein **Gezeitenstrom** mit der Folge, dass lange Zeit die Schiffe nur bei Flut den Fahrweg passieren konnten. Durch umfangreiche Vertiefungsarbeiten am Strom sind heute fast alle Schiffsbewegungen von und nach Antwerpen **gezeitenungebunden**.

➔ *Nahe beieinander liegende Seehäfen, die ein gemeinsames Einzugsgebiet (Hinterland) haben, werden in der Seeschifffahrt üblicherweise zu einer Hafengruppe oder Range (engl. = Reihe, Gebiet) zusammengefasst. Die Range wird in der Regel durch den ersten und letzten Hafen der Hafenreihe näher bezeichnet, z.B. Antwerpen-Hamburg-Range. Für die Range gelten allgemein gleiche Frachtraten.*

Der Seehafen von Antwerpen gehört zur **Le-Havre-Hamburg-Range**, die auch „Nordrange" genannt wird. Sie umfasst neun Basishäfen, dies sind Le Havre, Dünkirchen, Zeebrügge, Gent, Antwerpen, Rotterdam, Amsterdam, Bremen/Bremerhaven und Hamburg. Innerhalb dieser Gruppe kommt Antwerpen umschlagmäßig eine führende Stellung zu. Im **Stückgutverkehr** übernimmt Antwerpen rd. ein Viertel des gesamten Range-Aufkommens, wobei die Ausfuhr von Stückgütern dominiert. Im **Gesamtverkehr** (Stück- und Massengüter) wickelt Antwerpen rd. 12 % aller Löschungen und 24 % aller Verladungen in der Range ab. Da der Erdölimport mengenmäßig vor allem die Rotterdamer Statistik nach oben treibt, ist eine Betrachtung ohne den Erdölverkehr noch aussagekräftiger.

Beispiel:

Ohne Massengüter beläuft sich die Zahl der Ausfuhren in der Range, die über Antwerpen laufen, auf über 25 % und die Zahl der Einfuhren auf mehr als 16 %. Die Zahlen verdeutlichen die bedeutende Stellung, insbesondere beim ausgehenden Verkehr, die Belgiens größter Seehafen innerhalb der westeuropäischen Kontinentalhäfen einnimmt.

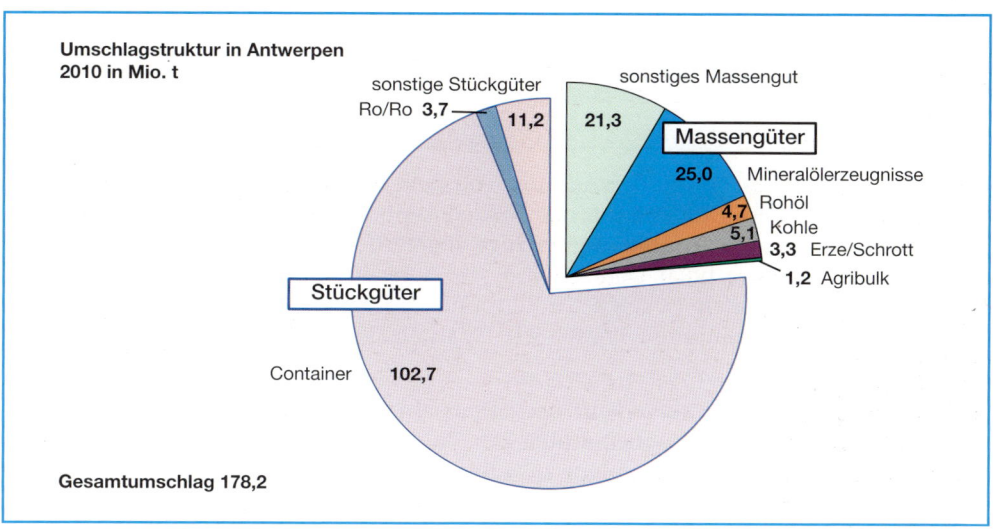

Umschlagstruktur in Antwerpen 2010 in Mio. t

sonstige Stückgüter
Ro/Ro **3,7** — **11,2** **21,3** sonstiges Massengut

Massengüter

25,0 Mineralölerzeugnisse
4,7 Rohöl
5,1 Kohle
3,3 Erze/Schrott
1,2 Agribulk

Stückgüter

Container **102,7**

Gesamtumschlag 178,2

Hinterlandverbindungen

Wasserstraßen und Binnenschifffahrt

Belgiens fast 1.500 km langes Netz natürlicher und künstlicher Wasserwege hat große Bedeutung für Antwerpen. Die Basis für dieses Schifffahrtsnetz bilden die Flüsse **Schelde** und **Maas**. Beide entspringen in Frankreich und münden im niederländischen Schelde-Maas-Rhein-Delta. Zwei weitere bedeutende Flüsse sind die **Leie** (Scheldenebenfluss) und die **Sambre** (Maasnebenfluss). Innerhalb Belgiens sind vor allem zwei Kanäle von größerer Bedeutung. Herausragend ist die Verbindung Antwerpen–Lüttich mittels des **Albertkanals** (Bauzeit: 1928–1940). Dieser Wasserweg wird derzeit modernisiert und für große Schubeinheiten erweitert. An zweiter Stelle ist der sog. **ABC-Kanal** von Antwerpen über Brüssel nach der Schwerindustriestadt Charleroi zu nennen. Auch hier werden derzeit Verbesserungen in Sachen Kanalnutzung vorgenommen. Im grenzüberschreitenden Verkehr hat die **Schelde-Rhein-Wasserstraße** herausragende Bedeutung, da über diese Verbindung der Rhein und damit das Hinterland entlang der Rheinachse schnell erreicht werden können.

Beispiel:

Die Schiffsbewegungen auf dem Schelde-Rhein-Kanal liegen bei jährlich über 60.000 Einheiten. Der Kanal verläuft von Antwerpen nach Norden und passiert dabei die südliche Oosterschelde nahe der Stadt Bergen op Zoom, mündet dann in den Krammer Volkerak und das Hollands Diep. Von dort aus benutzen die Binnenschiffe die Maas/Waal-Gewässer. Diese gute Anbindung an Europas führende Wasserstraße Rhein ist entscheidend für den hohen Anteil, den die Binnenschifffahrt im Verkehr mit Antwerpen einnimmt.

Straßen- und Eisenbahnverbindungen

Antwerpen ist für Lkw ein sehr schnell erreichbarer **Universalhafen**. Von Antwerpen aus führt eine Autobahn via Eindhoven zur niederländischen Grenzstadt Venlo, wo die Anbindung an die deutsche Autobahn A 2 bzw. A 40 mit Zielrichtung Ruhrgebiet erfolgt. Eine weitere Autobahntrasse verläuft parallel zum Albertkanal und knüpft beim Grenzübergang Aachen-Nord/Heerlen an die deutsche Autobahn A 4 an, die zur Rheinschiene führt. Die Straßenentfernungen in das deutsche Hinterland sind kurz:

Von Antwerpen nach …	Duisburg	Düsseldorf	Köln	Frankfurt/M.
	177 km	200 km	204 km	395 km

Wichtig für den Hafen ist die Verknüpfung mit dem europäischen Bahnnetzwerk. Antwerpen ist an rund ein Dutzend internationale Eisenbahnverbindungen angeschlossen, täglich werden über 120 Eisenbahngüterzüge abgefertigt. Vorzugsweise handelt es sich um Containerverkehre nach Deutschland, der Schweiz, Italien, Frankreich und den Niederlanden. Der Hafen ist auch Knotenpunkt für **Kombiverkehre** Straße/Schiene, vor allem auf den Relationen Frankreich, Spanien, Skandinavien, Deutschland und Österreich.

Der umfangreiche Bahngüterverkehr nach Deutschland erfolgt über die sog. Montzen-Route Antwerpen–Hasselt–Aachen–Köln. Um die Schienenanbindung des Hafens mit dem Ruhrgebiet und der Rheinschiene zu verbessern, ist geplant, die traditionelle Strecke Antwerpen–Roermond–Mönchengladbach auszubauen und wieder in Betrieb zu nehmen. Dieser als „**Eiserner Rhein**" bezeichnete Verkehrsweg ist rund 50 km kürzer als die Strecke über Aachen. Für Antwerpen ist dieser Streckenausbau vor allem für schnelle Containerverkehre wichtig, da der Hafen Rotterdam mit der Brabant-Route (Rotterdam–Eindhoven–Venlo) und der Betuwe-Linie (Rotterdam–Emmerich–Duisburg) den künftigen Verkehrsentwicklungen bereits Rechnung trägt.

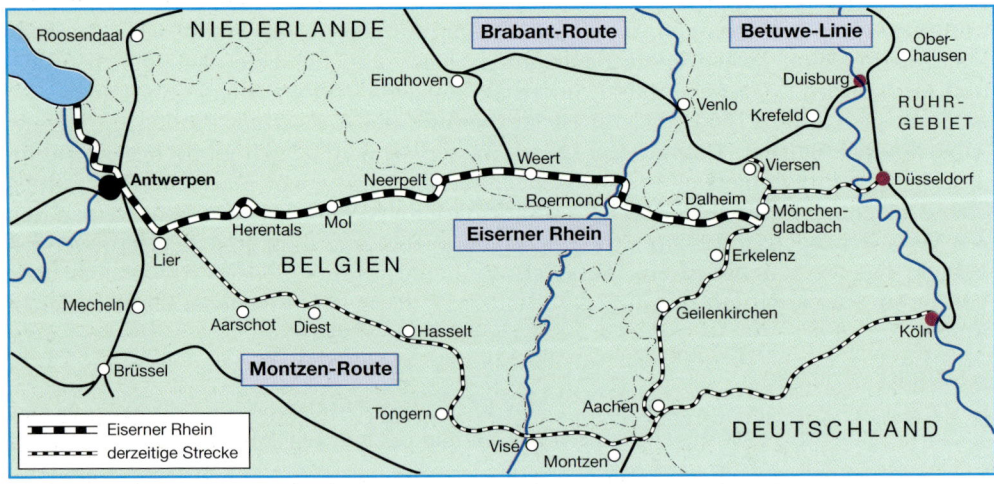

Verbindungen für Eisenbahngüterverkehre zwischen Antwerpen, Rotterdam und Deutschland

5.3.2 Hafen Rotterdam

In den letzten Jahren hat der niederländische Hafen Rotterdam seine Umschlagsleistungen immer wieder steigern können. Es werden jährlich über 420 Mio. t Seegüter umgeschlagen. Damit überflügelt der Hafen, der in Hinsicht auf Fläche, Schiffsfrequenzen und Umschlagtechnik als ein Hafen der Superlative bezeichnet werden kann, alle anderen wichtigen Seehandelsplätze in Europa.

Die Ursprünge der Stadt gehen auf einen Dammbau zurück, den man an der Mündung des Flusses Rotte (= Rotterdam) in den Fluss Maas zum Schutz gegen Nordseefluten vorgenommen hatte. Der Fischerort Rotterdam wurde etwa ab dem 14. Jh. zu einem Umschlagpunkt zwischen dem See- und Binnenschiffsverkehr. Von diesem Zeitpunkt an hat Rotterdam wenigstens drei deutlich trennbare **Entwicklungsphasen** durchlaufen, in denen sich die Stadt jeweils weiter ausdehnte und an Bedeutung gewann. Um allerdings in die Stellung eines führenden Welthafens, dem sogenannten „Tor Europas", hineinzuwachsen, hat Rotterdam kaum 100 Jahre gebraucht.

Entwicklungsphasen

Seinen ersten Aufschwung hatte Rotterdam etwa mit Beginn des 17. Jh. zu verzeichnen. Nach Entdeckung der „Neuen Welt" konnten sich die holländischen Seefahrer in den Handel mit West- und Ostindien einschalten. Der **Kolonialwarenhandel** bescherte dem Land ein „Goldenes Zeitalter" und ließ seine Häfen zu den wichtigsten Wirtschaftsplätzen des Landes werden. Rotterdam überflügelte die Konkurrenzhäfen Amsterdam und Dordrecht, da durch seine günstige Lage die Transitverkehre zu den rheinischen Handelsmetropolen im Hinterland (u. a. auch Köln) intensiviert werden konnten.

Eine entscheidende Entwicklung setzte um 1840 ein. Mit dem Aufschwung der deutschen Schwerindustrie an der Ruhr zeichneten sich für Rotterdam völlig neue Aufgaben ab. Denn durch die Lage an der Rheinmündung hatte Rotterdam ideale Voraussetzungen für die **Transitverkehre von Massengütern** des Ruhrgebietes. Der Export von Kohle aus dem deutschen Revier und die Einfuhr von Erzen für die deutschen Stahlproduzenten wurden das wichtigste Standbein für Rotterdam. Die starke Verflechtung mit der deutschen Industrie an Rhein und Ruhr brachte Rotterdam darüber hinaus einen neuen Status ein: der Hafen war nicht mehr allein ein für die Niederlande wichtiger Verkehrsknoten, sondern er wurde ein internationaler Handelsplatz mit weitreichenden Funktionen. Mit den neuen Aufgaben musste der Hafen ausgebaut werden. Um einen schnellen und direkten seewärtigen Zugang zu erhalten, wurde die künstliche Zufahrt „Nieuwe Waterweg" (= neuer Wasserweg) gebaut. Dieser schleusenfreie Meereszugang ging 1872 in Betrieb. Nach dem Zweiten Weltkrieg, in dem Rotterdam durch deutsche Angriffe schwer beschädigt wurde, setzte die dritte Entwicklungsphase ein. Der enorme Bedarf Westeuropas an Energiestoffen (Rohöl) ließ Rotterdam in nur wenigen Jahren von einem Kohle/Erz-Hafen zu einem der größten **Rohölumschlagplätze** der Welt werden. Gleichzeitig siedelten sich entlang des Nieuwe Waterweg sowie im Hafenteil „Europoort" verschiedene Betriebe der Ölindustrie an, die das Bild Rotterdams entscheidend veränderten. Der Hafen stieg zum führenden europäischen Verarbeitungszentrum für Mineralöl und Mineralölprodukte auf. Es wurden acht sog. „Petroleumhäfen" eingerichtet, von denen die jüngsten von vollbeladenen Supertankern angelaufen werden können.

Der steigenden Containerisierung wurde früh mit dem Bau spezieller Container-Terminals Rechnung getragen. Container-Terminals befinden sich u. a. auf dem künstlich aufgeschütteten Gewerbegebiet „Maasvlakte" (= Maasfläche). Dessen günstige Fahrwasserverhältnisse am Eingang des Nieuwe Waterweg, dem sog. „Maasmond" (= Maasmund/ Maasmündung), erlauben es, dass auch die größten Containerschiffe direkt an der Maasebene anlegen können. Damit zeichnet sich für Rotterdam ein weiterer Trend ab. Denn mit der Zunahme des Containerverkehrs sind viele neue Aufgaben, etwa die der **Lagerhaltung und Güterverteilung**, verbunden, die der Hafen an sich zieht.

Europoort und Maasvlakte

Europoort bedeutet soviel wie „Europator". Der Begriff kann jedoch nicht für den gesamten Hafenkomplex Rotterdams verwendet werden, sondern nur für ein im Westen der Stadt gebautes Hafengebiet. Europoort ist also nur ein Teil des Rotterdamer Hafens, und zwar ein sehr bedeutender. Die Ausbauten des Europoort begannen 1958 südlich des Nieuwe Waterweg und schon 1960 lief der erste Großtanker dort ein. In den letzten Jahren wurde Europoort in Form der „Maasvlakte" bis in die offene See hinaus erweitert. Europoort und Maasvlakte werden durch den Caland-Kanal, der durch einen Trenndamm vom Nieuwe Waterweg abgegrenzt wird, mit dem offenen Meer verbunden. Um die Terminalkapazität für den Containerverkehr zu erhöhen, wurde das Hafengebiet Maasvlakte im Maas-Mündungsgebiet ausgebaut.

> **Beispiel:**
> Mit dem Projekt **Maasvlakte II** ist die größte Hafenerweiterung Rotterdams vorgenommen worden. Das Hafengelände hat eine Größe von 1.000 Hektar, es schließt sich westlich des Hafenkomplexes Maasvlakte I (vgl. Karte) an. Die neuen Landflächen werden ausschließlich durch Sandvorspülung gewonnen. Durch den Bau von Maasvlakte II wird sich die Umschlagfläche des Rotterdamer Hafens um rd. 20 % erhöhen.

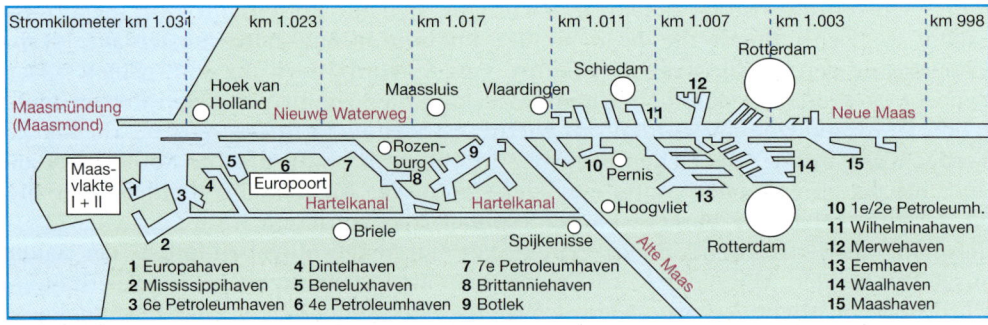

Schematische Darstellung des Hafengebietes von Rotterdam

Zum Hafensystem von Europoort gehören ferner der Brittanniehaven mit einem Autoterminal sowie Containerumschlag, der Beneluxhaven mit einer Reihe von Fährdiensten und der Dintelhaven mit einer Erzumschlaganlage. Die Rhein- und Binnenschifffahrt nutzt als Zugang zum Europoort-Gebiet den speziell für sie reservierten Hartelkanal.

Wirtschaftsstruktur des Hafens

Zwei Wirtschaftsbereiche dominieren die Struktur des Rotterdamer Hafens. Zum einen sind es Umschlag, Lagerung und Weiterverarbeitung von eingehendem Rohöl. Rotterdam ist daher ein typischer **Spezialhafen** für die Öleinfuhr. Andererseits wurden früh die veränderten Verkehrsbedingungen erkannt und dem Umschlag von losen Stückgütern und Containern breiter Raum gegeben. Mit über 10 Mio. TEU nimmt Rotterdam weltweit auch hier eine Spitzenposition ein. Der Umschlag von containerisiertem Gut bildet somit den zweiten Hauptarbeitsbereich und wichtigen Lebensnerv des Hafens. Rotterdam kann daher auch als einer der bedeutendsten **Universalhäfen** der Welt bezeichnet werden. Schließlich ist der Hafen Standort für eine große Zahl von Industriebetrieben.

> **Beispiel:**
> Rotterdam hat typische **hafengebundene Industrien** in Form von Werften und Reparaturbetrieben wie auch sog. **standortbezogene Hafenindustrien**, zu denen u. a. die Nahrungs- und Futtermittelindustrie gerechnet wird. Letztlich sind auch importabhängige, also sich vorwiegend am Weltmarkt orientierende Seehafenindustrien wie die Petrochemie und der Maschinenbau vertreten.

Betrachtet man die Güterstruktur des Hafens detaillierter, dann können vier verschiedene Gütersektoren voneinander getrennt werden. Ihre Bedeutung für Rotterdam ist in den letzten Jahren recht unterschiedlich gewesen, auch ist die Entwicklung der Gütersektoren jährlich zum Teil erheblichen Veränderungen unterworfen.

- **Rohöl und Rohölprodukte** nehmen jährlich in der Regel über 150 Mio. t ein, zwei Drittel davon entfallen allein auf eingehendes Rohöl. Während Rohöl in den Hafenraffinerien verarbeitet wird, gehören die Folgeprodukte wie Kraftstoffe, chemische Grundstoffe usw. vielfach zu den Gütern, die den Hafen per Binnenschiff wieder verlassen.

- Importerz und -kohle schwanken mengenmäßig je nach Konjunkturlage sehr stark. Erze und NE-Metalle werden nicht nur umgeschlagen, sondern in Rotterdam bereits einer Bearbeitung zugeführt. In speziellen Anlagen werden sie im Hafengebiet gebrochen und gesiebt, ehe sie weiter befördert werden. Die Erzladungen sind im Wesentlichen für die Stahlindustrie in Deutschland, Belgien und Frankreich bestimmt. Importkohle aus Australien oder Nordamerika ist für niederländische, deutsche, schweizer und französische Kraftwerke bestimmt.

- Massenhafte **Nahrungs- und Futtermittel** werden unter dem Fachwort „Agribulk" zusammengefasst. In Rotterdam handelt es sich in der Hauptsache um Getreide (Weizen, Reis, Gerste, Mais, Hafer) und Ölsaaten (Sojabohnen, Baumwollsaat, Sonnenblumenkerne, Palmkern u. a. m.). Im Hafengebiet Botlek existieren umfangreiche Ladeeinrichtungen und Silos für diese Produkte. Für Nahrungs- und Genussmittel ist Rotterdam ein bedeutender Platz im internationalen Warenterminmarkt.

> **Beispiel:**
> Es werden große Mengen der Genussmittel Kaffee, Tabak und Tee über Rotterdam, und zwar vorwiegend über den Hafenteil Waalhaven, eingeführt. Der Hafen ist der größte europäische Tabakumschlagplatz. Auch laufen rund 40 % des britischen Teeimports über Rotterdam.

- Der Sektor **Stückgüter/Container** hat ständig hohe Zuwachsraten, insbesondere in Form des Ro/Ro-Umschlags, der fast ausschließlich nach Großbritannien läuft.

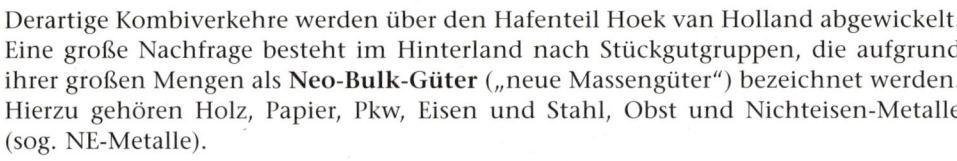

Derartige Kombiverkehre werden über den Hafenteil Hoek van Holland abgewickelt. Eine große Nachfrage besteht im Hinterland nach Stückgutgruppen, die aufgrund ihrer großen Mengen als **Neo-Bulk-Güter** („neue Massengüter") bezeichnet werden. Hierzu gehören Holz, Papier, Pkw, Eisen und Stahl, Obst und Nichteisen-Metalle (sog. NE-Metalle).

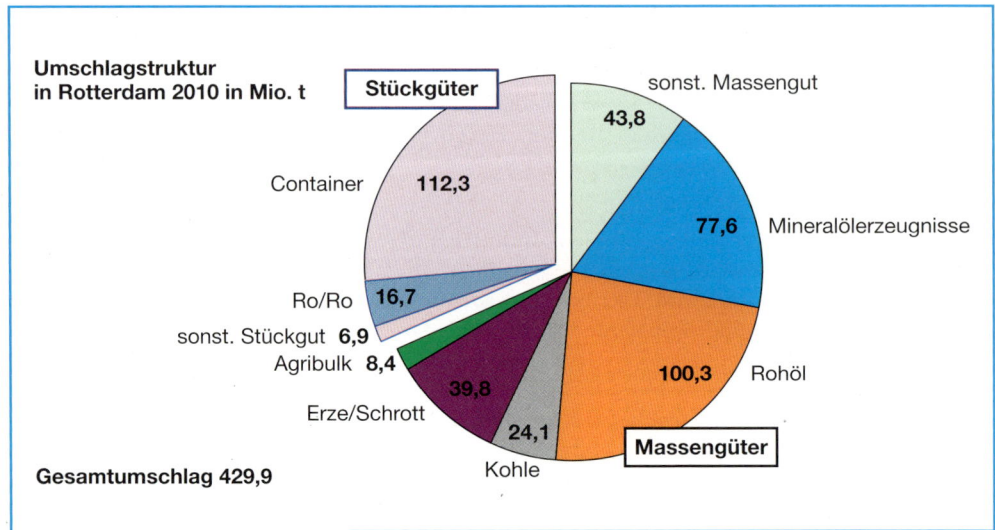

Umschlagstruktur in Rotterdam 2010 in Mio. t

Stückgüter

sonst. Massengut 43,8

Container 112,3

Mineralölerzeugnisse 77,6

Ro/Ro 16,7

sonst. Stückgut 6,9

Agribulk 8,4

Erze/Schrott 39,8

Rohöl 100,3

Kohle 24,1

Massengüter

Gesamtumschlag 429,9

Standortvorteile als Wachstumsmotor

Dass sich der Großraum Rotterdam zu einem der führenden Verkehrszentren und zu einer Drehscheibe für viele Speditions- und Frachtführertätigkeiten entwickelt hat, basiert auf mehreren Standortvorzügen. Diese werden in der Verkehrs- und Wirtschaftsgeografie als Gunstfaktoren bezeichnet.

Gunstfaktoren

■ Rotterdam liegt nahe der meistbefahrenen Schifffahrtsstraße der Welt, dem Ärmelkanal, sowie an der Küste eines der am stärksten befahrenen Nebenmeere der Welt, der Nordsee. Dies schafft günstige Transportbedingungen für den Handel der EU-Länder.

■ Weltweit betrachtet nimmt Rotterdam auf der Landhalbkugel eine Mittelpunktlage ein. Im Radius von 5.000 km um den Hafen liegen als „Vorland" alle wichtigen Seehäfen Europas, des nördlichen Afrikas und der Levante, des Roten Meeres und Westafrikas.

■ In einem Radius von nur 500 km liegen fast alle „Verdichtungsräume" West- und Mitteleuropas. Das Rotterdamer Hinterland ist mit einer Weltindustrieproduktion von 25 % und über 180 Mio. Einwohnern damit erheblich größer als das anderer Weltseehäfen (zum Vgl.: Tokio 65 Mio., New York 50 Mio.).

■ Von der Maasmündung stromaufwärts lassen sich Hunderte Kilometer Wasserwege befahren. Dies hat dazu geführt, dass die Binnenschifffahrt der wichtigste Verkehrsträger im Hinterlandverkehr Rotterdams geworden ist.

■ Mehrere Tiefwasserbecken bieten günstige Fahrwasserverhältnissen, sodass Supertanker sicher an die Löschplätze gelangen können. Rotterdam ist ein offener Tidehafen, der gezeitenunabhängig betrieben wird.

Hafentiefen in der Nordrange im Vergleich

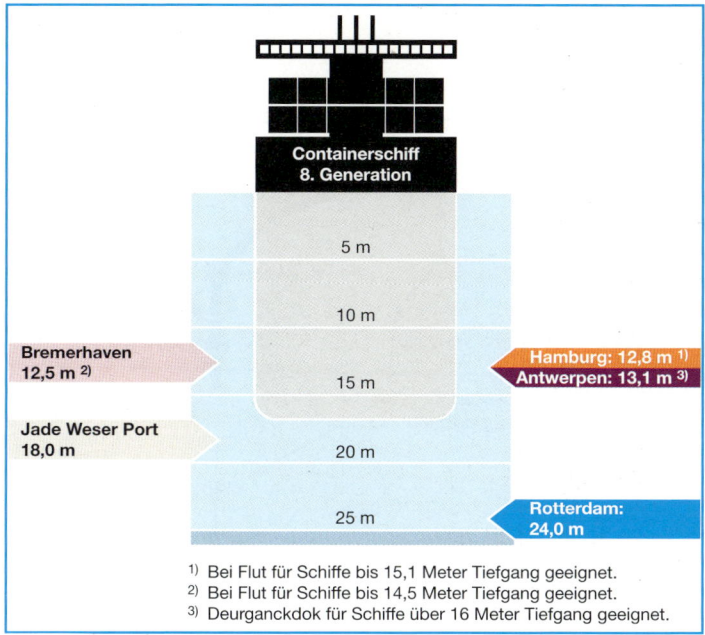

1) Bei Flut für Schiffe bis 15,1 Meter Tiefgang geeignet.
2) Bei Flut für Schiffe bis 14,5 Meter Tiefgang geeignet.
3) Deurganckdok für Schiffe über 16 Meter Tiefgang geeignet.

Quelle: Hafenverwaltungen, vgl. Innovatives Niedersachsen GmbH, Hannover;
Publikation Plietsch 2-2012, S. 18

Hinterlandverbindungen

Wie alle Seehäfen ist Rotterdam von der wirtschaftlichen Kraft und Entwicklung seines Hinterlandes abhängig. Dieses besteht, abgesehen von den Niederlanden, in der Hauptsache aus Deutschland, Belgien, Frankreich und der Schweiz. Etwa 40 % der umgeschlagenen Güter sind deutscher Herkunft oder für Deutschland bestimmt.

Ein Blick auf die Beförderungsleistung der Landverkehrsmittel (Modal Split) am Beispiel des Container-Hinterlandverkehrs verdeutlicht den großen Marktanteil der Binnenschifffahrt. Dies hängt mit der einzigartigen Lage Rotterdams im Rheinmündungsdelta und der gut nutzbaren Wasserwege zusammen. Von diesen ist der Rhein als Hauptschlagader der Binnenschifffahrt ohne tarifliche Bindungen und ohne Abgaben zu befahren. Nach dem Lastkraftwagen mit 2,5 Mio. TEU übernehmen Binnenschiffe jährlich fast 1,5 Mio. TEU im Hinterlandverkehr Rotterdams; dies ist mehr als das Dreifache der Eisenbahn. Einen Sonderstatus nimmt der direkte See-Feederdienst mit Containern ein. Die derzeit noch geringe Bedeutung der Eisenbahn im Container-Hinterlandverkehr soll sich ändern. Denn über die 158 km lange neue Schnellgüterzug-Strecke „Betuwe-Linie" sollen künftig bis zu 50 Mio. t im Güterverkehr Rotterdam–Deutschland bewegt werden. Die Bahnstrecke ist bis Emmerich fertig, der Ausbau bis Duisburg ist noch im Gange.

➔ *Unter Modal Split (engl.) versteht man die Gütermengen-/Transportaufteilung unter den Verkehrsträgern. Die erbrachten Leistungen werden statistisch in Gütermengen (Tonnage) oder in Tonnenkilometern (Tkm) für die einzelnen Verkehrsträger ausgewiesen. Dadurch ist der jeweilige Anteil am Gesamtverkehrsvolumen erkennbar. Der Modal Split stellt somit die Marktanteile der Verkehrsträger dar.*

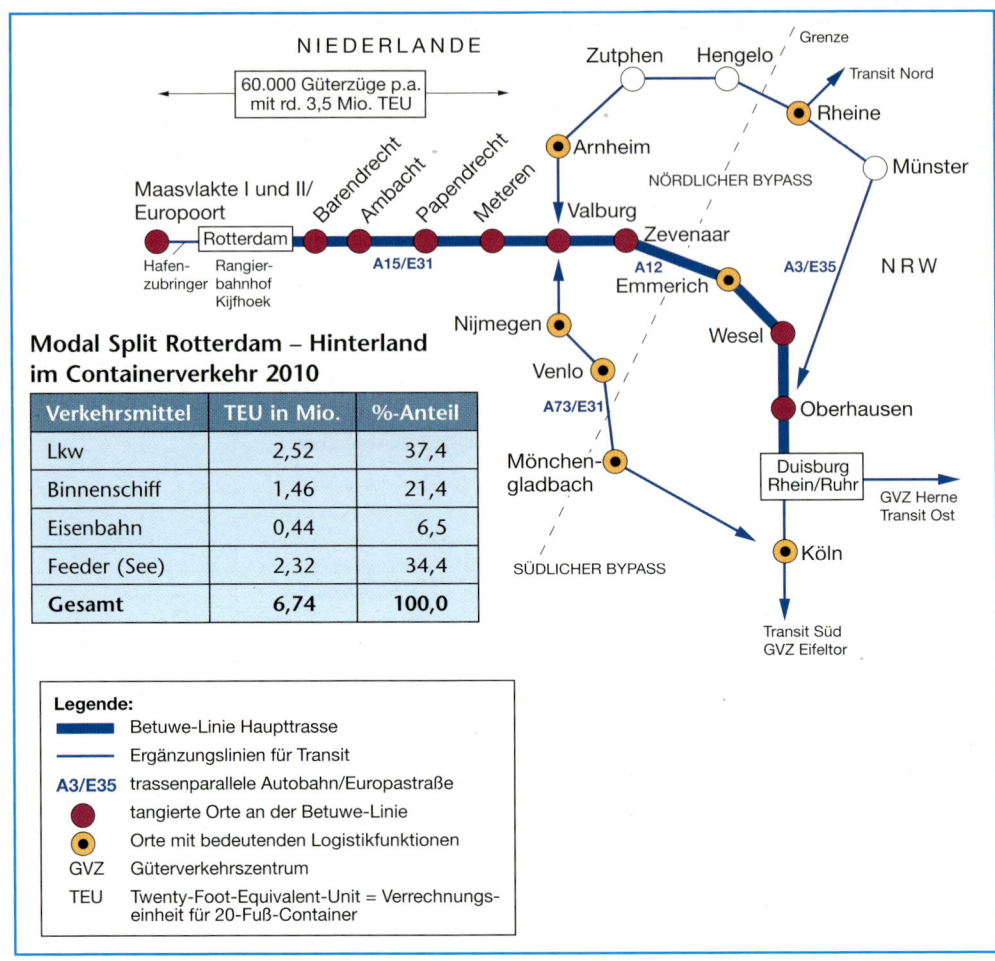

Schnellzugstrecke „Betuwe-Linie" Rotterdam–Rhein/Ruhr

Quelle: Vgl. Gläßer, Schmied, Woitschützke: Nordrhein-Westfalen, Gotha 1997,

Zahlen vgl. http://www.portofrotterdam.com/en/Port/port-statistics/Pages/containers.aspx, letzter Zuriff: 05.01.2013

5.3.3   Die großen kontinentalen EU-West- und Nordhäfen im Vergleich

Das Trio der ARA-Häfen steht, insbesondere durch die überragende Rolle Rotterdams, deutlich an der Spitze aller Seehäfen in Europa. Ein Vergleich dieser drei Seaports mit den anderen Häfen der Nordrange unterstreicht ihre führende Rolle. Gleichzeitig wird klar, dass die verkehrsgeografische Lage und die Fahrwasserverhältnisse von Antwerpen und Rotterdam große Bedeutung für die Entwicklung zu führenden Seehafenplätzen haben. So bieten Antwerpen und Rotterdam für die schnellen Vollcontainerschiffe nicht nur günstigere Fahrwasserbedingungen als die deutschen Hafenplätze, ihre unmittelbare Lage am nördlichen Ausgang des Ärmelkanals spart auch beträchtliche Fahrtstunden gegenüber deutschen und anderen Seehäfen, was vor allem im See-Containergeschäft ein wichtiger Wettbewerbsvorteil ist (vgl. Karte S. 195).

Vergleich der EU-Häfen in der Nordrange (Hamburg–Le Havre-Range) (2010, Zahlen gerundet)

Häfen / Merkmale	Rhein-Schelde-Mündung					Deutsche Nordseehäfen			Frz. Kanalhäfen	
	ARA-Häfen			Zee-brügge	Sea-ports[1] Zeeland	Ham-burg	Bremer-haven, Bremen[4]	Wil-helms haven	Dün-kir-chen	Le Havre
	Amster-dam	Rotter-dam	Antwer-pen							
Zufahrt	Nord-seekanal	Nieuwe Waterweg	Schelde	–	Wester-schelde	Unter-elbe	Außen- u. Unterwe-ser	Jadebu-sen	–	–
Ø – Tiefe -Fahrwasser -Abladung	16 m 13 m	> 20 m	17 m 15 m	18,5 m 16 m	14,5 m 12,5 m	16 m 13,8 m	15 m 13,5 m	18 m 16,7 m	> 20 m	> 20 m
Kilometer bis offene See	30	13	70	–	Terneu-zen 30	110	50/100	43	–	–
Vorhafen	Velsen-Ijmuiden	Hoek v. Holland	–	–	–	Cuxha-ven Bruns-büttel	–	–	–	–
Umschlag in Mio. t										
Massengut trocken	46,7	84,6	19,8	1,7	11,9	26,1	7,8	3,0	22,7	3,4
Massengut flüssig	37,4	209,4	41,0	8,0	11,9	14,1	1,4	22,7	5,6	42,4
Container-gut[2]	0,8	112,3	102,5	26,4	0,2	78,4	51,6	–	1,6	23,0
Umschlag total/Mio. t	90,6	429,9	178,2	49,6	33,0	121,3	68,7	25,7	42,7	70,2
%-Anteil in der Range	8,0	37,8	15,7	4,4	2,9	10,7	6,0	2,3	3,8	6,2
Container in Mio TEU[3]	< 0,1	11,1	8,5	2,5	< 0,1	7,9	4,9	–	< 0,1	2,4
Anschluss Wasserweg	Amster-dam-Rhein-K	Maas, Rhein	ABC-Kanal, Albert-kanal			Elbe, ESK	Weser	–		Seine, Oise
Ausbau-Planung		Maas-vlakte II und Gewerbe-gebiete	Logistik-zone Saef-tinghe, Schleuse			Elbvertie-fung, Terminal Stein-werder	Weserver-tiefung, Offshore-Terminal			

Quelle: Zahlen vgl. Hafenverwaltungen, u. a. unter: http://www.portofrotterdam.com/en/Business/ containers/Pages/default.aspx, letzter Zugriff: 16.7.2013; http://www.hafen-hamburg.de/content/hamburg-port-authority, letzter Zugriff: 16.7.2013; http://www.portofantwerp.com/en/transport-and-port, letzter Zugriff: 16.7.2013

---

[1] *Vlissingen und Terneuzen*

[2] *Bruttogewicht in metrischen Tonnen*

[3] *TEU = Twenty-Foot-Equivalent-Unit/20-Fuß-Standardcontainer*

[4] *Umschlagzahlen für beide Häfen*

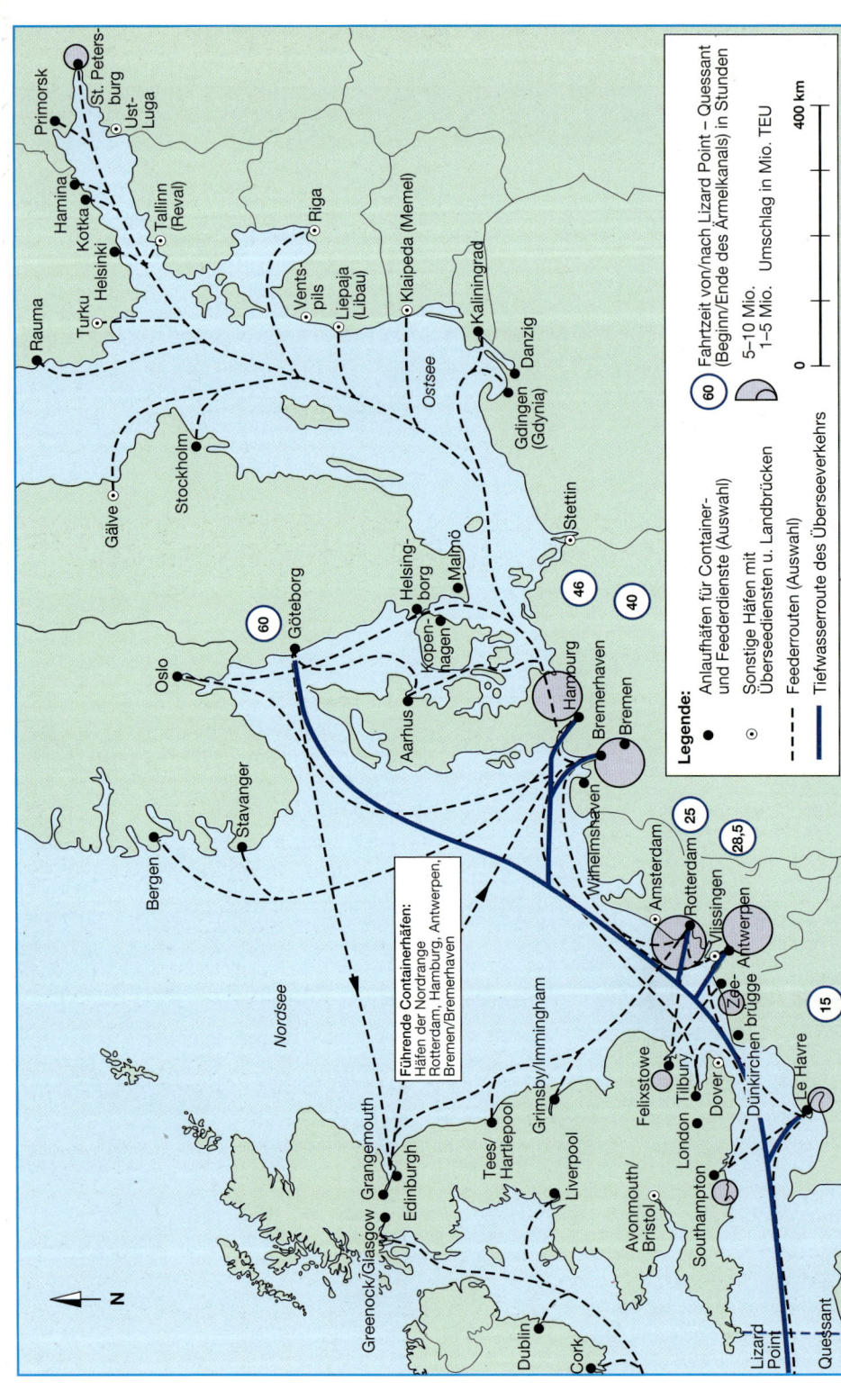

Legende:

● Anlaufhäfen für Container- und Feederdienste (Auswahl)

⊙ Sonstige Häfen mit Überseediensten u. Landbrücken

– – – Feederrouten (Auswahl)

——— Tiefwasserroute des Überseeverkehrs

60 Fahrtzeit von/nach Lizard Point – Quessant (Beginn/Ende des Ärmelkanals) in Stunden

◖ 5–10 Mio.   1–5 Mio.   Umschlag in Mio. TEU

0 ———— 400 km

Führende Containerhäfen:
Häfen der Nordrange
Rotterdam, Hamburg, Antwerpen, Bremen/Bremerhaven

Die Lage der großen Nordhäfen und Fahrtzeiten für Containerschiffe durch den Ärmelkanal (Linie Lizard Point – Quessant/Bretange = Berechnungspunkt Stunde Null)

Zusammenfassung

1. *Belgien, Niederlande und Luxemburg bilden den Benelux-Raum. Er ist aufgrund seiner Verkehrslage einer der größten europäischen Transiträume.*

2. *Belgien besitzt fünf wichtige Seehäfen: Antwerpen, Gent, Brügge, Zeebrügge und Ostende.*

3. *Wichtige niederländische Seehäfen sind Rotterdam, Amsterdam, Hoek van Holland, Vlissingen und Eemshaven/Delfzijl (Groningen Seaports). Der Flughafen Amsterdam-Schiphol ist eine der großen Luftverkehrsdrehscheiben in Europa.*

4. *Amsterdam, Rotterdam und Antwerpen bilden das Hafentrio „ARA-Häfen".*

5. *Europoort und Maasvlakte sind die meeresnahen Hafenteile Rotterdams. Es sind Tiefwasserports, die von Supertankern und anderen Großschiffen angelaufen werden können.*

6. *Rotterdam ist das bedeutendste europäische Verarbeitungszentrum für Mineralöl.*

7. *Rotterdam ist für Deutschland einer der wichtigsten Seehäfen.*

Aufgaben

1. *Welche bedeutenden Seehäfen liegen in Belgien und den Niederlanden, und welche Schwerpunktaufgaben haben sie?*

2. *Erläutern Sie den Begriff „Range" und nennen Sie Beispiele für Europa.*

3. *Was versteht man unter Rotterdam-Europoort?*

4. *„Zwei dominierende Wirtschaftsbereiche prägen die Struktur des Rotterdamer Hafens". Nehmen Sie zu dieser Aussage Stellung.*

5. *Erklären Sie die Fachbegriffe Schubschifffahrt, Feederdienst, Agribulk, Bulkcarrier, TEU, Neo-Bulk.*

6. *Der Bargeoperator RRC, der die Relation ARA–Nieder-/Mittelrhein bedient, unterbreitet einem Importeur in Köln ein Angebot über den Nachlauf von sechs 40´-Containern mit folgenden Daten:*

> *Motorship* Länge, Breite, Tonnen · 208 20' Container
> - *MS Helios (105/11,40/3200) capacity 208 TEU*
> - *Rotterdam Delta Barge Feeder Terminal* Abfahrtsterminal *– Cologne Terminal* Ankunftsterminal *v. v./direct/distance 320 km*
> - *Departure* Abfahrt *Wednesday 28.11.20...* 18:00 *6:00 p.m.*
> - *THC Rotterdam: Standard 40 ft* Terminal Handling Charges *160,00 EUR incl. ISPS; Reefer 20 ft* Kühlcontainer *220,00 EUR incl. ISPS*
> - *RRC inland waterway terminals:*
>   *Stuerzelberg, Duesseldorf/Neuss, Duisburg, Emmerich, Nijmegen, Wesel/Emmelsum*
>
> 6 · 5 · 4 · 2 · 1 · 3

a) *Interpretieren Sie diese Angaben.*

b) *Der Importeur benötigt die Lieferung bis Freitag 30.11.20.. um 17:00 Uhr. Bei normaler Verkehrslage rechnet der Bargeoperator mit einer durchschnittlichen Geschwindigkeit seines Binnenschiffes von 10 km/h. Umschlag am Binnenterminal und Lkw-Zustellung beim Empfänger werden mit acht Stunden veranschlagt.*

32 Std RTM-Köln
= 30.11. 2:00
+ 8 Std Umwöschtch
= 30.11. 10:00

ba) Ermitteln Sie die Ankunftszeit von MS Helios am Binnenterminal in Köln.
bb) Begründen Sie, ob der Liefertermin eingehalten werden kann.
c) Nennen Sie die richtige Reihenfolge, in der MS Helios die genannten Containerterminals auf dem Weg zum Zielhafen passiert.

5.4   Verkehrsgebiet Frankreich

Frankreich ist nicht nur der **größte Flächenstaat der EU**, sondern räumlich nach Russland auch das größte Land in Europa. Die Landfläche hat die Form eines unregelmäßigen Sechsecks („Hexagone"), wobei fünf der sechs Seiten von natürlichen Grenzen gebildet werden: im Norden der Ärmelkanal, im Westen der Atlantik, im Südwesten die Pyrenäen, im Süden das Mittelmeer und im Südosten und Osten die Alpen, der Jura und die Vogesen. Nachbarländer sind Spanien, Andorra, Monaco, Italien, Schweiz, Deutschland, Luxemburg und Belgien. Zur Republik Frankreich gehören die **Übersee-Départments** Französisch-Guayana, Guadeloupe, Martinique, La Réunion und Saint-Pierre-et-Miquelon sowie Mayotte. **Überseeterritorien** mit beschränkter Selbstverwaltung sind Französisch-Polynesien, Neukaledonien, Wallis et Futuna, Crozetinseln, Kerguelen, Neu-Amsterdam und St. Paul. Das Fürstentum **Monaco** mit der Haupt- und Hafenstadt Monte Carlo ist im Güterverkehrswesen ohne Bedeutung.

Frankreich gehört zu den führenden Welthandelsnationen und besitzt ein ausgezeichnetes und weit verzweigtes **zentralisiertes Verkehrsnetz**, d.h., alle Verkehrslinien sind aufgrund des zentralistischen Staatsaufbaus stark auf die Hauptstadt und den Ballungsraum Paris ausgerichtet. Neben dem dominierenden Großraum Paris gibt es mehrere wichtige Wirtschaftszentren. Im Norden sind dies Lille/Roubaix und im Osten Metz, Nancy und Straßburg. Entlang der Rhôneachse sind Lyon und Marseille nach Paris die Millionenstädte des Landes.

Bordeaux und Toulouse bilden die Zentren im Südwesten. Im Transitverkehr nimmt Frankreich aufgrund seiner geografischen Kernlage in der EU ähnlich umfangreiche Aufgaben wahr wie Deutschland. Als Transitraum dient Frankreich unter anderem für Landverkehre von den Britischen Inseln und Benelux nach Deutschland/Südeuropa und umgekehrt sowie von/nach der Iberischen Halbinsel über die **Nordroute** (Valenciennes–Paris–Tours–Bordeaux–Biarritz) oder die **Südroute** (Dijon–Lyon–Avignon–Perpignan). Für Deutschland ist Frankreich der größte Handelspartner und umgekehrt. Beide Länder bilden in der Europäischen Union die führenden Wirtschaftsnationen.

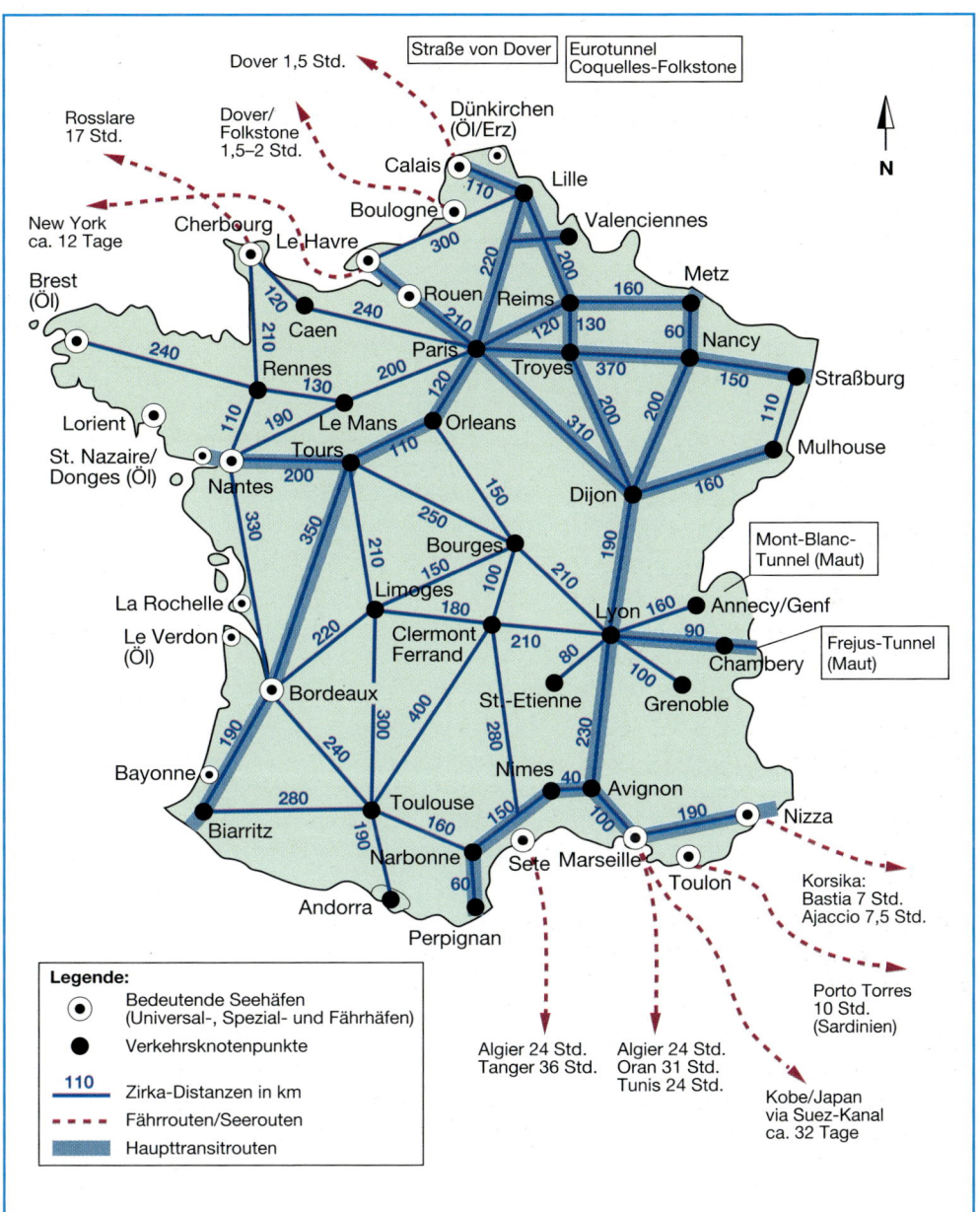

Dover 1,5 Std.

Straße von Dover

Eurotunnel
Coquelles-Folkstone

Rosslare
17 Std.

Dover/
Folkstone
1,5–2 Std.

Dünkirchen
(Öl/Erz)

New York
ca. 12 Tage

Cherbourg

Calais

Lille

110

Boulogne

Valenciennes

Le Havre

300

Brest
(Öl)

220

200

Metz

Rouen

Reims

160

Caen

240

210

120

130

Nancy

Paris

Troyes

60

Straßburg

Rennes

130

200

370

150

Lorient

110

Le Mans

120

Orleans

200

200

110

Mulhouse

St. Nazaire/
Donges (Öl)

Tours

110

310

Nantes

200

150

Dijon

160

330

350

250

190

Bourges

210

La Rochelle

210

150

100

Le Verdon
(Öl)

Limoges

180

Lyon

160

Annecy/Genf

Mont-Blanc-
Tunnel (Maut)

220

Clermont
Ferrand

210

80

90

Chambery

Frejus-Tunnel
(Maut)

Bordeaux

300

400

100

Bayonne

240

St-Etienne

280

Grenoble

190

Nimes

230

Avignon

Biarritz

280

Toulouse

40

Nizza

190

160

150

100

190

Narbonne

Sete

Marseille

Korsika:
Bastia 7 Std.
Ajaccio 7,5 Std.

60

Toulon

Andorra

Perpignan

Porto Torres
10 Std.
(Sardinien)

Legende:

⊙ Bedeutende Seehäfen
(Universal-, Spezial- und Fährhäfen)

● Verkehrsknotenpunkte

——110—— Zirka-Distanzen in km

– – – Fährrouten/Seerouten

▬ Haupttransitrouten

Algier 24 Std.
Tanger 36 Std.

Algier 24 Std.
Oran 31 Std.
Tunis 24 Std.

Kobe/Japan
via Suez-Kanal
ca. 32 Tage

Verkehrsschwerpunkte und Haupttransitrouten in Frankreich

5.4.1   Seehäfen am Kanal und am Atlantik

An der französischen Kanal- und Atlantikküste liegen über ein Dutzend Seehäfen. Es handelt sich entlang der Kanalregion um die See- und Fährhäfen von Dünkirchen, Calais und Boulogne. Im Mündungsgebiet der Seine sind es Le Havre mit dem Ölspezialhafen Antifer sowie an der Unterseine der Seehafen Rouen. Weitere Häfen sind Cherbourg, Brest, St. Nazaire, Nantes, am Golf von Biscaya Bordeaux und Bayonne. **Le Havre** und **Dünkirchen** sind die wichtigsten Hafenstädte an Frankreichs Westküste.

Außenhandelszentrum Le Havre

Der Tiefwasserhafen Le Havre ist einer der größten Hafenplätze in Europa und Frankreichs **führender Stückgut- und Containerhafen**. Von Le Havre aus werden über 500 Häfen in der Welt angelaufen, die jährliche Anzahl abgefertigter Schiffe liegt bei mehr als 8.000. Tiefes Wasser, die unmittelbare Lage am meist befahrenen Wasserweg der Welt und die Nähe zum zentralen französischen Ballungs- und Verkehrsraum Paris sind der Grund dafür, dass Le Havre auch als Erdölhafen große Bedeutung hat. Am Ölhafen von Le Havre-Antifer können Tanker aller Größen anlegen. Mit rund 40 % der Rohöleinfuhren und über 20 % der Importe an Raffinerieprodukten Frankreichs liegt Le Havre hinter Marseille-Fos an zweiter Stelle.

Le Havre hat sich zum bedeutendsten **Außenhandelszentrum** und zu einer der großen außenwirtschaftlichen Drehscheiben Frankreichs entwickelt. Die wichtigsten Hafenteile für den Stückgutsektor sind der Kombiterminal *(Pointe de Floride)* und der moderne Schnellhafen *(Port Rapide Aval)* für den Containerverkehr.

Rohstoffhafen Dünkirchen

Dünkirchen ist Frankreichs drittgrößter Seehafen. Er besteht aus zwei großen Hafenteilen, dem West- und dem Osthafen. Das Schwergewicht des Hafens liegt bei der Einfuhr von trockenen Massengütern wie Kohle und Erz, die fast die Hälfte des Seegüterumschlags bilden. Der sehr moderne Hafen ist vorzugsweise ein Industrie- und Rohstoffhafen für die im Dünkirchener Raum ansässige Schwerindustrie. Führend ist Dünkirchen in Frankreich ferner beim Fruchtimport und Zuckerexport.

5.4.2   Großraum Paris – Frankreichs Verkehrsdrehscheibe

Die französische Hauptstadt und die umliegenden Einzugsgebiete der Region „Ile de France" bilden zusammen einen Ballungsraum von mehr als 10 Millionen Menschen. Als alles überragende Metropole ist der Großraum von Paris nicht nur das politische, kulturelle und wirtschaftliche Zentrum des Landes, sondern auch eines der Weltzentren für Wirtschaft und Verkehr.

Das sehr dichte und gut ausgebaute französische **Nationalstraßen- und Autobahnnetz** ist deutlich auf Paris ausgerichtet. Die Stadt kann über eine Ringautobahn (A 86 – *super périphérique*) großräumig umfahren werden, in der Kernstadt ist der zweite Pariser Autobahnring (*Boulevard Périphérique*) fast ständig überlastet. Eine dritte große Autobahnumgehung ist unter der Bezeichnung „Francilienne" (A 104) geplant. Sechs große überregionale Autobahnen und mehrere Nationalstraßen (RN = *Routes National*) münden in den Autobahnring A 86, teilweise werden diese mehrspurigen Schnellstraßen von Europastraßen überlagert.

Fast alle Autobahnen sind nur gegen **Gebühr (Péage)** benutzbar. Die Höhe der Péage für Lkw richtet sich nach der Anzahl der Achsen. An den Einfahrt-Mautstellen erhalten die Benutzer Autobahn-Tickets, die bei der Ausfahrt zur Berechnung der Strecke verwendet werden. Der Güterkraftverkehr kann auf automatisierte Zahlungs- und Buchungssysteme zurückgreifen.

> **Beispiel:**
> Üblich sind für Lkw-Verkehre Kreditkartensysteme wie u. a. CAPLIS (*Carte d'abonnement poids lourd intersociété*). Eine Umstellung auf elektronische Maut für Lkw (Kategorie 3 und 4) ist im gesamten Autobahnnetz im Gange. Damit wird die Durchfahrt an den Mautstationen beschleunigt. Das elektronische Maut-Netzwerk für Lkw (= *Poids Lourd*) wird als TIS PL (*Télépéage Inter-Sociétés Poids Lourd*) bezeichnet.

Auch das **Eisenbahnnetz** verläuft von Paris sternförmig in alle Richtungen. Ähnlich wie in Berlin werden die Personen- und Güterzüge über einen um die Stadt laufenden Eisenbahnring geführt, von dem Rangier- und Kopfbahnhöfe bedient werden. Sechs überregional wichtige Eisenbahnlinien und eine Vielzahl von Vorortbahnen werden auf diese Weise in und um die Stadt geleitet.

Paris stellt mit seinen **Binnenhäfen** an den Flüssen Seine, Marne und Oise den größten Binnenhafenkomplex des Landes. Selbst an den Seehäfen gemessen sind diese Binnenhäfen außerordentlich groß, denn mit Le Havre, Marseille und Dünkirchen gehören die Pariser Häfen zu den vier größten des Landes. Der gesamte Binnenhafenkomplex von Paris umfasst annähernd 300 Hafeneinrichtungen, er wird seit 1970 unter der Bezeichnung „Autonomer Hafen von Paris" (Port Autonome Paris – PAP) geführt. In den Pariser Häfen werden in der Hauptsache Baustoffe, Rohöl und Ölprodukte, diverse Brennstoffe, Agrarerzeugnisse und Fahrzeuge umgeschlagen. Über ein Drittel aller französischen Binnenschiffstransporte werden über die Seine und die Oise, die im Raum Paris die Hauptwasserarme bilden, durchgeführt. Über die stark mäandrierende Seine können Küstenmotorschiffe mit Tiefgängen bis zu 4 m und Tragfähigkeiten bis zu 3.000 t die Pariser Binnenhäfen direkt anlaufen. Auch Schubverbände mit Tonnagen bis zu 5.000 t nutzen die Wasserwege Seine und Oise. Die Wasserstände werden durch Schleusen reguliert.

> **Beispiel:**
> Mit acht Staustufen und Schleusen wird auf der Seine zwischen Paris und Rouen die notwendige Tauchtiefe gesichert. Die steten Wasserstände haben den Fluss neben der Rhône zum wichtigsten Wasserweg Frankreichs gemacht. Für die Talfahrt bis Rouen werden einschl. Schleusenpassagen rd. 24 Stunden benötigt, von Paris nach Le Havre benötigen Schiffe rund 36 Stunden.

Letztlich ist Paris mit den zwei internationalen **Großflughäfen** Charles-de-Gaulle im Norden und Orly im Süden sowie dem dritten Airport Le Bourget überragender Knotenpunkt im interkontinentalen Luftverkehr.

5.4.3 Verkehrsmagistrale Rhônetal

Zwischen Lyon, dem zweitgrößten französischen Wirtschafts- und Kulturzentrum, und dem Mittelmeer bündeln sich im Rhônetal über rund 310 km die Verkehrswege der vier Verkehrsträger Binnenschifffahrt, Straßengüterverkehr, Eisenbahn und Rohrleitung.

Am Zusammenfluss von Rhône und Saône ist seit alters her die heutige Millionenstadt **Lyon** ein Verkehrsknotenpunkt ersten Ranges. Im modernen französischen Autobahn- und Eisenbahnnetz ist die Stadt Durchgangsstation für Verkehre zum Mittelmeer und

Verteilerpunkt für Verkehre in das Zentralmassiv und in die Alpen. Einer der großen Logistikknoten ist das intermodale Verkehrscenter „Mions-Corbas" bei Lyon.

Natürliche Leitlinie dieser Verkehrslandschaft ist die Rhône. Sie kann vom Mittelmeerhafen **Marseille** von Schiffen mit bis zu 5.000 t Tragfähigkeit bis Lyon befahren werden. Damit ist Marseille der einzige Großhafen im Mittelmeerraum, der über einen leistungsfähigen Wasserstraßenanschluss nach internationalen Standards verfügt. Der Wasserweg weist zwölf Staustufen/Schleusen auf und gliedert sich in 170 km Kanalstrecke und 140 km Flusslauf. Die Route Marseille–Lyon kann von Punkt zu Punkt in weniger als 72 Stunden bewältigt werden. Ab Lyon bestehen Anbindungen an vier Kanäle, die allerdings durchweg nur von 300-t-Binnenschiffen genutzt werden können.

Parallel zur Rhône verlaufen die anderen Lebensadern des südfranzösischen Hafenkomplexes von Marseille-Fos. Es sind dies die große Nord-Süd-Autobahn von Zentraleuropa zum Mittelmeer (l'autoroute du soleil) sowie eine international ebenso bedeutende Eisenbahnstrecke. Ferner ist das Rhônetal eine der Haupttrassen im europäischen Pipeline-Verbundnetz.

5.4.4   Industriehäfen des Rhônedeltas

Zwischen der alten Hafenstadt Marseille, dem Binnensee von Berre (Étang de Berre) und der Rhône erstreckt sich die Hafen- und Industrielandschaft des östlichen Rhônedeltas. Sie trägt die Bezeichnung **Hafenkomplex Marseille-Fos** und ist Frankreichs größter Umschlagplatz für Erdöl und Petrochemieprodukte sowie einer der großen Industriehafenkomplexe Europas.

Die riesige Hafenanlage besteht aus Einzelhäfen mit verschiedenen Aufgabenschwerpunkten, die zum Großhafen „Port Autonome de Marseille" zusammengeschlossen sind. Im Stückgutverkehr übernimmt **Marseille** die größten Anteile. Der Tiefwasserhafen von **Fos-sur-mer** (kurz Fos genannt) ist aufgrund seiner hervorragenden natürlichen Bedingungen zu einem der größten europäischen Erdöl- und Erdgasumschlaghäfen ausgebaut worden. Er liegt westlich von Marseille am Golf von Fos, der rund 10 km in das Landesinnere reicht und dessen Fahrrinnentiefe über 30 m beträgt. Fos, das auch als südeuropäischer Europort („Europort du Sud") bezeichnet wird, verfügt über Container- und Flüssiggasterminals, Erzhäfen, Stahl- und Eisenunternehmen. Der Hafen kann von Supertankern bis 500.000 tdw angelaufen werden. Unmittelbar östlich von Fos liegt der Petroleumhafen **Lavéra**. Von diesem Spezialhafen verläuft die SEPL-Erdölleitung nach Mitteleuropa. Am Binnensee von Berre liegen schließlich noch die Häfen **La Méde** und **Berre**, die Standorte für Erdölraffinerien, chemische und petrochemische Industrien sind. Ergänzt wird diese Industrie- und Verkehrslandschaft durch den **Flughafen Marseille-Provence**, der Frankreichs größter Airport außerhalb von Paris ist.

Güterumschlag in den führenden französischen Seehäfen in Mio. t 2010

Hafen	Massengüter		Stückgüter	Gesamt	TEU in Mio.
	Rohöl und Ölprodukte	Trockene Massengüter			
Marseille-Fos	58,0	12,0	16,0	86,0	0,95
Le Havre	42,4	3,4	24,4	70,2	2,20
Dünkirchen	5,6	22,7	14,4	42,7	0,27

5.5 Verkehrsgebiet Iberische Halbinsel

Den weit nach Süden und Westen vorgeschobenen Teil Europas bildet die Iberische Halbinsel. Zwei EU-Staaten nehmen die Halbinsel ein: **Spanien**, auf das rund 80 %, und **Portugal**, auf das rund 20 % der Halbinselfläche entfallen. Zu Spanien gehören weiterhin noch die Inselgruppe der Balearen, die Kanarischen Inseln und die auf afrikanischem Festland liegenden Städte Ceuta und Melilla. Zu Portugal, das in etwa die Form eines Rechteckes hat, gehören die Azoren-Inseln und die Insel Madeira.

Zwischen Spanien und Frankreich liegt am Rande der Iberischen Halbinsel der Pyrenäen-Zwergstaat **Andorra**, der lediglich durch seine Zollfreiheit und den Tourismus eine gewisse Bedeutung hat. Eine im Verkehrswesen überaus wichtige Stellung hatte dagegen über zwei Jahrhunderte das britische Dominion **Gibraltar**. Die nur 5,8 km² große Halbinsel an Spaniens Südspitze diente bis in die jüngste Vergangenheit der Kontrolle der Straße von Gibraltar.

5.5.1 Landverkehre und Seehäfen

Die **Seeschifffahrt** und der **Luftverkehr** spielen in **Portugal** eine bedeutende Rolle. Über die großen Seehäfen Lissabon, Porto, Porte de Leixoes und Setubal sowie über mehrere kleinere Häfen (u. a. Aveiro, Viana do Castelo) wird der größte Teil des Im- und Exports abgewickelt. Große Flughäfen existieren in Lissabon, Porto und Faro. Lissabon Airport ist eine wichtige Station im transatlantischen Verkehr mit Nord- und Südamerika und im Verkehr mit Westafrika. Die **Eisenbahn** verwaltet über 4.500 km Gleisstrecken unterschiedlicher Breiten, wobei das spanische Breitspurmaß überwiegt. Im **Straßennetz** sind gebührenpflichtige Autobahnen vor allem zwischen Lissabon und Porto eingerichtet worden. Eisenbahn und Straßenverkehr haben in Zentralportugal bei Vilar Formoso und im Süden bei Badajoz/Elvas wichtige Grenzübergänge nach Spanien.

Rückgrat des Straßenverkehrs in **Spanien** ist das über 13.000 km umfassende Autobahnnetz. Dies ist das längste Netz in Europa. Die Autobahnen sind überwiegend mautpflichtig und können privatwirtschaftlich (Kennzeichen AP = *Autopistas*) oder von öffentlichen Trägern (Kennzeichen A = *Autovias*) gebaut und betrieben werden. Die hochmodernen Schnellstraßen, überwiegend als Autovias, erschließen alle Teile des Landes.

Autobahnstrecken in EU-Flächenländern (2009)

	Spanien	Deutschland	Frankreich	Italien	Großbritannien
Länge in km	13.014	12.645	11.041	6.629	3.560

Quelle: Zahlen vgl. u. a.: http://epp.eurostat.ec.europa.eu/statistics_explained/index.php/Transport_statistics_at_regional_level/de#Autobahnnetze

Fast parallel zu den großen Autobahntrassen verlaufen die wichtigsten **Eisenbahnstrecken** der staatlichen Bahngesellschaft RENFE („Red Nacional de Ferrocarriles Españoles"), deren **Breitspurnetz** derzeit modernisiert und teilweise auf die Normalspur umgestellt wird. Hauptflughäfen sind Madrid-Barajas, Barcelona, Palma de Mallorca, Las Palmas, Valencia und Alicante. Kaum nennenswert ist die Binnenschifffahrt, deren Fahrtgebiete nur wenige Streckenabschnitte des Ebro und Guadalquivir umfassen.

Die **atlantischen Häfen** Spaniens wie u. a. Cadiz, Vigo, La Coruna, Gijón, Santander und Bilbao sind Universalhäfen mit hohen Umschlagzahlen im Massengutsektor. Führender Hafenplatz am Atlantik ist Bilbao. Der Hafen, der sich rd. 20 km entlang des Nervion-Flusses erstreckt, ist Knotenpunkt für Verkehre von und nach Südwesteuropa. In Bilbao dominieren Importwaren wie Erdöl, Erdölprodukte und feste Massengüter. Sie werden vorzugsweise im Tiefwasser-Vorhafen Punta Lucero gelöscht. Im Zuge der Containerisierung haben sich drei spanische **Mittelmeerhäfen** zu bedeutenden Umschlag- und Logistikplätzen für Behälter entwickelt (vgl. folgende Tabelle). Mit den italienischen Containerhäfen zählen diese Container-Hubs zu den führenden im gesamten Mittelmeerraum.

Mittelmeer-Containerhäfen im Vergleich (in Mio. TEU, Zahlen gerundet)

Jahr	Spanien			Italien		
	Algeciras	Barcelona	Valencia	Gioia Tauro	Genua	La Spezia
1995	1,2	0,7	0,7	0,1	0,6	1,0
2010	2,8	1,4	4,2	2,8	0,8	1,3

5.5.2   Pyrenäenübergänge

Aufgrund der in Spanien und Portugal verwendeten Breitspur von 1,668 m (Normalspur 1,435 m) müssen alle Transporte im Eisenbahnverkehr an den **Schnittstellen** von Spursystemen entweder umgeladen oder umgeachst werden. **Umachsungen** werden an zwei großen Grenzstationen vorgenommen: an der atlantischen Seite bei den spanisch/französischen Grenzübergängen Irun/Hendaye und an der mittelmeerischen Seite an der Grenzstation Port Bou/Cerbère. Die Kapazität beider Anlagen beträgt täglich rund 3.000 Waggons. Für den Vorgang der Umachsung – auch Umspurung genannt – werden besondere Waggons benötigt, die Vorrichtungen für austauschbare Radsätze haben.

Umachsfähige Waggons werden von der speziellen Transportgesellschaft **Transfesa** (Transportes ferroviarios especiales SA) bereitgestellt, die sich als private Unternehmung auf die Spurwechselprobleme eingestellt hat. Das Unternehmen verfügt über einen umfangreichen Waggonpark unterschiedlichster Bauarten: die Waggons können sowohl auf der Iberischen Halbinsel als auch in Mitteleuropa (außer auf Gleisen der GUS-Staaten) verkehren.

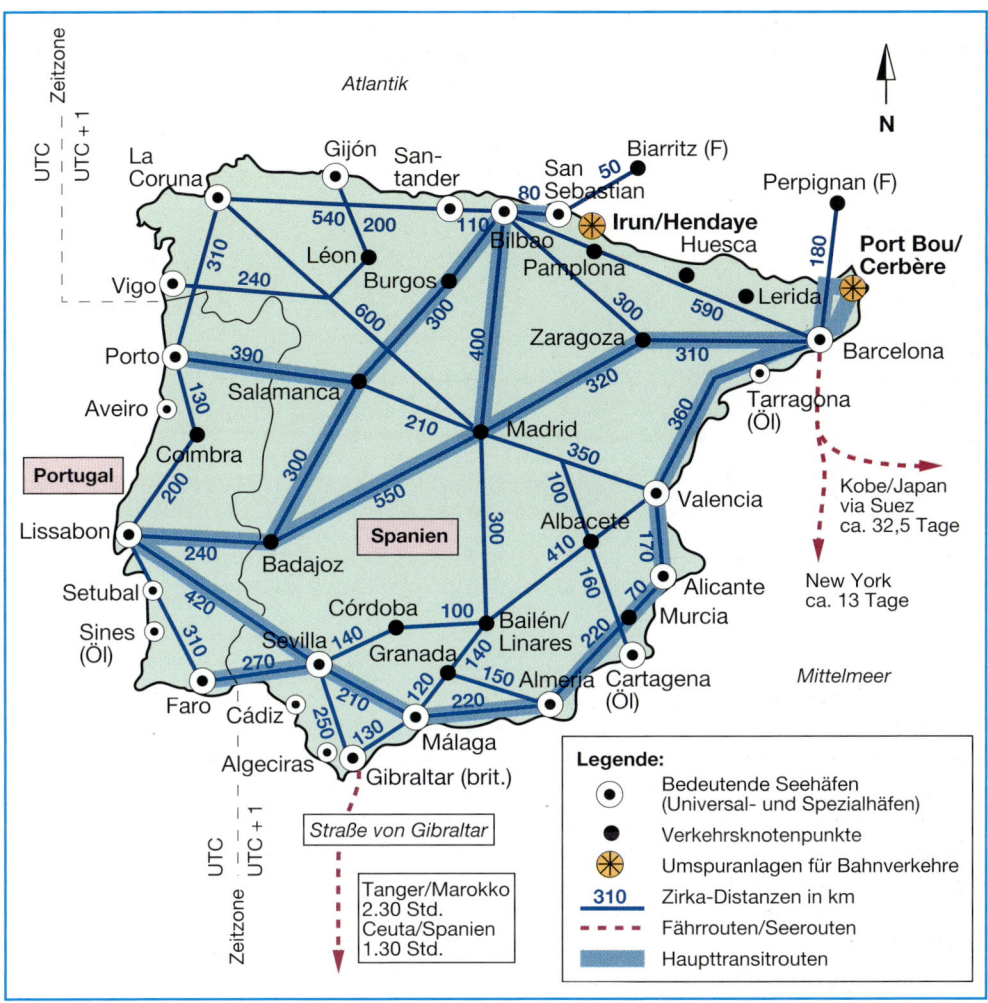

Verkehrsschwerpunkte und Haupttransitrouten auf der Iberischen Halbinsel

Der **Vorgang der Umachsung** erfolgt nach Einlaufen des Zuges in die Achswechselstation. Die Waggons werden über eine Arbeitsgrube (oder auch Hebebecken) gefahren, wo die Gleise beider Spursysteme dicht nebeneinander, also doppelt, verlegt sind. Nach Lösung der Achshalterungen werden die Waggons angehoben und die Achsen mit den Rädern entfernt (abgerollt). Es folgt das Anrollen der Radsätze der anderen Spurweite an die entsprechende Stelle, die Waggons werden wieder gesenkt und mit den neuen Radsätzen verbunden. Bremsklötze und andere technische Einrichtungen werden der neuen Radstellung angepasst, die Waggons sind wieder fahrbereit. Je Arbeitsgrube können üblicherweise vier Waggons gleichzeitig umgespurt werden.

Zusammenfassung

1. *Frankreich ist der größte Flächenstaat der EU und aufgrund seiner zentralen Lage eines der führenden Transitländer in Europa.*

2. *Das französische Verkehrsnetz ist zentralistisch ausgebaut. Alle wichtigen Verkehrslinien sind auf den zentralen Wirtschafts- und Verkehrsraum Paris ausgerichtet.*

3. *Das Rhônetal ist eine der großen europäischen Verkehrsleitlinien.*

4. *Spanien ist einer der größten Flächenstaaten der EU. Das Land nimmt mit Portugal die Iberische Halbinsel ein.*

5. *Bahnverkehre mit der Iberischen Halbinsel müssen aufgrund der Breitspursysteme an den Grenzen umgespurt (umgeachst) werden.*

Aufgaben

1. *Beschreiben Sie mithilfe von Atlas, Karten und Internet den Verlauf der großen französischen Autobahnstrecken (u. a. Nordroute, Südroute, Ostautobahn usw.), und nennen Sie bedeutende Verkehrszentren (Städte) entlang der genannten Strecken.*

2. *Schildern Sie den Vorgang von Waggonumachsungen, und stellen Sie fest, wo sich die Umachsstationen befinden.*

3. *Mit einem 40-t-Sattelzug soll eine Ladung Düngemittel (23.000 kg) von Reims nach Salamanca befördert werden. Es sind folgende Daten für den Lkw bekannt: Fixkosten pro Tag 350,00 EUR, variable Kosten pro km 0,80 EUR, allgemeine Verwaltungskosten 15 %. Es wird mit einer Durchschnittsgeschwindigkeit von 70 km/h gerechnet. Die Autobahngebühren werden insgesamt mit 185,00 EUR veranschlagt. Der Lkw ist mit einem Fahrer besetzt.*
   a) *Ermitteln Sie mithilfe des Lehrbuches die Kilometer für die kürzeste Strecke Reims–Salamanca.*
   b) *Berechnen Sie*
      – *die erforderliche Fahrzeit in Stunden (aufgerundet) und Tagen unter Berücksichtigung der gesetzlichen Fahrzeitregelungen,*
      – *die Selbstkosten in EUR für den Transport.*

5.6 Verkehr im Alpenraum

An den Alpen haben territorial **sieben Staaten** Anteil, und zwar Frankreich, Schweiz, Liechtenstein, Deutschland, Italien, Österreich und Slowenien. Ausgesprochen wichtige Aufgaben im internationalen Güter- und Personenverker kommen jedoch aufgrund der Pass- und Tunnelstrecken im engeren Sinne nur der Schweiz, Österreich und Frankreich zu. Als reine Alpenländer gelten **Österreich**, die **Schweiz** sowie das Fürstentum **Liechtenstein**, das mit der Schweiz eine Zoll- und Währungsunion bildet. In allen drei Ländern nehmen die Alpen rund 60 % der Landesfläche ein.

Die Hauptverkehrsträger im transalpinen Gütertransport sind der **Kraftverkehr** und die **Eisenbahn** (vgl. Abschnitt 5.6.2). Obwohl drei Länder zu den Rheinanliegern zählen, sind lediglich die Rheinhäfen von Basel für den Binnenschiffsverkehr von und nach der

Schweiz interessant. Die Schweizer Binnenschifffahrt, die über eine Flotte von mehr als 300 modernen Motor- und Schubschiffeinheiten verfügt, befährt von Basel aus den gesamten Rhein bis zum Mündungsdelta. Für das Binnenland Schweiz stellt der Rhein eine völkerrechtlich freie Verbindung zum offenen Meer dar.

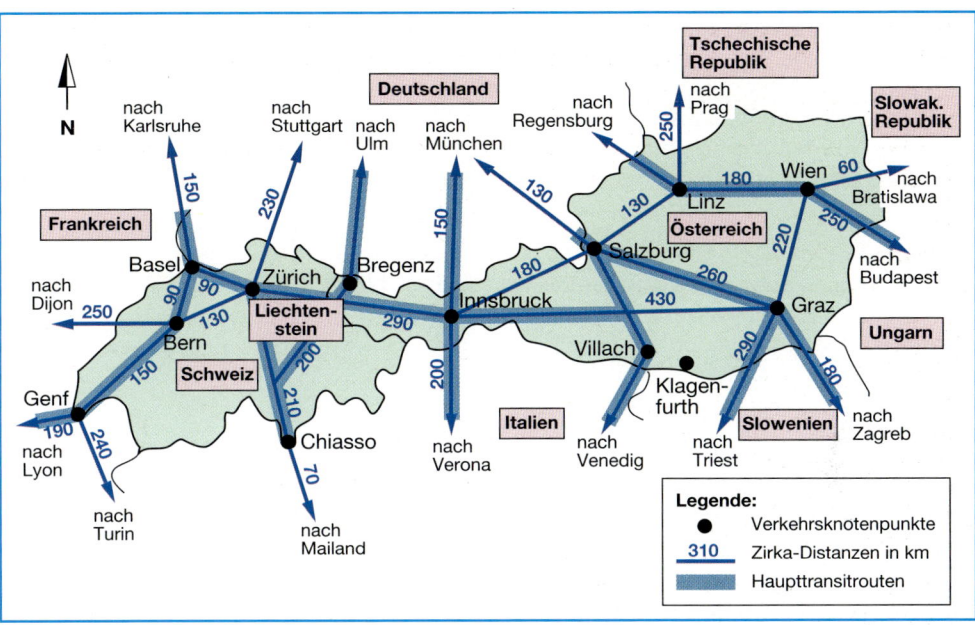

Verkehrsschwerpunkte und Haupttransitrouten in der Alpenregion

Österreich unterhält auf der Donau eine Binnenschiffsflotte; wichtige Binnenhäfen sind Linz und Wien. In den eigentlichen Alpen können aufgrund der engen Talverhältnisse große Verkehrsflugzeuge nur in seltenen Fällen eingesetzt werden, daher befindet sich hier kein einziger internationaler Verkehrsflughafen. Hauptflughafen für die Schweiz ist **Zürich-Kloten**; Genf und der trinationale Airport Basel-Mulhouse-Freiburg haben den Charakter von Regionalflughäfen. Österreichs Zentralflughafen ist **Wien-Schwechat**. Kleinere Regionalflughäfen befinden sich in Graz, Innsbruck, Klagenfurth, Linz, Salzburg und Hörsching. Die Versorgung der Alpenregionen mit Luftfrachtgütern kann in beträchtlichem Umfang auch von anderen Flughäfen erfolgen.

> **Beispiel:**
> Für den Alpenraum bestimmte Luftfrachtgüter werden im Truckingverfahren (RFS = Road Feeder Service) auch von Airports wie München, Mailand-Linate, Stuttgart, Straßburg u. a. zu den alpinen Zielorten verbracht.

5.6.1 Klimatische Besonderheiten

Das **Alpengebirge** zieht sich vom Mittelmeerhafen Savona (Col di Cadibona) von Westen aus bogenförmig über 1.600 km nach Osten bis zum Wiener Becken und die Adelsberger Pforte bei Ljubljana (Laibach). Rund 1.100 km des Gebirges verlaufen in West-Ost-Richtung, 500 km in Nord-Süd-Richtung (sog. Seealpen). Die mächtigste Nord-Süd-Ausdehnung erreichen die Alpen im Raum Tirol mit rund 250 km Breite. Geografisch unterscheidet man die West- und Ostalpen. Trennlinie ist die Achse Bodensee–Comersee.

Im Gegensatz zu anderen Verkehrsregionen wirken sich einige **klimatische Besonder-heiten** ständig nachteilig auf das Verkehrswesen in den Alpen aus. An den äußeren Rändern des Gebirges und in den dort gelegenen Tälern kommt es durch Abregnen (Stauregen) oft zu tagelang anhaltenden hohen Niederschlägen. An den nördlichen Alpenrändern tritt dies oft im Sommer ein, in den Alpenregionen Oberitaliens im Herbst und Winter. Plötzliche Kaltlufteinbrüche können mit Schnee und Regen selbst im Sommer in Höhen bis 900 Metern zu gefährlichen Straßenzuständen führen. Gefahren für den Straßen- und Bahnverkehr ergeben sich weiterhin im Winter durch Schneefälle, Vereisungen, Lawinen, plötzlich einsetzendes Tauwetter und Talnebel in den tieferen Regionen. Mit dem Einbruch von warmen Fallwinden wird in sog. Föhntälern vor allem die Lawinengefahr gesteigert. Schönwetterperioden mit geringen Luftbewegungen können zu Temperaturumkehrungen (Inversionen) führen.

Beispiel:

Bei Inversionen steigt warme Luft auf und kalte Luft sinkt in die tieferen Lagen ab. Für den Stra-ßenverkehr kann dies gefährliche Folgen haben. Denn bei ausgeprägten Inversionswetterlagen entstehen auf diese Weise zwischen den Tälern mit extrem tiefen Temperaturen und den Pass- und Tunnelstrecken Temperaturamplituden (Temperaturunterschiede) von bis zu 30 °C.

5.6.2   Transalpine Straßen und Eisenbahnstrecken

Die Topografie des Alpenraums zwingt die gewaltigen Nord-Süd-Verkehrsströme auf nur wenige leistungsfähige Alpenübergänge. Man spricht auch von Verkehrskorridoren. Überragende Verkehrskorridore für den Straßen- und Bahnverkehr sind die großen Alpenübergänge **Brenner**, **St. Gotthard** und **Fréjus (Mont Cenis)**. Auf sie konzentriert sich der größte Teil des internationalen Straßengüterverkehrs und mehr als die Hälfte des gesamten europäischen Kombinierten Verkehrs Straße-Schiene. Insgesamt stehen mehr als 80 Passstraßen, Straßen- und Eisenbahntunnel für den transalpinen Verkehr zur Verfügung.

Viele Pässe sind lediglich für den Regionalverkehr und den Tourismus von Bedeutung, da sie nicht ganzjährig geöffnet und ihre Steigungen für den Lkw-Verkehr ungünstig sind. Acht größtenteils mit Tunneln versehene **Hauptverkehrsachsen** in Form von Autobahnen und Schnellstraßen und sieben große **Eisenbahnlinien** können als die überragenden Transitwege für den Nord-Süd-Güterfernverkehr bezeichnet werden. In den meisten Fällen sind es „Einpassverbindungen" wie etwa die Brenner- und St. Gott-hardstrecke, d. h., es wurden Strecken gebaut, bei denen mit einer Passüberwindung die Alpenquerung erreicht werden konnte. Eine „Zweipassverbindung" besteht über die Pyhrn-Autoroute und die Bahnverbindung Bern–Mailand. Der Eisenbahnverkehr über die Alpen wird seit seinem Bestehen durchweg mit Tunneln betrieben. Dabei wurden entweder **Scheiteltunnel** unterhalb der Gebirgskämme oder **Basistunnel** am Fuß der Gebirgsblöcke gebaut. Auch die großen Fernverkehrsstraßen werden heute größtenteils durch Tunnel geführt. Der Vorteil der Tunnel liegt in der ganzjährigen Nutzung und der erheblichen Zeitverkürzung; bis auf wenige Ausnahmen sind die Straßentunnel mautpflichtig. Als einziger bedeutender Alpenübergang wird der Brenner von Kraftfahr-zeugen und Bahnen offen überquert; er gilt mit nur 1.374 m als einer der niedrigsten Alpenpässe.

Hauptrouten für den Alpentransit (vgl. auch Karte folgende Seite)

Verkehrskorridor	Art	Länge in km	Länder-verbindung	Ortsverbindung
West- und Seealpen				
Tenda-Route	Straßentunnel	3,2	Frankreich – Italien	Nizza – Turin
Fréjus-Route	Fréjus-Bahntunnel	13,5		Grenoble – Turin
	Fréjus-Straßentunnel (Maut)[1]	8,0		
Mt.-Blanc-Route	Straßentunnel (Maut)	11,6		Genf – Mailand/Turin
Mittlere Alpen				
Gr. St. Bernhard-Route	St. Bernhard-Straßentunnel (Maut)	5	Deutschland – Schweiz – Italien	Lausanne – Mailand/Turin
Lötschberg	Eisenbahntunnel (Lötschberg-Basistunnel)	34,6		Basel – Bern – Domodóssola – Mailand
Simplon	Eisenbahntunnel	20,0		
Gotthard-Route	alter Gotthard-Eisenbahntunnel, neuer Gotthard-Basistunnel	15 / 57		Basel – Mailand
	Gotthard-Straßentunnel	16,3		
Bernadino-Route	Straßentunnel	6,6		Bregenz – Chur – Mailand
Brenner-Route	Brennereisenbahn, Passhöhe 1.374 m Brenner-Basistunnel (ab 2025)		Deutschland – Österreich – Italien	Kufstein – Innsbruck – Verona
	Brennerautobahn, Passhöhe 1.374 m			
Ostalpen				
Tauern-Route	Tauern-Bahntunnel Karawanken-Bahntunnel	8,5 / 8	Deutschland – Österreich – Italien/ Slowenien	a) Salzburg – Villach – Tarvisio (Italien) b) Salzburg – Villach – Jesenice – Laibach (Slowenien)
	Tauern-Straßentunnel (Maut) Katschberg-Straßentunnel (Maut) Karawanken-Straßentunnel (Maut)	6,4 / 5,4 / 8		
Pyhrn-Route	Bosruck-Straßentunnel (Maut) Gleinalm-Straßentunnel (Maut)	5,5 / 8,3	Deutschland – Österreich – Slowenien	Passau – Linz – Graz – Maribor – Zagreb

[1]   Maut = Tunnelgebühr

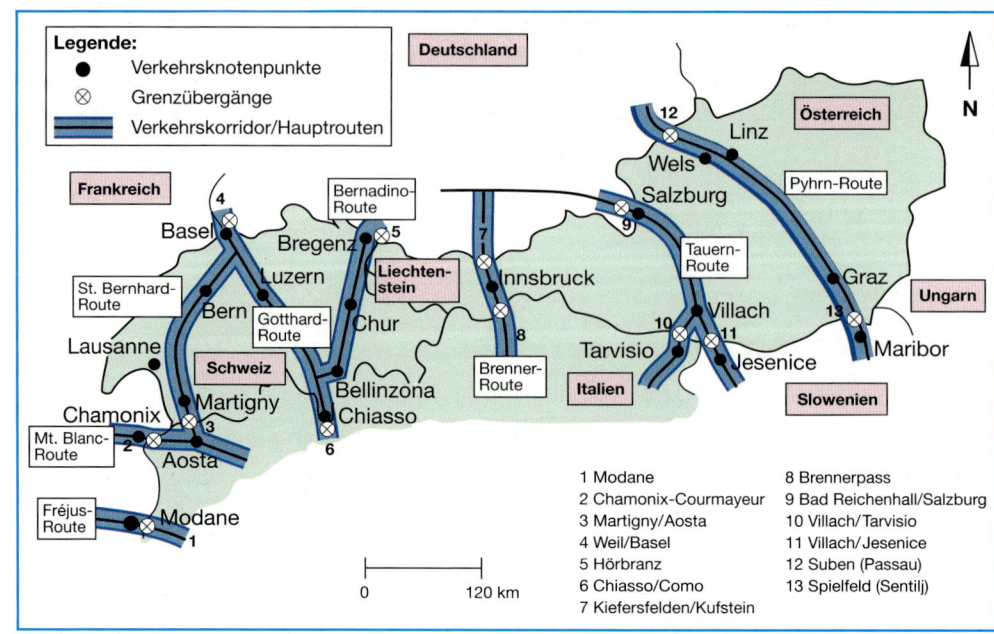

Verkehrskorridore im Nord-Süd-Alpentransit

➔ *Die Straßentunnel können nicht uneingeschränkt von Lkw genutzt werden. Für Fahrzeuge mit gefährlichen Gütern bestehen gemäß Regelwerk ADR[1] Durchfahrtsbeschränkungen. Es existieren die fünf Tunnelkategorien/Beschränkungscodes A bis E.*

Beispiel:
Die Zuordnung in die Kategorien A (= freie Durchfahrt) bis E (= nahezu vollständiges Durchfahrtsverbot) erfolgt nach den Auswirkungen der Gefahrgutmerkmale „Explosion", „Freisetzung von giftigen Gasen oder von flüchtigen giftigen Flüssigkeiten" und „Feuer". Vor jeder Tunnelnutzung ist zu prüfen, ob der in den Transportpapieren vermerkte Tunnelbeschränkungscode eine Durchfahrt zulässt.

5.6.3   Brennerpass und Brenner-Basistunnel

Aufgrund der geringen Höhe von 1.374 m und der **ganzjährigen Passierbarkeit** ist der Brennerpass seit der Antike genutzt worden. Der neuzeitliche Güterverkehr setzte um 1845 mit der Anlage der Brennerstraße und 1867 mit dem Bau der Eisenbahnstrecke ein. Seit 1972 ist die Brennerstraße durchgehend als mautpflichtige Autobahn in Betrieb, der Passabschnitt von 36,5 km wird zu einem Drittel über Brücken geführt.

Ihren hohen **Verkehrswert** erhält die Brennerroute, deren Teilstrecke in Österreich 108 km beträgt, durch die Verknüpfung mit den Autobahnen nördlich und südlich der Alpen. 1971 wurde der italienische Abschnitt der Brennerautobahn an die „Autostrada del Sole" und damit an die Relationen Mailand und Rom angeschlossen. Seit 1972 besteht via Innsbruck der Anschluss an das deutsche Autobahnnetz beim Grenzübergang Kiefersfelden/

---

[1] *ADR (frz.) = **A**ccord européen relatif au transport international des marchandises **D**angereuses par **R**oute/ Europäisches Übereinkommen über die internationale Beförderung gefährlicher Güter auf der Straße*

Kufstein. Brennerautobahn und -übergang bilden eine Teilstrecke der Europastraße 45 (Göteborg–Hamburg–München–Rom). Die Güter, die den Grenzpass auf Schiene und Straße passieren, entstammen zu 80 % dem Handel zwischen Deutschland und Italien, es sind also Transitverkehre. Als Hauptverkehrsader für Touristen und Güter ist die Brenner-Route vor allem im Sommer stets überlastet, hinzu kommen große Umweltbelastungen.

➜ *Als Entlastung soll künftig der Brenner-Basistunnel (BBT) dienen. Der BBT ist als zweigleisiger Eisenbahntunnel mit einer Länge von 55 km für den gemischten Güter- und Personenverkehr geplant. Der Tunnel wird von Innsbruck im Norden nach Franzensfeste im Süden verlaufen. Dieser Tunnel wird nach seiner Fertigstellung der zweitlängste Eisenbahntunnel der Welt sein, nach dem Gotthard-Bahntunnel (57 km).*

5.6.4 Gotthard-Route

Über den in der Schweiz gelegenen Gotthardpass wurde im Mittelalter bereits in großem Umfang Güterverkehr mit Tragtieren betrieben. Von 1830 an war der Gotthard befahrbar, von 1882 an verkehrte die **Gotthardbahn** durch den ersten 1.154 m hoch gelegenen 15 km langen Tunnel. Der **Gotthard-Straßentunnel** wurde allerdings erst 1980 und damit relativ spät eröffnet. Seine Scheitelhöhe liegt bei 1.171 m, die Länge beträgt 16,3 km. Für die Benutzung wird keine gesonderte Maut verlangt. Mit der Eröffnung des Tunnels stand eine neue ganzjährig nutzbare schnelle Verbindung zwischen Mitteleuropa und Italien zur Verfügung, die von Anfang an überaus stark genutzt wurde. Heute ist der zweispurige Gotthard-Straßentunnel zwischen Göschenen und Airolo ein Nadelöhr im Straßengüterfernverkehr. Seit dem 1998 geschlossenen Verkehrsabkommen zwischen der EU und der Schweiz ist der Alpenverkehr durch Schweizer Gebiet den EU-Standards im Wesentlichen angeglichen worden.

> **Beispiel:**
> Der gewerbliche Lkw-Verkehr aus EU- und EWR-Staaten kann im Wechselverkehr mit der Schweiz sowie im Transitverkehr mit EU-Lizenzen durchgeführt werden. Für alle Lkw mit einem Gesamtgewicht über 3,5 t ist eine nach Schadstoffklassen gestaffelte leistungsabhängige Schwerverkehrsabgabe (LSVA), in anderen Fällen (Anhänger hinter Pkw, Wohnwagen) eine pauschale Schwerverkehrsabgabe (PSVA) zu zahlen. Auf der Gotthardroute zwischen Basel–Chiasso (rd. 300 km) fallen für einen beladenen 40-t-Lkw (Euro-Norm III, Abgabe 2,66 Rp/tkm) bis zu 235,00 EUR an LSVA an.

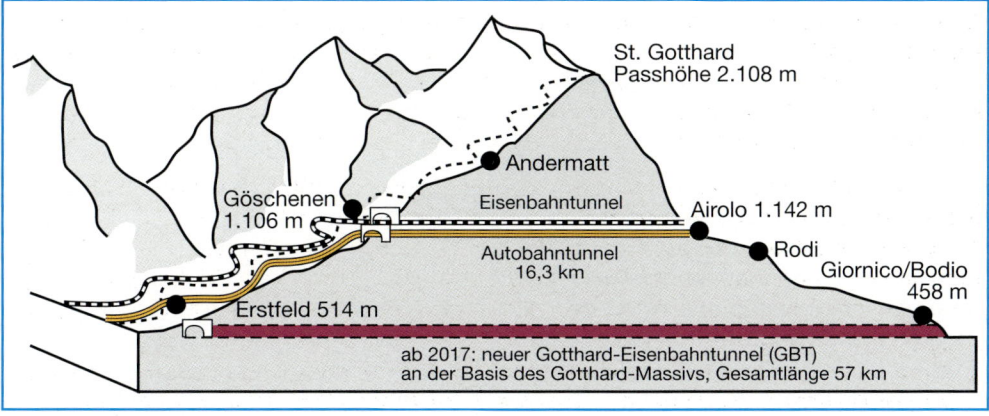

Gotthard-Querprofil

Schnelle Verbindungen im Güter- und Personenverkehr

Den weiter ansteigenden Transitverkehr in der Schweiz sollen künftig zwei neue Bahn-tunnel bewältigen. Diese neuen Anlagen sind unter der Sammelbezeichnung NEAT/ „Neue Eisenbahn-Alpentransversale" (auch kurz „Alpen-Transit" genannt) Teile einer langfristigen Eisenbahnplanung der Schweiz, mit der vor allem Gütertransporte von der Straße auf die Schiene verlegt werden sollen. Das erste Projekt, der neue **Lötschberg-Ba-sistunnel** (Länge 34,6 km) ist in Betrieb genommen worden. Das zweite, der neue **Gott-hard-Basistunnel** (GBT) mit einer Länge von 57 km ist noch im Bau. Beide Tunnel sind für den europäischen Personen- und Güterverkehr von überragender Bedeutung, da sie deutlich verkürzte Fahrzeiten ermöglichen und für eine Entlastung der Straßen sorgen.

Die Hauptachse der NEAT-Netzlösung bildet die Gotthard-Linie auf der Relation Basel–Chiasso–Mailand. Das Nordportal des Basistunnels befindet sich bei Erstfeld, das Süd-portal nahe den Tessiner Ortschaften Bodio und Giornico. Der Tunnel soll 2017 in Betrieb sein, er ist dann der längste Bahntunnel der Welt.

> **Beispiel:**
>
> Die Tunnelprofile sind so bemessen, dass alle Huckepack-Varianten mit Eckhöhen von 4,20 m durch den Tunnel befördert werden können. Die tägliche Kapazität des **Gotthard-Basistunnels** wird bei rund 200 Zügen in jeder Richtung liegen. Mit der Inbetriebnahme 2017 wird sich die Transportzeit auf der Relation Basel–Mailand deutlich verkürzen. Während derzeit rund 5.30 Stunden benötigt werden, sollen es künftig etwa 3.10 Stunden sein und durch Einsatz von Schnellgüterzügen nur noch 2.45 Stunden.

Mit dem NEAT-Transitkonzept stellt die Schweiz die von der EU geforderte Transport-kapazität im transalpinen Nord-Süd-Verkehr sicher. Die bislang notwendigen Umweg-verkehre für Lkw über Frankreich oder Österreich können damit reduziert und Umweltbelastungen durch den erhöhten Einsatz von Eisenbahnen vermindert werden.

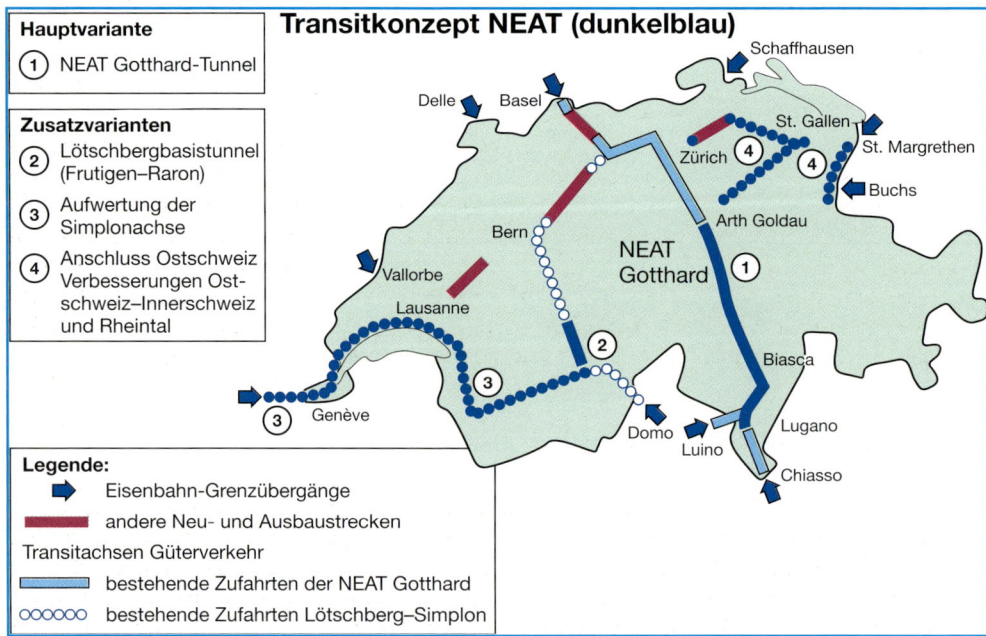

5.6.5   Weitere Alpenquerungen

Der französische **Mont Blanc-Straßentunnel** liegt in einer Höhe von 1.381 m und hat eine Länge von 11,6 km. Die Tunneleingänge liegen bei Chamonix (Frankreich) und Courmayeur (Italien). Der gebührenpflichtige Tunnel stellt die schnellste Verbindung zwischen den Metropolen Genf und Turin/Mailand dar. Südlich des Mt. Blanc liegt der rund 12 km lange Eisenbahntunnel von **Mt. Cenis** (erbaut 1871), der Modane mit Susa und damit im weiteren Sinn das Rhônetal mit dem norditalienischen Industriegebiet verbindet. Die dritte Alpenpassage im französisch/italienischen Grenzgebiet bildet der Straßentunnel von **Fréjus,** der 1980 eröffnet wurde. Er dient vorrangig dem Verkehr von Grenoble und dem mittleren Rhônetal nach Norditalien (Turin/Mailand).

Bedeutendster Straßentunnel der Ostalpen ist der **Karawankentunnel** zwischen Österreich und Slowenien. Er verbindet den österreichischen Autobahnknoten Villach mit der slowenischen Grenzstadt Jesenice. Der mautpflichtige Tunnel, dessen Name von dem von ihm unterquerten östlichen Alpenteilgebirge Karawanken stammt, hat eine Länge von 7.864 m. Seine besondere Bedeutung liegt darin, dass er eine ungehinderte Durchfahrt von München nach Ljubljana und Zagreb ermöglicht.

5.7   Verkehrsgebiet Apenninhalbinsel und Mittelmeerraum

In der markanten Form eines Stiefels ragt die italienische Halbinsel rund 1.000 km weit und bis zu 250 km breit in das Mittelmeer hinein. Da der Gebirgszug des Apennin die gesamte Halbinsel durchzieht, wird sie auch als **Apenninhalbinsel** bezeichnet. Die Halbinsel trennt das Mittelmeer in Teilmeere auf, so in das Ligurische und Tyrrhenische Meer im Westen und das Adriatische und Jonische Meer im Osten. Territorial haben neben **Italien** zwei Zwergstaaten an der Halbinsel Anteil, nämlich **San Marino** und **Vatikanstadt.** Italien umfasst neben der Apenninhalbinsel noch die großen Inseln Sardinien und Sizilien sowie mehrere kleine Inseln bzw. Inselgruppen (Elba, Ischia, Lampedusa usw.).

Aufgrund der mehr als 7.000 km langen Küste spielt der **Küsten-** und **Seeverkehr** traditionell eine große Rolle, dies zeigt sich in den mehr als 160 Seehäfen des Landes und in der großen Handelsflotte von 600 Schiffen. Trotz der schwierigen natürlichen Voraussetzungen für den Straßenbau verfügt Italien über eines der dichtesten **Autobahnnetze** auf dem Kontinent. Es wird überwiegend in der Regie von Autobahngesellschaften betrieben und ist bis auf die südlichen Regionen gebührenpflichtig. Die Straßen und Autobahnen sind die Hauptverkehrswege für den Gütertransport. Die ehemals staatliche **Eisenbahn** FS (Ferrovie dello Stato Italiane) betreibt ein sehr umfangreiches Netz, auf dem 12 % aller Güter des Landes befördert werden. In der Binnenschifffahrt haben lediglich der Po und einige norditalienische Kanäle Bedeutung. Im **Flugverkehr** ragen die großen Flughäfen von Rom (Leonardo da Vinci) und Mailand (Linate und Malpensa) heraus.

5.7.1   Logistikzentren in Oberitalien

In jeder Hinsicht ist Oberitalien das wirtschaftliche Herz des Landes. Vor allem die Regionen Lombardei, Piemont, Venetien, Emilia-Romagna und Ligurien nehmen in Italien ökonomische Spitzenpositionen ein. In industrieller Hinsicht ragen das Gebiet zwischen den Metropolen Mailand, Turin und Genua, das auch als **norditalienisches Industriedreieck** bezeichnet wird, und Venetien heraus. Entsprechend der Wirtschaftskraft ist das

Verkehrsaufkommen in Oberitalien extrem hoch. Die wichtige West-Ost-Autobahn Turin–Triest, zu der parallel eine Bahnstrecke verläuft, verbindet alle Großstädte der Voralpen perlenschnurartig miteinander. Wo die Nord-Süd-Alpenkorridore auf diese Achse stoßen, sind stark frequentierte und oft überlastete Autobahnknoten entstanden. Klassische Engpässe in Norditalien sind v. a. die Knotenpunkte Ivrea, Turin, Mailand (Autobahnring), Verona, Padua und Venedig.

Südlich des Po vervollständigen die Autobahnknoten von Alessàndria, Piacenza und Bologna das rasterförmige Schnellstraßennetz Oberitaliens. Wie fast in allen Mittelmeerländern ziehen sich auch in Italien unterhalb der Poebene die überregionalen Straßen vorwiegend an der Küste entlang nach Süden.

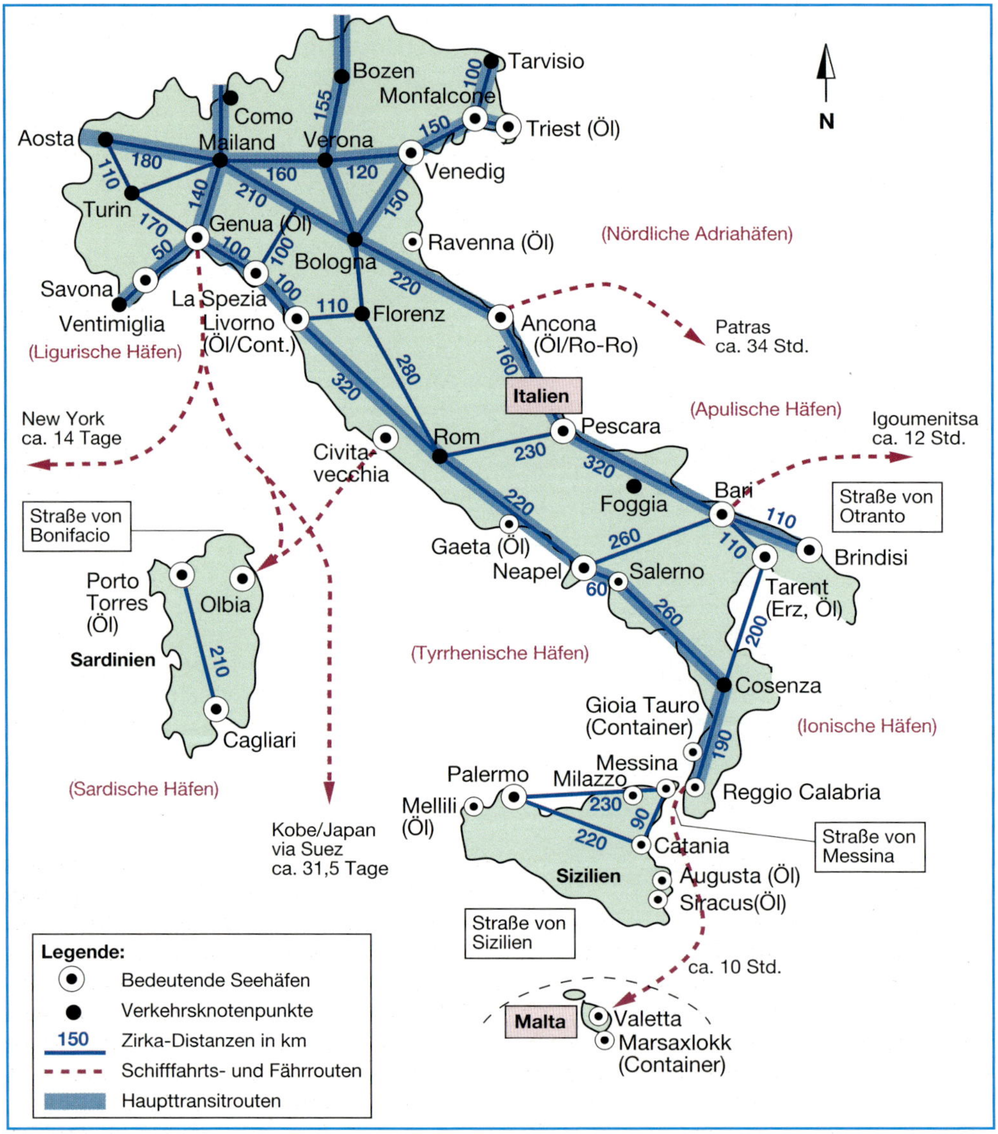

Verkehrsschwerpunkte und Haupttransitrouten auf der Apenninhalbinsel

Die großen oberitalienischen Städte und ihr Umfeld sind gleichzeitig die bedeutendsten logistischen Schaltstellen zwischen den Verkehrsträgern. Es handelt sich um intermodale Umschlaganlagen in Form von **Güterverkehrszentren (GVZ)** für den kombinierten Verkehr Straße-Schiene, die im Italienischen als **Interporti** bezeichnet werden. Von den rund 30 arbeitenden oder im Aufbau befindlichen Interporti liegen allein 13 Anlagen in Oberitalien. Herausragende GVZ sind

- **Interporto di Padova** (GVZ Padua), das mit über 240.000 qm größtes GVZ in Italien und zweitgrößte Binnenanlage in Europa ist,

- **Interporto Verona** mit dem Distributions- und Containerzentrum „Quadrante Europa",

- **Interporto Bologna** rd. 15 km südlich der Stadt am verkehrsgeografisch markanten Knotenpunkt von vier Autobahnen. Fast drei Viertel aller Güter im Nord-Süd-Verkehr Italiens passieren diese zentrale Verkehrsdrehscheibe.

Insgesamt ist die Entwicklung von derartigen Anlagen in Italien dynamisch und mit einem hohen Stellenwert versehen. Eisenbahnen und private Kapitalgeber arbeiten seit Jahren in der Gesellschaft „Assointerporti" zusammen, deren Aufgabe die Koordination der GVZ in Italien ist. Bereits vor dem Ausbau des nationalen Interporto-Netzes wurden im Zusammenhang mit dem Alpentransit Großterminals für den Kombiverkehr gebaut. Speziell in Oberitalien sind die Anlagen **Ala** (zwischen Trento und Verona) und **Busto Arsizio/Gallarate** bei Mailand von Bedeutung. Die Terminal-/Bahnhofsanlage Busto Arsizio ist Endpunkt der Kombiroute Basel–Gotthard–Chiasso; die jährlich über diese Route bewegten Kombimengen übertreffen die der Brenner-Route. Das Terminal wird für künftig weiter steigende Mengen ausgebaut.

Ausbau Terminal Busto Arsizio/Gallarate bis 2015

	Gesamtterminal nach Ausbau
Terminalfläche	242.000 qm
Gleislängen	11 kranbare Gleise mit je 540 bis 760 m Länge
Portalkräne je 40 t	10
Shuttleverbindungen pro Tag	46 Züge
Umschlag pro Tag	bis zu 30.000 t

5.7.2   Italiens EU-Südhäfen

Für Zentraleuropa sind die **ligurischen** und **adriatischen Häfen** Italiens von elementarer Bedeutung. Güter, die über diese italienischen Häfen zu Zielen in Afrika, der Levante oder Fernost verladen werden, haben einen bis zu 2.200 Seemeilen kürzeren Weg als bei Verladungen über die EU-Nordhäfen. Mengenmäßig dominanter Hafenplatz ist **Genua** am Ligurischen Meer. In diesem Hafen befindet sich eines der Zentren für Europas Erdölversorgung. Genua ist daneben Seehafen für Transitverkehre nach dem Mittleren Osten und Nordafrika, die sowohl als Ro/Ro-Verladungen wie auch in containerisierter Form erfolgen können. Benachbarte Häfen sind **Savona**, **La Spezia** (Erze, Container) und **Livorno** (Ro/Ro-Dienste, Fährverkehre, Container). In der nördlichen Adria ist **Triest** der führende Hafen. Hier werden in großem Umfang süddeutsche Außenhandelsgüter

umgeschlagen, sodass Triest gelegentlich als das „Bayerische Tor zum Süden" bezeichnet wird. Weitere benachbarte Häfen sind **Venedig** und **Monfalcone**. Die norditalienischen Mittelmeerhäfen haben wie auch andere EU-Südhäfen lange Zeit im Schatten der EU-Nordhäfen gestanden. Dies war bedingt durch den langwierigen Zulauf von Gütern per Bahn und Lkw über die Alpen, durch mangelhafte Hafen- und Umschlaganlagen (Fazilitäten), Streiks u. a. m. Die Häfen waren daher in der Verkehrswirtschaft als „langsame Häfen" bekannt. Dies hat sich mittlerweile geändert. Alle großen Häfen sind heute leistungsfähige Umschlagplätze mit modernen Container-Terminals und Ro/Ro-Anlagen. Vielfach sind sie eine Alternative zu den EU-Westhäfen.

> **Beispiel:**
> Der im Jahre 1996 in Betrieb genommene Containerhafen von Gioia Tauro (Kalabrien) schlägt pro Jahr fast 3 Mio. TEU um. Der Hafen liegt zentral im Mittelmeer an der Straße von Messina und gehört zu den größten Containerhäfen der EU. Er ist auf Verkehre mit dem Nahen und Fernen Osten spezialisiert. Über einen See-Shuttle-Service mit dem Terminal von La Spezia und Bahn-Shuttles erfolgen schnelle Vor- und Nachläufe von Containern in Nord-Süd-Richtung.

Eine besondere Rolle im Seeverkehr Italiens spielt der petrochemische Frachtverkehr. Das Mittelmeer wird von fast 70 % aller europäischen Tankerverkehre berührt und es ergeben sich Transportvorteile beim Umschlag über italienische Häfen. Fast ein Drittel des europäischen Mineralölaufkommens wird in Rohöl-Spezialhäfen der Apenninhalbinsel gelöscht. Insgesamt stehen hierfür 30 Ölterminals zur Verfügung, die zum Teil selbst von Supertankern mit angelaufen werden können. Im Norden sind die führenden Ölhäfen Genua, Triest, Ravenna und die in der Lagune von Venedig liegenden Terminals Santa Marta und Petroli Marghera. Weitere Rohöl-Seehäfen sind Gaeta und Ancona, Tarent, die sizilianischen Umschlagplätze Augusta, Siracus, Milazzo und Mellili sowie Porto Torres auf Sardinien. Allein Triest wird jährlich von rund 430 Tankschiffen unterschiedlicher Tragfähigkeiten bedient.

5.7.3   Fährverbindungen im Mittelmeerraum

Die langgestreckte Küstenform der Apenninhalbinsel, die Vielzahl von Inseln, die Handelsverflechtungen zu vielen Mittelmeerstaaten und die Transitaufgaben für Drittländer bedingen ein umfangreiches Netz von Fährverkehren von und nach italienischen Häfen. Stellvertretend sind einige Fährhäfen mit ihren bedeutendsten Routenangeboten aufgeführt. Die Bedienung der Routen schwankt je nach Jahreszeit. Die eingesetzten Ro/Ro-Schiffe führen je nach Entfernung Pendel- oder Rundreiseverkehre durch.

Italienische Fährhäfen einschließlich wichtiger Routen (Auswahl)

Von	Nach	Fährstationen (ca. Fahrzeit in Std.)
Ligurische Häfen		
Savona	Frankreich/Korsika	Calvi, Bastia (5)
	Italien/Sardinien	Porto Torres (12)
Genua	Italien/Sizilien	Palermo (23)
	Tunesien	Tunis (48)
	Libanon	Limassol/Zypern, Alexandria/Ägypten, Beirut
	Ägypten	Limassol/Zypern, Alexandria

Von	Nach	Fährstationen (ca. Fahrzeit in Std.)
La Spezia	Saudi-Arabien	Jeddah
	Libanon	Neapel, Beirut
	Tunesien	Neapel, Tunis
	Libyen	Neapel, Benghasi, Tripolis
Nördliche Adriahäfen		
Venedig	Kroatien	Rijeka (8)
	Ägypten	Alexandria
	Griechenland	Igoumenitsa (36), Patras, Piräus (39)
Ancona	Kroatien	Zadar, Split (5–6), Dubrovnik (22)
	Griechenland	Igoumenitsa (34), Patras, Piräus, Iraklion/Kreta (34–38)
	Türkei	Izmir, Istanbul (65)
	Libyen	Bengashi, Tripolis (60)
Tyrrhenische Häfen		
Neapel	Malta	La Valetta (25)
	Tunesien	Palermo, Trapani, Cagliari, Tunis (48)
Apulische Häfen		
Bari	Kroatien	Dubrovnik (8)
	Griechenland	Kerkira/Korfu, Igoumenitsa (11–12), Patras (19)
Brindisi	Griechenland	Kerkira/Korfu (9), Igoumentisa (10), Patras (19)

Zusammenfassung

1. *Am Alpenraum haben territorial die Staaten Frankreich, Schweiz, Liechtenstein, Deutschland, Italien, Österreich und Slowenien Anteil. Als reine Alpenländer gelten Österreich, Schweiz und Liechtenstein.*

2. *Zu den acht bedeutendsten wintersicheren Alpenübergängen im Straßengüterverkehr gehören: Mont Blanc-Tunnel, Großer St. Bernhard-Tunnel, Gotthard-Tunnel, San Bernardino-Tunnel, Brennerpass, Tauern/Katschberg-Tunnel, Pyhrn-Route und Karawanken-Tunnel.*

3. *Hauptstrecke für den Güterfernverkehr ist die Brenner-Route mit dem Brennerpass.*

4. *Die führenden Wirtschafts- und Verkehrszentren sind die oberitalienischen Städte Turin, Mailand und Genua, die das sog. norditalienische Industriedreieck bilden.*

5. *Bedeutende Schaltstellen im internationalen Straßen- und Bahntransport sind die intermodalen Umschlagzentren Busto Arsizio (Mailand), Ala (Trento), Quadrante Europa (Verona), Padua und Bologna.*

Aufgaben

1. Grenzen Sie das Alpengebirge ab, und schildern Sie die besonderen klimatischen Bedingungen und ihren Einfluss auf das Verkehrswesen.

2. Nennen Sie für die folgenden Lkw-Güterverkehre die geografisch günstigste Alpenquerung:

   a) Bologna–Wien   e) Salzburg–Florenz

   b) Genua–Karlsruhe   f) Lyon–Mailand

   c) Nizza–München   g) Turin–Bern

   d) Stuttgart–Triest   h) München–Laibach

3. Stellen Sie für die folgenden Straßengüterverkehre die günstigsten Fahrtrouten mit folgenden Angaben zusammen: richtige Reihenfolge der durchquerten Länder und wichtigen Städte, Fährverbindungen und ggf. Alpenübergänge, Grenzübergänge. Nennen Sie mögliche Alternativrouten. Verfahren Sie nach folgendem Muster:

Von	Nach	Länder/Städte	Fähren/Pässe	Grenzübergänge
Cagliari	Mainz	Italien – Schweiz – Deutschland Genua – Mailand – Basel – Karlsruhe – Mainz	Cagliari – Genua Gotthard-Tunnel	Como/Chiasso Basel/Weil

Transportfälle:

a) 15 t Südfrüchte von Thessaloniki via Verona nach Amsterdam

b) 21 t Textilien von La Valletta/Malta nach Bocholt

c) 18,5 t Unterhaltungselektronik von Würzburg nach Ankara via Wien

d) Lebensmittel von Saarbrücken nach Dubrovnik via italienischer Hafen

e) Wein in Flaschen von Tunis nach München

f) 18 t Konserven von Athen via Mailand nach Basel

5.8   Verkehrsgebiet Ost- und Südosteuropa

Der Wirtschafts- und Verkehrsraum Ost- und Südosteuropa umfasst 21 eigenständige Staaten, die zum Teil erst im Zuge der Reformprozesse in den Jahren nach 1990 entstanden sind. Im Wesentlichen können folgende Ländergruppen und Länder als wichtige Verkehrsräume angesehen werden:

Ländergruppe	Staaten
Die EU-Länder im Baltikum, in Mittelosteuropa (MOE) und im Balkanraum	**Baltikum:** Estland, Lettland, Litauen **MOE-Länder:** Polen, Tschechien, Slowakei **Balkanraum:** Ungarn, Slowenien, Griechenland, Rumänien, Bulgarien
Staaten im Balkanraum ohne EU-Mitgliedschaft	Kroatien, Bosnien-Herzegowina, Serbien, Montenegro, Mazedonien, Albanien
GUS-Länder	Russland, Weißrussland, Ukraine, Moldawien

Das vorderasiatische Land Türkei hat einen kleinen Anteil am Gebiet Thrakien und damit an Südosteuropa. Das Verkehrswesen der genannten Länder ist aufgrund der geografischen, klimatischen und auch politischen Rahmenbedingungen außerordentlich unterschiedlich. Es existieren natürlich großräumige Verkehrsnetze. Jedoch weichen deren Ausbau- und Entwicklungsstand sehr stark voneinander ab.

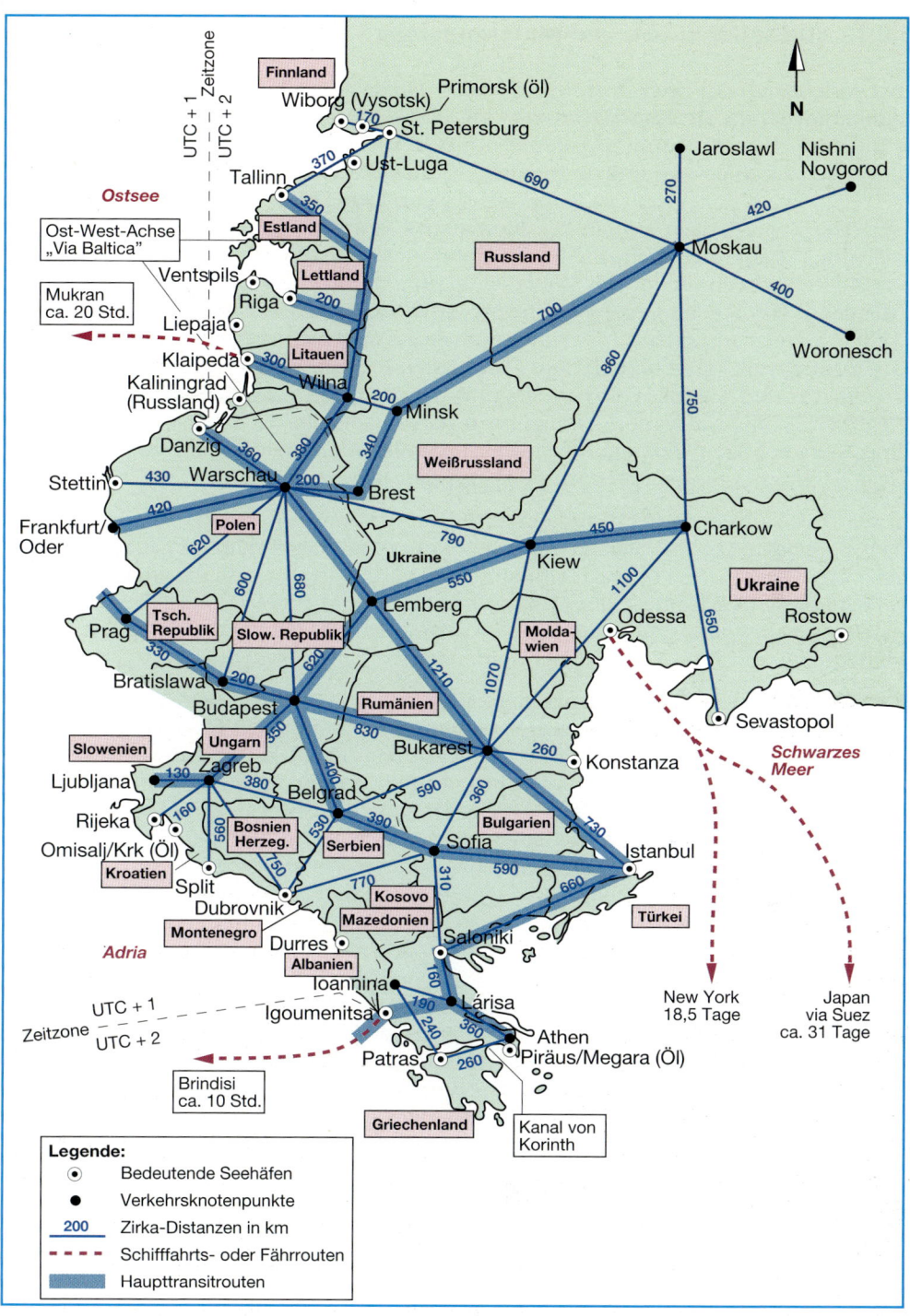

Verkehrsschwerpunkte und Haupttransitrouten in Ost- und Südosteuropa

5.8.1   EU-Länder in Ost- und Mittelosteuropa

In Hinsicht auf ihre Verkehrsinfrastrukturen werden in allen Ländern umfangreiche Maßnahmen zum Straßenneubau, wie z. B. die Autobahn (Autostrada A 2) Warschau–Berlin, und Modernisierungsprogramme für Bahnstrecken durchgeführt. In **Polen** bilden die großen Seehäfen von Danzig (Gdansk), Gdingen (Gdynia) und Stettin/Swinemünde (Szczecin/Swinoujscie) zentrale Plätze im Verkehr, wobei die Hinterlandanbindung vielfach über Bahnstrecken erfolgt. Die Binnenschifffahrt hat derzeit eine untergeordnete Bedeutung. Hauptflughäfen sind in der Hauptstadt Warschau die Airports Chopin und Modlin. In **Tschechien** und der **Slowakei** dominiert im Güterverkehr ebenfalls noch die Eisenbahn. Das Straßennetz ist vor allem im wirtschaftsstarken Tschechien gut entwickelt; es werden annähernd 1.000 km Autobahnen unterhalten. Tschechien hat über die Elbe Zugang zum Hamburger Hafen. Die größten Binnenhäfen des Landes sind Prag an der Moldau und Melnik, Usti nad labem (Aussig) sowie Decin (Tetschen) an der Elbe. Wegen schlechter Navigationsbedingungen auf der Oberelbe hat der Schiffsverkehr allerdings keinen großen Umfang. Die Slowakei hat über die Donau Zugang zum Schwarzen Meer, wichtigster Binnenhafen ist die Hauptstadt Bratislava.

In den Baltikumsländern **Estland, Lettland** und **Litauen** erfolgt der Bahnverkehr auf Breitspurgleisen. Die drei Staaten bilden mit Polen den Transitraum für Landverkehr mit Lkw von der westlichen EU nach Finnland. Mit Mitteln der EU wird die große Nord-Süd-Verkehrsachse „Via Baltica" derzeit zwischen Polen und Finnland ausgebaut. Von den Häfen der Baltischen Länder kommen vor allem Klaipeda (Litauen) im Fährverkehr mit Deutschland und Riga (Lettland) als Containerhafen große Bedeutung zu.

Dem Straßen- und Bahnnetz **Sloweniens** und **Ungarns** kommen beträchtliche Transitaufgaben zu, namentlich für Verkehre zwischen den nördlichen EU-Staaten und Griechenland sowie Verkehre von und nach der Türkei und dem Nahen Osten. Zentraler Verkehrsknoten in Ungarn ist die Hauptstadt Budapest, in der sich auch ein wichtiger Donauhafen und der internationale Flughafen Budapest-Ferihegy befinden. Die Ungarischen Staatsbahnen (MAV) unterhalten ein – wie auch im Nachbarland Slowenien – stark sanierungsbedüftiges Schienennetz.

5.8.2   Balkanraum und Türkei

Die Balkanländer **Kroatien, Bosnien-Herzegowina, Serbien und Montenegro** sind wichtige Transiträume in Europa. Die Länder zeigen allerdings ein sehr unterschiedlich entwickeltes Verkehrsnetz. Entlang der Küste existiert wie in den nördlichen Tieflandzonen ein gutes Straßennetz. Die Gebirgsregionen sind dagegen eher schlechter erschlossen. Güterverkehre werden hier wegen fehlender Bahnstrecken ausschließlich auf der Straße durchgeführt. Für den Straßentransit ist die autobahnähnliche Strecke Zagreb–Belgrad–Nis von überragender Bedeutung. Der Eisenbahntransitverkehr erfolgt überwiegend auf der Achse Wien–Zagreb–Belgrad–Nis mit Abzweigungen nach Sofia (Bulgarien) und Thessaloniki (Griechenland), Eisenbahnverbindungen führen auch zu allen wichtigen Seehäfen an der Adria, wie u. a. nach Rijeka, Koper, Sibenik, Split und Dubrovnik. Zentrale Wasserstraße ist die Donau, schiffbar sind weiterhin die Flüsse Theiß, Save, Drau und einige Kanäle, sodass rund 2.300 km an Wasserstraßen zur Verfügung stehen. Hauptflughäfen sind Belgrad, Zagreb, Ljubljana, Sarajewo und Dubrovnik.

In vergleichsweise schlechtem Zustand sind die Verkehrsnetze in den EU-Staaten **Rumänien** und **Bulgarien**, in beiden Staaten bildet die Donau eine wichtige Verkehrsleitlinie, führende Verkehrsmittel sind die jeweiligen staatlichen Eisenbahnen. In **Albanien** ist der Straßenverkehr wegen der komplizierten Reliefformen schwierig. Es wurden erste Autobahnstrecken in Nord-Süd-Richtung und als Verbindung zum Haupthafen Durres gebaut. Ein Eisenbahnsystem existiert erst seit Ende des Zweiten Weltkrieges, es umfasst kaum 500 km. Das **griechische Verkehrswesen** stellt sich dagegen sehr modern dar. In rund zwei Jahrzehnten wurde das Straßen- und Bahnnetz vollständig überholt. Sämtliche Städte des Landes sind über Autobahnen (Netzlänge über 1.100 km) oder autobahnähnliche Straßen verbunden. Wichtige Einzelprojekte sind die Egnatia-Schnellstraße ab Igoumenitsa und der Ausbau der Achse Patras–Athen. Die Bahnstrecken von 2.500 km in Normalspurweite sind Teile der EU-Schnellzugverbindungen. Binnenschifffahrt wird nicht betrieben. Die Handelsflotte Griechenlands gehört mit fast 800 Schiffen zu den weltweit größten, wichtige Häfen sind Piraeus bei Athen, Igoumenitsa, Patras, Wolos und Thessaloniki. Die Ro/Ro-Fährverkehre nach und von Italien gehen über die Festlandshäfen Igoumenitsa, Patras, Piräus und den Inselhafen Kerkira auf Korfu. Mit High-Speed-Fähren kann die Strecke Patras–Ancona in sechs Stunden bewältigt werden. Der Hafen Piräus ist für den Fährverkehr nach der Levanteküste und Nordafrika von Bedeutung. Wichtige Destinationen (die je nach politischer Lage bedient werden) sind nachfolgend zusammengefasst.

Fährverkehre nach Nordafrika/Levante ab Griechenland

Fährroute ab ... via	Nach Staat	Endhafen	Fahrtdauer ca.
Piräus–Limassol/Zypern Piräus (direkt)	Israel Ägypten	Haifa Alexandria/ Port Said	2 Tg. 1,5 Tg.
Piräus–Limassol/Zypern	Syrien	Tartous	

Im Flugverkehr spielt Athens Flughafen Eleftherios Venizelos eine Rolle als Drehscheibe im internationalen Flugverkehr.

Noch stärker als Griechenland ist die **Türkei** ein Transitland. Die großen Verkehrskorridore für Eisenbahn- und Straßenverkehr sind die Achsen Grenze Bulgarien–Istanbul–Ankara–Syrien/Naher Osten, die kombinierten See/Landrouten Griechenland–Adana Naher Osten und Izmir–Konya–Naher Osten. Der Bau von Autobahnen, derzeit über 2.400 km, wird rasant vorangetrieben und soll bis 2024 auf 4.700 km ausgeweitet werden, das Bahnnetz der staatlichen Eisenbahn TCDD (Türkiye Cumhuriyeti Devlet Demiryolları) wird modernisiert. Die türkischen Autobahnen und Schnellstraßen decken sich streckenweise mit wichtigen Europastraßen und finden eine Fortsetzung in den asiatischen Fernstraßen. Der Verkehrsengpass Bosporus kann von Lkw über zwei gebührenpflichtige Brücken („Bogazköprüsü" und Fatih Sultan Mehmet-Brücke) gequert werden.

→ *Die Bosporus-Meerenge*
  Seit 1973 wird der Bosporus, der den asiatischen vom europäischen Teil der Großstadt Istanbul trennt, durch eine Straßenbrücke überspannt. Vorher gab es nur Fährverkehre. 1988 wurde als Entlastungsstrecke eine zweite Brücke eröffnet, über die der innerstädtische Straßenverkehr Istanbuls geführt wird. Diese Brücke ist mit 1.090 m Spannweite eine der größten Hängebrücken der Welt, die achtspurige Fahrbahn liegt 65 m über der Wasserfläche. Trotz Brücken und Fähren stellt die Bosporusquerung im Straßengüterverkehr nach wie vor eine Engstelle dar. Eine dritte Brücke ist in Planung.

Über 70 % des türkischen Im- und Exports wird über Seewege befördert. Der Seeverkehr nimmt daher einen enorm hohen Stellenwert ein. Wichtige Mittelmeerhäfen sind Istanbul, Izmit, Izmir, Mersin, Iskenderum, am Schwarzen Meer Trabzon und Samsun. Insgesamt verfügt die Türkei über 177 Seehäfen. Größter Containerhafen ist der 40 km westlich von Istanbul gelegene Hafen Ambarli. Im Zuge der Modernisierung werden derzeit weitere Logistikzentren (GVZ) mit multimodalen Terminals errichtet, wie u.a. in Edirne, Izmit und Mersin.

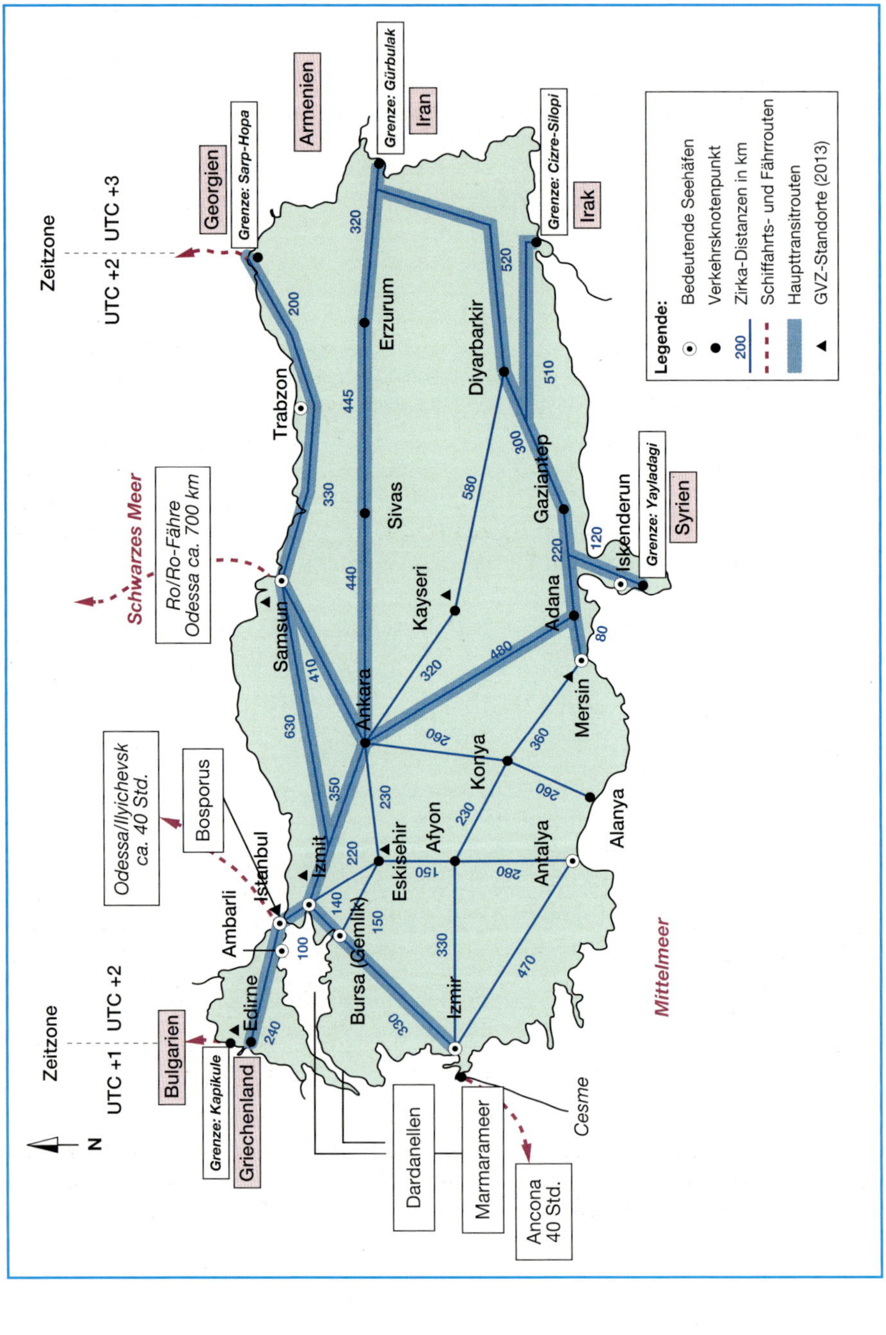

Legende:

⊙ Bedeutende Seehäfen
● Verkehrsknotenpunkt
200 Zirka-Distanzen in km
- - - Schiffahrts- und Fährrouten
Haupttransitrouten
▲ GVZ-Standorte (2013)

Verkehrsschwerpunkte und Haupttransitrouten in der Türkei

Zugelassene Transitrouten für Carnet TIR-Verfahren und Entfernungen		
Von Grenze ...	**Nach Grenze ...**	**Entfernung**
Bulgarien–Türkei Grenzübergang Kapitan Andreewo–Kapikule	Türkei – Georgien Übergang E 70 Sarp-Hopa (Richtung Poti)	1.500 km
	Türkei – Iran Übergang E 80 Gürbulak (Richtung Teheran)	1.896 km
	Türkei – Irak Übergang E 90 Cizre-Silopi (Richtung Mosul)	1.936 km
	Türkei – Syrien Übergang E 98 Cilvegözu (Richtung Aleppo)	1.357 km
	Türkei – Syrien Übergang E 91 Yayladagi (Richtung Tartous)	1.364 km

5.8.3 Verkehrsader Donau

Mit einer Länge von 2.860 km und einer Schiffbarkeit von 2.588 km ist die Donau zweit-längster europäischer Fluss und einer der großen Wasserwege des Kontinents. Als einziger Fluss mit Quelle in Deutschland entwässert die Donau nach Süden zum Schwarzen Meer. Anteil an diesem Nord-Süd-Strom haben die zehn Staaten Deutschland, Österreich, Slowakei, Ungarn, Serbien, Kroatien, Rumänien, Bulgarien, Moldawien und Ukraine. In einigen Fällen ist die Donau die Grenze zwischen den Ländern. Als internationaler Strom kann die Donau von allen Staaten befahren werden, dies ist in der Belgrader Akte verankert.

➔ *Die Belgrader Akte (auch Donaukonvention genannt) ist ein 1948 geschlossenes Abkommen über die Donauschifffahrt. Die Akte wird aber als international nicht verbindlich angesehen, dies hat für Deutschland den Abschluss von bilateralen Schifffahrtsverträgen mit den Anrainerstaaten zur Folge. In der Akte ist u.a. geregelt, dass auf der Donau Abgabenfreiheit herrscht und dass Schifffahrtsfreiheit für den Transitverkehr und für Beförderungen für das eigene Land garantiert werden.*

Die Donauabschnitte und ihre Bedeutung

Der Wasserweg ist für die Anrainerstaaten von unterschiedlicher Bedeutung. Der **Oberlauf** etwa ist für moderne Selbstfahrer und Koppelverbände bis zu 2.500 t nutzbar. Im **Mittellauf** können Schiffseinheiten bis zur Größe von rund 7.000 t bewegt werden. So verkehren von Belgrad und Budapest aus regelmäßig Donau-See-Schiffe zu Zielhäfen am Schwarzen Meer. Teilweise werden derartige Verkehre auch von Bratislava und Wien aus angeboten. Auf dem **Unterlauf** werden Schubverbände mit fast 20.000 t eingesetzt, kleinere Seeschiffe können den Strom flussaufwärts bis zum Hafen Braila befahren.

■ Die Schiffbarkeit beginnt in **Deutschland** bei Ulm, für den gewerblichen Binnenschiffsverkehr beim Main-Donau-Kanalabzweig Kelheim (Stromkilometer 2.411). Wichtige Häfen sind neben Kelheim Regensburg, Deggendorf und Passau.

- In **Österreich** hat die Donau eine Länge von 350 km (rechtes Ufer), es müssen zwölf Schleusen passiert werden. Große Binnenhäfen sind Linz (Erzzufuhr), Krems und Wien.

- Bei Bratislava fließt die Donau in die **Slowakei** und ist teilweise Grenzfluss zu Ungarn. Bratislava-Palenisko ist der größte Donauhafen des Landes und Zentrum der Binnenreedereien.

- **Ungarn** hat an der Donau auf dem rechten Ufer einen Anteil von 417 km. Haupthafen ist Budapest, weitere Häfen befinden sich in Dunaüjvaros und Baja (Mahácz-Baja).

- In **Kroatien** (143 km Grenzfluss zu Serbien) mündet die Drau in die Donau, wichtigster Landeshafen ist Vukovar.

- In **Serbien** nimmt die Donau die Nebenflüsse Theiß und Save auf, auf denen Binnenschifffahrt betrieben wird. Binnenhäfen sind die Containerstation Belgrad und Novi Sad.

- Für **Rumänien**, das mit 1.079 km den längsten Flussabschnitt einnimmt, ist die Donau ein ausgesprochener Grenzfluss, denn über 234 km bildet sie die Grenzlinie zu Serbien und über 470 km zu Bulgarien. Bis in die jüngste Zeit hinein war die Passage durch das Eiserne Tor, dem Donaudurchbruch durch die Südkarpaten, äußerst gefährlich. Seit 1972 ist die Engstelle durch eine Staustufe entschärft. Die Passagezeit für den Stausee, das Eiserne Tor und die Doppelschleuse liegt bei 25 bis 30 Stunden. Östlich von Bukarest schwenkt die Donau nach Norden und mündet deltaförmig ins Schwarze Meer. Rund 80 % des Deltas liegen auf rumänischem Territorium. Hauptfahrwasser ist der 63 km lange Sulina-Mündungsarm. Der Donauunterlauf wird in Rumänien durch den Cernavoda-Kanal erschlossen. Oberhalb des Donaudeltas liegen die beiden Donau-Großhäfen des Landes, Galati und Braila.

- **Bulgariens** große Häfen Russe, Lom und Svistov sind leistungsfähige Umschlagstellen. Insgesamt hat das Land bislang jedoch nur einen geringen Anteil an der Donauschifffahrt.

- Die **Ukraine** hat zwischen Galati und der Kilija-Mündung etwa einen Anteil von 130 km an der Donau, sie ist dort Grenzfluss zu Rumänien. Beide Länder betreiben Güterverkehre mit Schubeinheiten und Schleppzügen. Haupthäfen sind Reni und Ismail.

- **Moldawien** hat lediglich 1,0 km Flussanteil.

Der **Cernavoda-Kanal**, der auch Donau-Schwarzmeer-Kanal genannt wird, ist ein 64 km langer Wasserweg in Rumänien zwischen dem Schwarzmeerhafen Konstanza und der Donaustadt Cernavoda. Am Kanal befinden sich drei größere Binnenhäfen: Cernavoda am Kanalkilometer 0, Medgidia und Basarabi. Das Kanalbett (bis 90 m Breite) und die sieben Meter Wassertiefe ermöglichen Verkehre von Schubverbänden in Sechserfahrt sowie von Fluss-Seeschiffen bis 5.000 tdw. Der Kanal hat bei Cernavoda und nahe Konstanza jeweils eine Schleuse. Die Kanalnutzung bringt eine Fahrtstrecken-Einsparung von 200 km.

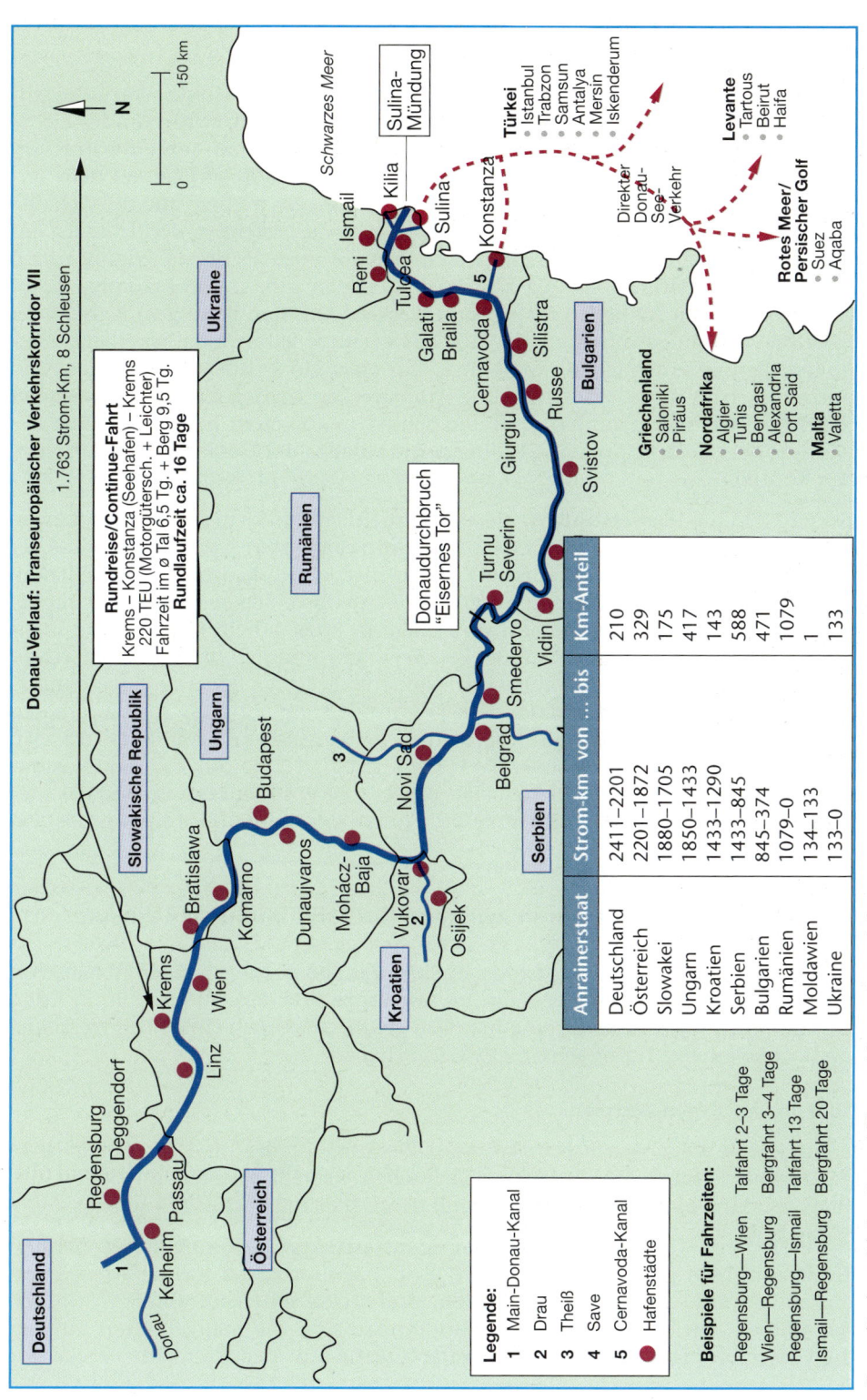

Donau-Verlauf: Transeuropäischer Verkehrskorridor VII

1.763 Strom-Km, 8 Schleusen

Rundreise/Continue-Fahrt
Krems – Konstanza (Seehafen) – Krems
220 TEU (Motorgütersch. + Leichter)
Fahrzeit im ∅ Tal 6,5 Tg. + Berg 9,5 Tg.
Rundlaufzeit ca. 16 Tage

Donaudurchbruch
"Eisernes Tor"

Anrainerstaat	Strom-km von … bis	Km-Anteil
Deutschland	2411–2201	210
Österreich	2201–1872	329
Slowakei	1880–1705	175
Ungarn	1850–1433	417
Kroatien	1433–1290	143
Serbien	1433–845	588
Bulgarien	845–374	471
Rumänien	1079–0	1079
Moldawien	134–133	1
Ukraine	133–0	133

Legende:
1 Main-Donau-Kanal
2 Drau
3 Theiß
4 Save
5 Cernavoda-Kanal
● Hafenstädte

Beispiele für Fahrzeiten:
Regensburg—Wien   Talfahrt 2–3 Tage   Bergfahrt 3–4 Tage
Wien—Regensburg
Regensburg—Ismail   Talfahrt 13 Tage
Ismail—Regensburg   Bergfahrt 20 Tage

Schwarzes Meer

Sulina-Mündung

Türkei
● Istanbul
● Trabzon
● Samsun
● Antalya
● Mersin
● Iskenderun

Levante
● Tartous
● Beirut
● Haifa

Direkter
Donau-
See-
Verkehr

**Rotes Meer/
Persischer Golf**
● Suez
● Aqaba

Griechenland
● Saloniki
● Piräus

Nordafrika
● Algier
● Tunis
● Bengasi
● Alexandria
● Port Said

Malta
● Valetta

Ukraine

Kilia
Ismail
Reni
Tulcea
Sulina
Konstanza
Galati
Braila
Cernavoda
Silistra
Russe
Svistov

Bulgarien

Giurgiu

Rumänien

Turnu
Severin
Smederevo
Vidin

Belgrad

Serbien

Novi Sad

Ungarn

Budapest

Slowakische Republik

Bratislawa
Komarno
Dunaujvaros
Mohács-
Baja
Vukovar
Osijek

Kroatien

Krems
Wien
Linz

Österreich

Regensburg
Deggendorf
Kelheim Passau

Deutschland

Donau

Donauländer, wichtige Donauhäfen und Donau-Seeverkehr

5.8.4 GUS-Länder

Das Verkehrswesen in **Russland**, **Weißrussland**, **Ukraine** und **Moldawien**, die Mitglieder in der „Gemeinschaft unabhängiger Staaten" (GUS) sind, wird von der Eisenbahn dominiert. Es werden in diesen Ländern über 140.000 km **Schienenstrecken** unterschiedlichen Ausbaustandes genutzt, davon liegen rund 90.000 km auf dem Territorium von Russland. Fast 60 % aller Güterbewegungen werden auf der Schiene erbracht, lediglich ein Drittel entfällt auf die Straße. Zwar besteht in den Ländern ein umfangreiches **Straßennetz**, jedoch gilt dessen Zustand noch als unzureichend, zumal die extremen Klimaeinflüsse ständig zu großen Schäden führen. Großräumige Autobahnsysteme für einen schnellen Straßengüterverkehr konnten bislang in keinem der Länder nenneswert aufgebaut werden. Auch das wichtige Bahnwesen unterliegt mangels Modernisierung erheblichen Problemen. Nur etwa ein Drittel aller Strecken sind zweispurig ausgebaut und elektrifiziert. Die Bahnstrecken werden jeweils in staatlicher Regie betrieben. Gemessen an den gesamten Schienenkilometern in Europa bildet das Schienennetz der osteuropäischen GUS-Länder die Hälfte des Gesamtnetzes des europäischen Kontinents.

Mit über 120.000 km **Wasserstraßen**, die eine einheitliche Solltiefe von 3,65 m aufweisen, verfügt vor allem Russland über eines der leistungsfähigsten Wasserwegsysteme der Welt. Sehr dicht ist das **Luftverkehrsnetz**. Auch hier ist Moskau mit vier Flughäfen, davon drei für den interkontinentalen Verkehr (Wnukowo, Scheremetjewo, Domodedowo), eindeutiges Zentrum. Insgesamt wird allein in Russland ein Flugnetz von mehr als einer halben Mio. km unterhalten. Bei den **Seehäfen** sind im Ostseeraum die Häfen St. Petersburg und Primorsk (Öl) von herausragender Bedeutung, ferner in eingeschränktem Umfang auch Kaliningrad und das neue Logistikzentrum Ust-Luga. Als Haupthäfen im russischen Eismeergebiet gelten Murmansk, Archangelsk und Kandalaschka. Am Schwarzen Meer verfügt Russland über die beiden Großhäfen Noworossisk und Rostow. Die ukrainischen Haupthäfen an diesem Nebenmeer sind vor allem Odessa und das südlich davon liegende Ilitschowsk (Fährverkehre, Containerterminal). Weißrussland ist ein Staat ohne Meeresanschluss.

5.8.5 Multimodale Transitrouten zwischen Russland und dem EU-Raum

Aufgrund des wirtschaftlichen Wachstums in Russland und des allgemeinen Abbaus von Handelsschranken hat der Warenverkehr mit Osteuropa und den GUS-Staaten in Asien stark zugenommen. Diese Entwicklung hat dazu geführt, dass sich einige Landverkehrswege zu hochbelasteten Transitachsen entwickelt haben.

Verkehrskorridor Berlin–Moskau

Als herausragende Verkehrsachse in West-Ost-Richtung ist der rund 1.800 km lange Korridor Berlin–Warschau–Minsk–Moskau anzusehen. Er stellt die günstigste landseitige Verkehrsverbindung zwischen Westeuropa und den GUS-Ländern sowie Asien dar.

Entlang dieser Linie wird derzeit eine moderne Infrastruktur in Form von Autobahnen und Eisenbahnlinien geschaffen. Die Reise- und Transportzeiten für die Strecke Berlin–Moskau von rund 30 Stunden auf Schiene und Straße sollen auf unter 20 Stunden verkürzt werden. Die größten Transporthindernisse sind die mangelhaften Straßen und die Grenzabfertigungen im Straßengüterverkehr. Auf der Eisenbahnstrecke gilt

der multimodale Verkehrsknotenpunkt Brest an der Grenze Polen/Weißrussland als problematisch.

Beispiel:

In Brest muss nicht nur ein Wechsel des Stromsystems vorgenommen werden, sondern auch ein Spurweitenwechsel von Normalspur auf russische Breitspur. Ferner ist der Frachtrechtwechsel von CIM auf SMGS zu beachten. Daneben können überalterte Bahnanlagen, unzureichende transportbegleitende Informationen und Dispositionsschwierigkeiten für Verzögerungen sorgen. Im Zuge des Ausbaus des Verkehrskorridors soll Brest zu einem multimodalen Eisenbahnknoten mit Güterverkehrszentrum (GVZ) ausgebaut werden.

Der Verkehrskorridor Berlin–Moskau durchzieht bedeutende Wirtschaftsräume mit einer Bevölkerung von über 20 Millionen Menschen. Über diese zentrale Verkehrsachse soll ferner die Anbindung Finnlands und St. Petersburg über die sog. „Via Baltica" durch die baltischen Länder Estland, Lettland, Litauen (mit Wirtschaftsschwerpunkten bei Tallinn, Riga und Kaunas) verbessert werden.

Containertransitrouten

Im Rahmen des großen Landbrückenverkehrs zwischen Europa und dem Fernen Osten über die **Transsibirische Eisenbahnroute (TSR)** und die Bahnstrecke der **Baikal-Amur-Magistrale (BAM)** haben sich in Osteuropa drei Verkehrskorridore für den Container-transport herausgebildet. Über sie werden Vorlauf- oder Nachlaufverkehre nach dem Eisenbahnknotenpunkt Moskau geführt, von dort aus erfolgt die Anbindung an die Transsibirien-Züge. Die Landstrecken queren je nach Routenwahl die Länder Polen, Slowakei, Ungarn, Weißrussland und Ukraine. Die Vor- oder Nachläufe können per Eisenbahn, Lastkraftwagen, im kombinierten Bahn/Lkw-Verkehr oder auch durch Seeschiffe bis zu einem russischen oder baltischen Hafen erfolgen.

Eisenbahnstrecken

In russischen Pazifikhäfen werden Ladungen, die aus Japan oder anderen Fernoststaaten mit Seeschiffen eintreffen, auf russische Bahnwaggons verladen, über Breitspurgleise in den europäischen Teil Russlands geführt und via Moskau drei Grenzstationen an den GUS-Westgrenzen zugeführt. An diesen Grenzstationen müssen normale Ladungen mit zeitraubenden Verfahren in Waggons des Normalspursystems umgeladen werden. Container werden relativ schnell an Umschlagterminals, so etwa am polnischen Containerterminal Malaszewicze, auf Containertragwagen des Normalspurnetzes umgesetzt. Die Verwendung von Containern bietet somit Laufzeitenvorteile und die Güter unterliegen geringeren Umschlagrisiken. Umachsbare westliche Eisenbahnwaggons kommen nicht zum Einsatz, da es grundlegende Abweichungen der technischen Ausstattung (automatische Mittelpuffer usw.) gibt. Es gibt vier Bahntransitrouten für Container.

Container-Transitrouten für Eisenbahnen und Umspur-/Umladeterminals

Europäische Ziel- oder Versandländer	Ländergrenzen mit Spurwechsel		Grenzübergang Umladeterminal
	Breitspur 1.520 mm	Normalspur 1.435 mm	
Polen, Deutschland, Schweiz, Frankreich, Benelux	*Weißrussland*	*Polen*	**Brest/Malaszewicze**
Skandinavien	*Finnland*	*Schweden*	**Hafen Turku (Finnl.)**
Ungarn, Tschechien, Slowakei, Österreich, Italien	*Ukraine*	*Ungarn*	**Chob/Zahony**
		Slowakei	**Chob/Cierna n. T.**
Rumänien, Bulgarien, Balkan	*Moldawien*	*Rumänien*	**Ungeny/Socola**

Straßenverbindungen

Als schnellste Verbindung gilt trotz der maroden Straßenverhältnisse die Beförderung mit Lkw. Es handelt sich in der Regel um Nach- oder Vorläufe von Behältern von/zu den Breitspur-Eisenbahnanschlüssen an den westlichen GUS-Grenzübergängen. Auf der Linie Berlin–Moskau ist dies die Terminalanlage Malaszewicze/Brest. Die Beförderung erfolgt oft durch russische Frachtführer. Per Lkw wird auch die Gestellung von Leercontainern direkt zum Haus des Versenders in Westeuropa und der anschließende Lastlauf bis Brest durchgeführt. Neben dem Logistikzentrum Brest wird auch das südlich liegende polnisch-weißrussische Containerterminal Vysoko-Litowsk als Übergabepunkt genutzt.

Seeverbindungen

Bei dieser multimodalen Variante sind die zentralen Logistikknoten vorzugsweise die Ostseehäfen Riga (Lettland), Tallinn (Estland) und Klaipeda (Litauen). Insbesondere im Massen- und Schwergutverkehr stellt die Bahnverbindung Moskau–Minsk–Klaipeda mit der Fährlinie Klaipeda–Saßnitz/Mukran eine schnelle Transitlösung dar. Der Hafen Saßnitz/Mukran verfügt über russische Breitspurschienen, dadurch können die Breitspurwagen direkt in den Hafenanlagen be- und entladen werden. Dieser Multimodalverkehr ist v. a. für die Beförderung schwerer Industriegüter auf den Destinationen Russland, Weißrussland, Ukraine, Aserbeidschan, Kasachstan, Usbekistan und Turkmenistan von Bedeutung.

von/nach:
Finnland **Finnland**
Schweden
Norwegen

Fährverkehr von/nach:
Stockholm, Kopenhagen,
Göteborg, Oslo,
Arhus, Kiel

Seeverschiffung via
Nord-Ostsee-Kanal
von/nach:
Hamburg, Rotterdam, Hull,
London-Tilbury, Le Havre,
Cork, Dublin, Bilbao

Bahnwagen-
verschiffung
nach Mukran

Hamburg

Köln,
Benelux

Süddeutschland,
Frankreich

**Schweiz,
Frankreich**

Italien

Grenze Lujaika/Vainikkala

N

St. Petersburg
Primorsk
Tallinn

Estland

Russland

Trans-
sibirische
Route

Moskau-
Orjechowo

Riga **Lettland**

Klaipeda **Litauen**

Minsk

Warschau **Weißrussland**

Berlin
Frankfurt/O.
Malaszewicze/Brest

Polen

Kiew **Ukraine**

Tsch. Republik **Slow.**
Bratislawa Chob/Zahony
Wien
Budapest
Österreich **Ungarn**

**Molda-
wien**

Odessa/
Ilischowsk

Constanza
Fähr-
verkehr

Slowenien **Kroatien**

Varna

Seeverschiffung
nach Südeuropa
via Bosporus

Bos.-Hg. **Serbien** **Bulgarien**

Ambarli
(Istanbul)

Türkei

Legende:
— Eisenbahn-Routen
- - - Lkw-Trucking-Routen
▪ ▪ ▪ Fähr- oder Seerouten
⊙ Containerhäfen
● Verkehrsknotenpunkte
● Grenzübergänge
▲ Umspur- oder Umladeterminals
▬ Haupttransitkorridore

0   250 km

Europäische Vor- und Nachlaufrouten im Transsib-Containerverkehr

5.8.6 Russische Wasserstraßensysteme

Im Binnenverkehr des europäischen Teils von Russland und im internationalen Handelsverkehr mit Rohstoffen und Schwergütern nimmt das gewaltige Wasserstraßennetz des Landes eine bedeutende Rolle ein. Die kanalisierte Wolga mit den Nebenflüsse Don und Kama sowie mehrere Kanäle bilden zusammen ein Netz von annähernd 20.000 km

Wasserwegen. Dieses sog. **Wolga-Don-Wasserstraßensystem** übertrifft von seinen Ausmaßen her alle anderen europäischen Strom- und Kanalsysteme. Über dieses Wasserstraßennetz können fünf Teilmeere oder Binnenseen erreicht werden: Ostsee, Barentssee, Schwarzes Meer, Kaspisches Meer und Asowsches Meer.

Bei den Kanälen und eingebundenen Seen des Wolga-Don-Systems (vgl. auch Karte) handelt es sich um die folgenden wichtigen Wasserstraßen:

Wasserstraße	Länge in km	Verbindung	Binnenschiff-Tonnage
Großschifffahrtsweg Wolga – Ostsee	1.100	Rybinsker Stausee – St. Petersburg	bis 5.000 t
Ostsee-Weißmeer-Kanal	227	Onegasee – Belomorks (Weißes Meer/Barentssee)	bis 3.000 t
Moskwa-Kanal	128	Moskau – Iwankowo/ Wolgastausee	bis 3.500 t
Wolga-Don-Kanal	101	Wolgograd – Zimljansker Stausee/Don	bis 3.500 t

Wie überall in Osteuropa sind auch die russischen Wasserwege aufgrund des Kontinentalklimas im Winter vereist. In den nördlichen Regionen beträgt die Vereisung bis zu 240 Tage pro Jahr, sodass die Nutzung, die sog. Navigationsperiode, recht kurz ist. Auf der Oberen Wolga, der Oka und Kama können die Eisstände bis zu 180 Tage betragen. Die Unterläufe von Wolga, Don und Dnjepr sind meist bis zu 70 Tage vereist. Die führenden Binnenhäfen mit Umschlagmengen über 10 Mio. t sind u.a. Moskau, Nishni Nowgorod, Kasan, Samara, Wolgograd. Neben den traditionellen Binnenschiffen kommen in großem Umfang Fluss-Seeschiffe mit bis zu 10.000-t-Tragfähigkeit zum Einsatz. Die Schubschifffahrt kann an den Flussoberläufen bis zu 18.000 t bewegen, auf dem Wolgaunterlauf erreicht sie Tragfähigkeiten bis zu 36.000 t.

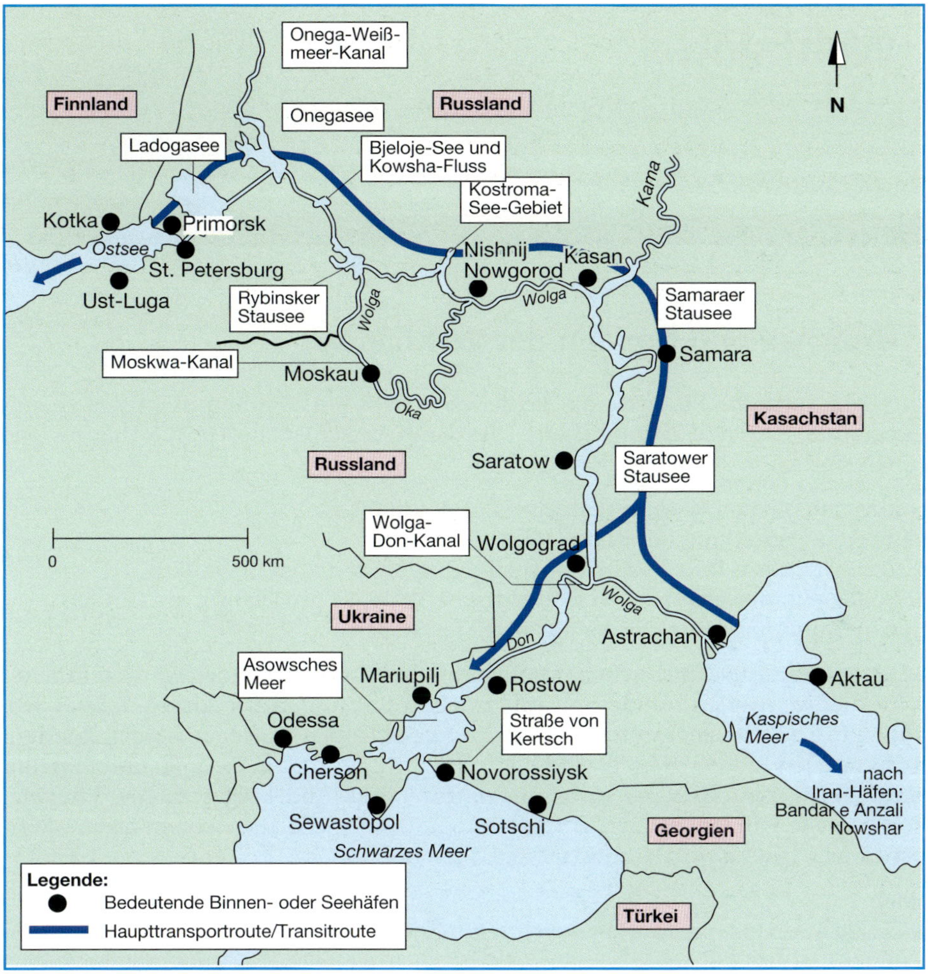

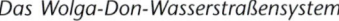

N

Onega-Weiß-meer-Kanal

Finnland

Onegasee

Russland

Ladogasee

Bjeloje-See und Kowsha-Fluss

Kostroma-See-Gebiet

Kama

Kotka

Primorsk

Ostsee

Nishnij Nowgorod

Kasan

St. Petersburg

Ust-Luga

Rybinsker Stausee

Wolga

Wolga

Samaraer Stausee

Moskwa-Kanal

Samara

Moskau

Oka

Kasachstan

Russland

Saratow

Saratower Stausee

0　　　　500 km

Wolga-Don-Kanal

Wolgograd

Ukraine

Wolga

Don

Astrachan

Asowsches Meer

Mariupilj

Rostow

Aktau

Odessa

Straße von Kertsch

Kaspisches Meer

Cherson

Novorossiysk

nach Iran-Häfen: Bandar e Anzali Nowshar

Sewastopol

Sotschi

Georgien

Schwarzes Meer

Legende:
● Bedeutende Binnen- oder Seehäfen
━━ Haupttransportroute/Transitroute

Türkei

Das Wolga-Don-Wasserstraßensystem

Zusammenfassung

1. Die Donau ist eine der längsten europäischen Wasserstraßen; Anliegerstaaten sind Deutschland, Österreich, Slowakei, Ungarn, Kroatien, Serbien, Rumänien, Bulgarien, Moldawien und Ukraine.

2. In den Flächenstaaten Ost- und Südosteuropas nimmt der Eisenbahnverkehr eine dominante Stellung im Verkehrswesen ein.

3. Osteuropa ist Transitraum für Landbrückenverkehre mit Containern zwischen Westeuropa und Russland/Asien.

6 Welthandel

6.1 Ursachen und Umfang des Welthandels

Viele uns sehr vertraute Produkte des täglichen Lebens entstammen nicht den heimischen Regionen, sie werden importiert. Dies kann verschiedene Gründe haben. Die wichtigsten sind:

- die unterschiedlichen Klimaverhältnisse auf der Erde,
- die ungleiche Verteilung der Rohstoffe,
- günstigere Standort- bzw. Produktionsbedingungen in anderen Ländern,
- Unterschiede in der technischen und wirtschaftlichen Entwicklung der Länder,
- begrenzte Aufnahmefähigkeit der eigenen Märkte usw.

So sind etwa die unterschiedlichen Klimaverhältnisse auf der Erde ein wesentlicher Grund für den weltweiten Handel mit pflanzlichen Rohstoffen wie Kaffee, Kakao, Tee, Sojabohnen u. a. m., da sie nur in den Tropen und Subtropen angebaut werden können. Fast alle führenden Industrieländer sind heute auf die Einfuhr von Energie- und Mineralrohstoffen angewiesen, dies gilt insbesondere für Erdöl- und Erdgas, Kohle, Eisenerz, Kupfer usw. Diese Länder besitzen entweder keine oder nicht ausreichend eigene Rohstoffvorkommen, oder ihre „Ressourcen" sind erschöpft.

> **Beispiel:**
> Deutschland ist ein Industrieland mit begrenzten Rohstoffvorkommen. Nur der Import bestimmter Rohstoffe sichert die industrielle Produktion. Auch die selbst erzeugten Nahrungsmittel könnten eine ausreichende Versorgung der Bevölkerung nicht gewährleisten.

In einigen Fällen, so bei Steinkohle, kann der Kauf im Ausland auch darin begründet sein, dass die eigene Gewinnung zu teuer ist. Ein weiterer Grund für den Welthandel ist in der Tatsache zu sehen, dass viele Güter – vor allem industrielle Halb- oder Enderzeugnisse – heute nur mit hohen Kosten in den traditionellen Industriestaaten produziert werden können. Die Produktion wird daher immer mehr in andere Länder verlegt, es wird global produziert (**Globalisierung der Wirtschaft**). Somit kommt es ständig zu umfangreichen internationalen Arbeitsteilungen und Tauschvorgängen. Die Folge ist, dass täglich unablässig zwischen zahllosen Orten der Erde Güterverkehre stattfinden. Diese Warenströme verbinden **Überschuss- und Mangelgebiete**. Als Bindeglied im Zusammenspiel der weltweiten Produktions- und Konsumräume fungieren der Welthandel und Weltverkehr.

> **Beispiel 1:**
> Bei Energierohstoffen sind der Nahe und Mittlere Osten Überschussgebiete für Erdöl. Die Erdöltransporte von der Golfregion in die Industrieländer gehören weltweit zu den bedeutendsten Warenströmen.

Beispiel 2:

Die Staaten am Persischen Golf sind wegen der extremen Klimate nicht in der Lage, eine ausreichende Viehwirtschaft zu betreiben und damit die Fleischversorgung zu sichern. In großem Umfang werden daher Schafe, Rinder und Fleischerzeugnisse von Überschussregionen wie Neuseeland und Australien mit Spezialschiffen in die Golf-Region verfrachtet.

Beispiel 3:

Die rohstoffreichen Länder in Afrika und am Persischen Golf sind im Hinblick auf hochwertige Konsumgüter Mangelgebiete, da eine eigene Produktion kaum existiert. Konsumgüter werden daher in großen Mengen in Containern dorthin verfrachtet.

In allen genannten Fällen kommt es zur Bildung von Verkehrsströmen, die den Charakter der **Unpaarigkeit** haben. Denn den Rohölieferungen mit Tankschiffen z. B. nach Westeuropa und den von dort abgehenden Containerladungen stehen keine gleichartigen Güter als Rückladungen gegenüber.

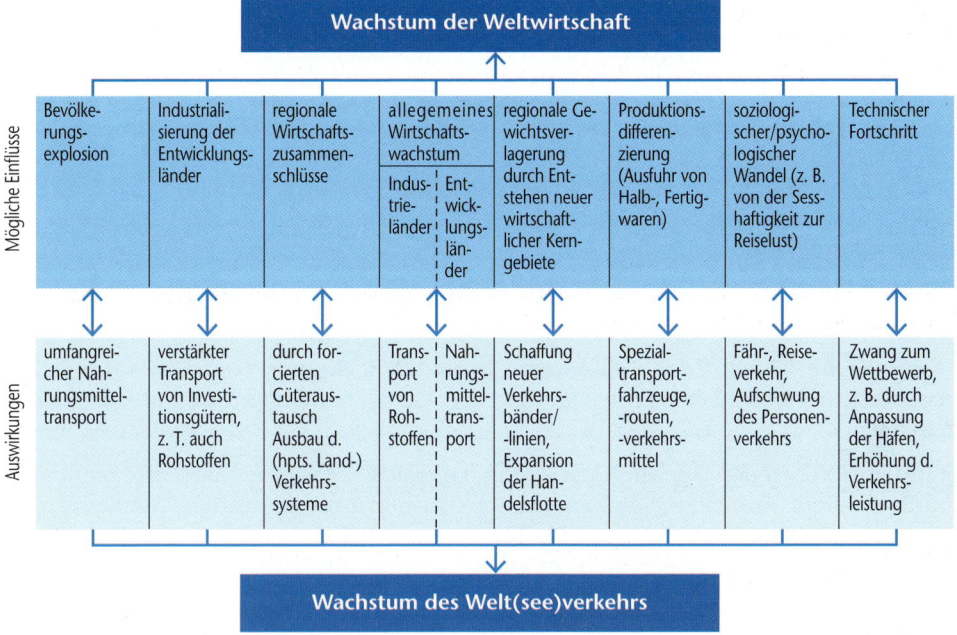

Zusammenhang zwischen der Weltwirtschaft und dem Weltverkehr

Der Welthandel erfolgt zu rund einem Drittel über Land- und Luftwege und zu zwei Dritteln über Seewege. Damit wird deutlich, dass die Seeschifffahrt der Hauptträger des weltweiten Handelsverkehrs ist. Weltseeverkehr und Weltwirtschaft stehen somit in einem besonders engen Zusammenhang. Die interkontinentalen Landverkehre und der Luftverkehr ergänzen die Seeschifffahrt zwar, sie können jedoch die notwendigen Transportleistungen der Seeschifffahrt in keiner Weise ersetzten. Es wird davon ausgegangen, dass das Wachstum der Weltwirtschaft und damit der Welthandel weiter zunehmen werden.

6.2   Rohstoffe und Rohstofflieferanten

Die Welthandelsgüter werden in die beiden Hauptgruppen **Massen- und Stückgüter** gegliedert. Mengenmäßig überwiegen die **Massengüter** deutlich, es handelt sich fast ausschließlich um Rohstoffe. Sie werden global gesehen fast immer über Seewege befördert. Je nach ihrem Zustand (fest oder flüssig) erfolgt dies in der **Trockenladungsfahrt** (Erze, Kohle, Ölsaaten, Weizen usw.) oder in der **Tank- und Produktenfahrt** (Erdöl, Erdgas, Raffinerieprodukte). In der Regel handelt es sich bei den seewärtigen Trockenladungen um geschlossene Schiffssendungen (Gesamtladungen) von Gütern in loser Schüttung, die von einem Versender stammen oder für einen Empfänger bestimmt sind. Sie werden auch als **Bulkladungen** bezeichnet, die Güter als **Bulkgüter.**

In jüngster Zeit werden auch bestimmte Stückgüter in derart großen Mengen über Land und See befördert, dass sie den Charakter von Massengut annehmen. Diese Güter werden als „neue Massengüter" oder **Neo-Bulk** bezeichnet. Hierzu gehören etwa Fahrzeuge (vor allem Pkw), Holzerzeugnisse, Papier und Stahlprodukte.

Im Welthandel dominieren vier Rohstoffe, und zwar Erdöl, Steinkohle, Eisenerz und Getreide. Bei diesen Gütern haben sich regelrechte Hauptverkehrswege von den Liefer- zu den Abnehmerländern herausgebildet.

- **Erdöltransporte** erfolgen in großem Maßstab von Süd- nach Nordamerika und Europa sowie von der Golfregion nach Europa und Japan. Zu den großen Erdöllieferanten gehören die in der OPEC (Organisation erdölexportierende Staaten) und OAPEC (Organisation der arabischen erdölexportierenden Staaten) zusammengeschlossenen Länder.

- **Steinkohle** wird unter anderem von Australien, den USA und Südafrika nach Europa und Japan verfrachtet.

- **Mineralische Rohstoffe** wie Eisenerz, Chrom, Zink, Kupfer, Nickel, Mangan, Zinn usw. werden vielfach von Entwicklungs- oder Schwellenländern in Industriestaaten geliefert.

- Ständige Exporteure für alle Arten von **Getreide** (Weizen, Mais usw.) und der Ölpflanze Soja sind die USA, Kanada, Argentinien und Australien. Mangelgebiete dieser Welthandelsgüter sind neben Teilen von Afrika die Mittelmeerländer, Süd- und Südost-Asien sowie die „Reformländer" in Ost- und Südosteuropa.

Beispiele für Güterarten im Weltseeverkehr

Massengüter						Stückgüter		
Rohstoffe						Industrieerzeugnisse verschiedenster Art		
Energierohstoffe		Mineralische Rohstoffe		Organische Rohstoffe[2]				
Kohlen-wasser-stoffe	Fossile Brenn-stoffe	Erze und NE-Metalle[1]	Dünge-mittel	Pflanz-liche Rohstoffe	Tierische Rohstoffe	Halbwaren	Vor-produkte	Endpro-dukte
Erdöl, Erdgas, Erdöl-produkte	Steinkohle, Kokskohle	Eisenerz, Kupfer, Blei, Zinn, Zink, Nickel, Bauxit	Phosphat, Kalisalz	Weizen, Zucker, Ölsaaten, Reis, Tee, Kaffee, Kakao, Holz, Hanf, Baum-wolle	Wolle, Felle, Häute, Fleisch, Frostfisch	Synth. Fasern, Baustoffe, Zellstoff	Kunst-stoff, Röhren, Gewebe	Maschi-nen, Elektronik, Glas, Fahrzeuge, Nahrungs-mittel, Pharma-zeutik
Tank- und Produk-tenfahrt	Trockenladungsfahrt mit Bulk-Carriern oder mit Containern					Ca. 80 % in Containern und 20 % als konventionelles Stückgut		

6.3   Welthandelsströme

Die im Welthandel bewegten hochwertigen Industrie- und Konsumgüter stammen überwiegend aus drei Wirtschaftsräumen: Nordamerika, Westeuropa und Ostasien. Gerade zwischen den hochindustrialisierten Staaten dieser Regionen – für die auch der Begriff „Triade" verwendet wird – findet ein starker Warenaustausch statt, der sich in interregionalen Warenhandelsströmen rund um die Erde niederschlägt[3]. Dies liegt vor allem daran, dass in diesen Regionen je nach Voraussetzungen qualitativ besonders hochwertige oder besonders preiswerte Produkte erzeugt werden, die von anderen Ländern importiert werden. Für die Volkswirtschaften dieser Länder ist der Außenhandel daher von grundlegender Bedeutung.

Beispiel:
Deutschland ist nach China und neben Japan eines der führenden Exportländer der Welt und auf das engste mit der Weltwirtschaft verflochten. Jeder 4. Arbeitsplatz in der Industrie hängt direkt oder indirekt vom Export ab. Die deutsche Ausfuhr besteht fast ausschließlich aus hochwertigen Fertig- und Halbfertigwaren.

---

[1]   *NE-Metalle = Nichteisen-Metalle*
[2]   *Der Transport erfolgt vielfach auch in Containern.*
[3]   *Der Handel innerhalb einzelner Regionen wird intraregionaler Warenhandel genannt.*

Globale Handelsströme

Warenhandel 2011 in Milliarden Dollar

➡ interregionale Handelsströme (ab 50 Mrd. Dollar)

🔵 intraregionaler Handel (innerhalb der jeweiligen Region)

Russland/GUS *154*

Europa *4 667*

Nordamerika *1 103*

Nah-ost *110*

Asien/ Pazifik *2 926*

Afrika *77*

Lateinamerika *200*

906 · 476 · 409 · 234 · 117 · 110 · 639 · 480 · 382 · 922 · 158 · 138 · 194 · 242 · 107 · 199 · 205 · 660 · 201 · 102 · 63 · 146 · 181 · 119 · 152 · 169 · 189

Anstieg der Exporte 2011 gegenüber 2010 in %

Region	%
Nahost	+ 37,4 %
GUS/Russland	+ 33,9
Lateinamerika	+ 27,4
Asien/Pazifik	+ 18,0
Europa	+ 17,4
Afrika	+ 16,8
Nordamerika	+ 16,2
Welt	+ 19,7

WTO

Quelle: World Trade Organization   © Globus 5443

Die seewärtigen Warenströme für Industriegüter verlaufen zwischen Europa und Nordamerika über den Nordatlantik, zwischen Europa und Ostasien über den indischen Seeweg und die sibirische Landbrücke sowie in stark steigendem Umfang zwischen Ostasien und Nordamerika über den Nord- und Zentralpazifik. Da sich so gut wie alle Industrieerzeugnisse „containerisieren" lassen, sind viele Handelswege für diese Produkte mit dem weltumspannenden „Containergürtel" identisch (vgl. Kap. 7.3.2). Über die Luftverkehrswege werden gleichfalls beträchtliche Warenströme bewegt, zum Teil kommt es zu Kombinationen zwischen Luft- und Seeverkehren in Form des „Sea-Air-Service" oder zu Transportketten mit Seeschiffen, Landverkehrsmitteln und Flugzeugen.

Beispiel:

In Japan werden für Kunden in Europa Container mit Kopiergeräten auf Seeschiffe verladen und über den Pazifik nach Los Angeles verfrachtet. Von dort werden sie mit Doppelstock-Bahnwaggons über die nordamerikanische Landbrücke nach Chicago gefahren. Auf dem Flughafen Chicago werden die Güter in Nurfracht-Flugzeuge umgeladen und nach Amsterdam Schiphol geflogen. Lkw führen von Amsterdam die Nachläufe (Feinverteilung) zu den Empfängern durch.

6.4   Staaten und Staatengruppen im Welthandel

Die bedeutendsten Handelsnationen der Welt sind die **hochentwickelten Industrieländer.** Zu ihnen gehören fast alle Länder der EU, die EFTA-Staaten, USA, Kanada und Japan. Zunehmende Bedeutung im Welthandel haben ferner einige **junge Industrieländer** erlangt, vor allem im asiatisch/pazifischen Raum. Darunter werden jene ehemaligen Entwicklungsländer verstanden, die die Schwelle zur Industrialisierung überschritten haben. Zu ihnen gehören die stark exportorientierten Staaten China, Süd-Korea, Taiwan, Malaysia, Singapur, Thailand, weiterhin auch Länder wie Brasilien, Venezuela usw. Sie bringen große Mengen von Industriegütern (Halb- und Fertigerzeugnisse) in den Welthandel ein.

6.4.1   Länderklassifikation

Hinsichtlich ihrer Leistungs- und Wettbewerbsfähigkeit werden Länder vielfach in Gruppen zusammengefasst. Unter Berücksichtigung verschiedener Messwerte (sog. Indikatoren) können sehr vereinfacht vier unterschiedliche Ländergruppen gebildet werden.

Ländergruppen auf einen Blick

Gruppe	Merkmale	Länderbeispiele
1. Industrieländer[1]	hohe Industrieproduktion, starker Außenhandel, hoher Lebensstandard	EU-und EFTA-Länder, USA, Kanada, Australien, Russland, Japan
2. Übergangsländer	ehem. Ostblockländer mit steigender Industrieproduktion, wachsendem Außenhandel, geringerer Lebensstandard	Ukraine, Weißrussland, Serbien, Kroatien, Albanien, Mazedonien, Kasachstan
3. Schwellenländer	steigende Industrieproduktion, abnehmende Unterentwicklung, zunehmende Wettbewerbsfähigkeit	China, Indien, Indonesien, Brasilien, Argentinien, Mexiko
4. Entwicklungsländer	geringe Industrialisierung, schwacher Außenhandel, hohe Verschuldung	Afrikanische Staaten ohne Südafrika, Thailand, Myanmar, Philippinen

---

[1] *einschl. reiche Dienstleistungs- und Ölstaaten wie Singapur, VAE*

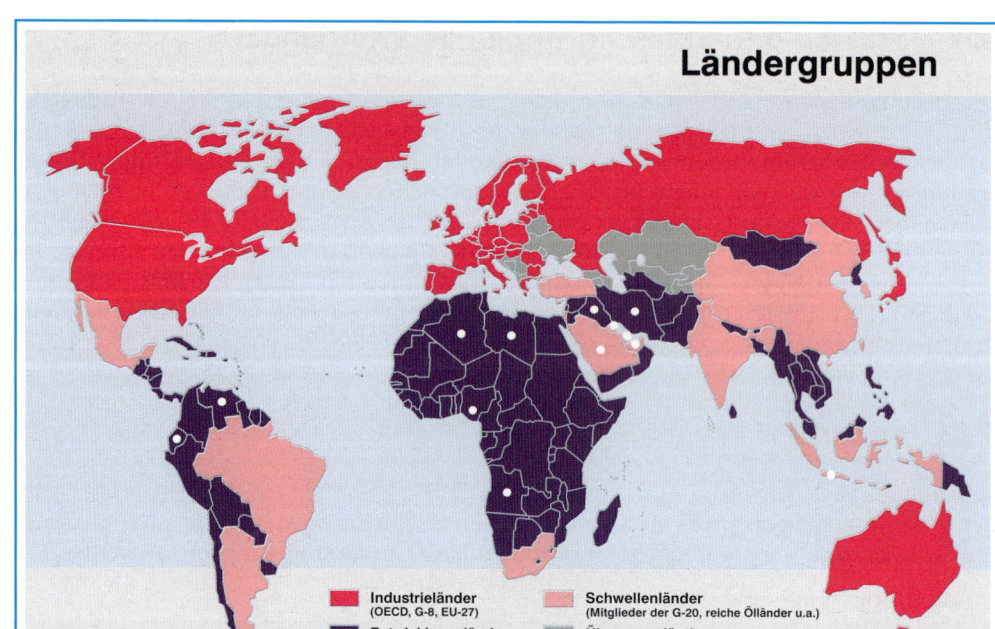

Ländergruppen

Industrieländer
(OECD, G-8, EU-27)

Entwicklungsländer
(Mitglieder der G-77,
ohne Schwellenländer)

Schwellenländer
(Mitglieder der G-20, reiche Ölländer u.a.)

Übergangsländer
(GUS ohne Russland, Südosteuropa)

OPEC-Länder

ZAHLENBILDER
603 654

© Bergmoser + Höller Verlag AG

6.4.2 Wirtschaftliche Zusammenschlüsse

Die meisten Staaten verfolgten lange Zeit weitgehend einzeln ihre wirtschaftspolitischen Ziele. Es hat sich jedoch für viele Länder gezeigt, dass durch Zusammenschlüsse auf regionaler oder internationaler Ebene weltwirtschaftlich große Vorteile erzielt werden können. Die Zusammenschlüsse in Europa in Form der jetzigen Europäischen Union (EU) belegen dies. Auch der Zusammenschluss der EU mit Staaten der 1960 gegründeten Europäischen Freihandelszone (EFTA) zum Europäischen Wirtschaftsraum (EWR) unterstreicht diese Entwicklung.

Zu unterscheiden sind weltweite Wirtschaftsorganisationen und wirtschaftliche Staatenzusammenschlüsse unterschiedlicher Intensität.

Formen regionaler Handelsabkommen und Wirtschaftszusammenschlüsse

Zunahme des Verflechtungsgrades (Integrationsstufen) →					
Staaten (Mitgliedsländer) vereinbaren untereinander …	Präferenzzone	Freihandelszone	Zollunion	Gemeinsamer Markt	Wirtschaftsunion
freien Handel nur auf ausgewählten Teilmärkten (z. B. Agrargüter)	•				
freien Handel auf allen Märkten		•	•	•	•

Staaten (Mitgliedsländer) vereinbaren untereinander ...	Präferenzzone	Freihandelszone	Zollunion	Gemeinsamer Markt	Wirtschaftsunion
einen gemeinsamen Außenzoll			•	•	•
die Schaffung eines Binnenmarktes[1]				•	•
eine einheitliche (harmonisierte) Wirtschaftspolitik					•
Praxisbeispiele (siehe auch Karte folg. Seite; in Klammern Anzahl der Mitgliedsländer)	AFTA/ ASEAN[2] (10) GCC[3] (6)	EFTA[4] (4) GUS/CIS[5] (11) NAFTA (3) SADC (15)	Caricom[6] (15) CACM[7] (5) Mercosur (4)	EU (27)	derzeit keine

Weltweite Wirtschaftsorganisationen

OECD: Organization for Economic Cooperation and Development (Organisation für wirtschaftliche Zusammenarbeit und Entwicklung)

Die OECD ist eine multilaterale (= mehrseitige, hier: mehrstaatliche) Wirtschaftsorganisation. Ihre Mitglieder sind westlich orientierte Industriestaaten unterschiedlicher Stärke. Ziel der 1960 gegründeten OECD (Sitz Paris) ist die Abstimmung der Wirtschaftspolitik ihrer Mitglieder untereinander und zu Drittländern. OECD-Mitglieder sind die EU- und EFTA-Staaten, Australien, Japan, Kanada, Neuseeland, Türkei und USA.

WTO: World Trade Organization (Welt-Handelsorganisation)

Die WTO ist seit 1995 die Nachfolgeorganisation des Allgemeinen Zoll- und Handelsabkommens GATT (General Agreement on Tariffs and Trade). Die WTO ist ebenfalls eine multilaterale Wirtschaftsorganisation mit derzeit über 100 Staaten als Vollmitgliedern. Auf diese Länder entfallen etwa 80 % des Welthandels. Die Welt-Handelsorganisation verfolgt als grundsätzliches Ziel die **Liberalisierung** des Welthandels. Wichtige Teilziele sind dabei die Vereinheitlichung der internationalen **Zoll- und Handelspolitik**, Zollabbau und Abbau sog. nichttarifärer Handelshemmnisse (z. B. technische Normen), Beseitigung von Diskriminierungen im internationalen Handel. Einer der wichtigsten Grundsätze ist das Prinzip der Allgemeinen Meistbegünstigung. Danach soll ein WTO-Vertragsstaat die einem anderen Land zugestandenen Handelsvorteile unverzüglich und bedingungslos auch allen übrigen Vertragsstaaten gewähren.

---

[1] *beinhaltet neben freiem Güter- auch freien Kapital-, Dienstleistungs- und Personenverkehr*

[2] *AFTA (ASEAN Free Trade Area)*

[3] *Gulf Cooperation Council (Saudi-Arabien, Kuwait, Bahrain, Katar, Oman, VAE)*

[4] *European Free Trade Association (Island, Liechtenstein, Norwegen, Schweiz)*

[5] *Gemeinschaft unabhängiger Staaten (engl. CIS = Commonwealth of Independent States) u. a. Russische Föderation, Aserbaidschan, Armenien, Georgien, Kasachstan, Moldawien*

[6] *Caricom (Caribbean Community and Common Market), Karibische Gemeinschaft, u. a. Antigua, Belize, Barbados, Grenada, Guyana, Jamaika, Trinidad/Tobago*

[7] *CACM (Central American Common Market) Gemeinsamer Markt Zentralamerikas, u. a. Costa Rica, El Salvador, Guatemala, Honduras, Nicaragua*

Wirtschafts-/Staatenzusammenschlüsse

Es gibt derzeit fünf bedeutende Wirtschafts-/Staatenzusammenschlüsse und mehrere zwischenstaatliche Verbindungen. Sie sind geografisch gesehen Integrationsräume.

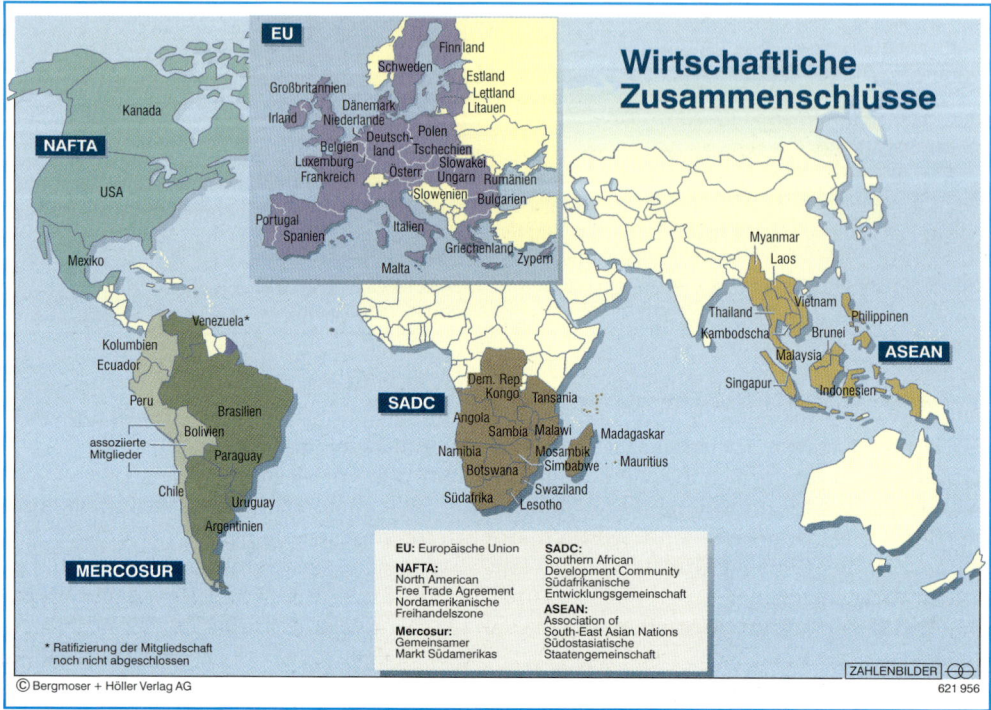

Ihre Zielsetzungen reichen von Handelserleichterungen über die Bildung einer Zoll- und Wirtschaftsunion bis hin zu enger politischer Zusammenarbeit. Unterstellen sich die Mitgliedsländer einer übergeordneten (= supranationalen) Organisation, dann liegt ein sog. **supranationaler Zusammenschluss** vor. Dies ist bei der Europäischen Union mit ihrem Binnenmarkt der Fall.

Von **internationalen Zusammenschlüssen** spricht man, wenn die gebildeten Organisationen rein zwischenstaatlichen Charakter haben. Dies gilt unter anderem für die Freihandelszone EFTA und die Nordamerikanische Freihandelszone NAFTA. Die Gründung von Freihandelszonen hat in den letzten Jahren stark zugenommen.

Die EU hat mit vielen derartigen Organisationen und Staatengruppen Assoziierungs- und einseitige oder wechselseitige Handelsverträge abgeschlossen. Sie haben zum Ziel, den Waren-, Dienstleistungs- und Kapitalverkehr zu erleichtern und Handelsbarrieren zu beseitigen. Dies erfolgt in Form von Handelserleichterungen, sog. Zollpräferenzen. Regionen, denen derartige Zollerleichterungen eingeräumt werden, gelten als Präferenzräume.

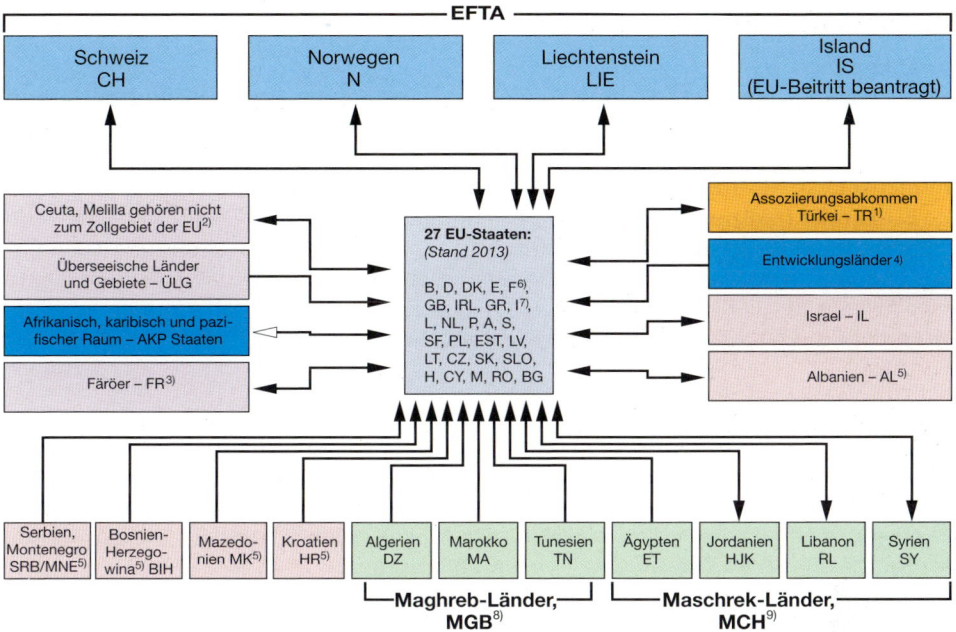

Die wichtigsten Präferenzräume der Europäischen Union

Die Pfeile zeigen die Richtung der Warenbewegungen an, bei denen eine Zollpräferenz gewährt wird. Gegenseitige Präferenzen gelten zwischen der EU und den EFTA-Ländern. Präferenzregelungen sind ferner vereinbart mit der Türkei, Israel, Ceuta und Melilla. Für fast alle anderen Länder gilt, dass nur die EU bei Einfuhr von Ursprungswaren aus diesen Ländern eine Zollpräferenz einräumt.

---

[1] Die Türkei ist der EU angeschlossen (assoziiert). Sie ist kein EU-Mitglied.

[2] Ceuta und Melilla sind spanische Besitzungen in Nordafrika. Im Gegensatz zu den Kanarischen Inseln gehören sie nicht zum Zollgebiet der EU.

[3] Die nordatlantische Inselgruppe der Färöer gehört zum Dänischen Königreich. Die Inseln sind in inneren Angelegenheiten autonom. Sie gehören nicht zum Zollgebiet der Union.

[4] Zu den Entwicklungsländern gehören zum großen Teil auch die AKP-Staaten und ÜLG. Die EU definiert zurzeit fast 160 Länder als Entwicklungsländer.

[5] Staaten die beabsichtigen, die EU-Mitgliedschaft zu beantragen.

[6] Zu Frankreich gehören fünf Überseedépartements (Départements d'Outre-Mer): Guadeloupe, Martinique, Französisch-Guayana, Mayotte und Réunion. Sie gehören zum Zollgebiet der EU. Dies gilt auch für das Fürstentum Monaco. Nicht zum EU-Zollgebiet gehören die französischen Überseegebiete und Andorra.

[7] Vom EU-Zollgebiet ausgeschlossen sind in Italien die Territorien von Vatikanstadt und Campione d'Italia sowie Livigno. San Marino gehört zum Zollgebiet.

[8] Maghreb (arab.: Westen), Regionalbezeichnung für die westlichen muslimischen Staaten in Nordafrika

[9] Maschrek (arab.: Osten), Regionalbezeichnung für die östlichen muslimischen Staaten in Nordafrika und der Levante

Spezielle Abkommen der EU

Lomé-Abkommen

Eines der wichtigsten Handels- und Kooperationsabkommen ist das **Abkommen von Lomé** (Togo), dem 77 Staaten Afrikas, der Karibik und des Pazifiks angehören. Entsprechend ihrer geografischen Lage werden diese Staaten unter der Bezeichnung **AKP-Länder** zusammengefasst. Es handelt sich vorzugsweise um ehemalige Kolonien, zu denen einige EU-Länder traditionell besondere Beziehungen unterhalten. Die AKP-Staaten sind der EU assoziiert (= vertraglich angeschlossen), es werden ihnen besondere Handelserleichterungen und Entwicklungshilfemaßnahmen gewährt. Für das Speditions- und Transportwesen ist die Kenntnis derartiger Organisationen, Handelsabkommen und Präferenzen bei der Durchführung von Export- und Importvorgängen von grundlegender Bedeutung.

> **Beispiel:**
> Das Lomé-Abkommen regelt, dass für Fertigwarenimporte aus den AKP-Ländern keine Zölle erhoben werden. Die Einfuhr von landwirtschaftlichen Erzeugnissen erfolgt ebenfalls zollfrei. Ausgenommen sind allerdings sog. sensible Produkte. Dies sind Agrarerzeugnisse, die auch in der EU produziert werden und deren Import für die EU-Produzenten Nachteile bringen würden. Namentlich gilt dies für Zitrusfrüchte, Getreide und Fleisch.

Die AKP-Länder sind überwiegend Rohstofflieferanten. Da die Preise fast aller Rohstoffe stark schwanken und damit die Exporterlöse unter Umständen stark rückläufig sein können, gewährt die EU besondere handelspolitische Maßnahmen bei Preisschwankungen. Mindererlöse durch den Ausfall von Rohstoffexporten der AKP-Gruppe werden von der EU entweder durch Zuschüsse oder zinslose Darlehen ausgeglichen.

ÜLG – Abkommen über die Assoziation der Überseeischen Länder und Gebiete

Unter Überseeische Länder und Gebiete werden jene Regionen verstanden, die von Mitgliedsländern der EU abhängig sind oder mit ihnen in einer besonderen Beziehung stehen. Derzeit umfasst die Gruppe der ÜLG-Regionen 20 überseeische Gebietseinheiten. Im Wesentlichen werden diese Regionen beim Warenverkehr so behandelt wie die Länder der AKP-Gruppe, d. h., sie erhalten Zollpräferenzen. Die „Mutterländer" dieser Gebietseinheiten sind die Niederlande, Frankreich, Großbritannien und Dänemark.

Übersicht der Überseeischen Länder und Gebiete

Mutterland	ÜLG
Königreich der Niederlande	– Curaçao, St. Maarten und Aruba sind autonome Länder im Königreich der Niederlande – Bonaire, Saba und St. Eustatius sind besondere Gemeinden der Niederlande
Französische Republik	– Mayotte – Neukaledonien und Nebengebiete – Wallis und Futuna – Französisch Polynesien – frz. Süd- und Antarktis-Gebiete – St. Pierre et Miquelon

Mutterland	ÜLG
Vereinigtes Königreich Großbritannien und Nordirland	– Kaimaninseln – Sandwichinseln und Nebengebiete – Falklandinseln und Nebengebiete – Gilbert-Inseln – Turks- und Caicos-Inseln – Britische Jungferninseln – Montserrat – Pitcairn – St. Helena und Nebengebiete – Britisches Antarktis-Territorium – Britische Territorien im Indischen Ozean

Vergleichbare Abkommen über die Gewährung von Präferenzen, zum Teil einseitig oder gegenseitig, bestehen mit einigen Ländern des Mittelmeerraumes und Osteuropas.

Andere Abkommen

Speziell zur Sicherung von Rohstoffausfuhren und Exporterlösen sind mehrere international bedeutende **Rohstoffabkommen** mit unterschiedlich großem Erfolg geschlossen worden. Hierzu gehören das Kautschuk-, Kaffee-, Kakao-, Zucker- und Zinnabkommen. Ein anderes bedeutendes Abkommen ist das **Welttextilabkommen (WTA)**. Es stellt für die EU eine besondere Schutzmaßnahme für ihre Textilindustrie dar, da die Billigeinfuhren aus Schwellen-, Entwicklungs- und ehemaligen Staatshandelsländern diesen heimischen Wirtschaftszweig zu ruinieren drohen.

Beispiel 1:
Mit dem internationalen Kaffee-Übereinkommen wird das Ziel verfolgt, zugunsten der Erzeugerländer weltweit einen vernünftigen Ausgleich zwischen Angebot und Nachfrage zu erreichen. Jedem Ausfuhrmitgliedsland sind Exportquoten zugeteilt.

Beispiel 2:
Die textilexportierenden Länder (Indien, Südkorea, Philippinen, China u.a.m.) schränken ihren Lieferumfang im Rahmen des WTA freiwillig ein, im Gegenzug verzichtet die EU auf Schutzzölle. Das WTA garantiert damit den Exportländern einen beschränkten, jedoch sicheren Absatzmarkt.

Zusammenfassung

1. *Hauptverkehrsmittel im Welthandel sind Seeschiffe. Interkontinentaler Land- und der Luftverkehr ergänzen die Seeschifffahrt, sie können sie jedoch nie ersetzen.*

2. *Der Umfang des Welthandels steigt seit Jahren aufgrund der sog. „Globalisierung" stark. Die Handelsströme sind allerdings oft unpaarig.*

3. *Die leistungsfähigen und großen Wirtschaftsräume der Welt dominieren im Welthandel. Führende Staaten und Staatengruppen sind NAFTA, EU, Japan, China.*

Aufgaben

1. Beschreiben Sie in wenigen Sätzen die „Ursachen des Welthandels".

2. Nennen Sie Beispiele für unpaarige Verkehrsströme.

3. Interpretieren Sie die im Lehrbuch abgebildete Grafik „Welthandelsströme".

4. Erläutern Sie die Begriffe AKP-Länder und ÜLG.

5. Mit welchen Staaten, Staatengruppen oder Gebieten hat die EU besondere Assoziierungs- und Handelsverträge geschlossen?

7 Welthandelswege

Seeschiffe und Flugzeuge sind die wichtigsten Transportmittel bei der Überwindung der weiten Distanzen zwischen den Kontinenten, dem **interkontinentalen Warenverkehr**. Gewaltige Mengen flüssiger und gasförmiger Rohstoffe werden ebenfalls mit Pipelines in die Abnehmerregionen befördert. Aber auch mit Eisenbahnen, Binnenschiffen und Lastkraftwagen werden im Weltverkehr große Gütermengen bewegt. Diese Verkehrsmittel können im Weltverkehr

- auf langen Strecken im sog. Landbrückenverkehr auf interkontinentalen Verkehrswegen oder
- auf kurzen Strecken in Form von Vorlauf-, Nachlauf- oder Transitverkehren auf Einzelabschnitten in weltweiten Logistikketten

eingesetzt werden. Somit sind die bedeutenden Landverkehrswege sehr eng mit den Ausgangs-, Ziel- oder Knotenpunkten der Hauptverkehrsrouten der Kontinente verbunden. Die Verkehrsbedingungen und Verkehrsleistungen sind auf den Kontinenten aufgrund sehr unterschiedlicher natürlicher Voraussetzungen (Klima, Oberflächenform, Gewässernetz usw.) sowie der ökonomischen Entwicklung deren Staaten äußerst unterschiedlich.

7.1 Bedeutende trans- und interkontinentale Landverkehrswege

Durchqueren einzelne Straßen-, Schienen- und Binnenschiffswege einen Kontinent, werden sie als **transkontinentale Landverkehrswege** bezeichnet. Derartige Wege existieren in mehr oder weniger leistungsfähiger Form auf allen Kontinenten. Im Welthandel werden mehrere große transkontinentale Landverkehrskorridore genutzt. Hierzu gehören u. a. die bedeutenden West-Ost-Verbindungen mit Eisenbahnen in den USA; auch in Europa sind die großen Verkehrsmagistralen typische transkontinentale Routen. Dies wird vor allem bei den sog. Europastraßen deutlich (vgl. Kap. 4). Als **interkontinentale Landverkehrswege** gelten jene Routen, die zwischen Kontinenten verlaufen, sie also miteinander verbinden.

In den meisten Staaten der Welt, ausgenommen einige Entwicklungsländer, wurden im Zuge der modernen Verkehrsentwicklung leistungsfähige Straßen- und Eisenbahnnetze gebaut. Da die Eisenbahn in vielen Staaten ein unverzichtbarer Verkehrsträger ist und in den überwiegenden Fällen sogar das Verkehrsrückgrat des binnenländischen Personen- und Güterverkehrs bildet, kann sie weltweit als eines der wichtigsten Verkehrsmittel bezeichnet werden, trotz der steigenden Konkurrenz durch den Lkw.

Weltweit werden rd. 1,3 Mio. km Bahnstrecken betrieben. Diese Bahnstrecken verteilen sich auf mehrere ausgedehnte zusammenhängende Netze mit unterschiedlicher Bedeutung.

7.1.1   Euroasiatische Eisenbahnen

Die verknüpften Schienennetze der Kontinente Europa und Asien, das sog. **euroasiatische Bahnnetz**, stellt das weltweit ausgedehnteste Bahnnetz dar. Es ist ein interkontinentales Schienensystem, denn es ermöglicht Personen- und Güterverkehre zwischen dem Atlantischen und dem Pazifischen Ozean. Die euroasiatischen Bahnen verbinden die Wirtschaftsräume West-, Mittel- und Osteuropa, Vorder- und Zentralasien, China und Mongolei sowie die der Pazifikküste. Das Bahnnetz der Welthandelsnation Japan ist wegen seiner Insellage isoliert davon zu sehen. Zentrale Bahnlinie ist derzeit die Transsibirische Eisenbahn, auch **Transsibirische Route** (TSR) genannt, von der über Logistikknoten mehrere Anschlussstrecken in boomende Wirtschaftsräume führen.

Transsibirische Eisenbahn

Die Transsibirische Eisenbahn (russ.: *Транссибирская магистраль*), kurz **Transsib**, bildet mit einer Länge von rund 8.000 km den Haupteisenbahnweg zwischen Europa und Asien. Die Strecke beginnt bei Tscheljabinsk am Osthang des Uralgebirges und reicht bis zum Pazifikhafen Wladiwostok. Sie ist die Fortsetzung der osteuropäischen Bahnen in Richtung Fernost und die längste Eisenbahnstrecke der Welt. Da die Transsib, erbaut zwischen 1891 und 1907, für die Entwicklung des gesamten mittelasiatischen Raumes entscheidende Bedeutung gewann, wird sie vielfach als ein Gegenstück zur Durchquerung des nordamerikanischen Kontinents mit Eisenbahnen angesehen.

Die Linienführung der Transsib folgt der klimatisch begünstigten Zone Sibiriens über die Zwischenstationen Omsk, Nowosibirsk, Krasnojarsk, Irkutsk, Ulan Ude, Tschita und Chabarowsk nach Wladiwostok und dessen zivilen Nebenhafen Nachodka bzw. dem Pazifikhafen Vostochny. Gelegentlich werden Güterverkehre über die Transsibirien-Route auch von Moskau aus gerechnet, insbesondere bei interkontinentalen Containerverkehren, da viele Boxen am Moskauer Umschlagplatz Orjechowo-Sujewo (Rangierbahnhof am Großen Moskauer Eisenbahnring) auf die Waggons gesetzt werden. Dann ergibt sich eine Gesamtentfernung bis zum Containerhafen Vostochny Port bei Nachodka von 9.441 km.

Die **TSR** ist zweigleisig ausgebaut und durchgehend elektrifiziert. Sie ist eine Hauptmagistrale der Russischen Eisenbahngesellschaft (RŽD) und ihr technischer Zustand gilt als gut bis sehr gut. Die Reisedauer kann sich im Containerverkehr auf bis zu 30 Tage erstrecken, während im Personenverkehr zwischen sieben und zehn Tage gerechnet werden. Angestrebt wird, Transportzeiten über die TSR von elf bis zwölf Tagen zwischen den Pazifikhäfen und der GUS-Westgrenze zu garantieren.

Auf der gesamten TSR wird ein elektronisches Kontrollsystem für die Transitcontainer eingesetzt. Seit den 1960er-Jahren wird die TSR als **Landbrücke** im Containerverkehr zwischen Japan und Westeuropa genutzt. Die Route ist vor allem dann eine konkurrenzfähige Alternative zum Seeweg, wenn die Ziel- und Empfangsorte weit von Seehäfen entfernt liegen, was z. B. in China vielfach der Fall ist.

Schematische Darstellung eines transeurasischen West-Ost-Verkehrs über die Transsib

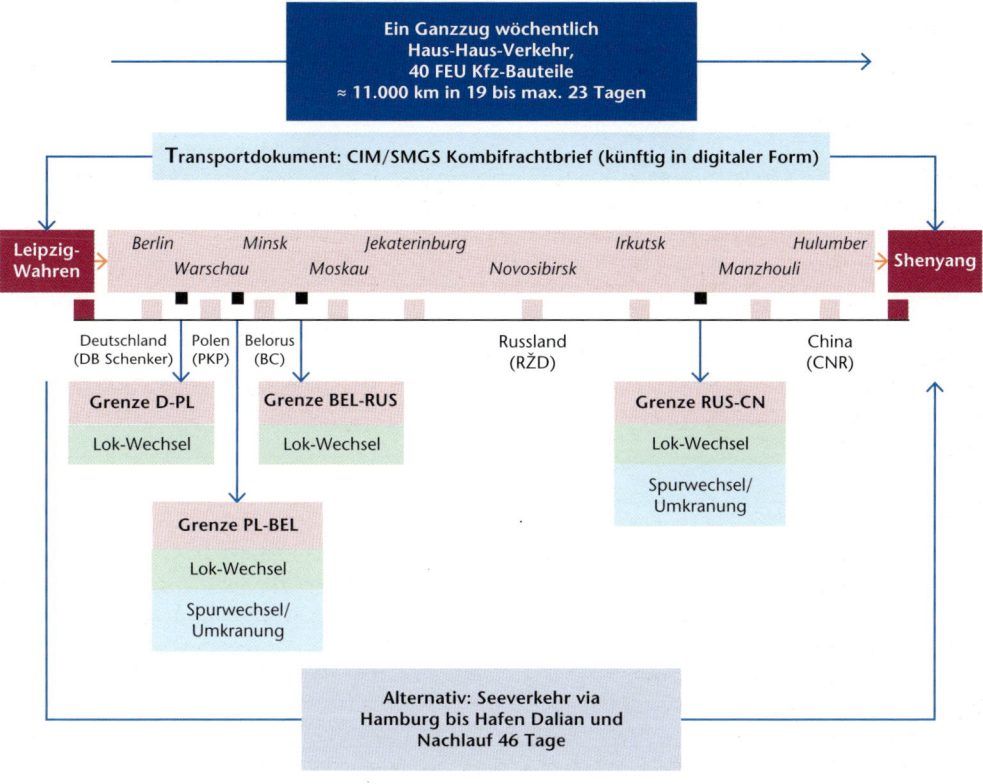

Minsk = Streckenstation im Landbrückenverkehr

■ = Grenzübergang

Russland (RŽD) = Land und beteiligte Eisenbahnverwaltung

Allgemein gilt derzeit, dass TSR-Transporte etwa $\frac{1}{4}$ der Transportrate im Luftverkehr kosten und etwa die Hälfte des Zeitaufwands verlangen im Vergleich zum Seeverkehr. Befördert werden 20´- und 40´-Container in beide Richtungen, die an den GUS-Grenzen an Umladestationen von Normal- auf Breitspur bzw. umgekehrt umschlagen werden.

➜ *Als Landbrückenverkehr (engl.: **landbridges**) gilt in der Verkehrsgeografie die Teilstrecke eines Seeverkehrs, die mit Eisenbahn oder Lkw zwischen zwei Häfen über Land geführt wird. Ziel des Landbrückenverkehrs ist stets eine Verkürzung der Transportentfernung und damit die Reduzierung von Transportzeiten und -kosten. Typische Landbrücken sind neben der eurasischen Pazifik-Ostsee-Linie Transsib die nordamerikanischen Bahnverbindungen Pazifik–Atlantik. Als Minilandbrücke gelten Verkehre, bei denen kurze Distanzen zwischen Häfen überbrückt werden. Ein Beispiel ist im Containerverkehr die Minilandbrücke Hamburg–Lübeck.*

Zu einer wichtigen Transitstelle im Transsib-Verkehr hat sich **Finnland** entwickelt. Denn das Land verfügt über die gleiche Spurbreite wie die GUS-Länder und die Baltischen Staaten. Waggons mit europäischer Normalspurbreite können in den Ostseehäfen

Turku und Uusikaupunki auf finnische Gestelle umgeachst werden. Eine ähnliche Möglichkeit bietet der Umschlagpunkt Tornio/Haaparanta zwischen Schweden und Finnland.

Vergleich eines Land- und Seeverkehrs in Ost-West-Richtung

40'-Container Elektronik, EXW Chonging (China) -> Stuttgart Warenwert 280.000,00 EUR		
	Seeschiff	**Bahn**
Ø Laufzeit in Tagen	45–52	18–21
Container-Umladung (SPW = Spurwechsel)	Shanghai, Hamburg	China Normalspur SPW Manzhouli auf GUS-Breitspur SPW Chop/Zahouny auf Normalspur für Europa
tangierte Klimazonen	3	1
Entfernung in km	20.000	11.000
Mögliche Route	Shanghai – Hongkong – Singapore – Colombo – Dubai – Algeciras – Rotterdam – Hamburg – Stuttgart	Peking – Manzhouli/Zabajkalsk – Omsk – Moskau – Chop/Zahouny – Sopron – München – Stuttgart
Gefahrenpotenzial (je nach Jahreszeit)	Monsun, Hitze, Feuchtigkeit, Sturm	Kälte (bis −30 °C)
Zinsberechnung für gebundenes Kapital (Warenwert) bei 8 % p.a. 22.400 EUR : 360 Tage = 62,22 EUR/tgl.	52 x 62,22 = 3.235,55	21 x 62,22 = 1.306,62
	Zinseinsparung bei Nutzung der Bahn 1.928,93 EUR Weitere Vorteile Bahn: kurze Lieferzeit, geringe Lagerkosten, Haus-Haus-Verkehr bei Gleisanschluss möglich, vermindertes Schadensrisiko	

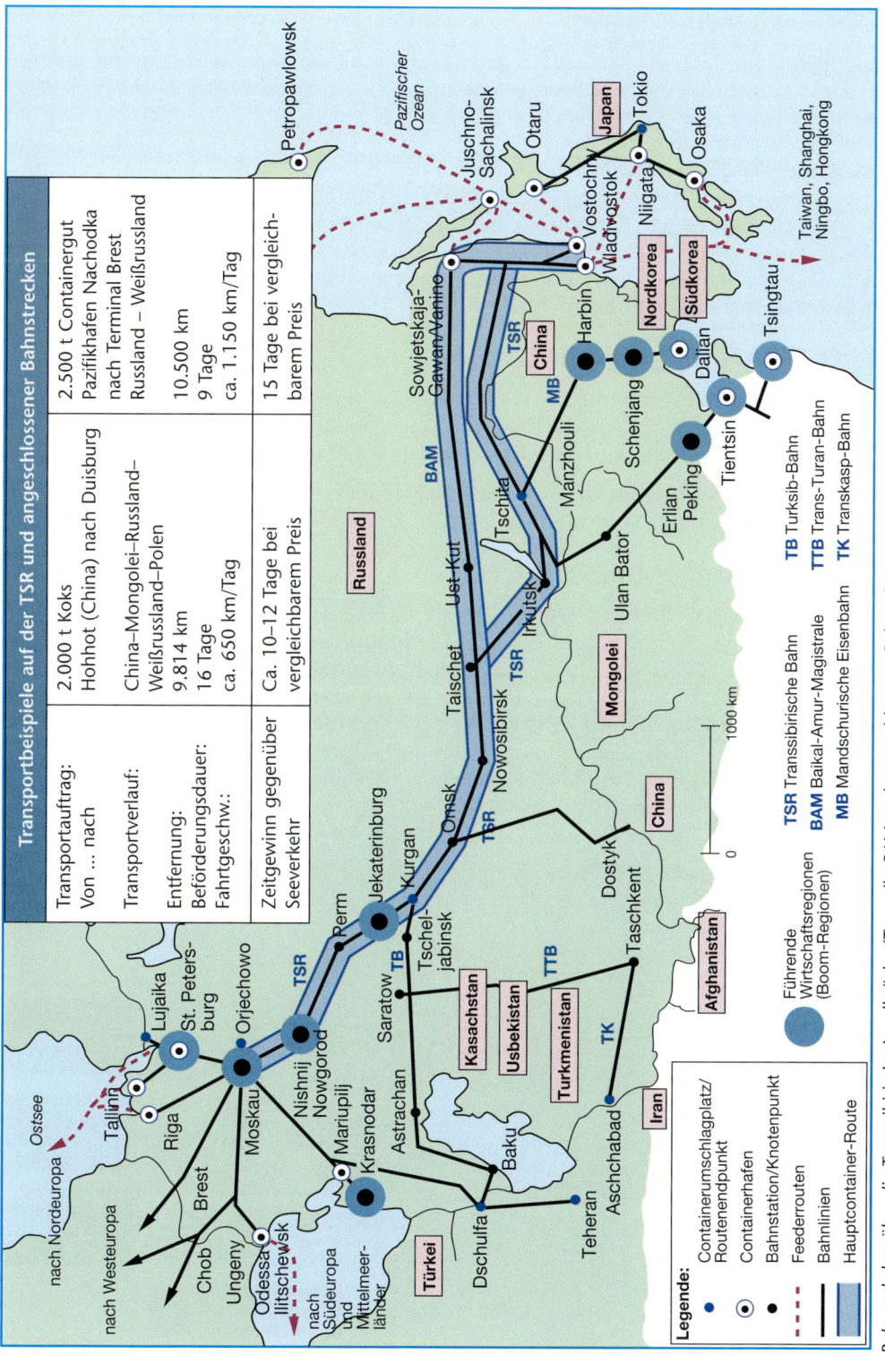

Transportbeispiele auf der TSR und angeschlossener Bahnstrecken

Transportauftrag: Von ... nach	2.000 t Koks Hohhot (China) nach Duisburg	2.500 t Containergut Pazifikhafen Nachodka nach Terminal Brest Russland – Weißrussland
Transportverlauf:	China–Mongolei–Russland–Weißrussland–Polen	
Entfernung: Beförderungsdauer: Fahrtgeschw.:	9.814 km 16 Tage ca. 650 km/Tag	10.500 km 9 Tage ca. 1.150 km/Tag
Zeitgewinn gegenüber Seeverkehr	Ca. 10–12 Tage bei vergleichbarem Preis	15 Tage bei vergleichbarem Preis

Legende:

Containerumschlagplatz/ Routenendpunkt
Containerhafen
Bahnstation/Knotenpunkt
Feederrouten
Bahnlinien
Hauptcontainer-Route

Führende Wirtschaftsregionen (Boom-Regionen)

TSR Transsibirische Bahn
BAM Baikal-Amur-Magistrale
MB Mandschurische Eisenbahn
TB Turksib-Bahn
TTB Trans-Turan-Bahn
TK Transkasp-Bahn

Bahnverkehre über die Transsibirische Landbrücke (Transsib, BAM und angeschlossene Bahnen)

Baikal-Amur-Magistrale (BAM)

Seit 1989 ist nördlich der Transsib in einer Entfernung von 300 bis 500 km die alternative Eisenbahnstrecke der Baikal-Amur-Magistrale (russ.: *Байкало-Амурская магистраль / БАМ*) in Betrieb. Diese 3.800 km lange Bahnstrecke, die von der Transsib bei Taischet abzweigt, verläuft durch außerordentlich schwieriges Gelände mit Dauerfrostboden, Erdbebengefahren und Schlammlawinen. Es handelt es sich in erster Linie um eine Bahnstrecke, die der Erschließung von Bodenschätzen in Sibirien dienen soll und die aufgrund der strategisch größeren Entfernung von der chinesischen Grenze als sicherer eingeschätzt wird. Für den interkontinentalen Güterverkehr bedeutet die Nutzung der BAM nach dem Pazifikhafen Sowjetskaja Gawan und den nördlich davon liegenden Fährhafen Vanino eine Verkürzung von etwa 500 km.

Anschlussstrecken in China und Vorderasien

Die Transsibirische Eisenbahnlinie ist der zentrale Transitweg für fast alle Handelsgüter. Von der Transsib zweigen Anschlussstrecken ab, über die Zentral- und Südchina sowie Vorderasien, hier vor allem Iran, erreicht werden können.

Nahe des Baikalsee beginnt die **Nord-Süd-Bahnstrecke Peking–Tientsin**. Die für den Containerverkehr nach Nordostchina wichtige Route führt über die Zollstation Zamyu Uud (Mongolei) nach Erlian (China, Umladung auf Normalspur) und von dort weiter nach Peking und der Hafenstadt Tientsin.

Die nordchinesische Industrieregion der Mandschurei kann ohne Transit durch die Mongolei mittels der **Mandschurischen Eisenbahn** erreicht werden. Die Bahnlinie beginnt am Transsib-Abzweig bei Tschita. Die notwendige Umkranung von Containern auf Waggons des Normalspursystems wird an der chinesischen Grenzstation Zabaikalsk/Manzhouli vorgenommen. In China selbst ist die zweite Nord-Süd-Bahnstrecke **Peking–Kanton** über Wuhan mit Anschluss nach Hongkong eine der großen binnenländischen Bahntrassen. Im Jahre 2006 wurde als völlig neue Strecke die Verbindung **Peking–Lhasa (Tibet)** eröffnet, es handelt sich um die höchstgelegene Bahnverbindung der Welt.

Das von Turkmenistan über Kasachstan nach Sibirien gebaute Eisenbahnnetz, die sog. **Turksib**, ist für Bahnverkehre von Fernost oder Europa nach Vorderasien, insbesondere nach Iran, von Bedeutung.

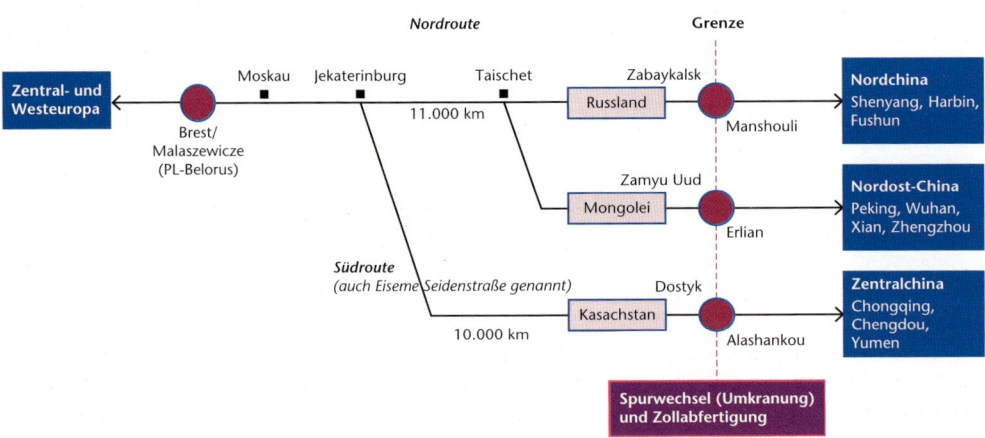

Handelswege per Bahn zwischen Europa und China

Der Vollständigkeit halber ist noch zu erwähnen, dass innerhalb der GUS weitere große Bahnlinien existieren, die im internationalen Bahngüterverkehr nur eine ergänzende oder entlastende Rolle spielen. Sie dienen überwiegend dem binnenländischen Verkehr. Zu ihnen gehören die **Murmansk-Bahn** zwischen St. Petersburg und dem eisfreien Seehafen Murmansk an der Barentssee sowie die **Petschorabahn** zwischen Moskau und den Kohlegebieten von Workuta und Petschora am Nordural-Gebirge. Ferner die **Turkestan-Sibirische-Bahn** zwischen Taschkent und Nowosibirsk, die **Transkaspische Eisenbahn** zwischen Taschkent und Krasnowodsk.

Japans Eisenbahnen

Besonders hoch entwickelt ist das Eisenbahn- und Schnellbahnnetz Japans, wo bereits seit 1964 Hochgeschwindigkeitszüge („Shinkansen", dt.: neue Hauptlinie) fahren. Alle vier Hauptinseln Japans (Hokkaido, Honshu, Shikoku, Kiushu) sind miteinander über durchgehenden Eisenbahn- und Autobahnstrecken verbunden. Zwei herausragende Verkehrsbauten machen auf der großen Nord-Süd-Verkehrsachse die schnelle und ununterbrochene Beförderung von Personen und Gütern möglich: der Seikan-Tunnel und die Große Seto-Brücke.

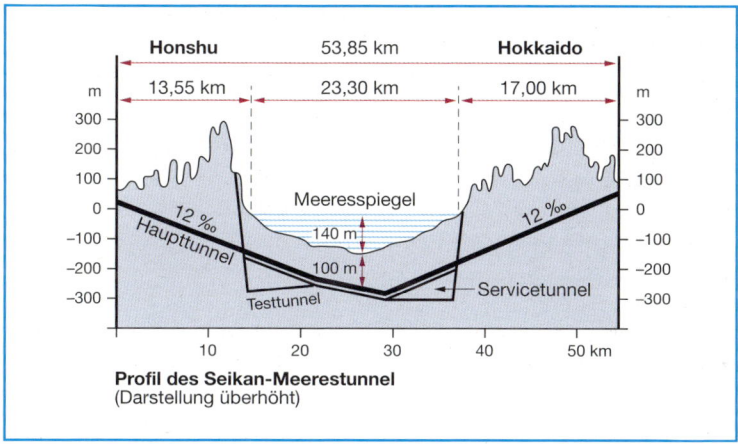

Profil des Seikan-Meerestunnel
(Darstellung überhöht)

Der **Seikan-Tunnel** verbindet die nördlichste Insel, Hokkaido, mit der großen Hauptinsel Honshu. Er übertrifft mit einer Gesamtlänge von 53,85 km und einer Tiefe von bis zu 240 m, davon 100 m unter dem Meeresboden, die Dimensionen des Eurotunnels. Für den Güterverkehr ist der Tunnel von enormer Bedeutung, da er einen sicheren und schnellen Transport innerhalb Japans garantiert und auch im interkontinentalen Bahnverkehr eine Alternative zu Container-Feederdiensten darstellt.

Beispiel:
Im Transsib-Containerverkehr mit Japan können durch den Seikan-Tunnel Container schnell zum Hafen Otaru auf Hokkaido transportiert und von dort die russischen Transsib-Umschlaghäfen Wladiwostok und Vostochny bedient werden. Ähnliche Möglichkeiten bestehen über den nördlichen Hafen Wakkanai zum BAM-Anschluss bei Sowjetskaja Gavan.

Die zweite überragende Landverbindung bildet die **Große Seto-Brücke**, eines der größten Brückenbauwerke der Welt, zwischen der Hauptinsel Honshu und der Insel Shikoku. Die Anlage ist eine Kombination aus sechs Einzelbrücken mit einer Gesamtlänge von

37,4 km, mit der fünf zwischengelagerte kleinere Inseln verbunden werden. Der Verkehr erfolgt zweistöckig: Autoverkehre oben und Eisenbahnverkehre darunter. Die Brücke ist taifun- und erdbebensicher, die Überfahrtzeit beträgt etwa 30 Minuten.

7.1.2   Amerikanische Bahnnetze

Mit mehr als 600.000 km umfassen die Bahnstrecken beider amerikanischer Teilkontinente rund die Hälfte aller Bahnstrecken auf der Welt. Allerdings bestehen qualitativ außerordentlich große Unterschiede zwischen den Netzen der Staaten USA und Kanada und den lateinamerikanischen Bahnsystemen, die sich südlich anschließen.

Die aus weltwirtschaftlicher Sicht wichtigsten Bahnlinien liegen in Nordamerika. Sie bilden das zweite große **zusammenhängende Eisenbahnnetz** der Welt. Allein die USA verfügen über rund 230.000 km Schienen, dies entspricht etwa 20 % des weltweiten Bahnnetzes. Dieses Bahnnetz ist damit das größte Netz eines Einzelstaates. Die Binnenräume der USA konnten im 19. Jahrhundert wirtschaftlich nur mit der Eisenbahn erschlossen werden. Der somit sehr traditionsreiche Verkehrsträger hat allerdings an Bedeutung verloren, vor allem im Personenverkehr. Im Güterverkehr dagegen ist die Bahn mit über 30 % am nationalen Transport ein wichtiges Verkehrsmittel.

Im Wesentlichen wird das sehr dichte US-Eisenbahnnetz von privaten oder gemischtwirtschaftlichen Unternehmen betrieben. Die beherrschenden Gesellschaften sind die „National Railroad Passenger Corporation" (Amtrak) und die „Consolidated Rail Corporation" (Conrail).

West-Ost-Transkontinentalbahnen in den USA

Zwischen den Wirtschaftsräumen der Ost- und Westküste verlaufen vier große, den Kontinent querende Eisenbahnrouten (vgl. Karte). Sie werden als Landbrücken zwischen den Häfen an der Ost- und Westküste genutzt.

- Im Norden ist es die alte Northern-Pacific-Route, auch **Nordbahn** oder **Nord-Pazifikbahn** genannt.

- Die Westküstenhäfen San Francisco und Oakland sind über die **Union-Pacific-Bahn**, auch **Zentral-Pazifikbahn** genannt, mit Chicago und New York verbunden.

- Die dritte Transkontinentallinie ist die **Santa-Fé-Pazifikbahn**. Sie verbindet den Mittelwesten mit dem Pazifik.

- Die kürzeste Landbrücke stellt die **Südbahn** dar, auch **Süd-Pazifikbahn** genannt, zwischen Los Angeles/Long Beach und Houston/New Orleans.

Diese Bahntrassen sind durch mehrere Nord-Süd-Bahnstrecken untereinander verbunden.

Container-Landbrücken

Auf diesen Bahnstrecken haben sich in beträchtlichem Umfang **Landbrückenverkehre** mit Containern herausgebildet. Die Transporte über die nordamerikanische Landbrücke bilden eine alternative Route zum Seeverkehr durch den Panama-Kanal. Die Zeitersparnis auf der Relation New York–San Francisco kann per Bahn zwischen drei und sechs Tagen liegen. Steigende Energiepreise können jedoch derartige Alternativstrecken unwirtschaftlich werden lassen, wenn der eingesparten Zeit von wenigen Tagen günstigere Seefrachtpreise gegenüberstehen.

Diese Landbrückenverkehre werden für Container auf der Relation US-Ostküste–Fernost wie auch für Transitboxen von Europa nach Fernost und umgekehrt genutzt.

> **Beispiel:**
> Eine Exportsendung für Tokio wird in Antwerpen in Container gestaut und nach New York verschifft. Von dort werden die Behälter mit der Bahn über die Landbrücke nach Oakland oder Long Beach befördert. Danach erfolgt die Weiterleitung über den Seeweg zum Zielort in Japan.

Durch Kanada, das von zwei west-östlichen Transkontinentalbahnstrecken durchzogen wird, werden vergleichbare Bahn-Verkehre angeboten. Hauptroute ist die „**Südkanadische Bahn**" zwischen dem größten Landeshafen Vancouver am Pazifik und Ottawa/Montreal am St. Lorenz-Strom. Von Montreal wird die Strecke bis zum westlichsten kanadischen Hafen Halifax fortgeführt. Die Gesamtstrecke Vancouver–Halifax misst rund 4.600 Bahnkilometer. Die zweite Trasse, die „**Nordkanadische Bahn**", verbindet den Pazifik vom Hafen Prince Rupert über Edmonton, Winnipeg und Cochrane mit Quebec am St. Lorenz-Strom. Führende Betreiber sind Canadian Pacific Rail (CP) und die Canadian National Railways (CN). Beide Gesellschaften bieten einen Schiff-Schiene-Service für intermodale Container an.

> **Beispiel:**
> Für Container ist der kanadische Hafen Halifax besonders interessant. Seeschiffe können ihn aufgrund der weit vorgeschobenen Lage einen Tag früher erreichen als andere nordamerikanische Häfen. Die Container werden doppelstöckig auf täglich verkehrende Container-Ganzzüge verladen und zu Zielen auf dem ganzen Kontinent gefahren. Für diese Züge gibt es ein flächendeckendes Bahnnetzwerk. Mittels Elektronik wird der Transport überwacht (Status-Kontrolle).

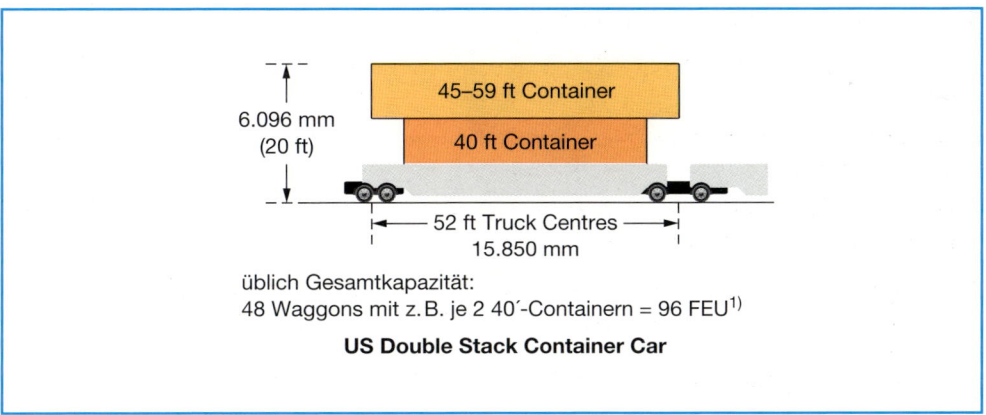

üblich Gesamtkapazität:
48 Waggons mit z. B. je 2 40´-Containern = 96 FEU[1]

US Double Stack Container Car

---

[1] FEU = 40'-Container (Forty-Foot-Equivalent-Unit)

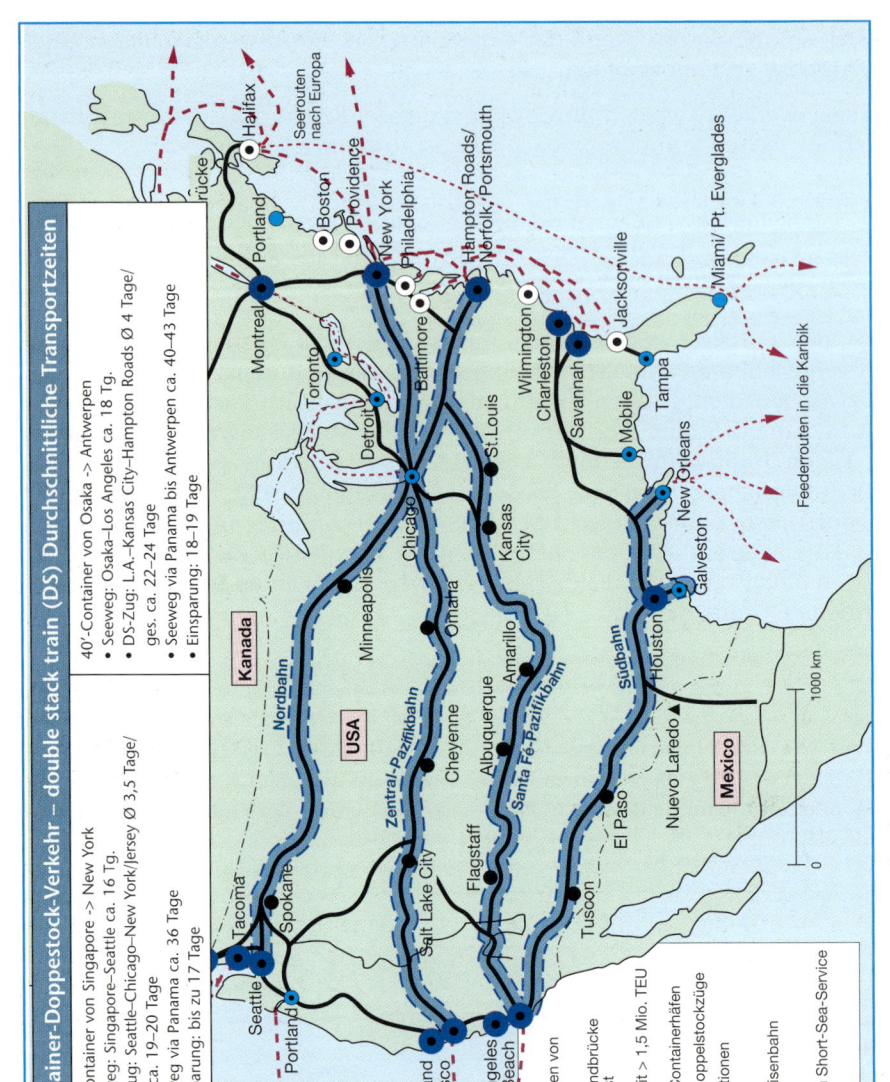

Container-Doppelstock-Verkehr – double stack train (DS) Durchschnittliche Transportzeiten

40'-Container von Singapore –> New York
- Seeweg: Singapore–Seattle ca. 16 Tg.
- DS-Zug: Seattle–Chicago–New York/Jersey Ø 3,5 Tage/ ges. ca. 19–20 Tage
- Seeweg via Panama ca. 36 Tage
- Einsparung: bis zu 17 Tage

40'-Container von Osaka –> Antwerpen
- Seeweg: Osaka–Los Angeles ca. 18 Tg.
- DS-Zug: L.A.–Kansas City–Hampton Roads Ø 4 Tage/ ges. ca. 22–24 Tage
- Seeweg via Panama bis Antwerpen ca. 40–43 Tage
- Einsparung: 18–19 Tage

Legende:

- Direkter Anlaufhafen von Deutschland aus
- Bedienung der Landbrücke im Containerdienst
- Containerhafen mit > 1,5 Mio. TEU
- Andere wichtige Containerhäfen
- Hauptrouten für Doppelstockzüge
- Wichtige Bahnstationen
- Grenzstation
- Landbrücke der Eisenbahn
- Seerouten
- Feeder-Routen im Short-Sea-Service
- Grenze

Hauptrouten der nordamerikanischen Container-Landbrückenverkehre

Lateinamerikanische Eisenbahnstrecken

Die Eisenbahn ist in den meisten Ländern Lateinamerikas das führende Verkehrsmittel. Die durchweg staatlichen Gesellschaften betreiben jedoch Liniennetze, die weit von den modernen Eisenbahnsystemen in Nordamerika entfernt sind. Viele Strecken gelten als extrem vernachlässigt. In der Hauptsache sind es Mexiko und Brasilien, die eine moderne Eisenbahnpolitik verfolgen, Neubaustrecken planen und bauen sowie Modernisierungen durchführen. Ein zusammenhängendes Gesamtnetz der Bahnen Lateinamerikas gibt es nicht. So bilden die mexikanischen Linien, die an das US-Netz anknüpfen und meist in Nord-Süd-Richtung auf die Hauptstadt Mexiko-City zulaufen, praktisch mit den Bahnen Guatemalas und El Salvadors ein eigenes System. Eine Verlängerung der Route über Mittelamerika nach Südamerika hinaus existiert nicht.

Eine spezielle Bahn-Route durch Mexiko ist die seit 1979 bestehende **Pazifik-Atlantik-Verbindung** über die Landenge (Isthmus) von Tehuantepec. Die Strecke ist vorzugsweise für die Verschiebung von Containern und Schwergütern interessant, die wegen Überlastungen oder zu enger Kanalabmessungen mit Seeschiffen nicht durch den Panamakanal geführt werden können. Die Landquerung über den Isthmus kann eine Verkürzung des Transportweges für Güterverkehre zwischen der West- und Ostküste der USA von bis zu 4.000 km bedeuten.

7.1.3   Afrikanische Bahnsysteme

Bis heute hat sich das Fehlen einer leistungsfähigen Verkehrsinfrastruktur in weiten Teilen dieses Großkontinents als gravierender Nachteil für eine bessere regionale wie auch internationale wirtschaftliche Zusammenarbeit erwiesen. Im Vergleich mit anderen Kontinenten zeigt Afrika aufgrund seiner schwach entwickelten Wirtschaft die schlechtesten Verkehrsverhältnisse. Als koloniales Erbe haben einige Staaten mehr oder weniger gut ausgebaute Straßen- und Bahnnetze, so etwa die Atlasländer, Ägypten, Angola und Südafrika. Der Eisenbahnverkehr Afrikas ist gekennzeichnet durch eine relativ geringe Netzdichte, kurze Streckenlängen und eine fehlende Systematik. Ein geschlossenes umfassendes Netz der über 100.000 Schienenkilometer existiert nicht. Die geplante große nord-südgerichtete transkontinentale Kap-Kairo-Bahn (Südafrika–Ägypten) ist nicht zustande gekommen. Zahlreiche Bahnstrecken sind als sog. Stichbahnen angelegt, die von einem Hafenplatz ins Landesinnere führen. Dies vor allem dort, wo die Rohstoffe via Seehäfen in den Export gehen. Transafrikanische Eisenbahnen gibt es nur wenige, die bedeutendste ist die Benguelabahn, da sie die einzige derartige W-E-Verkehrsverbindung darstellt. Insgesamt ist das Netz ungleich verteilt. Auf Nordafrika entfallen rd. 16 %, auf Südafrika allein rd. 28 % aller Strecken. Keinen Bahnverkehr haben 19 Staaten, hierzu gehören Niger, Gambia, Somalia, Ruanda, Burundi. Die Netzbildung innerhalb des Kontinents wird ferner durch unterschiedliche Spurweiten erschwert.

> **Beispiel:**
> Die **Kapspur**, auch britische Spur genannt, hat eine Weite von 1.067 mm. Dieses Maß wird bei rund 57 % aller Strecken Afrikas verwendet. Die **Meterspur**, auch französische Spur genannt, umfasst rd. 25 % der Bahnstrecken Afrikas. Die **Normalspur** (1.435 mm) hat einen Anteil von rd. 14 %, auf Schmalspurbahnen sowie sechs weitere Spurmaße entfällt der Rest.

Benguelabahn

Die Hauptschienenwege entstanden während der Kolonialzeit bis in die 30er-Jahre des 20. Jahrhunderts. Im Wesentlichen haben sich bis heute daraus nur zwei Bahnnetze als **transafrikanische Eisenbahnsysteme** entwickelt.

An erster Stelle ist dies die zwischen 1903 und 1931 gebaute **Benguelabahn**, die den Flächenstaat Angola von West nach Ost durchquert und den Atlantikhafen des Landes, Lobito, mit zwei großen, rd. 2.100 km entfernten Rohstoffgebieten verbindet: dem Kupferabbaugebiet von Lubumbashi (Region Shaba) im Staat Kongo und dem Kupfer- und Eisengürtel im nördlichen Sambia. Die Strecke Lobito–Lubumbashi findet als

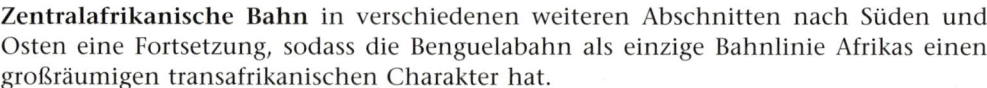

Zentralafrikanische Bahn in verschiedenen weiteren Abschnitten nach Süden und Osten eine Fortsetzung, sodass die Benguelabahn als einzige Bahnlinie Afrikas einen großräumigen transafrikanischen Charakter hat.

Tansam-Bahnstrecke und Anschlussstrecken

Jüngeren Datums ist das zweite Netz, die **Tansam/Tansania-Sambia-Bahn** (auch Tazara/ Tansania-Zambia-Railway genannt), die ab 1969 mit dem Ziel der Erschließung Ostafrikas gebaut wurde. Die rund 1.860 km lange Bahntrasse verläuft vom Hafen Daressalam (Tansania) über eine gebirgs- und tunnelreiche Strecke nach Sambia bis zum Verkehrsknotenpunkt Kapiri Mposhi, wo der Anschluss an die Zentralafrika-Bahn hergestellt wird.

Während die Tansam-Linie vor allem für den Rohstoffverkehr Bedeutung hat, ist die wesentlich kürzere Bahnlinie (815 km) des südlicheren **Beira-Korridors** (Seehafen Beira/ Mosambik bis Harare/Zimbabwe) für den Containerverkehr zunehmend wichtig. Die Strecke ist für das Binnenland Zimbabwe die kürzeste Verbindung zum Meer. Eine Alternative stellt die ebenfalls durch Mosambik verlaufende **Limpopo-Bahn** zwischen dem Seehafen Maputo/Mosambik und Zimbabwe dar (534 km).

Bedeutende Eisenbahnlinien in Südafrika

7.1.4   Bahnen in Australien

Das Schienennetz Australiens ist nur in den südlichen Küstenzonen dicht, dort werden die Bahnen sowohl von staatlicher wie privater Seite betrieben. Privatbahnen konzentrieren sich vorwiegend auf den Güterverkehr, sie sind vielfach als Stichbahnen ausgelegt und dienen dem Transport von massenhaften Export-Rohstoffen. Es existieren drei Spurbreiten, die bislang eine Regionalnetzbildung erschwerten. Die Standardspurweite beträgt 1.435 mm. Eine der bedeutendsten Bahnachsen ist die West-Ost-Verbindung von den Häfen Perth/Fremantle über Kalgoorlie, Port Augusta, Port Pirie nach Sydney, die als **transaustralische Landbrücke** bezeichnet wird und u.a. in Containerdiensten Anwendung findet. Die Bahnen betreiben auf ihrem Netz zum Teil mit Schnellzügen ein Containerverkehrssystem (Interstate Container-Traffic) zwischen intermodalen Terminals.

> **Beispiel:**
> „Superfreighter"-Expresszüge sind Container-Blockzüge, die nonstop Hafen- und Binnenterminals verbinden. Sie erreichen bis zu 115 km/h. Als leistungsschwach gilt dagegen die mit Diesellloks befahrene eingleisige Zentralaustralische Nord-Süd-Bahn Darwin–Alice Springs–Tarcoola (2.980 km).

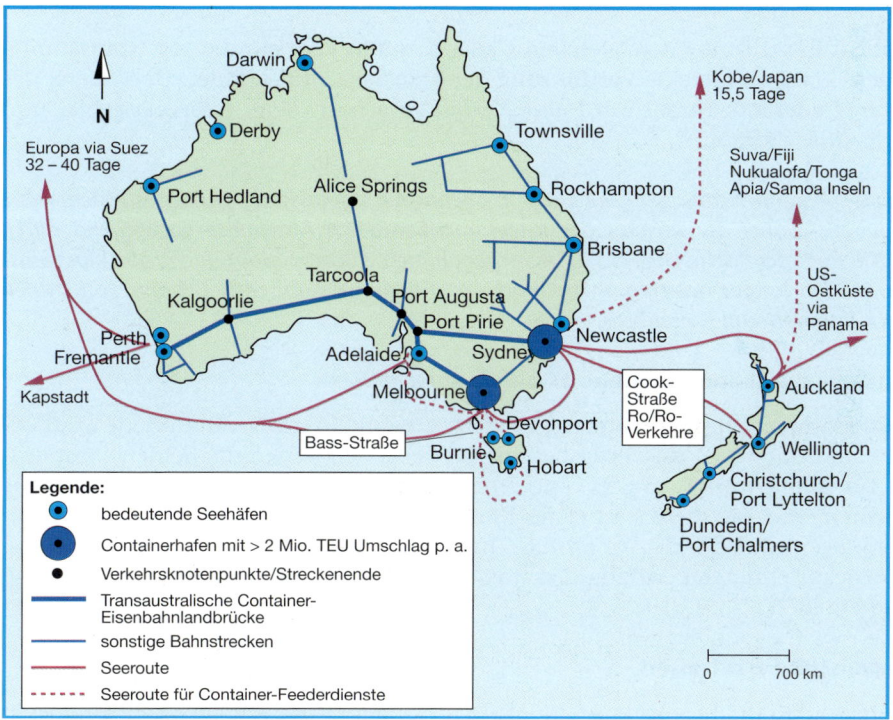

Eisenbahnlinien in Australien und Neuseeland

7.1.5   Bedeutende Straßennetze

Da der Motorisierungsgrad den Umfang des Straßenbaus bestimmte, sind die Straßennetze in den hochmotorisierten Regionen Europa, Nordamerika und Japan (teilweise auch in Australien) von besonderer Dichte und Qualität. Die kontinentalen Fernstraßenbänder

bestehen in den Industrienationen aus modernen Autobahnen oder autobahnähnlichen Straßen. Die Trassen sind zwecks schneller Verkehrsabwicklung fast immer kreuzungsfrei; Fahrbahnuntergrund und -oberflächen als Allwetterstraße gebaut und entsprechend belastbar.

Dagegen sind die Straßennetze in Südamerika, Afrika und Asien über weite Strecken von nur mäßiger bis schlechter Qualität. Dennoch bildet der Personen- und Güterverkehr mit Kraftfahrzeugen für die Bevölkerung und die Wirtschaft vieler Staaten dieser Kontinente die einzige moderne Transportvariante. Einige Beispiele großer Straßennetze oder im Bau befindlicher Straßenprojekte werden nachfolgend kurz beschrieben.

Panamericana – längste Straße der Welt

Mit rund 26.000 km ist die **Panamericana** (auch Panamerican Highway oder Carretera Panamericana genannt) die längste, bis auf einen kleinen Abschnitt zwischen Kolumbien und Panama durchgehende Transkontinentalstraße der Welt. Sie beginnt im weiteren Sinne als Trans-Alaska-Highway in Fairbanks (Alaska) und zieht sich entlang der Pazifikküste des Doppelkontinents bis zum Hafen von Puerto Montt in Südchile. Die Panamericana ist die einzige Landverkehrsader, die durch die verschiedenen Klimazonen der Nord- und Südhalbkugel der Welt verläuft.

Die Panamericana trifft bei den Seehäfen Callao/Lima in Peru auf die sog. Transandina (Transanden-Straßen), die eine Fortführung der Transamazonika bildet. Über diese, das Andengebirge querende Straße wird eine Verbindung nach dem Amazonasgebiet und der Atlantikküste eröffnet.

➔ *Der Bau der Panamericana geht auf einen in Buenos Aires gefassten Beschluss aus dem Jahre 1936 zurück, wobei der Ausbau der lateinamerikanischen Abschnitte vorwiegend durch finanzielle und technische Hilfe der USA vorgenommen wurde. Bislang nicht geschlossen ist ein ca. 250 km langer gebirgiger Abschnitt am mittelamerikanischen Isthmus von Darién zwischen Panama und Kolumbien.*

Transamazonika und angebundene Erschließungsstraßen

Das Fernstraßennetz Brasiliens umfasst derzeit fünf miteinander verbundene Straßenachsen. Es sind durchweg sog. Erschließungsstraßen, von denen die beiden West-Ost-Straßen **Transamazonika** (5.600 km) und **Perimetrale Norte** (2.300 km) die bedeutendsten sind. Sie dienen in erster Linie der Erschließung von Rohstoffvorkommen in der Regenwaldzone des Amazonas. Ihre zweite Aufgabe besteht in der Förderung von Industrieansiedlungen entlang der Trassen und der großmaßstäbigen Einrichtung von Agrarbetrieben.

Transafrikanische Fernstraßen

Der Einsatz von Kraftfahrzeugen ist in Afrika besonders stark klimatischen Einflüssen unterworfen, ganzjährig stehen nur wenige befestigte Überlandstraßen (Highways) zur Verfügung. Etwa 17 % aller Straßen (geschätzt rd. 200.000 km) gelten als Allwetterstraßen mit einer festen Fahrbahndecke aus Kies, Schotter, Asphalt oder Beton. Diese Straßen finden sich vorzugsweise nahe den Hauptstädten, Seehäfen und Wirtschaftszentren oder auf einigen wenigen Hauptverkehrskorridoren. Transafrikanische Straßen existieren nur teilweise. Ausbaupläne gibt es dagegen für mehrere Routen. Die Schaffung eines transafrikanischen Straßennetzes gehört zu den bedeutendsten Verkehrsprojekten des Kontinents.

Die bereits genutzten oder noch im Bau befindlichen sog. **Transafrika-Highways** bestehen aus Asphalt-, Schotter- und Erdstrecken. Über Teilstrecken nutzbar sind derzeit die nachfolgenden fünf transkontinentalen Strecken (siehe Tabelle).

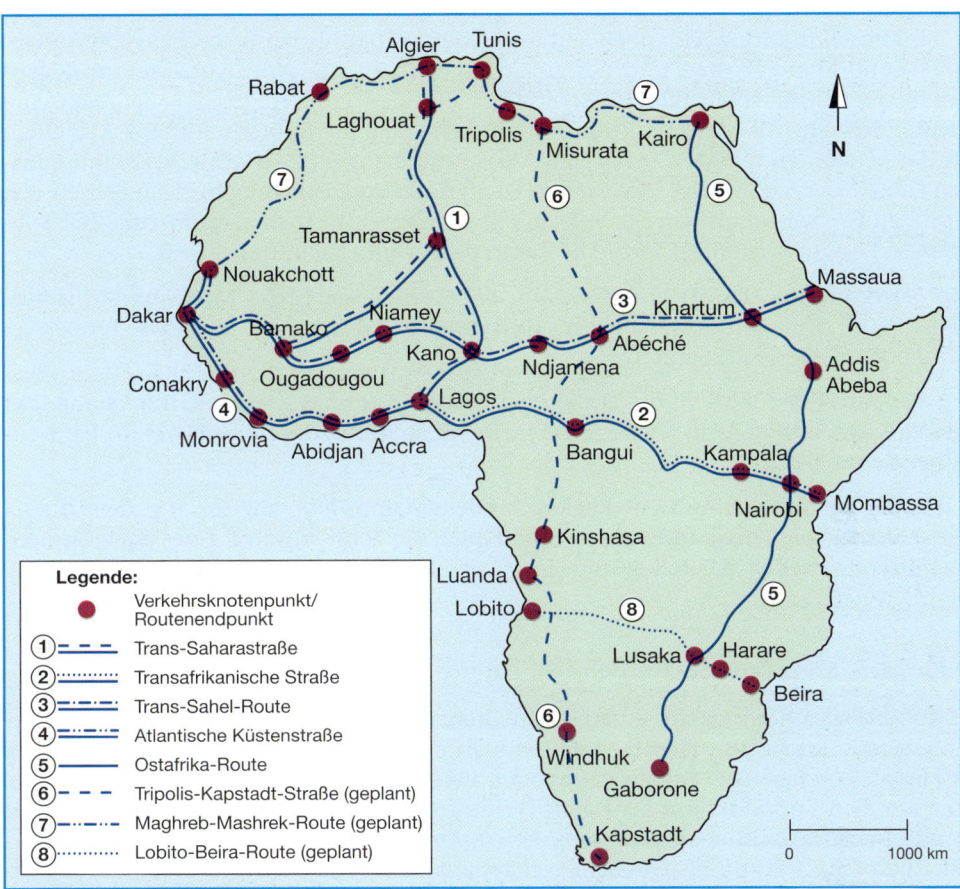

Transafrika-Highways

Highway-Bezeichnung	Länge in ca. km	Verbindung
In Betrieb oder noch im Bau:		
1 Trans-Saharastraße	4.500	Nord-Süd: Algerien – Nigeria
2 Transafrikanische Straße	6.500	West-Ost: Nigeria – Kenia
3 Trans-Sahelroute	8.300	West-Ost: Senegal – Äthiopien
4 Atlantische Küstenstraße	4.300	Nord-Süd: Mauretanien – Nigeria
5 Ostafrika-Route	10.200	Nord-Süd: Ägypten – Botswana
In Planung:		
6 Tripolis-Kapstadt-Straße	10.800	Nord-Süd: Libyen – Namibia
7 Maghreb-Mashrek-Route	8.600	West-Ost: Mauretanien – Ägypten
8 Lobito-Beira-Straße	3.500	West-Ost: Angola-Mosambique

7.1.6　Kontinentale Schifffahrtsnetze

Jahrtausendelang waren in vielen Gebieten der Welt die schiffbaren Flüsse die überragenden Verkehrswege. Mit dem Aufkommen der Eisenbahnen ließ zwar der Stellenwert der Binnenschifffahrt nach, doch aufgrund der verhältnismäßig geringen Personal-, Kapital- und Energiekosten und des günstigen Verhältnisses von Nutzlast zum Eigengewicht der Schiffe spielt die Flussschifffahrt auf allen großen Strömen der Welt eine bedeutende Rolle. Als Massenguttransporteur kann sich die Binnenschifffahrt vor allem dort gut behaupten, wo weit verzweigte, zusammenhängende Gewässernetze mit günstigen Fahrwasserverhältnissen existieren. Denn diese Voraussetzungen ermöglichen den Einsatz großer wirtschaftlicher Schiffseinheiten über weite Distanzen in zum Teil pausenlosem Einsatz (*Continue-Fahrt*). Die Zentren der Binnenschifffahrt sind

- in **Nordamerika** der St. Lorenz-Strom, die Großen Seen, das Mississippi-Missouri-Flussnetz, zwei Küstenwasserwege (Intracoastal Waterways) und das Tennessee-Tombigbee-Wasserstraßennetz;

- in **Südamerika** vor allem die gewaltigen Flüsse Amazonas, Orinoco, Rio Parana und andere, die Binnen- und teilweise auch Hochseeschiffen die Fahrten tief in den Kontinent ermöglichen;

- in **Asien** die mittelchinesische Region mit dem Stammfluss Jangtsekiang, dem Huang He-Fluss (Gelber Fluss) und dem Großen Kanal, die den Kernraum eines alten Binnenschifffahrtgewerbes darstellen und

- in **Afrika** die Flüsse Kongo, Nil und Niger.

Große Seen, St. Lorenz-Seeweg und St. Lorenz-Strom

Die fünf im US-amerikanisch/kanadischen Grenzgebiet liegenden Großen Seen, die aus dem Oberen-, Michigan-, Huron-, Erie- und Ontariosee bestehen, der St. Lorenz-Seeweg und der St. Lorenz-Strom bilden gemeinsam eine internationale Großschifffahrtstraße. Zwischen dem Endpunkt am US-Hafen Duluth (Oberer See) und der Mündung in den Atlantischen Ozean misst dieser kombinierte Binnen- und Seeschiffweg 3.768 km, davon sind 1.600 km (Atlantik bis Quebec) gezeitenabhängig. Als durchgehender Großschifffahrtsweg ist diese Wasserstraße seit 1959 in Betrieb, nachdem der von Montreal bis zum Ontariosee reichenden Abschnitt, der viele Stromschnellen aufwies, überstaut und als Kanalstrecke unter der Bezeichnung St. Lorenz-Seeweg mit Schleusen für den Verkehr nutzbar gemacht wurde. Die rund 300 km lange Kanalstrecke wurde von Kanada und den USA gemeinsam gebaut und ist gebührenpflichtig. Die von den Verfrachtern zu zahlenden Abgaben gehen zu 73 % an Kanada, zu 27 % an die USA.

Derzeit können Schiffe mit einem Tiefgang bis zu 9,40 m den St. Lorenz-Seeweg passieren. Der gesamte St. Lorenz-Strom hat wie auch die Großen Seen eine Navigationsperiode von neun Monaten im Jahr. Das heißt, Binnen- und Seeschifffahrt können wegen Vereisung nur während neun Monaten (üblicherweise April bis November) betrieben werden. Der Hauptverkehr findet von Juli bis Oktober statt. In den letzten Jahren hat sich wegen der beschriebenen Negativfaktoren der Güterverkehr immer mehr auf Massengüter, wie Eisenerz, Holz, Metall, Mineralölerzeugnisse, verlagert, während Containerladungen vielfach über die Atlantikhäfen New York, Baltimore und Halifax verschifft werden. An der gesamten Wasserstraße liegen 45 mehr oder weniger große Häfen, davon die meisten in den USA. Dort befinden sich auch die umschlagstärksten Hafenplätze des gesamten Gewässersystems, die Häfen Chicago, Detroit und Buffalo.

See	Länge in km	Fläche in km²	Führende Häfen
Oberer See	616	83.300	Duluth, Superior, Thunder Bay
Huron See	359	59.500	–
Michigansee	555	58.100	Milwaukee, Chicago, Muskegon
Eriesee	380	25.426	Detroit, Toledo, Cleveland
Ontariosee	257	18.760	Toronto, Hamilton, Buffalo

Kanalstrecke (St. Lorenz-Seeweg-Kanäle)

Kanalstrecke	Länge in km	Schleusenanzahl	Verbindung
South Shore Canal	26	2	Montreal-St. Louis-See
Beauharnois Canal	21	2	St. Louis-See – St. Francis-See
Wiley-Dondero-Canal	15	2	St. Francis-See – St. Lawrence-See
Iroquois Canal	1	1	Zugang Ontario-See

Lage und Verlauf der Großen Seen und des St. Lorenz-Seeweges/St. Lorenz-Stroms

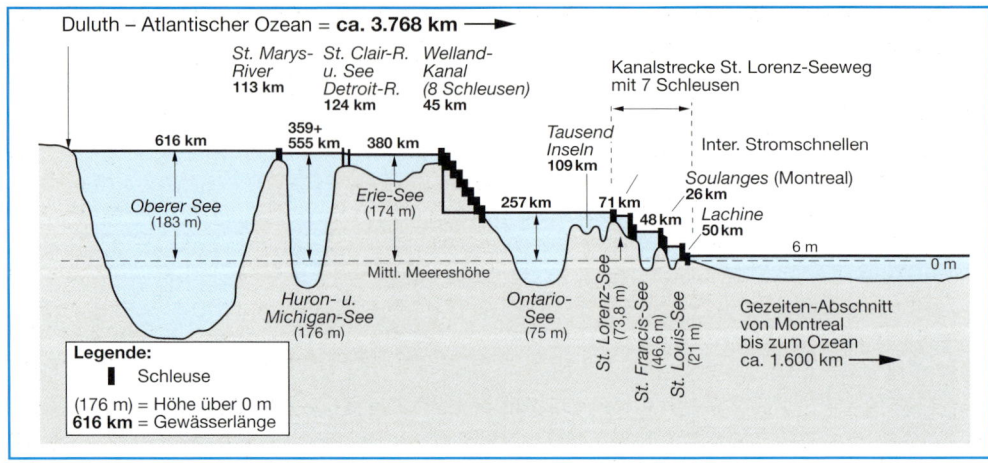

Profil Große Seen und St. Lorenz-Seeweg

Mississippi-Missouri-Flusssystem

In den USA werden auf den Binnengewässern des **Mississippi-Missouri-Systems** fast zwei Drittel aller amerikanischen Binnenschiffstonnagen bewegt. Der Mississippi ist somit der Hauptstrom des Landes. Mit den schiffbaren Nebenflüssen Missouri, Illinois River, Ohio, Arkansas und Red River erreicht dieses Flusssystem einen Umfang von rund 32.000 km und eröffnet der Flussschifffahrt den riesigen Binnenraum der USA. Der Mississippi ist insgesamt 3.800 km lang. Seine Schiffbarkeit beginnt bei Minneapolis/Saint Paul und erstreckt sich über 3.130 km. In der Höhe von St. Louis mündet neben dem Missouri der 523 km lange lllinois-Kanal in den Mississippi. Dieser Kanal stellt eine Verbindung zum Verkehrs- und Wirtschaftszentrum Chicago und damit zum Gebiet der Großen Seen her. Am Zusammenfluss von Mississippi und Ohiofluss bei der Stadt Cairo (Missouri) beginnt das hochwassergefährdete Mississippi-Tiefland, in dem der Fluss große Mäander bildet. Der rund 1.700 km lange Unterlauf vom Binnenhafen Cairo bis New Orleans gilt als der am stärksten befahrene Teil. Es ist jenes Verkehrsgebiet der Welt, in dem erstmals Schubverkehre in großen Umfängen durchgeführt wurden. Auch heute noch ist diese Transporttechnik auf dem gesamten Mississippi dominierend.

Beispiel:
Verkoppelte Leichter (Bargen), deren Tragfähigkeiten in extremen Fällen bis zu je 4.500 t reichen können, werden auf der Unterlaufstrecke in Verbänden bis zu 45 Einheiten (9 Reihen à 5 Leichter) gefahren. Auf diese Weise entstehen nicht selten 400 m lange und bis zu 100 m breite Schubverbände.

Intracoastal-Waterways

Von der amerikanischen Binnenschifffahrt genutzt werden zwei Küstenwasserwege, sog. Intracoastal Waterways, die fast parallel zum Festland unter Ausnutzung von Buchten, Lagunen, Kanal- und Flussabschnitten verlaufen. Der **atlantische Küstenwasserweg** beginnt beim Ostküstenhafen Norfolk und verläuft bis Key West im Süden der Florida-Halbinsel. Er hat eine Länge von knapp 2.000 km. Der zweite Küstenwasserweg erstreckt sich von Port Isabel an der amerikanisch/mexikanischen Grenze entlang des Golfs bis nach Nord-Florida. Der **Golf-Küstenwasserweg** ist rund 1.800 km lang. Für die Mississippi-Schifffahrt bietet dieser Wasserweg die Möglichkeit, die texanischen Flüsse Colorado und Rio Grande und den Alabama-River östlich von New Orleans zu erreichen. Der Aktionsradius der Binnenschiffe erweitert sich somit beträchtlich.

Jangtsekiang und Huang He

China verfügt über ein schiffbares Wasserstraßennetz von mehr als 109.000 km. Auf diesem Netz werden jährlich über ein Viertel aller chinesischen Personen- und Gütertransporte abgewickelt. Nach der Eisenbahn ist die Binnenschifffahrt in China der Verkehrsträger Nummer zwei. Da viele Wasserwege im Frühjahr und Winter stark schwankende, zum Teil nur geringe Wasserführungen haben und einige Flüsse durch Schlammablagerungen (Lösslehm) in ihrer Nutzung eingeschränkt sind, konzentriert sich der Binnenschiffsverkehr auf Regionen in Mittel- und Südchina. Hier sind es vorzugsweise die von Westen nach Osten fließenden Ströme Jangtsekiang und Huang He.

Mit annähernd 6.000 km ist der **Jangtsekiang** der mächtigste Fluss Ostasiens und der wichtigste westöstliche Schifffahrtsweg in China. Vom Mündungsdelta bei Shanghai ist der Strom landeinwärts bis zur Industriestadt Nanjing für mittelgroße Hochseeschiffe befahrbar, bis Wuhan für kleinere Seeschiffe. Im Mittellauf werden Motorgüterschiffe, Schubschiffe und Lastdschunken verschiedener Bauarten eingesetzt. Für die tonnagereichen Binnenschiffe und Schubverbände endet die sichere Schiffbarkeit bei der Stadt Chongqing (Chungking). Kleinere Dschunken (mit 500 t Tragfähigkeit) und Motorschiffe können den Jangtse-Fluss jedoch noch weiter stromaufwärts befahren.

Zweitwichtigster Strom ist in China der rund 4.850 km lange **Huang He** (gelber Fluss) nördlich des Jangtse-Flusses. Er steht mengenmäßig hinter dem Jangtse zurück, da auf ihm wegen der schwierigen Schifffahrtsbedingungen nur kleinere Binnenschiffe verkehren. Derzeit werden Gewässerarbeiten vorgenommen, um diese West-Ost-Verkehrsachse auf zwei Drittel ihrer Länge durchgängig schiffbar zu halten.

Großer Kanal

Der Große Kanal, früher als Kaiserkanal bezeichnet, ist ein rund 1.700 km langer chinesischer Schifffahrtsweg zwischen Peking und der Hafenstadt Hangtschou im Süden. Er verläuft parallel zur Küste und quert die Ströme Huang He, Huai He und Jangtsekiang. Der Kanal ist das wichtigste Bindeglied für die raumerschließende Binnenschifffahrt Chinas, da er die west-östlich fließenden Ströme miteinander verbindet. Die Wasserstraße hat große Bedeutung für den Transport von Kohle und Erzen aus dem Norden nach dem Süden und für Getreideverkehre in umgekehrter Richtung. Endziel des derzeit für rd. 1.000-t-Schiffe passierbaren Kanals ist der Ausbau für Schiffe bis 2.000 t.

Amazonas-Flusssystem

Der größte Strom Südamerikas bildet mit 200 Nebenflüssen, von denen über 100 schiffbar sind, das größte Stromsystem der Welt. Die Fläche, die das Stromsystem insgesamt „entwässert", nimmt 7 Mio. km^2 ein und entspricht damit derjenigen des Kontinents Australien. Die schiffbaren Wasserstraßen des Flusssystems haben einen Gesamtumfang von rund 25.000 km. Der **Amazonas** wird westlich der peruanischen Binnenhafenstadt Iquitos gebildet und verläuft 6.518 km bis zur Atlantikküste. Trotz der gewaltigen Wassermassen, die er ständig in den Atlantik abgibt, unterliegt er im Mündungstrichter und rund 800 km stromaufwärts den Gezeiten des Meeres, was im Wesentlichen auf das geringe Gefälle des Stroms zurückzuführen ist.

Der größte Teil des Amazonas verläuft durch Brasilien, kurze Anteile am Flussverlauf haben daneben Kolumbien und Peru. Über die Nebenflüsse **Madeira** und **Madre de Dios** ist weiterhin noch der Binnenstaat Bolivien an den Amazonas angebunden. Für die Binnenschifffahrt Brasiliens hat der Strom allerdings nicht die Bedeutung, die seine Länge vermuten lässt. Vielmehr ist er ein wichtiger Wasserweg für die See- und Küsten- schifffahrt. Über mehr als 1.000 km ist der Fluss von seiner Mündung bis zum Binnen- hafen von Manaus für Hochseeschiffe befahrbar. Auf dieser Strecke wird die Größe der Schiffe gewöhnlich auch nicht durch die Wassertiefe begrenzt.

7.2   Seeschifffahrt und Seehäfen

Rund zwei Drittel aller Welthandelsgüter werden über Seewege befördert, damit ist der Seetransport ein elementarer Bestandteil der Weltwirtschaft. Die Vorzüge der Seeschiff- fahrt liegen vor allem darin, große Gütermengen über große Entfernungen zu günstigen Transportpreisen zu befördern. Dies ist für jene Güter bedeutsam, die aufgrund ihres geringen Eigenwertes nur in beschränktem Umfang mit Frachtkosten belastet werden können. Nachteilig sind bei der Seeschifffahrt die naturbedingten hohen Risiken, die eingeschränkte Pünktlichkeit und Regelmäßigkeit sowie die weniger stark ausgeprägte Netzdichte und Frequenz bei den Abfahrten. Die Seeschifffahrt arbeitet im Welthandels- gefüge nicht ohne Konkurrenz. Auf einigen Gebieten konkurriert sie mit der Eisenbahn und Binnenschifffahrt, vor allem wenn es um Landbrückenverkehre geht. Für bestimmte Güter ist wiederum der Luftverkehr ein bedeutender Wettbewerber, vorzugsweise dann, wenn Schnelligkeit, Sicherheit und Zuverlässigkeit gefordert werden.

7.2.1   Schifffahrtsländer und Handelsflotten

Annähernd 170 Staaten der Welt unterhalten Handelsflotten und betreiben aktiv Seever- kehr. Hierzu gehören alle Industriestaaten, selbst jene, die aufgrund ihrer Binnenlage keinen direkten Meeresanschluss besitzen.

> **Beispiel:**
> 38 Schiffe, davon vier Containercarrier, wurden 2010 von sechs Schweizer Reedereien unter Schweizer Flagge eingesetzt. Damit liegt das Binnenland Schweiz auf dem 70. Rang der Welthan- delsflotte. Das sog. Abkommen von Barcelona aus dem Jahre 1921 sichert Staaten ohne Meeresküste das Recht zu, Seeschifffahrt unter eigener Flagge zu betreiben.

Die **Welthandelsflotte**, darunter wird die Anzahl der im Seeverkehr eingesetzten Handelsschiffe verstanden, besteht aus fast 54.000 Seeschiffen mit einer Tragfähigkeit von rd. 1.200 Mio. tdw. Davon entfällt mit 79 % der größte Tonnageanteil auf trockene Massengutschiffe und Tanker. Die **Gesamtflotte Deutschlands** nimmt in der Statistik der Welthandelsflotte – gemessen nach Eigentumsverhältnissen – hinter Japan und Grie- chenland Platz drei ein. Da viele Schiffe deutscher Eigentümer jedoch unter ausländi- scher Flagge registriert sind, rangiert Deutschland als Flaggenstaat weltweit lediglich auf Platz 14 (vgl. Tab. S. 263).

Welthandelsflotte 2011

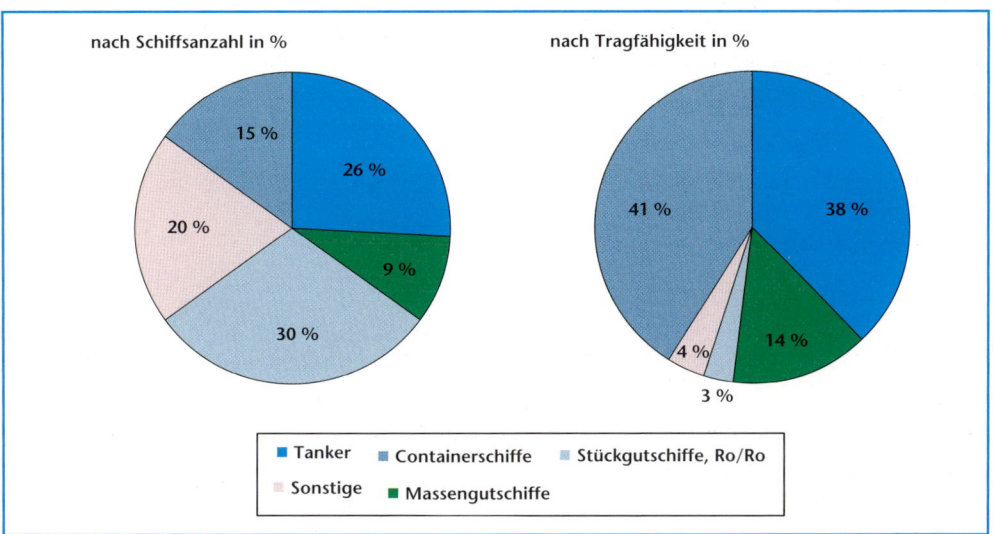

nach Schiffsanzahl in %

15 %
26 %
20 %
9 %
30 %

nach Tragfähigkeit in %

41 %
38 %
4 %
14 %
3 %

■ Tanker ■ Containerschiffe ■ Stückgutschiffe, Ro/Ro
■ Sonstige ■ Massengutschiffe

Im Zuge der Globalisierung, als deren eigentliche Triebkraft auch der Seeverkehr gesehen werden muss, hat vor allem die Containerschifffahrt ihren Transportraum enorm ausgedehnt. In diesem Bereich ist die deutsche Handelsflotte führend. Containerschiffe, die deutschen Eignern gehören, sind im Weltvergleich die modernsten und jüngsten Schiffe ihrer Art. Die Handelsflotte der deutschen Großcontainerschiffe verzeichnet mit Abstand die höchste Transportkapazität (vgl. Tab. S. 267).

Durch die Eintragung in Schiffsregister erhalten die Schiffe die Nationalität und den diplomatischen Schutz des Staates, in dessen Register sie eingetragen sind. Sie führen als äußeres Kennzeichen die Nationalflagge des Landes. Fahren Seeschiffe unter der Flagge ihres Heimatlandes, spricht man von **eigener Flagge**. Werden sie in Registern anderer Länder geführt, fahren sie unter **fremder Flagge** – die Schiffe sind „ausgeflaggt". Wenngleich die Industriestaaten durchweg unter eigener Flagge am Weltseehandel teilnehmen, so gehören sie doch nicht mehr zu den größten und wichtigsten Schifffahrtsländern.

Die führenden Schifffahrtsländer sind seit Jahren die sog. Billigflaggenländer, allen voran die Staaten Panama und Liberia. Sie unterhalten sog. offene Register, in denen jedes Schiff ohne Rücksicht auf Herkunft, Firmensitz, Reederei oder Eigner registriert werden kann. Besonderes Merkmal der Billigflaggenländer ist, dass die unter ihrer Flagge fahrende Anzahl der Seeschiffe in keinem Verhältnis zur weltwirtschaftlichen Bedeutung des Landes steht. Rund 50 % der gesamten Welthandelstonnage sind gegenwärtig in nur fünf Billigflaggenländern eingetragen (Liberia, Panama, Marshall-Inseln, Bahamas, Hongkong). Die am Weltseeverkehr teilnehmenden Schifffahrtsnationen können in fünf Gruppen unterteilt werden:

1. Billigflaggenländer:
Dies sind Staaten, die wegen ihrer günstigen Steuersätze, niedrigen Lohnkosten, geringen Sicherheitsauflagen sowie großzügigen Sozial- und Arbeitsgesetzgebungen von Reedereien als Registerstaaten gewählt werden. Ein anderer Begriff für derartige Flaggen ist

die Bezeichnung „Bequemlichkeitsflaggen" (*flags of convenience*). Führendes Land in dieser Gruppe ist der Kleinstaat Panama mit rd. 22 % der Welthandelstonnage.

2. Cross-Trader:

Länder, die wegen ihrer günstigen seewärtigen Lage traditionell Seeverkehrsleistungen erbringen, gelten als „Fuhrleute der Meere". Ihre Handelsflotten übersteigen den eigenen Bedarf, sie üben daher in großem Umfang Seeverkehre zwischen Drittländern, sog. „*cross trade*", aus. Länder dieser Gruppe sind u. a. Norwegen und Griechenland.

3. Osteuropäische Reformländer:

Mehrere Länder Osteuropas hatten bis zum Zusammenbruch ihrer Volkswirtschaften aus devisenwirtschaftlichen Gründen mit geringen Frachtraten (Dumping-Preise) in den Weltseehandel eingegriffen. Heute unterhalten sie ebenfalls Flotten, deren Größe über dem Eigenbedarf liegt. Zu dieser Gruppe werden u. a. Russland und die Ukraine gerechnet.

4. Hochentwickelte Industrieländer:

Hierzu gehören jene Industriestaaten, die aufgrund ihrer Verflechtung mit den Weltmärkten gut funktionierende Handelsflotten benötigen. Die Heimathäfen der Schiffe zählen zu den größten Hafenplätzen der Welt. Führende Nationen sind u. a. USA, Japan, Italien, Großbritannien, Deutschland und Frankreich.

5. Schwellen- und Entwicklungsländer:

Ihre Handelsflotten sind stark angestiegen. Diese Länder setzen eigene Handelsschiffe ein, um Devisen zu sparen, Arbeitsplätze zu schaffen oder durch das Zeigen der eigenen Flagge das Nationalgefühl zu stärken. Sie werden daher als „Prestige-Flaggen" bezeichnet. Teilweise gehören sie auch der Billigflaggen-Gruppe an. Zu der Gruppe zählen u. a.: China, Philippinen, Süd-Korea, Indien, Brasilien und Taiwan.

Zahlreiche Länder beeinflussen den Wettbewerb im Seeverkehr negativ durch staatliche Eingriffe. Derartige Eingriffe in die Freizügigkeit des Weltseehandels können zum einen durch das Verbot der Kabotage erfolgen, damit wird ausländischen Flaggen untersagt, zwischen Häfen eines Landes Seegüterverkehre auszuüben. Zum anderen ist die Bevorzugung der eigenen Flagge (sog. Flaggenprotektionismus) bei Transporten, die das eigene Land verlassen oder erreichen, weit verbreitet. Die somit an Schiffe unter der Flagge des Ziel- oder Verladestaates gebundenen Seetransporte dürfen von anderen Seeschiffsnationen nicht durchgeführt werden. Dieses Vorgehen bezeichnet man aus der Sicht der Benachteiligten als Flaggendiskriminierung.

> **Beispiel:**
> Eine Metallwarenfabrik in Dortmund schließt mit einer brasilianischen Importfirma einen Kaufvertrag über die Lieferung von 15.000 kg Spezialschrauben. Im Kaufvertrag wird vorgeschrieben, dass die Exportprodukte mit einem Schiff brasilianischer Flagge befördert werden müssen. Der in Hamburg für die Verschiffung zuständige Seehafen-Spediteur muss die Buchung des Schiffsraumes entsprechend vornehmen.

Größe der Handelsflotten 2011 nach Flaggen[1]

Rang	Flagge/Land	Flottengröße		Anteil an der BRZ-Welthandels-tonnage in %
		Mio. BRZ[2]	Mio. tdw[3]	
1	Panama[4]	196,7	303,8	21,6
2	Liberia[4]	104,1	162,7	11,5
3	Marshall-Inseln[4]	59,4	95,8	6,5
4	Hongkong	55,5	92,1	6,1
5	Bahamas[4]	46,8	61,8	5,1
6	Singapur	43,6	65,9	4,8
7	Griechenland	40,7	71,3	4,5
8	Malta	38,4	60,5	4,2
9	China	32,9	51,4	3,6
10	Zypern	20,3	32,2	2,2
.....				
14	Deutschland	15,0	17,5	1,7
Welt insgesamt		909,4		100,0

7.2.2 Linienschifffahrt

Die Art und Weise, wie Seeverkehre durch Reedereien erbracht werden, bezeichnet man als Betriebsform. Die Betriebsform bestimmt, welche Schiffsarten und Schiffstypen eingesetzt werden. Generell wird zwischen den Betriebsformen **Linienverkehr** und **Gelegenheitsverkehr** (Trampschifffahrt) unterschieden, denen jeweils Sonderverkehrsformen zugeordnet werden können. Beide Formen können wiederum als Hochseeschifffahrt **(Deep Sea-Verkehr)** oder als Küstenschifffahrt **(Short Sea-Verkehr)** erfolgen.

---

[1] *Schiffe über 100 BRZ, nach IHS 2012*
[2] *Bruttoraumzahl = Vermessungsgröße für Schiffe, die jedoch keiner physikalischen Maß- oder Gewichtseinheit entspricht. Sie drückt den Brutto-Raumgehalt eines Schiffes aus und wird errechnet durch: Raumgehalt der Schiffsräume in cbm (gerechnet auf Innenkante Außenhaut) multipliziert mit festgelegtem Umrechnungsfaktor*
[3] *tons deadweight = Tragfähigkeit des Schiffes. Errechnet sich aus: Wasserverdrängung des maximal abgeladenen Schiffes in Gewichtstonnen (zu metrisch 1.000 kg oder 1.016 kg, us-engl.: longtons) abzügl. Schiffseigengewicht. Die tdw ist nicht identisch mit der Ladefähigkeit.*
[4] *überwiegend Billigflaggen (sog. „Fluchttonnage")*

Führende Handelsflotten mit Containerschiffen nach Nationalität der Eigner 2010

Rang	Land	Transportkapazität in 1.000 TEU	TEU-Anteil in %	Schiffe absolut
1	Deutschland	4.514	35,2	1.742
2	Japan	1.139	8,9	317
3	Dänemark	1.075	8,4	243
4	China	696	5,4	313
5	Taiwan	633	4,9	197

Linienschifffahrt ist **regelmäßiger Güterseeverkehr** von Linienreedereien unter Einhaltung eines Fahrplanes zwischen festgelegten Lade- und Löschhäfen. Zusammensetzung und Menge der Güter sind je Reise schwankend, die Abrechnung der Frachtkosten erfolgt in der Regel nach festen Seefrachtraten. In Normalfall werden mit der Linienschifffahrt im **Pendelverkehr** Stückgüter in konventioneller oder containerisierter Form befördert. Die Linienschifffahrt bietet relativ zuverlässige Dispositions- und Kalkulationsgrundlagen für die Versandarbeiten und Warenpreisberechnungen.

Um Liniendienste regelmäßig und zu stabilen Frachtraten aufrechterhalten zu können, sind viele Reedereien sog. **Schifffahrtskonferenzen** angeschlossen. Diese freiwilligen Zusammenschlüsse von Reedern unterschiedlicher Nationen verfolgen das Ziel, Frachtraten und Transportbedingungen in den Fahrtgebieten verbindlich für alle Konferenzmitglieder festzulegen. Damit soll ein ruinöser Preiswettbewerb der Anbieter ausgeschlossen werden. Weltweit gibt es über 350 Schifffahrtskonferenzen. Im Verkehr von/nach der EU gilt allerdings ein Konferenzverbot.

> **Beispiel:**
> Im Verkehr mit Seehäfen der EU unterliegen Linienreedereien dem EU-Wettbewerbsrecht. Um mehr Preiswettbewerb zu erreichen, wurden die Schifffahrtskonferenzen von/nach der EU am 18. Oktober 2008 aufgelöst. Danach sind Konferenztarife und einheitliche Zuschläge für CAF, BAF und THC verboten. Preise sind jeweils von den Reedereien individuell festzulegen. Legal bleiben Schifffahrtskonferenzen in anderen Fahrtgebieten.

Konventioneller Liniendienst

Von konventionellem (= herkömmlichem) Liniendienst spricht man, wenn Schiffe alle Arten von nicht containerisierten Gütern laden und zu weitgehend allen Seehäfen der Welt transportieren können.

Konventionelle Frachtschiffe, die selten sehr große Tragfähigkeiten haben, verfügen über besondere technische Einrichtungen. Hierzu gehören u. a. klimatisierte Stauräume, Unterdeck- und Oberdeck-Stellflächen, Tanks für Flüssiggüter, eigene Ladegeschirre unterschiedlicher Tragfähigkeiten, Schwergutkrane. Die aufwendige Bauweise dieser „**All-Round-Schiffe**" ist notwendig, da sie unterschiedliche Produkte befördern und in manchen Häfen der Umschlag nur mit den bordeigenen Geräten vorgenommen werden kann.

Der konventionelle Stückgutfrachtverkehr hat sich trotz der Konkurrenz durch Container- und Spezialverkehre auf vielen Linien behauptet. Er ist heute vor allem dort zu finden, wo die Hafenausstattungen und Hinterlandverbindungen schwach ausgebaut sind. Dies gilt für Fahrtgebiete wie Mittelamerika, die afrikanische Ostküste, die südamerikanische Westküste, Indonesien usw.

Container-Liniendienste

Der containerisierte Frachtverkehr hat sich immer schneller auf fast allen bedeutenden Schiffahrtsrouten durchgesetzt, ein Ende dieser Entwicklung ist noch nicht abzusehen. Dass der Container als Transport-Konzept dominiert, lässt sich auch am „**Containerisierungsgrad**" der Häfen ablesen. Darunter wird der Anteil der in Containern umgeschlagenen Güter am gesamten Stückgutumschlag verstanden. In einigen Seehäfen liegt der Containerisierungsgrad heute bereits bei über 90 % und mehr.

> **Beispiel:**
> Im Hafen Hamburg wurden 2011 92,6 Mio. t Stückgüter umgeschlagen, davon entfielen 90,1 Mio. t auf Containergüter. Der Containerisierungsgrad Hamburgs betrug zu diesem Zeitpunkt 97,3 %. Berechnung: Containertonnage · 100 : Stückgut-Gesamtumschlag. Der Containerisierungsgrad des Hafens lag im Jahre 1990 erst bei von 68,6 %.

Die Container-Linienschiffe laufen nur Häfen mit Container-Terminals an, da nur über diese speziellen Anlagen der Umschlag der Behälter sicher und schnell durchgeführt werden kann, entsprechende Stellplätze vorhanden sind und ein genügendes Aufkommen an Behältern für die Rückreise gesichert ist. Häfen mit geringem Containeraufkommen werden nicht von den Containerlinien bedient, sondern von Zubringerschiffen (Feederdienste). Die Container-Linienschifffahrt zeichnet sich durch schnelle Seebeförderungen, schnellen Umschlag, kurze Hafenliegezeiten, häufige und regelmäßig Abfahrten, Sicherheit und andere Vorzüge aus. Die Vorteile für die Befrachter sind im Vergleich zum konventionellen Linienverkehr vor allem im Haus-Haus-Verkehr, verkürzter Kapitalbindung der Transportgüter, verringertem Risiko bezüglich Verderb, Beschädigung oder Diebstahl zu sehen.

Mit dem Einsatz von Containern hat eine ungeheure Rationalisierung von Transport- und Umschlagarbeiten eingesetzt. Da Container die Eigenschaft besitzen, ungleichartige (**heterogene**) Stückgüter zu gleichartigen (**homogenen**) Massengütern umzufunktionieren, spricht man oft auch von einer Industrialisierung des Seetransports und Güterumschlags.

> **Beispiel:**
> Die **Containerisierung** hat den Warenverkehr auf See nicht nur vereinfacht und beschleunigt, sondern auch verbilligt. Eine Box auf der Relation Fernost—Europa kostete 2011 nur noch wenige hundert Euro. Nicht selten ist der Seetransport in Containern günstiger als eine gleichdauernde Lagerung an Land.

Es werden überwiegend Container mit den Standardmaßen 20- und 40-Fuß verwendet. Weitere Maße sind u. a. 35 und 45 Fuß. Um Überseecontainer zu weltweit nutzbaren multimodalen Transportbehältern zu machen, wurden die Außenabmessungen bereits 1964 genormt.[1] International gebräuchliche Zähleinheit für die Standard-Box ist die

---

[1] *Die Normung erfolgte durch den Internationalen Normenausschuss ISO (International Organization for Standardization), Genf. Danach wurden als Standardmaße für ein TEU die Abmessungen 20' x 8' x 8' (Fuß) festgelegt. Überwiegend sind heute ISO-Container mit einer Höhe von acht Fuß und sechs Inches (8'6") in Gebrauch.*

Twenty-Foot-Equivalent-Unit (TEU), die 20-Fuß-Verrechnungseinheit. Zwei TEU entsprechen demnach einem 40-Fuß-Container.

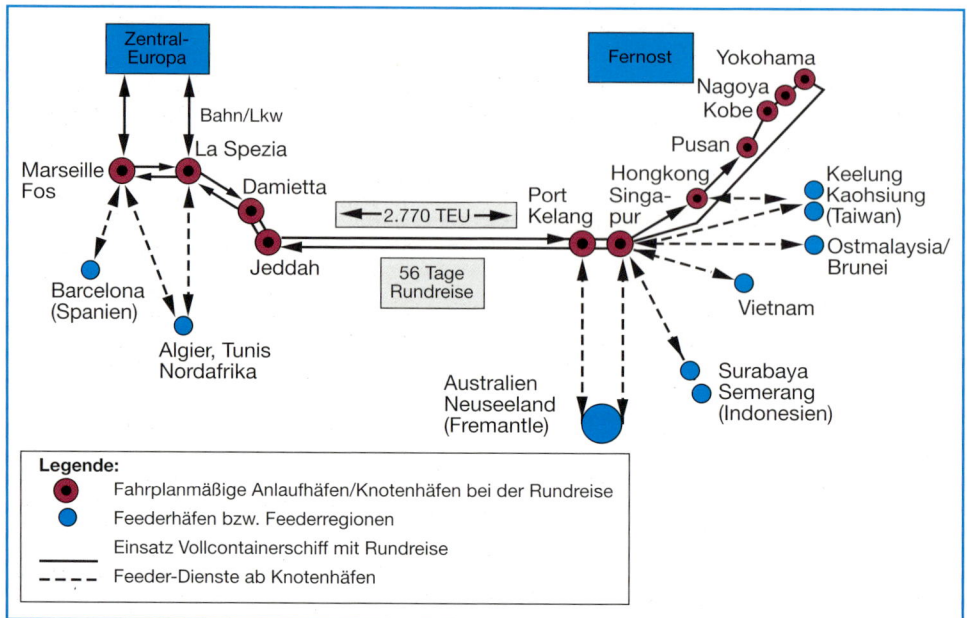

Ablaufschema einer Container-Rundreise Mittelmeer–Fernost mit wöchentlichen Abfahrten

Je nach ihrer Größe werden die **Vollcontainerschiffe** unterschiedlichen Bau-Generationen zugeordnet (vgl. Tab. folgende Seite). Es kommen daneben auch Mischformen, sog. **Semi-Containerschiffe** (lat.: *semi* = halb), zum Einsatz. Sie eignen sich sowohl für die Beförderung von genormten Boxen wie für konventionelles Stückgut. Die derzeit größten Containerschiffe haben ein Fassungsvermögen von bis zu rd. 14.000 TEU, sie werden als Containerschiffe der 12. Generation bezeichnet. Gemessen an der Kapazität können derartige Containerschiffe zehn konventionelle Stückgutschiffe ersetzen. Ihre Geschwindigkeit liegt über denen von Stückgutschiffen. Der entscheidende Vorteil der Containerschifffahrt ist für Reedereien aber nicht die Fahrtgeschwindigkeit, sondern die Verkürzung der Hafenliegezeit durch den rationellen und schnellen Umschlag. Containerschiffe verbringen daher weit mehr Zeit auf den Seewasserwegen als in Häfen: Dies erhöht die Produktivität der Schiffe.

> **Beispiel:**
> Im Rahmen einer Gesamtreise kann ein konventionelles Linienschiff rund 50 % der gesamten Betriebszeit in Häfen liegen. Ein Containerschiff ankert dagegen nur rund 20 % der Gesamtzeit in Häfen, die restliche Zeit erfüllt es seinen eigentlichen Zweck als Beförderungsmittel auf See.

Der internationale Containertransport mit Seeschiffen gilt als der wachstumsstärkste aller Verkehrsmärkte. Prognosen gehen davon aus, dass weltweit jährlich bis zu 110 Millionen TEU bewegt werden.

Lange Zeit wurden in der Containerschifffahrt vorzugsweise Schiffe mit einer Länge unter 300 m und einer Breite unter 33 m eingesetzt. Diese sog. **Panamax Size**-Schiffe (= Panama-Maximalgröße) können den Panamakanal im Wechselverkehr Atlantik–Pazifik befahren. Entsprechend der weiteren boomhaften Entwicklung sind deutlich größere Containerschiffe geplant. Der Einsatz von extrem großen Schiffen der sog. **Post Panamax**-Klasse (= Nach-Panama-Maximalklasse) schränkt deren Linienverkehr auf einige Hauptrouten im Asien-Europa-Verkehr ein, da die Abmessungen eine Passage des Panamakanals nicht mehr zulassen. Der Ausweitung der Schiffsbaugrößen müssen auch die Krananlagen in den Terminals angepasst werden. Es wird davon ausgegangen, dass sich der weltweite Container-Linienverkehr künftig auf wenige Groß-Containerhäfen (**Mega-Hubs**) konzentriert, deren Hafenfaszilitäten den neuen Größenordnungen gerecht werden.

Entwicklung der Baugenerationen von Containerschiffen						
Schiffsdaten	Erste	Zweite	Dritte	Vierte	Fünfte	Sechste bis Neunte
				Panamax-Klasse		Post-Panamax-Klasse
Breite in m	24–28	28–30	30–32	32,5	32,5	> 32,5–45
Tiefgang in m	7–9	9	10–12	12–13	11–13	11–15
ca. TEU-Ladefähigkeit	1.000	2.000	3.000	4.000	5.000	bis ca. 9.000
Krandaten	Entwicklung von Auslegerweite und Kranungshöhe					
Ausleger	21 bis 32 m		bis 34 m		bis 46 m	
Kranungshöhe	bis 20 m		bis 25 m		bis 32 m	

Es existieren zahlreiche Größenklassifizierungen bei Seeschiffen, die nach der Nutzbarkeit von Meerengen oder Wasserstraßen bezeichnet werden. Neben den Panamax-Klassen sind dies u.a.:

Größenbezeichnung (Schiffsklasse)	Wasserweg	Tiefgang/Tragfähigkeit	Merkmal
Seawaymax	St. Lorenz-Seeweg und Große Seen	max. 7,90 m 28.500 tdw	Längenbegrenzung wegen Schleusen
Handy Size (Standardschiff)	keine Beschränkungen im Regelfall	max. 10 m bis 40.000 tdw	Standardschiff (Bulk, Stückgut)
Baltimax	Ostseeeinfahrt noch möglich	bis 15,4 m max. 200.000 tdw	Tiefgangbeschränkung im Öresund und Großen Belt
Suez-Max	Passage Suezkanal noch möglich	18,90 m bis 13.000 TEU	Breite und Tiefgang eingeschränkt
Malakka-Max	Passage der Malakka-Straße noch möglich	bis 20 m bis 18.000 TEU	Tiefgangbeschränkung für Großtanker und Großcontainerschiffe
Capesize	Kap-Routen zwingend, Kanalpassagen nicht möglich	> 20 m > 300.000 tdw	Supertanker, Großcontainerschiff

Sonstige Liniendienste

Transportkonzepte in Form von LASH- oder Barge- sowie Ro/Ro-Beförderungen haben sich vielfach dort etabliert, wo ständig gleichmäßig hohe Güteraufkommen zu verladen sind oder die Container-Nachlaufverkehre per Landweg Behinderungen unterliegen.

Bei der **Lash-Schiffahrt** (LASH = Lighter-Aboard-Ship), die wie die Seabee und Bacat-Systeme eine Nebenform des Containerverkehrs darstellen, werden „schwimmende Container" (Leichter oder Bargen) fast ohne die Nutzung von Seehafenanlagen zu den Zielpunkten befördert. Entscheidend ist das Vorhandensein von Fluss- oder Kanalanschlüssen. Die Leichter können in Binnen- oder Seehäfen geladen und als Verband zu den auf Reede liegenden Trägerschiffen (LASH-Carrier) geschoben werden. Ihr flexibler Einsatz erlaubt schnelle und rationelle Verkehre etwa zwischen Flussmündungsgebieten oder in Regionen mit schlechter Hafeninfrastruktur.

Ro/Ro-Liniendienste (Ro/Ro = Roll on/Roll off) befassen sich ausschließlich mit dem Transport von rollender oder rollbarer Ladung, die horizontal umgeschlagen werden kann. Hierzu gehören Lastkraftwagen, Sattelauflieger, Anhänger, Eisenbahnwagen und rollbare Ladepritschen. Überseeische Zielgebiete von Ro/Ro-Linienverkehren sind u.a. Nordamerika, der Nahe und Ferne Osten und Australien. Im Ro/Ro-Dienst werden z.B. auch japanische Autoexporte nach den USA und Westeuropa abgewickelt. Dem Ro/Ro-Verkehr ist auch die Fährschifffahrt, die der eigentliche Wegbereiter dieser heute weitverbreiteten Transporttechnik war, zuzuordnen.

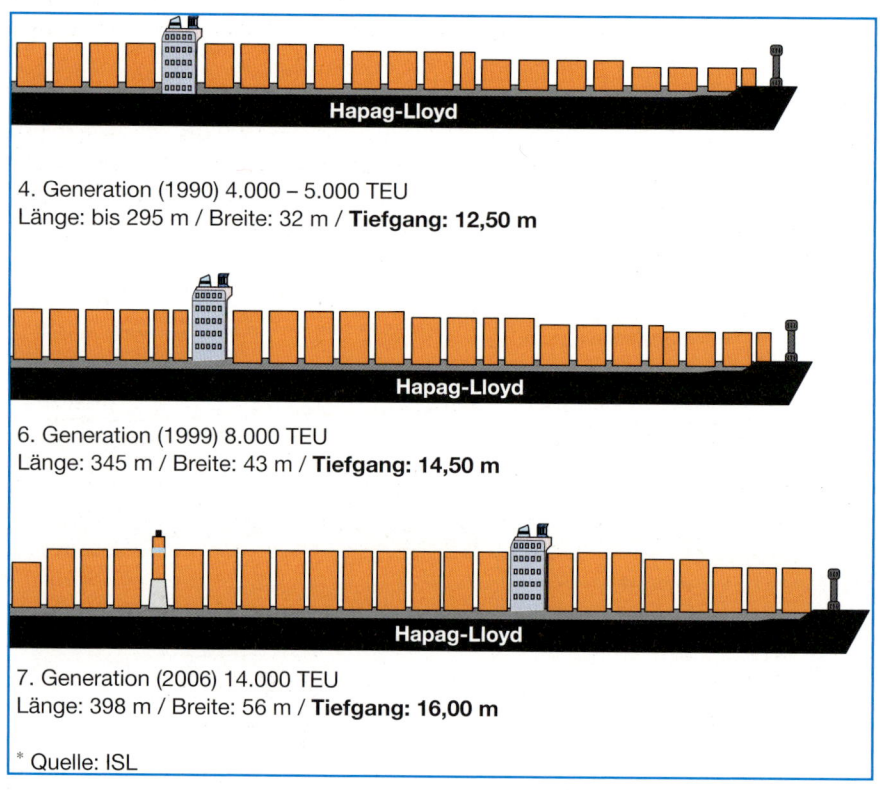

Größenvergleich von Containerschiffen der jüngsten Generationen

7.2.3   Trampverkehre

Der Transport von Massengut ist die Domäne des Gelegenheits- oder **Trampverkehrs**. Problematisch kann bei dieser Betriebsform die Auslastung des Transportraumes sein, da die Massengutströme unpaarig sind. Dies zwingt die Reedereien, ständig nach geeigneter Ladung zu suchen. Um dauerhafte Beschäftigung zu erreichen, werden sog. **Kontraktfahrten** vereinbart, bei denen große Ladungen in mehreren Reisen befördert werden. Wird der Schiffsraum für mehrere aufeinanderfolgende Reisen gechartert, spricht man von einer **Konsekutivfahrt**. Beide Betriebsformen ähneln der Linienschifffahrt, da Lade- und Löschhäfen, Route, Transportmenge und Abfahrtszeit festgelegt sind.

Von diesen Sonderformen abgesehen, ist die Trampschifffahrt das Gegenteil der Linienschifffahrt.

➜ *Die Tramp- oder Bedarfsschifffahrt arbeitet ohne festen Fahrplan und ohne feste Routen. Der Einsatz der Schiffe richtet sich nach dem zu ladenden Gut. Im Regelfall werden komplette Schiffsladungen vom Befrachter (Auftraggeber) durch den Verfrachter (Carrier) auf der Basis von Charterverträgen befördert. Die Transportpreise sind schwankend, da sie sich nach Angebot und Nachfrage richten. Trampschifffahrt findet sich heute in den Marktsegmenten Massengut (Bulkschifffahrt) und Projektladungen (Fabrik-, Industrieanlagen). Als Trampschiffe werden Massengut-, Schwergut-, Stückgutfrachter, Gas- und Öltanker sowie Kühlschiffe eingesetzt.*

Seit mehreren Jahren erfolgt auch die massenhafte Verschiffung bestimmter Stückgüter in Charter, wie u.a. Holzprodukte, Pkw, Papier und Zellulose, sodass diese Fertig- und Halbfertigwaren den Charakter von Massengut erhalten haben. Sie werden daher als neue Massengüter oder „**Neo-Bulk**" bezeichnet.

Die Trampschifffahrt erstreckt sich auch auf den Transport von flüssigem Erdgas mit Spezialtankschiffen. Sie ist in diesem Bereich ein wichtiges Bindeglied in den weltweiten Transportketten, die für Erdgas wie Erdöl bestehen. Über die Verflechtung von Gelegenheitsschifffahrt und Pipelines bei der Beförderung von flüssigem Erdgas gibt das folgende Schema Auskunft.

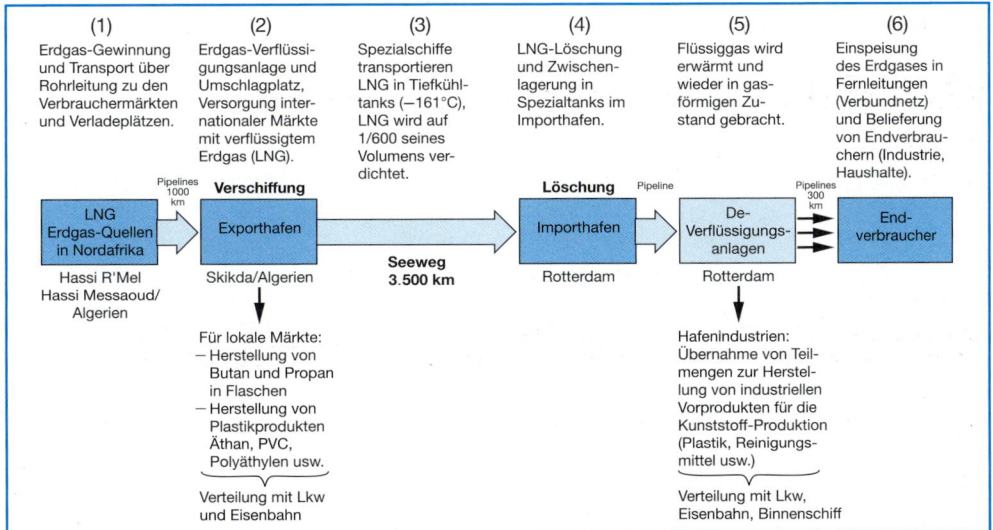

Transportkette für Erdgas unter Einbeziehung von Rohrleitungen (LNG = Liquefied Natural Gas/ Verflüssigtes Naturgas)

7.2.4 Seehäfen als Drehscheiben der Logistik

In den Seehäfen, den „Toren zur Welt", bündeln sich die Handelsströme des Weltseeverkehrs und werden mit den Landverkehrsmitteln verknüpft. Seehäfen sind wie Flughäfen üblicherweise die herausragendsten Verkehrsanlagen eines Landes. Besondere Bedeutung haben die Seehäfen für Industriestaaten mit großem Außenhandelsvolumen wie Deutschland, da sie über ihre Häfen mengen- und wertmäßig den größten Anteil ihres weltweiten Warenaustauschs abwickeln. Die Bedeutung der Seehäfen erstreckt sich aber nicht nur auf den Güterumschlag, vielmehr sind sie heute auch immer Konzentrationspunkte von Handel und Industrie.

Weltweit gibt es mehr als 7.000 Seehäfen. Überwiegend erfüllen sie lokale oder regionale Aufgaben. Als sog. Welthäfen können kaum mehr als 1.500 Seehäfen angesehen werden. Um als **Welthafen** eingestuft zu werden, hat ein Seehafen bestimmte Leistungsmerkmale zu erfüllen. So muss er in das Netz der Linienschifffahrt eingebunden sein, über vielseitige Umschlaganlagen verfügen (Suprastruktur), Reparatur-, Werft- und Versorgungsanlagen besitzen und umfangreiche Hinterlandverbindungen über alle Landverkehrsträger gewährleisten (Infrastruktur). Den Status von universell arbeitenden umschlagstarken Welthäfen mit jährlichen Umschlagleistungen von über 20 Mio. t haben mehr als 60 Seehafenplätze auf der Welt.

→ *Suprastruktur – alle Einrichtungen, die der Besorgung, dem Umschlag, der Lagerung, der Verarbeitung, der Weiterbeförderung innerhalb einer Verkehrsanlage, z.B. eines Seehafens, oder darüber hinaus dienen. Die „suprastrukturellen Einrichtungen" wie Kräne, Lagerhäuser, Silos, Förderbandanlagen, Kühlhäuser, Gefahrgutlagerflächen und -hallen, Speditions-, Agentur- und Maklerbüros usw. werden von hafenansässigen Unternehmen bereitgestellt. Sie haben den Charakter privater Anlagen.*

Infrastruktur – alle Einrichtungen und Anlagen, die notwendig sind, um die Arbeit einer Verkehrsanlage, z.B. eines Seehafens, zu ermöglichen und sicherzustellen. Die „infrastrukturellen Einrichtungen" wie Straßen, Gleisanschlüsse, Hafenkais, Gewerbeflächen, öffentliche Verkehrsmittel und vieles mehr werden von den öffentlichen Einrichtungen (Gemeinden, Städte, Bundesländer) bereitgestellt. Sie haben den Charakter öffentlicher Anlagen.

Lage und Entwicklung von Seehäfen

Ein Blick in die Geschichte zeigt, dass viele Seehäfen bis zum Ende des 19. Jahrhunderts dort angelegt wurden, wo die natürlichen Bedingungen die Anlage eines Hafens, dessen Zufahrt und die Abwicklung der Hafenarbeiten begünstigten. Die bevorzugten Standorte für Seehäfen lagen daher nicht an der offenen See, sondern in geschützten Gewässern. Hierzu gehörten die Ästuar-Mündungsbereiche der großen Flüsse, Fjorde, tiefe Buchten, Meerengen und geschützte Stellen hinter Inseln. Diese Standorte bieten Schutz gegen den Einfluss von Seegang und Wind und erlaubten den Hafenausbau mit Kunstbauten, da in den seltensten Fällen ausreichende natürliche Wasserbecken vorhanden waren. Gleichzeitig konnten bei den Flussmündungshäfen die Güter weit ins Hinterland befördert werden, sodass teurere Landtransporte eingespart werden konnten.

> **Beispiel:**
> In Europa entwickelten sich große leistungsfähige Seehäfen nicht an der offenen See, sondern stromaufwärts an großen Flüssen. Namentlich gilt dies u. a. für die Häfen London, Hamburg, Bremen, Antwerpen, Rouen, Bordeaux und Stettin.

Mit der Industrialisierung und Technisierung änderten sich die Standortanforderungen an die Seehäfen. Dies war zum einen bedingt durch das Aufkommen der Eisenbahn, die Ablösung der Segelschifffahrt durch die Dampf- und später die Dieselschifffahrt, die Verwendung von Stahl im Schiffsbau, der eine beträchtliche Zunahme der Schiffsgrößen folgte. Für viele historisch gewachsene Seehäfen hatte dies den Zwang zur künstlichen Vertiefung der Zufahrtswege zur Folge. Wo dies technisch und finanziell nicht durchgeführt werden konnte, ging man zur Anlage von Vor- oder Außenhäfen, die näher an der offenen See lagen, über. Vorhäfen bieten den Vorteil, über tieferes Wasser zu verfügen, gleichzeitig ersparen sie zeitraubende und gefährliche Flussfahrten zwischen der offenen See und den stromaufwärts liegenden Seehafenplätzen. In manchen Fällen überflügelten die ehemals als Vorhäfen gebauten Seehafenplätze die Bedeutung ihres ursprünglichen Haupthafens. Einige Hafenstädte planen seit Jahren, die vor allem für ihren Massengutumschlag notwendigen Teile der Hafenwirtschaft an die Küste oder gar weit in die offene See in tiefes Wasser zu verlagern.

Beispiele für Häfen und Vorhäfen

Ursprünglicher Hafen	Entfernung zur offenen See in ca. km	Vorhafen	Entfernung zur offenen See in ca. km
Hamburg	120	Cuxhaven	25
		Brunsbüttel	50
Bremen	100	Bremerhaven	50
Rotterdam	40	Maasvlakte	7
		Europoort	15
Amsterdam	30	Ijmuiden	–
Brügge	15	Zeebrügge	–

Entwicklung und Bedeutung eines Seehafens sind nicht allein von der Lage zum offenen Meer oder von der Entfernung zu seinem Hinterland abhängig. Vier weitere wichtige Faktoren bestimmen die Bedeutung und Qualität eines Seehafens:

- Lage, Umfang und wirtschaftliche Bedeutung des **Hinterlandes**, die wirtschaftliche Bedeutung des **Seehafens** selbst sowie die jenige seiner unmittelbaren Umgebung;

- **Verkehrsanbindung** des Hinterlandes an den Seehafen mittels Straßen, Schienen, Wasserwegen und Rohrleitungen;

- **technische** und **personelle Voraussetzungen** für das Betreiben einer umfassenden Seehafenwirtschaft einschließlich aller Einrichtungen für Stückgut- und Massengutumschlag, Lagerung usw.;

- Anschluss des Seehafens an das weltweite Netz der **Linienschifffahrt**, Anzahl der Liniendienste und Häufigkeit der Abfahrten von Linienschiffen sowie deren Reichweite.

Von den genannten Voraussetzungen kommt der Frage des Hinterlandes und der Hinterlandverbindungen zentrale Bedeutung zu, denn ohne ein großes Hinterland kann sich ein Seehafen nicht entwickeln. Güter, die für eine Bearbeitung im Hafenareal oder in der Hafenstadt bestimmt sind, werden Loco-Güter genannt.

Beispiel:
Die Loco-Quote ist der in Prozent ausgedrückte Hafenumschlag, der aus der Hafenregion selbst stammt und nicht aus dem Hinterland. Bei einem Jahresumschlag von 20 Mio. t und einer Gütermenge von 3 Mio. t für eine Hafenregion ergibt sich eine Loco-Quote von 15 %. Die Loco-Quote ist ein Gradmesser für die wirtschaftliche Kraft eines Hafens.

Zum Einzugsbereich oder **Hinterland** eines Hafens wird allgemein jener Raum gerechnet, der die über den Seehafen eingeführten Importgüter aufnimmt oder die für den Export bestimmten Güter bereitstellt. Die Reichweite des Hinterlandes endet dort, wo die Aus- und Einfuhrvorgänge über einen anderen Hafen billiger erfolgen können. Mittels wirtschafts- und verkehrspolitischer Maßnahmen kann das natürliche Hinterland von Häfen erweitert werden. **Wirtschaftliche Maßnahmen** sind u. a. der Verkehrswegeausbau (Autobahnen, Bahnlinien, Kanäle) und Hafenerweiterungen. **Verkehrspolitische Maßnahmen** sind die Einführung bestimmter Zollmaßnahmen, Konzessionierungen oder Tarife. Ferner können politische Einflüsse große Auswirkungen auf die Seehafen-Hinterländer ausüben.

Beispiel 1:
Der Rotterdamer Hafen hatte durch seine Lage am Endpunkt der Rheinachse immer eine natürliche Lagegunst zu seinem Hinterland, da der Rhein als zentraler Wasserweg Westeuropas alle wichtigen industriellen Ballungsräume dieses Gebietes berührt. Durch die Bildung der EWG verstärkte sich die Rolle Rotterdams überdimensional, der Hafen wurde in nur wenigen Jahrzehnten der wichtigste Einfuhrhafen für die jetzige Europäische Union.

Beispiel 2:
Der Hamburger Hafen büßte durch die Spaltung Deutschlands nach 1945 große Teile seines natürlichen Hinterlandes von Mitteldeutschland und einigen angrenzenden Staaten ein. Gleichzeitig geriet die Stadt innerhalb der EG in eine Randlage, da die großen Verkehrsströme über die Rhein-Schelde-Mündungshäfen liefen. Hamburgs Rolle war für Jahrzehnte vorrangig die eines Versorgungshafens für die Bundesrepublik Deutschland.

Beispiel 3:
Seit der deutschen Wiedervereinigung erstreckt sich der Einzugsbereich Hamburgs wieder auf sein traditionelles Hinterland. Der Hafen ist für Ostdeutschland und einige Staaten Osteuropas der nächstliegende und günstigste Nordseehafen.

Seehafentypen

Seehäfen können nach verschiedenen Gesichtspunkten betrachtet werden, sodass man von unterschiedlichen Hafentypen sprechen kann. Eine mögliche Gliederung der Hafentypen zeigt die folgende Übersicht.

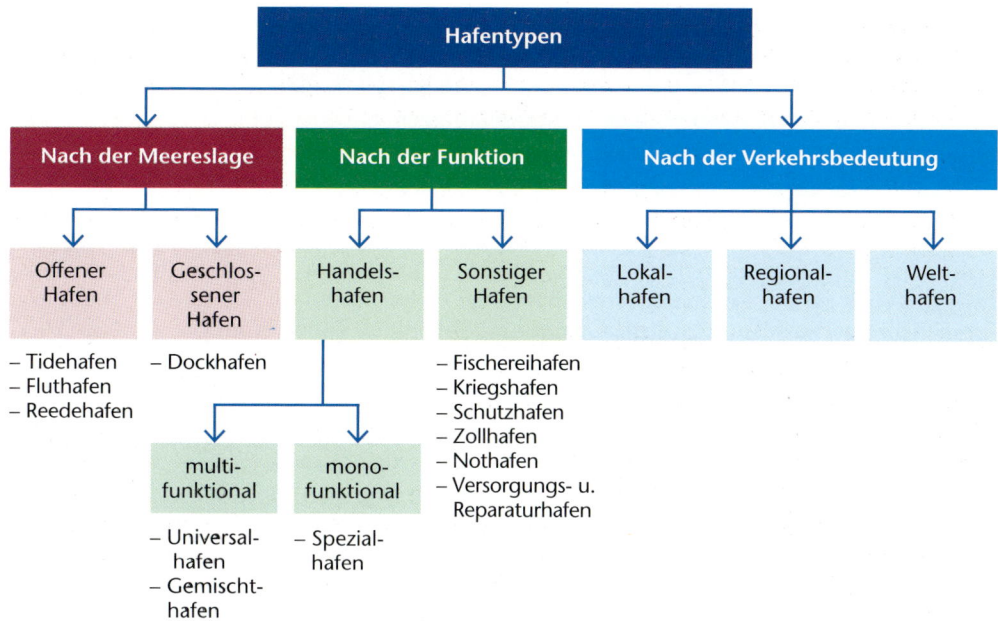

Meereslage und Gezeiteneinfluss

Zu der Gruppe der offenen Häfen gehören Tide-, Flut- und Reedehäfen. Offene **Tide-häfen** sind Hafenplätze, die mit dem Meer in freier Verbindung stehen. Sie können von Seeschiffen unabhängig der Gezeiten angelaufen werden. Die Gezeiten wirken sich zwar auf dem Zufahrtsweg und im Hafengebiet aus, jedoch ist der Einfluss nicht so stark, um die Ein- und Ausfahrten einzuschränken oder die Abfertigung erheblich zu beeinflussen. Der Vorteil offener Tidehäfen besteht in dem schleusenlosen und damit zeitsparenden Hafenzugang. Bautechnisch müssen Tidehäfen so ausgelegt sein, dass sie den wechselnden Wasserständen gerecht werden. Beispiele für offene Tidehäfen sind die Häfen Hamburg, Bremen und Rotterdam. **Fluthäfen**, wie z. B. der Hafen von Sevilla, können dagegen nur während der rund sechsstündigen Flut zur Ein- oder Ausfahrt genutzt werden. Den Eintritt der Flut müssen einfahrende Schiffe auf See oder einem Reedeplatz abwarten. Häfen, die starken Gezeiten unterliegen, sind durch Schleusenkammern oder Docks abgeschlossen worden, um vom Wasserstand unabhängig arbeiten zu können. Diese Häfen werden geschlossene Häfen oder **Dockhäfen** genannt. Beispiele dafür sind London, Liverpool, Amsterdam, Antwerpen, Bremerhaven. Unter **Reedehäfen** versteht man geschützte Ankerflächen (sog. Reede) vor der Küste. Der Umschlag von Gütern erfolgt mittels Leichtern, Schuten oder anderen Booten. Reedehäfen finden sich vorzugsweise dort, wo die wirtschaftliche Bedeutung eines Hafenplatzes gering ist oder die Finanzierung von Hafenanlagen bislang nicht erfolgen konnte. Dies gilt für eine Reihe von vorderasiatischen und westafrikanischen Hafenplätzen.

Zweck und Funktion

In der Regel nehmen alle bedeutenden Handelshäfen mehrere Aufgaben war, sie werden als **multifunktionale Häfen** bezeichnet. Sie gliedern sich in Universalhäfen und Gemischthäfen. Häfen mit nur einer Funktion werden **monofunktionale Häfen** genannt. Es handelt sich dabei um Spezialhäfen.

Universalhäfen zeichnen sich durch ihre vielseitigen Handelsfunktionen und umfangreichen Fazilitäten, d. h. ihre sichtbaren und nicht sichtbaren Betriebseinrichtungen, große Leistungskapazitäten und umfangreiche speditionelle Dienstleistungen aus. Universalhäfen verfügen sowohl über Containeranlagen als auch über Multipurpose-Terminals (Mehrzweck-Terminals), sie schlagen Schwergüter und Ro/Ro-Ladungen um. Güter können in ihnen tiefgekühlt, gefroren oder lediglich gekühlt umgeschlagen und gelagert werden. Weiterhin werden Sauggüter (Getreide, Ölfrüchte, Futtermittel), sog. Greifergüter (Kohle, Erz, Kali usw.) und Flüssiggüter aller Art gelöscht, geladen und gelagert. In keinem anderen Hafentyp zeigt sich ein derart breit gefächertes Dienstleistungsangebot. Zu den großen Universalhäfen der Welt gehören u. a. Rotterdam, Hamburg, Bremen/Bremerhaven, Antwerpen, London, Singapur, Kobe, Hongkong, New York, Tokio.

→ *Zur Sicherung von Lieferketten (supply chains) sind Häfen verpflichtet, umfangreiche Maßnahmen zur Gefahrenabwehr, insbesondere gegen Terrorakte, vorzunehmen. Hierzu gehören Zugangskontrollen, Einzäunungen, elektronische Überwachung u. a. m. Die unter dem Begriff ISPS (International Ship and Port Facility Security) international geregelten Schutzmaßnahmen können als Sicherheitszuschlag (ISPS-Charges) Hafennutzern in Rechnung gestellt werden. Ferner müssen Schiffe den Hafenbehörden vor dem Einlaufen mitteilen, welche Ladung sie befördern.*

Die Umschlaganlagen für Container gehören zu den hochproduktiven Betriebsanlagen in den Universalhäfen. Die Anlagen bestehen aus mehreren Teilbereichen. Als **Terminal** wird der Liegeplatz des Containerschiffes mit den Containerbrücken bezeichnet. Auf den vorgelagerten **Stauflächen** werden beladene Container für die Verladung bereitgestellt. Die **Container-Freight-Station** (CFS) ist eine Anlage, in der Containersammelladungen (LCL) bearbeitet werden. Ein **Container Yard** dient dagegen dem Empfang oder der Auslieferung von geschlossenen Containersendungen (FCL-Ladung) oder leeren Boxen durch die Kunden. Die Registrierung und Kontrolle von Containern wird am **Interchange** (= Schnittstelle), dem Eingang des Kaibetriebes oder der Container-Anlage, durchgeführt. Die Beförderung innerhalb der Anlage und Platzierung auf den Stauflächen erfolgt mittels Straddle-Carriern. Die Handlingkosten auf dem Terminal können als THC (Terminal Handing Charge) oder als CSC (Container Service Charge) dem Auftraggeber in Rechnung gestellt werden.

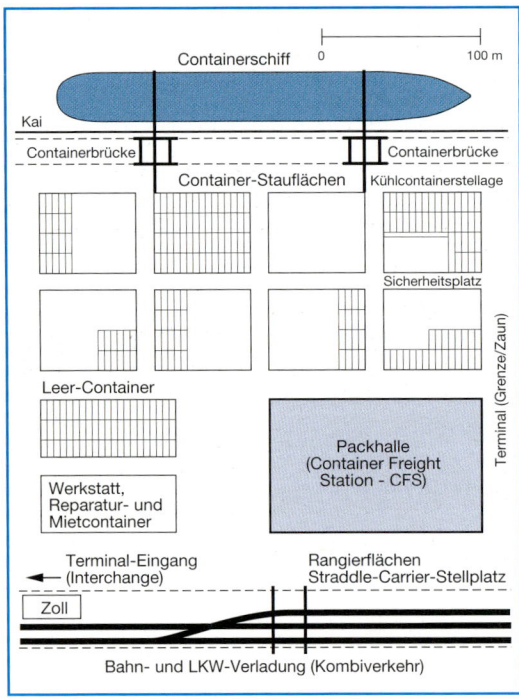

Containerschiff-Liegeplatz

Gemischthäfen schlagen mehrere Güterarten um. Eine Abgrenzung zu den Universalhäfen kann nur grob erfolgen. Einige Gemischthäfen nehmen durch ihre Spezialisierung zunehmend den Charakter von Spezialhäfen an (z. B. Emden), sodass auch hier die Grenzen fließend sind. Ihre auf Schwerpunkte ausgerichtete Handelsfunktion ergänzen Gemischthäfen oft durch Industriefunktionen. Als Gemischthäfen gelten u. a. Rouen (Stückgut, Getreide), Kiel (Stückgut, Ro/Ro), Le Havre (Stückgut, Container, Flüssiggüter) und Emden (Schüttgüter, Fahrzeuge).

Das Bild der **monofunktionalen Spezialhäfen** ist außerordentlich breit. Ihr Kennzeichen ist die Spezialisierung auf ein Gut (meist Massengut), eine Handelsform oder gar nur eine bestimmte Verkehrsrichtung. Viele Spezialhäfen, deren Namen oft wenig bekannt sind, weisen die höchsten Umschlagzahlen der Welt auf, sie sind jedoch keine Welthäfen. Meist sind diese Häfen durch ihre technischen Anlagen leicht zu identifizieren. Spezialhäfen für Erdöl etwa verfügen über umfangreiche Rohrverbindungen zwischen Schiff und Tanklagern, Pumpstationen, Pipeline-Anschlüsse und Abfüllstationen für Eisenbahn-Kesselwagen. Aufgrund der heute verwendeten großen Tank- und Bulkschiffe sind viele Spezialhäfen an Tiefwasserplätzen angelegt worden, sie sind daher oft auch Tiefwasserhäfen.

Beispiele für bedeutende Spezialhäfen

Hafentyp	Umschlagsgut	Häfen	Tiefwasser
Flüssiggut-exporthafen	Rohöl und Ölderivate	Ras Tanura (Saudi Arabien) Kharg (Iran) Port Harcourt/Bonny (Nigeria)	x x
Flüssiggut-importhafen	Rohöl und Ölderivate	Milford Haven (Großbritannien) Bantry Bay (Irland) Rotterdam (Niederlande) Wilhelmshaven (Deutschland)	 x x
Schüttgut-importhafen	Kohle/Erz	Fos-sur-mer (Frankreich) Dünkirchen (Frankreich)	x x

Hinsichtlich des gesamten Güterumschlags (Stück- und Massengut) liegen von den 19 führenden Welthäfen, den sog. **Mega-Häfen**, 15 im asiatischen Wirtschaftsraum und davon wiederum zwölf allein in China. Diese Häfen spiegeln somit die gigantischen Warenströme wider, die im Zuge der globalisierten Arbeitsteilung in diese Regionen gelangen oder von dort aus versandt werden. Sie sind gleichzeitig auch die führenden Containerknotenpunkte im Weltseeverkehr (vgl. hierzu Kap. 7.3.2).

Umschlagentwicklung (Stück- und Massengut) der größten Häfen

Rang	Hafen	Staat	Umschlag in Mio. t[1]		
			2011	2001	1990
1	Shanghai[2]	China	727,6	221,0	139,6
2	Ningo/Zhoushan[3]	China	691,0	127,7	25,5
3	Singapur	Singapur	531,6	288,9	196,0

[1] metrische Tonnen, gerundet
[2] einschl. Flussumschlag
[3] Häfen 2006 zusammengelegt

Rang	Hafen	Staat	Umschlag in Mio. t[1]		
			2011	**2001**	**1990**
4	Tianjin	China	451,0	113,7	20,6
5	Rotterdam	Niederlande	434,6	314,6	270,4
6	Guangzhou (Kanton)	China	429,0	111,3	41,6
7	Qingdao (Tsingtau)	China	375,0	104,0	30,3
8	Dalian	China	338,0	100,5	49,5
9	Tangshan	China	308,0	k. A.[4]	k. A.
10	Qinhuangdao	China	287,0	113,1	69,5
11	Hongkong[5]	China	277,4	178,2	75,3
12	Pusan[6]	Süd-Korea	269,9	134,5	63,5
13	Yingkou	China	261,0	k. A.	2,4
14	Rizkao	China	252,6	k. A.	< 1,0
15	Port Hedland	Australien	224,3	k. A.	40,5
16	Shenzhen	China	223,0	66,5	14,3
17	Los Angeles	USA	203,9	120,5	65,9
18	Antwerpen	Belgien	187,2	115,0	96,5
19	Nagoya	Japan	171,4	143,1	129,5

Quellen: Vgl. http://www.portofrotterdam.com/en/Brochures/Port-Statistics-2011.pdf

Zusammenfassung

1. *Rund zwei Drittel aller Welthandelsgüter werden über Seewege befördert. Die Linienschifffahrt transportiert fast ausschließlich Stückgüter, die Gelegenheits- oder Trampschifffahrt vorzugsweise Massengüter.*

2. *Aktive Seeschifffahrt betreiben etwa 170 Staaten. Rund die Hälfte aller Schiffe sind aber in den Schiffsregistern von nur fünf Ländern, den sog. Billigflaggenländern Panama, Liberia, Marshall-Inseln, Malta und Hongkong, registriert.*

3. *Weltweit gibt es mehr als 7.000 Seehäfen. Den Status von Welthäfen haben rund 1.500 Seehäfen.*

4. *Universalhäfen zeichnen sich durch ihre außerordentlich vielseitigen Hafenfunktionen aus. Spezialhäfen schlagen dagegen nur bestimmte Güter um.*

[4]	*keine Angaben*
[5]	*einschl. Binnenverkehr*
[6]	*umgerechnet aus stat. Frachttonnen*

Aufgaben

1. Begründen Sie, warum die Seeverkehrswirtschaft elementarer Bestandteil der Weltwirtschaft ist.

2. Berechnen Sie den Containerisierungsgrad eines Hafens, der folgende Umschlagzahlen aufweist: Gesamtumschlag 21,5 Mio. t, davon Stückgut 12,8 Mio. t, konventionelles Stück- und Sackgut 7,2 Mio. t, Containergut 5,6 Mio. t, trockenes Massengut 8,7 Mio. t.

3. Interpretieren Sie die Aussage: Container besitzen die Eigenschaft, heterogene Stückgüter zu homogenen Massengütern umzufunktionieren.

4. Die Bedeutung und Qualität eines Weltseehafens hängt von mehreren Faktoren ab. Nennen Sie derartige Faktoren und begründen Sie Ihre Ansicht.

5. Nennen Sie Beispiele für multi- und monofunktionale Seehäfen in Europa und Übersee.

7.3 Seeverkehrswege

Unter Berücksichtigung von verschiedenen Einflüssen, die politischer, natürlicher, technischer oder nautischer Art sein können, sind die Seeverkehrswege die jeweils kürzest mögliche Verbindung zwischen zwei Häfen oder tarifmäßig zusammengefassten Hafengruppen, den sog. **Ranges**. Die natürlichen Seeverkehrswege, die auf den offenen Meeren als solche nicht erkennbar sind, verlaufen in unterschiedlicher Dichte und Streckenführung über die Meere und bilden ein weltumspannendes Netz. Ihre Endpunkte bilden die Seehäfen. Allein die künstlich geschaffenen Seeverkehrswege, die Seekanäle, und die Meerengen lassen durch ihre bündelnde Funktion den Seeverkehr auch optisch sehr deutlich werden. Seeverkehrswege stellen keine bleibenden Verkehrslinien dar. Je nach Einfluss der Natur kann es kurzfristig beträchtliche Routenänderungen geben und je nach Grad des Handelsaustausches werden langfristig neue Routen befahren, während andere an Bedeutung verlieren.

Hoheitsgewässer

Das Befahren der Seeverkehrswege ist generell Schiffen aller Nationen gestattet, denn es gilt das Grundprinzip der „**Freiheit der Hohen See**" (auch „Freiheit der Meere" genannt), das von dem niederländischen Rechtsgelehrten Hugo Grotius 1625 aufgestellt wurde. Aus Grotius' Zeit stammt gleichermaßen der Grundsatz, dass jeder Küstenstaat das Recht hat, sein Hoheitsgebiet zum Schutze der Küste um drei Seemeilen aufs Meer hinaus zu erweitern. Drei Seemeilen (1 sm = 1,852 km) entsprach seinerzeit der üblichen Schussweite von Kanonen. Die so geschaffene „Dreimeilenzone" markierte lange Zeit die Hoheitsgewässer von Küstenstaaten. Somit sind nach internationalem Recht die Meere mit Ausnahme der küstennahen Hoheitsgewässer internationale, hoheitsfreie Gebiete, frei zugänglich und nutzbar. Von den fast 120 Küstenstaaten der Erde gingen in den letzten Jahrzehnten aus wirtschaftlichen Gründen viele einseitig dazu über, ihre „Dreimeilenzone" zu erweitern, die meisten auf zwölf Seemeilen, einige weit darüber. 1982 verabschiedete die UN-Seerechtskonferenz eine **Seerechtskonvention** mit einer geänderten seerechtlichen Zoneneinteilung. Danach werden die Territorialgewässer der Küstenstaaten aus einer **12-Seemeilen-Zone** gebildet und innerhalb einer 200-sm-Zone (**Wirtschaftszone von 370,4 km**) haben Küstenstaaten die alleinigen Hoheitsrechte zur Ausbeutung von Meeresrohstoffen (Tiefseebergbau, Erdölförderung, Fischerei). Bei Festlandsockeln von > 200 sm Ausdehnung kann unter Auflagen diese Zone auf 350 sm erweitert werden. Die darüber hinausgehenden Tiefseegebiete wurden zum „gemeinsamen Erbe der Menschheit" erklärt. Die Konvention brachte für viele Küstenstaaten große territoriale Zugewinne.

Beispiel:
Besonders vorteilhaft ist die Regelung für Langküsten- und Inselstaaten. In km^2 gerechnet, erhielten die folgenden Staaten an Zugewinn: USA (15 Mio.), Australien (6,6 Mio.), Indonesien (5,4 Mio.), Neuseeland (4,8 Mio.), Kanada (4,7 Mio.), Japan (3,9 Mio.). Auf die Bundesrepublik Deutschland entfielen 0,04 Mio. km^2.

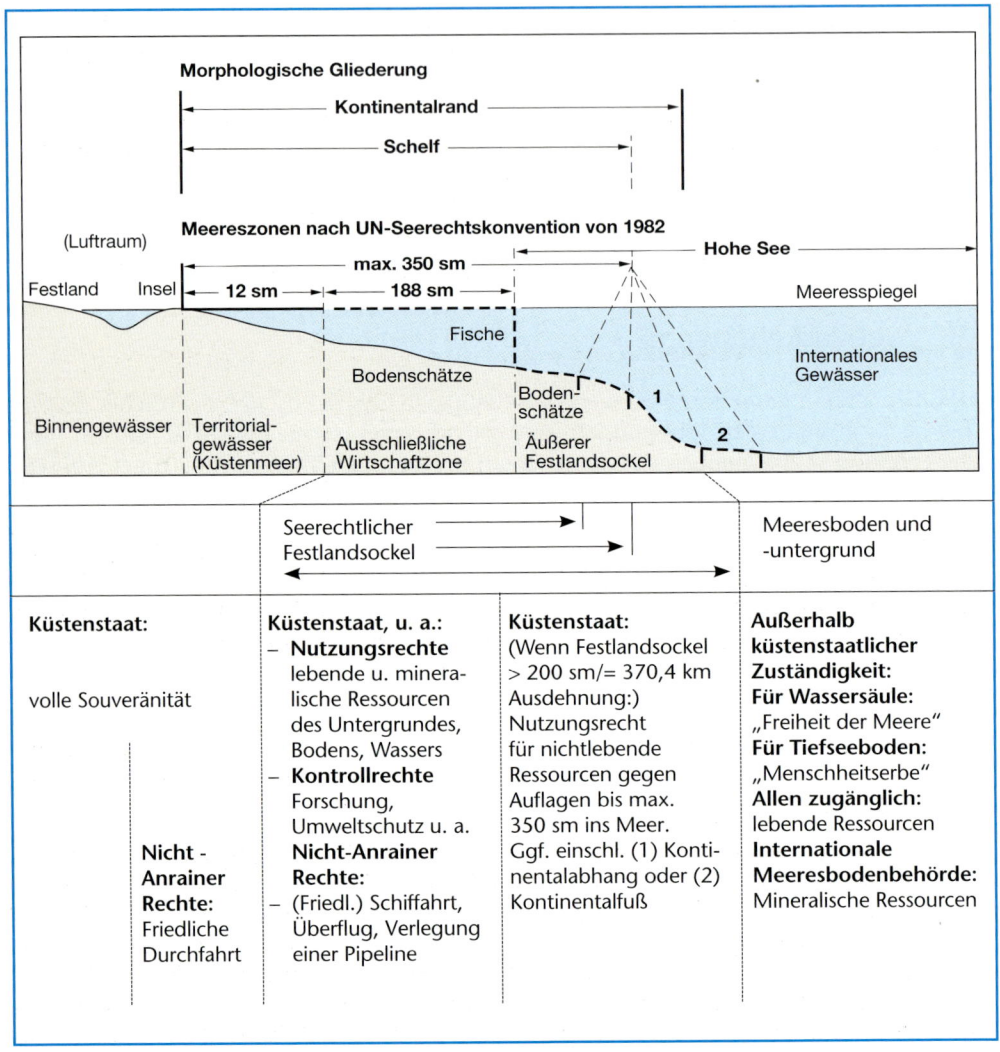

Meereszonen nach der UN-Seerechtskonvention von 1982

Da durch diese Regelung über 100 bis dahin zur Hohen See gehörende Meerengen zu Territorialgewässern von Küstenstaaten wurden, erhielten die meisten den Status von „**Transit-Meerengen**". Schiffe von Nicht-Anrainern haben das Recht auf friedliche Durchfahrt, ihre Flugzeuge das Recht auf friedlichen Überflug. Die Handelsschifffahrt ist durch die 12-sm-Zone somit kaum betroffen, die Durchfahrt sichergestellt und willkürliche Schließungen, etwa von Meerengen, vertraglich ausgeschlossen. Gleichwohl gilt in den Zonen die volle Souveränität der Küstenländer und damit ggf. deren besondere nautische Ordnung. Die Bundesrepublik Deutschland führte 1994 generell die 12-sm-Zone ein. In welchem Maße die Kompetenz eines Küstenstaates in Richtung offene See abnimmt, zeigt vorstehende Abbildung (ohne Berücksichtigung des Luftraums über dem Meer).

7.3.1 Fahrtrouten der Linienschifffahrt

Eine Dominanz an Seeverkehrswegen ist auf der Nordhalbkugel festzustellen. Zwischen den großen Wirtschaftsräumen von Nordamerika, Europa und Fernost sowie den Rohstoffgebieten am Persischen Golf erstrecken sich weltumspannend die dichtesten Seeverkehrsbänder. Auf der Südhalbkugel dagegen gibt es bislang kaum sehr stark ausgeprägte weltumspannende Seeverkehrslinien, sondern vielmehr nur einzelne Seeverkehrszentren. In vereinfachter Form können die weltweiten Seehandelsströme wenigen dominanten Verkehrsrichtungen oder -routen zugeordnet werden.

Transatlantische Verkehrsrouten

Sie verbinden die führenden Wirtschaftsräume in Europa mit denen in Amerika.

Die transatlantischen Verkehrsrouten bestehen aus drei wichtigen Einzelseewegen.

Seeweg	Verbindung	ca. Seemeilen ab Hamburg
Nordatlantischer Seeweg	Europa – Ostküste USA/Kanada	3.500
Mittelatlantischer Seeweg	Europa – Mexiko/Karibik	5.000
Südatlantikroute	Europa – Südamerika Ostküste	6.600

Für lange Zeit waren diese Routen die wichtigsten. In den letzten Jahren wurden sie in ihrer Bedeutung von den Transpazifischen Seeverkehrswegen überflügelt.

Transpazifische Verkehrsrouten

Diese Seewege zwischen Nordamerika und Ostasien haben durch die rasante wirtschaftliche Entwicklung asiatischer Länder enorm an Bedeutung gewonnen. Die Handelsbänder sind die derzeit dichtesten weltweit.

Herausragende Seeverkehrsachse ist der **Nordpazifische Seeweg**. Im Wesentlichen verläuft er entlang des nördlichen Wendekreises. In der Höhe von Hawaii gabelt sich dieses Verkehrsband in eine Panamalinie und eine US-Westküstenlinie. Über diesen Seeweg erfolgt der Hauptverkehr zwischen Fernost und Nordamerika. Die Inseln und Kleinstaaten des Pazifik werden über die **Zentralpazifik-Route**, eine weniger durch große Linienverkehre bediente Verkehrsroute angefahren. Die zentralen Hafenplätze befinden sich u. a. auf den Inseln Guam/USA, Fiji, Amerikanisch-Samoa und Tahiti. Eingebunden sind ferner die Kleinstaaten West-Samoa, Kribati, Nauru, Tuvalu und Papua Neuguinea mit dem einzigen wichtigen Regional-Containerhafen Lae.

Suez-Indik-Route und die Südasienroute

Die von Europa nach dem Nahen und Fernen Osten oder umgekehrt eingesetzten Linienseeverkehre nutzen die **Suez-Indik-Route**. Ihr Verlauf ist durch die Passage des Suezkanals und mehrerer Meerengen vor und nach der Kanaldurchfahrt geprägt. Die Suez-Indik-Route findet ab Indien ihre Fortsetzung in der entlang des Kontinents verlaufenden Seeroute nach Fernost, die auch **Südasienroute** genannt wird. Auch ihr Verlauf ist je nach Zielhafen durch die Passage von Meerengen und -straßen (z. B. Zehn-Grad-Straße, Malaccastraße, Straße von Singapur, Sundastraße) geprägt.

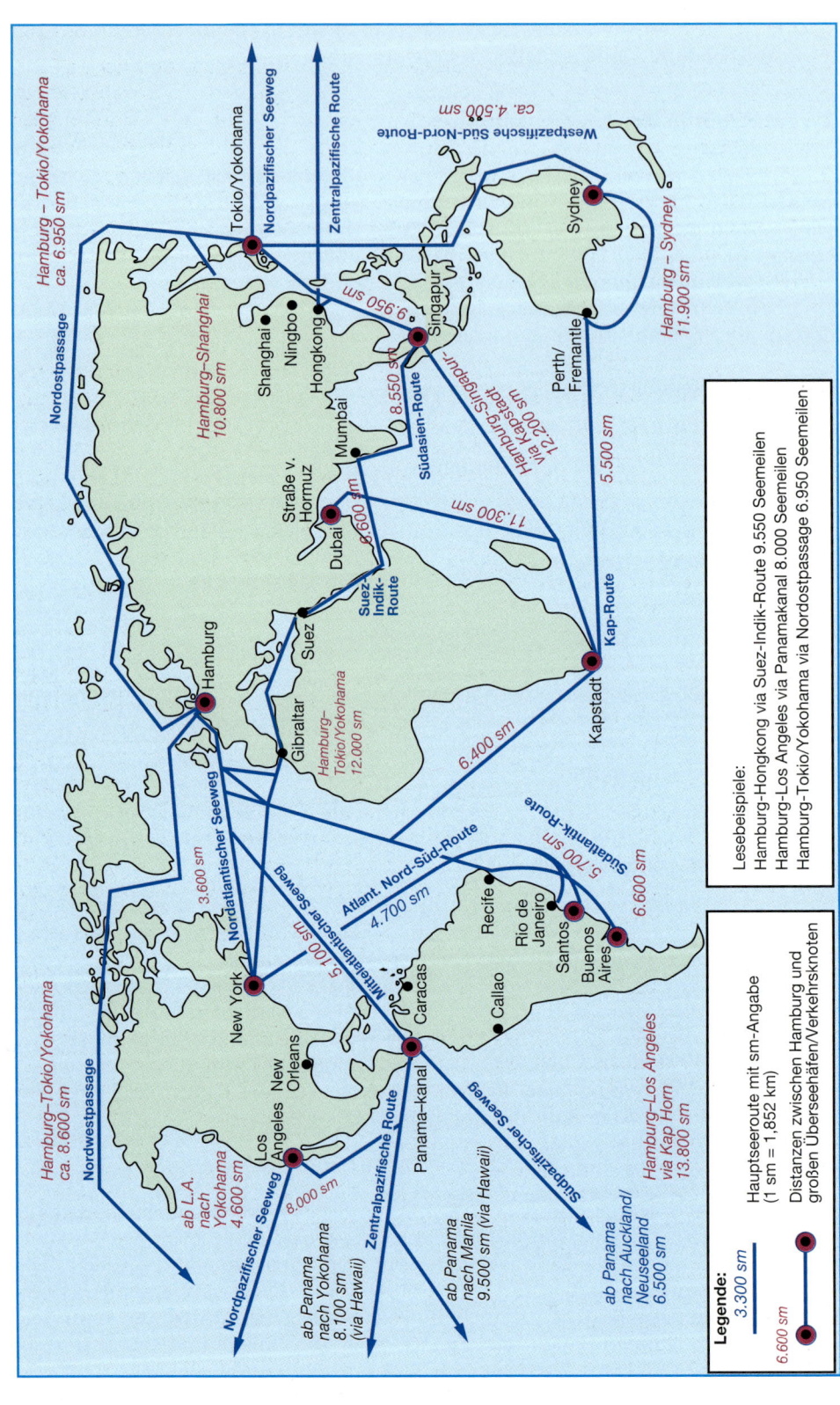

Seeverkehrswege (Auswahl) und Zirka-Distanzen in Seemeilen (sm)

Legende:

3.300 sm — Hauptseeroute mit sm-Angabe (1 sm = 1,852 km)

6.600 sm — Distanzen zwischen Hamburg und großen Überseehäfen/Verkehrsknoten

Lesebeispiele:
Hamburg-Hongkong via Suez-Indik-Route 9.550 Seemeilen
Hamburg-Los Angeles via Panamakanal 8.000 Seemeilen
Hamburg-Tokio/Yokohama via Nordostpassage 6.950 Seemeilen

Kap-Route

Im Weltseeverkehr stellt die Route um das **Kap der Guten Hoffnung** für Stückgut-Linienverkehre eine weniger bedeutende Strecke dar, sie ist dagegen der Haupttransportweg für massenhafte Rohöllieferungen vom Persischen Golf nach Europa und Nordamerika. Die Route bildet für viele Massengutschiffe einen Zwangsweg, da sie wegen ihrer Abmessungen und Tiefgänge die erheblich kürzere Suez-Route nicht befahren können. Auf der Kap-Route werden die größten Schiffe der Welt eingesetzt, sog. VLCC-Schiffe (Very Large Crude Carrier) mit Tonnagen bis zu 300.000 tdw. Über die Kap-Route werden ferner große Mengen Bulkgüter, wie beispielsweise Eisenerz und Kohle, von Südafrika und Australien nach Europa befördert.

Westpazifische Süd-Nord-Route

Die intensiven Handelsbeziehungen zwischen dem Rohstoffexportland Australien und dem rohstoffarmen Industriestaat Japan hat im westlichen Pazifik große seewärtige Warenströme zwischen beiden Ländern zur Folge. Diese Verkehre bestehen aus Getreide, Bauxiten oder Aluminium, Phosphaten, Kohle, Eisenerzen sowie anderen metallischen Bodenschätzen. Sie verlaufen von der West- und Ostküste Australiens durch die Inselgruppen des Westpazifiks nach Norden. Ähnliche Wege nehmen Rohstoffexporte (Gas, Bergbauprodukte usw.) von Papua Neuguinea, Westirian und anderen indonesischen Inseln nach Japan, Korea und Taiwan. In nordsüdlicher Richtung werden in der Linienfahrt Stückgüter aller Art zwischen den genannten Räumen befördert.

Polare und andere Fahrtrouten

Ergänzt wird das Bild der west-östlichen Seehandelsströme durch mehrere Nord-Süd-Routen. Hierzu gehören vor allem die Seeverkehre zwischen Nord- und Südamerika sowie zwischen Europa und West-, Süd- und Ostafrika. In jüngster Zeit gewinnen die Polarrouten an Bedeutung. Es handelt sich hierbei um arktische Frachtverkehre über die Nordwest- und Nordostpassage. Die **Nordwestpassage** führt zu den Inseln Nordkanadas und durch die Beringstraße in den Pazifik. Die Transportmengen sind allerdings gering, da es in der Regel nur Versorgungsverkehre für die Erdölfördergebiete sind. Dagegen ist die zwischen Europa und Fernost verlaufende **Nordostpassage**, die auch als „Nördliche Durchfahrt" oder „Nördlicher Seeweg" bezeichnet wird, bereits ein Verkehrsweg für mehrere Millionen Tonnen Güter im Jahr. Die Route ist allerdings auf ihrer Kernstrecke, der 5.600 km langen Passage zwischen der Insel Nowaja Semlja und der Beringstraße, meistens nur zwei bis drei Monate im Jahre eisfrei, sie kann oft nur mit Eisbrechern und in geschlossenen Verbänden befahren werden.

➔ *Die Seeroute von Oslo (Norwegen) nach Yokohama (Japan) misst durch die Nordostpassage rd. 7.200 Seemeilen, durch Mittelmeer und Suezkanal hingegen 12.000 Seemeilen. Eine beständige kommerzielle Nutzung der Polarroute ist wegen der eingeschränkten Passagezeiten schwierig, zumal höhere Baukosten für eisgängige Schiffe anfallen. Der Frachtverkehr erfolgt weitgehend durch russische Spezialschiffe. Derzeit sind die Transportkosten für diesen Seeweg höher als die der Südroute, wo die Verfrachtung durch billiger konstruierte Schiffe ohne Eistauglichkeit vorgenommen werden kann. Für westliche Schiffe wird eine Fahrt über die Polarroute ohnehin unkalkulierbar, da Versicherungsgesellschaften die Risikoübernahme vielfach ablehnen.*

7.3.2   Containergürtel und Containerhäfen

Die Stationen der großen Container-Linienschifffahrt sind auf einige bedeutende Seehäfen reduziert. Im Wesentlichen vollzieht sich dieser Liniendienst zwischen den Häfen der verkehrstechnisch hochentwickelten Fahrtgebiete in den führenden Industriestaaten und Schwellenländern der Erde, der Triade, in Richtung West-Ost und umgekehrt. Die befahrenen festen Liniendienstrouten, die man auch als Containerachsen bezeichnet, bilden einen **Containergürtel** auf der nördlichen Hemisphäre, der sich rund um die Welt spannt. Die 20 größten Container-Seehäfen liegen in zehn Staaten entlang des Gürtels.

Entwicklung in den größten Containerhäfen der Welt

Rang	Hafen	Staat	Umschlag in Mio. TEU[1]		
			2011	2004	1997
1	Shanghai[2]	China	31,500	14,557	2,520
2	Singapur	Singapur	29,937	21,340	14,135
3	Hongkong[2]	China	24,404	21,984	14,386
4	Shenzhen	China	22,570	13,615	< 1,500
5	Pusan	Süd-Korea	16,175	11,430	5,234
6	Ningbo/Zhoushan[3]	China	14,686	4,006	< 0,500
7	Guangzhou	China	14,400	3,308	< 1,000
8	Qingdao	China	13,020	5,140	1,031
9	Dubai Ports	VAE	13,000	6,429	< 2,600
10	Rotterdam	Niederlande	11,877	8,270	5,495
11	Tientjin	China	11,500	3,814	< 1,000
12	Kaohsiung	Taiwan	9,636	9,710	5,693
13	Port Kelang	Malaysia	9,604	5,244	1,685
14	Hamburg	Deutschland	9,014	7,003	3,337
15	Antwerpen	Belgien	8,664	6,064	2,969
16	Los Angeles	USA	7,940	7,321	2,960
17	Tanjung Pelepas/Johor	Malaysia	7,500	4,020	1,671
18	Xiamen	China	6,460	2,880	< 1,000
19	Dalian	China	6,400	1,450	< 1,000
20	Long Beach	USA	6,061	5,780	3,505

Quelle: Zahlen vgl. u.a.: http://www.portofrotterdam.com/en/Brochures/Port-Statistics-2011.pdf; http://www.hafen-hamburg.de/content/containerumschlag-im-vergleich; letzter Zugriff: 25.01.2013

Containerverkehre werden natürlich auch mit Staaten der Südhemisphäre unterhalten, vor allem sind hier Australien, Neuseeland, Südafrika, Argentinien, Brasilien und Uruguay zu nennen, deren Häfen zählen jedoch nicht zu den großen Knotenpunkten der Behälterverkehre.

Die meisten großen Containerhäfen waren bereits vor der Containerisierung führende Seehäfen. Es sind Häfen mit einem weitreichenden, leistungsfähigen, industrie- und bevölkerungsstarken Hinterland, das in der Regel außerordentlich gut per Bahn-, Straßen- und Wasserwege an die Seehäfen angeknüpft ist. Diese großen Häfen waren auch am ehesten in der Lage, die hohen Investitionen für moderne Containerterminals aufzubringen. Dies erklärt auch, warum viele Entwicklungsländer keinen oder nur einen Containerhafen besitzen. Eine große Rolle spielt weiterhin das tiefe Fahrwasser, das günstige Anlaufmöglichkeiten für Containerschiffe neuerer Generation schafft. Alle bedeutenden Containerhäfen liegen zudem geografisch zentral zu anderen Seehäfen, sodass von ihnen aus im seewärtigen Zubringerdienst die Verteilung von Containern zu anderen Hafenplätzen erfolgen kann.

---

[1]   Twenty-Foot-Equivalent–Units
[2]   einschl. Flussumschlag
[3]   Häfen 2006 zusammengelegt

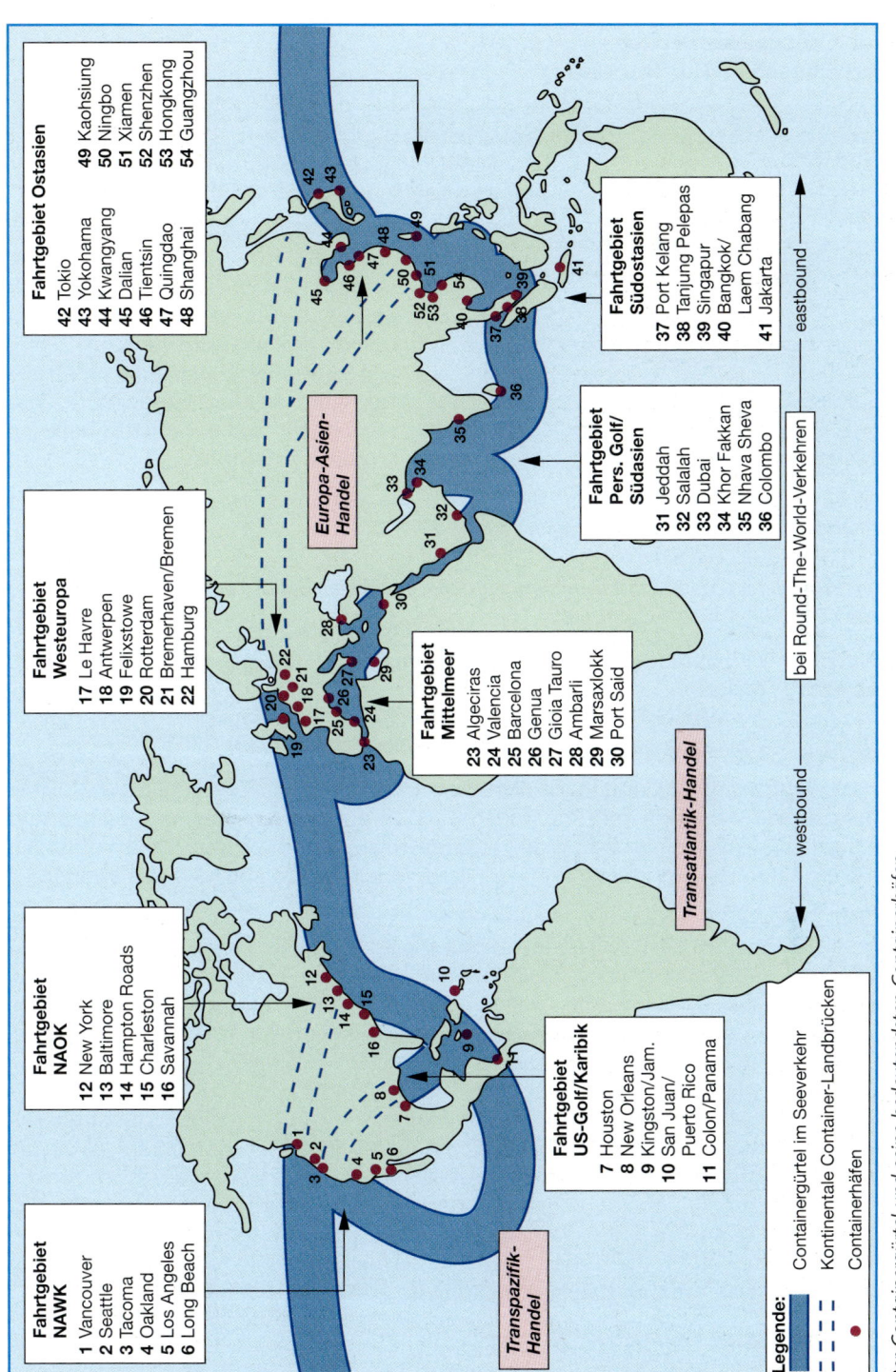

Fahrtgebiet Ostasien
42 Tokio 49 Kaohsiung
43 Yokohama 50 Ningbo
44 Kwangyang 51 Xiamen
45 Dalian 52 Shenzhen
46 Tientsin 53 Hongkong
47 Quingdao 54 Guangzhou
48 Shanghai

Fahrtgebiet Südostasien
37 Port Kelang
38 Tanjung Pelepas
39 Singapur
40 Bangkok/
   Laem Chabang
41 Jakarta

Fahrtgebiet Pers. Golf/Südasien
31 Jeddah
32 Salalah
33 Dubai
34 Khor Fakkan
35 Nhava Sheva
36 Colombo

Fahrtgebiet Westeuropa
17 Le Havre
18 Antwerpen
19 Felixstowe
20 Rotterdam
21 Bremerhaven/Bremen
22 Hamburg

Fahrtgebiet Mittelmeer
23 Algeciras
24 Valencia
25 Barcelona
26 Genua
27 Gioia Tauro
28 Ambarli
29 Marsaxlokk
30 Port Said

Fahrtgebiet NAWK
1 Vancouver
2 Seattle
3 Tacoma
4 Oakland
5 Los Angeles
6 Long Beach

Fahrtgebiet NAOK
12 New York
13 Baltimore
14 Hampton Roads
15 Charleston
16 Savannah

Fahrtgebiet US-Golf/Karibik
7 Houston
8 New Orleans
9 Kingston/Jam.
10 San Juan/
   Puerto Rico
11 Colon/Panama

Europa-Asien-Handel
Transatlantik-Handel
Transpazifik-Handel

eastbound
westbound
bei Round-The-World-Verkehren

Legende:
Containergürtel im Seeverkehr
Kontinentale Container-Landbrücken
Containerhäfen

Der Containergürtel und seine bedeutendsten Containerhäfen

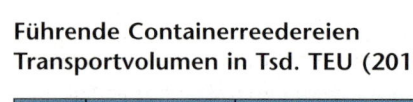

Führende Containerreedereien
Transportvolumen in Tsd. TEU (2011)

Rang	Reederei	Land	Tsd. TEU
1	APM-Maersk	Dänemark	2.150
2	MSC	Schweiz	1.930
3	CMA-CGM	Frankreich	1.230
4	Cosco	China	648
5	Hapag-Lloyd	Deutschland	600
6	Evergreen	Rep. China (Taiwan)	600
7	APL	Singapur	580
8	Hanjin	Süd-Korea	500
9	CSCL	China	460
10	Mitsui O.S.K.	Japan	434

Die großen **Container-Linienree-dereien** bedienen nur jene **Containerhäfen**, die günstige Fahrwasserverhältnisse aufweisen, dem massenhaften Umschlag von Containern aufgrund ihrer Supra- und Infrastruktur gewachsen sind und zudem großes Ladungsaufkommen garantieren. Die Auswahl von nur wenigen zentralen Häfen erlaubt es, die Fahrtzeit für eine Rundreise zu verkürzen, die Abfahrtsdichte dagegen attraktiv zu erhöhen.

Quelle: Zahlen vgl. http://www.handelsblatt.com/unternehmen/logistik-spezial2012/ranking-die-groessten-reedereien-der-welt/6238884.html#image, letzter Zugriff: 19.07.2013

→ *Express-Containerverkehre mit schnelllaufenden Containerschiffen benötigen heute auf der Europa-Fernost-Relation extrem kurze Fahrtzeiten:*

Rotterdam	*(Niederlande)*	–	*Hongkong*	*(Hongkong)*	*22 Tage*
Antwerpen	*(Belgien)*	–	*Singapur*	*(Singapur)*	*19 Tage*
Le Havre	*(Frankreich)*	–	*Port Kelang*	*(Malaysia)*	*17 Tage*
Hamburg	*(Deutschland)*	–	*Yokohama*	*(Japan)*	*34 Tage*

Da sich der Wettbewerb im Containerverkehr verschärft hat, beschränken sich viele Carrier nicht mehr auf die Seebeförderung. Sie wollen ihren Kunden mehr bieten und halten rund um den Container entsprechende Logistik, Zubringerdienste und sonstige Dienstleistungen vor, um die gesamte Transportkette im Haus-Haus-Verkehr selbst abwickeln zu können.

Beispiel:
Eine Reederei hat einen 20'-Behälter von Hannover nach Des Moines/Iowa im Haus-Haus-Verkehr (FCL/FCL) zu befördern. Sie stellt dem Versender die Box auf seinem Betriebsgelände bereit, übernimmt den Zulauf zum Terminal Hamburg-Waltershof, führt die Seebeförderung durch, organisiert und kontrolliert den Bahn-Nachlauf zum Bestimmungsort. Bei diesem Service nehmen die Seetransportkosten nur noch rund ein Drittel aller anfallenden Kosten ein.

In den letzten Jahren hat sich der Containerverkehr weltweit explosionsartig ausgeweitet – die umschlagstärksten Containerhäfen liegen in Ost- und Südostasien. Einige wie z. B. die chinesischen Häfen Shanghai am Jangtse-Delta, Qingdao (Tsingtau) und Ningbo haben ihre Umschlagzahlen für Behälter innerhalb nur eines halben Jahrzehnts fast verdoppelt – dies ist Ausdruck der Globalisierung und der umwälzenden Entwicklungen bei der Verlagerung von Produktionsstandorten. Beispielhaft wird diese Tendenz an den beiden chinesischen Containerhäfen Hongkong und Shenzhen deutlich.

Hongkong, Shenzhen und das Perlflussdelta

Der Tiefwasserhafen von **Hongkong** ist nicht nur eines der „Tore nach Südchina", sondern der zentrale Logistikknotenpunkt für das boomende Wirtschaftsgebiet „Perlflussdelta", das auch als „Werkbank der Welt" bezeichnet wird. Dieses südchinesische Industriegebiet stellt das entscheidende Hinterland für Hongkong und seine Nachbarstadt Shenzhen dar.

Im Perlflussdelta leben zwar nur etwa 3,5 % der chinesischen Bevölkerung, die Region erwirtschaftet jedoch 10 % des Bruttoinlandproduktes (BIP) und über 30 % der Außenhandelswerte Chinas. Derzeit ist das Delta mit seinen „Sonderwirtschaftszonen" und Städten wie Shenzhen, Guangzhou, Nanhai, Zhuhai im globalen Produktions- und Handelsverkehr der führenden Raum für die Herstellung von Textilien, Elektronik, Telekommunikation, Uhren, Schuhe, Kunststoffwaren, Spielzeug u.a.m. vorzugsweise für die Märkte in der EU, den USA und Japan. Enorme Gütermengen werden als direkte Folge aus dieser Boom-Region über Hongkong verschifft. Insgesamt sind in allen Seehäfen Chinas wegen des expandierenden Außenhandels die Containerumschlagzahlen stark angestiegen. Hongkong und Shenzhen sind scharfe Konkurrenten im Wettbewerb um Containerladungen. Grund dafür ist die schlechte Verkehrsverbindung Hongkongs zu Südchina. Zeitaufwendige Lkw-Transporte zu den Hongkonger Terminals machen den Hafen teuer.

→ *Die Stadt Shenzhen, nur durch einen Fluss von Honkong getrennt, gilt als eine der am stärksten wachsenden Städte der Welt. Von 1980 bis 2010 ist die Kleinstadt mit ehemals 30.000 Einwohnern auf eine moderne Metropole mit über 12 Mio. Einwohnern angewachsen. Der wirtschaftliche Boom, gefördert durch den Status einer Sonderwirtschaftszone, verschafft Shenzhen das höchste Pro-Kopf-Einkommen in China. Es existieren mehrere Containerhäfen, die Shenzhen zum zweitwichtigsten Hafen Chinas machen. Der Flughafen ist für nationale Flugverkehre von großer Bedeutung.*

Transithafen Singapur

Einer der bedeutendsten Container- Transithäfen ist **Singapur** mit Feederdiensten u.a. nach Indien, Philippinen, Indonesien, Malaysia, Thailand und Myanmar (Burma). Der tropische Stadt- und Inselstaat an der Südspitze der malayischen Halbinsel liegt knapp nördlich des Äquators. Verkehrsgeografisch nimmt er eine außerordentlich günstige Zentrallage in Südostasien ein, die seit jeher seine Rolle als Drehscheibe für Seeverkehre verstärkte. Flächenmäßig ist Singapur etwas kleiner als Hamburg. Die Einwohnerzahl liegt bei rd. 4 Mio., die Stadt hat keine eigene Schwerindustrie und verfügt auch nicht über ein stark industrialisiertes Hinterland mit entsprechendem Güteraufkommen. Lediglich ein Drittel des Güterumschlags entstammen aus eigenem Ex- oder Import. Überwiegend sind es containerisierte Stückgüter im Transit, die in Singapur umgeschlagen werden. Der Seehafen Pasir Panjang ist in dieser Funktion bereits seit 1990 einer der größten Containerhäfen der Welt.

Round-The-World-Verkehre

In einigen Fällen arbeiten Reedereien statt im traditionellen **Pendelverkehr** im Rundum-die-Welt-Dienst („Round-The-World-Service").

> **Beispiel:**
> Beim „Round-The-World-Dienst" wird das Prinzip des **Kreisverkehrs** angewendet. Dabei werden nur die großen Häfen des Weltseehandels angefahren. Im Wochenrhythmus setzen die Reeder ihre Schiffe sowohl west- als auch ostwärts ein, einige große Containerreedereien fahren entweder nur in westliche (westbound) oder nur in östliche (eastbound) Richtung. Eine Rundreise dauert je nach Anzahl der bedienten Häfen bis zu 80 Tage.

Die Auslastung der Containerschiffe ist je nach wirtschaftlichen Einflüssen (Dollarkursentwicklung, Exportförderungen, Nachfrageänderungen usw.) auf den Verkehrsrichtungen sehr unterschiedlich. Ostgehende Round-The-World-Dienste profitieren unter Umständen auf der Suez Indik-Route von den hohen Importen der Länder im Nahen Osten und auf der Transpazifikroute von denen der USA. Dagegen kann der ostgehende

transatlantische Verkehr von den USA nach Europa sowie der Verkehr von Europa nach Fernost schwächer ausgeprägt sein. Umgekehrt ergeben sich ähnliche Effekte.

Nach dem Löschen der Behälter in den Zentralhäfen wird ihre Weiterbeförderung auf dem Landweg intermodal per Lkw, Bahn oder Binnenschiff oder auf dem Seeweg mit Feederschiffen im Kurzstreckenverkehr (Short Sea-Verkehr) vorgenommen. Feederschiffe ergänzen den überseeischen Containerverkehr, da sie die Einzugsbereiche der großen Seehäfen erweitern, die Netzbildung der Containerdienste erhöhen, auch kleine Häfen mit Containerladungen versorgen und sie an das weltweite Netz anbinden.

7.4   Fahrtgebiete und Häfen

In der Linienschifffahrt werden Regionen mit ihren Seehäfen zu geografisch abgegrenzten Raumeinheiten, den **Fahrtgebieten**, „**Shipping Ranges**" oder „**Trade Areas**", zusammengefasst. Insgesamt können mehr als 40 Fahrtgebiete unterschieden werden, denen eine allgemein verwendete, jedoch nicht zwingende Reihenfolge zugrunde gelegt wurde. Fahrtgebiete und Schiffsabfahrten werden in sog. Schiffslisten im Internet, in Fachzeitschriften wie etwa der Deutschen Verkehrs- und Logistikzeitung (DVZ) regelmäßig veröffentlicht. Die Bezeichnungen der Fahrtgebiete richten sich nach den geografischen Namen von Küsten, Meeren, Einzelstaaten oder Staatengruppen. Da nicht selten lange Bezeichnungen entstehen, werden bei stark frequentierten Fahrtgebieten Abkürzungen verwendet. Die Zielhäfen und -länder sind namentlich benannt und/oder in Form von Hafen- und Ländercodes aufgeführt.

Die Häfen in den Fahrtgebieten werden von Reedereien direkt oder mit Umladungen **(Transshipment)** bedient. Viele Reedereien haben sich auf Fahrtgebiete spezialisiert. Die ein Fahrtgebiet bedienenden Reedereien, die eingesetzten Schiffstypen, deren Lademöglichkeiten und Abfahrtszeiten sowie andere Angaben werden detailliert in den Schiffslisten (alter Ausdruck: Segellisten) veröffentlicht. Das folgende Beispiel einer Schiffsliste (Auszug) stammt aus der Deutschen Verkehrs- und Logistikzeitung.

Innerhalb Europas werden gewöhnlich als eigene Fahrtgebiete die am Atlantik und an Nord- und Ostsee gelegenen Staaten oder Staatengruppen genannt. Da die wichtigsten Häfen dieser Fahrtgebiete bereits in Kapitel 3 behandelt worden sind, wird an dieser Stelle auf eine Darstellung verzichtet.

Beispiele für Schiffsabfahrten ab Hamburg

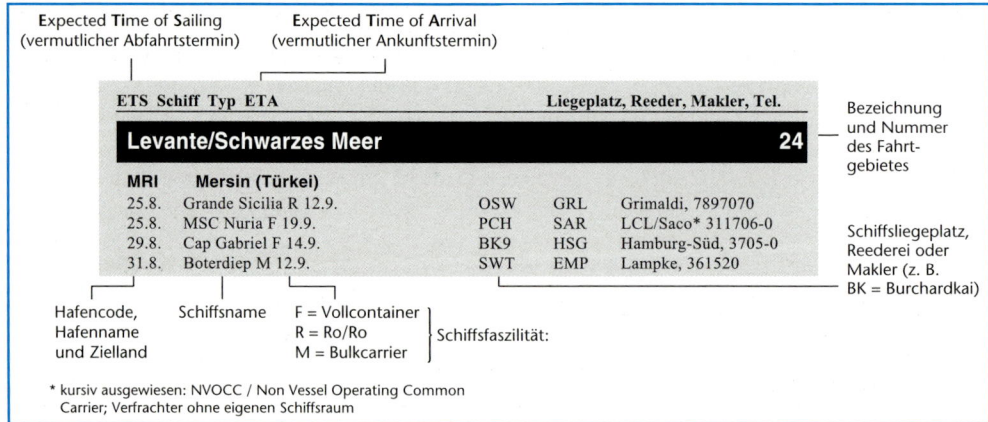

Auszug nach: DVZ vom 23. August 2012

Fahrtgebiete in der Linienschifffahrt (vgl. Karte folgende Seite)

Nr.	Fahrtgebiet	Abk.	Ausdehnung
1	Kanada/Große Seen	Kan./Gr.S.	Neufundland bis Große-Seen-Gebiet
2	Nordamerika-Ostküste	NAOK	Kanadische Grenze bis Kap Hatteras
3	US-Atlantik, Bermudas, Bahamas	Südatl.	Kap Hatteras bis Florida
4	Nordamerika-Westküste	NAWK	Alaska bis Grenze Mexiko
5	US-Golf	Golf	Key West bis Grenze Mexiko
6	Kuba/Mexiko	Mex.	US-Grenze bis Yukatan-Halbinsel
7	Westindien/Mittelamerika	WIMA	Karibikinseln, nördliches Südamerika
8	Zentralamerika Westküste	ZAWK	US-Grenze bis Panamakanal
9	Südamerika Ostküste	SAOK	Amazonasmündung bis Kap Hoorn
10	Südamerika Westküste	SAWK	Panamakanal bis Kap Hoorn
11	Ostafrika und Madagaskar	OAfr.	Somali-Halbinsel bis Tansania, Madagaskar
12	Südafrika	SAfr.	Namibia bis Mosambique
13	Westafrika	WAfr.	Senegal bis Angola
14	Rotes Meer	Rotes M.	Golf von Suez, Golf von Aden
15	Persischer Golf	Pers.G.	Persischer Golf und Golf von Oman
16	Kaspisches Meer	Kasp.M.	Gesamtgebiet
17	Indien/Pakistan	Ind./Pak.	Pakistan, Indien, Sri Lanka, Bangladesh
18	Indonesien/Neuguinea/Südsee	Indon.	Ostindonesien, Neuguinea, Fidschi u. a.
19	Ost- und Südostasien	OAs.	Japan, China bis Indonesien (Zentralteil)
20	Australien	Austr.	Gesamtgebiet
21	Neuseeland	Neusld.	Gesamtgebiet
22	Nordafrika	NAfr.	Marokko bis Libyen
23	Atlantische Inseln	Atl.In.	Azoren, Kanaren, Kapverden u. a.
24	Mittelmeer, Levante, Schwarzes Meer	Lev.	Mittelmeerraum von Italien bis Ägypten, Adria, Schwarzes Meer
25	Iberische Halbinsel	Ib.Hi.	Spanien und Portugal
26	Britische Inseln	Brit.In.	Großbritannien, Irland, Island
27	Belgien, Frankreich, Niederlande		Belgien, Frankreich, Niederlande
28–31	Nordeuropa	Skand.	Dänemark, Norwegen, Schweden, Finnland
32	Baltische Häfen	Balt.	Polen bis Russland
33	Deutsche Häfen	Deut.	Gesamtgebiet

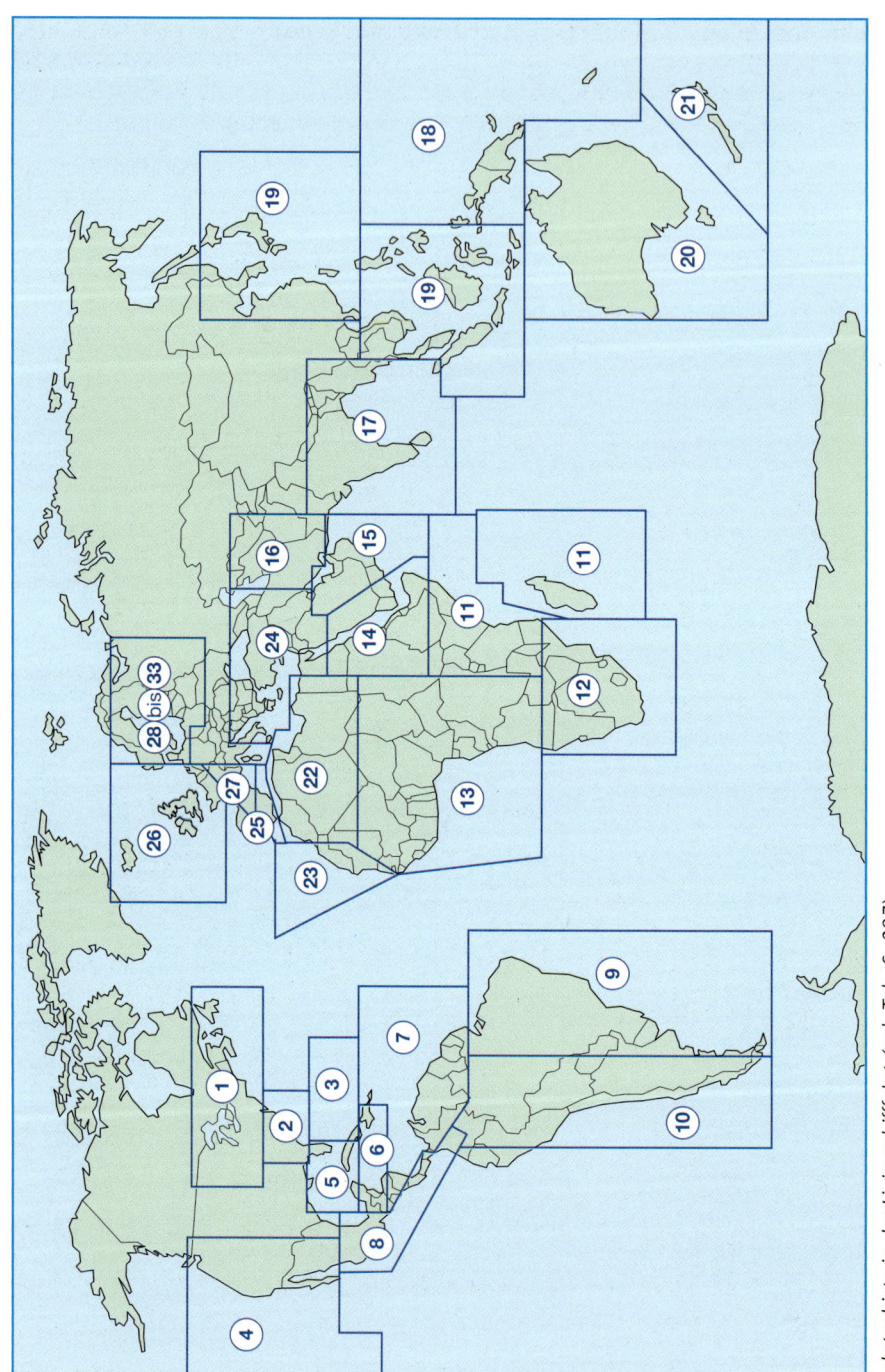

Fahrtgebiete in der Linienschifffahrt (vgl. Tab. S. 287)

7.4.1   Nordamerika-Ostküste (NAOK) und Große Seen

Das Fahrtgebiet **NAOK** umfasst in etwa einen Küstenstreifen von 1.500 km Länge zwischen der Grenze USA/Kanada im Norden bis zum Kap Hatteras, südlich von Norfolk. Es liegt in der Zone gemäßigten Klimas, die Häfen sind alle durch den Golfstromeinfluss eisfrei. Südlich schließt sich das Fahrtgebiet US-Atlantik an. Die NAOK-Ports sind dicht an der Küste gestaffelt und außerordentlich leistungsstark. Die führenden Häfen sind New York/New Jersey, Baltimore, Hampton Roads, Charleston und Savannah. In einigen Fällen handelt es sich um Hafengruppen, denen mehrere Kleinhäfen zugehören.

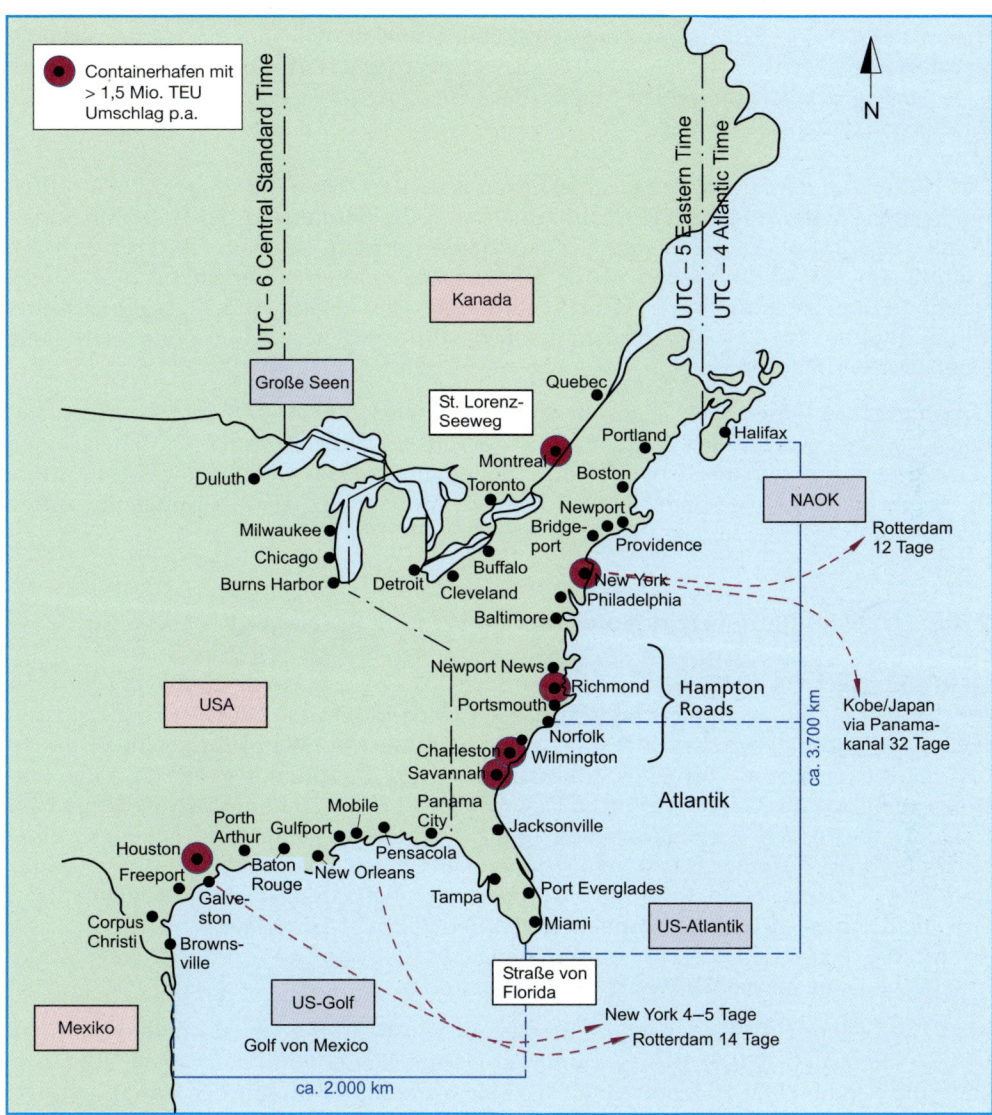

Fahrtgebiete Große Seen, NAOK, US-Atlantik und US-Golf mit bedeutenden Seehäfen

Beispiel 1:
Der Hafen von Philadelphia besteht aus acht Einzelhäfen, die unter der Bezeichnung „Ports of Philadelphia" oder auch „Ameriport" arbeiten. Neben der Stadt Philadelphia gehören dem Hafenverband Camden, Gloucester, Chester, Marcus Hook, Paulsboro, Wilmington/Del. und Trenton an.

Beispiel 2:
Zu den verkehrsreichsten Seehäfen der Ostküste gehören die Hampton Roads Seaports an der Chesapeake Bay. Diese atlantische Hafengruppe besteht quasi aus einer Kette (Straße) von Einzelhäfen, die alle ganzjährig eisfrei sind und als Natur- und Tiefwasserhäfen über extrem gute Fahrtbedingungen verfügen. Zu den Hampton Roads Häfen gehören u. a. Norfolk/Virginia, Newport News, die Stadt Hampton, Portsmouth und Richmond. Hampton Roads hat erstklassige Bahnanbindungen und Anschluss an den Atlantic Intracoastal Waterway und erwartet durch die Vergrößerung des Panamakanals künftig hohe Umschlagzahlen durch die Abfertigung von 12.000 TEU-Containerschiffen.

Das Hinterland der NAOK-Häfen umfasst den gesamten Osten der USA und den Mittleren Westen. Aufgrund der Hafendichte und durch die Konkurrenz der Häfen im Südatlantik, der Große Seenhäfen und der Golfhäfen herrscht ein harter Wettbewerb um Ladung. Im NAOK-Fahrtgebiet wurde erstmals die Container-Verkehrstechnik eingesetzt, was auf die hohe Verkehrsdichte innerhalb der Region und die Art der Güter zurückzuführen ist. Fast alle großen Häfen des Fahrtgebietes weisen heute sehr hohe Containerisierungsquoten auf.

Das Fahrtgebiet **Große Seen** liegt weit im Kontinent. Es wird als „Amerikas vierte Küste" bezeichnet, da seine Häfen umfangreichen Schiffsverkehr und große Umschlagzahlen verzeichnen. Problematisch ist die winterliche Nutzung des Große-See-Gebietes sowie die Zufahrt über den St. Lorenz-Seeweg, da beide monatelang von Vereisungen betroffen sein können (vgl. hierzu Kap. 7.1.6).

7.4.2 US-Golf-Region und Nordamerika-Westküste (NAWK)

Das Fahrtgebiet **US-Golf** hat eine Ausdehnung von rd. 2.000 km und reicht von der mexikanischen Grenze bis zur Südspitze der Florida-Halbinsel. Klimatisch ist die Golfregion den Subtropen zuzuordnen, was auch durch die in diesem Fahrtgebiet auftretenden Stürme (Hurrikans, Tornados) unterstrichen wird. Bedeutende Häfen sind u.a. Port Brownsville, Corpus Christi, Houston, New Orleans, Tampa. Die Anforderungen des Hinterlandes, das durch Rohölgewinnung und -verarbeitung geprägt ist, haben zu einer Spezialisierung einzelner Häfen geführt. Für den Ölumschlag wichtig sind u.a. Tampa und New Orleans. Stahleinfuhren erfolgen in großen Mengen über Houston. New Orleans, Corpus Christi und Mobile fertigen beträchtliche Gütermengen über die Lash-Technik ab. Zentraler Hafen für Containerdienste ist Houston. Von dort werden Landbrückenverkehre an die US-Westküste durchgeführt.

Zum Fahrtgebiet **NAWK** (s. Kap. 7.3.2), das eine Ausdehnung von rund 4.000 km hat, werden alle Häfen zwischen Alaska und der US/mexikanischen Grenze gerechnet, also auch die Kanadischen Häfenplätze am Pazifik sowie die US-Inseln der Hawaii-Gruppe. Entsprechend der Ausdehnung sind die klimatischen Einflüsse an der Festlandsküste sehr unterschiedlich: Die nördlichen Abschnitte unterliegen hohen Niederschlägen und zeitweise heftigen Stürmen, die Region um San Francisco und Oakland ist für ihren Nebelreichtum bekannt. Bedeutende Festlandshäfen sind Vancouver (Kanada), Seattle, Tacoma, Oakland, Los Angeles, Long Beach und San Diego. Auf Hawaii sind die Häfen Honolulu, Nawiliwili und Port Allen nennenswert. Im NAWK-Fahrtgebiet ist vor allem der Containerverkehr via Pazifikrouten von großer Bedeutung.

> **Beispiel:**
> Sechs weltweit bedeutende Containerhäfen liegen in der NAWK-Range: Los Angeles, Long Beach, Oakland, Tacoma, Seattle und Vancouver. Europazifische Dienste fahren diese Containerhäfen jedoch nicht stark an. Westgehende Container werden vielfach über Landbrücken wie etwa New York–Los Angeles oder Houston–Oakland den Häfen zugeführt.

Im Massengutsektor sind die Häfen von San Diego (Getreide), Long Beach (Öl) und San Francisco (Öl, Erze) stark vertreten. Liniendienste von Europa nach den nördlichen NAWK-Regionen werden kaum direkt angeboten, die Häfen dieser Teilgebiete werden durch Umladung auf Küstenverkehre meist von Seattle aus bedient.

7.4.3 Rotes Meer und Persischer Golf

Beide Fahrtgebiete sind in den Sommermonaten durch extrem hohe Temperaturen und hohe Luftfeuchtigkeit geprägt. Das Fahrtgebiet **Rotes Meer** erstreckt sich vom Golf von Suez bis einschließlich zum Golf von Aden, die Ausdehnung misst rund 2.500 km. Für zehn Staaten stellt das Rote Meer den seewärtigen Verkehrsanschluss dar. Die bedeutendsten Häfen entlang der arabischen und afrikanischen Küste sind u. a. Eilat (Israel), Akaba (Jordanien), Jeddah (Saudi Arabien), Hodeidah, Aden (Jemen), Djibouti (Djibouti), Port Sudan (Sudan), Suez (Ägypten). Durchweg sind es mittelgroße Universalhäfen, in denen auch Container teilweise von Voll-Containerschiffen umgeschlagen werden. Einige Häfen übernehmen Spezialaufgaben, so u. a. Jeddah im Viehumschlag, Akaba im Phosphathandel und Djibouti im Transitverkehr für Äthiopien. Die Erschließung des Hinterlandes mit Straßen und Schienen ist vielfach noch unzureichend.

Das Fahrtgebiet **Persischer Golf** verläuft vom Euphrat/Tigris-Mündungsgebiet (Schatt el-Arab) über die Straße von Hormuz bis zum Golf von Oman. Die Ausdehnung beträgt mehr als 1.000 km. An der Westküste des Golfs haben sich aufgrund der kaufkraftstarken und durch einen hohen Lebensstandard gekennzeichneten Ölstaaten sehr viele leistungsstarke Seehäfen für den Container- und Ro/Ro-Verkehr etabliert.

Es existieren zahlreiche Erweiterungs- und Neubaupläne für Seehäfen. Einzelne Hafenplätze, wie z. B. Dubai, sind wegen ihrer günstigen Lage am Containergürtel in die Rolle von „Transshipment-Plätzen" (Umladungstationen) für die Region und für Indien heran gewachsen. Dubais Seehafen Port Rashid hat sich in zunehmendem Maße auch zu einem Knotenpunkt im Sea-Air-Güterverkehr entwickelt (vgl. Kap. 7.6.4).

> **Beispiel:**
> Textilien, Schuhe und andere Konsumgüter aus Ost- und Südostasien werden mit Containern bis Port Rashid befördert, dort nach kurzer Zwischenlagerung und Kommissionierung mit Frachtflugzeugen zu den Destinationen in Westeuropa geflogen. Der Vorteil dieser kombinierten See-Luft-Transportketten liegt in der Zeitverkürzung und in günstigen Durchschnittsfrachtkosten. Generell leiden die Häfen des Fahrtgebietes jedoch an der Güterstruktur der Warenströme.

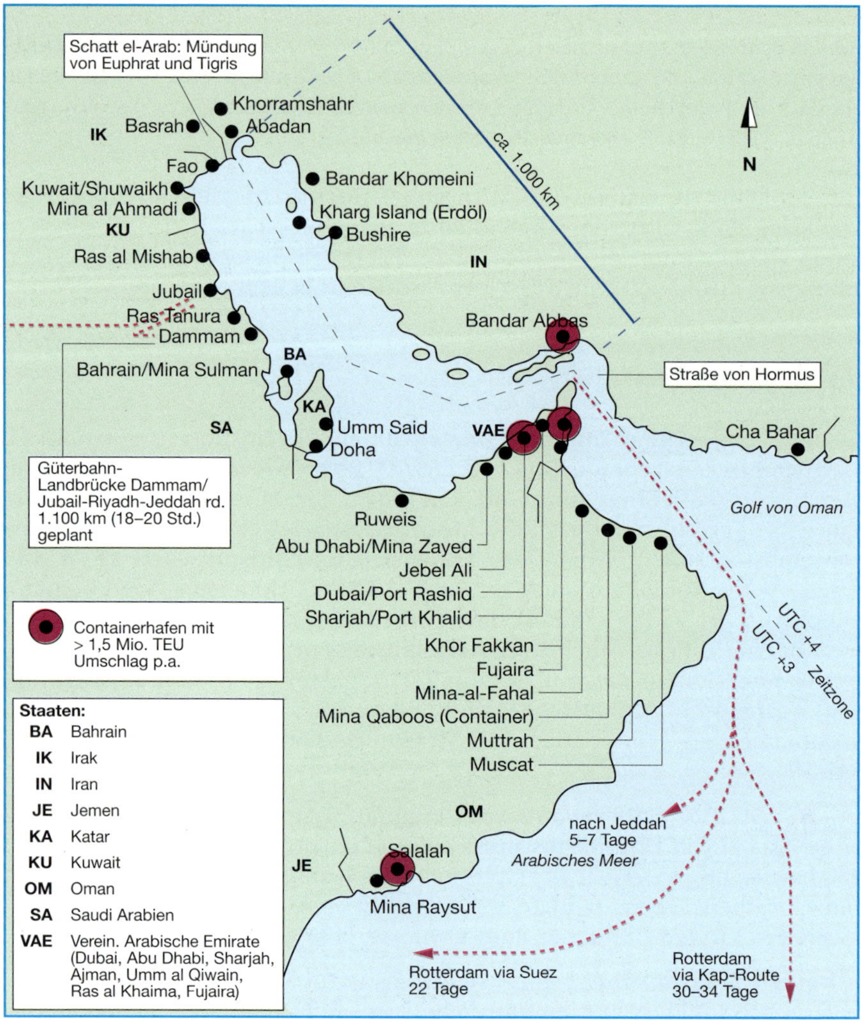

Fahrtgebiet Persischer Golf (einschl. Arabisches Meer) mit bedeutenden Seehäfen

Generell leiden die Häfen des Fahrtgebietes jedoch an der Güterstruktur der Warenströme.

Beispiel:

Die Golfregion bezieht per Container-Linienschifffahrt alle Arten von Konsum- und Investitionsgütern, während entgegengesetzt die großen Ölhandelsströme verlaufen. Diese unpaarigen Verkehrsströme stellen ein Problem dar, da für die eingehenden Boxen kein nennenswertes Containergut für die Rückreise zur Verfügung steht.

7.4.4 Süd- und Südostasien

Die verkehrsgeografische Umschreibung Südostasiens weicht in der Seeschifffahrt von der üblichen geografischen Abgrenzung ab. Danach ist das Fahrtgebiet **Südostasien** der südliche Teil des Fahrtgebietes Ostasien, ausgenommen die Inselrepublik Indonesien,

Nord-Borneo und Neuguinea. Es umfasst somit einen rund 3.000 km langen Küsten-streifen zwischen der Malaysia-Halbinsel (ohne den Staat Myanmar) im Südwesten und der Insel Taiwan im Norden und die Inselgruppe der Philippinen. Klimatisch ist die gesamte Region den Tropen zuzuordnen, beherrschend sind die periodisch wechselnden Monsune mit hohen Niederschlägen und hoher Luftfeuchtigkeit. Das Fahrtgebiet hat seit Jahren einen enormen Aufschwung zu verzeichnen. Mehrere Staaten des Gebietes gehören zu den erfolgreich aufstrebenden Schwellenländern.

Herausragende Häfen und Verkehrsdrehscheiben der gesamten Region sind derzeit **Hongkong** und **Singapur**. Weitere wichtige Hafenplätze sind Port Kelang (Malaysia), Bangkok (Thailand), Ho-Chi-Minh-Stadt (Vietnam). Wirtschaftlicher Kernraum des Fahrtgebietes **Südasien** ist das Schwellenland Indien. Weiterhin gehören zu dem Fahrt-gebiet Pakistan, Myanmar und Sri Lanka.

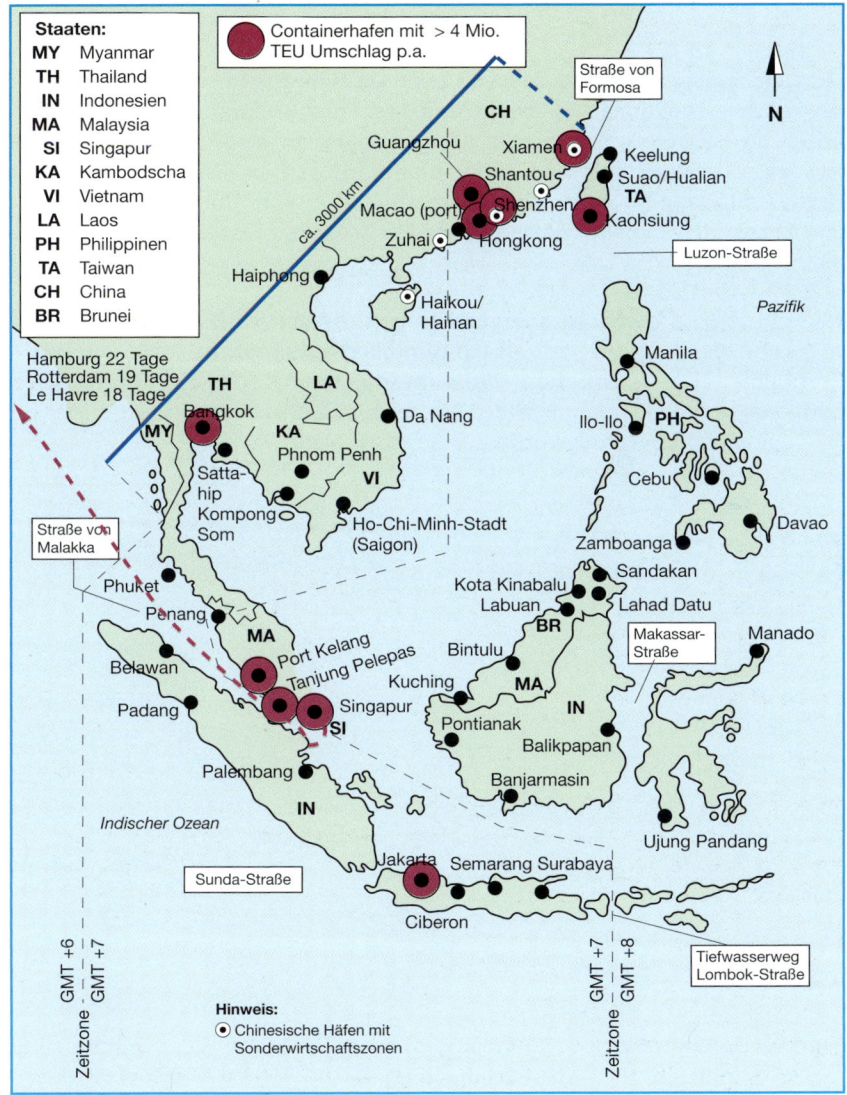

Fahrtgebiet Ostasien (Südabschnitt) und Südostasien mit bedeutenden Seehäfen

7.4.5   Ostasien

Als Fortsetzung des Teilraumes Südostasien erstreckt sich das Fahrtgebiet **Ostasien** in etwa von Taiwan (Republik China) entlang der chinesischen Küste bis zur Nordspitze der japanischen Insel Hokkaido. Die Küstenlänge beträgt in der Luftlinie rund 3.000 km. Klimatisch ist auch Ostasien vom Monsun geprägt, in den Sommermonaten treten heftige Taifune auf. Während allerdings die Region um Taiwan noch den Randtropen zugehört, weist Nordjapan Temperaturen der gemäßigten bis kalten Zone auf. Ostasien nimmt im Containerverkehr eine herausragende Stellung ein. Rund die Hälfte der größten Containerhäfen der Welt liegen in diesem Fahrtgebiet, vgl. hierzu Karte „Fahrtgebiet Ostasien". Innerhalb des Fahrtgebietes haben 14 Küstenstädte Chinas eine den Sonderwirtschaftszonen vergleichbare bevorzugte Stellung. Die dichteste Kette von Häfen weist die dem Pazifik zugewandte Seite der japanischen Hauptinsel Honshu auf.

> **Beispiel**:
> Mehr als ein Dutzend großer Häfen reiht sich von Tokio aus südwärts aneinander. Viele dieser Häfen erfüllen spezielle Funktionen, stellvertretend seien hier genannt: Tokio (Container-Linienverkehre, Schwergut, Ro/Ro), Kawasaki und Yokohama in der Tokio-Bay (Gas- und Tankgüterumschlag, Container-Linienverkehre), Shimizu (Container, Gas- und Tankterminal), Sakai/Nagoya (Schwergüter, Gas- und Tankterminal), Osaka (Universalhafen), Kobe (größter Hafen Japans mit Containerverkehren, Ro/Ro, Schwerstgüterumschlag, Schiffsbau und -reparaturen).

In gewissem Maße unterliegt der Containerverkehr von diesem Fahrtgebiet nach Westeuropa und umgekehrt der Konkurrenz von Landbrückenverkehren in Form der Transsibirischen Eisenbahn. Die russischen Ausgangshäfen für diese kombinierten Land-See-Verkehre sowie die sibirischen Häfen weiter nördlich waren bislang nicht als dem Fahrtgebiet zugehörig eingestuft worden.

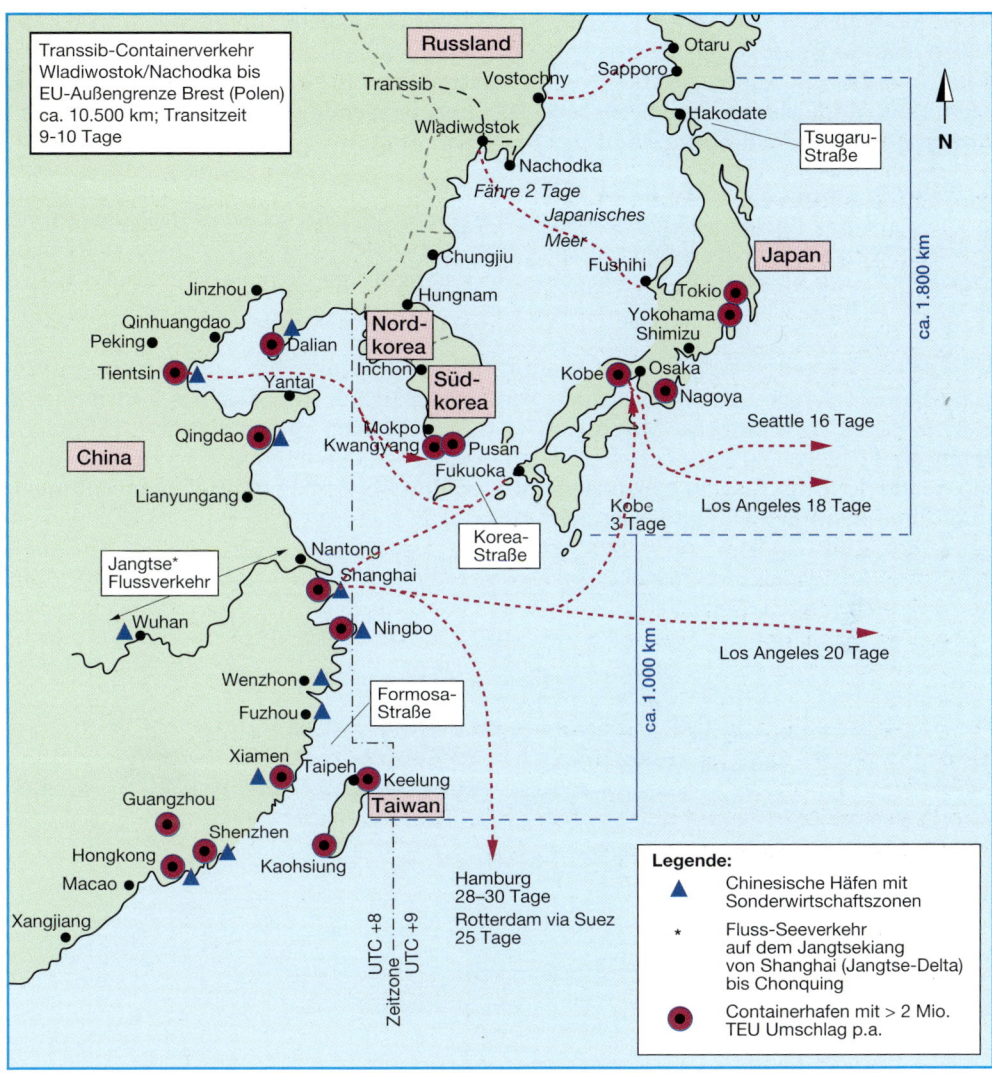

Fahrtgebiet Ostasien (Nordabschnitt) mit bedeutenden Seehäfen

7.4.6 Nord- und Westafrika

Die Seeschifffahrt ist der herausragende Verkehrsträger im Außenhandel Afrikas. Obwohl die Küsten Afrikas über 550 Seehäfen aufweisen, konzentriert sich die Seeschifffahrt auf nur rund 35 leistungsfähige internationale Häfen in einigen Staaten.

Im Fahrtgebiet **Nordafrika** sind dies Marokko, Algerien, Tunesien und Ägypten, die rd. 40 % des seewärtigen Gesamtumschlags des Kontinents abwickeln. Im Containerverkehr sind zwei ägyptische Häfen im Nil-Delta, Alexandria und Damietta, von überragender Bedeutung sowie der Containerhafen von Port Said am Suezkanal. Im Fahrtgebiet **Westafrika** werden über Nigeria, Liberia und Cote d'Ivoire etwa 30 % des Umschlags vorgenommen. Die bedeutendsten Häfen sind Dakar, Abidjan, Sekondi-Takoradi und Lagos.

Über den Süden Afrikas gehen 8 bis 10 % der internationalen Gütermengen, wobei die Häfen von Kapstadt (Cape Town), Port Elizabeth, Durban, Richard's Bai, Maputo und Beira dominieren. Kabotageverkehr wird praktisch nur in Algerien, Tunesien, Angola, Mosambik und Madagaskar betrieben. Die herausragende Stellung einzelner Häfen Afrikas ist für Verfrachter und Befrachter problematisch.

> **Beispiel**:
> Durch die Konzentration auf wenige Hafenplätze kommt es immer wieder zu Staubildungen vor der Küste und zu Hafenüberlastungen. Die Folgen können sich im Zwang zur Ent- bzw. Beladung auf Reede oder in Wartezeiten ausdrücken. Linienreedereien gleichen die entstehenden Kosten durch Frachtzuschläge (*congestion surcharge*) aus.

Ungünstige Küstenverhältnisse mit Brandungen und Mangroven und das Fehlen von Naturhäfen erschwert den seewärtigen Verkehr zusätzlich. In Ostafrika sind moderne Hafenanlagen in Mombasa, Mogadishu und Dar-es-Salam gebaut worden, zahlreiche Häfen sind dagegen ausgesprochene Reedehäfen. Neben den fehlenden modernen Fazilitäten wird der Umschlag an vielen Hafenplätzen durch mangelhafte Hafenverwaltungen und durch Behördenwillkür beeinträchtigt.

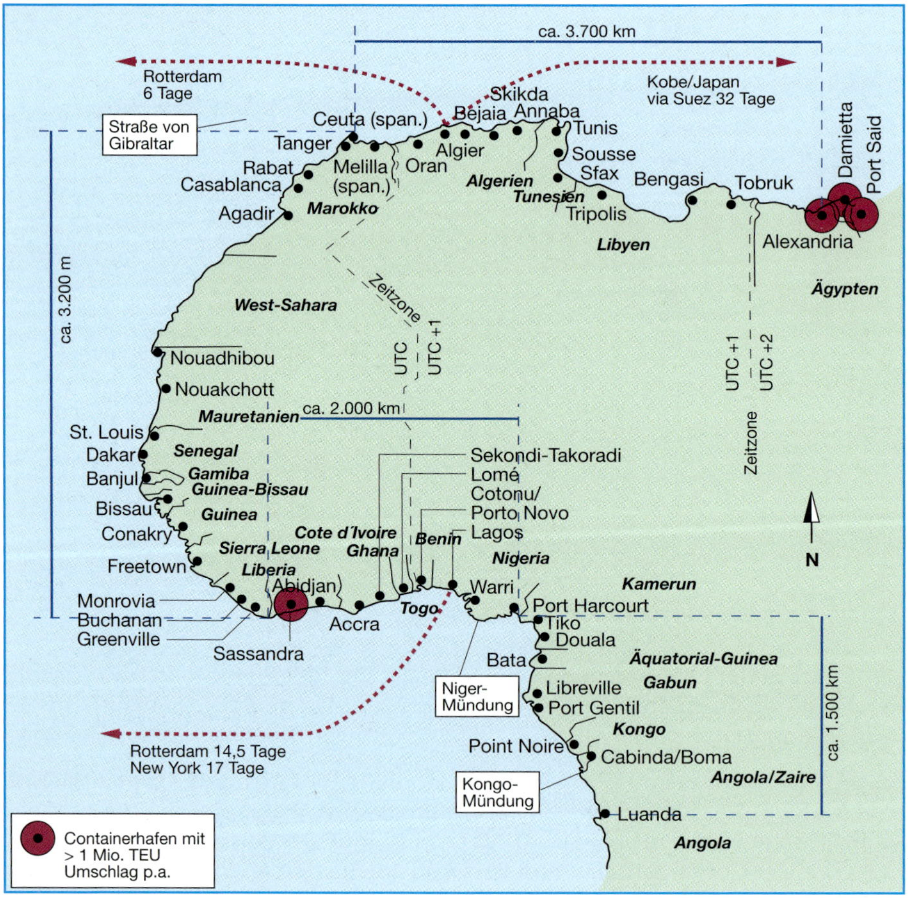

Fahrtgebiete Nord- und Westafrika mit bedeutenden Seehäfen

7.4.7   Südamerika-Ostküste (SAOK) und La-Plata-Mündung

Zwischen der brasilianischen Hafenstadt Recife und der Region Feuerland erstreckt sich über rund 7.000 km das Fahrtgebiet **SAOK**. Es schließt die vier Staaten Brasilien, Uruguay, Argentinien und Paraguay ein. Die vier Haupthäfen des Fahrtgebietes befinden sich in zwei Regionen: Rio de Janeiro und Santos in **Südbrasilien**, Montevideo und Buenos Aires an der **La-Plata-Mündung**. Zu den großen Liniendienst-Häfen Brasiliens gehören neben Recife, Rio und Santos in der SAOK-Range Salvador, Vitória, Paranagua, Itajai, Porto Alegre und Rio Grande. Argentiniens zentraler Hafen ist Buenos Aires mit den Teilhäfen Puerto Madero und Puerto Nuevo. Es sind Universalhäfen mit Containerumschlag, Ro/Ro-Diensten, Schwer- und Massengutumschlag (Getreide). Der Binnenstaat Paraguay betreibt in der Hauptstadt Asunción einen seeschifftiefen Hafen am Paraguay-Fluss. Die Exportgüter dieses Fahrtgebietes bestehen zum großen Teil aus tierischen, pflanzlichen oder mineralischen Rohstoffen oder Halbfertigwaren, steigend ist der Anteil an diversen Fertigwaren (Maschinen, Fahrzeuge und Apparate, Textilien). Eingehende Containerladungen mit Industrieerzeugnissen müssen in vielen Häfen noch mit eigenem Schiffsgeschirr umgeschlagen werden.

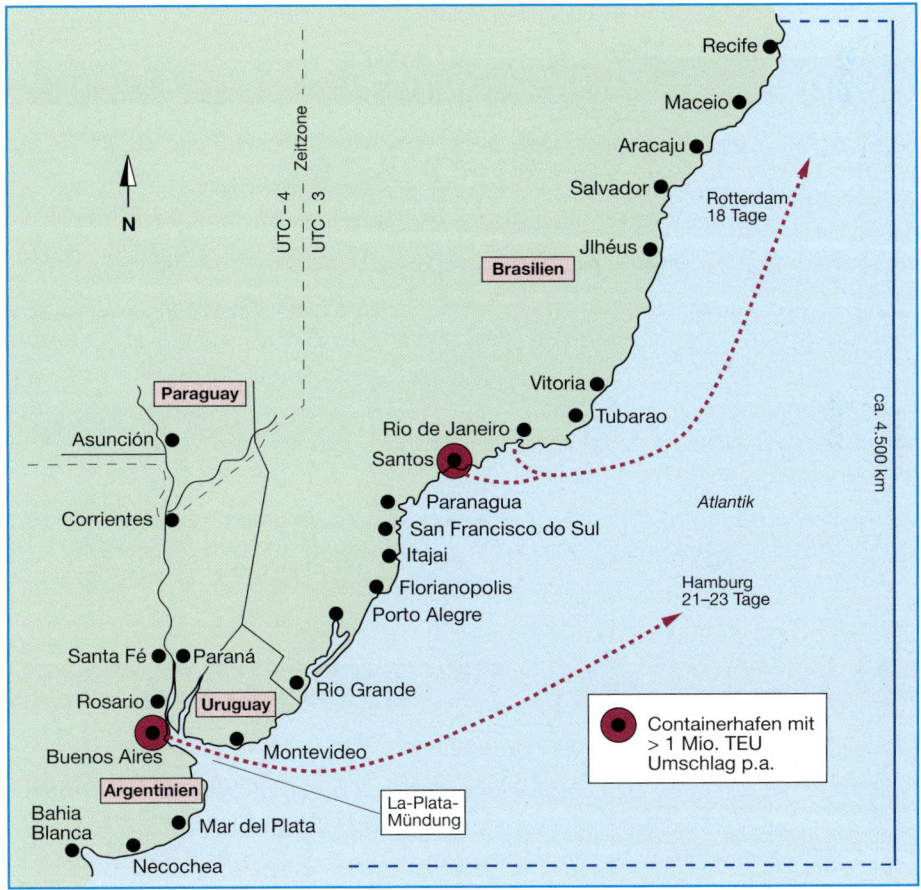

Fahrtgebiet Südamerika-Ostküste (SAOK) – Nordabschnitt – und bedeutende Seehäfen

7.4.8   Australien

Zum Fahrtgebiet Australien gehören der gesamte Kontinent Australien sowie die Insel Tasmanien und die Norfolk-Insel in der nördlichen Tasmansee, die zwischen Australien, Tasmanien und Neuseeland ein Randmeer des Pazifiks darstellt. Zwischen den westaustralischen Häfen am Indik und den Pazifikhäfen im Osten beträgt die Luftlinienentfernung rund 4.000 km. Führende Universalhäfen am Pazifik sind Melbourne, Sydney, Port Kembla, Brisbane und Hobart (Tasmanien), am Indischen Ozean Adelaide und Fremantle. Aufgrund schleppender Abfertigung durch Hafenverstopfung und damit verbundener Zuschläge (Congestion Surcharge) sowie hoher Container-Surcharges in Sydney und anderen Ostküstenhäfen hat sich der verkehrsgeografisch günstig gelegene Containerhafen von Fremantle in den letzten Jahren eine starke Marktposition geschaffen. Der Hafen ist aufgrund der geografischen Lage Umschlagplatz für Landbrückenverkehre mit der Eisenbahn nach den Ballungsräumen der Ostküste.

Beispiel:

Für Feederdienste von Singapur, Kaoshiung (Taiwan) oder direkte Seefrachtverkehre von Europa ist Fremantle wegen seiner Lage der erste Anlaufhafen in Australien. Das Fahrwasser des inneren Hafens beträgt 13 m und erlaubt damit auch großen Containerschiffen den Zugang.

Zusammenfassung

1. *Das Befahren der Seeverkehrswege ist generell Schiffen aller Nationen gestattet. Es gilt das Prinzip „Freiheit der Hohen See" – auch „Freiheit der Meere" genannt.*

2. *Die Territorialgewässer von Küstenstaaten werden durch die 12-Seemeilen-Zone begrenzt.*

3. *Die am stärksten befahrenen Seeverkehrswege befinden sich auf der Nordhalbkugel.*

4. *Als Containergürtel wird das Band der zusammenhängenden und weltumspannenden Hauptverkehrswege der Containerschifffahrt bezeichnet. Entlang des Containergürtels liegen die führenden Containerhäfen der Welt.*

5. *Einige Reedereien betreiben Containerdienste „Rund-um-die-Welt". Eine Rundreise entlang des Containergürtels dauert rund 80 Tage. Es wird entweder in westliche (westbound) oder östliche (eastbound) Richtung gefahren.*

6. *Weltweit gibt es mehr als 40 Fahrtgebiete. Dies sind verkehrsgeografisch zusammengefasste Hafengruppen. Linienverbindungen zwischen den Fahrtgebieten werden regelmäßig u. a. in Schiffsabfahrtslisten veröffentlicht, sie können auch im Internet abgerufen werden.*

Aufgaben

1. *Die Kap-Route ist für viele Seeschiffe eine Zwangsroute. Erläutern Sie diese Aussage.*

2. *Beschreiben Sie von den ARA-Häfen ausgehend westbound den Verlauf des Containergürtels.*

3. *Für welche geografischen Regionen stehen die folgenden Abkürzungen/Fachbegriffe der Linienschifffahrt: NAOK, ZAWK, Levante, SAOK, NAWK, OAs?*

7.5   Seeschifffahrtskanäle und Meerengen

Im internationalen Schiffsverkehr werden annähernd 20 Seeschifffahrtskanäle und über 120 Meerengen benutzt. Während die **Meerengen** oder Meeresstraßen natürliche Wasserwege sind, handelt es sich bei den **Seeschiffskanälen** um künstliche, aus wirtschaftlichen Gründen angelegte Wasserstraßen. Sie werden als Zufahrtswege für landeinwärts gelegene Seehäfen oder als Verbindungswege zwischen Meeren oder Meeresteilen genutzt. Die meeresverbindenden Kanäle, die in der Hauptsache dem Durchgangsverkehr (Transit) dienen, sind weltwirtschaftlich die bedeutendsten. Unter ihnen ragen wiederum drei große Seeschifffahrtskanäle heraus: der Nord-Ostsee-Kanal, der Suezkanal und der Panamakanal. Der St. Lorenz-Seeweg (vgl. Kap. 7.1.6) mit seinen verschiedenen Kanalstrecken ist nicht meeresverbindend.

7.5.1   Nord-Ostsee-Kanal

Der international als „**Kiel-Kanal**" bezeichnete Nord-Ostsee-Kanal (NOK) ist eine Bundeswasserstraße mit weltweiter Bedeutung. Er hat eine Länge von 98,7 km, seine Endpunkte werden von den beiden Hafenstädten **Brunsbüttel** (an der Elbe) und **Kiel-Holtenau** (an der Ostsee) markiert. Die Grundsteinlegung erfolgte am 3. Juni 1887 durch Kaiser Wilhelm I., die Wasserstraße trug daher früher die Bezeichnung „Kaiser-Wilhelm-Kanal".

Bau und technische Daten

Im Verlaufe der letzten Jahrzehnte verzeichnete der NOK entsprechend den Schwankungen des Welthandels ein stetes Auf und Ab bei den Schiffsverkehren und Frachtmengen. Jährlich werden auf der Kanalstrecke bis zu 35.000 Schiffspassagen gezählt. Gemessen an der Anzahl der Schiffsverkehre ist der NOK der am meisten befahrene Seekanal der Welt.

> **Beispiel:**
> Ohne Berücksichtigung der Sport- und Kleinfahrzeuge passieren den NOK täglich im Durchschnitt 100 Schiffe. Die durchschnittlichen Tagesfrequenzen der beiden anderen großen Seekanäle sind niedriger, beim Panamakanal sind es 30, beim Suezkanal 55 Schiffe täglich.

Als internationale Wasserstraße kann der NOK von allen Nationen genutzt werden, das heißt, es herrscht keine Flaggendiskriminierung. Nach verschiedenen Bau- und Ausbaumaßnahmen ist der Kanal heute an der Wasseroberfläche 162 m breit. Die Sohlenbreite liegt bei 90 m und die Wassertiefe bei 11 m. Entsprechend einer Staffelung nach Länge und Breite können Schiffe bis zu 9,5 m Tiefgang den Wasserweg nutzen. Für Handelsschiffe ist der NOK Tag und Nacht befahrbar. Von einem bestimmten Tiefgang an ist die Durchfahrt lotsenpflichtig. An den Kanalenden bei Brunsbüttel und Kiel-Holtenau müssen **Schleusen** passiert werden. Die Schleusen garantieren einen Ausgleich der Wasserstandsschwankungen, die an der Nordsee in Form des Tidenhubs und an der Ostsee in Form von Windstaus sowie durch die Zuflüsse anderer Gewässer entstehen. In Brunsbüttel wie Kiel werden jeweils eine kleine und eine große Schleuse betrieben. Die Schleusungszeiten betragen zwischen 30 und 45 Minuten. Insgesamt beträgt die Durchfahrtzeit sieben bis neun Stunden.

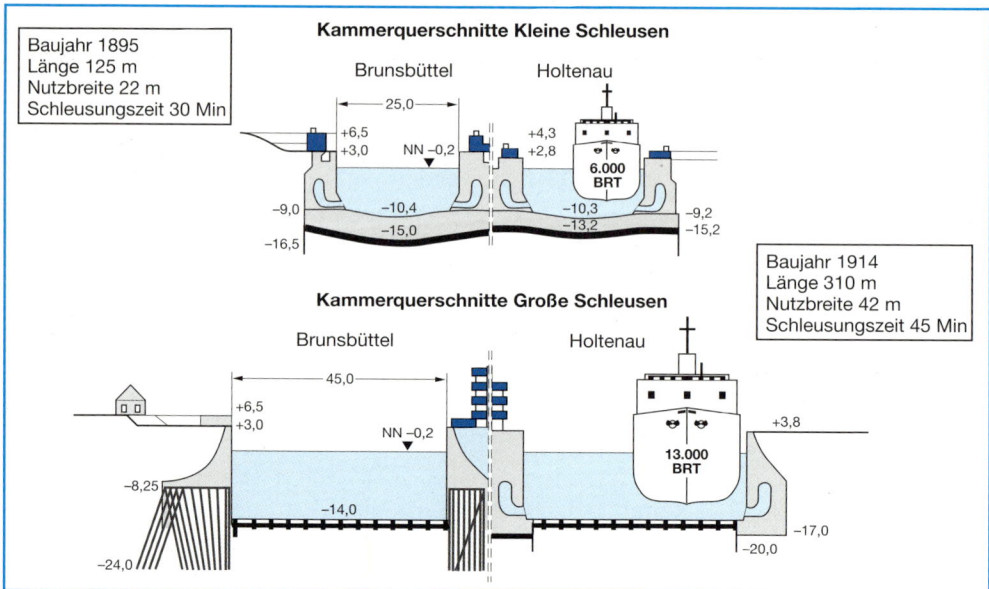

Kammerquerschnitt der NOK-Schleusen

Nutzungsvorteile und Verkehrsentwicklung

Der Nord-Ostsee-Kanal ist eine **gebührenpflichtige** Wasserstraße. Der grundsätzliche Vorteil bei der Nutzung des NOK ist die Einsparung an Wegstrecke und Reisezeit im Vergleich zur Skagen-Route um Dänemarks Nordspitze. Während sich der Zeitgewinn bei der Nutzung des Panamakanals auf ca. 15 Tage und beim Suezkanal auf bis zu 20 Tage erstrecken kann, beträgt er beim NOK im günstigsten Falle 15 Stunden. Die Verkürzung an Reisezeit, Wegstrecke und damit an Betriebskosten ist je nach Relation unterschiedlich hoch. Die Kanalpassage ist unter anderem für die zahlreichen **Container-Feederdienste** zwischen Hamburg/Bremen und Ostseehäfen interessant. Allerdings können wegen des begrenzten Tiefgangs nur Container-Feederschiffe bis zu 1.200 TEU den Kanal nutzen. Darüber hinaus gilt die NOK-Passage wegen der alten und störanfälligen Schleuse bei Brunsbüttel und damit einhergehenden Wartezeiten als zeitaufwendig, sodass sich in vielen Fällen kostenmäßig kein Vorteil erzielen lässt. Eine moderne fünfte Schleusenkammer bei Brunsbüttel ist geplant.

Beispiel eines Zeit- und Kostenvergleichs

Reiseroute	Hamburg – Gdingen (Gdynia)	
Schiff	Container-Feederschiff, ca. 7.550 BRZ Kapazität 820 TEU, Geschwindigkeit 18,5 Kn	
gewählte Fahrtstrecke	NOK- Route	Skagen-Route
Entfernung einschl. Revierfahrt	430 sm	771 sm
Reisedauer	30 Std.	45 Std.
ca. Bunkerkosten	6.000,00 EUR	9.000,00 EUR
Kanalpassage[1]	4.000,00 EUR	–
Ersparnisse	Zeitersparnis via Kanalstrecke = 15 Std.	Kostenersparnis via Skagen = 1.000,00 EUR

[1] beinhaltet u. a. Lotsengeld, Kanalgebühr, Kanalsteuer; Zahlen nach Team Lines 2005

Die jährliche Transittonnage beträgt etwa 100 Mio. t wobei der Ost-West-Verkehr dominiert. Trotzdem bleibt der NOK eine defizitäre Wasserstraße. Zwei wesentliche Aspekte lassen die NOK-Passage auch künftig nur eingeschränkt interssant erscheinen:

- Die geringe Zeiteinsparung kann von schnellen Schiffen via Skagen-Route so weit ausgeglichen werden, dass die Kanalgebühren in keinem wirtschaftlichen Verhältnis zur Zeitersparnis stehen.

- Die Tiefgangbeschränkung bei zunehmend größeren Feederschiffen und steigendem Verkehrsaufkommen engt den Kreis der Kanalnutzer ein.

Ein Ausbau des Kanals zu einem leistungsfähigeren und kostengünstigeren Wasserweg ist, neben dem Schleusenneubau bei Brunsbüttel, in der Diskussion. Vor allem geht es dabei um den nur 11 km langen Ostabschnitt des NOK, dessen Breite mit 102,5 m (Sohle 44 m) deutlich geringer ist als auf den übrigen Streckenteilen (Breite 162 m, Sohle 90 m).

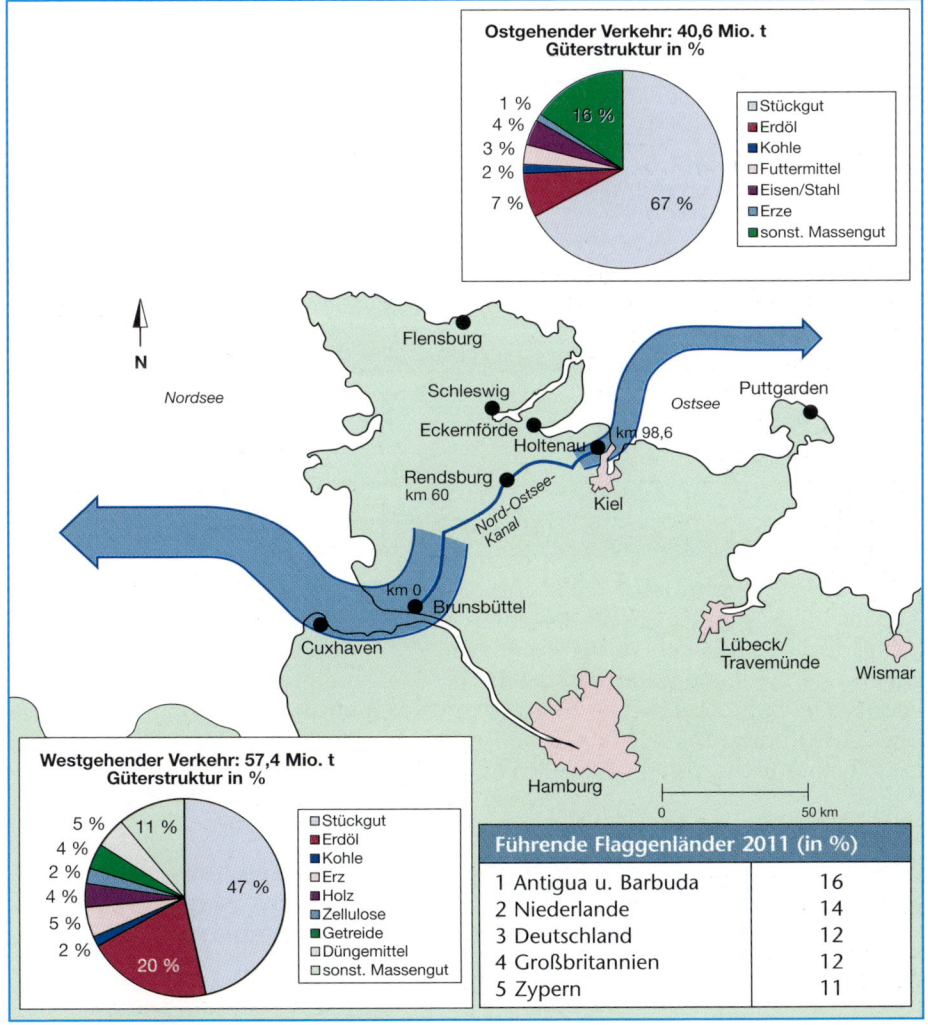

Verlauf und Verkehrsstruktur des Nord-Ostsee-Kanals 2011 (Quelle: Zahlen vgl. http://www.kiel.de/rathaus/ statistik/_dokumente/7._Hafen_und_Verkehr.pdf (Jahrgang 2012), letzter Zugriff: 19.07.2013)

7.5.2   Suezkanal

Kaum ein anderer künstlicher Seeverkehrsweg hat im Laufe der Geschichte eine derart spektakuläre Bedeutung erlangt und auf den Schiffsbau einen vergleichbaren Einfluss ausgeübt wie der Suezkanal. Er wurde 1869 eröffnet und ist damit der älteste der bedeutenden Seekanäle. Der „Wasserweg durch den Wüstensand" Ägyptens ist wichtigster Devisenbringer des Landes. Der Suezkanal stand aber seit seiner Eröffnung immer wieder im Mittelpunkt wirtschaftlicher und politischer Interessen.

Geografischer Verlauf und Nutzungsvorteile

Die reine Kanalstrecke misst 162,5 km, einschließlich der Meereszufahrten sind es 193,5 km. Der schleusenlose Suezkanal beginnt beim **Hafen Port Said** am **Mittelmeer** und verläuft bis zum Hafen von **Suez** (Port Taufiq) am **Roten Meer**. An den Kanalenden befinden sich Freihandelszonen. Der Kanaldurchstich war im Vergleich zu anderen Seekanalprojekten technisch nicht schwierig, da aufgrund des geringen Gefälles zwischen dem Wasserniveau des Mittelmeeres und jenem des Roten Meeres der Bau von Schleusen nicht notwendig war. In seinem Verlauf wird der Kanal durch drei natürliche Seen geführt, den Timsahsee und den Großen und Kleinen Bittersee.

Die Nutzung des Suezkanal gegenüber der Kap-Route bedeutet für die Reedereien eine große **Weg- und Zeiteinsparung.**

Einsparungen bei Nutzung des Suezkanals (Beispiele)

Relation von ... nach		Route in Seemeilen (sm)		Differenz in Seemeilen	Streckenersparnis bei Suez-Route in %
		Suez-Route	Kap-Route		
Bremer-haven	Tokio	11.400	14.900	3.500	23,5
	Singapur	8.500	12.000	3.500	29
	Mumbai/Bombay	6.500	10.900	4.400	40,4
Marseille	Djeddah	2.200	11.500	9.300	81
Kuwait	New York	8.300	12.000	3.700	31

Seit der Inbetriebnahme im Jahre 1869 sind die Kanaltiefe und -breite von der ägyptischen Kanalbehörde ständig erweitert worden. Ursprünglich konnten nur Schiffe mit einem Tiefgang von 6,8 m den Wasserweg nutzen. 1967 wurde die Wassertiefe auf 13 m ausgebaggert und die Kanalpassage für Schiffe mit Tiefgang bis zu 11,58 m erlaubt. Seit Beginn der 1980er-Jahre sind überall 19 bis 20 m Wassertiefe und eine Mindestbreite von 300 m erreicht worden. Damit können voll beladene Schiffe mit einem Tiefgang von 16,15 m und einer Breite von 43,89 m den Suezkanal passieren.

Kanalgebühren und Transportumfang

Die Kanalpassage ist gebührenpflichtig und erfolgt in beiden Richtungen ausschließlich in Schiffskonvois. Um den Verkehrsfluss zu sichern, gibt es sechs Bypässe (Doppelstrecken) von insgesamt 80 km Länge als Wartezonen. Herausragend sind

- der östliche Kanal bei Port Said (Eastern Entrance)
- der Ballah-Bypass und
- der Große Bittersee.

Beispiel:

Die Schiffskonvois werden von der *Suez Canal Authority* nach Kriterien wie u. a. Schiffskategorie, Anmeldezeitpunkt, Gefahrenklasse zusammengestellt. Die Durchfahrten sind lotsenpflichtig und erfolgen radar- und computergesteuert in einer Art „Begegnungsverkehr" stets einspurig ohne Gegenverkehr. Die Schiffsgeschwindigkeit kann zwischen 11–16 km/h je nach Streckenabschnitt liegen, wobei ein Mindestabstand von etwa 2 km einzuhalten ist. Von Port Said fahren täglich zwei Konvois ab: „N1" (Nord) um 0:00 Uhr und „N2" um 7:00 Uhr. Von Suez/Port Taufiq fährt täglich ein Konvoi „S" (Süd) um 6:00 Uhr ab. Dieser fährt ohne Halt durch den Kanal bis zum Mittelmeer. Der Konvoi „N1" wartet im Großen Bittersee, der Konvoi „N2" im Ballah-Bypass auf den Gegenverkehr. Die Durchfahrt dauert zwischen 12 und 16 Stunden.

Die Gebühren werden in Sonderziehungsrechten[1] (SZR) kalkuliert. Ausschlaggebend für die Berechnung ist die Nettotonnage der Schiffe, die auf einer sog. „Suez-Vermessung" basiert und in SCNT (Suez Canal Net Tons) ausgedrückt wird. Die Gebühren übersteigen je nach Schiffsgröße und -typ mehrere Hunderttausend EUR je Durchfahrt.

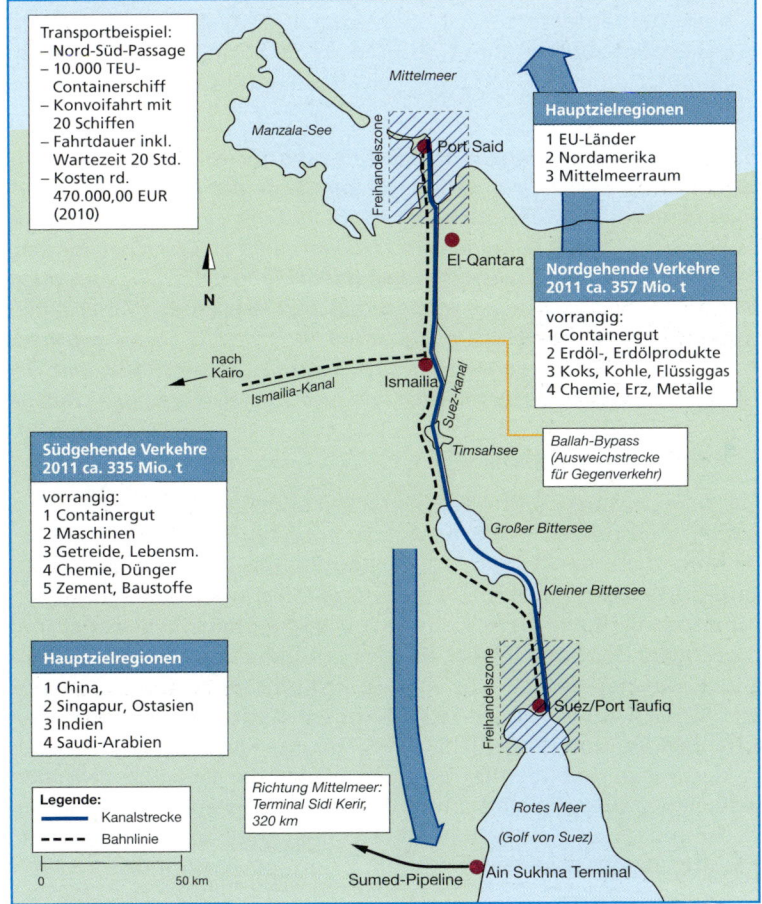

Transportbeispiel:
– Nord-Süd-Passage
– 10.000 TEU-Containerschiff
– Konvoifahrt mit 20 Schiffen
– Fahrtdauer inkl. Wartezeit 20 Std.
– Kosten rd. 470.000,00 EUR (2010)

Hauptzielregionen
1 EU-Länder
2 Nordamerika
3 Mittelmeerraum

Nordgehende Verkehre 2011 ca. 357 Mio. t
vorrangig:
1 Containergut
2 Erdöl-, Erdölprodukte
3 Koks, Kohle, Flüssiggas
4 Chemie, Erz, Metalle

Südgehende Verkehre 2011 ca. 335 Mio. t
vorrangig:
1 Containergut
2 Maschinen
3 Getreide, Lebensm.
4 Chemie, Dünger
5 Zement, Baustoffe

Hauptzielregionen
1 China,
2 Singapur, Ostasien
3 Indien
4 Saudi-Arabien

Ballah-Bypass (Ausweichstrecke für Gegenverkehr)

Richtung Mittelmeer: Terminal Sidi Kerir, 320 km

Legende:
— Kanalstrecke
--- Bahnlinie

0   50 km

Mittelmeer
Manzala-See
Freihandelszone
Port Said
El-Qantara
N
nach Kairo
Ismailia-Kanal   Ismailia
Suez-Kanal
Timsahsee
Großer Bittersee
Kleiner Bittersee
Freihandelszone
Suez/Port Taufiq
Rotes Meer
(Golf von Suez)
Sumed-Pipeline   Ain Sukhna Terminal

Verlauf des Suezkanals und Struktur des Transitverkehrs 2011 (Zahlen nach: Suez Canal Authority 2012)

---

[1] **Sonderziehungsrechte (SZR)** *engl.* Special Drawing Rights/SDR *vom Internationalen Währungsfonds 1969 eingeführte „künstliche" Rechnungs-, Kredit- und Zahlungseinheit. S. werden nicht am Devisenmarkt gehandelt. Ihr Wert richtet sich nach dem Marktwert eines Währungskorbes, der feste Beträge der Weltwährungen USD, EUR, GBP und JPY enthält. Ein S. entspricht den im nationalen Transportrecht für die Haftung genannten Rechnungseinheiten (RE).*

Die meisten Güter passieren den Suezkanal in Süd-Nord-Richtung. Die jährliche Durchschnittsmenge an Gütern liegt je Verkehrsrichtung bei rd. 320 Mio. t, die Mengen schwanken jedoch je nach Kriseneinfluss und Weltkonjunkturentwicklung. Containerschiffe und konventionelle Stückgutschiffe bilden die größte Schiffsgruppe. Wichtigster Containerterminal für Ägypten und Feederbasis für den Levanteraum ist der Kanal- und Seehafen Port Said. Weitere Terminals befinden sich in den Nildeltahäfen Damietta und Alexandria (s. Kap. 7.3.2). Rückläufig sind im Transitverkehr beladene Tankschiffe, da mit dem steigenden Einsatz von Großtankschiffen die Kap-Route benutzt werden muss und verschiedene Pipelines Erdölverkehre übernommen haben.

7.5.3   Panamakanal

Der den **Pazifik** und **Atlantik** verbindende Panamakanal, nach dem Suezkanal die zweitwichtigste künstliche Wasserstraße der Welt, wurde zwischen 1906 und 1914 von den USA gebaut. Der Kanal durch den Isthmus von Panama ist 81,7 km lang und zwischen 100 und 300 m breit, die Mindestwassertiefe beträgt 12,5 m. In seinem Verlauf nutzt er über großen Strecken den aufgestauten Gatunsee. An den Endpunkten befinden sich jeweils drei Doppelkammerschleusen, mit denen ein Niveauunterschied von jeweils fast 26 m überwunden wird.

➔ *Mit dem Kanalbau richteten die USA entlang der Strecke eine zehn Meilen breite Hoheitszone ein, die sog. Panamakanalzone, in der sie praktisch bis zum Ende des Jahres 1999 unbeschränkte Gebietshoheit besaßen. Die Kanalzone, der Kanal und alle Einrichtungen wurde gemäß 1977 geschlossener Verträge mit Wirkung zum 1. Januar 2000 an den Staat Panama zurückgegeben. Seither betreibt und kontrolliert Panama mit der landeseigenen „Autoridad del Canal de Panama" (ACP) diesen wichtigen interozeanischen Wasserweg. Vergleichbar der Konvention von Konstantinopel, mit der dem Suezkanal ein neutraler Status zugemessen wurde, ist auch der Panamakanal vertraglich eine neutrale Wasserstraße, auf der Schiffe das Recht zur freien Durchfahrt unter „gleichen und gerechten Bedingungen" haben.*

Geografischer Verlauf und Nutzungsvorteile

Am Atlantik beginnt die mangrovengesäumte Kanalstrecke bei den Seehäfen Christóbal und **Colón**, sie führt zu der dreistufigen Schleusenanlage von Gatun. Nach Passage des Gatunsee werden die Schiffe durch den 13 km langen und 91,5 m breiten einbahnigen Gaillard-Graben (Gaillard Cut) geführt, der eine Verkehrsengstelle im Kanalsystem bildet. Am Pazifik wird der Kanalzugang durch die Schleusen von Pedro Miguel (einstufig) und Miraflores (zweistufig) geregelt. Der Kanal endet bei der Pazifikhafenstadt **Balboa.** Vor allem für die USA hat der Kanal wirtschaftliche und strategische Bedeutung. Seetransporte zwischen der amerikanischen Ost- und Westküste müssten ohne die Kanalpassage den enorm langen, zeitraubenden und gefährlichen Weg um das Kap Hoorn bzw. durch die Magellanstraße an der Spitze Südamerikas nehmen. Auch für Verkehre zwischen Europa und der US-Westküste, zwischen Europa und dem Fernen Osten sowie zwischen den NAOK-Häfen und der südamerikanischen Westküste stellt diese Wasserstraße eine außerordentliche Einsparung an Zeit und Kilometern und somit an Kosten dar.

Einsparungen bei Nutzung des Panamakanals (Beispiele)

Relation	Panamaroute in ca. sm	Kap-Route in ca. sm	Ersparnis in %
Hamburg–San Francisco	8.000	14.000	42,8
New York–San Francisco	5.000	13.000	61,5
Hamburg–Calao/Peru	6.600	10.600	37,7
New York–Calao/Peru	3.500	9.500	63,2

Transportleistungen und Ausbaupläne

Die jährliche Transportmenge durch den Panamakanal beträgt im Durchschnitt 250 Mio. t, davon werden fast zwei Drittel vom Atlantik zum Pazifik befördert. Die gesamte Schiffszahl umfasst jährlich rund 14.000 Einheiten. Etwa 5 % aller weltweiten Seetransporte werden durch diese Wasserstraße geleitet, fast 40 Container-Liniendienste nutzen die Panama-Route. Die Kanalkapazität ist begrenzt und mit 38 bis 40 Schiffen pro Tag ausgeschöpft. Generell gilt der Panamakanal als überlastet und als Nadelöhr im Seeverkehr. Mit der Folge, dass die Wartezeiten an den Schleusen größer werden und im Containerverkehr alternative Routen auf dem Landweg durch die USA oft bevorzugt werden. Darüber hinaus setzen die **Kanaldimensionen** und Schleusenabmessungen den Schiffen Grenzen. Um die Durchfahrtmöglichkeiten optimal zu nutzen, sind bereits seit Jahren sog. **Panamax-Schiffe** (Schiffe mit Panamakanal-Maximal-Abmessungen) im Einsatz, deren Größen exakt auf die Dimensionen der Kanalschleusen abgestimmt sind (vgl. Abbildung). Für Vollcontainerschiffe der neueren Generationen mit einer Ladekapazität von mehr als 6.000 TEU, die als **Post-Panamax-Schiffe** bezeichnet werden, ist die Kanalpassage derzeit nicht mehr möglich. Die eingeschränkte Nutzbarkeit ist auch der Grund, den Ausbau des Kanals für Großschiffe der Post-Panamax-Klasse bis zum Jahre 2020 zu realisieren.

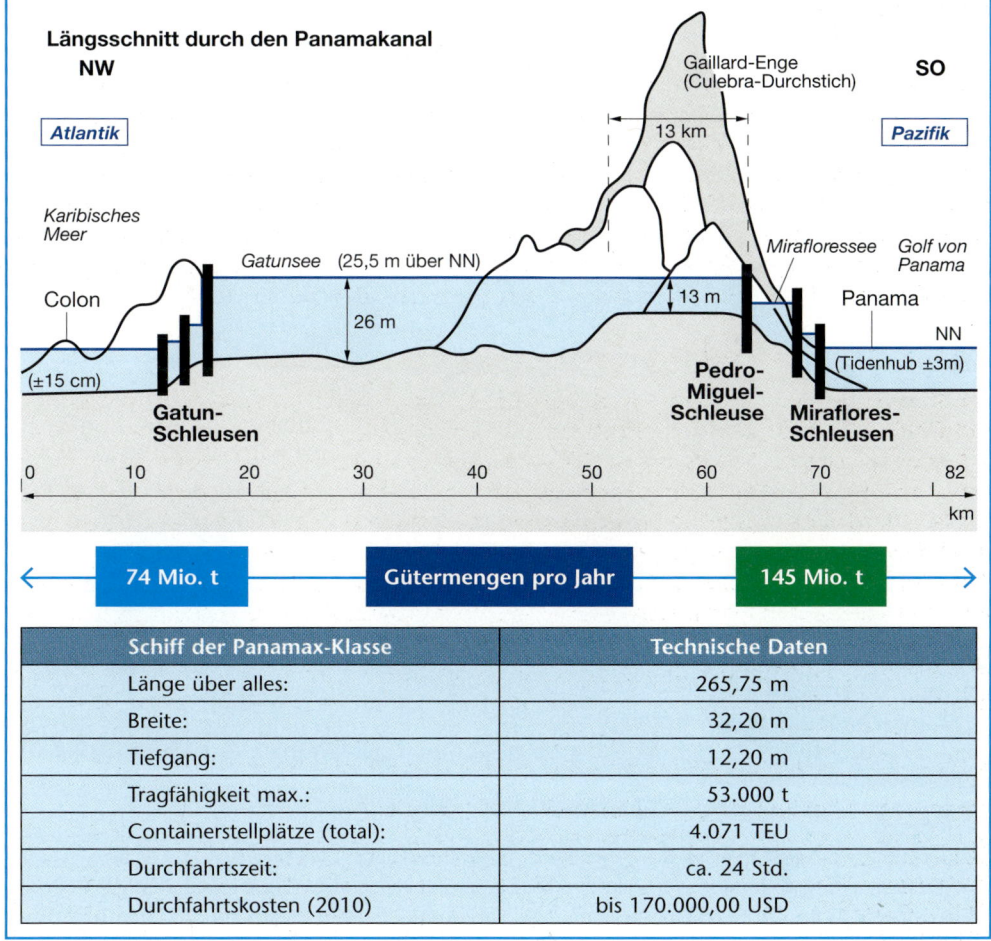

Schiff der Panamax-Klasse	Technische Daten
Länge über alles:	265,75 m
Breite:	32,20 m
Tiefgang:	12,20 m
Tragfähigkeit max.:	53.000 t
Containerstellplätze (total):	4.071 TEU
Durchfahrtszeit:	ca. 24 Std.
Durchfahrtskosten (2010):	bis 170.000,00 USD

Profil des Panamakanals und Panamax-Schiff-Daten

Mit zwei Ausbauten beabsichtigt die Kanalbehörde, die Konkurrenzfähigkeit des Kanals zu stärken. Bis 2020 werden zwei um ein Drittel größere Schleusensysteme an den Kanalenden errichtet. Sie ermöglichen die Zufahrt für Containerschiffe der neuen Generationen und reduzieren die Wartezeiten deutlich. Derzeit verursachen Schiffsstaus bis zu sechs Tage Wartezeit bei der Zufahrt.

Ausbauarbeiten des Panamakanals bis 2020

Kanalseite	Techn. Anlage	Baumaßnahme
Atlantik	Gatun-Schleuse	Parallel zur alten Schleuse jeweils Bau eines Stichkanals und Errichtung einer neuen Schleuse mit eine Länge von 427 m und einer Mindestbreite von 50 m
Pazifik	Miraflores-Schleuse	

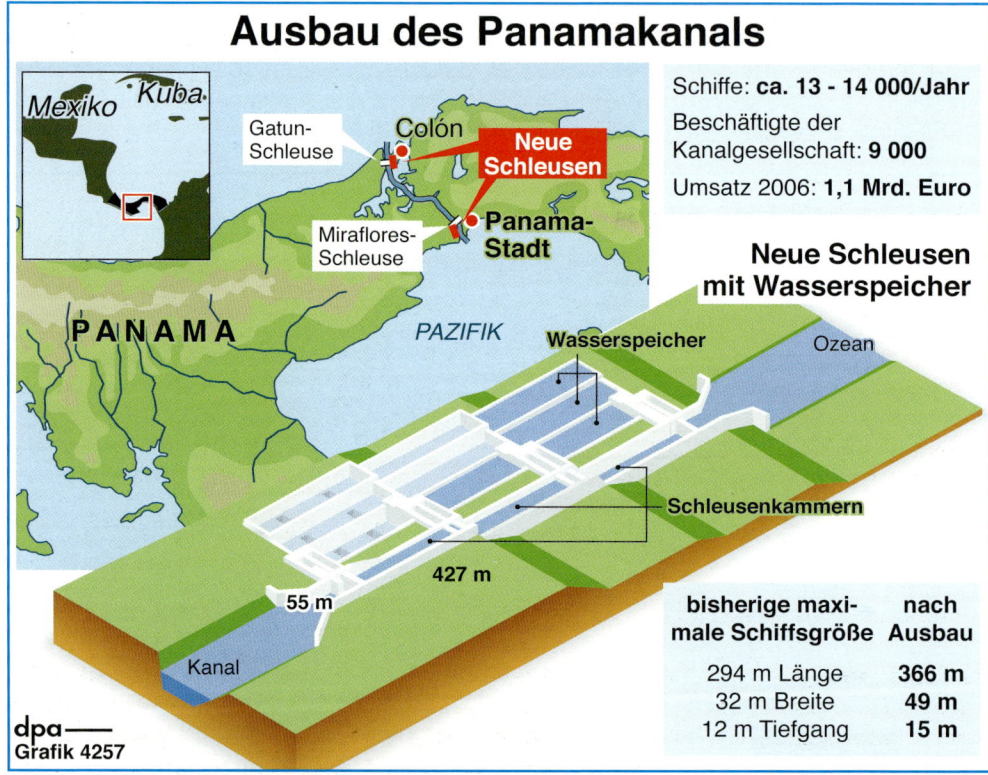

Trotz der Streckeneinsparung bei der Kanalpassage haben sich in den letzten Jahren beträchtliche Verlagerungen von Güterströmen zu Lasten des Kanals ergeben. Rohöltransporte von Alaska an die US-Ostküste und anderen atlantischen Zielen werden seit 1982 ausschließlich durch eine Pipeline im Norden Panamas über die Landenge geführt. Auch im Stückgutsektor hat der Panamakanal durch den Ausbau von Landbrückenverkehren Anteile verloren.

Beispiel:

Container-Stückgut, insbesondere Autoteile und industrielle Zulieferungen aus Asien, werden zunehmend im kombinierten See-Landverkehr, und nicht mehr durch den Kanal, in die USA exportiert. Diese Multimodalverkehre bestehen aus Seehauptläufen mit Hochtemposchiffen und daran anschließende Bahnverkehre mit „Double-Stack-Trains".

Die vier bedeutendsten Seekanäle im Vergleich

Merkmal	Nord-Ostsee-Kanal	Suezkanal	Panamakanal	St. Lorenz-Seeweg-Kanalstrecke
Verbindung	Nordsee – Ostsee	Mittelmeer – Rotes Meer	Atlantik – Pazifik	Atlantik – Große Seen
Endpunkte	Brunsbüttel (NS) Kiel (OS)	Port Said (MM) Suez (RM)	Colón (AT) Balboa (PA)	Montreal Kingston
Zulässige Schiffsgröße in ca. BRZ	13.000	70.000	70.000	28.000
Länge in km Breite in m (Wasserspiegel) Tiefe in m Schleusenzahl	98,7 162 11 2	161 200–345 24 keine	81,6 100–300 12,5 6	293 24,5 8,2–9 7
Durchfahrtzeit/ Std. (ohne Stau)	7–9	12–15	15–24	24
tgl. Schiffsfrequenz im Ø	100	50	39	11
Ø-Transitladung p.a. in Mio. t	100	650	250	37
Schiffspassagen p.a. im Ø	35.000	18.000	14.200	4.000

Zahlen für 2010, Quellen: Zahlen vgl.
http://www.wsd-nord.wsv.de/Schiff-WaStr/Schifffahrt/Schiffsverkehr_und_Gueterumschlag/index.html;
http://www.pancanal.com/eng/op/transit-stats/2012-Table01.pdf;
http://www.suezcanal.gov.eg/Search.aspx?s=traffic%20statistic%202010; letzter Zugriff: 15.07.2013

7.5.4 Sonstige Seeschifffahrtskanäle

Im Rahmen des Weltseeverkehrs, des internationalen Küstenverkehrs und des kombinierten Fluss-Seeverkehrs werden zahlreiche weiterer Seeschifffahrtskanäle befahren. Es handelt sich dabei einerseits um kurze Transitstrecken, wie den 6,3 km langen Kanal von Korinth in Griechenland, der eine Verkürzung für den Seeverkehr zwischen dem Ionischen und Agäischen Meer darstellt. Ähnliche Funktionen erfüllt der Cape-Cod-Kanal (28 km) an der US-Ostküste südlich von Boston. Andererseits dienen viele Seekanäle als Zufahrten bedeutender Seehäfen. Zu den ältesten Seekanälen dieser Art gehören der Nordseekanal (24 km), der Amsterdam an die Nordsee anbindet, der Nieuwe Waterweg (33 km) als Zufahrt nach Rotterdam und der Manchester-Ship-Canal (68 km) als Zufahrt zum Hafen von Manchester (Großbritannien). Zu den längsten Kanalstrecken für Seeschiffe werden die Kanalabschnitte des St. Lorenz-Seeweges als Zufahrt zum Große-Seen-Gebiet in Nordamerika und der Wolga-Ostsee-Schifffahrtsweg zwischen dem Finnischen Meerbusen und der Wolga gerechnet.

Seeschiffskanäle in Europa und Nordamerika (Auswahl)

Kanalbezeich-nung	Verbindung	Eröff-nungs-jahr	Länge in km	Tiefe in m[1])	Schleu-senan-zahl	Tragfähig-keit in t für Seeschiffe
Europa: Wolga-Ostsee-Schifffahrtsweg	Tscherepowez/ Wolga-Ostsee[2])	1964[3])	1.100	5,5	7	5.000
Ostsee-Weißmeer-Kanal	Powenets/Onegasee Belomorsk	1933	227	4,0	19	3.000
Moskwa-Kanal	Moskwa/Moskaulwanko-wostausee (Wolga)	1937	128	8,5	11	18.000
Wolga-Don-Kanal	Krasnoarmejsk/Wolga–Kalatsch/Don	1952	101	4,0	13	3.500
Amsterdam-Rhein-Kanal	Amsterdam–Lek (bei Wijk) und Waal (bei Tiel)	1952	72,4	8,0	4	5.000
Cernavoda-Ka-nal	Cernavoda/Donau–Konstanza/Schwarzes Meer	1984	64	7,0	2	5.000
Manchester-Ship Canal	Manchester–Liverpool/ Irische See	1894	64	8,5	5	Seeschiffe[4])
Saimaa-Kanal	Lappeenranta/Saimaaseen–Wyborg/Ostsee	1856	42,9	4,5	8	2.500
Nieuwe Waterweg	Rotterdam/Nieuwe Maas–Hoek von Holland/ Nordsee	1872	33	12,5	–	Seeschiffe
Brüssel-Rupel-Kanal	Brüssel–Antwerpen/ Schelde (Nordsee)	1922	32	6,4	4	6.000
Gent-Terneu-zen-Kanal	Gent–Terneuzen/ Westerschelde (Nordsee)		28	12,5	1	Seeschiffe[4])
Nordseekanal	Amsterdam–Ijmuiden/ Nordsee	1876	24	14,5	1	Seeschiffe[4])
Boudewijn-Kanaal (Brügger Seekanal)	Brügge–Zeebrügge/ Nordsee	1907	10	8,5	2	6.000
Kanal von Korinth	Ionisches Meer–Ägäisches Meer	1893	6	8,0	–	Seeschiffe[4])
Nordamerika: Houston-Kanal	Houston–Galveston/Golf v. Mexiko	1940	91	10,5	–	Seeschiffe
Welland-Kanal	Ontariosee–Eriesee	1931	45	8,8	8	Seeschiffe
Cape-Cod-Kanal	Cape Cod-Bay Buzzard Bay/Atlantik	1914	28	9,7	–	Seeschiffe
Lake-Washington-Kanal	Lake Washington–Puget Sound/Pazifik	1934	13	9,5	1	Seeschiffe[4])

---

[1]) *Mindesttiefe, gerundet*
[2]) *Der Schifffahrtsweg umfasst Teilabschnitte von Seen und Kanälen. Der Verlauf insgesamt: Rybinsker Stausee–Scheksnafluss–Weißer See–Marienkanal–Onegasee–Swirkanal–Ladogasee–Newa–Ostsee bei St. Petersburg*
[3]) *Abschlussjahr des Ausbaus*
[4]) *Beschränkungen bei Tiefgang und Schiffsabmessungen durch Schleusen oder Fahrwasserbreite*

7.5.5   Meerengen/Meeresstraßen

Die Meerengen oder Meeresstraßen sind natürliche, vielfach nur sehr schmale Verbindungswege, an denen sich die großen Schifffahrtsrouten und Handelsströme bündeln. Teilweise werden Meeresstraßen unter den Bezeichnungen Sund, Kanal oder Passage geführt. Einige Meerengen sind, vergleichbar den Seekanälen, seit jeher Brennpunkte im weltwirtschaftlichen Geschehen, da durch sie fast alle seewärtigen internationalen Warenströme geführt werden. Viele Meerengen sind aufgrund ihrer besonderen Lage jahrhundertelang als strategische Sperren für die Handels- und Kriegsschifffahrt genutzt worden, sie waren damit immer wieder Krisenpunkte im weltweiten Schiffsverkehr, einige sind es heute noch. Eine Reihe von Meerengen sind aufgrund ihrer abseitigen Lage zu den Schifffahrtsrouten für den Weltverkehr bedeutungslos oder können wegen natürlicher Behinderungen nicht genutzt werden. Die wichtigsten Meeresengen und -straßen liegen auf der Nordhalbkugel (vgl. Karte), auf der sich auch die dichtesten Verkehrsbänder des Seehandels erstrecken.

Unter nautischen Gesichtspunkten stellen die Meerengen vielfach gefährliche Streckenabschnitte dar. Starke und teilweise komplizierte Strömungsverhältnisse, bedingt durch unterschiedliche Wasserhaushalte der verbundenen Meere (Straße von Gibraltar), geringe Fahrwassertiefen (Straße von Malakka), hohe Tidenhubwerte und die Bildung von Nebeln (Straße von Dover) sowie letztlich die große Verkehrsdichte (Bosporus) bilden ständig Gefahrenmomente für alle Fahrzeuge in diesen Zonen.

Politische Bedeutung

Um den Seehandel durch die Nadelöhre der Meerengen zu sichern, wurden in den letzten Jahrhunderten von den führenden Seemächten an den wichtigsten Meerengen Festungen und Flottenstützpunkte eingerichtet. Während der Blütezeit des britischen Weltreiches wurden u. a. britische Stützpunkte an der Straße von Gibraltar, der Straße von Hormuz und der Malakkastraße angelegt. Die internationale Schifffahrt darf die Meerengen, die als Teile der Hohen See betrachtet werden, für friedliche Durchfahrten nutzen, auch wenn die Meerengen die Territorialgewässer (Hoheitsgewässer) eines Staates bilden.

→ *Alle führenden Wirtschafts- und Handelsnationen sind auf konstant sichere und freie Seehandelswege angewiesen. Da etwa 85 % aller Staaten Küstenländer sind und damit in der Regel auch am Seehandel teilnehmen, führen Störungen auf den Seewegen zu Beeinträchtigungen der Export-Importvorgänge. Die Hauptseewege des Welthandels führen durch nur fünf Meerengen. Diese Verkehrsnadelöhre sind zwangsläufig die Piratenschwerpunkte der letzten Jahre und Orte zahlreicher Überfälle auf Handelsschiffe. Weltweit ist die Zahl der Piratenangriffe sprunghaft angestiegen.*

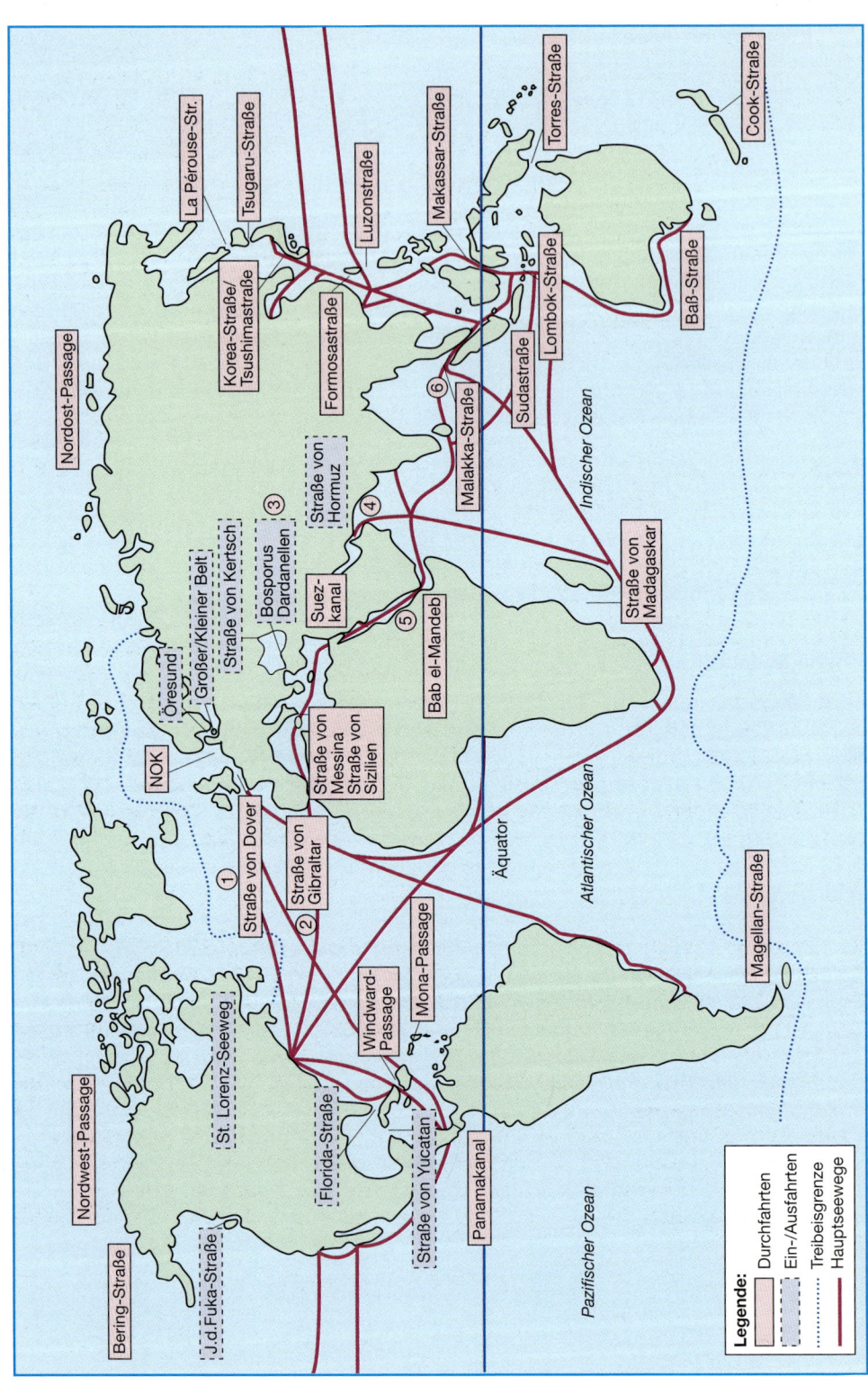

Die Lage wichtiger Meeresstraßen und Seekanäle (Kennziffern ① bis ⑥, siehe folgender Text auf Seite 311 f.)

Legende:

	Durchfahrten
	Ein-/Ausfahrten
	Treibeisgrenze
	Hauptseewege

Labels on map:

Nordost-Passage
La Pérouse-Str.
Tsugaru-Straße
Korea-Straße/Tsushimastraße
Formosastraße
Luzonstraße
Makassar-Straße
Torres-Straße
Cook-Straße
Baß-Straße
Lombok-Straße
Sudastraße
Indischer Ozean
⑥
Malakka-Straße
Straße von Hormuz
③
Bosporus Dardanellen
Straße von Kertsch
Großer/Kleiner Belt
Öresund
NOK
Suezkanal
④
Bab el-Mandeb
⑤
Straße von Madagaskar
Straße von Messina
Straße von Sizilien
Straße von Dover
Straße von Gibraltar
①
②
Äquator
Atlantischer Ozean
Magellan-Straße
Windward-Passage
Mona-Passage
St. Lorenz-Seeweg
Florida-Straße
Straße von Yucatan
Panamakanal
Nordwest-Passage
Bering-Straße
J.d.Fuka-Straße
Pazifischer Ozean

1) Straße von Dover

Als **meistbefahrene Wasserstraße** der Welt gilt die nur 31 bis 40 km schmale Straße von Dover, auch Straße von Calais (frz.: *Pas de Calais*) genannt; sie ist die engste Stelle des Ärmelkanals. Bis zu 300 Schiffe durchqueren täglich dieses Verkehrsnadelöhr, hinzu kommen je nach Saison bis zu 100 Fährschiffe und Luftkissenboote, die den Hauptverkehrsstrom rechtwinklig kreuzen. Durch diese Meeresstraße wird annähernd der gesamte Schiffsverkehr zwischen **Atlantik** und **Nordsee** geleitet. Insgesamt nutzen rund 60 % der weltweit betriebenen Schiffahrt die Straße von Dover. Die Passage ist aufgrund natürlicher Einflüsse problematisch. So beträgt der Gezeitenstrom rd. 5 sm je Stunde und der Tidenhub 5–6 m. Häufige Nebel und damit schlechte Sicht erschweren trotz moderner technischer Hilfsmittel die Durchfahrt dieser hochfrequentierten Meeresstraße. Als Sicherungsmaßnahme wird ein Verkehrslenkungssystem betrieben.

> **Beispiel:**
> Seit 1977 gilt auf der Straße von Dover das System des Rechtsfahrens. Nordgehende Schiffe müssen sich bei der Durchfahrt auf der französischen, südgehende Schiffe auf der englischen Seite halten. Die Fahrwasser sind in der Mitte durch gedachte Trennungslinien oder Verkehrstrennungszonen abgegrenzt.

2) Straße von Gibraltar

Diese Meerenge bildet die einzige natürliche Zufahrt vom **atlantischen** in den **mittelmeerischen Raum**. Der Wasserweg hat eine Länge von 60 km, die engste Stelle befindet sich mit 14,2 km zwischen Punta Marroqui (Spanien) und Punta Cires (Marokko), die geringste Wassertiefe wird mit 324 m in der Mitte der Straße erreicht. Die Bedeutung der Gibraltar-Straße ist aufs engste mit dem Suezkanal verknüpft, denn beide Wasserwege stellen **Zwangswege** auf der kürzesten Verbindung zwischen Europa und den Fahrtgebieten am Indik und in Fernost dar. Die jährliche Anzahl der passierenden Schiffe liegt bei rund 7.000 Einheiten. Die Stadt Gibraltar ist seit 1704 britische Kolonie und heute als britisches Dominion mit beschränkter Selbstverwaltung ausgestattet.

3) Bosporus und Dardanellen

Beide Meerengen bilden den Verbindungsweg zwischen dem **Mittelmeer** und dem **Schwarzen Meer**, sie sind gleichzeitig die Grenze zwischen Europa und Asien. Der 30 km lange und zwischen 700 und 3.000 m breite Bosporus verläuft ausschließlich durch türkisches Territorium und wird von der Türkei kontrolliert. Er hat einen stark gewundenen Lauf, da er von seinem Ursprung her ein überflutetes Flusstal ist. Der Bosporus verläuft vom Schwarzen Meer bis zum Marmarameer bei Istanbul. In der Stadt wird die Meerenge von zwei Brücken (Bosporus-Brücke und Fatih-Sultan-Mehmet-Brücke) überquert. Es sind weltweit die einzigen Brücken, die Kontinente verbinden. Die 65 km lange Meerenge der Dardanellen verknüpft das Marmarameer mit der Ägäis. Die Wasserstraßen sind sehr stark befahren und unfallträchtig. Vor allem wird der Bosporus als gefährliche Strecke gewertet, da er durch die Enge und die starke Strömung großen Schiffen das Manövrieren erschwert.

4) Straße von Hormus

Als Verbindungsweg zwischen dem **Persischen Golf** und dem **Indischen Ozean** (Golf von Oman) stellt die Straße von Hormus den seewärtigen Zugang zu den gewaltigen Ölvorkommen des Nahen Ostens dar. Der Wasserweg, dessen Breite zwischen 60 und 100 km beträgt, hat den Charakter einer ausgesprochenen „Energiestraße", da durch ihn Millionen Tonnen Rohöl und Ölprodukte zu den Industriestaaten befördert werden. Mittlerweile ist die Meerenge nicht mehr allein durch diese einseitigen Warenströme gekennzeichnet. Denn große Mengen an Industrie- und Konsumgütern werden im Gegenzug durch die Meerenge zu den Abnehmerländern am Golf befördert. Als Folge dieser Entwicklung wurden große Containerterminals in den kapitalkräftigen Golfstaaten, u. a. in den Vereinigten Arabischen Emiraten, in Bahrain, Katar, Saudi-Arabien und Kuwait gebaut. Aufgrund der günstigen Fahrwasserverhältnisse können Supertanker mit Tragfähigkeiten bis zu 500.000 tdw die Meerenge passieren.

5) Bab el-Mandeb

Die 26 km breite Wasserstraße verbindet das **Rote Meer**, das aufgrund seiner Lage zwischen Afrika und Asien ein interkontinentales Mittelmeer ist, mit dem **Golf von Aden** (Indischer Ozean). Der Bab el-Mandeb (arab.: „Tor der Wehklage") wird durch eine Insel, die zum arabischen Staat Jemen gehört, in zwei Fahrrinnen geteilt: eine östliche (3,2 km Breite) und eine westliche (20 km Breite).

6) Malakkastraße und Straße von Singapur

In Südostasien sind die Malakkastraße zwischen Malaysia und der Insel Sumatra und die anschließende Straße von Singapur, die um die Spitze der malayischen Halbinsel führt, die meistbefahrenen Wasserstraßen. Sie haben gemeinsam eine Länge von rund 800 km. Die Passage beider Meerengen bildet die kürzeste Route von Indien nach Ostasien und Nordaustralien. Die Malakkastraße misst an der engsten Stelle 67 km, die Singapur-Straße nur knapp 3 km. Nachteilig wirkt sich die relativ geringe Wassertiefe auf die internationale Schiffahrt aus. Die chinesisch/japanischen Ölimporte, die mit tiefergehenden Großtankschiffen jahrelang die Meerengen passierten, sind aufgrund der Havariegefahren und damit verknüpften Umweltkatastrophen auf die tiefere Lombok-Straße (zwischen den Inseln Lombok und Bali) verlegt worden. Die Fahrt durch die Lombok-Straße bedeutet einen Umweg von 1.800 sm.

Zusammenfassung

1. *Meerengen oder Meeresstraßen sind natürliche Wasserwege. Seeschiffkanäle sind künstliche, aus wirtschaftlichen Gründen angelegte Wasserstraßen.*

2. *Die Nutzung von Seeschiffskanälen bedeutet für die Reedereien in der Regel Zeit-, Wegstrecken- und Betriebskosteneinsparungen. Alle großen Seeschiffskanäle sind gebührenpflichtig.*

3. *Die im Weltseeverkehr bedeutendsten Seeschifffahrtskanäle sind der Nord-Ostsee-Kanal (NOK), Suezkanal und Panamakanal.*

Aufgaben

1. *Ein Post-Panamax-Schiff mit einer Kapazität von 6.500 TEU wird auf der Relation Antwerpen –*
Shanghai eingesetzt. Es läuft dabei folgende alphabetisch genannten Häfen an: Algeciras,
Colombo, Dubai Ports, Gioia Tauro, Port Kelang, Shenzhen.
   a) *Nennen Sie die richtige Reihenfolge der angelaufenen Häfen und die Staaten, in denen die*
      Häfen liegen.
   b) *Welche Meerengen oder Seekanäle passiert das Schiff bei der kürzesten Transportroute?*

2. *Ein 4.000 TEU fassendes Containerschiff wird von Hamburg aus westbound im Round-the-*
World-Dienst eingesetzt. Es läuft jeweils zwei Häfen in den folgenden Fahrtgebieten an: NAOK,
US-Golf, NAWK, OAs, Ind./Pak., Pers. G., Levante/Mittelmeer.
   a) *Erstellen Sie einen Fahrplan für diese Reise. Wählen Sie mögliche Häfen aus und nennen Sie*
      die Staaten, in denen die gewählten Häfen liegen.
   b) *Welche Meerengen oder Seekanäle passiert das Schiff?*

7.6 Interkontinentaler Luftfrachtverkehr und Luftverkehrsregionen

Bei fast allen international arbeitenden Unternehmungen, gleich welcher Branche, nimmt das Verkehrsmittel Flugzeug einen außerordentlich hohen Stellenwert ein. In vielen Fällen ist die Konkurrenzfähigkeit der Unternehmungen eng mit dem Funktionieren des Luftfrachtverkehrs verknüpft, da bei einigen Spezialprodukten die Lieferung nicht mehr über den Seeweg erfolgt, sondern völlig oder über Teilstrecken in die Luft verlagert wurde.

Die boomhafte Entwicklung des Luftverkehrs allgemein und insbesondere des Luftfrachtverkehrs basiert u.a. auf den arteigenen Vorzügen des Verkehrsmittels Flugzeug. Kernvorteile sind die **Schnelligkeit, Sicherheit** und **Zuverlässigkeit**. Denn auf Mittel- und Langstrecken bietet das Flugzeug die kürzeste Beförderungszeit aller Verkehrsmittel. Aufgrund minutengenauer Flugpläne, hoher Sicherheitsstandards und vergleichsweise seltener auftretenden Verkehrsblockaden gilt der Luftverkehr grundsätzlich als höchst zuverlässig und kaum schadenanfällig. Weitere Vorzüge sind vor allem im interkontinentalen Warenverkehr die hohe Zahl täglicher Abflüge (**Frequenz**) und die große **Netzdichte**, die durch die Vielzahl von Fluglinien und leistungsfähigen Flughäfen bestimmt wird. Sie übertreffen die des Seeverkehrs deutlich.

Nachteilig stellen sich im Flugverkehr – im Vergleich zu den anderen Verkehrsmitteln – die relativ geringe **Ladekapazität** der Flugzeuge und die durch den starken Energieverbrauch verursachten hohen **Betriebskosten** dar, die sich zwangsläufig auf die Frachtkosten auswirken. Noch vor wenigen Jahren wurde der Luftfrachtverkehr oftmals aufgrund seiner Frachtkosten nur als „letzte Lösung" bei Warenversendungen gewählt. Dies hat sich deutlich geändert, denn im Zuge der globalisierten Industrie ist die Luftfracht bei vielen Warenbeförderungen zu einer Selbstverständlichkeit geworden.

Auf Luftverkehrswegen werden gegenwärtig **mengenmäßig** 1,2 % aller weltweit transportierten Güter befördert. Diese Menge ist somit sehr klein. Allerdings repräsentieren

diese Luftfrachtgüter **wertmäßig annähernd 40** % aller transportierten Güter im Welthandel. Allgemein wird die Struktur von Luftfrachtsendungen aus den folgenden drei Gruppen gebildet.

Güter des Luftfrachtaufkommens

Gruppe	Merkmal	Güterbeispiele
1	planmäßige Versendung nichtverderblicher Güter	*Investitionsgüter:* Industrieerzeugnisse, Maschinen, Fahrzeuge, Elektronik usw. *Konsumgüter:* modische/saisonabhängige (z. B. Textilien, Modeartikel) oder zeitabhängige Produkte (Pressematerial, Zeitungen)
2	planmäßige Versendung verderblicher Güter	u. a. Gemüse, Fleisch, Früchte, Schnittblumen
3	außerplanmäßige Sendungen	Termingut bei Ersatzteillieferung, lebende Tiere (z. B. Sportpferde), Kunstgegenstände, Medikamentenversorgung, Hilfsgüter in Krisenfällen, hochempfindliche Produkte

Der Transport von nichtverderblichen Gütern per Luftfracht bietet für Versender trotz höherer Transportkosten vielfach Einsparungsmöglichkeiten. Diese treten immer dann auf, wenn der Wert des Gutes pro Gewicht oder Volumeneinheit relativ groß ist. Im Gegensatz zur Beförderung dieser Güter auf dem Land- oder Wasserweg können durch die Luftfracht nicht nur hohe Zusatzkosten vermieden werden (z. B. Zinsausfall durch Kapitalbindung, geringere Verpackung, günstige Versicherungsprämien usw.), sondern die beschleunigte Bestellbearbeitung kann zudem erhebliche Wettbewerbsvorteile gegenüber Konkurrenten bewirken. Genau genommen sind daher nicht nur hochwertige Computerteile, Elektronik u. a. m. die vorrangigen Güter in der Luftfahrt, viele Dinge des täglichen Lebens können zusammengepackt als Sammelgut hohe Werte pro Kilogramm darstellen, die einen Lufttransport rentabel werden lassen.

7.6.1 Betriebsformen und Transportanbieter

Die Beförderung der Luftfrachtgütern erfolgt global ähnlich wie bei Seegüterverkehren (vgl. Kap. 7.2.2) im **Linien-, Charter- oder Gelegenheitsverkehr**, je nach Marktanforderung. Unabhängig von der Beförderungsform arbeiten auf dem Luftfrachtmarkt im Wesentlichen nur drei Gruppen von Unternehmungen als Anbieter von Lufttransporten: Flug- bzw. Luftfrachtgesellschaften, Luftfrachtspeditionen und Integratoren.

Die traditionellen **Luftfrachtgesellschaften** (Carrier) bilden zusammen mit den **Luftfrachtspediteuren** als Agenten ein arbeitsteiliges, globales Netzwerk mit vielfältigen ergänzenden Leistungen am Boden und in der Luft. Um den ständigen Marktveränderungen gewachsen zu sein und die Leistungsfähigkeit weltweit garantieren zu können, haben sich viele Fluggesellschaften zu sog. „**strategischen Allianzen**" für den Passagier- und/oder Frachtverkehr zusammengeschlossen. Diese Form der Zusammenarbeit ermöglicht eine weltweite ergänzende oder wechselseitige Nutzung von Flugkapazitäten, die Rationalisierung von Logistikprozessen und die Ausweitung leistungsfähiger Liniennetze. Als **Integrator** oder *integrated carrier* treten Transportkonzerne auf, die eine komplette weltweite Haus-Haus-Transportleistung unter Einsatz eigenen Fluggerätes zu

Pauschalpreisen anbieten. Sie werden vielfach auch als Luftfracht-Expressdienstleister bezeichnet, da sie vorzugsweise im Gütersegment der eiligen Kleingüter als Express- und Kurierunternehmen tätig sind. Die Integratoren betreiben eigene Luftfracht-Drehkreuze oftmals abseits der interkontinentalen Flughäfen sowie teilweise Hubs für den Road Feeder Service/RFS mit Lkw. So gelten in Europa u.a. die Hubs Lüttich (TNT), Köln (UPS, Fedex) und Leipzig (DHL) als größte Integrator-Umschlagplätze. Weltweit sind die Hubs Memphis (FedEx) und Louisville (UPS) führend.

Die Deutsche Lufthansa (LH) gehört zu den führenden Linienfluggesellschaften der Welt. In der Luftfracht ist sie mit ihrer Tochterunternehmung „Lufthansa Cargo" einer der Marktführer. Rund 20 % des Gesamtgeschäftes werden bei LH von der Luftfracht bestimmt. Am weltweiten Luftfrachtgeschäft hat „Lufthansa Cargo" einen fast konstanten Anteil von 4 %. Insgesamt wird der weltweite Luftfrachtverkehr von wenigen leistungsstarken Carriern und Spediteuren abgewickelt. Die zehn größten Luftfrachtanbieter befördern allein fast die Hälfte aller Sendungen. Über zwei Drittel aller weltweiten Luftfrachtsendungen werden von kaum 30 Unternehmungen transportiert.

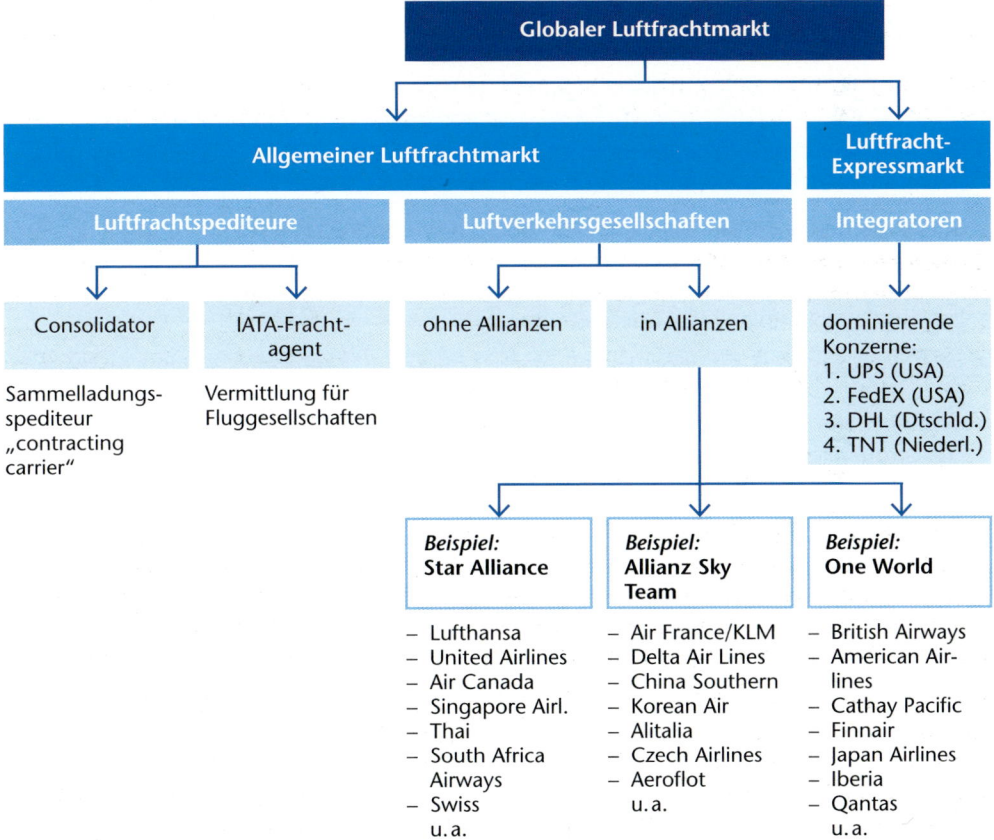

7.6.2 Weltluftverkehrsnetz

Das weltweite Luftverkehrsnetz wird aus einer Vielzahl einzelner Verbindungsachsen zwischen den Flughäfen gebildet. Besonders dicht ist es auf der Nordhalbkugel der Erde. Dort verlaufen die großen Luftstraßen fast kreisförmig um den Nordpol und verbinden die führenden Industrienationen untereinander. Von den Knotenpunkten entlang dieses west-östlichen Luftverkehrsbandes, den internationalen Flughäfen, werden eine Reihe von Verkehrslinien nach Süden zu den Wirtschaftszentren der Kontinente Afrika, Südamerika und Australien/Neuseeland geführt. Es gibt mehrere besonders intensiv beflogene Strecken.

■ Die **Nordatlantikroute** zwischen Westeuropa und Nordamerika gilt als die am dichtesten mit Flugverkehrslinien versehene Achse. An ihren Endpunkten liegen einige der weltweit größten Flughäfen. In Europa sind dies u.a. London-Heathrow, Frankfurt, Paris, Amsterdam, Rom, an der US-Ostküste und an den Großen Seen Chicago, New York, Boston, Detroit und andere.

■ Auf dem nordamerikanischen Kontinent setzt sich diese Hauptverkehrsachse als **transamerikanische West-Ost-Linie** fort bis hin zu den großen Flughäfen Los Angeles und San Francisco.

■ Von der US-Westküste und den genannten Airports verläuft via Hawaii die **Transpazifik-Route** als dichtes Luftverkehrsband nach dem Fernen Osten und Australien. Die großen Airports auf dieser Relation sind u.a. Tokio, Honolulu (Hawaii), Osaka, Hongkong, Shanghai, Seoul, Singapur, Bangkok und Sydney.

■ Flugverkehre nach Destinationen im südlichen Südamerika verlaufen über die **Südatlantikroute** zwischen Westafrika und Kap São Roque, wo der Atlantik seine engste Stelle aufweist. Ziele sind die Flughäfen der brasilianischen und argentinischen Wirtschaftszentren sowie via Andengebirge Chile.

■ Die Nord-Süd-Verkehre von Europa nach Afrika und umgekehrt werden im Wesentlichen über zwei Hauptachsen geführt: über die **westafrikanische Nord-Süd-Linie** Algier–Lagos–Kinshasa–Kapstadt und die **ostafrikanische Nord-Süd-Linie** Kairo–Khartum–Nairobi–Johannesburg.

■ Als **Südroute** wird allgemein das von Europa nach Fernost verlaufende Flugverkehrsband entlang des Südrandes des asiatischen Kontinents bezeichnet. Es weist drei große Luftkreuze bzw. Knotenpunkte auf: den Raum Naher Osten mit den dominanten Flughäfen von Dubai und Abu Dhabi, Südostasien mit den Drehkreuzen Singapur und Bangkok sowie in Fernost Tokio, Hongkong und Shanghai.
Die Südroute ist jedoch bei Weitem nicht die kürzeste oder direkteste Verbindung nach Fernost. Flugverkehre von Europa nach Fernost, vor allem aber nach der US-Westküste, werden in Form der **Polroute** über das Nordpolargebiet und Alaska geführt, womit mehrere Flugstunden und entsprechende Betriebskosten eingespart werden können. Wichtige Zwischenstation ist auf dieser Route der Flughafen von Anchorage in Alaska.

■ Eine weitere Alternative zur Südroute bildet für Verkehre Europa–Japan/China die **Sibirische Flugroute** über Moskau, die nach einer Zwischenlandung von Moskau aus oder auch direkt nonstop benutzt werden kann.

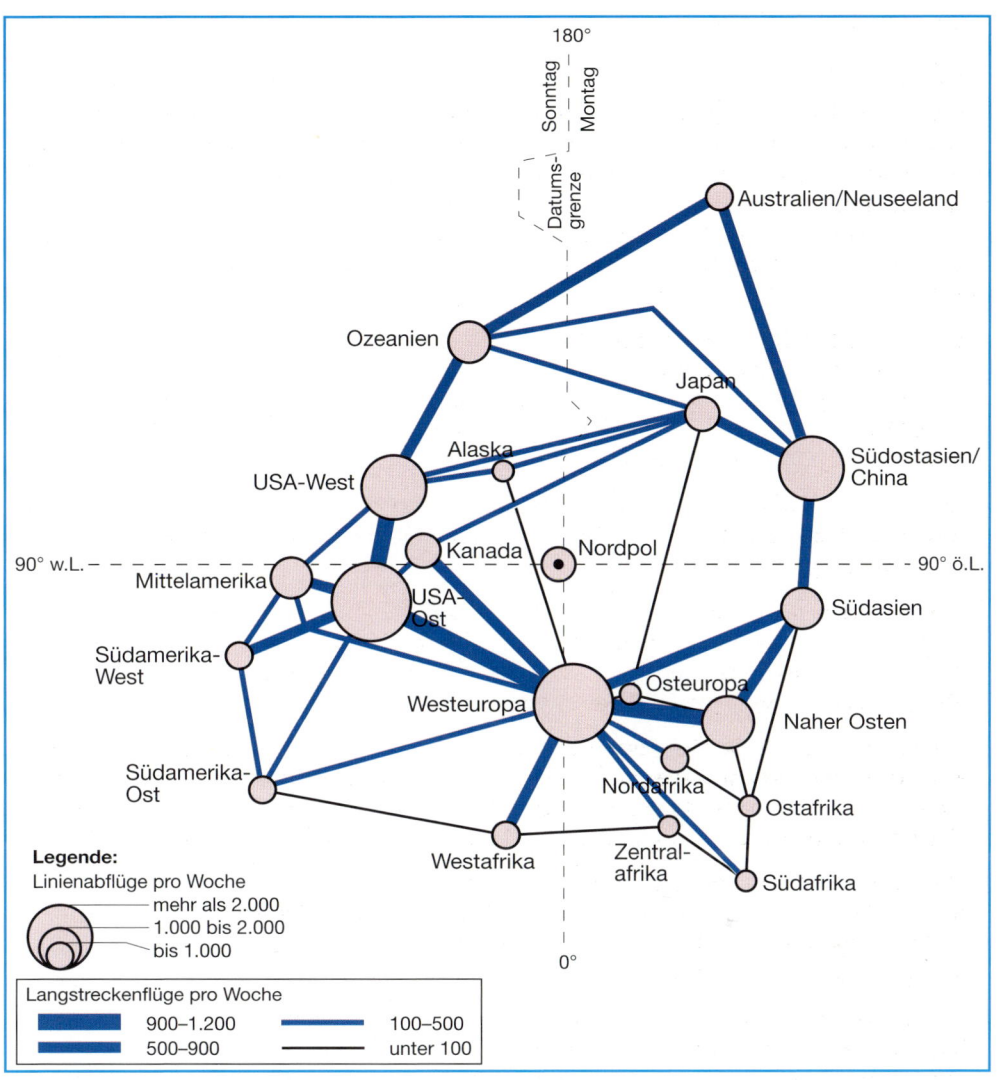

Der Weltluftverkehr nach Regionen

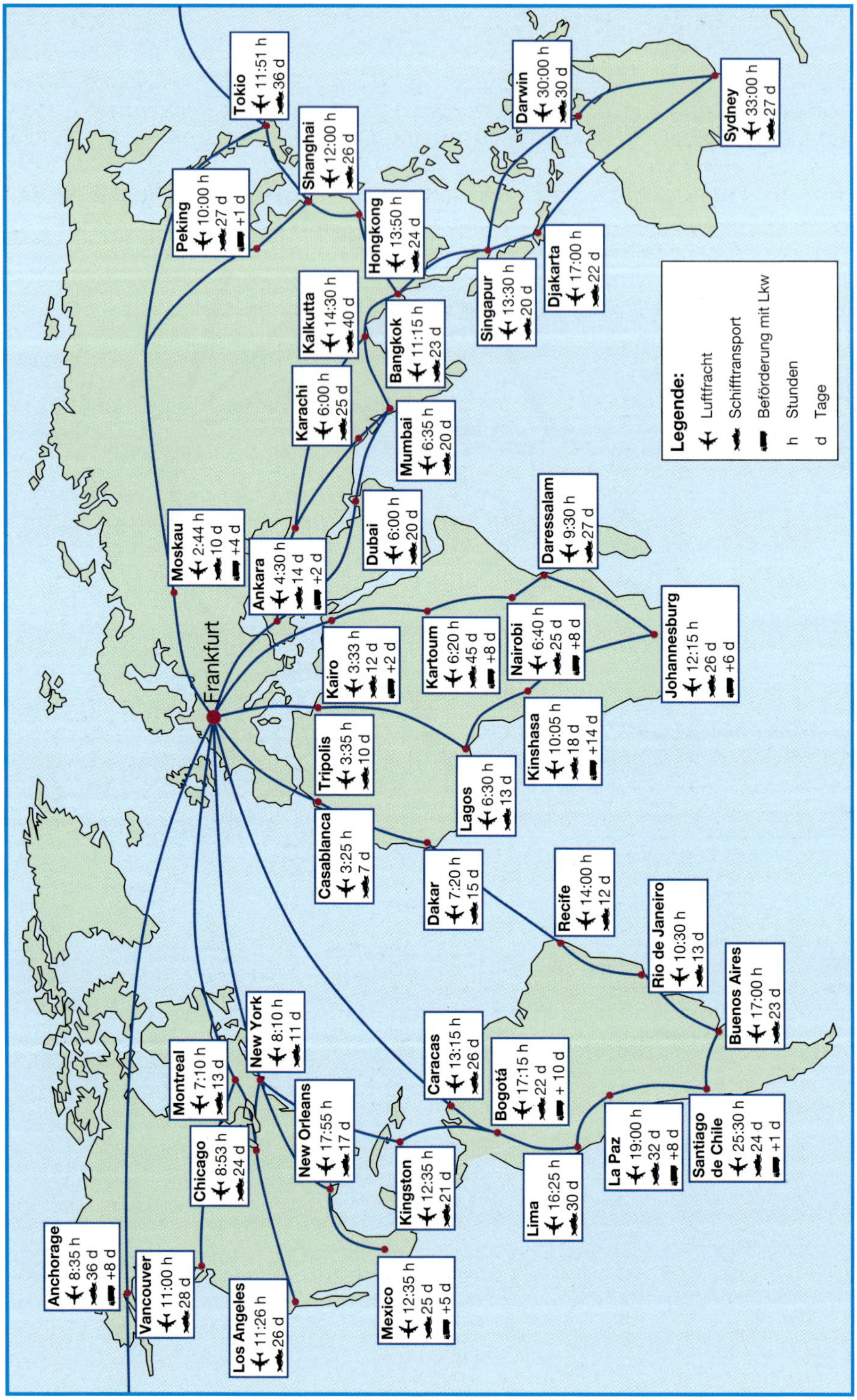

Wichtige Luftverkehrsverbindungen ab Frankfurt/Main mit Transportzeitenvergleich zum Oberflächenverkehr

7.6.3 Fracht-Drehkreuze im Weltluftverkehr

Weltweit gibt es fast 50 Flughäfen, auf denen jährlich über 25 Mio. Passagiere und Tausende von Tonnen Luftfracht abgefertigt werden. Die am stärksten frequentierten Flughäfen sind im **Passagierverkehr** die US-amerikanischen Airports Atlanta und Chicago. Die großen Passagierflughafen sind nicht in allen Fällen gleichzeitig führende Luftfrachtplätze. So dominieren im **Luftfrachtverkehr** mehrere asiatische Flughäfen und die Hauptknotenpunkte der Integratoren die Liste der herausragenden Waren-Umschlagbasen (vgl. Tabelle S. 323 Verkehrsleistungen führender Flughäfen).

Die bedeutendsten Luftfracht-Drehkreuze und ihr Frachtaufkommen
Zahlen für 2011 *(Quelle: Eigene Darstellung nach Zahlen des ACI Deutschland e. V., Berlin, 2012)*

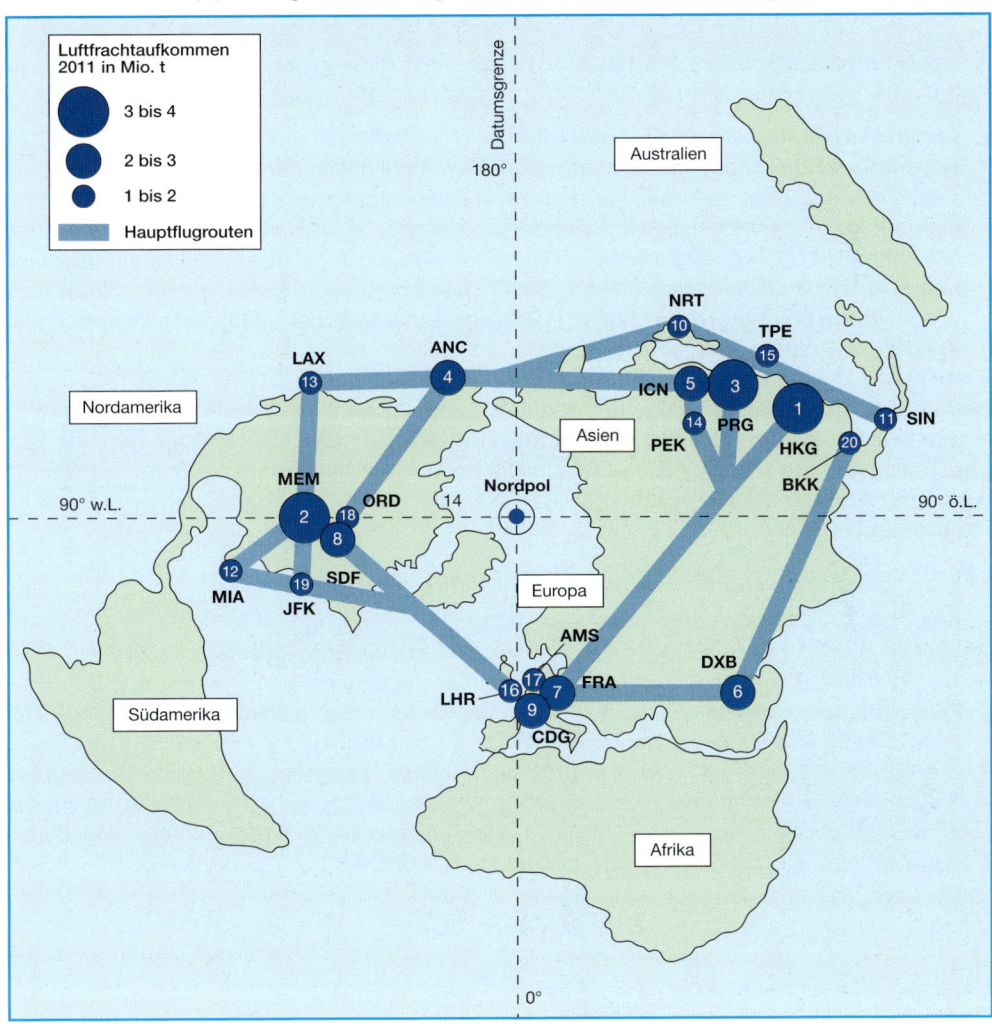

Alle diese internationalen Flughäfen weisen jedoch grundsätzlich eine Reihe gemeinsamer Merkmale auf:

- Sie liegen in Ballungsräumen mit hoher Wirtschaftskraft und einem großen Einzugsbereich.

- Sie verfügen in der Regel über hochmoderne ausreichend lange Start- und Landebahnen auf ebenen Flächen sowie über gute Anflug- und Landemöglichkeiten.

- Ihre technischen Einrichtungen sind gleichfalls hochmodern und vielfältig und erlauben von der Abfertigung bis zur Reparatur alle Tätigkeiten im Zusammenhang mit dem Luftverkehr.

- Es bestehen exzellente Straßen-, Autobahn- und Eisenbahnverbindungen. Ferner werden regelmäßige Fluglinien zu den regionalen Flughäfen unterhalten.

Aufgrund ihrer **zentralen kontinentalen Lage** üben diese großen Airports die Funktion von Drehkreuzen oder Hubs im interkontinentalen Linienflugverkehr aus.

→ *Als Drehkreuze im Luftverkehr (engl.: hub oder airhub) gelten Flughäfen, die zahlreiche systematische Umsteige- oder Umlademöglichkeiten zwischen Kurz-, Mittel- und Langstreckenflügen anbieten. Auf diese Weise werden Vernetzungen von Linien, sowohl im Passagier- als auch im Frachtverkehr, einer oder mehrerer kooperierender Fluggesellschaften (Allianzen) geschaffen. Die Umsteige-/Umladeverbindungen müssen in den Flugplänen ausgewiesen werden. Drehkreuze üben ferner im Sinne des Hub & Spoke-Systems (Nabe-Speiche-Verfahren) Zubringerfunktionen für Langstreckenverkehre aus. Es werden Regional- und Zentralhubs (Major Hubs) unterschieden.*

Dies gilt in besonderem Maße für den Luftfrachtverkehr. Weltweit konzentriert sich bereits seit Jahren immer mehr Luftfracht auf immer weniger Knotenflughäfen. Derzeit bilden weltweit etwa 30 große Frachthubs die herausragenden Drehkreuze im Luftfrachtverkehr. Zwischen diesen wachstumsstarken „Mega-Hubs" werden die größten Luftfrachtmengen transportiert.

Eine besondere Rolle nehmen die Luftfracht-Intergratoren ein.

Beispiel:

Integratoren führen bei globalen Transportketten dispositive und operative Tätigkeiten selbst aus. Sie bieten Haus-Haus-Verkehrsleistungen, oft in der Kombination Straße-Luft, mit lückenloser Sendungsverfolgung und -kontrolle aus einer Hand an. Ein Integrator stellt Teilleistungen (Vor-, Hauptlauf usw.) zu einem Leistungspaket im Sinne eines Logistikkonzeptes zusammen („integriert" diese also) und schafft so ein Systemprodukt. Die weltweiten Verkehre werden über zentrale Hubs geführt und zur Verteilung gebracht. Markante Eigenschaft des Integrator-Verkehrs ist das leistungsstarke, engmaschige Straßen- und Flugnetzwerk. Es erlaubt ständige und präzise Statuskontrolle und die Gewährung von Laufzeitgarantien.

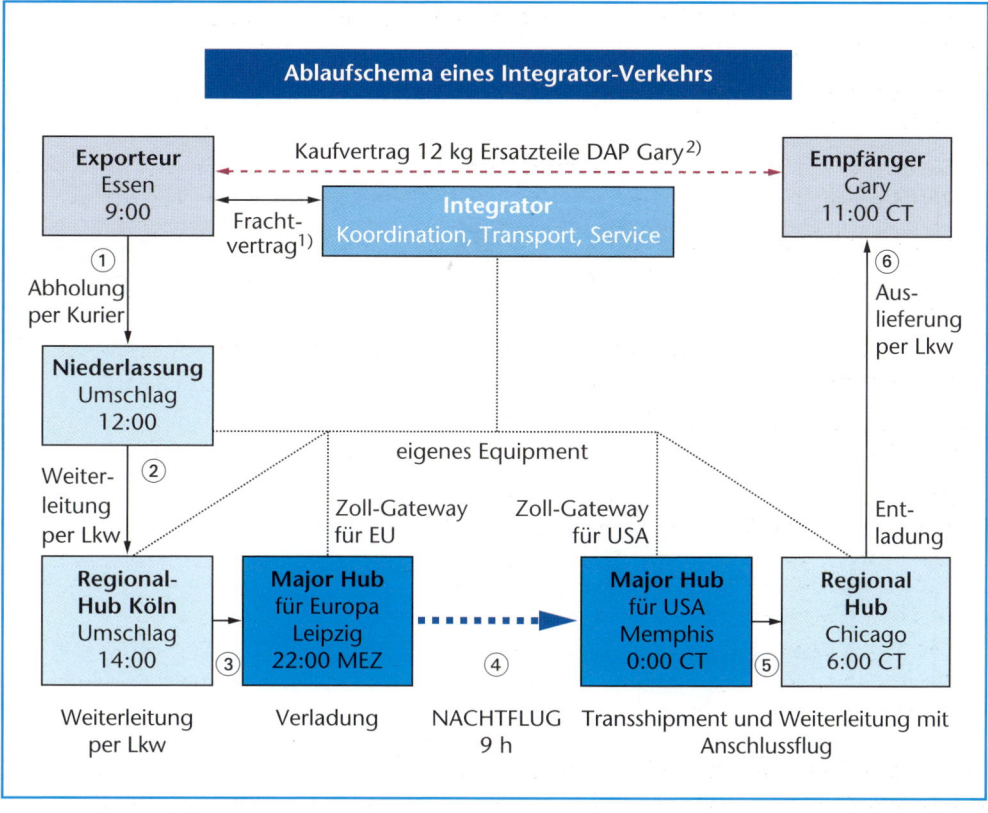

Bei den Integratoren arbeiten derzeit global vier große Unternehmen mit jeweils eigenen Netzwerken: DHL, FedEx, UPS und TNT. Ihre Frachtdrehkreuze liegen in den drei global wichtigsten Wirtschaftszonen, nämlich in Nordamerika, Europa und Ostasien. Das räumliche Verteilungsbild dieser großen Frachtumschlagbasen ähnelt damit in etwa dem Bild der weltweiten Containerhäfen. Integratoren betreiben allerdings ihre Hubs nicht immer an den großen Airports der Welt, sondern oft an weniger bekannten und kleineren Standorten. In einigen Fällen teilen sich die konkurrierenden Integratoren die Nutzung von Hubs.

Die Frachtdrehkreuze der Integratoren (vgl. Abb. folgende Seite) konzentrieren sich insbesondere auf

- den Osten Nordamerikas, wo auch die Intergratoren FedEx (Memphis/Tennessee) und UPS (Louisville/Kentucky) ihr Zentralbasen betreiben,

- Westeuropa mit Hubs von DHL (Leipzig) und TNT (Lüttich),

- mehrere große Drehkreuze in Ostasien, vor allem in Boomregionen Chinas.

---

[1] *Rechtsgrundlage z.T. Geschäftsbedingungen oder in Deutschland ADSp*
[2] *Delivered at Place (geliefert bis Gary), Lieferklausel gemäß Incoterms 2010*

Haupt-Hubs großer Integratoren 2012 (ohne Regional-Drehkreuze)

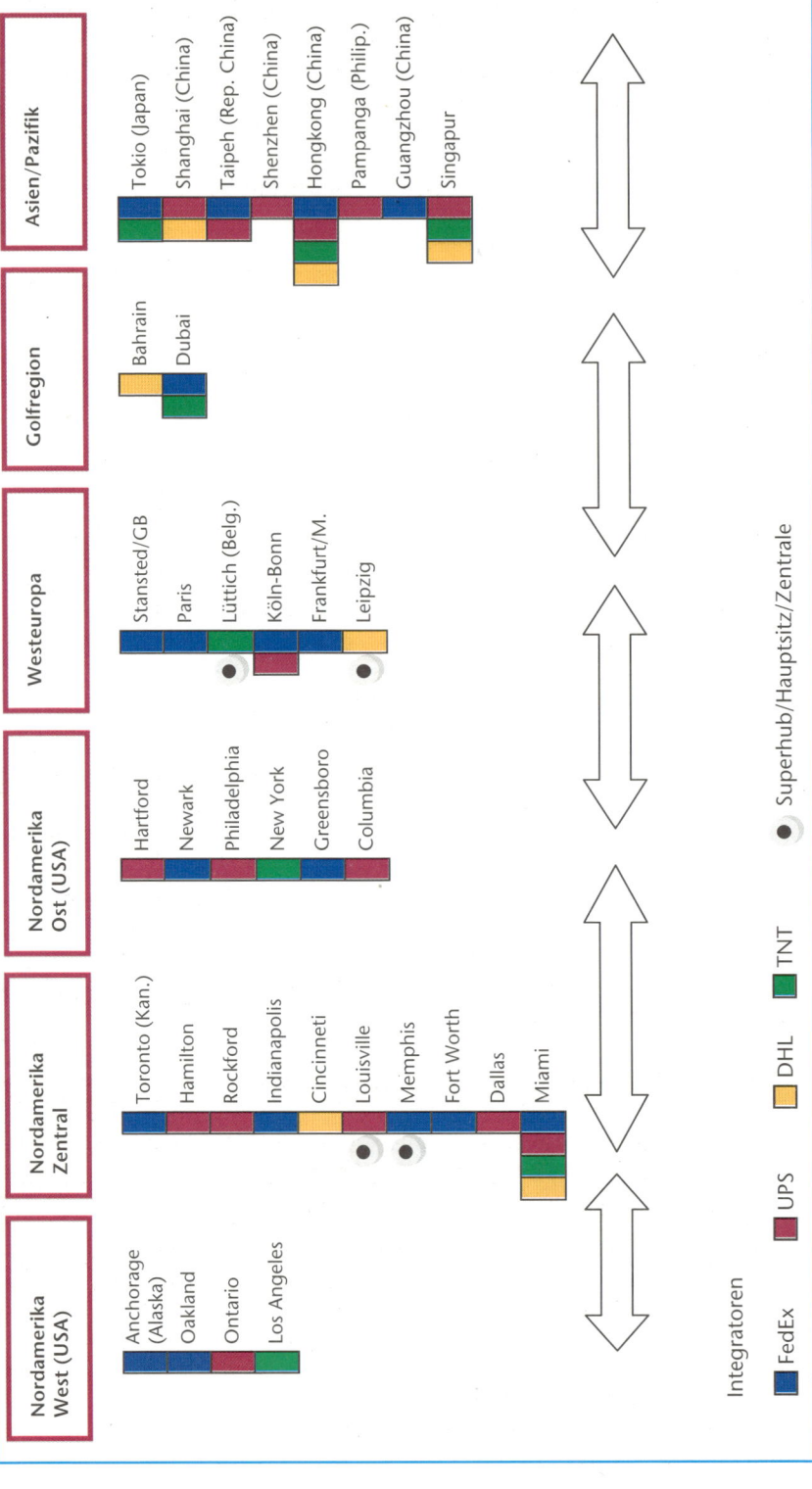

Im Gegensatz zu den Regionalflughäfen stehen die bedeutenden Flughäfen und Luftdrehkreuze in stärkerem Maße immer wieder vor neuen Anpassungsprozessen, da das Transportvolumen wächst, größere Flugzeuge, höhere Geschwindigkeiten und vielfältige Spezialisierungen zu berücksichtigen sind. Die sich ändernden Flugtechniken, die steigende Flugverkehrsdichte und die immer stärker diskutierten ökologischen Fragen fordern eine vorausschauende Raumplanung bei der Erweiterung, Modernisierung oder dem Neubau von Flughäfen mit internationalen Dimensionen.

Verkehrsleistungen führender Flughäfen 2011

	Luftfrachtdrehkreuze ab 1 Mio. t pro Jahr					Passagierverkehre ab 41,0 Mio. Pass. pro Jahr			
	Airport	Code	Land	Fracht in Mio. t[1]		Airport	Code	Land	Passagiere in Mio.
1	Hongkong	HKG	China	3,968	1	Atlanta	ATL	USA	92,4
2	Memphis[2]	MEM	USA	3,916	2	Peking	PEK	China	77,4
3	Shanghai	PVG	China	3,103	3	London Heathr.	LHR	Großbr.	69,4
4	Anchorage[3]	ANC	USA	2,625	4	Chicago	ORD	USA	66,6
5	Seoul Incheon	ICN	Korea	2,539	5	Tokio-Haneda	HND	Japan	62,3
6	Dubai	DXB	VAE	2,270	6	Los Angeles	LAX	USA	61,8
7	Frankfurt/M.	FRA	Dtschld.	2,215	7	Paris	CDG	Frankr.	61,0
8	Louisville[4]	SDF	USA	2,188	8	Dallas	DFW	USA	57,8
9	Paris	CDG	Frankr.	2,096	9	Frankfurt/M.	FRA	Dtschld.	56,4
10	Tokio-Narita	NRT	Japan	1,945	10	Hongkong	HKG	China	53,3
11	Singapur	SIN	Singapur	1,899	11	Denver	DEN	USA	52,7
12	Miami	MIA	USA	1,840	12	Jakarta	CGK	Indonesien	52,4
13	Los Angeles	LAX	USA	1,688	13	Dubai	DXB	VAE	51,0
14	Peking	PEK	China	1,669	14	Amsterdam	AMS	Niederl.	49,8
15	Taipeh	TPE	Rep. China	1,627	15	Madrid	MAD	Spanien	49,6
16	London Heathr.	LHR	Großbr.	1,569	16	Bangkok	BKK	Thailand	47,9
17	Amsterdam	AMS	Niederl.	1,550	17	New York	JFK	USA	47,8
18	Chicago	ORD	USA	1,506	18	Singapur	SIN	Singapur	46,5
19	New York	JFK	USA	1,351	19	Las Vegas	LAS	USA	41,5
20	Bangkok	BKK	Thailand	1,322	20	Shanghai	PVG	China	41,4

Quelle: Zahlen vgl. http://www.aci.aero/Data-Centre/Annual-Traffic-Data/Cargo/2011–final; http://www.aci.aero/Data-Centre/Annual-Traffic-Data/Passengers/2011–final

---

[1] Zahlen gerundet
[2] Hauptfrachtknoten des Integrator Federal Express (FedEx)
[3] Drehkreuz für FedEx, Korean Air, China Airlines, Japan Airlines
[4] Hauptfrachtknoten des Integrators UPS

7.6.4 Kombinierte Luft-See-Transporte und Round-the-World-Verkehre

Kombinierte Luft-See-Transporte (Sea-Air-Service)

Die Bildung einer Transportkette in Form einer Kombination von Luft- und Seeverkehr ist als eine Sonderform in der Logistik anzusehen. Jährlich werden bis zu 0,4 Mio. t Güter auf diese Weise transportiert, jedoch nur auf wenigen Relationen. Kombiniert werden im Regelfall ein Seetransport mit containerisiertem Gut und ein anschließender Lufttransport zu einem kundennahen Airport. Derzeit werden Sea-Air-Verkehre vorzugsweise auf vier Hauptrouten angeboten:

- per Seeschiff von Fernost zur amerikanischen Westküste, von dort per Flugzeug zur US-Ostküste oder nach Europa

- per Seeschiff von Fernost nach dem Nahen Osten, von dort per Flugzeug nach Europa

- per Seeschiff von Europa nach der US-Ostküste, von dort per Flugzeug nach Südamerika

- per Flugzeug von Frankfurt nach Lufthansa-Hub Shenzhen (China) in rd. zwei Tagen, Umladung in Seecontainer im Cargo Center der Lufthansa und Weiterbeförderung per Schiff nach Melbourne, Sydney oder Brisbane mit einer Laufzeit von 13 bis 16 Tagen

Die Vorteile dieser Transportvarianten liegen in den reduzierten Gesamtkosten gegenüber der reinen Luftfracht und der verkürzten Transportzeit gegenüber dem reinen Seeverkehr (*„half the price of airfreight/nearly twice as fast as ocean freight"*). Ferner reduzieren sich die Kapitalbindungskosten gegenüber dem Seetransport sowie die Versicherungskosten. Derartige multimodale Transportketten werden mit einem Frachtdokument durchgeführt. Weltweit sind einige See- und Flughäfen mittlerweile zu wichtigen Schaltstellen in diesem speziellen Logistikangebot geworden. Namentlich sind dies die Verkehrsknotenpunkte

- Dubai und Sharjah am Persischen Golf,
- Seattle/Tacoma (USA) und Vancouver (Kanada) an der Pazifikküste,
- Miami (USA) an der südlichen US-Atlantikküste.

Über diese Stationen werden wöchentlich See/Luft-Ladungen abgefertigt, vorzugsweise auf den genannten Relationen. Die Kombination beider Verkehrsmittel eignet sich u. a. für Güter, die in der Zielregionen bereits kommissioniert an einzelne Empfänger ausgeliefert werden sollen.

So werden bspw. von Japan oder China eingehende Seecontainer in Dubai gelöscht, gemäß Versendervorgaben kundengerecht zusammengestellt und auf verschiedene Linienfluggesellschaften für Zielflughäfen in ganz Europa verteilt. Ähnliche logistische Vorgänge vollziehen sich beim Umschlag über die anderen genannten Knotenpunkte.

> **Beispiel:**
> Über den Seeweg eingehende Ladung kann in rd. 15 Min. vom See- zum Flughafen Seattle bewegt werden. Als Belly-Fracht oder in reinen Frachtmaschinen werden die Güter im Nonstop-Verkehr nach Europa zu Großflughäfen in Großbritannien, Deutschland und Skandinavien geflogen. Die Laufzeit Tokio–Europa beträgt bei dieser Transportvariante rd. 14 Tage und ist besonders für zeitunempfindliches Gut interessant.

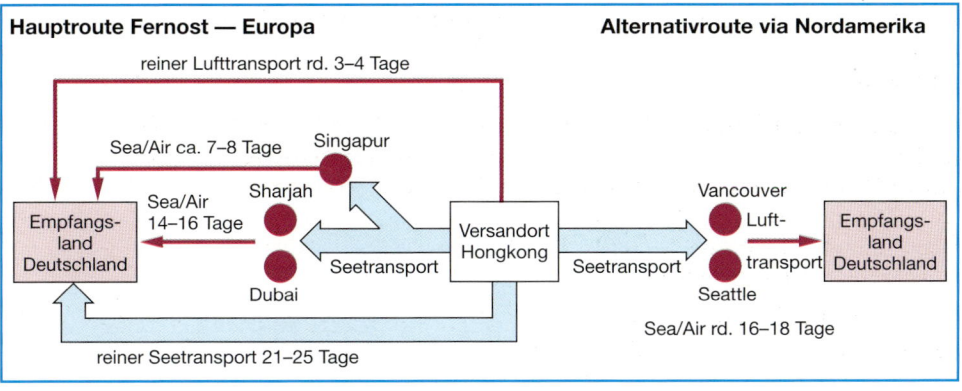

Schematische Darstellung von Sea/Air-Kombinationen

Round-the-World-Verkehre

Ähnlich dem im Seeverkehr praktizierten Prinzip des „Rund-um-die-Welt-Dienstes" werden auch im Luftfrachtverkehr Flugzeuge für erdumspannende Einsätze disponiert. Es handelt sich dabei stets um Nur-Fracht-Flugzeuge, die auf Relationen mit relativ hohem Frachtaufkommen eingesetzt werden. Der Frachtraum der Flugzeuge wird im Rahmen derartiger Dienste für Teilstrecken oftmals an andere Carrier verchartert. Der Round-the-World-Einsatz eines Frachtflugzeuges dauert bis zu drei Tage und erfordert sieben Mannschaftswechsel (siehe Karte auf Seite 326).

7.6.5   Luftverkehrsgebiete nach IATA-Geografie

Die von den internationalen Fluggesellschaften gegründete Dachorganisation des gewerblichen Luftverkehrs, die **IATA** (International Air Transport Association) mit Sitz in Montreal, vertritt als internationale Körperschaft die weltweiten kommerziellen Interessen des Luftverkehrs. Der Zielkatalog dieser Institution umfasst die Festlegung von Tarifen und damit Frachtpreisen, die Vereinheitlichung von Dokumenten, die Erstellung von Richtlinien für die Beförderung von Passagieren und Luftfracht, die Bedingungen für die Zulassung von IATA-Agenten und anderes mehr. Hauptziel ist die Förderung eines sicheren, regelmäßigen und wirtschaftlichen Luftverkehrs und die Vereinheitlichung der Beförderungs- und Abfertigungsvorgänge. Die Mitgliedschaft ist freiwillig, derzeit sind etwa 230 Fluggesellschaften (sog. IATA-Carrier) der IATA angeschlossen.

Die insbesondere für Spediteure wichtigen Fragen, etwa zur Normung von Luftfrachtbriefen, Gefahrengutbeförderungen, Luftfrachtraten, werden in drei regionalen Verkehrsgebieten (Traffic Conference Areas 1, 2 und 3), für die jeweils eine IATA-Verkehrskonferenz zuständig ist, besprochen und ggf. als Beschlüsse (IATA-Resolutionen) verabschiedet. Die Einteilung der Erde in die drei Verkehrsgebiete weicht von der üblichen geografischen Einteilung ab, sie wird daher als **IATA-Geografie** bezeichnet. Der Hintergrund dieser besonderen IATA-Geografie ist in der Tatsache zu sehen, dass neben wirtschaftlichen Besonderheiten einzelner Fluggebiete viele Fluggesellschaften nur regional begrenzte

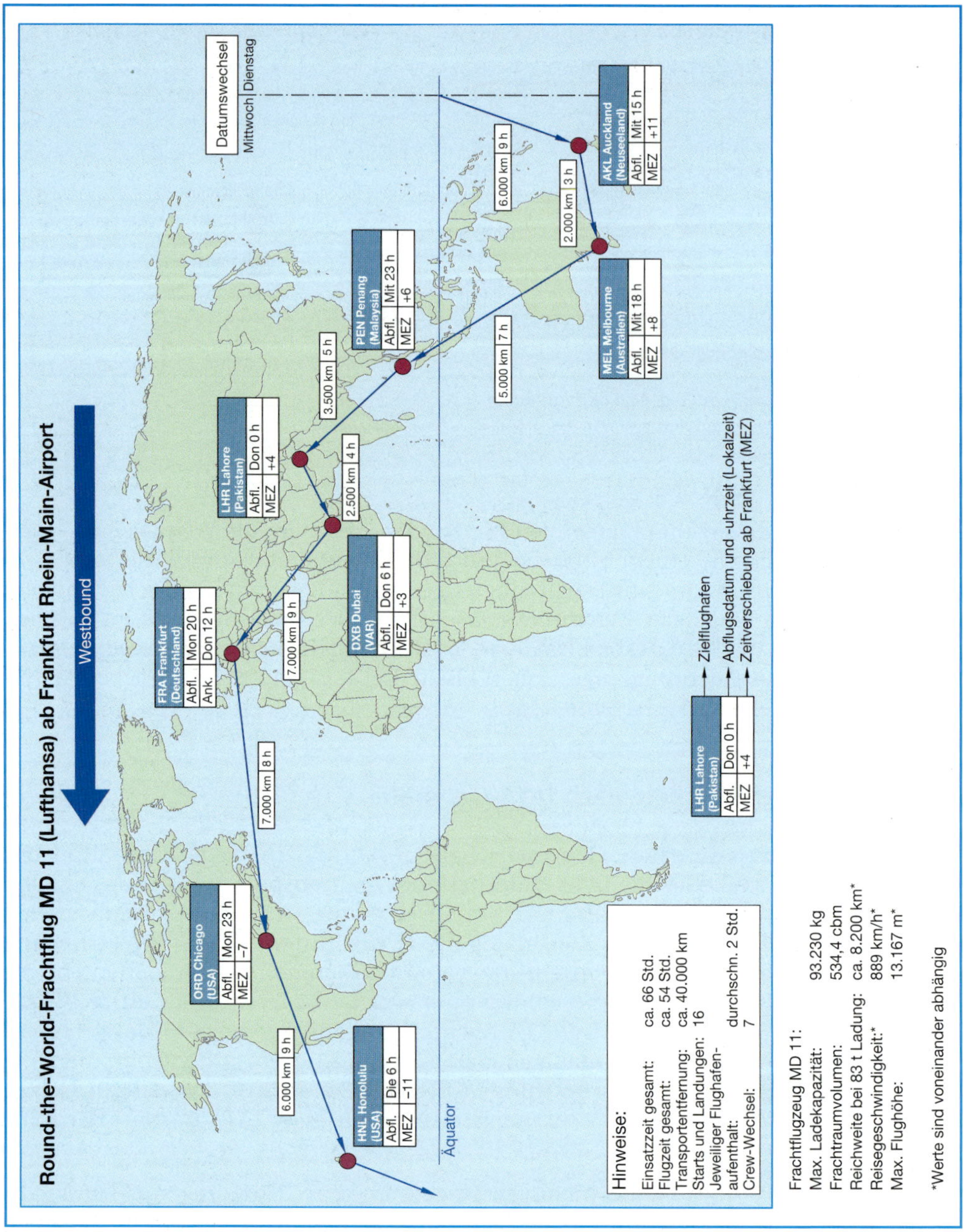

Round-the-World-Frachtflug MD 11 (Lufthansa) ab Frankfurt Rhein-Main-Airport

Westbound

Datumswechsel
Mittwoch | Dienstag

AKL Auckland (Neuseeland)
Abfl. Mit 15 h
MEZ +11

PEN Penang (Malaysia)
Abfl. Mit 23 h
MEZ +6

MEL Melbourne (Australien)
Abfl. Mit 18 h
MEZ +8

LHR Lahore (Pakistan)
Abfl. Don 0 h
MEZ +4

FRA Frankfurt (Deutschland)
Abfl. Mon 20 h
Ank. Don 12 h

DXB Dubai (VAR)
Abfl. Don 6 h
MEZ +3

ORD Chicago (USA)
Abfl. Mon 23 h
MEZ –7

HNL Honolulu (USA)
Abfl. Die 6 h
MEZ –11

6.000 km 9 h
2.000 km 3 h
3.500 km 5 h
2.500 km 4 h
5.000 km 7 h
7.000 km 9 h
7.000 km 8 h
6.000 km 9 h

Äquator

Legende:
→ Zielflughafen
→ Abflugsdatum und -uhrzeit (Lokalzeit)
→ Zeitverschiebung ab Frankfurt (MEZ)

LHR Lahore (Pakistan)
Abfl. Don 0 h
MEZ +4

Hinweise:
Einsatzzeit gesamt: ca. 66 Std.
Flugzeit gesamt: ca. 54 Std.
Transportentfernung: ca. 40.000 km
Starts und Landungen: 16
Jeweiliger Flughafenaufenthalt: durchschn. 2 Std.
Crew-Wechsel: 7

Frachtflugzeug MD 11:
Max. Ladekapazität: 93.230 kg
Frachtraumvolumen: 534,4 cbm
Reichweite bei 83 t Ladung: ca. 8.200 km*
Reisegeschwindigkeit:*   889 km/h*
Max. Flughöhe: 13.167 m*

*Werte sind voneinander abhängig

Flugverkehre anbieten. Die Konferenzbeschlüsse der jeweiligen TC-Areas werden damit den Bedürfnissen und Bedingungen einzelner Regionen gerecht. Nach dieser Geografie ergeben sich folgende Konferenzgebiete (Areas):

■ **TC 1 (Sitz: New York):** umfasst den amerikanischen Doppelkontinent (Nord-, Mittel-, Südamerika) und alle benachbarten Inseln einschließlich Grönland, Bermudas, Westindien, Karibische Inseln, Hawaii und die amerikanische Insel Palmyra/Polynesien

- **TC 2 (Sitz: Genf):** umfasst Europa einschließlich des europäischen Teils Russlands sowie alle benachbarten Inseln, ferner Island, die atlantische Inselgruppe der Azoren, Afrika einschließlich alle benachbarten Inseln (z. B. Seychellen, Komoren, Maskaren-inseln mit Réunion und Mauritius), die Atlantik-Insel Ascension und den westlichen Teil Asiens (Naher und Mittlerer Osten) einschließlich Iran.

- **TC 3 (Sitz: Singapur):** umfasst Asien (mit Ausnahme des zur TC 2 gehörenden Teils) und die benachbarten Inseln (z. B. Malediven, Diego Garcia), weiterhin Australien, Neuseeland und die pazifischen Inselgruppen (mit Ausnahme der zur TC 1 gehören-den Inseln).

Innerhalb der TC-Gebiete werden Unterregionen gebildet. Besonders definiert werden innerhalb der TC 2 die geografischen Begriffe „Europa", „Mittlerer Osten" und „Afrika", da sie von der üblichen Geografie abweichen:

IATA-Europa	das geografische Europa bis westlich des Urals einschließlich dem Kaspischen Meer, die Türkei (europäischer und asiatischer Teil), die Kanarischen Inseln, die Azoren und Madeira, die drei nordafrikanischen Staaten Algerien, Tunesien und Marokko, die Mittelmeer-Inseln, nicht aber Zypern
IATA-Mittlerer Osten	der geografische Mittlere Osten mit dem Iran, ferner auch Ägypten und Sudan sowie Zypern
IATA-Afrika	das geografische Afrika ohne Algerien, Tunesien, Marokko, Ägypten und Sudan, aber mit den Kapverdischen Inseln, Ascension, Madagaskar und Mauritius

Die Deutsche Lufthansa unterhält Linienflugverbindungen in alle drei Tarifkonferenz-gebiete.

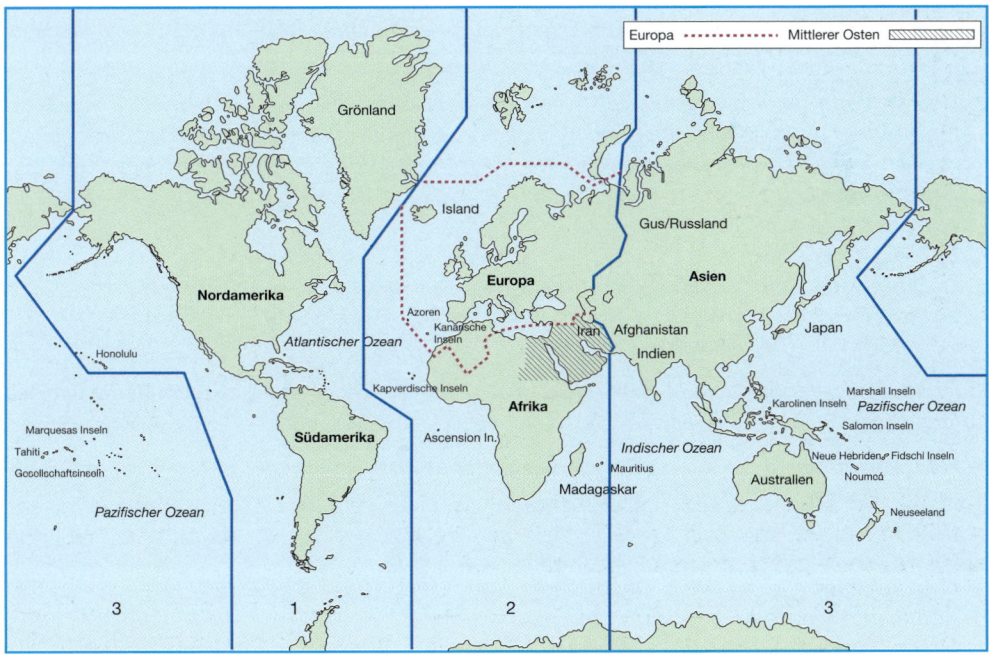

IATA-Tarifkonferenzgebiete

Zusammenfassung

1. Der Verkehrsträger Luftverkehr hat sich in wenigen Jahrzehnten zu einem vielfach konkurrenzlosen Anbieter von Transportleistungen entwickelt.

2. Im Welthandel befördert der interkontinentale Luftfrachtverkehr rund 1,2 % aller Güter, diese Güter stellen fast 40 % der Welthandelswerte dar.

3. Die Hauptrouten des Luftverkehrs sind u. a.
   - die Nordatlantikroute zwischen Westeuropa und Nordamerika,
   - die transamerikanische West-Ost-Linie und
   - die Transpazifische Route zwischen der US-Westküste und Fernost/Australien.

4. Unter IATA-Geografie versteht man die Einteilung der Erde in die drei tariftechnischen Verkehrsgebiete TC 1, 2 und 3. Diese verkehrsgeografische Einteilung weicht von den üblichen geografischen Erdgliederungen ab.

Aufgaben

1. Stellen Sie fest, in welchen Staaten und Tarifkonferenzgebieten die aufgeführten Flughäfen liegen. Nutzen Sie Atlas, Internet und Lehrbuch und verfahren Sie nach folgendem Muster:

Flughafen	IATA-Code	Staat	TC-Gebiet
Amsterdam-Schiphol	AMS	Niederlande	2

   Interkontinentale Flughäfen: Ankara, Bogota, Casablanca, Chicago O´Hare, Djakarta, Guangzhou, Hongkong-Chek Lap Kok, Karatchi, Kopenhagen-Kastrup, Kuala Lumpur, Lagos, Lima, London-Gatwick, Montreal, Moskau-Scheremetjewo, Mumbai, New York-JFK, Seoul-Incheon, Singapur-Changi, Stockholm-Arlanda, Tokio-Haneda.

2. Die Lufthansa unterhält weltweite Linienflugverbindungen. Bestimmen Sie mithilfe von Lehrbuch, Atlas, Internet-Recherche und Wandkarte Flugrouten für die aufgeführten Relationen. Nennen Sie die zu überfliegenden Staaten, mögliche Airports für Zwischenstopps sowie ggf. Alternativrouten.
   a) Frankfurt/M.–Singapur
   b) Berlin–San Francisco
   c) Düsseldorf–Johannesburg
   d) München–Rio de Janeiro
   e) Frankfurt/M.–Tokio-Haneda

3. Ordnen Sie den Flugverbindungen jeweils den zu überfliegenden Staat zu, der auf der direkten Route liegt.

Flugverbindungen:	Zu überfliegender Staat:
Dakar–Bombay	Algerien
Frankfurt/M.–Tokio	Deutschland
Kopenhagen–Zürich	Griechenland
London–Lagos	Indonesien
Melbourne–Bangkok	Italien
Moskau–Kairo	Mexiko
Paris–Belgrad	Nepal
Rom–Tel Aviv	Russland
San Diego–Santiago	Sudan
Seoul–New Delhi	Türkei

Sachwortverzeichnis

Bildquellenverzeichnis

Zeichnungen

Statistisches Bundesamt, Wiesbaden: S.102

Wasser- und Schifffahrtsdirektion West, Münster: S. 114

Alle Zeichnungen ohne explizite Quellenangabe von:

- BV1/ Elisabeth Galas, Bad Breisig
- BV1/ Michele di Gaspare, Kerpen
- BV1/ OKS

Fotos

Bergmoser + Höller Agentur GmbH, Aachen: S. 54, 234, 236

Bundesministerium für Verkehr, Bau und Stadtentwicklung: S. 98

dpa Infografik GmbH, Hamburg: S. 72, 157, 177, 232, 306

Fotolia Deutschland GmbH, Berlin: S. 9 (Mechanik), 52 (Christian Pedant), 71 (johas), 155 (mowitsch), 168 (Udo Kroener), 228 (chris), 241 (Christos Georghiou)

Quellenverzeichnis

Fachliteratur

Achilles, F. W.: Wasserstraßen und Häfen in Mitteleuropa und Nordrhein-Westfalen. Deutscher Planungatlas Bd. 1: Nordrhein-Westfalen; Hannover 1979

BPB Bundeszentrale für politische Bildung: Heft 299 Internationale Wirtschaftsbeziehungen, 2. Quartal 2008, Bonn 2008

Bundesministerium für Verkehr (Hrsg.): Handbuch Güterverkehr Binnenschiffahrt; Bonn 1998

DHL Logistik-Lotse 2005: Bonn 2005

Fuchs, G.: Die Bundesrepublik Deutschland, Stuttgart 1984

Gläßer, E./Schmied M. W./Woitschützke C. P.: Nordrhein-Westfalen, Neubearbeitung, Gotha 1997

Gütertransport: Handbuch für Transport und Logistik, Hamburg 2006

Jahrbuch für Export- und Versandleiter, Hamburg, versch. Ausg.

Leitfaden für den internationalen Eisenbahn-Güterverkehr, UIC/FIATA

Münchener Rück Versicherungsgesellschaft: Container – Transport, Technik, Versicherung; München 2004

Nuhn, H./ Hesse, M.: Verkehrsgeographie, Paderborn 2006

Otremba, E.: Handel und Verkehr im Weltwirtschaftsraum, Stuttgart 1978

Schieck, A.: Internationale Logistik, München 2008

Schönknecht R./Gewiese A.: Auf Flüssen und Kanälen, Berlin 1988

Seidenfus, H. St. (Hrsg.): Die deutschen Universalhäfen und ihre Hinterlandverbindungen. Göttingen 1981

Stöhr, A. (Hrsg.): Die Weltseewirtschaft, Gotha 1984

VKS Vereinigung Deutscher Kraftwagenspediteure eG: Handbuch des internationalen Straßengüterverkehrs; Lose-Blatt-Ausgabe, Bonn

Woitschützke, C.P.: Spedition und Logistik, 3. Auflage, Troisdorf 2011

Zeitschriften, Statistiken:

Airlines Business: versch. Jahrgänge

Bundesverband öffentlicher Binnenhäfen: Deutsche Binnenhäfen, Berlin

Containerization International Yearbook: versch. Jg.

Deutsche Verkehrs- und Logistikzeitung (DVZ): Hamburg, versch. Jg.

Europäische Gemeinschaft: Eurostat, Brüssel

Geografische Rundschau: versch. Ausg.

Hamburger Hafenhandbuch: versch. Ausg.

Handelsblatt: Düsseldorf, versch. Jg.

IHK Nord: Die nationale Bedeutung der deutschen Seehäfen; Hamburg 2009

Internationales Verkehrswesen: Hamburg, versch. Jg.

Lufthansa Jahrbuch, versch. Jg.

Port of Rotterdam Authority: Port Statistics, Rotterdam 2012

Port of Hamburg: Statistics 2012

Rail Business Spezial, Mai 2010: Kombinierte Verkehre in Europa

Statistisches Bundesamt (Hrsg.): Verkehrsstatistiken, versch. Ausg.

Verband Deutscher Reeder/VDR (Hrsg.): Seeschifffahrt-Jahresberichte

Informationsmaterial von Institutionen, Unternehmen:

Airport Council International

Allgemeiner Deutscher Automobilclub (ADAC), München

Arbeitsgemeinschaft deutscher Verkehrsflughäfen, Stuttgart

BNSF Railway Company, Fort Worth

Bremer Lagerhaus-Gesellschaft (BLG), Bremen

Bundesministerium für Verkehr, Bau und Stadtentwicklung (BMVBS), Berlin

DSLV Deutscher Speditions- und Logistikverband e. V. Bonn

DB Schenker, Frankfurt

Deutsche Lufthansa, Köln

Duisburger Hafen AG, Duisburg

Flughafen Frankfurt AG (Fraport), Frankfurt

Hafen Hamburg, Verkaufsförderung und Werbung

Hamburger Hafen- und Lagerhausgesellschaft AG (HHLA), Hamburg

Hapag Lloyd, Bremen/Hamburg

Institut für Seeverkehrswirtschaft und -logistik (ISL), Bremen

Newsgate 01-2012/Eurogate Container Terminal Wilhelmshaven; Eurogate GmbH Bremen

Seewetteramt Hamburg

Suez Canal Autority, Statistics 2011

Wasser- und Schifffahrtsdirektion (WSD) Mitte, Hannover, Nordwest und Nord, Kiel